Der Mittelpunkt der hauptsächlichen Interessen nach der EuInsVO – erfolgreiches Konzept oder Quelle der Rechtsunsicherheit?

Saarbrücker Studien
zum Privat- und Wirtschaftsrecht

Herausgegeben von Johann Paul Bauer,
Michael Martinek (geschäftsführender Herausgeber)
und Helmut Rüßmann

Band 61

PETER LANG
Frankfurt am Main · Berlin · Bern · Bruxelles · New York · Oxford · Wien

Barbara Jeanne Attinger

Der Mittelpunkt der hauptsächlichen Interessen nach der EuInsVO – erfolgreiches Konzept oder Quelle der Rechtsunsicherheit?

Eine Auseinandersetzung mit dem Zuständigkeitskriterium der Europäischen Insolvenzverordnung unter Heranziehung der Erkenntnisse der ökonomischen Analyse des Rechts

PETER LANG
Internationaler Verlag der Wissenschaften

Bibliografische Information der Deutschen Nationalbibliothek
Die Deutsche Nationalbibliothek verzeichnet diese Publikation in der Deutschen Nationalbibliografie; detaillierte bibliografische Daten sind im Internet über <http://www.d-nb.de> abrufbar.

Zugl.: Saarbrücken, Univ., Diss., 2008

D 291
ISSN 1433-8866
ISBN 978-3-631-57911-4

www.peterlang.de

Saarbrücker Studien zum Privat- und Wirtschaftsrecht

herausgegeben von
Prof. Dr. Johann Paul Bauer
Prof. Dr. Dr. Dr. h.c. Michael Martinek
Prof. Dr. Helmut Rüßmann

Die Schriftenreihe "Saarbrücker Studien zum Privat- und Wirtschaftsrecht" bildet in erster Linie ein Forum für rechtswissenschaftliche Doktorarbeiten der Universität des Saarlandes auf zwei juristischen Schwerpunktgebieten. Zum einen sollen Dissertationen im klassischen Privatrecht, vor allem im bürgerlichen Vermögensrecht der ersten drei Bücher des BGB und ihrer Nebengesetze vorgestellt werden. Zum anderen findet das Wirtschaftsrecht im Sinne des Wirtschaftsprivatrechts besondere Berücksichtigung, womit namentlich die Gebiete des Handelsrechts einschließlich des Bilanzrechts, des Personen- und Kapitalgesellschaftsrechts einschließlich des Konzernrechts, des Gewerblichen Rechtsschutzes sowie des Wettbewerbs- und Kartellrechts bezeichnet sind. Es versteht sich, daß nicht nur rechtsdogmatische Studien, sondern auch rechtstatsächlich, rechtspolitisch oder interdisziplinär angelegte Arbeiten in die Schriftenreihe Aufnahme finden. Denn die Rechts- und Wirtschaftswissenschaftliche Fakultät der Universität des Saarlandes vereinigt unter *einem* Dach die Fachbereiche Rechtswissenschaft und Wirtschaftswissenschaft und regt damit Studenten und Hochschullehrer in besonderer Weise zu fachübergreifender Lehre und Forschung an. Die Schriftenreihe steht aber nicht nur sehr guten und ausgezeichneten Dissertationen, sondern auch anderen "Studien" zu privat- und wirtschaftsrechtlichen Themen offen, bis hin zu Materialien und Skripten des akademischen Unterrichts. Die drei Herausgeber, die zugleich stellvertretend für ihre anderen Saarbrücker Fakultätskollegen des Privat- und Wirtschaftsrechts handeln, verbinden mit den "Saarbrücker Studien zum Privat- und Wirtschaftsrecht" den Wunsch, daß die hier veröffentlichten Arbeiten die verdiente Resonanz in der breiteren juristischen Fachöffentlichkeit finden.

Inhaltsübersicht

Inhaltsverzeichnis

Einleitung

Gerade in schwierigen Situationen offenbart sich die Funktionstüchtigkeit eines Systems. So verhält es sich auch mit dem Binnenmarkt der Europäischen Gemeinschaft.[1] Voraussetzung für dessen reibungsloses Funktionieren ist es, auch auf Insolvenzen mit grenzüberschreitendem Bezug reagieren zu können.[2] In Zeiten einer finanziellen Krisensituation eines grenzüberschreitend im Binnenmarkt agierenden Schuldners prallen unterschiedliche Interessen aufeinander, welche nur auf gemeinschaftsrechtlicher Ebene in einen angemessenen Ausgleich gebracht werden können.[3] Dies haben die Mitgliedstaaten der Europäischen Union erkannt und haben in dem Ziel, „[f]ür ein reibungsloses Funktionieren des Binnenmarktes [...] effiziente und wirksame grenzüberschreitende Insolvenzverfahren" zu schaffen,[4] eine Verordnung über Insolvenzverfahren erlassen. Die *Europäische Insolvenzverordnung des Rates der Europäischen Union vom 29. Mai 2000*, welche am 31. Mai 2002 in Kraft trat,[5] stellt einen Meilenstein in der Entwicklung des Binnenmarktes und in Bezug auf dessen angestrebte Vollendung dar. Sie „europäisiert" das bislang ausschließlich national und völkerrechtlich geprägte internationale Insolvenzrecht[6] und bedeutet einen wesentlichen Fortschritt auf dem Weg hin zur Schaffung eines Raumes der Freiheit, der Sicherheit und des Rechts, wie ihn sich die Europäische Union als politisches Ziel gesetzt hat.[7] Als internationales Insolvenzrecht bezeichnet man dabei die Gesamtheit aller Rechtsnormen zur Bewältigung grenzüberschreitender Aspekte einer Insolvenz.[8] Darunter fallen sowohl das internationale Insolvenzverfahrensrecht, welches sich insbesondere mit der Frage nach der gerichtlichen Zuständigkeit für die Eröffnung eines Insolvenzverfahrens beschäftigt, als auch das

---

[1] Der Begriff des Binnenmarktes ist in Art. 14 Abs. 2 EG-Vertrag legaldefiniert, er „umfasst einen Raum ohne Binnengrenzen, in dem der freie Verkehr von Waren, Personen, Dienstleistungen und Kapital gemäß den Bestimmungen dieses Vertrags gewährleistet ist."; zum Begriff auch Hailbronner/Jochum, Europarecht II, 2006, S. 5 und 305.

[2] Erwägungsgrund (2) EuInsVO.

[3] Erwägungsgrund (3) und (5) EuInsVO.

[4] Erwägungsgrund (2) EuInsVO.

[5] Artikel 47 EuInsVO.

[6] Von einer „Europäisierung" des Insolvenzrechts spricht Duursma, in Duursma-Kepplinger/Duursma/Chalupsky (im Folgenden: D-K/D/Ch), Europäische Insolvenzverordnung, Kommentar, 2002, Europarechtliche Aspekte Rn. 1, S. 23/24.

[7] Erwägungsgrund (1) EuInsVO, Art. 61 EG-Vertrag, Art. 2, 4. Spiegelstrich EU-Vertrag.

[8] Becker, Insolvenzrecht, 2005, Rn. 56, S. 27; wie auch beim internationalen Privatrecht, handelt es sich auch beim internationalen Insolvenzrecht grundsätzlich um nationales Recht, welches die rechtliche Behandlung grenzüberschreitender Sachverhalte regelt; Le Corre, Droit et Pratique des Procédures Collectives, 2006, Rn. 090.09, S. 65.

internationale Insolvenzkollisionsrecht, welches die Frage nach dem auf ein Insolvenzverfahren anzuwendenden Recht betrifft.[9]
Die zwei im internationalen Insolvenzrecht dringlichsten Fragen, nämlich die Frage nach dem international zuständigen Insolvenzgericht (Forum) und die nach dem auf das Insolvenzverfahren anzuwendenden Insolvenzrecht (der sogenannten *lex concursus*) hängen gemäß der Europäischen Insolvenzverordnung davon ab, in welchem Mitgliedstaat der Schuldner den *„Mittelpunkt seiner hauptsächlichen Interessen“*[10] hat,[11] weshalb letzterer auch als Schlüsselbegriff der Verordnung bezeichnet werden kann.[12] Der Mittelpunkt der hauptsächlichen Interessen des Schuldners entscheidet gemäß Artikel 3 Abs. 1 EuInsVO darüber, in welchem Mitgliedstaat das Insolvenzverfahren eröffnet wird, das seinerseits gemeinschaftsweite automatische Anerkennung und Wirkungsentfaltung beansprucht. In diesem Staat soll das gesamte schuldnerische Vermögen betrachtet, alle Ansprüche bewertet und alle Gläubiger nach dem Grundsatz der Gläubigergleichbehandlung (*par condicio creditorum*)[13] befriedigt werden. Die „Schaltzentrale“ der Insolvenz soll gleichsam am schuldnerischen Interessenmittelpunkt verankert sein. Gleichzeitig entscheidet der Mittelpunkt der hauptsächlichen Schuldnerinteressen gemäß Artikel 4 Abs. 1 EuInsVO i.V.m. Artikel 3 Abs. 1 EuInsVO über das anzuwendende materielle Insolvenzrecht – in Anbetracht der großen Unterschiede zwischen den mitgliedstaatlichen Insolvenzrechten ein Faktor, welcher die Beantwortung vieler insolvenzbezogenen Fragen maßgeblich beeinflusst. Vom Mittelpunkt der hauptsächlichen Interessen des Schuldners hängt auch ab, ob die Europäische Insolvenzverordnung überhaupt Anwendung findet und somit alle ihre Vorschriften überhaupt von Relevanz sind.[14] Denn Erwägungsgrund (14) EuInsVO bestimmt, dass „[d]iese Verordnung [...] nur für Verfahren [gilt], bei denen der Mittelpunkt der hauptsächlichen Interessen des Schuldners in der Gemeinschaft liegt.“
Der Schlüsselbegriff der Europäischen Insolvenzverordnung ist damit von so elementarer Wichtigkeit für alle insolvenzrechtlichen Belange grenzüberschreitender Insolvenzverfahren innerhalb der Europäischen Gemeinschaft, dass seine Bestimmung größte Aufmerksamkeit verdient. Dabei ist die tatsächliche Veror-

---

9 Rossbach, Europäische Insolvenzverwalter in Deutschland, Dissertation (2004), 2006, S. 6.

10 Im Folgenden wird zu Gunsten der Übersichtlichkeit auf die Anführungszeichen bei diesem Begriff verzichtet.

11 Art. 3 Abs. 1 und Art. 4 EuInsVO.

12 Bock/Muhri, Das neue Insolvenzrecht: Kurzkommentar zur Europäischen Insolvenzverordnung und Insolvenzrechts-Novelle 2002, 2002, zu Art. 2, S. 62.

13 Siehe zu diesem Grundsatz Wiórek, Das Prinzip der Gläubigergleichbehandlung im Europäischen Insolvenzrecht, Dissertation, 2005.

14 Vallens, Une procédure collective ouverte à l'étranger contre une société française peut être reconnue sauf méconnaissance de l'ordre public, Note sous Cour de cassation, com. 27 juin 2006, Recueil Dalloz 2006 Jurisprudence S. 2258.

tung des Mittelpunktes der hauptsächlichen Interessen des Schuldners ein schwieriges Unterfangen, da es sich um einen in hohem Maße auslegungsbedürftigen Begriff handelt.[15]
Gerade in jüngster Zeit hat die bereits seit dem Inkrafttreten der Verordnung geführte Debatte um die Auslegung des Begriffes des Mittelpunktes der hauptsächlichen Interessen durch die *zwei ersten Urteile des Europäischen Gerichtshofes* zur Europäischen Insolvenzverordnung eine entscheidende Orientierung erhalten.[16] Aus diesem aktuellen Anlass soll im ersten Teil der Arbeit der stark auslegungsbedürftige Begriff des Mittelpunktes der hauptsächlichen Interessen einer ausführlichen Analyse, insbesondere anhand der Rechtsprechung der nationalen Gerichte sowie nun auch des Europäischen Gerichtshofes, unterzogen werden. Eine weitere Erkenntnisquelle, welche das System der Europäischen Insolvenzverordnung und ihres Schlüsselbegriffes erhellen kann, liegt in den autonomen internationalen Insolvenzrechten der Mitgliedstaaten, da sie das Umfeld bilden, in welchem sich die gemeinschaftsrechtliche Regelung entwickelte. Beispielhaft anhand des französischen und des deutschen autonomen internationalen Insolvenzrechtes sollen Unterschiede und Gemeinsamkeiten zur Europäischen Insolvenzverordnung aufgezeigt werden.
Auf Grundlage dieser Untersuchung kann sodann im zweiten Teil der Arbeit eine Bewertung des Anknüpfungskriteriums des Mittelpunktes der hauptsächlichen Interessen erfolgen. Nach der Identifizierung der durch das europäische Zuständigkeitssystem betroffenen Interessen wird untersucht, wie diesen im Rahmen der Europäischen Insolvenzverordnung Rechnung getragen wird. Darauf aufbauend kann beurteilt werden, ob die Anknüpfung an den schuldnerischen Mittelpunkt der hauptsächlichen Interessen sich innerhalb dieses Systems als gelungen erweist. Sowohl die Instrumente der *ökonomischen Analyse des Rechts* als auch die Begutachtung unter dem „klassisch-juristischen“ Blickwinkel ermöglichen hierbei, Aussagen darüber zu treffen, wo im Hinblick auf die mit der Europäischen Insolvenzverordnung verfolgten Ziele Verbesserungspotential besteht und wie dieses genutzt werden kann.

---

[15] Paulus, Europäische Insolvenzverordnung, Kommentar 2006, zu Art. 3, Rn. 19, S. 124.

[16] Urteil des Gerichtshofes (Große Kammer) vom 17. 01. 2006, Rs. C-1/04, Staubitz-Schreiber und Urteil des Gerichtshofes (große Kammer), 02. Mai 2006, Rs. C-341/04, Eurofood IFSC Ltd..

Teil 1: Das europäische System zur Bestimmung der insolvenzrechtlichen internationalen Zuständigkeit

Der Schlüsselbegriff der Europäischen Insolvenzverordnung, der Mittelpunkt der hauptsächlichen Interessen des Schuldners, soll im Folgenden in seinem unmittelbaren Kontext, der Europäischen Insolvenzverordnung, sowie seinem weiteren Umfeld, den autonomen internationalen Insolvenzrechten der Mitgliedstaaten, dargestellt werden (Kapitel 1).
Im Anschluss wird der Blick auf diejenigen gelenkt, in deren Händen die Umsetzung des Systems der Europäischen Insolvenzverordnung liegt: Die Richter (Kapitel 2).

1. Kapitel: Analyse des Mittelpunktes der hauptsächlichen Interessen unter vergleichender Heranziehung des französischen und deutschen internationalen Insolvenzrechts

Die Europäische Insolvenzverordnung wählt als Anknüpfungspunkt für die internationale Zuständigkeit den „Mittelpunkt der hauptsächlichen Interessen des Schuldners". Dieser Begriff der Verordnung ist – so wie der gesamte Verordnungstext – als Teil des Gemeinschaftsrechts autonom auszulegen,[17] weshalb eine Anlehnung an nationale Termini oder Theorien ausscheidet. Die systematische Analyse des Begriffes des Mittelpunktes der hauptsächlichen Interessen beginnt daher mit einer überblicksartigen Darstellung des Systems der Europäischen Insolvenzverordnung selbst (A).
Dennoch muss eine umfassende Analyse der europäischen Rechtslage auch die Regelungen in den einzelnen Mitgliedstaaten beleuchten, da die bestehenden Unterschiede und die im nationalen Recht diskutierten Probleme wertvolle Ansatzpunkte für die Diskussion auf europäischer Ebene liefern. Der Weg zum Verständnis der Europäischen Insolvenzverordnung und ihrer Stärken sowie ihrer Schwächen muss somit über eine Betrachtung des nationalen Rechts führen. Im Rahmen dieser Arbeit dienen das französische und das deutsche Recht als Basis dieser vergleichenden Analyse (B).

---

[17] Virgós/Schmit, Erläuternder Bericht zu dem EU-Übereinkommen über Insolvenzverfahren, abgedruckt in deutscher Sprache (nach Überarbeitung durch die Gruppe der Rechts- und Sprachsachverständigen, Doc. 6500/1/96 REV 1) in „Vorschläge und Gutachten zur Umsetzung des EU-Übereinkommens über Insolvenzverfahren im deutschen Recht", vorgelegt von Hans Stoll, 1997, S. 32 ff., Rn. 43; Haubold, Europäische Insolvenzverordnung, Rn. 15, in Gebauer/Wiedmann (Hrsg.), Zivilrecht unter europäischem Einfluss, S. 1432.

A) Das System der Europäischen Insolvenzverordnung

Ziel der Europäischen Insolvenzverordnung ist, effiziente und wirksame grenzüberschreitende Insolvenzverfahren zu ermöglichen, weshalb sie die internationale Zuständigkeit für die Eröffnung dieser Insolvenzverfahren, das anwendbare Recht sowie die Anerkennung dieser Eröffnungsentscheidung gemeinschaftsweit einheitlich festlegt.[18] Wie sich in der Praxis gezeigt hat, sind im System der Europäischen Insolvenzverordnung jedoch nicht alle Fragestellungen klar und eindeutig geregelt,[19] so dass ein weiter Spielraum verbleibt, in dem die Rechtsprechung zu unterschiedlichen Ergebnissen gekommen ist. Diese Rechtsunsicherheit besteht insbesondere auch in Bezug auf den Schlüsselbegriff der Verordnung, den Mittelpunkt der hauptsächlichen Interessen, für welchen die Verordnung keine Legaldefinition enthält.[20] Um zu einem umfassenden Verständnis dieses Anknüpfungskriteriums zu gelangen, soll daher zunächst auf die von der Europäischen Insolvenzverordnung gemachten Vorgaben eingegangen werden, um anschließend zu betrachten, welchen entscheidenden Einfluss die Rechtsprechung in diesem Bereich ausgeübt hat.

1.) Kernaussagen und Regelungslücken der Verordnung

Um die Bedeutung des Begriffes des Mittelpunktes der hauptsächlichen Interessen im Sinne der Europäischen Insolvenzverordnung erschließen zu können, muss zunächst analysiert werden, welche Aussagen sich unmittelbar aus der Verordnung entnehmen lassen. Im Anschluss sind die Fragen zu thematisieren, welche die Verordnung in Bezug auf den schuldnerischen Interessenmittelpunkt offen lässt. So werden die Konturen des Begriffes deutlich, welche das Feld abstecken, innerhalb dessen die Rechtsprechung konkrete Lösungen erarbeiten muss.

a) Die Kernaussagen der Europäischen Insolvenzverordnung

Der Mittelpunkt der hauptsächlichen Interessen als Schlüsselbegriff der Europäischen Insolvenzverordnung ist in deren Gesamtsystem eingebettet. Dementsprechend werden im Folgenden zunächst die wesentlichen Aussagen der Verordnung betreffend dieses Gesamtsystem überblicksartig vorgestellt.[21] Im Anschluss werden die Bestimmungen genauer analysiert, welche die Europäi-

---

[18] Erwägungsgründe (2) und (6) EuInsVO.

[19] Paulus spricht von einem „bisweilen durchaus fragmentarischen Charakter der Verordnung“; Paulus, Europäische Insolvenzverordnung, Kommentar 2006, Einleitung, Rn. 15, S. 63.

[20] Bock/Muhri, Das neue Insolvenzrecht: Kurzkommentar zur Europäischen Insolvenzverordnung und Insolvenzrechts-Novelle 2002, 2002, zu Art. 2, S. 62.

[21] Die genaue Analyse der einzelnen Verfahren erfolgt im zweiten Teil der Arbeit im Zusammenhang mit der Zielsetzung der Europäischen Insolvenzverordndung.

sche Insolvenzverordnung bezüglich des Begriffes des Mittelpunktes der hauptsächlichen Interessen enthält.

aa) Das Modell der „eingeschränkten Universalität" mit Option zur Pluralität – Ergebnis einer langen Entstehungsgeschichte

Die Analyse des Systems der Europäischen Insolvenzverordnung muss in besonderem Maße deren Entstehungsgeschichte mit einbeziehen, da sich aus letzterer Erkenntnisse über die Bedeutung der in der Verordnung enthaltenen Regelungen gewinnen lassen.[22] Die Betrachtung des historischen Kontextes ermöglicht insbesondere die Relevanz des Erläuternden Berichtes[23] aus dem Jahre 1996 zu dem (weitestgehend mit der Europäischen Insolvenzverordnung übereinstimmenden) EU-Übereinkommen vom 23. November 1995 von Professor Miguel Virgós und Etienne Schmit, für die Auslegung der Europäischen Insolvenzverordnung offen zu legen.[24] Auf dieser Grundlage kann sodann ein Überblick über das von der Verordnung gewählte „Kombinationsmodell" gegeben werden.

(1) Der historische Kontext

Der Ausgangspunkt der Bemühungen um eine gemeinschaftsweite Regelung des internationalen Insolvenzrechts lässt sich trefflich mit einem Zitat aus dem Erläuternden Bericht von Virgós/Schmit beschreiben: „Bislang war die insolvenzrechtliche Lage in der Gemeinschaft aus der Sicht des Internationalen Privatrechts eher entmutigend."[25] In dieser Aussage spiegelt sich das lange und über weite Strecken erfolglose Ringen um eine gemeinsame Regelung wider, dessen rückblickende Betrachtung für das Verständnis der heutigen Rechtslage fruchtbar gemacht werden kann. So soll im Folgenden kurz auf die historische Entwicklung des europäischen internationalen Insolvenzrechts eingegangen werden.[26]

---

[22] Ausführlich zur Genesis der EuInsVO Wessels, International Insolvency Law, Volume X, 2006, Rn. 10434 ff., S. 229 ff.; Vogler, Die internationale Zuständigkeit für Insolvenzverfahren, 2004, S. 67.

[23] Abgedruckt in „Vorschläge und Gutachten zur Umsetzung des EU-Übereinkommens über Insolvenzverfahren im deutschen Recht", vorgelegt von Hans Stoll, 1997, S. 32 ff..

[24] Duursma, in D-K/D/Ch, Europäische Insolvenzverordnung, Kommentar 2002, Geschichte der EuInsVO, Rn. 10, S. 5; Wessels, International Insolvency Law, 2006, Rn. 10439, S. 233.

[25] Virgós/Schmit, Erläuternder Bericht, Rn. 7.

[26] Eine ausführlichere Darstellung der Entstehungsgeschichte der Verordnung findet sich bspw. bei Paulus, Europäische Insolvenzverordnung, Kommentar 2006, Einleitung Rn. 1 ff., S. 57 ff.; vgl. auch Smid, Deutsches und Europäisches Internationales Insolvenzrecht, Kommentar 2004, Vorbemerkungen zu Art. 1 EuInsVO, Rn. 1 f.; Vogler, Die internationale Zuständigkeit für Insolvenzverfahren, 2004, S. 67, m.w.N..

Die ersten Bemühungen um ein einheitliches europäisches internationales Insolvenzrecht, die gleichsam als „die unmittelbaren Wurzeln" der Europäischen Insolvenzverordnung bezeichnet werden können, stützten sich bereits zu Beginn der sechziger Jahre auf Artikel 220 Spiegelstrich 4 EWG-Vertrag a. F..[27] Auf dieser Grundlage begannen die Mitgliedstaaten auf Anregung der Kommission[28] zunächst mit der Ausarbeitung des Europäischen Übereinkommens über die gerichtliche Zuständigkeit in Zivil- und Handelssachen[29]; während derer man sich der Komplexität und des großen Konfliktpotentials des Insolvenzrechts bewusst wurde, so dass man diesen Bereich ausgliederte[30] und für ihn ein gesondertes Übereinkommen vorsah.[31] Der am 08. 02. 1960 durch Beschluss der ständigen Vertreter eingesetzte Ausschuss aus Regierungssachverständigen legte im Februar 1970 einen ersten Entwurf für ein Europäisches Insolvenzübereinkommen vor.[32] Er ging grundsätzlich vom Prinzip der Einheit sowie der Universalität[33] aus und knüpfte die internationale Zuständigkeit grundsätzlich an das *Geschäftszentrum* des Schuldners, sah subsidiär jedoch auch eine Anknüpfung an eine *Niederlassung* des Schuldners oder ein nach einzelstaatlichem Recht gegebenes Zuständigkeitskriterium vor.[34] Der Entwurf wurde vor allem

---

[27] Dieser verpflichtete die Mitgliedstaaten dazu, „Verhandlungen einzuleiten, um zugunsten ihrer Staatsangehörigen die Vereinfachung der Förmlichkeiten für die Anerkennung und Vollstreckung richterlicher Entscheidungen und Schiedssprüche sicherzustellen", Paulus, Europäische Insolvenzverordnung, Kommentar 2006, Einleitung Rn. 2, S. 58.

[28] Die Kommission der Europäischen Wirtschaftsgemeinschaft forderte die Mitgliedstaaten in einer Note vom 22. 11. 1959 dazu auf, Verhandlungen über die Vereinfachung der Förmlichkeiten für die Anerkennung und Vollstreckung richterlicher Entscheidungen und Schiedssprüche aufzunehmen; Paulus, Europäische Insolvenzverordnung, Kommentar 2006, Einleitung Rn. 2, S. 58.

[29] Dieses Übereinkommen, auch bekannt als Brüsseler Übereinkommen, wurde 1968 verabschiedet und mittlerweile weitestgehend durch die am 1. März 2002 in Kraft getretene Europäische Gerichtsstands- und Verfahrensverordnung (EuGVVO, auch EuGVO oder Brüssel-I-Verordnung genannt) ersetzt (letztere gilt nicht für Dänemark, wo das Brüsseler Übereinkommen fortgilt); eine Gegenüberstellung beider Regelungswerke findet sich bei Rauscher, EuGVÜ-Synopse, abrufbar unter http://iprserv.jura.uni-leipzig.de/download/synopse.pdf (zuletzt aufgerufen am 12. 04. 2007).

[30] Artikel 1 Abs. 2 des Brüsseler Übereinkommens nimmt Konkurse, Vergleiche und ähnliche Verfahren von seinem Anwendungsbereich aus. Vgl dazu auch Lienhard, Convention de Bruxelles : exclusion des actions dérivant directement de la faillite, Recueil Dalloz 2005 Sommaires commentés, S. 1553.

[31] Veder, Cross-border insolvency proceedings and security rights, Dissertation 2004, S. 94.

[32] Kommission der Europäischen Gemeinschaften, Vorentwurf eines Übereinkommens über den Konkurs, Vergleiche und ähnliche Verfahren vom 16. 02. 1970, EG-Dok-3327/XIV/1/70-D, abgedruckt in Kegel/Thieme (Hrsg.), Vorschläge und Gutachten zum Entwurf eines EG-Konkursübereinkommens, 1988, S. 3ff.; zitiert nach Duursma, in D-K/D/Ch, Europäische Insolvenzverordnung, Kommentar 2002, Geschichte der EuInsVO, Rn. 4, S. 2/3, (Fn. 2).

[33] Zu diesen Begriffen ausführlich im Folgenden.

[34] Vogler, Die internationale Zuständigkeit für Insolvenzverfahren, 2004, S. 69.

aufgrund seiner durch zahlreiche Ausnahmen vom Prinzip der Einheit bedingten Komplexität kritisiert.[35] Diese Kritik hielt auch bei dem Nachfolgeentwurf von 1980 an, welcher sich nur wenig von dem Entwurf von 1970 unterschied und welcher schließlich aufgrund seiner zu komplizierten und damit unpraktikablen Regelungen scheiterte.[36]
Im Laufe der achtziger Jahre kam es auf Initiative des Europarates zur Ausarbeitung eines Konkursübereinkommens, welches 1990 als „Europäisches Übereinkommen über bestimmte internationale Aspekte des Konkurses" in Istanbul unterzeichnet wurde,[37] jedoch mangels Ratifikation durch mindestens drei Staaten nicht in Kraft getreten ist.[38]
Eine erneute innergemeinschaftliche Initiative zur Schaffung eines europäischen Übereinkommens bezüglich des (europäischen) internationalen Insolvenzrechtes wurde 1989 gestartet und führte zur Ausarbeitung mehrerer Entwürfe, die schlussendlich zur Unterzeichnung des Europäischen Insolvenzübereinkommens durch zwölf Mitgliedstaaten am 23. November 1995 und zwei weiterer Mitgliedstaaten bis zum Ende der Zeichnungsfrist am 23. Mai 1996 führten.[39] Lediglich Großbritannien verweigerte aufgrund (sachfremder) politischer Motive – genannt werden hier insbesondere der Streit um das Importverbot für britisches Rindfleisch aufgrund der BSE-Seuche sowie die Gibraltar-Frage[40] – seine Unterschrift und verhinderte damit ein Inkrafttreten des Übereinkommens.[41] Trotz des Scheiterns des Europäischen Insolvenzübereinkommens stellt es doch einen Meilenstein auf dem Weg zu einer Einigung über ein einheitliches europäisches internationales Insolvenzrecht dar.[42] Indem es entgegen früherer

[35] Paulus, Europäische Insolvenzverordnung, Kommentar 2006, Einleitung Rn. 4, S. 58/59.
[36] Carstens, Die internationale Zuständigkeit im europäischen Insolvenzrecht, 2005, S. 25.
[37] Daher auch „Istanbuler Übereinkommen" genannt.
[38] Das Istanbuler Übereinkommen ist unter http://www.conventions.coe.int/treaty/en/Treaties/Html/136.htm in englischer Fassung abrufbar, der Stand der Ratifizierungen ist abrufbar unter http://conventions.coe.int/Treaty/Commun/ChercheSig.asp?NT=136&CM=8&DF=2/19/05&CL=ENG (beide zuletzt aufgerufen am 26. 04. 2007).
[39] EU-Übereinkommen über Insolvenzverfahren, abgedruckt in Stoll, Vorschläge und Gutachten zur Umsetzung des EU-Übereinkommens über Insolvenzverfahren im deutschen Recht, 1997, S. 3 ff.; vgl. auch Paulus, Europäische Insolvenzverordnung, Kommentar 2006, Einleitung Rn. 9, S. 60; siehe zu diesem Übereinkommen auch Vallens, Le droit européen de la faillite: la Convention relative aux procédures d'insolvabilité, Recueil Dalloz 1995 Commentaires législatifs, S. 217 sowie Vallens, Le droit européen de la faillite: premiers commentaires de la convention relative aux procédures d'insolvabilité, Recueil Dalloz 1995 Chroniques, S. 307.
[40] Vgl. Vogler, Die internationale Zuständigkeit für Insolvenzverfahren, 2004, S. 72, Fn. 143 m.w.N..
[41] Für dessen Inkrafttreten waren Unterzeichnung durch alle (damals) 15 Mitgliedstaaten erforderlich, vgl. Duursma, in D-K/D/Ch, Europäische Insolvenzverordnung, Kommentar 2002, Geschichte der EuInsVO, Rn. 6, S. 4.
[42] Paulus, Europäische Insolvenzverordnung, Kommentar 2006, Einleitung, Rn. 10, S. 61.

Entwürfe eine *Abkehr vom strengen Einheitsprinzip* vornahm und im Sinne einer „moderierten“ Form der Universalität neben einem universellen Hauptverfahren auch territorial begrenzte Partikularverfahren zuließ, sah es eine einfachere und vor allem inhaltlich kompromissfähige[43] gesamteuropäische Lösung vor.[44]
Durch das Inkrafttreten des Amsterdamer Vertrages am 1. Mai 1999, der den neuen Titel IV („Visa, Asyl, Einwanderung und andere Politiken betreffend den freien Personenverkehr“) und innerhalb dieses Titels insbesondere *Artikel 65 EG-Vertrag* einführte,[45] wurde eine neue Rechtsgrundlage für den Erlass einer Verordnung als sekundärer Gemeinschaftsrechtsakt im Bereich des internationalen Insolvenzrechts geschaffen.[46] Auf Initiative Deutschlands und Finnlands, welche das Europäische Insolvenzübereinkommen von 1995 unter nur sehr geringen Anpassungen als Vorschlag für eine Maßnahme nach den Artikeln 65 EG i.V.m. 61 c) EG und 67 Abs. 1 EG vorlegten,[47] wurde am 29. Mai 2000 vom Rat der Europäischen Union die Verordnung (EG) Nr. 1346/2000 über Insolvenzverfahren („Europäische Insolvenzverordnung“, EuInsVO) erlassen.[48] Gemäß ihrem Artikel 47 trat die Verordnung am 31. Mai 2002 in Kraft und beansprucht seitdem gemäß Artikel 249 Abs. 2 EG-Vertrag unmittelbare Geltung. Damit wurde die Lücke, welche das Europäische Übereinkommen über die

---

43 Die Opposition Großbritanniens erfolgte wie bereits dargestellt nicht aufgrund inhaltlicher Vorbehalte, sondern war anderweitig motiviert (BSE-Krise, Gibraltar-Frage).

44 Duursma, in D-K/D/Ch, Europäische Insolvenzverordnung, Kommentar 2002, Geschichte der EuInsVO, Rn. 6, S. 4.

45 Damit wurden mit dem Ziel des schrittweisen Aufbaus eines Raumes der Freiheit, der Sicherheit und des Rechts unter anderem die justizielle Zusammenarbeit in Zivilsachen von der intergouvernementalen Dritten Säule der Union („Zusammenarbeit in den Beriechen Justiz und Inneres“) in die supranationale Erste Säule, den EG-Vertrag, überführt; vgl. Bergmann, in Lenz/Borchardt (Hrsg.), EU- und EG-Vertrag, Kommentar 2006, Vorbem. Art. 61-61, Rn 5, S. 855 und zu Art. 65, vor Rn. 1, S. 881 sowie Duursma, in D-K/D/Ch, Europäische Insolvenzverordnung, Kommentar 2002, Europarechtliche Aspekte, Rn. 2, S. 24.

46 Artikel 65 EG-Vertrag bestimmt: *„Die Maßnahmen im Bereich der justiziellen Zusammenarbeit in Zivilsachen mit grenzüberschreitenden Bezügen, die, soweit sie für das reibungslose Funktionieren des Binnenmarktes erforderlich sind, nach Artikel 67 zu treffen sind, schließen ein: a) Verbesserung und Vereinfachung [...] [3.Spieglestrich:] der Anerkennung und Vollstreckung gerichtlicher und außergerichtlicher Entscheidungen in Zivil- und Handelssachen.[...] c) Beseitigung der Hindernisse für eine reibungslose Abwicklung von Zivilverfahren, erforderlichenfalls durch Förderung der Vereinbarkeit der in den Mitgliedstaaten geltenden zivilrechtlichen Verfahrensvorschriften.* Er ist im Zusammenhang mit Artikel 61 EG-Vertrag zu lesen, der bestimmt: *„Zum schrittweisen Aufbau eines Raums der Freiheit, der Sicherheit und des Rechts erlässt der Rat [...] c) Maßnahmen im Bereich der justiziellen Zusammenarbeit in Zivilsachen nach Artikel 65.“*

47 Haubold, Europäische Insolvenzverordnung, in Gebauer/Wiedmann (Hrsg.), Zivilrecht unter europäischem Einfluss, 2005, S. 1432, Rn. 13; Weber, Die Vergemeinschaftung des internationalen Privatrechts, Dissertation 2004, S. 188/189.

48 Amtsblatt der Europäischen Gemeinschaften vom 30. 6. 2000, L 160/1.

gerichtliche Zuständigkeit in Zivil- und Handelssachen im insolvenzrechtlichen Bereich gelassen hatte, weitestgehend geschlossen.[49]
Allerdings gilt die Europäische Insolvenzverordnung entgegen dem Wortlaut des Artikels 249 Abs. 2 EG nicht in jedem Mitgliedstaat der Gemeinschaft. Aufgrund ihrer Kompetenzgrundlage – Artikel 65 aus Titel IV EG-Vertrag – ergibt sich aus Artikel 69 EG i.V.m. dem in ihm genannten „Protokoll über die Position des Vereinigten Königreichs und Irlands“ sowie dem „Protokoll über die Position Dänemarks“ eine Sonderstellung dieser drei Mitgliedstaaten.[50] In dem Protokoll betreffend das Vereinigte Königreich und Irland ist in den Artikeln 1 und 2 vorgesehen, dass diese Mitgliedstaaten sich grundsätzlich weder an der Annahme von Maßnahmen nach Titel IV des EG-Vertrages beteiligen, noch von diesen gebunden werden.[51] Allerdings haben beide Mitgliedstaaten nach Artikel 3 des betreffenden Protokolls die Möglichkeit eines *„opting-in“* bezüglich dieser Maßnahmen. Von dieser Option der freiwilligen Beteiligung wurde im Falle der Europäischen Insolvenzverordnung sowohl von Großbritannien als auch von Irland Gebrauch gemacht, so dass diese ihnen gegenüber bindend und anwendbar wurde.[52] Das Protokoll über die Position Dänemarks sieht in seinen Artikeln 1 und 2 die gleiche Sonderstellung bezüglich Beteiligung und Anwendbarkeit des Titels IV EG-Vertrag vor,[53] enthält jedoch keine Vorschrift, die eine freiwillige Beteiligung ermöglichen würde. Demnach war Dänemark eine Beteiligung an der Europäischen Insolvenzverordnung unmöglich und somit der Weg zu deren Anwendbarkeit versperrt, so dass die Verordnung Dänemark nicht bindet.[54] Dänemark ist mithin in Bezug auf die Europäische Insolvenzverordnung in der Position eines „Drittstaates“.
Für die zehn neuen Mitgliedstaaten, welche der Europäischen Union im Rahmen der fünften Erweiterungsrunde („EU-Osterweiterung“) am 1. Mai 2004 beitraten, ist die Europäische Insolvenzverordnung mit deren Aufnahme in die EU, also ebenfalls am 1. Mai 2004, in Kraft getreten.[55] Seit dem Beitritt Bulgariens

---

[49] Wessels, European Insolvency law: statutory scheme or messy mixture?, International Insolvency Institute, New York, 6-7 June 2005, S. 3/11, abrufbar unter http://www.iiiglobal .org/country/european_union/060914Wessels.PDF (zuletzt aufgerufen am 30. 04. 2007).
[50] Zur Position Dänemarks (am Bsp. der EuGVVO) Wagner, Zur Vereinheitlichung des Internationalen Privat- und Zivilverfahrensrechts sieben Jahre nach In-Kraft-Treten des Amsterdamer Vertrags, EuZW 2006, S. 426.
[51] Dieses Protokoll ist abgedruckt in der Textausgabe Europarecht 16. Auflage, Nomos 2004, S. 48.
[52] Vgl. Erwägungsgrund (32) EuInsVO.
[53] Dieses Protokoll ist abgedruckt in der Textausgabe Europarecht 16. Auflage, Nomos 2004, S. 50.
[54] Vgl. Erwägungsgrund (33) EuInsVO.
[55] Paulus, Europäische Insolvenzverordnung, Kommentar 2006, zu Art. 3, Rn. 10, S. 121.

und Rumäniens zur Europäischen Union am 1. Januar 2007[56] gilt die Europäische Insolvenzverordnung auch für diese beiden neuen Mitgliedstaaten[57] und somit für 26 Mitgliedstaaten der EU (alle mit Ausnahme Dänemarks).
Aus der Entstehungsgeschichte der Europäischen Insolvenzverordnung wird ersichtlich, warum die Gesetzgebungsmaterialien zu dem Europäischen Insolvenzübereinkommen von 1995 auch für die Auslegung der – beinahe gleichlautenden – Europäischen Insolvenzverordnung herangezogen werden können und warum insbesondere der von Professor Virgós und Herrn Schmit verfasste „Erläuternde Bericht zu dem EU-Übereinkommen über Insolvenzverfahren" eine wichtige Erkenntnis- und Interpretationsquelle auch für die Vorschriften der Europäischen Insolvenzverordnung darstellt.[58] Durch die Übernahme der Kernaussagen des Erläuternden Berichtes in die ausführlichen einleitenden Erwägungsgründe der Europäischen Insolvenzverordnung hat der Verordnungsgeber einen klaren Hinweis auf dessen Bedeutung für die Auslegung der Verordnung gegeben.[59] Dies wird für die weitere Analyse der Verordnung und insbesondere ihres Schlüsselbegriffes, dem Mittelpunkt der hauptsächlichen Interessen, von großer Bedeutung sein.

(2) Das Kombinationsmodell[60] der Europäischen Insolvenzverordnung: System der „koordinierten Universalität"[61]

Im Folgenden wird das von der Verordnung gewählte Kombinationsmodell dargestellt, welches den Kontext bildet, innerhalb dessen das Anknüpfungskriterium des Mittelpunktes der hauptsächlichen Interessen seine Wirkung entfaltet.

---

56 Siehe dazu den Vertrag zwischen den 25 „alten" Mitgliedstaaten und Bulgarien und Rumänien über deren Beitritt, Abl.EU vom 21. 06. 2005, L 157/11, abrufbar unter http://eur-lex.europa.eu/LexUriServ/site/de/oj/2005/l_157/l_15720050621de00110027.pdf (zuletzt aufgerufen am 30. 04. 2007).

57 Artikel 2 i.V.m. Artikel 1 Abs. 2 des Protokolls über die Bedingungen und Einzelheiten der Aufnahme der Republik Bulgarien und Rumäniens in die Europäische Union, abrufbar unter http://eur-lex.europa.eu/LexUriServ/site/de/oj/2005/l_157/l_15720050621de00290045.pdf (zuletzt aufgerufen am 30. 04. 2007).

58 Haubold, Europäische Insolvenzverordnung, 2005, S. 1432, Rn. 13; Duursma, in D-K/D/Ch, Europäische Insolvenzverordnung, Kommentar 2002, Geschichte der EuInsVO, Rn. 10, S. 5; die Wichtigkeit des Erläuternden Berichtes betont auch Wessels, International Insolvency Law, 2006, Rn. 10439, S. 233.

59 Vgl. dazu Duursma, in D-K/D/Ch, Europäische Insolvenzverordnung, Kommentar 2002, Geschichte der EuInsVO, Rn. 10, S. 5.

60 Virgós/Schmit, Erläuternder Bericht, Rn.12; Vogler, Die internationale Zuständigkeit für Insolvenzverfahren, 2004, S. 59.

61 Wessels, EU Insolvency regulation and its impact on european business, CESifo DICE Report 1/2006, S. 20; sowie Wessels, International Insolvency Law, 2006, S. 517.

(2.1) Kombination von Haupt- und Partikularverfahren

Ausgehend von den zwei Grundprinzipien des internationalen Insolvenzrechts, dem Universalitäts- und dem Territorialitätsprinzip, geht die Europäische Insolvenzverordnung einen Mittelweg, welcher beide Prinzipien kombiniert.[62]

(2.1.1) Die zwei Grundprinzipien des internationalen Insolvenzrechtes: Das Universalitäts- und das Territorialitätsprinzip

Bezüglich des räumlichen Wirkungskreises eines Insolvenzverfahrens gibt es im internationalen Insolvenzrecht zwei gegensätzliche Prinzipien,[63] deren Darstellung vorliegend von besonderem Interesse ist, weil die Europäische Insolvenzverordnung beide Prinzipien verknüpft. Das sogenannte *Universalitätsprinzip* geht von einer universellen Wirkungsentfaltung des Insolvenzverfahrens aus, während das sogenannte *Territorialitätsprinzip* ihm nur territorial beschränkte Wirkungen zugesteht.[64]

Universalität des Insolvenzverfahrens liegt vor, wenn das eröffnete Verfahren sich über die Landesgrenzen des Eröffnungsstaates hinaus auch auf alle im Ausland belegenen Vermögensgegenstände des Schuldners erstreckt. Das gesamte Vermögen des Schuldners wird so zum Gegenstand des Insolvenzverfahrens und „unterfällt weltweit ab Eröffnung des Verfahrens der Beschlagnahme“.[65] Da durch diese Erstreckung die Souveränität der ausländischen Staaten betroffen ist, können grundsätzlich nur diese selbst in ihren nationalen Insolvenzrechten eine derartige Wirkung des ausländischen Insolvenzverfahrens auf ihrem Hoheitsgebiet vorsehen.[66]

Oft gepaart, jedoch keinesfalls mit dem Universalitätsprinzip identisch, ist der Grundsatz der *Einheit des Verfahrens*, der besagt, dass in Bezug auf einen Schuldner – auch im Falle der Belegenheit von Schuldnervermögen in verschiedenen Staaten – nur ein einziges (zwangsläufig universelles) Insolvenzverfahren eröffnet werden soll.[67] Das Pendant zum Grundsatz der Einheit des Verfahrens bildet das *Pluralitätsprinzip*, welches die Möglichkeit einer Koexistenz mehrerer paralleler Insolvenzverfahren vorsieht. Hier zeigt sich auch deutlich, warum die Einheit des Verfahrens nicht mit dem Universalitätsprinzip und die Pluralität

---

62 Virgós/Schmit, Erläuternder Bericht, Rn. 12; Wessels, International Insolvency Law, 2006, Rn. 10454, S. 240 spricht in diesem Zusammenhang von einem “neutral compromise in relation to the prevailing principles of regulation of international insolvencies”.

63 Le Corre, Droit et Pratique des Procédures Collectives, 2006, Rn. 090.09, S. 65 ; Guzman, International Bankruptcy: In Defense of Universalism, Michigan Law Review, Vol. 98, June 2000, S. 2179.

64 Vgl. Mélin, Conflits de juridictions et procédures européennes d'insolvabilité. Approche critique, Bulletin Joly Sociétés – Août-septembre 2005, S. 928.

65 Virgós/Schmit, Erläuternder Bericht, Rn. 19 a).

66 Smid, Deutsches und Europäisches Internationales Insolvenzrecht, Kommentar 2004, Einleitung, Rn. 2, S. 1.

67 Vogler, Die internationale Zuständigkeit für Insolvenzverfahren, 2004, S. 56.

der Verfahren nicht mit dem Territorialitätsprinzip gleichgesetzt werden darf:[68] Ist in einem System Verfahrenspluralität möglich, bedeutet dies lediglich, dass (potentiell) mehrere Verfahren vorgesehen sind – darin ist jedoch noch keine Aussage über deren Hierarchie enthalten. So kann in einem System der Universalität ein (universell geltendes) Hauptinsolvenzverfahren durch die Zulässigkeit von (territorial begrenzten) ihm untergeordneten Sekundärverfahren ergänzt werden – im Grundsatz bleibt es trotz der Pluralität der Verfahren bei der Verwirklichung des Universalitätsprinzips; man spricht hier häufig von *„modifizierter Universalität"*.[69]

Das sogenannte Territorialitätsprinzip geht dagegen von einer allein auf das Hoheitsgebiet des Eröffnungsstaates beschränkten Wirkung eines Insolvenzverfahrens aus.[70] Daraus ergibt sich eine potentielle Vielzahl von Insolvenzverfahren, die parallel zueinander in unterschiedlichen Staaten ablaufen können und sich grundsätzlich nicht tangieren, da jedes von ihnen rein territoriale Wirkung entfaltet. Dieses System der gegenseitigen Abschottung in Bezug auf Insolvenzverfahren ist in Zeiten starker wirtschaftlicher Verflechtung, daraus resultierender komplizierter Vermögensstrukturen in verschiedenen Ländern und leichter Vermögensverschiebung nicht mehr geeignet, eine bestmögliche Befriedigung aller beteiligten Gläubiger zu gewährleisten.[71] Der wichtige insolvenzrechtliche Grundsatz der *Gläubigergleichbehandlung* („*par condicio creditorum*")[72] kann in einem System der territorialen Begrenzung der Insolvenzverfahren nicht verwirklicht werden.[73] Die Aufteilung des schuldnerischen Vermögens in territorial bezogene Vermögensmassen führt zu einer objektiv nicht zu rechtfertigenden Besser- oder Schlechterstellung einzelner Gläubiger und somit zu einer ungerechten Verteilungssituation.[74]

Die ganz überwiegende Meinung in der Literatur plädiert daher für die Ausrichtung des internationalen Insolvenzrechts an den Grundsätzen der (modifizierten) Universalität, da nur sie in der Lage ist, dem wirtschaftlichen Phänomen der zunehmenden Globalisierung und grenzüberschreitender Tätigkeit einen adäqua-

---

[68] Siehe dazu sehr ausführlich Carstens, Die internationale Zuständigket im Europäischen Insolvenzrecht, 2005, S. 10 f..

[69] Carstens, Die internationale Zuständigket im Europäischen Insolvenzrecht, 2005, S. 11.

[70] Smid, Deutsches und Europäisches Internationales Insolvenzrecht, Kommentar 2004, Einleitung, Rn. 5, S. 3.

[71] Vgl. von Boehmer, (Deutsches) Internationales Insolvenzrecht im Umbruch: Grundfragen grenzüberschreitender Insolvenzen, unter Berücksichtigung der UNCITRAL-Modellbestimmungen über grenzüberschreitende Insolvenzverfahren, Dissertation 2004, S. 12.

[72] Siehe zu diesem Grundsatz Wiórek, Das Prinzip der Gläubigergleichbehandlung im Europäischen Insolvenzrecht, Dissertation, 2005.

[73] Smid, Deutsches und Europäisches Internationales Insolvenzrecht, Kommentar 2004, Einleitung, Rn. 6, S. 3.

[74] Vgl. Carstens, Die internationale Zuständigket im Europäischen Insolvenzrecht, 2005, S. 9.

ten rechtlichen Rahmen im Insolvenzfall zu geben[75] und den Grundsatz der Gleichbehandlung aller Gläubiger Rechnung bestmöglich zu verwirklichen.[76] Ein großer Vorteil des Universalitätsprinzipes besteht weiter darin, dass das Vermögen des Schuldners unabhängig von seiner Belegenheit als Ganzes betrachtet werden kann, was insbesondere die Aufstellung eines Gesamtsanierungsplanes ermöglichen kann.

(2.1.2) Die Wahl der Europäischen Insolvenzverordnung: Das moderierte Universalitätsprinzip

So greift auch die Europäische Insolvenzverordnung grundsätzlich das System der Universalität und Einheit des Insolvenzverfahrens auf. Mit dem sogenannten *Hauptverfahren*[77] schafft die Verordnung ein Verfahren mit grundsätzlich universeller Wirkung[78] in allen Mitgliedstaaten mit Ausnahme Dänemarks.[79] Verankert ist das Hauptverfahren in *Artikel 3 EuInsVO*, der in seinem ersten Absatz die internationale Zuständigkeit der Gerichte des Mitgliedstaates bestimmt, in dessen Gebiet der Schuldner den *Mittelpunkt seiner hauptsächlichen Interessen* hat:[80]

Artikel 3
Internationale Zuständigkeit

(1) Für die Eröffnung des Insolvenzverfahrens sind die Gerichte des Mitgliedstaats zuständig, in dessen Gebiet der Schuldner den Mittelpunkt seiner hauptsächlichen Interessen hat. Bei Gesellschaften und juristischen Personen wird bis zum Beweis des Gegenteils vermutet, daß der Mittelpunkt ihrer hauptsächlichen Interessen der Ort des satzungsmäßigen Sitzes ist.

---

75 Vogler, Die internationale Zuständigkeit für Insolvenzverfahren, 2004, S. 55.

76 Braun/Heinrich, Finanzdienstleister in der „grenzüberschreitenden" Insolvenz – Lücken im System?, NZI Heft 11/2005, S. 579; vgl. auch Duursma-Kepplinger in D-K/D/Ch, Europäische Insolvenzverordnung, Kommentar 2002, zu Art. 3, Rn. 3, S. 123.

77 Vgl. zu diesem Begriff bspw. Duursma-Kepplinger in D-K/D/Ch, Europäische Insolvenzverordnung, Kommentar 2002, zu Art. 3, Rn. 5, S. 123; auch als Hauptinsolvenzverfahren bezeichnet, vgl. Artikel 27 EuInsVO.

78 So besagt Erwägungsgrund (12), S. 2 EuInsVO: „Dieses Verfahren [das Hauptverfahren] hat universale Geltung mit dem Ziel, das gesamte Vermögen des Schuldners zu erfassen." Damit werden die Mitgliedstaaten in ihrer Souveränität tangiert, was jedoch durch den EG-Vertrag gedeckt ist, Art. 65 EGV.

79 Wessels, International Jurisdiction to open Insolvency Proceedings in Europe, in particular against (Groups of) Companies, S. 7/31, abrufbar unter http://www.ilf-frankfurt.de/uploads/media/ILF_WP_017.pdf (zuletzt abgerufen am 10. 04. 2007).

80 Diese Verankerung des Hauptverfahrens in Artikel 3 EuInsVO wird auch in Artikel 27 EuInsVO deutlich.

Artikel 3 EuInsVO enthält eine direkte Zuständigkeitsregelung (compétence directe), da er unmittelbar die „Entscheidungszuständigkeit" der Gerichte und nicht nur deren „Anerkennungszuständigkeit" festlegt.[81] Welches der Gerichte des Mitgliedstaates, in dem der Schuldner seinen Mittelpunkt der hauptsächlichen Interessen hat, im Einzelnen örtlich und sachlich zuständig ist, regelt die Verordnung hingegen nicht – dies richtet sich vielmehr nach dem nationalen Recht.[82]

Durch Artikel 3 Abs. 1 EuInsVO hat der Verordnungsgeber den Mittelpunkt der hauptsächlichen Interessen des Schuldners zum zentralen Anknüpfungskriterium für die internationale Zuständigkeit bei grenzüberschreitenden Insolvenzverfahren und damit zum Schlüsselbegriff der Verordnung gemacht. Gesteigert wird die Bedeutung des Begriffes noch durch die Tatsache, dass das auf das Hauptverfahren anzuwendende Recht (die sogenannte „*lex concursus*") gemäß Artikel 4 Abs. 1 EuInsVO „das Insolvenzrecht des Mitgliedstaates, in dem das Verfahren eröffnet wird", ist. Der schuldnerische Interessenmittelpunkt ist somit nicht nur für das Insolvenzforum, sondern auch für das anzuwendende Insolvenzrecht maßgebend.

Der Verordnungsgeber hielt es jedoch für „nicht realisierbar", „ein einziges Insolvenzverfahren mit universaler Geltung für die gesamte Gemeinschaft" zu etablieren, da er bei „ausnahmslose[r] Anwendung des Rechts des Staates der Verfahrenseröffnung" aufgrund der großen Unterschiede der materiellen Insolvenzrechte der Mitgliedstaaten Schwierigkeiten sah.[83] Ein einziges, universelles Hauptverfahren birgt die Gefahr, zu weit von den lokalen Bedürfnissen der Gläubiger eines Mitgliedstaates entfernt zu sein, weshalb es in seiner reinen Form als unpraktikabel abgelehnt wurde.[84] Um die rechtlichen Interessen der lokalen Gläubiger ausreichend zu berücksichtigen und insbesondere der Tatsache Rechnung zu tragen, dass die materiellen Insolvenzrechte der Mitgliedstaaten trotz ihrer engen wirtschaftlichen Verbindungen im Binnenmarkt noch weit von einer Harmonisierung entfernt sind,[85] hat der Verordnungsgeber die Möglichkeit vorgesehen, Partikularinsolvenzverfahren zu eröffnen.[86]

---

[81] Duursma-Kepplinger in D-K/D/Ch, Europäische Insolvenzverordnung, Kommentar 2002, zu Art. 3, Rn. 1, S. 122.

[82] Vgl. dazu Paulus, Europäische Insolvenzverordnung, Kommentar 2006, zu Art. 3, Rn. 18, S. 124.

[83] Erwägungsgrund (11) EuInsVO.

[84] Virgós/Schmit, Erläuternder Bericht, Rn. 12 und 13; Paulus, Europäische Insolvenzverordnung, Kommentar 2006, Einleitung, Rn. 26, S. 67 der von „Zugeständnisse[n] an die Realität" spricht.

[85] Vgl. Mathieu-Bouyssou, Aperçu des règles de droit judiciaire privé relatives aux procédures d'insolvabilité européennes après le règlement communautaire n° 1346/2000, Recueil Dalloz, Cahier Droit des Affaires, 25 juillet 2002 Chronique S. 2245 und 2252.

[86] Lechner, Waking from the jurisdictional nightmare of multinational default: The European Council Regulation on insolvency proceedings, Arizona Journal of International

Artikel 3 Abs. 2 – 4 EuInsVO bestimmt daher:

„(2) Hat der Schuldner den Mittelpunkt seiner hauptsächlichen Interessen im Gebiet eines Mitgliedstaats, so sind die Gerichte eines anderen Mitgliedstaats nur dann zur Eröffnung eines Insolvenzverfahrens befugt, wenn der Schuldner eine Niederlassung im Gebiet dieses anderen Mitgliedstaats hat. Die Wirkungen dieses Verfahrens sind auf das im Gebiet dieses Mitgliedstaats belegene Vermögen des Schuldners beschränkt.

(3) Wird ein Insolvenzverfahren nach Absatz 1 eröffnet, so ist jedes zu einem späteren Zeitpunkt nach Absatz 2 eröffnete Insolvenzverfahren ein Sekundärverfahren. Bei diesem Verfahren muss es sich um ein Liquidationsverfahren handeln.

(4) Vor der Eröffnung eines Insolvenzverfahrens nach Absatz 1 kann ein Partikularverfahren nach Absatz 2 nur in den nachstehenden Fällen eröffnet werden:

a) falls die Eröffnung eines Insolvenzverfahrens nach Absatz 1 angesichts der Bedingungen, die in den Rechtsvorschriften des Mitgliedstaats vorgesehen sind, in dem der Schuldner den Mittelpunkt seiner hauptsächlichen hat, nicht möglich ist;

b) falls die Eröffnung des Partikularverfahrens von einem Gläubiger beantragt wird, der seinen Wohnsitz, gewöhnlichen Aufenthalt oder Sitz in dem Mitgliedstaat hat, in dem sich die betreffende Niederlassung befindet, oder dessen Forderung auf einer sich aus dem Betrieb dieser Niederlassung ergebenden Verbindlichkeit beruht.“

Diese Partikularinsolvenzverfahren können in den Mitgliedstaaten eröffnet werden, in denen der Schuldner eine Niederlassung hat,[87] und sind in ihren Wirkungen auf das im Gebiet des Eröffnungsstaates belegene Vermögen des Schuldners beschränkt.[88] Die Partikularinsolvenzverfahren folgen mithin dem *Prinzip der Territorialität* und stellen eine Mäßigung der universellen Wirkung des Hauptinsolvenzverfahrens dar.[89] Diese Abmilderung der Konsequenzen des Universalitätsprinzips ist unter anderem dem Umstand geschuldet, dass insbesondere die sehr unterschiedlichen nationalen Sachenrechte der Mitgliedstaaten zu Unstimmigkeiten bei der Rangbestimmung der Gläubiger führen würde.[90]

---

and Comparative Law, Vol. 19, No. 3, 2002, S. 1024: „While generally following the universality principle, the EC Regulation acknowledges the need to protect local creditors by allowing the commencement of secondary proceedings in certain instances." Abrufbar unter http://www.law.arizona.edu/Journals/AJICL/AJICL2002/vol193/Lechnernote.pdf (zuletzt aufgerufen am 13. 04. 2007).

[87] Genauer zu der Funktionsweise der Sekundärverfahren und dem Begriff der Niederlassung siehe unter Teil 2, 1. Kapitel, A) 2.) bb).

[88] Artikel 3 Abs. 2 EuInsVO.

[89] Ausführlicher zur Funktionsweise des Zusammenspieles zwischen Haupt- und Partikularverfahren unter Teil 2, 1. Kapitel, A) 2.).

[90] Siehe im Einzenen zu den Partikularverfahren unter Teil 2, 1. Kapitel, A) 2.) b) bb); Smid, Deutsches und Europäisches Internationales Insolvenzrecht, Kommentar 2004, Vorbe-

Aus der Systematik des Artikel 3 Abs. 2 bis 4 EuInsVO ergibt sich hierbei, dass unter den Oberbegriff der Partikularverfahren zum einen die *Sekundärverfahren* fallen.
Zum anderen fallen unter den Oberbegriff der Partikularverfahren die sogenannten *„Partikularverfahren im engeren Sinne“*,[91] die unter den Voraussetzungen des Artikels 3 Absatz 4 EuInsVO ohne vorherige Eröffnung eines Hauptverfahrens – also isoliert bzw. unabhängig von letzterem – eröffnet werden können.[92] Artikel 37 EuInsVO sieht hierbei vor, dass Partikularverfahren im engeren Sinne auf Antrag des Verwalters des Hauptverfahrens in Liquidationsverfahren umgewandelt werden, wenn dies im Interesse der Gläubiger des Hauptverfahrens ist.
Der Unterschied zwischen beiden Varianten der Partikularverfahren betrifft also die Begleitumstände ihrer Eröffnung: Wurde vor dem Territorialverfahren bereits ein Hauptverfahren eröffnet, so handelt es sich um ein Sekundärverfahren; ging ihm kein Hauptverfahren voraus so liegt ein Partikularverfahren im engeren Sinne vor.[93]
Aus dem von der Europäischen Insolvenzverordnung gewählten Ansatz, neben dem Hauptverfahren auch Partikularverfahren zuzulassen, ergibt sich, dass sie nicht strikt am Modell der Einheit des Verfahrens festhält, sondern vielmehr auch Verfahrenspluralität zulässt. Dabei kann jedoch auch hier – ähnlich wie bezüglich des Universalitätsprinzips – nicht von einer völligen Abkehr vom Einheitsgedanken ausgegangen werden, da die Europäische Insolvenzverordnung Partikularverfahren nur unter bestimmten Voraussetzungen zulässt.[94] Grundsätzlich hält die Verordnung an dem „Idealbild“[95] eines einzigen Insolvenzverfahrens mit universeller Wirkung fest, so dass von einem *Modell der eingeschrän-*

---

merkungen zu Art. 1 EuInsVO, Rn. 10, S. 10. Den Besonderheiten der nationalen Insolvenzrechte wurde in verschiedenen Bereichen auch dadurch Rechnung getragen, dass diese vom Universalitätsprinzip abweichend geregelt sind. Die Artikel 5 bis 15 EuInsVO schaffen Sonderanknüpfungen im Sinne des Territorialitätsprinzips beispielsweise für dingliche Rechte und Arbeitsverträge, siehe dazu unter Teil 2, 1. Kapitel, A) 2.) b) aa); vgl. hierzu auch Weber, Die Vergemeinschaftung des internationalen Privatrechts, Dissertation 2004, S. 188.

[91] Circulaire du Ministère de la Justice en Date du 17 mars 2003 : « Les procédures territoriales recouvrent selon le cas les procédures ouvertes avant l'ouverture d'une procédure principale au centre des intérêts principaux du débiteur (procédure "territoriale" stricto sensu) ou les procédures ouvertes postérieurement (procédure "secondaire"). » Zu dem Begriff des Partikularverfahrens i.e.S. auch Duursma-Kepplinger, in D-K/D/Ch, Europäische Insolvenzverordnung, Kommentar 2002, zu Artikel 3 EuInsVO, Rn. 9, S. 124.

[92] Zu den Voraussetzungen für die Eröffnung eines Partikularinsolvenzverfahrens i.e.S. sowie von Sekundärverfahren, siehe unter Teil 2, 1. Kapitel, A) 2.) b) bb) (1).

[93] Artikel 3 Abs. 3 und 4 EuInsVO; vgl. Paulus, Europäische Insolvenzverordnung, Kommentar 2006, zu Art. 3 EuInsVO, Rn. 44, S. 133.

[94] Vgl. Vogler, Die internationale Zuständigkeit für Insolvenzverfahren, 2004, S. 60.

[95] Braun/Heinrich, Finanzdienstleister in der „grenzüberschreitenden“ Insolvenz – Lücken im System?, NZI Heft 11/2005, S. 579 sprechen von „Leitbild“.

kten Universalität in Kombination mit einem *Modell der Einheit mit Option zur Pluralität* gesprochen werden kann.[96]

(2.2) Automatische Anerkennung und Vollstreckbarkeit

Von großer Bedeutung im System der Europäischen Insolvenzverordnung ist das Zusammenspiel zwischen automatischer Anerkennung und Vollstreckbarkeit ohne Exequaturverfahren[97] der Entscheidungen über die Eröffnung eines Insolvenzverfahrens nach Artikel 3 EuInsVO in allen übrigen Mitgliedstaaten (mit Ausnahme Dänemarks),[98] was die sofortige Wirksamkeit der Insolvenzverfahren gewährleistet.[99] Artikel 16 Abs. 1 EuInsVO normiert, dass „die Eröffnung eines Insolvenzverfahrens durch ein nach Artikel 3 zuständiges Gericht eines Mitgliedstaats [...] in allen übrigen Mitgliedstaaten anerkannt [wird], sobald die Entscheidung im Staat der Verfahrenseröffnung wirksam ist.“ Von dieser automatischen Anerkennung sind – da Artikel 16 Abs. 1 EuInsVO pauschal auf Artikel 3 EuInsVO abstellt – sowohl Haupt- als auch Partikularverfahren umfasst.[100] Artikel 17 Abs. 1 EuInsVO bestimmt bezüglich der Wirkung der Anerkennung, dass „die Eröffnung [des Hauptverfahrens] in jedem anderen Mitgliedstaat, ohne dass es hierfür irgendwelcher Förmlichkeiten bedürfte, die Wirkungen, die das Recht des Staates der Verfahrenseröffnung dem Verfahren beilegt [entfaltet], sofern [die] Verordnung nichts anderes bestimmt und solange in diesem Mitgliedstaat kein Verfahren nach Artikel 3 Absatz 2 eröffnet ist.“ Damit dienen Artikel 16 Abs. 1 i.V.m. Artikel 17 Abs. 1 EuInsVO der Effektivität des eröffneten Hauptverfahrens.[101]
Absatz 2 dieser Norm stellt klar, dass die Wirkungen eines Partikularverfahrens nach Artikel 3 Abs. 2 EuInsVO „in den anderen Mitgliedstaaten nicht in Frage gestellt werden [dürfen].“ Diese gesonderte Regelung trägt der Tatsache Rechnung, dass Partikularverfahren lediglich territorial begrenzte Wirkungen im Gebiet ihres Eröffnungsstaates entfalten, woran auch ihre automatische Anerken-

---

[96] Vgl. Virgós/Schmit, Erläuternder Bericht, Rn. 12.

[97] Also ohne dass es eines Verfahrens bedürfte, welches das Eröffnungsurteil in einem anderen Mitgliedstaat mit Vollstreckungswirkung ausstattet.

[98] Duursma-Kepplinger/Chalupsky bezeichnen die Artikel 16 und 17 EuInsVO als „ein Herzstück der Insolvenzverordnung“, in D-K/D/Ch, Europäische Insolvenzverordnung, Kommentar 2002, Art. 16 EuInsVO, Rn. 1, S. 353.

[99] Vallens, Le guide législatif de la CNUDCI sur le droit de l'insolvabilité : vers l'harmonisation du droit de la faillite?, Recueil Dalloz 2004, S. 2420.

[100] Virgós/Schmit, Erläuternder Bericht, Rn. 146, der ebenfalls klarstellt, dass die Anerkennung im Fall von Partikularverfahren selbstverständlich auf die inländischen Wirkungen des Verfahrens beschränkt ist.

[101] Vallens, Le règlement européen sur les procédures d'insolvabilité à l'épreuve des groupes de sociétés : l'arbitrage de la CJCE, JCP La Semaine Juridique – éd.° Entreprise et Affaires, N° 27-28, 6 juillet 2006, S. 1223.

nung nichts ändert.[102] Die Beschlagswirkung bleibt territorial beschränkt.[103] Aus der automatischen Anerkennung und der von den übrigen Mitgliedstaaten zu achtenden territorialen Wirkungsentfaltung der Partikularverfahren folgt gleichzeitig, dass sie die extraterritoriale Wirkung des Hauptverfahrens begrenzen – denn auch das Hauptverfahren muss die territoriale Beschlagswirkung der Partikularverfahren achten.[104]

Eine wichtige Folgefrage bezüglich dieses Systems der automatischen Anerkennung und Wirkungsentfaltung des Eröffnungsverfahrens ergibt sich in Bezug auf im nationalen Recht bestehende Insolvenzantragspflichten, wie sie sich beispielsweise im deutschen Recht aus § 64 Absatz 1 GmbH-Gesetz ergeben.[105] Wird diesen Antragspflichten durch die Stellung eines Insolvenzantrages in einem anderen Mitgliedstaat genüge getan? Sowohl eine teleologische Auslegung der Europäischen Insolvenzverordnung als auch die Überprüfung des Zwecks nationaler Insolvenzantragpflichten, die zum Zwecke des Gläubigerschutzes einer Insolvenzverschleppung vorbeugen sollen, ergeben dabei, dass auch eine Antragstellung zwecks Eröffnung eines (ja universellen) Hauptverfahrens – nicht jedoch die Antragstellung zwecks Eröffnung eines Partikularverfahrens – in einem anderen Mitgliedstaat genügt, um den nationalen Pflichten gerecht zu werden.[106]

(3) Zwischenresümee

Angesichts des langen und schwierigen Weges hin zu einer gemeinschaftsweiten Regelung des internationalen Insolvenzrechts stellte das Zustandekommen der Europäischen Insolvenzverordnung schon einen Erfolg an sich dar.[107] Nach überblicksartiger Darstellung erscheint das Kombinationsmodell der Europäischen Insolvenzverordnung als austariertes System, welches durch das Zusammenspiel zwischen einem einzigen universellen Hauptverfahren und potentiell

---

102 Virgós/Schmit, Erläuternder Bericht, Rn. 156.

103 Duursma-Kepplinger/Chalupsky, in D-K/D/Ch, Europäische Insolvenzverordnung, Kommentar 2002, Art. 17 EuInsVO, Rn. 15.

104 Virgós/Schmit, Erläuternder Bericht, Rn. 156.

105 Dieser bestimmt: *„Wird die Gesellschaft zahlungsunfähig, so haben die Geschäftsführer ohne schuldhaftes Zögern, spätestens aber drei Wochen nach Eintritt der Zahlungsunfähigkeit, die Eröffnung des Insolvenzverfahrens zu beantragen. Dies gilt sinngemäß, wenn sich eine Überschuldung der Gesellschaft ergibt.“*

106 In diesem Sinne entschied das AG Köln, Rechtssache Collins & Aikman II, Beschluss vom 10. 08. 2005 -- 71 IN 416/05, ZIP 2005, S. 1566; vgl. dazu auch Smid, Internationales Insolvenzrecht im Spiegel ausgewählter Verfahren und Entscheidungen, DZWIR 2005, S. 45.

107 Vgl. Lechner, Waking from the jurisdictional nightmare of multinational default: The European Council Regulation on insolvency proceedings, Arizona Journal of International and Comparative Law, 2002, Vol. 19, No. 3, S. 1023/124.

mehreren territorialen Partikularverfahren das gemeinsame Interesse aller Gläubiger an einem Gesamtverfahren und die Interessen lokaler Gläubiger an Partikularverfahren in Ausgleich zu bringen sucht. So stellt die gemeinschaftsweit einheitliche Regelung des Artikels 3 EuInsVO bezüglich der internationalen Zuständigkeit in Insolvenzverfahren einen wegweisenden Schritt hin zur gemeinschaftsweiten *Gläubigergleichbehandlung* dar. Die Ausnahmen der Artikel 5 bis 15 EuInsVO und die Möglichkeit Sekundärverfahren zu eröffnen, dienen in diesem System dem Vertrauensschutz lokaler Gläubiger und bilden in dieser Funktion ein „(noch) notwendiges Korrektiv“.[108]
Diese positive Grundbilanz sollte jedoch nicht über Schwächen und Unzulänglichkeiten der Verordnung hinwegtäuschen.[109] Es gilt dementsprechend im Folgenden den zentralen Begriff der Verordnung, den Mittelpunkt der hauptsächlichen Interessen des Schuldners, kritisch zu analysieren.

bb) Der Schlüsselbegriff der Verordnung und seine unzulängliche Regelung

Der Begriff des Mittelpunktes der hauptsächlichen Interessen („centre des intérêts principaux“, „centre of main interests“[110]) ist der Schlüsselbegriff im System der modifizierten Universalität und wurde sogar als „magic words“[111] der Europäischen Insolvenzverordnung bezeichnet. Der schuldnerische Interessenmittelpunkt ist der Dreh- und Angelpunkt jeglicher Kompetenzverteilung nach der Europäischen Insolvenzverordnung, da er nach Artikel 3 Abs. 1 S. 1 EuInsVO das alleinige Anknüpfungskriterium für die Eröffnung des universell wirkenden Hauptinsolvenzverfahrens ist. Artikel 3 Abs. 1 S. 1 EuInsVO bestimmt nämlich, dass „für die Eröffnung des Insolvenzverfahrens [...] die Gerichte des Mitgliedstaats zuständig [sind], in dessen Gebiet der Schuldner den Mittelpunkt seiner hauptsächlichen Interessen hat“.
In Anbetracht dieser herausragenden Position des Mittelpunktes der hauptsächlichen Interessen im Regelungswerk der Europäischen Insolvenzverordnung ist es umso erstaunlicher, dass diese in ihrem Verordnungstext selbst *keine Definition* des Begriffes enthält,[112] obgleich mit Artikel 2 EuInsVO sogar ein eigener Artikel existiert, der zur Aufgabe hat, die Legaldefinitionen für die in der Verord-

108 Duursma-Kepplinger, inD-K/D/Ch, Europäische Insolvenzverordnung, Kommentar 2002, zu Artikel 3 EuInsVO, Rn. 3, S. 123. Ausführlich zu Haupt- und Partikularverfahren sowie zu den Artikeln 5-15 EuInsVO in Teil 2, Kapitel 1, A) 2.).

109 Vgl. Wessels, Twenty Suggestions for a Makeover of the EU Insolvency Regulation, International Caselaw Alert, No. 12, V/2006, S. 68, abrufbar unter http://ww9184.wb09.de/eirdatabase/insolvency-caselaw-alert.php (zuletzt abgerufen am 10. 04. 2007).

110 Davon abgeleitet auch oft nur als “COMI” bezeichnet.

111 Wessels, International Jurisdiction to open Insolvency Proceedings in Europe, in particular against (Groups of) Companies, S. 7, abrufbar unter http://www.ilf-frankfurt.de/uploads/media/ILF_WP_017.pdf (zuletzt abgerufen am 10. 04. 2007).

112 Haubold, Europäische Insolvenzverordnung, 2005, S. 1447, Rn. 46.

nung verwendeten Begriffe festzuschreiben, um so die einheitliche Auslegung dieser Begriffe sicherzustellen.[113] Dieses Fehlen einer Legaldefinition erscheint auch vor dem Hintergrund der Entstehungsgeschichte der Verordnung erstaunlich, da eine Aufnahme der Legaldefinition in Artikel 2 EuInsVO vom Ausschuss für die Freiheiten und Rechte der Bürger, Justiz und innere Angelegenheiten des Europäischen Parlamentes ausdrücklich gefordert wurde:[114]

„Der "Mittelpunkt der hauptsächlichen Interessen des Schuldners" ist kein allgemein anerkannter Begriff und bedarf deshalb einer Definition, die wie andere Begriffsdefinitionen im Verordnungstext in Art. 2 erfolgen soll. "[115]

Als Formulierung für Artikel 2 lit i (neu) EuInsVO wurde vom Ausschuss für die Freiheiten und Rechte der Bürger, Justiz und innere Angelegenheiten vorgeschlagen:

„„Mittelpunkt der hauptsächlichen Interessen" der Ort, von dem aus der Schuldner hauptsächlich Geschäftsbeziehungen unterhält sowie andere wirtschaftliche Tätigkeiten ausübt und zu dem er deshalb die engsten Beziehungen unterhält. "[116]

Dieser Definitionsvorschlag nahm keinerlei Bezug auf das Erfordernis der Feststellbarkeit des Interessenmittelpunktes für Dritte, was bei ihrer Übernahme angesichts des Bedürfnisses der Rechtssicherheit und Rechtsklarheit ein großes Manko dargestellt hätte.[117] In den endgültigen Verordnungstext der Europäischen Insolvenzverordnung hat diese Definition jedoch keinen Eingang gefunden.[118] Aus der Tatsache, dass das Europäische Parlament und der Rat trotz dieser Stellungnahme des Ausschusses in Erwägungsgrund (13) EuInsVO am Merkmal der *Feststellbarkeit für Dritte* festhielten, kann abgeleitet werden, dass

---

[113] Stephan, in Eickmann/Flessner/Irschlinger/Kirchhof/Kreft/Landfermann/Marotzke/Stefan (Hrsg.), Heidelberger Kommentar zur Insolvenzordnung, zu Art. 2 EuInsVO, S. 1691, Rn. 1.

[114] Stellungnahme des Ausschusses für die Freiheiten und Rechte der Bürger, Justiz und innere Angelegenheiten vom 28. 01. 2000, verfasst von Margot Kessler, enthalten im Bericht von Kurt Lechner (Berichterstatter) über den Vorschlag für eine Verordnung des Rates über Insolvenzverfahren (9178/1999 – C5-0069/1999 – 1999/0806(CNS)), Ausschuss für Recht und Binnenmarkt des Europäischen Parlamentes, vom 23. Februar 2000, A5-0039/2000, abrufbar unter http://www.europarl.europa.eu/sides/getDoc.do?objRefId=2120&language=DE (zuletzt aufgerufen am 13. 04. 2007).

[115] Lechner-Bericht, S. 18/19.

[116] Lechner-Bericht, S. 18/19.

[117] Siehe zu diesem Erfordernis im Folgenden, Teil 1, Kapitel 1, A), 1.) a) bb) (2) (2.2); vgl. auch Kübler, Der Mittelpunkt der hauptsächlichen Interessen nach Art. 3 Abs. 1 EuInsVO, in Schilken/Kreft/Wagner/Eckhardt (Hrsg.), Festschrift für Walter Gerhardt, 2004, S. 553.

[118] Wessels, The place of the registered office of a company: A cornerstone in the application of the EC Insolvency Regulation, European Company Law, August 2006, Volume 3, Issue 4, S. 183 abrufbar unter http://www.iiiglobal.org/country/european_union/060818Wessels.pdf (zuletzt aufgerufen am 10. 04. 2007).

diesem Kriterium maßgebliche Bedeutung zukommt,[119] was im Folgenden bei der Auslegung des Begriffes eine wesentliche Rolle spielen wird.
Auch wenn die konkret vorgeschlagene Definition des Ausschusses als missglückt bezeichnet werden kann, da sie nicht auf das Kriterium der Feststellbarkeit für Dritte einging, war seine grundsätzliche Forderung nach einer Definition richtig. Das Fehlen einer Legaldefinition in Artikel 2 stellt eine verpasste Chance dar, für mehr Klarheit und damit Rechtssicherheit bei der Bestimmung des Mittelpunktes der hauptsächlichen Schuldnerinteressen zu sorgen.[120]
Die vordergründige Klarheit der Anknüpfung an den Mittelpunkt der hauptsächlichen Interessen schwindet somit bei genauerer Betrachtung. Auf die Frage, wo der Mittelpunkt der hauptsächlichen Interessen des Schuldners zu verorten ist, gibt die Verordnung in ihren allein rechtsverbindlichen Artikeln keine Antwort und enthält zu diesem Punkt nur einige Anhaltspunkte, welche im Folgenden dargestellt werden sollen.

(1) Die Analyse des Wortlautes

Analysiert man den Begriff des Mittelpunktes der hauptsächlichen Interessen, so muss dies vor dem Hintergrund geschehen, dass von seinem Wortlaut sowohl die Insolvenzen von natürlichen Personen als auch von anderen Rechtssubjekten und von Kaufleuten wie von Nichtkaufleuten erfasst werden sollen.[121] Die „Bandbreite" der betroffenen Schuldner ist mithin extrem groß, was erklärt, dass das Anknüpfungskriterium ebenfalls weit und flexibel formuliert werden musste.[122] Im Namen von Rechtssicherheit und –klarheit ist jedoch erforderlich, dass für jeden Schuldner die internationale Zuständigkeit eindeutig bestimmbar ist.

(1.1) Der Begriff des „Mittelpunktes"

Der Verordnungsgeber hatte zum Ziel, eine eindeutige und alleinige internationale Zuständigkeit für das universelle Hauptverfahren zu schaffen, da nach der Konzeption der Verordnung nur *ein* einziges Hauptverfahren zulässig ist.[123]

---

119 Kübler, Der Mittelpunkt der hauptsächlichen Interessen nach Art. 3 Abs. 1 EuInsVO, in Schilken/Kreft/Wagner/Eckhardt (Hrsg.), FS für Walter Gerhardt, 2004, S. 553.

120 Vgl. Carstens, Die internationale Zuständigkeit im europäischen Insolvenzrecht, 2005, S. 43, der das Fehlen einer autonomen Definition als „unverständlich" bezeichnet.

121 Erwägungsgrund (9) EuInsVO und Virgós/Schmit, Erläuternder Bericht, Rn. 74.

122 Paulus spricht von einer in hohem Maße auslegungsbedürftigen Kompromissformel, verweist aber auch auf den von Virgós/Garcimartín angeführten Vorteil der Flexibilität; Paulus, Europäische Insolvenzverordnung, Kommentar 2006, zu Art. 3, Rn. 19 und Fn. 40, S. 124.

123 Virgós/Schmit, Erläuternder Bericht, Rn. 15 und 73; auch Erwägungsgrund (12) EuInsVO bringt zum Ausdruck, dass es nur ein einziges Hauptverfahren geben kann, indem er von der Eröffnung *des* Hauptverfahrens und „dem Gebot der Einheitlichkeit des Verfahrens" spricht.

Teilweise wird vertreten, es sei „keineswegs logisch ausgeschlossen", dass ein Schuldner mehr als einen Interessenmittelpunkt habe.[124] Allerdings geht doch aus der Formulierung „Mittelpunkt" der hauptsächlichen Interessen hervor, dass gerade (durch eine genaue Untersuchung des Einzelfalles) die Mitte, also das Gravitationszentrum der Interessen des Schuldners ermittelt werden muss. So ist zwar gut möglich, dass der Schuldner mehrere „Interessenschwerpunkte" hat; da eine „Mitte" in Bezug auf die Gesamtheit der Schuldnerinteressen in einem solchen Fall aber gerade noch nicht ausgemacht wurde, wäre es ungenau, diesbezüglich von „Mittelpunkten" zu sprechen. Dass eine genaue Äquivalenz zwischen zwei Interessenschwerpunkten des Schuldners besteht, erscheit in höchstem Maße unwahrscheinlich und ist eher theoretischer Natur. Der Begriff des „Mittelpunktes" der hauptsächlichen Interessen des Schuldners ist somit wörtlich im Sinne des alleinigen Zentrums der Schuldnerinteressen zu verstehen.[125] Selbst bei mehreren in verschiedenen Mitgliedstaaten belegenen „Interessenschwerpunkten" kann der Grundsatz der *Exklusivität des Hauptverfahrens* gewahrt werden, indem unter diesen der gewichtigste, gleichsam das „Gravitationszentrum" der schuldnerischen Interessen den Ausschlag gibt.[126]

(1.2) Der Begriff der „Interessen"

„Durch die Verwendung des Wortes „Interessen" sollen nicht nur Handels-, gewerbliche oder berufliche Tätigkeiten, sondern auch allgemein wirtschaftliche Tätigkeiten erfasst werden, so dass die Betätigung von Privatpersonen (z.B. Verbrauchern) ebenfalls in den Anwendungsbereich fällt."[127]

Daraus ergibt sich zum einen, dass der Begriff der Interessen dem weiten Anwendungsbereich des Anknüpfungskriteriums in Bezug auf die Person des Schuldners bzw. das dem Insolvenzverfahren unterworfene Rechtssubjekt Rechnung trägt.[128] Der Verordnungsgeber wollte durch die Verwendung dieses Begriffes verdeutlichen, dass auch nichtkaufmännische Insolvenzen von der Europäischen Insolvenzverordnung erfasst werden.[129] Auch „allgemein wirtschaftliche Tätigkeiten" von Privatpersonen und insbesondere auch von Verbrauchern werden erfasst.[130]

[124] Paulus, Europäische Insolvenzverordnung, Kommentar 2006, Einleitung, Rn. 40, S. 71, m. w. N..

[125] Zu diesem Ergebnis kommt auch Duursma-Kepplinger, in D-K/D/Ch, Europäische Insolvenzverordnung, Kommentar 2002, zu Art. 3, Rn. 15, S. 127.

[126] Siehe dazu auch unter (1.3) *hauptsächliche* Interessen.

[127] Virgós/Schmit, Erläuternder Bericht, Rn. 75; Hervorhebungen nicht im Original.

[128] Vgl. oben Fn. 116 mit Verweis auf Erwägungsgrund (9) EuInsVO und Virgós/Schmit, Erläuternder Bericht, Rn. 74.

[129] Erwägungsgrund (9) EuInsVO; vgl. auch Duursma-Kepplinger, in D-K/D/Ch, Europäische Insolvenzverordnung, Kommentar 2002, zu Art. 3, Rn. 13, S. 126 und 18, S. 130.

[130] Virgós/Schmit, Erläuternder Bericht, Rn. 75.

Zum anderen ergibt sich aus diesen Ausführungen des Erläuternden Berichtes von Virgós/Schmit[131], dass Artikel 3 Absatz 1 EuInsVO nur auf materielle („wirtschaftliche“)[132] Schuldnerinteressen abstellt, während immaterielle Interessen,[133] wie beispielsweise die emotionale Verbundenheit mit einem bestimmten Ort, für die internationale Zuständigkeit keine Rolle spielen.[134] Dies erscheint auch vor dem Hintergrund sachgerecht, dass die Verordnungsgeber zum Ziel hatten, über die Anknüpfung an den Mittelpunkt der hauptsächlichen Interessen des Schuldners, zur Anwendbarkeit des Rechts der größten Sachnähe zu gelangen.[135] Da sich die Sachnähe im Insolvenzverfahren jedoch nur aufgrund materieller Interessen bestimmen lässt, müssen immaterielle Interessen hier außen vor bleiben. Als weiteres Argument gegen die Relevanz immaterieller Interessen kann auch die von Erwägungsgrund (13) EuInsVO geforderte Feststellbarkeit für Dritte angeführt werden:[136] Da sich immaterielle Interessen (wie beispielsweise die emotionale Verbundenheit) in der Regel gerade nicht „materialisieren“, also nicht nach außen feststellbar in Erscheinung treten, ist ihre Relevanz für die internationale Zuständigkeit nach Artikel 3 Abs. 1 EuInsVO abzulehnen.[137]

(1.3) Der Begriff der „hauptsächlichen“ Interessen

Das Abstellen auf den Mittelpunkt der *hauptsächlichen* Interessen soll beim Auffinden des „*Gravitationszentrums*“ der schuldnerischen Interessen von Nut-

---

[131] Virgós/Schmit, Erläuternder Bericht, Rn. 75.

[132] Kübler, Der Mittelpunkt der hauptsächlichen Interessen nach Art. 3 Abs. 1 EuInsVO, in Schilken/Kreft/Wagner/Eckhardt (Hrsg.), FS für Walter Gerhardt, 2004, S. 529.

[133] Leipold, Zum künftigen Weg des deutschen Internationalen Insolvenzrechts (Anwendungsbereich, internationale Zuständigkeit, Anerkennung und Vollstreckung), abgedruckt in Stoll, Vorschläge und Gutachten zur Umsetzung des EU-Übereinkommens über Insolvenzverfahren im deutschen Recht, 1997, S. 185ff., spricht davon, dass es „nach dem deutschen Sprachgebrauch der Gegenwart [Interessen] sowohl materieller wie immaterieller Art [gebe]“ und dass „sich die hauptsächlichen Interessen, von denen das Übereinkommen spricht, im Wege der Auslegung im wesentlichen auf den wirtschaftlichen Sektor beschränken [ließen]“, S. 190.

[134] Zu diesem Ergebnis kommt auch Carstens, Die internationale Zuständigkeit im europäischen Insolvenzrecht, 2005, S. 47, ebenfalls mit dem Hinweis auf die Gefahr von „forum shopping“ die Relevanz immaterieller Interessen ablehnend, Wessels, Moving House: Which Court Can Open Insolvency Proceedings?, S. 7/7, abrufbar unter http://www.iiiglobal.org /country/european_union/MovingHouse.pdf (zuletzt abgerufen am 10. 04. 2007).

[135] Paulus, Europäische Insolvenzverordnung, Kommentar 2006, zu Art.3, Rn. 20, S. 125.

[136] Zu Erwägungsgrund (13) genauer unter Teil 1, 1. Kapitel, A) 1.) a) bb) (2) (2.2).

[137] Ein weiteres Argument gegen die Bedeutsamkeit immaterieller Interessen für die Bestimmung des Mittelpunktes der hauptsächlichen Interessen ist zudem die Formulierung des Erwägungsgrundes (13) der Verordnung, der von der „Verwaltung“ der Interessen spricht. – Diese Wortwahl passt besser im Falle von materiellen als von immateriellen Interessen.

zen sein.[138] Mit anderen Worten dient „die Qualifizierung „hauptsächlich“ [...] als Entscheidungskriterium für den Fall, dass diese Interessen verschiedenartige Tätigkeiten beinhalten, die von verschiedenen Zentren ausgeübt werden.“[139] Die Anknüpfung an die *hauptsächlichen* Interessen wirkt somit einer Zerfaserung des Bildes entgegen, welches die Interessenlage des Schuldners abgibt: Klar wird, dass selbst bei großer Vielfältigkeit der Schuldnerinteressen und deren Verortung in unterschiedlichen Mitgliedstaaten keine „Zuständigkeitsaufspaltung“ (auf der Ebene des Hauptverfahrens) stattfinden darf, sondern vielmehr die gewichtigsten Interessen zu ermitteln sind. Auch hinter dieser Formulierung steht mithin die Ratio, dass es nur ein einziges Hauptinsolvenzverfahren im Anwendungsbereich der Verordnung geben kann.[140]

Trotz der klar ermittelbaren Intention des Verordnungsgebers bei der Wahl des Anknüpfungskriteriums des Mittelpunktes der hauptsächlichen Interessen sind dessen einzelne Merkmale in hohem Maße auslegungsbedürftig und erschließen sich in der Praxis keinesfalls auf den ersten Blick.[141] Der bedauerliche Mangel jeder weitergehenden präzisen Legaldefinition kann auch durch die im Folgenden dargestellten Anhaltspunkte nicht ausgeglichen werden.

(2) Weitere Anhaltspunkte zur Begriffsbestimmung

Neben der Analyse des Wortlautes des Begriffes des Mittelpunktes der hauptsächlichen Interessen können zwei weitere Anhaltspunkte zur genauen Bestimmung des Anknüpfungskriteriums herangezogen werden, welche sich der Europäischen Insolvenzverordnung entnehmen lassen.[142]

(2.1) Die widerlegbare Vermutung zugunsten des satzungsmäßigen Sitzes

Artikel 3 Abs. 1 S. 2 EuInsVO stellt eine widerlegbare Vermutung dahingehend auf, dass sich der Mittelpunkt der hauptsächlichen Interessen von Gesellschaften und juristischen Personen an deren satzungsmäßigem Sitz befindet.[143] Die Formulierung dieser Vermutungsregel macht das Verhältnis zwischen beiden Begriffen deutlich: Während der satzungsmäßige Sitz *nur* Anknüpfungspunkt

---

[138] Vgl. dazu oben, Teil 1, 1. Kapitel, A) 1.) a) bb) (1) (1.1) zum Begriff des Mittelpunktes.

[139] Virgós/Schmit, Erläuternder Bericht, Rn. 75.

[140] Vgl. dazu oben, Teil 1, 1. Kapitel, A) 1.) a) bb) (1) (1.1) zum Begriff des Mittelpunktes, außerdem Virgós/Schmit, Erläuternder Bericht, Rn. 15 und 73.

[141] Vgl. Paulus, Europäische Insolvenzverordnung, Kommentar 2006, zu Art. 3, Rn. 19, S. 124.

[142] Vgl. Tirado, Die Anwendung der Europäischen Insolvenzverordnung durch die Gerichte der Mitgliedstaaten, GPR – Zeitschrift für Gemeinschaftsprivatrecht, 1/04-05, S. 46.

[143] Artikel 3 Abs. 1 S.2 EuInsVO : „Bei Gesellschaften und juristischen Personen wird bis zum Beweis des Gegenteils vermutet, dass der Mittelpunkt ihrer hauptsächlichen Interessen der Ort des satzungsmäßigen Sitzes ist.“

für eine *Vermutung* ist, welche bei Beweis des Gegenteiles hinfällig wird, kommt dem Begriff des Mittelpunktes der hauptsächlichen Interessen die eigentliche systematische Relevanz im Rahmen der Europäischen Insolvenzverordnung zu.[144] Die Verordnung knüpft die internationale Zuständigkeit bei juristischen Personen und Gesellschaften nicht an deren satzungsmäßigen Sitz; vielmehr ist letzterer nur ein (wenn auch starkes) *Indiz* für die Verortung des eigentlichen Anknüpfungskriteriums in Form des Mittelpunktes der hauptsächlichen Schuldnerinteressen.[145]
Für die Überlegung, dem satzungsmäßigen Sitz eine größere Relevanz im System der Kompetenzverteilung einzuräumen, spricht zwar primär, dass damit eine große Rechtsklarheit und damit auch Rechtssicherheit verbunden wäre – Faktoren, die auch erklärte Ziele des Verordnungsgebers waren;[146] machte man aber aus der widerlegbaren Vermutung zugunsten des satzungsmäßigen Sitzes dieser Logik nach eine unwiderlegbare Vermutung, ginge damit ein Realitätsverlust einher.[147] Der satzungsmäßige Sitz einer Gesellschaft oder einer juristischen Person muss eben keinesfalls mit dem Mittelpunkt ihrer hauptsächlichen Interessen zusammenfallen.
Es wurde teilweise sogar bezweifelt, ob dem satzungsmäßigen Sitz nach dem Centros-Urteil des EuGH[148] überhaupt noch Bedeutung zukommen könne, wenn es um die Bestimmung des Interessenmittelpunktes eines Unternehmens geht[149] – ein Ansatz, der die Vermutungsregel des Artikel 3 Abs. 1 S. 2 EuInsVO beinahe bis zur Bedeutungslosigkeit entkräftet. Gerade vor dem Hintergrund der Aussage des Erwägungsgrundes (13) EuInsVO[150] wurde argumentiert, der Vermutung zugunsten des satzungsmäßigen Sitzes käme ausschließlich dann Bedeutung zu, wenn nicht mit Sicherheit festgestellt werden könne, wo sich der

---

[144] Chaput, Centre des intérêts principaux et catégories juridiques de l'insolvabilité des entreprises (à propos de l'arrêt de la CJCE du 2 mai 2006), Revue Lamy Droit des Affaires, juin 2006, n°6, S. 28.
[145] Vgl. auch Wessels, The place of the registered office of a company: A cornerstone in the application of the EC Insolvency Regulation, European Company Law, August 2006, Volume 3, Issue 4, S. 183, der auch darauf verweist, dass in der Vermutung eher eine Beweislastregel und eine Lösung von Zweifelsfällen gesehen werden kann.
[146] Vgl. bspw. Erwägungsgrund Nr. 24 EuInsVO.
[147] Vgl. dazu unter Teil 2, Kapitel 2, A) 2.) Anknüpfung an den satzungsmäßigen Sitz.
[148] Urteil des Gerichtshofes vom 9. März 1999, Rs. C-212/97, Centros Ltd., abrufbar unter http://eur-lex.europa.eu/LexUriServ/LexUriServ.do?uri=CELEX:61997J0212:DE:HTML (zuletzt aufgerufen am 30. 04. 2007).
[149] Wautelet, Some considerations on the Center of the Main Interests as jurisdictional test under the European Insolvency Regulation, non published draft, S. 2.
[150] Zu diesem sogleich unter Teil 1, 1. Kapitel, A) 1.) a) bb) (2) (2.2).

schuldnerische Interessenmittelpunkt befinde – Artikel 3 Abs. 1 S. 2 EuInsVO wurde so zu einer *bloßen Zweifelsregel* degradiert.[151]
Selbst wenn man so weit nicht gehen mag und in der Vermutungsregel zugunsten des satzungsmäßigen Sitzes immer noch ein Instrument zur Erzeugung von mehr Rechtssicherheit sieht, wird deutlich, dass diese Vermutungsregel einen falschen Eindruck von (Rechts-)Sicherheit vermitteln kann und demnach ihrer Überprüfung erhöhte Aufmerksamkeit gewidmet werden muss. Die durch die widerlegbare Vermutung bewirkte Beweislastumkehr zugunsten desjenigen, der sich auf die Verortung des schuldnerischen Interessenmittelpunktes an dessen satzungsmäßigem Sitz beruft, entbindet das Insolvenzgericht keinesfalls generell von einer weiteren amtswegigen Nachforschungspflicht.[152] Vielmehr darf das Gericht nur dann ohne weitere Überprüfung auf das Zusammenfallen von satzungsmäßigem Sitz und Interessenmittelpunkt vertrauen, wenn *keinerlei Anhaltspunkte* für ihr Auseinanderfallen sprechen.[153] Um dem Willen des Verordnungsgebers, an das sachnächste Insolvenzforum anzuknüpfen, zu genügen, müssen dabei schon geringe Anhaltspunkte eine Nachforschungspflicht auslösen, was in der Praxis dazu führt, dass bezüglich der grenzüberschreitend agierenden schuldnerischen Gesellschaften und juristischen Personen nur in Ausnahmefällen ein gänzlich „unüberprüftes" Anknüpfen an den satzungsmäßigen Sitz erfolgen darf.[154]
Seit Inkrafttreten der Verordnung ist festzustellen, dass die nationalen Gerichte regen Gebrauch von der Möglichkeit der Vermutungswiderlegung machen und so beispielsweise im Falle von Konzerninsolvenzen Insolvenzverfahren über alle ausländischen Tochtergesellschaften am Sitz der inländischen Mutter eröffnen.[155]

(2.2) Erwägungsgrund (13) EuInsVO

Weiterer Anhaltspunkte bei der Verortung des Mittelpunktes der hauptsächlichen Interessen können aus dem Erwägungsgrund (13) der Europäischen Insolvenzverordnung gewonnen werden. Dieser besagt, dass „als Mittelpunkt der hauptsächlichen Interessen ... der Ort gelten [sollte], an dem der Schuldner *gewöhnlich der Verwaltung seiner Interessen* nachgeht und damit *für Dritte fest-*

---

[151] Vgl. die Darstellung dieser Auffassung von Duursma-Kepplinger, in D-K/D/Ch, Europäische Insolvenzverordnung, Kommentar 2002, zu Art. 3, Rn. 24, S. 133/134; vgl. auch Vogler, Die internationale Zuständigkeit für Insolvenzverfahren, 2004, S. 138.
[152] Duursma-Kepplinger, in D-K/D/Ch, Europäische Insolvenzverordnung, Kommentar 2002, zu Art. 3, Rn. 25, S. 134.
[153] Duursma-Kepplinger, in D-K/D/Ch, Europäische Insolvenzverordnung, Kommentar 2002, zu Art. 3, Rn. 25, S. 134.
[154] So lässt auch Duursma-Kepplinger „leiseste Zweifel" für eine Nachforschungspflicht genügen, Duursma-Kepplinger, in D-K/D/Ch, Europäische Insolvenzverordnung, Kommentar 2002, zu Art. 3, Rn. 25, S. 134.
[155] Haubold, Europäische Insolvenzverordnung, 2005, S. 1448, Rn. 49; vgl. auch infra.

stellbar ist".[156] Dieser Erwägungsgrund nennt damit zwei wichtige Faktoren bei der Verortung des Interessenmittelpunktes: zum einen die *gewöhnliche Interessenverwaltung* und zum anderen die daraus resultierende *Feststellbarkeit* des Schuldners für Dritte.
Um die rechtliche Bedeutung dieser beiden Faktoren ermessen zu können, bedarf es einer Bestimmung des rechtlichen Gehaltes der Erwägungsgründe. Diese sind dem eigentlichen Verordnungstext vorangestellt, welcher aus den Artikeln gebildet wird. Allein der Verordnungstext hat rechtliche Bindungswirkung, die Erwägungsgründe haben somit keinen normativen Charakter.[157] In Anbetracht des Artikels 253 des EG-Vertrages, der bestimmt, dass „die Verordnungen, Richtlinien und Entscheidungen, die vom Europäischen Parlament und vom Rat gemeinsam oder vom Rat oder von der Kommission angenommen werden, ... mit *Gründen* zu versehen [sind] ... "[158], stellen die Erwägungsgründe jedoch eine Art Geleitwort dar, welches die Intention des Verordnungsgebers wiedergibt.[159] Demnach sind sie eine *wichtige Auslegungshilfe* in Bezug auf den rechtsverbindlichen Verordnungstext[160] und sind eine *bedeutsame Erkenntnisquelle* gerade bezüglich unklarer Rechtsbegriffe des Verordnungstextes wie dem Begriff des

[156] Es sei darauf hingewiesen, dass sich auch Erwägungsgrund (13)EuInsVO im Laufe des Gesetzgebungsverfahrens verändert hat. So geht aus dem Bericht von Kurt Lechner (Berichterstatter) über den Vorschlag für eine Verordnung des Rates über Insolvenzverfahren (9178/1999 – C5-0069/1999 – 1999/0806(CNS)), Ausschuss für Recht und Binnenmarkt des Europäischen Parlamentes, vom 23. Februar 2000, A5-0039/2000, hervor, dass die ursprüngliche Formulierung lautete: „Mit dem Mittelpunkt der hauptsächlichen Interessen wird ein Ort bezeichnet, zu dem der Schuldner regelmäßig die engsten Beziehungen unterhält, an dem sich seine vielfältigen Geschäftsbeziehungen konzentrieren und an dem zumeist der Schwerpunkt seines Vermögens belegen ist. Dieser Ort ist auch den Gläubigern bestens bekannt."

[157] Raimond, Centre des intérêts principaux et coordination des procédures dans la jurisprudence européenne sur le règlement relatif aux procédures d'insolvabilité, JDI n°1/2005, S. 756, Rn 71, « Certes, les considérants n'ont pas de valeur normative comme le corps du règlement ; il n'en reste pas moins, qu'ils fournissent un éclairage pertinent sur le sens des dispositions qui y figurent. »

[158] Hervorhebung nicht im Original. Die Begründungspflicht hat eine Kontroll- sowie eine (vorliegend besonders relevante) Erläuterungsfunktion; siehe dazu Strese, Die Kompetenzen der Europäischen Gemeinschaft zur Privatrechtsangleichung im Binnenmarkt, Dissertation (2005), 2006, S. 92.

[159] Wessels, International Jurisdiction to open Insolvency Proceedings in Europe, in particular against (Groups of) Companies, S. 7/31; auf kritische Stimmen bezüglich des weiten Aussagegehaltes der Erwägungsgründe verweist Duursma, in D-K/D/Ch, Europäische Insolvenzverordnung, Kommentar 2002, Geschichte, Rn. 10, S. 5, Fn. 21.

[160] Raimond, Centre des intérêts principaux et coordination des procédures dans la jurisprudence européenne sur le règlement relatif aux procédures d'insolvabilité, JDI n°1/2005, S. 756, Rn. 71.

Mittelpunktes der hauptsächlichen Interessen. Als solche wurden sie auch von der Rechtsprechung erkannt und genutzt.[161]

(2.2.1) Gewöhnliche Verwaltung der Interessen

Der Ort, an dem der Schuldner gewöhnlich der Verwaltung seiner Interessen nachgeht, ist in Anbetracht der bisher zum Begriff der Interessen gemachten Ausführungen als der Ort zu verstehen, an dem der Schuldner „üblicherweise *wirtschaftlich agiert*".[162] Hält man sich vor Augen, welche unterschiedlichen Schuldnerkategorien von der Europäischen Insolvenzverordnung erfasst werden (Verbraucher, Kaufleute, Gesellschaften, juristische Personen, ...), so wird offensichtlich, dass die in Erwägungsgrund (13) genannte Interessenverwaltung unterschiedlichste Größenordnungen und Ausprägungen umfasst. Das einheitliche Kriterium der Interessenverwaltung ist geeignet, um sinnvoll auf alle Gläubigergruppen angewandt zu werden, was als regelungstechnisch gelungen bezeichnet werden kann.[163]

Bei all diesen verschiedenen Schuldnergruppen kommt es für den Mittelpunkt der hauptsächlichen Interessen darauf an, wo sie *gewöhnlich* ihrer Interessenverwaltung nachgehen, womit eine gewisse Kontinuität erzeugt wird.[164] Dieses vom Verordnungsgeber zum Ausdruck gebrachte Kontinuitätsbedürfnis folgt derselben Ratio wie auch das Erfordernis der Feststellbarkeit für Dritte[165]: Es geht hier darum eine solide, also nicht ständig wechselnde Basis für die internationale Zuständigkeit zu schaffen. Dadurch wird der Tatsache Rechnung getragen, dass die Insolvenz des Schuldners ein konkretes Risiko ist und die rechtlichen Risiken im Insolvenzfall von den potentiellen Gläubigern des Schuldners nur dann kalkuliert werden können, wenn die internationale Zuständigkeit (und damit auch das anwendbare Insolvenzrecht) für sie vorhersehbar ist.[166]

(2.2.2) Feststellbarkeit für Dritte

Ebenfalls um den Schutz der Interessen Dritter – und insbesondere der (potentiellen) Gläubiger des Schuldners – geht es bei der Aussage des Erwägungsgrundes (13), der Interessenmittelpunkt müsse „*für Dritte feststellbar*" sein.[167] Diese ist beinahe identisch mit derjenigen in Rn. 75 des Berichtes von Virgós/Schmit,

---

[161] Wessels, International Jurisdiction to open Insolvency Proceedings in Europe, in particular against (Groups of) Companies, S. 7/31.

[162] Smid, Deutsches und Europäisches Internationales Insolvenzrecht, Kommentar 2004, zu Artikel 3 EuInsVO, Rn. 9, S. 40; Hervorhebungen nicht im Original.

[163] Vogler, Die internationale Zuständigkeit für Insolvenzverfahren, 2004, S. 143.

[164] Vgl. Carstens, Die internationale Zuständigkeit im europäischen Insolvenzrecht, 2005, S. 49.

[165] Dazu sogleich unter Teil 1, 1. Kapitel, A) 1.) a) bb) (2) (2.2) (2.2.2).

[166] Virgós/Schmit, Erläuternder Bericht, Rn. 75.

[167] Erwägungsgrundes (13) EuInsVO, Hervorhebung nicht im Original; Virgós/Schmit, Erläuternder Bericht, Rn. 75.

wo lediglich anstelle des Wortes „feststellbar" das Wort „*erkennbar*" verwendet wird. Obwohl die große Mehrheit der Stimmen in Rechtsprechung und Lehre die Begriffe „feststellbar" und „erkennbar" völlig unterschiedslos verwendet[168] und manchen dieser Unterschied sogar komplett entgeht,[169] soll an dieser Stelle doch kurz darauf eingegangen werden, dass diesem Unterschied vereinzelt (zu Unrecht) besondere Aufmerksamkeit gewidmet wird.[170] So wird darauf abgestellt, dass das Wort „feststellbar" aufgrund der Bedeutung des Verbs „feststellen" im Sinne von „in Erfahrung bringen" oder „ermitteln" darauf hindeute, dass „die Gläubiger u.U. auch eigene Aktivitäten entwickeln müssen, um den Ort [der Interessenverwaltung] zu eruieren".[171] Demgegenüber fordere „erkennbar" aufgrund der Bedeutung von „erkennen" „im Sinne von «so deutlich sehen, dass man weiß, wen oder was man vor sich hat»"[172], keine besondere Aktivität.[173] Diese Ausführungen überzeugen jedoch nicht. Denn auch wenn man auf die Erkennbarkeit abstellt, kommt es nicht darauf an, ob der „Dritte" den Ort der Interessenverwaltung tatsächlich erkannte, sondern vielmehr darauf, ob dieser Ort dem „durchschnittlichen Dritten" erkenn*bar* war. Dabei muss auch hier, gerade in Bezug auf einen „durchschnittlichen Gläubiger", eine gewisse Aktivität zur Ermittlung des Ortes der Interessenverwaltung zugrunde gelegt werden, da ja gerade nur die Kenntnis des Interessenmittelpunktes eine (laut dem Bericht von Virgós/Schmit als erstrebenswert dargestellte) Risikokalkulation möglich macht.[174] Damit ist davon auszugehen, dass der „durchschnittliche Gläubiger" eine gewisse Nachforschungsaktivität entwickelt,[175] so dass für ihn „erkennbar" ist, was „feststellbar" ist. Dass der Unterschied zwischen „erkennbar" und „feststellbar" in der Realität völlig verwischt und für die Bestimmung des Mittelpunktes der hauptsächlichen Schuldnerinteressen bedeutungslos ist, zeigt letzt-

---

168 Für viele Vogler, Die internationale Zuständigkeit für Insolvenzverfahren, 2004, S. 122.

169 So spricht Carstens im Zusammenhang mit Erwägungsgrund (13) (entgegen dessen Wortlaut) ausschließlich von „erkennbar" und gar nicht von „feststellbar", Carstens, Die internationale Zuständigkeit im europäischen Insolvenzrecht, 2005, S. 50.

170 Keggenhoff misst diesem Unterschied (in Argumentation und Ergebnis nicht überzeugend) entscheidende Bedeutung zu, Keggenhoff, Internationale Zuständigkeit bei grenzüberschreitenden Insolvenzverfahren, 2006, S. 169 ff..

171 Keggenhoff, Internationale Zuständigkeit bei grenzüberschreitenden Insolvenzverfahren, 2006, S. 171.

172 Von Keggenhoff zitiert nach dem Duden, Das große Wörterbuch der deutschen Sprache, Bd. 3, S. 1081.

173 Keggenhoff, Internationale Zuständigkeit bei grenzüberschreitenden Insolvenzverfahren, 2006, S. 171.

174 Virgós/Schmit, Erläuternder Bericht, Rn. 75.

175 Dies gilt umso mehr, vor dem Hintergrund, dass die Aktivitätsforderung für die „Feststellbarkeit", wie sie Keggenhoff verstanden haben möchte, denkbar gering ist, da er betont, „den Gläubigern [dürfe] nicht zu viel abverlangt werden"; Keggenhoff, Internationale Zuständigkeit bei grenzüberschreitenden Insolvenzverfahren, 2006, S. 172.

lich auch das Urteil des EuGH in der Rechtssache Eurofood.[176] In der offiziellen deutschen Übersetzung wird das vorlegende Gericht mit dem Begriff „erkennbar"[177] zitiert. Bei der weiteren Übersetzung des (original englischen) Urteils des EuGH wird hingegen unter Bezugnahme auf Erwägungsgrund (13) EuInsVO der Begriff „feststellbar" verwendet, ohne dass diesem Unterschied inhaltlich Bedeutung zukäme.[178] Bezeichnend ist auch, dass sowohl die englische Originalfassung („ascertainable") als auch die französische Übersetzung („vérifiable") keinen sprachlichen Unterschied machen. Daraus folgt, dass „feststellbar" und „erkennbar" synonym verwendet werden.

Letztlich bringen beide Begriffe im Rahmen der Europäischen Insolvenzverordnung, bzw. dem Erläuternden Bericht von Virgós/Schmit dasselbe Erfordernis in Bezug auf den Mittelpunkt der hauptsächlichen Interessen zum Ausdruck: Vertrauensschutz und das Bedürfnis nach Rechtssicherheit auf Seiten der (potentiellen) Gläubiger des Schuldners[179] erfordern ein gewisses Maß an *Vorhersehbarkeit* der internationalen Zuständigkeit, damit sich insbesondere die Gläubiger auf die anwendbare lex fori concursus einstellen und ihr Risiko im Insolvenzfall adäquat kalkulieren können.[180]

Vor diesem Hintergrund wird deutlich, dass für die Verortung des Interessenmittelpunktes des Schuldners nur solche Kriterien von Bedeutung sein können, die nach außen in Erscheinung treten und den Ort, an dem der Schuldner gewöhnlich der Verwaltung seiner Interessen nachgeht, für Dritte feststellbar machen.[181] Rein internen Sachverhalten[182] darf also bei der Bestimmung des Mittelpunktes der hauptsächlichen Interessen des Schuldners (mangels Feststellbarkeit für Dritte) keine Bedeutung beigemessen werden.[183]

---

[176] Siehe dazu unten unter Teil 1, Kapitel 1, A) 2.) b) bb).

[177] Vgl. die im EuGH-Urteil Eurofood unter Rn. 24 zitierten Vorlagefragen des Supreme Court (Irland).

[178] EuGH-Urteil Eurofood, Rn. 32 und 33.

[179] Dass dem Verordnungsgeber auf diese ankam zeigt sich auch in den Erwägungsgründen (24) i.V.m. (25) EuInsVO, die von den vom Insolvenzverfahren betroffenen Personen (in erster Linie also den Gläubigern) und deren Vertrauensschutz sprechen.

[180] Virgós/Schmit, Erläuternder Bericht, Rn. 75; Carstens, Die internationale Zuständigkeit im europäischen Insolvenzrecht, 2005, S. 50; Vogler, Die internationale Zuständigkeit für Insolvenzverfahren, 2004, S. 122.

[181] Konecny, Thesen zum Mittelpunkt der hauptsächlichen Schuldnerinteressen gem. Art. 3 Abs. 1 EuInsVO, ZIK 2005, Heft 1 vom 25.02.2005, S. 2 S. 3/8.

[182] Gemeint sind damit Vorgänge im Innenverhältnis bspw. zwischen dem Firmensitz der schuldnerischen Gesellschaft und ihrer in einem anderen Mitgliedstaat gelegenen Managementzentrale; Kübler, Der Mittelpunkt der hauptsächlichen Interessen nach Art. 3 Abs. 1 EuInsVO, Schilken/Kreft/Wagner/Eckardt (Hrsg.), FS für Walter Gerhardt, 2004, S. 555.

[183] Lüer, Art. 3 Abs. 1 EuInsVO – Grundlage für ein europäisches Konzerninsolvenzrecht oder Instrumentarium eines „Insolvenz-Imperialismus"?, in Piepenburg (Hrsg.), Festschrift für Günter Greiner zum 70. Geburtstag am 19. März 2005, S. 201ff, S. 206/207.

(3) Zwischenresümee

Obwohl sowohl die Analyse des Wortlautes unter Zuhilfenahme der Gesetzgebungsmaterialien als auch die Beschäftigung mit den weiteren Anhaltspunkten, welche die Verordnung enthält – insbesondere der Aussage ihres Erwägungsgrundes (13) – konkrete Hinweise darauf geben, was nach dem Willen des Verordnungsgebers unter dem Mittelpunkt der hauptsächlichen Interessen des Schuldners zu verstehen ist, bleiben die Konturen dieses Begriffes verschwommen. Seine Auslegungsbedürftigkeit, welche durchaus auch Raum für unterschiedliche Auffassungen im Einzelfall lässt, steht dabei in einem Spannungsverhältnis zu der Tatsache, dass es nach dem System der Europäischen Insolvenzverordnung nur einen einzigen Interessenmittelpunkt geben kann, an welchen das universelle Hauptverfahren anknüpft. Das angerufene Insolvenzgericht kann dem Geist der Verordnung nur dadurch gerecht werden, dass es eine sorgsame Prüfung der Gesamtsituation des Schuldners vornimmt und insbesondere dem in Erwägungsgrund (13) EuInsVO genannten Tatbestandsmerkmal der Feststellbarkeit für Dritte große Aufmerksamkeit widmet. Den *nationalen Gerichten* kommt mithin eine Schlüsselrolle bei der Anwendung der Verordnung zu, deren Ausübung über den Erfolg der Verordnung maßgeblich entscheidet.

Bevor daher der Blick auf verschiedene Rechtssprechungsfälle gelenkt wird, soll jedoch noch auf einige Fragen im Zusammenhang mit dem Begriff des Mittelpunktes der hauptsächlichen Interessen eingegangen werden, zu welchen die Europäische Insolvenzverordnung bedauerlicher Weise keinerlei Aussage trifft.

b) Regelungslücken in der Europäische Insolvenzverordnung

Die Verordnung lässt eine Reihe von Fragen unbeantwortet, welche sich unmittelbar im Zusammenhang mit dem Begriff des Mittelpunktes der hauptsächlichen Schuldnerinteressen stellen, oder zumindest einen starken Bezug zu ihm aufweisen, so dass sie im Rahmen dieser Arbeit nicht unerörtert bleiben sollen. Die Beschäftigung mit diesen offenen Fragen ist insbesondere deshalb von großem Interesse, weil sie aufzeigt, in welchen Bereichen es ganz entscheidend auf die von der Rechtsprechung gefundenen Lösungen ankommt, da der Verordnungsgeber selbst keine Antworten vorgibt.

aa) Unmittelbar den Mittelpunkt der hauptsächlichen Interessen betreffende Regelungslücken

Die Europäische Insolvenzverordnung macht keine Aussage darüber, wie der Begriff des Mittelpunktes der hauptsächlichen Interessen von schuldnerischen Unternehmen auszulegen ist, welche in einen Konzernverbund eingegliedert sind. Ebenso schweigt die Verordnung in Bezug auf den Interessenmittelpunkt natürlicher Personen.

(1) Keine Regelungen bezüglich Konzerninsolvenzen

Die Europäische Insolvenzverordnung enthält keinerlei Regelungen über die insolvenzrechtliche Behandlung von Konzernen.[184] Als „Konzern" wird der Zusammenschluss mehrerer rechtlich selbständiger Einzelunternehmen bezeichnet, durch welchen eine *wirtschaftliche Einheit* – der Konzern – entsteht, die einer (mehr oder weniger) einheitlichen Organisation und Direktion unterworfen wird.[185] In diesem Zusammenhang wird auch von „verbundenen Unternehmen" gesprochen.[186] Mit der Außerachtlassung der immer dominanter werdenden wirtschaftlichen Erscheinungsform des Konzernes entspricht die Verordnung dem Zustand in beinahe allen Rechtsordnungen, welchen eine erstaunliche Ignoranz gegenüber der ökonomischen Realität der Konzernstrukturen auszeichnet.[187] Während die Wirtschaft immer mehr zur Zentralisierung verschiedener Unternehmen unter dem Dach einer Konzernmutter und so zur Bildung internationaler Konzernstrukturen neigt, gelingt es den Rechtsordnungen bislang nicht, diesen Prozess rechtlich adäquat zu begleiten. Eine Ursache dafür ist die Tatsache, dass es eine Vielzahl von verschiedenen Erscheinungsformen von Konzernen gibt, die sehr unterschiedliche Integrationsstufen aufweisen und deren rechtliche Gleichbehandlung daher unangebracht erscheint. Es gibt keinen „Konzern-Prototyp", den der Gesetzgeber zugrunde legen könnte, sondern man sieht sich vielmehr mit einer Vielzahl unterschiedlicher Konzernvarianten konfrontiert.[188] So existieren in den Mitgliedstaaten auch höchst unterschiedliche Auffassungen darüber, wie das Phänomen der Konzerne rechtlich zu beur-

---

[184] Duursma-Kepplinger, in D-K/D/Ch, Europäische Insolvenzverordnung, Kommentar 2002, zu Art. 1, Rn. 48, S. 99.

[185] Vgl. Adam, Zuständigkeitsfragen bei der Insolvenz internationaler Unternehmensverbindungen, Dissertation 2006, S. 114, der darauf verweist, dass die konzernübergreifende Geschäftsführung zumeist die Konzerninteressen in den Vordergrund stellt und so die Prosperität der einzelnen Konzerngesellschaften möglicherweise vernachlässigt; vgl. auch Großfeld, Internationales und Europäisches Unternehmensrecht: das Organisationsrecht transnationaler Unternehmen, 1995, S. 95, der zwischen faktischen Konzernen, welche auf bloßer Kapitalbeteiligung beruhen, und Vertragskonzernen, welche auf Verträgen zwischen Mutter- und Tochterunternehmen beruhen, unterscheidet.

[186] So Schmidt, Wege zum Insolvenzrecht von Unternehmen: Befunde, Kritik, Perspektiven, in Balz/Kübler/Merz/Timm (Hrsg.), Beiträge zum Insolvenzrecht, Band 7, 1990, S. 221, der sehr instruktive Ausführungen zum Konzerninsolvenzrecht macht.

[187] Fasquelle, Les faillites des groupes de sociétés dans l'Union européenne : la difficile conciliation entre approches économique et juridique Bulletin Joly Sociétés, 01 février 2006, n° 2, S. 151.

[188] Wautelet, Some considerations on the Center of the Main Interests as jurisdictional test under the European Insolvency Regulation, S. 4. (non published draft).

teilen sei und welche rechtlichen Auswirkungen die Zugehörigkeit zu einem Konzern für eine Tochtergesellschaft habe.[189] Dies ist einer der Hauptgründe dafür, dass die Mitgliedstaaten sich bislang nicht auf eine gemeinschaftsrechtliche Definition des Begriffes „Konzern“ einigen konnten und keine europäische Regelung existiert, die Konzerne als solche behandelt.[190] Die Europäische Insolvenzverordnung macht davon keine Ausnahme. Der Verordnungsgeber hat sich in „gesetzgeberischer Abstinenz in Sachen Konzerninsolvenzen“[191] geübt, was auch aus dem Bericht von Miguel Virgós und Etienne Schmit hervorgeht.[192]
Der Verordnungsgeber folgt somit dem „Trennungsprinzip“, welches im Gegensatz zum „Einheitsprinzip“ alle einzelnen Rechtsträger, die gemeinsam eine Wirtschaftseinheit bilden, gesondert betrachtet.[193] Die Zugehörigkeit zu einem Konzern ändert somit nichts an der isolierten Betrachtung der Konzerngesellschaften, für die weiterhin der Grundsatz gilt „eine Person, ein Vermögen, eine Insolvenz/ein Verfahren“.[194]
Der Mangel an gemeinschaftsrechtlichen Regelungen bezüglich grenzüberschreitender Konzerninsolvenzen wird der ökonomischen Realität nicht gerecht.[195] Dies erweist sich als umso bedauerlicher, wenn man bedenkt, dass auf der anderen Seite das Gemeinschaftsrecht selbst das Problem noch verschärft, indem es durch die Verwirklichung des Binnenmarktes ein Umfeld

---

[189] Wautelet, Some considerations on the Center of the Main Interests as jurisdictional test under the European Insolvency Regulation, S. 3 (non published draft); zu der „bemerkenswerte[n] Abstinenz [des deutschen Gesetzgebers] bezüglich jedweder Regelungen eines Konzerninsolvenzrechts”, Paulus, Über den Einfluss des europäischen Insolvenzrechts auf das deutsche Insolvenzwesen, in Haarmeyer/Hirte/Kirchhof/Graf von Westphalen, Verschuldung - Haftung - Vollstreckung – Insolvenz: Festschrift für Gerhart Kreft zum 65. Geburtstag, 2004, S. 470.

[190] Fasquelle, Les faillites des groupes de sociétés dans l'Union européenne : la difficile conciliation entre approches économique et juridique Bulletin Joly Sociétés, 01 février 2006 n° 2, S. 151.

[191] Paulus, ZIP 2002, S. 729, 730 zitiert nach Carstens, Die internationale Zuständigkeit im europäischen Insolvenzrecht, 2005, S. 111.

[192] Virgós/Schmit, Erläuternder Bericht, Rn. 76: *„Das Übereinkommen enthält keine Vorschriften für Unternehmenszusammenschlüsse (in Form von Mutter- und Tochtergesellschaften). Für die Eröffnung oder Verbindung von Insolvenzverfahren gegen ein einem Zusammenschluss angehörendes Unternehmen als Hauptschuldner oder Gesamtschuldner gilt grundsätzlich die allgemeine Regel, dass für jeden der betroffenen Schuldner mit eigener Rechtspersönlichkeit die Zuständigkeit nach dem Übereinkommen gegeben sein muss. Diese Lage könnte sich natürlich ändern, wenn europäische Rechtsvorschriften für Unternehmenszusammenschlüsse ausgearbeitet werden.“*

[193] Carstens, Die internationale Zuständigkeit im europäischen Insolvenzrecht, 2005, S. 111.

[194] Paulus, Europäische Insolvenzverordnung, Kommentar 2006, zu Art. 3, Rn. 30, S. 129; Ehricke, Die neue Europäische Insolvenzverordnung und grenzüberschreitende Konzerninsolvenzen, EWS Heft 3, März 2002, S. 107.

[195] Prof. Paulus spricht von einer „Auslassungssünde“, Paulus, Europäische Insolvenzverordnung, Kommentar 2006, Einleitung Rn. 43, S. 73.

schafft, in welchem grenzüberschreitende Konzerne besonders leicht entstehen.[196] Auf der einen Seite die grenzüberschreitende *wirtschaftliche* Verschmelzung einzelner Unternehmen zu fördern,[197] ohne auf der anderen Seite Regelungen zu schaffen, die eine rechtliche Handhabung in der Krise ermöglichen, erscheint naiv und praxisfremd.[198] Zwar hat es der europäische Verordnungsgeber so geschafft, schwierigen und eventuell das gesamte Verordnungsverfahren verzögernden Diskussionen unter den einzelnen Mitgliedstaaten um die inhaltliche Abstimmung eines Konzerninsolvenzrechtes aus dem Weg zu gehen; aber der Preis dafür ist, dass die Europäische Insolvenzverordnung auf eine der schwierigsten und praxisrelevantesten Fragen bei grenzüberschreitenden Insolvenzverfahren keine Antwort gibt.[199] Diese (bewusste) Regelungslücke für Insolvenzen von Unternehmen, die in eine Konzernstruktur eingebunden sind, hat die nationalen Gerichte veranlasst, in der unbestimmten Formulierung des Artikels 3 Abs. 1 EuInsVO und dem vagen Begriff des Mittelpunktes der hauptsächlichen Interessen Auswege und Anwendungsmöglichkeiten für „Konzerninsolvenzen" zu sehen und so die Europäische Insolvenzverordnung (faktisch gegen den Willen des Verordnungsgebers)[200] für Konzernsachverhalte fruchtbar zu machen.[201] Dabei muss jedoch stets bedacht werden, dass ein Konzern, der ja gerade kein Rechtsträger ist, auch nicht als Gemeinschuldner aller gegenüber den einzelnen Konzernunternehmen bestehenden Verbindlichkeiten gesehen werden kann.[202] Es steht außer Frage, dass es kein Prinzip „ein Konzern, ein Gemeinschuldner, eine Masse" geben kann, sondern es vielmehr darum geht,

---

196 Fasquelle, Les faillites des groupes de sociétés dans l'Union européenne : la difficile conciliation entre approches économique et juridique Bulletin Joly Sociétés, 01 février 2006 n° 2, S. 151.

197 Sobald es sich um eine juristische Verschmelzung handelt, existiert danach nur noch ein einzelnes Unternehmen, also *ein* Schuldner, und die Konzernproblematik stellt sich nicht.

198 Die Praxisferne wird insbesondere dann deutlich, wenn man sich vor Augen hält, dass sich die praktischen Hauptanwendungsfälle grenzüberschreitender Insolvenzen im Konzernkontext abspielen, was auch ein Blick auf die Rechtsprechung verdeutlicht (dazu sogleich); Paulus, Europäische Insolvenzverordnung, Kommentar 2006, Einleitung Rn. 43, S. 73.

199 Axel Flessner beschäftigte sich bereits 1982 mit der Option, insbesondere für konzernübergreifende Sanierungsverfahren „eine materiellrechtliche Zusammenlegung der einzelnen Konzernteile" und die Bildung nur *einer* Haftungsmasse im Außenverhältnis vorzunehmen, und wies zu Recht auf die damit verbundenen Probleme hin; Flessner, Sanierung und Reorganisation: Insolvenzverfahren für Großunternehmen in rechtsvergleichender und rechtspolitischer Untersuchung, Beiträge zum ausländischen und internationalen Privatrecht, Band 48, Habilitationsschrift 1982, S. 292 ff. (293).

200 Vgl. Virgós/Schmit, Erläuternder Bericht, Rn. 76.

201 Gerade weil es sich um eine *bewusste* Regelungslücke handelt, kann hier nicht von einer zulässigen analogen Anwendung des Artikels 3 EuInsVO auf Konzerninsolvenzen geredet werden.

202 Schmidt, Wege zum Insolvenzrecht von Unternehmen: Befunde, Kritik, Perspektiven, S. 221.

der einheitlichen ökonomischen Organisationsstruktur auch nach ihrem Scheitern bei der insolvenzrechtlichen Behandlung der einzelnen Konzernunternehmen gerecht zu werden.[203] Vor diesem Hintergrund erklärt sich das Bestreben der Insolvenzantragssteller, aber auch der Insolvenzgerichte, die internationale Zuständigkeit für alle Insolvenzverfahren von Konzernunternehmen in einem Forum zu konzentrieren, indem dort ihr jeweiliger Interessenmittelpunkt verortet wird. Welche Auswirkungen die Zugehörigkeit eines Unternehmens zu einem Konzern auf dessen Interessenmittelpunkt haben kann, ist jedoch im Einzelnen strittig. Diesbezüglich ist eine Analyse der Rechtsprechung der nationalen Gerichte sowie der Stellungnahme des Europäischen Gerichtshofes in der Rechtssache Eurofood aufschlussreich.[204]

Abseits der Lösung der Konzernproblematik über eine konzernbeeinflusste Bestimmung des Mittelpunktes der hauptsächlichen Interessen kommt eine weitere Lösungsalternative in Betracht, welche darin besteht, selbständige *Konzerntöchter als Niederlassungen*[205] des Mutterunternehmens anzusehen.[206] Dadurch würden die Vorschriften der Europäischen Insolvenzverordnung über die Koordinierungs- und Kooperationspflichten zwischen Haupt- und Sekundärinsolvenzverfahren anwendbar,[207] was insbesondere einer konzernweiten Sanierung den Weg bereiten könnte.[208] Als Argument für eine derart weite und die Selbständigkeit der Tochtergesellschaft als juristische Person außer Acht lassende Konzeption der Niederlassung wird zum einen das Bedürfnis der wirtschaftlichen Realität, Konzerne als zusammengehörende Einheit im Rahmen einer Konzerninsolvenz abzuwickeln, angeführt.[209] Zum anderen wird darauf abgestellt, dass die „Verordnung selbst in sich widersprüchlich [sei]“, da Artikel 17 Abs. 2 EuInsVO „eigentlich nur für die Insolvenz einer selbständigen

---

203 Vgl. dazu auch Schmidt, Wege zum Insolvenzrecht von Unternehmen: Befunde, Kritik, Perspektiven, S. 221.

204 Siehe dazu im Folgenden unter Teil 1, 1. Kapitel, A) 2.).

205 Genauer zum Begriff der Niederlassung siehe unter Teil 2, 1. Kapitel, A) 2.) b) bb) (1) (1.1).

206 Smid, Deutsches und Europäisches Internationales Insolvenzrecht, Kommentar 2004, zu Artikel 2 EuInsVO, Rn. 23, S. 35.

207 Bezüglich derer hat das OLG Düsseldorf ausgeführt: „Schließlich sind in Art.31 EuInsVO umfangreiche wechselseitige Kooperations- und Informationspflichten der Verwalter des Haupt- und des Sekundärinsolvenzverfahrens vorgesehen, wobei der Gang des Sekundärverfahrens regelmäßig den Bedürfnissen des Hauptverfahrens untergeordnet ist (vgl. Art.31 Abs.3 EuInsVO).“ Beschluss vom 09. 07. 2004, im Falle Daisytek/ISA Deutschland GmbH, abrufbar unter http://www.eir-database.com/download/cases/15/13-2_DAISYTEK-(DUeSSELDORF).pdf (zuletzt abgerufen am 10. 04. 2007).

208 Vogler, Die internationale Zuständigkeit für Insolvenzverfahren, 2004, S. 167.

209 Paulus, Europäische Insolvenzverordnung, Kommentar 2006, Einleitung, Rn. 43, S. 73, Artikel 2 EuInsVO, Rn. 34, S. 113 und Artikel 2 EuInsVO, Rn. 30 ff, S. 128 ff..

Niederlassung" passen würde.[210] Denn die von Artikel 17 Abs. 2 s.2 EuInsVO[211] angesprochene lokal begrenzte Restschuldbefreiung oder Stundung wäre nur bei selbständigen Niederlassungen sinnvoll – nur bei ihnen sei der Versuch einer Reorganisation[212] nachvollziehbar.[213] Dieses Argument wirkt in Anbetracht der Tatsache, dass sich Artikel 17 der Verordnung mit den *Wirkungen* eines Partikularverfahrens nach Artikel 3 Absatz 2 EuInsVO und nicht mit seinen Eröffnungsvoraussetzungen befasst, sehr konstruiert. Es scheint in höchstem Maße unwahrscheinlich, dass der Verordnungsgeber gleichsam „durch die Hintertür" des Artikels 17 Abs.2 EuInsVO eine Aussage über die Anwendbarkeit des Niederlassungsbegriffes auf selbständige Konzerntöchter treffen wollte.[214]
Eine „Umfunktionierung" der Sekundärverfahren zu Instrumenten der Durchführung von Konzerninsolvenzen widerspräche zudem dem eindeutigen Wortlaut des Artikels 3 Abs. 2 EuInsVO, nach dem sich das Partikularverfahren (und somit das Sekundärverfahren) gegen den Insolvenzschuldner des Hauptverfahrens richtet[215] – genau diese Schuldneridentität liegt im Falle eines *selbständigen* Tochterunternehmens nicht vor. Gegen eine Qualifizierung einer (selbständigen) Tochtergesellschaft als Niederlassung im Sinne der Artikel 2 h) und 3 Absatz 2 EuInsVO spricht auch die Regelung des Artikels 27 S. 1 EuInsVO, welcher bestimmt, dass nach vorheriger Eröffnung eines Hauptinsolvenzverfahrens ein Sekundärverfahren eröffnet werden kann, „ohne dass [...] die Insolvenz des Schuldners geprüft wird". Diese Vorschrift trägt der Tatsache Rechnung, dass in dieser Situation bereits bei Eröffnung des Hauptverfahrens die Insolvenz des Schuldners geprüft wurde, so dass eine erneute Prüfung im Vorfeld der Eröffnung des Sekundärverfahrens entbehrlich ist.[216] Diese Regelung würde sinnentleert, ließe man zu, dass von einem Sekundärverfahren auch ein *eigenständiger* Vermögensträger, wie ein selbständiges Tochterunternehmen des

210 Paulus, Europäische Insolvenzverordnung, Kommentar 2006, Artikel 2 EuInsVO, Rn. 34, S. 114.
211 Dieser bestimmt: „Jegliche Beschränkung der Rechte der Gläubiger, insbesondere eine Stundung oder eine Schuldbefreiung infolge des [Partikular-]Verfahrens, wirkt hinsichtlich des im Gebiet eines anderen Mitgliedstaats belegenen Vermögens nur gegenüber den Gläubigern, die ihre Zustimmung hierzu erteilt haben."
212 Dazu, dass entgegen dem zunächst eindeutig wirkenden Wortlautes des Artikels 3 Abs. 2 EuInsVO bei Partikularverfahren neben der Liquidation auch eine Reorganisation in Betracht kommt, siehe unter Teil 2, 1. Kapitel, A) 2.) b) bb) (2) (2.1) (2.1.2).
213 Paulus, Europäische Insolvenzverordnung, Kommentar 2006, zu Art. 17, Rn. 9, S. 200.
214 Dies gilt umso mehr, wenn man sich vor Augen hält, dass der Erläuternde Bericht zum Europäischen Insolvenzübereinkommen von Virgós/Schmit in Rn. 76 ausdrücklich darauf hinweist, das Übereinkommen enthalte keine Vorschriften über Unternehmenszusammenschlüsse – diese Aussage ist aufgrund der Übereinstimmung zwischen dem Übereinkommen und der Europäischen Insolvenzverordnung auf letztere übertragbar.
215 Smid, Deutsches und Europäisches Internationales Insolvenzrecht, Kommentar 2004, zu Artikel 2 EuInsVO, Rn. 23, S. 35.
216 Vgl. Virgós/Schmit, Erläuternder Bericht, Rn. 215 – 218.

Mutterkonzerns, erfasst werden könnte – der Zustand der Insolvenz müsste bei zwei getrennten Vermögensträgern auch getrennt geprüft werden.[217]
Festzuhalten bleibt folglich, dass nach dem Willen der Verordnungsgeber und der Systematik der Europäischen Insolvenzverordnung für Schuldner mit eigener Rechtspersönlichkeit die Zuständigkeit je getrennt zu ermitteln ist;[218] Regelungen über Konzerninsolvenzen werden durch die Europäische Insolvenzverordnung gerade nicht getroffen.[219]
Unabhängig von diesem Bruch mit dem Willen des Verordnungsgebers bedeutete die Ignoranz gegenüber der juristischen Selbständigkeit des Tochterunternehmens auch einen Bruch mit den gesellschaftsrechtlichen Regeln,[220] da es zu einem verfahrensrechtlichen Durchgriff vom insolventen Mutterunternehmen auf das Tochterunternehmen käme.[221]
Im Lichte dieser Argumente ist die Qualifikation selbständiger Tochterunternehmen als Niederlassungen der Konzernmutter abzulehnen, so dass die Konstruktion einer Konzerninsolvenz nach der Europäischen Insolvenzverordnung auf dieser Grundlage scheitern muss.

(2) Keine Vermutungsregelung bei natürlichen Personen

Als ein Anhaltspunkt, den die Europäische Insolvenzverordnung zur Bestimmung des Mittelpunktes der hauptsächlichen Interessen gibt, wurde bereits die Vermutung zugunsten des satzungsmäßigen Sitzes bei juristischen Personen und Gesellschaften aus Artikel 3 Absatz 1 S. 2 EuInsVO genannt.[222] Eine solche Vermutungsregel existiert in Bezug auf den Mittelpunkt der hauptsächlichen

[217] Vgl. Ehricke, Die neue Europäische Insolvenzverordnung und grenzüberschreitende Konzerninsolvenzen, EWS 2002, S. 105; so auch Kompat, Die neue Europäische Insolvenzverordnung, Dissertation [2005], 2006, S. 113.
[218] Virgós/Schmit, Erläuternder Bericht, Rn. 76.
[219] Zu diesem Ergebnis kommt nach eingehender Prüfung bereits Prof. Ehricke, Die neue Europäische Insolvenzverordnung und grenzüberschreitende Konzerninsolvenzen, EWS Heft 3 März 2002, S. 107. Auch der EuGH hält in seinem Urteil vom 2. Mai 2006 in der Rechtssache Eurofood fest (Rn. 30), „dass nach dem mit der Verordnung eingeführten System zur Feststellung der Zuständigkeit der Gerichte der Mitgliedstaaten eine eigene gerichtliche Zuständigkeit für jeden Schuldner existiert, der eine juristisch selbständige Einheit darstellt," und wendet sich somit gegen die Zusammenfassung mehrerer juristischer Personen in einer Konzerninsolvenz. Vgl. auch Virgós/Schmit, Erläuternder Bericht, Rn. 76.
[220] Vogler, Die internationale Zuständigkeit für Insolvenzverfahren, 2004, S. 167.
[221] Smid, Deutsches und Europäisches Internationales Insolvenzrecht, Kommentar 2004, zu Artikel 2 EuInsVO, Rn. 23, S. 35; Vogler spricht von einem „der Figur der juristischen Person widersprechenden Haftungsdurchgriff", Vogler, Die internationale Zuständigkeit für Insolvenzverfahren, 2004, S. 168.
[222] Siehe dazu oben unter Teil 1, 1. Kapitel, A) 1.) a) bb) (2) (2.1).

Interessen natürlicher Personen nicht,[223] so dass es für dessen Bestimmung grundsätzlich auf die allgemeinen Auslegungskriterien des Anknüpfungskriteriums ankommt.[224]

In der Literatur herrscht Uneinigkeit darüber, welche Bedeutung in diesem Zusammenhang dem *Wohnsitz* der natürlichen Person, ihrem gewöhnlichen *Aufenthaltsort* sowie ihrem *Arbeitsort* zukommt. Die Verordnung schweigt zu diesen Begriffen in Bezug auf den Schuldner.[225] Der Erläuternde Bericht von Virgós/Schmit erklärt, der Mittelpunkt der hauptsächlichen Interessen sei „im Prinzip [...] bei Personen, die einer beruflichen Tätigkeit nachgehen, [...] der Ort, an dem sie diese Tätigkeit ausüben, und bei natürlichen Personen generell der gewöhnliche Wohnsitz."[226] Diese Aussage stiftet mehr Verwirrung, als dass sie der Klarstellung dient.[227] Auf diesen Missstand weist das mittlerweile berühmt gewordene und viel zitierte Beispiel von Professor Leipold hin, in welchem dieser nach dem Interessenmittelpunkt eines mit seiner Familie im elsässischen Riquewihr wohnenden und in Freiburg abhängig beschäftigten Ingenieurs fragt.[228] Nach dem ersten Teil der Aussage von Virgós/Schmit müsste der Interessenmittelpunkt am Tätigkeitsort – also in Freiburg – liegen. Dem widerspricht jedoch deren zweiter Teil, der „generell" auf den „gewöhnliche[n] Wohnsitz" – mithin Riquewihr – verweist. Professor Leipold möchte diese Unvereinbarkeit beider Satzteile dadurch auflösen, dass er „generell" durch „in der Regel" ersetzt, so dass in der Regel der Wohnsitz ausschlaggebend

---

223 Vallens, La maison mère d'un groupe, centre des intérêts principaux de ses filiales étrangères, note sous Tribunal de commerce de Nanterre (3e ch.) 15 févr. 2006, Recueil Dalloz, Cahier Droit des Affaires, 16 mars 2006, n° 11, Jurisprudence, S. 796.

224 Vgl. die Schlussanträge des Generalanwaltes Colomer im Fall Staubitz-Schreiber, Rn. 61: „Artikel 3 Absatz 1 Satz 2 schafft eine widerlegbare Vermutung dafür, dass bei Gesellschaften und juristischen Personen der Ort des satzungsmäßigen Sitzes der Mittelpunkt ist. Bei der Schuldnerin handelt es sich jedoch um eine natürliche Person, die im Handelsverkehr als Gewerbetreibende ohne den Mantel einer Gesellschaftsform auftritt. [Rn. 62:] Die Verordnung Nr. 1346/2000 sieht für diesen Fall keine spezifische Regel vor. Nach der 13. Begründungserwägung sollte für die fragliche Definition auf den Ort abgestellt werden, an dem der Schuldner gewöhnlich der Verwaltung seiner Interessen nachgeht und der damit für Dritte leicht feststellbar ist."

225 Während sie ihnen in Bezug auf die Gläubiger durchaus Bedeutung zumisst: So knüpft Artikel 39 EuInsVO bspw. an Wohnsitz und Aufenthaltsort der Gläubiger an, vgl. auch Erwägungsgrund (21) EuInsVO.

226 Virgós/Schmit, Erläuternder Bericht, Rn. 75.

227 Smid, Deutsches und Europäisches Internationales Insolvenzrecht, Kommentar 2004, zu Artikel 3 EuInsVO, Rn. 15, S. 42; Vogler bezeichnet die Aussage als missverständlich, Vogler, Die internationale Zuständigkeit für Insolvenzverfahren, 2004, S. 127.

228 Leipold, Zum künftigen Weg des deutschen Internationalen Insolvenzrechts (Anwendungsbereich, internationale Zuständigkeit, Anerkennung und Vollstreckung), abgedruckt in Stoll, Vorschläge und Gutachten zur Umsetzung des EU-Übereinkommens über Insolvenzverfahren im deutschen Recht, 1997, S. 185ff., S. 190.

sei.[229] Die Hilflosigkeit dieses Unterfangens erkennt er jedoch im Grunde selbst, da er ebenfalls feststellt, dass „die Frage, ob ein anderer Beschäftigungsort ausreicht, um von der Regel abzuweichen, [...] auch damit unbeantwortet [bleibt]," und zur Entscheidung des Problems auf die Rechtsprechung verweist.[230] Eine klare Hierarchisierung, ob es eher auf den Wohnsitz oder eher auf den Tätigkeitsort ankommen soll, gelingt auch dadurch nicht.

Als Entscheidungskriterium wird vielfach eine Differenzierung zwischen abhängig Beschäftigten auf der einen und Selbständigen, Freiberuflern, Kaufleuten und Einzelunternehmern auf der anderen Seite vorgeschlagen.[231] Bei letzteren komme es auf den Tätigkeitsort an, also auf den „Ort der gewerblichen Niederlassung, der Kanzlei bzw. insgesamt der beruflichen Tätigkeit."[232] Um diese Ansicht mit der Aussage im Erläuternden Bericht von Virgós/Schmit in Einklang zu bringen, wird vorgeschlagen, dass unter die dort genannte „berufliche Tätigkeit" nur die Geschäftstätigkeit Selbständiger, Freiberufler und Einzelunternehmer, sowie die von Kaufleuten fallen soll.[233] Da diese einschränkende und dem allgemeinen Sprachgebrauch fremde Auslegung des Begriffes der „beruflichen Tätigkeit" jedoch weder eine klare Stütze im Erläuternden Bericht selbst noch in der Europäischen Insolvenzverordnung findet, sind derart freie „Interpretationsansätze" wohl eher dem Bereich der Spekulation zuzuordnen. Die Unterscheidung zwischen selbständigen und abhängigen Tätigkeiten ist daher nicht aus dem Erläuternden Bericht von Virgós/Schmit ableitbar, was jedoch nicht bedeutet, dass sie nicht sinnvoll und gerechtfertigt sein kann.[234]

Bei abhängig Beschäftigten wird vornehmlich nicht auf den Tätigkeitsort abgestellt, sondern vielmehr eine „Dominanz des Wohn- oder Aufenthaltsortes" vorgeschlagen.[235] Welcher dieser beiden Orte letztlich den Ausschlag geben soll, ist

---

[229] Leipold, Zum künftigen Weg des deutschen Internationalen Insolvenzrechts (Anwendungsbereich, internationale Zuständigkeit, Anerkennung und Vollstreckung), a.a.O., S. 190.

[230] Leipold, Zum künftigen Weg des deutschen Internationalen Insolvenzrechts (Anwendungsbereich, internationale Zuständigkeit, Anerkennung und Vollstreckung), a.a.O., S. 190.

[231] Paulus, Europäische Insolvenzverordnung, Kommentar, 2006, zu Art. 3, Rn. 25, S. 126; Duursma-Kepplinger, in D-K/D/Ch, Europäische Insolvenzverordnung, Kommentar 2002, zu Art. 3, Rn. 19, S. 130 m.w.N..

[232] Paulus, Europäische Insolvenzverordnung, Kommentar, 2006, zu Art. 3, Rn. 25, S. 126; fast wortwörtlich auch Duursma-Kepplinger, in D-K/D/Ch, Europäische Insolvenzverordnung, Kommentar 2002, zu Art. 3, Rn. 19, S. 131.

[233] So Vogler, Die internationale Zuständigkeit für Insolvenzverfahren, 2004, S. 128.

[234] Dazu sogleich im Folgenden; vgl. auch Colomer, Schlussanträge Staubitz-Schreiber, Rn. 62, der allgemein auf das „berufliche Domizil" abstellen will: „Somit gilt bei wirtschaftlich Tätigen als Mittelpunkt der Interessen der Ort, an dem sie ihr *berufliches* Domizil haben, und bei anderen natürlichen Personen der gewöhnliche Wohnsitz."

[235] Duursma-Kepplinger, in D-K/D/Ch, Europäische Insolvenzverordnung, Kommentar 2002, zu Art. 3, Rn. 19, S. 131.

äußerst umstritten,[236] und kann wiederum nicht anhand des Verordnungstextes oder des Erläuternden Berichts geklärt werden. Während die Befürworter des Wohnsitzkriteriums dessen leichte Erkennbarkeit und die damit verbundene Rechtssicherheit anführen, stellen die Befürworter des gewöhnlichen Aufenthaltsortes darauf ab, dass durch letzteren eine mehrfache Zuständigkeit weitgehend ausgeschlossen sei und er zudem auch in Artikel 2 EuEheVO über die Zuständigkeit entscheide.[237]

In Anbetracht dieser regen Debatte scheint bisweilen in Vergessenheit zu geraten, dass all die so rege diskutierten Kriterien auf keinen Fall mehr darstellen können, als eine Bestimmungshilfe in Bezug auf den Mittelpunkt der hauptsächlichen Interessen des Schuldners, als dem „Ort [...], an dem dieser gewöhnlich der Verwaltung seiner Interessen nachgeht und damit für Dritte feststellbar ist“[238]. Sowohl der Wohnsitz, als auch der gewöhnliche Aufenthaltsort und ebenfalls der Tätigkeitsort können folglich auf keinen Fall mehr Bedeutung erlangen, als die einer widerlegbaren Vermutung, wie sie im Falle juristischer Personen an den satzungsmäßigen Sitz geknüpft wird. Daraus folgt aber auch, dass
a) bei Bestimmung des Mittelpunktes der hauptsächlichen Interessen auf keinen Fall pauschal auf einen dieser Begriffe abgestellt werden darf, sondern dass vielmehr eine gründliche Einzelfallprüfung zu erfolgen hat und
b) kein logischer Bruch darin zu sehen ist, allen drei Begriffen parallel Bedeutung beizumessen und im Einzelfall zu gewichten, welcher der drei Orte (wenn diese auseinander fallen) – im Falle verbleibender Zweifel bezüglich des tatsächlichen Interessenmittelpunktes – der Vorrang einzuräumen ist.
Es sind zudem auch (zugegebenermaßen seltene) Fälle denkbar, in denen der Ort, an welchem der Schuldner gewöhnlich der Verwaltung seiner Interessen nachgeht und damit für Dritte feststellbar ist, weder an seinem Wohnsitz, noch

---

236 So stellen bspw. Smid (Deutsches und Europäisches Internationales Insolvenzrecht, Kommentar 2004, zu Artikel 3 EuInsVO, Rn. 15, S. 41) und Stephan (in Eickmann/Flessner/Irschlinger/Kirchhof/Kreft/Landfermann/Marotzke/Stephan (Hrsg.) Heidelberger Kommentar zur Insolvenzordnung, 2006, zu Artikel 3 EuInsVO, Rn. 3, S. 1696) ohne weitere Diskussion ausschließlich auf den Wohnsitz ab. Dem gewöhnlichen Aufenthaltsort den Vorrang einräumend bspw. Carstens, Die internationale Zuständigkeit im europäischen Insolvenzrecht, 2005, S. 59.

237 Vogler, Die internationale Zuständigkeit für Insolvenzverfahren, 2004, S. 130, vgl auch Duursma-Kepplinger, in D-K/D/Ch, Europäische Insolvenzverordnung, Kommentar 2002, zu Art. 3, Rn. 21, S. 131, die mit dem Gedanken der Kohärenz mit dem internationalen Privatrecht argumentiert.

238 Erwägungsgrund (13) EuInsVO, vgl. auch die Ausführungen des Generalanwaltes Colomer im Fall Staubitz-Schreiber, Rn. 62: „Nach der 13. Begründungserwägung sollte für die fragliche Definition auf den Ort abgestellt werden, an dem der Schuldner gewöhnlich der Verwaltung seiner Interessen nachgeht und der damit für Dritte leicht feststellbar ist.“

an seinem gewöhnlichen Aufenthaltsort, noch an seinem Tätigkeitsort liegt:[239] Stellt man sich das Beispiel des im elsässischen Riquewihr wohnenden und in Freiburg abhängig beschäftigten Ingenieurs so vor, dass dieser (aus welchen Gründen auch immer) in Basel eine Ferienwohnung hat. Und dass er von dieser aus alle wichtigen Anschaffungen tätigt, er seine gesamten Bankgeschäfte in Basel führt und er alle seine wirtschaftlichen Interessen dort verwaltet, so dass er die Mehrzahl seiner Schulden von dort aus macht und ihn alle seine Gläubiger (oder zumindest deren Mehrheit) dort wahrnehmen. So kommt man zu dem Schluss, dass der Mittelpunkt der hauptsächlichen (materiellen) Interessen dieses Ingenieurs – obwohl er sich dort nur sporadisch aufhält – in Basel liegt.[240] Zugegebenermaßen ist dieses Beispiel konstruiert. Es erfüllt dennoch seinen Zweck, die Debatte um Wohnsitz, Aufenthaltsort und Tätigkeitsort des Schuldners zu entspannen. Eine realitätsnahe und daher angemessene Bestimmung des Mittelpunktes der hauptsächlichen Schuldnerinteressen bei natürlichen Personen kann nur in der *Gesamtschau* aller (die wirtschaftlichen Interessen betreffenden) Umstände erzielt werden, zu denen sowohl der Wohnsitz als auch der Aufenthaltsort und der Tätigkeitsort des Schuldners zählen.
Vor diesem Hintergrund erscheint auch die Unterscheidung zwischen unselbständig Beschäftigten und selbständig Tätigen bezüglich ihres Interessenmittelpunktes in einem neuen Licht: Nicht weil ihre Tätigkeiten unterschiedlichen Charakter haben, sondern weil der selbständig Tätige häufig gerade im Rahmen seiner Tätigkeit (für Dritte feststellbar) seine hauptsächlichen Interessen verwalten und dort die meisten Schulden machen wird, während der abhängig Beschäftigte dies eher an seinem Wohnsitz bzw. Aufenthaltsort tun wird, stellt sich der Mittelpunkt ihrer hauptsächlichen Interessen meist unterschiedlich dar. Die Gläubiger eines Selbständigen haben mit diesem oft in Zusammenhang mit seiner beruflichen Tätigkeit kontrahiert und nehmen ihn deshalb eher am Ort seiner Tätigkeit wahr.[241] Sein Wohnsitz bzw. der Ort seines gewöhnlichen Aufenthaltes wird in der Regel in diesen Fällen weniger Bedeutung für die Verwaltung seiner Interessen haben und das äußere Erscheinungsbild weniger prägen. Aber auch hier ist die Bedeutung des Tätigkeitsortes für den Interessenmittelpunkt des Schuldners zu relativieren, denn letzterer ist selbstverständlich auch im Falle eines Selbständigen anhand *aller Umstände des Einzelfalles* zu ermit-

---

239 Diese Möglichkeit spricht auch Duursma-Kepplinger an, ohne jedoch Rückschlüsse auf die systematische Bedeutung von Wohnsitz, Aufenthaltsort und Tätigkeitsort zu ziehen, Duursma-Kepplinger, in D-K/D/Ch, Europäische Insolvenzverordnung, Kommentar 2002, zu Art. 3, Rn. 22, S. 132.

240 Damit läge der Interessenmittelpunkt außerhalb der EU, so dass die EuInsVO keine Anwendung fände.

241 Vgl. dazu den Fall von Susanne Staubitz-Schreiber, Urteil des Gerichtshofes (Große Kammer) vom 17. 01. 2006, Rs. C-1/04, Teil 1, 1. Kapitel, A) 2.) b) aa). Die Aussgangssituation des Falles erklärt, warum Generalanwalt Colomer nur auf das „berufliche Domizil“ abgestellt hat.

teln. Dem Tätigkeitsort kommt nur eine *Indizwirkung* zu, er kann in *Zweifelsfällen* den Ausschlag geben, nicht jedoch eine Einzelfallprüfung des Interessenmittelpunktes von vornherein entbehrlich machen.

(3) Zwischenresümee

Die rege Debatte um die Bestimmung des „in hohem Maße auslegungsbedürftigen" Begriffes des Mittelpunktes der hauptsächlichen Interessen führt insbesondere in den von der Europäischen Insolvenzverordnung nicht ausdrücklich geregelten Bereichen (Konzerne sowie natürliche Personen betreffend) zu einer verwirrenden Meinungsvielfalt. Im Eifer des Gefechts werden dabei zum Teil grundlegende Aussagen der Verordnung übersehen, welche den Weg zu einer verordnungskonformen Entscheidung weisen.
So muss in Bezug auf Konzerne von der Idee Abstand genommen werden, über die Einordnung der Konzerntöchter als Niederlassungen der Muttergesellschaft zu einer einheitlichen „Konzerninsolvenz" zu gelangen, da eine solche sowohl den Regelungen der Verordnung bezüglich Haupt- und Partikularverfahren als auch dem ausdrücklich manifestierten Willen des Verordnungsgebers zuwider läuft. Die Konzernzugehörigkeit an sich als ausschlaggebenden Faktor für die Bestimmung des Mittelpunktes der hauptsächlichen Interessen zu werten und so über die Auslegung des Anknüpfungskriteriums zu einer „Konzerninsolvenz" zu gelangen, findet ebenfalls keine Stütze im Verordnungstext, was auch der im Folgenden zu analysierenden Rechtsprechung des Europäischen Gerichthofes zu entnehmen sein wird.
Auch im Fall von natürlichen Personen ist Vorsicht vor zu voreiligen und einseitigen Festlegungen auf ein bestimmtes Kriterium für die Bestimmung des Interessenmittelpunktes geboten. So vermag es nicht zu überzeugen, bspw. auf den Wohnsitz als determinierenden Faktor abzustellen, da allein eine im Einzelfall differenzierende Gesamtschau aller Umstände zu einer Ermittlung des Mittelpunktes der hauptsächlichen Interessen des Schuldners im Geiste der Verordnung führt.
So ist eine wichtige Erkenntnis, welche aus den geschilderten Problemfeldern abgeleitet werden kann, diejenige, dass ausschließlich eine Betrachtung des Gesamtsystems der Europäischen Insolvenzverordnung systemkonforme Lösungen ermöglicht.

bb) Mittelbar den Mittelpunkt der hauptsächlichen Interessen betreffende Regelungsdefizite

Die Europäische Insolvenzverordnung wirft zwei weitere Fragen auf, welche zwar nicht direkt den Begriff des Mittelpunktes der hauptsächlichen Interessen betreffen, sich aber doch auf dessen Bedeutung im System der Verordnung auswirken. So ist unklar, ob einzig der schuldnerische Interessenmittelpunkt über den territorialen Anwendungsbereich der Verordnung entscheidet oder ob ein qualifizierter Auslandsbezug hinzutreten muss. Weiter ist umstritten, inwieweit eine europäische „*vis attractiva concursus*“ (eine „Anziehungskraft des Konkurses“) existiert, welche dazu führen könnte, dass sich die internationale Zuständigkeit für insolvenzbezogene Verfahren ebenfalls nach dem Mittelpunkt der hauptsächlichen Interessen richtet.

(1) Der territoriale Anwendungsbereich der Verordnung

Eine indirekt mit dem Begriff des Mittelpunktes der hauptsächlichen Interessen zusammenhängende Unklarheit besteht im Zusammenhang mit dem territorialen Anwendungsbereich der Europäischen Insolvenzverordnung selbst.

Klarheit herrscht insoweit, als Erwägungsgrund (14) EuInsVO bestimmt, dass „diese [...] nur für Verfahren [gilt], bei denen der Mittelpunkt der hauptsächlichen Interessen des Schuldners in der Gemeinschaft liegt.“[242] Der Bestimmung des schuldnerischen Interessenmittelpunktes kommt mithin auch für die Anwendbarkeit der Verordnung selbst eine Schlüsselrolle zu; liegt er nämlich in einem Drittstaat, so ist die Europäische Insolvenzvereinbarung von vornherein unanwendbar.[243]

Allerdings ist es nicht ausreichend, dass der Interessenmittelpunkt des Schuldners in der Gemeinschaft liegt. Auch wenn weder Erwägungsgrund (14) noch Artikel 3 EuInsVO explizit auf das Erfordernis eines grenzüberschreitenden Bezuges eingehen, herrscht doch auch insoweit Einigkeit, dass die Europäische Insolvenzverordnung einen *Auslandsbezug* des zu eröffnenden Insolvenzverfahrens erfordert, also auf reine Binnensachverhalte keine Anwendung findet.[244] Das Erfordernis eines grenzüberschreitenden Bezuges ergibt sich insbesondere aus der Zielsetzung der Verordnung, „für ein reibungsloses Funktionieren des Binnenmarktes [...] effiziente und wirksame *grenzüberschreitende* Insolvenzverfahren“[245] zu schaffen.[246] Dabei sollten an die Art des grenzüberschreitenden Bezuges keine zu hohen Anforderungen gestellt werden,[247] da zum einen praktische Erwägungen gegen eine restriktive Auslegung sprechen, denn diese würde

---

[242] Wobei unter „Gemeinschaft“ hier wiederum alle Mitgliedstaaten mit Ausnahme Dänemarks gemeint sind, vgl. Erwägungsgrund (33) der Verordnung.

[243] Darüber herrscht Einigkeit in der Literatur. Statt vieler, Virgós/Schmit, Erläuternder Bericht, Rn. 11.

[244] Statt vieler, Herchen, Scheinauslandsgesellschaften im Anwendungsbereich der EuInsVO, ZInsO 2003, Ausgabe 16, S. 744; Paulus, Europäische Insolvenzverordnung, Kommentar 2006, Einleitung, Rn. 33, S. 69.

[245] Erwägungsgrund (2) EuInsVO, Hervorhebungen nicht im Original.

[246] Auch der Erläuternde Bericht von Virgós/Schmit macht deutlich, dass es um den „rechtlichen Rahmen auf internationaler Ebene“ geht, Rn. 7.

[247] Carstens, Die internationale Zuständigkeit im europäischen Insolvenzrecht, 2005, S. 28.

die Ermittlungen im Vorfeld der Verfahrenseröffnung verkomplizieren.[248] Zum anderen wirkt eine eher extensive Bejahung des Auslandsbezuges der Gefahr entgegen, dass ein Insolvenzgericht den bequemeren – da bekannteren – rein nationalen Weg wählt und vor einem grenzüberschreitenden Moment zu leicht „die Augen verschließt", was dem *effet utile* der Verordnung entgegen stünde.[249]

Höchst kontrovers diskutiert wird jedoch die Frage, ob es sich bei dem grenzüberschreitenden Bezug zwingend um einen Bezug zu einem anderen *Mitgliedstaat* handeln muss (sog. *qualifizierter Auslandsbezug*) oder ob auch ein Bezug zu einem *Drittstaat* (außerhalb der Gemeinschaft oder zu Dänemark, sog. *einfacher Auslandsbezug*) genügt, um den territorialen Anwendungsbereich der Verordnung zu eröffnen.[250]
Zum Teil wird das bereits dargestellte Argument, dass Praktikabilitätsgründe für eine extensiven Bejahung eines Auslandsbezuges sprechen, einfach auf die vorliegende Problemstellung übertragen und das Erfordernis eines qualifizierten Auslandsbezuges vor diesem Hintergrund abgelehnt.[251] Doch dabei wird übersehen, dass es sich hier um zwei verschiedene Fragestellungen handelt, die auch einer getrennten Betrachtung bedürfen. Zum einen stehen die *inhaltlichen Anforderungen* an das grenzüberschreitende Moment, zum anderen *dessen Bezugsstaat* zur Debatte.
Aus dem Wortlaut der Verordnung sowie ihren Erwägungsgründen lässt sich nicht direkt ersehen, ob ein qualifizierter oder ein einfacher Auslandsbezug erforderlich ist, da dort ja noch nicht einmal das Erfordernis des Auslandsbezuges an sich explizit geregelt ist.[252] So scheint es gewagt, aus Erwägungsgrund (14) ableiten zu wollen, dass auch ein bloßer Drittstaatbezug genügen müsse, da der Erwägungsgrund lediglich anführe, die Verordnung gelte nur für Verfahren, bei denen der Mittelpunkt der hauptsächlichen Schuldnerinteressen in der Gemeinschaft liege.[253] Daraus lässt sich nur ersehen, dass die Verortung des schuldnerischen Interessenmittelpunktes eine notwendige, nicht jedoch eine hinreichende Bedingung für die Anwendbarkeit der Verordnung ist.[254]

---

[248] Herchen, Scheinauslandsgesellschaften im Anwendungsbereich der EuInsVO, ZInsO 2003, Ausgabe 16, S. 744.
[249] Carstens, Die internationale Zuständigkeit im europäischen Insolvenzrecht, 2005, S. 28. Gläubiger mit Sitz, Wohnsitz oder gewöhnlichem Aufenthalt in einem anderen Mitgliedstaat sowie dort belegenes Vermögen genügen demnach für einen Auslandsbezug.
[250] Vogler, Die internationale Zuständigkeit für Insolvenzverfahren, 2004, S. 77.
[251] So Herchen, Scheinauslandsgesellschaften im Anwendungsbereich der EuInsVO, ZInsO 2003, Ausgabe 16, S. 744.
[252] S.o.; in diesem Sinne auch Herchen, Scheinauslandsgesellschaften im Anwendungsbereich der EuInsVO, ZInsO 2003, Ausgabe 16, S. 744.
[253] So aber Ludwig, Neuregelungen des deutschen Internationalen Insolvenzverfahrensrechts, Dissertation, 2004, S. 43.
[254] Carstens, Die internationale Zuständigkeit im europäischen Insolvenzrecht, 2005, S. 29.

Auch die Aussagen im Erläuternden Bericht von Virgós/Schmit, es würden „lediglich die innergemeinschaftlichen Wirkungen von Insolvenzverfahren" und keine *Wirkungen* gegenüber Drittstaaten geregelt,[255] helfen nicht weiter, da klar ist, dass ein europäischer Rechtsakt gegenüber souveränen Drittstaaten nichts zwingend regeln kann.[256] Fraglich ist vielmehr, ob der Verordnungsgeber einen grenzüberschreitenden Bezug zu ihnen für die *Anwendbarkeit* der Verordnung genügen lassen wollte.
Befürworter eines einfachen Auslandsbezuges führen weiter an, der englische High Court of Justice habe der Auffassung, die einen qualifizierten Auslandsbezug fordere, in seinem Urteil in der *Rechtssache BRAC Rent-A-Car International Inc.*[257] eine Absage erteilt.[258] Diese Behauptung hält einer genaueren Nachprüfung jedoch nicht stand:

(1.1) Die Rechtssache BRAC Rent-A-Car International Inc.

In dem besagten Rechtsfall ging es um die Eröffnung eines Insolvenzverfahrens über ein in Delaware gegründetes und registriertes, amerikanisches Unternehmen, welches seine gesamte Geschäftstätigkeit von Hemel Hempstead, England, aus führte,[259] so dass sein Interessenmittelpunkt eindeutig in Hemel Hempstead lag. Das Unternehmen hatte Niederlassungen sowie Gläubiger in anderen Mitgliedstaaten.[260] Es lag somit neben einem einfachen Auslandsbezug zu den USA auch ein auf den ersten Blick erkennbarer qualifizierter Auslandsbezug vor.
Der englische Richter, Mr. Justice Lloyd, hatte nun zu klären, ob er in dieser Angelegenheit international zuständig war, wobei er zur Entscheidung dieser Frage auf die Verordnung abstellte: „Accordingly, the question whether this court has jurisdiction to make an administration order in relation to a company requires reference to the Regulation."[261] – Bereits dieses unproblematische Abstellen auf die Verordnung, ohne auf ihren territorialen Anwendungsbereich einzugehen, könnte Zweifel daran aufkommen lassen, ob sich Richter Llyod wirklich zum Erfordernis eines qualifizierten Auslandsbezuges äußern wollte. Im Folgenden stellte er auf einige Erwägungsgründe sowie auf Artikel 3 der Ver-

---

[255] Virgós/Schmit, Erläuternder Bericht, Rn. 11 und 44 a).
[256] Schmiedeknecht, Der Anwendungsbereich der Europäischen Insolvenzverordnung und die Auswirkungen auf das deutsche Insolvenzrecht, Dissertation 2004, S. 109.
[257] High Court of Justice Chancery Division Companies Court (England; The Honourable Mr. Justice Lloyd); Urteil vom 07 .02. 2003 -- 0042/2003, in der Rs BRAC Rent-A-Car International Inc (2003) EWHC (Ch) 128; abrufbar unter http://www.eir-database.com/download/cases/2/1-1_BRAC.pdf (zuletzt abgerufen am 10. 04. 2007).
[258] Vogler, Die internationale Zuständigkeit für Insolvenzverfahren, 2004, S. 79 und 80.
[259] Rn. 4 und 5 des Urteils vom 07 .02. 2003, Rs BRAC Rent-A-Car.
[260] Rn. 4 des Urteils vom 07 .02. 2003, Rs BRAC Rent-A-Car: "It has subsidiaries in many Western European countries, each of which has, in turn, agreements with various franchisees."
[261] Rn. 9 des Urteils vom 07 .02. 2003, Rs BRAC Rent-A-Car.

ordnung ab. Richter Lloyd begründete die Tatsache, dass er nicht auf die übrigen Artikel der Verordnung einging, mit einer zentralen – und dennoch größtenteils ignorierten – Aussage, die gleichzeitig verdeutlicht, warum aus diesem Urteil gerade *nicht* darauf geschlossen werden kann, dass er sich *gegen* das Erfordernis eines qualifizierten Auslandsbezugs aussprechen wollte (denn diesen Aspekt hat er schlicht nicht problematisiert):

„None of these [other articles of the Regulation] casts any light on the *fundamental question*, whether the debtors in relation to whom the insolvency proceedings governed by the Regulation may be taken are (in the case of legal persons) *limited to those incorporated in the Community, or are not so limited*."[262] Er führt dann weiter aus, dass es seiner Meinung nach für die internationale Zuständigkeit nach der Europäischen Insolvenzverordnung *ausschließlich* auf den Mittelpunkt der hauptsächlichen Interessen des Schuldners ankomme und die Inkorporation des betroffenen schuldnerischen Unternehmens in einem Drittstaat daran nichts ändere.[263] Diese Feststellung, dass die Inkorporation in einem Drittstaat eines Schuldners, der seinen hauptsächlichen Interessenmittelpunkt innerhalb der Gemeinschaft hat, die Anwendbarkeit der Verordnung an sich nicht hindert, ist aber völlig unumstritten![264]

Die (umstrittene) Frage, ob dieser vorliegend durch die Gründung und Registration des Unternehmens in den USA geschaffene Drittstaatbezug *alleine* ausreicht, um den für die Verordnung grenzüberschreitenden Bezug herzustellen, oder ob ein qualifizierter Auslandsbezug zu einem anderen Mitgliedstaat hinzukommen muss, ist die eigentlich spannende Frage, auf die Richter Llyod jedoch mit keinem Wort eingeht.[265]

Der abschließende Richterspruch lautet:

"Thus, according to the literal reading of the Regulation, the *only test* for the application of the Regulation in relation to a given debtor is whether the *centre of the debtor's main interests* is in a relevant Member State, and not where a

---

262 Rn. 18 des Urteils, Rs BRAC Rent-A-Car; Hervorhebungen nicht im Original.

263 Rn. 24 des Urteils, Rs BRAC Rent-A-Car: "In my judgment, Miss Hilliard is correct in her submission that the Regulation gives jurisdiction to the courts of a Member State to open insolvency proceedings in relation to a company incorporated outside the Community, if the centre of the company's main interests is in that Memb er State. As a matter of textual interpretation, it seems to me that this is the effect of the Regulation. It defines the scope of its application only in terms of the location of the centre of the debtor's main interests."

264 Die Vermutung zugunsten des satzungsmäßigen Sitzes in Artikel 3 Abs. 1 S. 2 EuInsVO ist ja gerade eine widerlegliche Vermutung – fallen Sitz und Interessenmittelpunkt auseinander, kommt es nur auf letzteren an.

265 So auch Herchen, Scheinauslandsgesellschaften im Anwendungsbereich der EuInsVO, ZInsO 2003, Ausgabe 16, S. 743. Falsch somit die Behauptung von Ludwig, Neuregelungen des deutschen Internationalen Insolvenzverfahrensrechts, Dissertation, 2004, S. 44, „einen weitergehenden, innergemeinschaftlichen Auslandsbezug [fordere] der High Cour *ausdrücklich* nicht"; Hervorhebung nicht im Original.

debtor which is a legal person is incorporated. This is supported by the purposive interpretation. For those reasons, I held that the Regulation does give the courts of a Member State jurisdiction to open insolvency proceedings in relation to a corporate debtor incorporated in Delaware, such as the Company, if the centre of the debtor's main interests is within that Member State, as is the case in this instance."[266]
Davon ausgehend zu behaupten, Richter Llyod hätte sich sehenden Auges gegen einen qualifizierten Auslandsbezug entschieden – ihm also eine „Absage erteilt"[267] – hält einer umfassenden Urteilsanalyse nicht stand.[268]

(1.2) Teleologische Auslegung der Verordnung

Das Urteil des englischen High Court of Justice in der Rechtssache BRAC Rent-A-Car International Inc.[269] trifft folglich in Bezug auf die Frage, ob ein einfacher oder ein qualifizierter Auslandsbezug vorliegen muss, keine Aussage. Die Antwort kann – genauso wie auch das ganze Auslandsbezugserfordernis an sich der Auslegung entspringt –[270] nur im Wege der teleologischen Interpretation gefunden werden.[271]
Betrachtet man also Erwägungsgrund (2) der Verordnung (aus welchem sich das Erfordernis eines grenzüberschreitenden Bezuges ergibt)[272] und das in ihm formulierte Ziel, „für ein reibungsloses Funktionieren des Binnenmarktes [...] effiziente und wirksame grenzüberschreitende Insolvenzverfahren" zu etablieren, so wird klar, dass es dem Verordnungsgeber um den *Binnenmarkt* geht. Auch Erwägungsgrund (4) EuInsVO bringt dieses Anliegen zum Ausdruck: „Im Interesse eines ordnungsgemäßen Funktionierens des Binnenmarktes muss verhindert werden, dass es für die Parteien vorteilhafter ist, Vermögensgegenstände oder Rechtsstreitigkeiten *von einem Mitgliedstaat in einen anderen* zu verlagern, um auf diese Weise eine verbesserte Rechtstellung anzustreben (sog. „forum shopping")."[273] Vor diesem Hintergrund kann ein einfacher Auslandsbezug als grenzüberschreitendes Moment für die Anwendbarkeit der Europäischen Insolvenzverordnung nicht genügen. Denn der Binnenmarkt kann nur dort in seinem ordnungsgemäßen Funktionieren beeinträchtigt sein, wo er überhaupt betroffen

---

266 Rn. 31 des Urteils, Rs BRAC Rent-A-Car.
267 So Vogler, Die internationale Zuständigkeit für Insolvenzverfahren, 2004, S. 79 und 80; sowie dem Ergebnis nach auch Ludwig, Neuregelungen des deutschen Internationalen Insolvenzverfahrensrechts, Dissertation, 2004, S. 44.
268 Zu diesem Ergebnis kommt auch Carstens, Die internationale Zuständigkeit im europäischen Insolvenzrecht, 2005, S. 35.
269 Urteil vom 07. 02. 02003 -- 0042/2003, EWHC (Ch) 128; abrufbar unter http://www.eir-database.com/download/cases/2/1-1_BRAC.pdf.
270 Vgl. oben zu Beginn von Teil 1, 1. Kapitel, A) 1.) b) bb) (1).
271 Carstens, Die internationale Zuständigkeit im europäischen Insolvenzrecht, 2005, S. 32.
272 S.o. zu Beginn von Teil 1, 1. Kapitel, A) 1.) b) bb) (1).
273 Erwägungsgrund (4) EuInsVO Hervorhebungen nicht im Original.

ist – also im Verhältnis der Mitgliedstaaten untereinander, nicht jedoch im Verhältnis eines einzigen Mitgliedstaates zu einem oder mehreren Drittstaaten. Im Falle eines rein „extra-gemeinschaftlichen" Bezuges liefe somit das Hauptziel der Verordnung leer. Ihre Anwendung auf solche Fälle ist mithin von der Zielsetzung des Verordnungsgebers nicht gedeckt und daher abzulehnen.[274] Die Erfordernis eines qualifizierten Auslandsbezuges stützt auch Erwägungsgrund (3) EuInsVO, der darauf verweist, die grenzüberschreitende Tätigkeit von Unternehmen unterliege „in zunehmendem Maße den *Vorschriften des Gemeinschaftsrechts.*"[275] Aufgrund der negativen Auswirkungen, welche die Insolvenz solcher Unternehmen auf das ordnungsgemäße Funktionieren des Binnenmarktes hätten, bedürfe es „eines *gemeinschaftlichen Rechtsaktes*, der die Koordinierung der Maßnahmen in Bezug auf das Vermögen des zahlungsunfähigen Schuldners vorschreibt."[276] Das Gemeinschaftsrecht kann aber nur bei einer grenzüberschreitenden Tätigkeit innerhalb der Gemeinschaft betroffen sein, was wiederum für das Erfordernis eines qualifizierten Auslandsbezuges spricht.

Bleibt also festzuhalten, dass die teleologische Auslegung der Verordnung ergibt, dass ihr territorialer Anwendungsbereich nur eröffnet ist, wenn zumindest ein *qualifizierter Auslandsbezug* des von der Insolvenz betroffenen Schuldners zu einem anderen Mitgliedstaat als dem, in welchem sein Interessenmittelpunkt liegt, besteht.

(2) Die internationale Zuständigkeit für Klagen nach Artikel 25 EuInsVO

Inwieweit der Mittelpunkt der hauptsächlichen Interessen auch für die Bestimmung der internationalen Zuständigkeit für *insolvenzbezogene Verfahren* im Sinne des Artikels 25 Abs. 1 UAbs. 2 EuInsVO relevant ist, stellt ein von der Verordnung nicht geklärtes Problem dar.[277] Denn Artikel 3 EuInsVO erfasst seinem (eindeutigen) Wortlaut nach nur die internationale Zuständigkeit für die Eröffnung des Insolvenzverfahrens[278] selbst.[279] Neben diesen Eröffnungsent-

---

[274] So auch Carstens, Die internationale Zuständigkeit im europäischen Insolvenzrecht, 2005, S. 32 und S. 35.

[275] Erwägungsgrund (3) EuInsVO Hervorhebungen nicht im Original.

[276] Erwägungsgrund (4) EuInsVO, auf den auch Carstens, Die internationale Zuständigkeit im europäischen Insolvenzrecht, 2005, S. 32 verweist.

[277] Duursma-Kepplinger, in D-K/D/Ch, Europäische Insolvenzverordnung, Kommentar 2002, zu Art. 25, Rn. 1, S. 421.

[278] Hierunter fallen Haupt- und Partikularinsolvenzverfahren.

[279] Thole, Die internationale Zuständigkeit für insolvenzrechtliche Anfechtungsklagen, ZIP 30/2006, S. 1383.

scheidungen beschäftigt sich die Europäische Insolvenzverordnung jedoch noch mit vier weiteren Entscheidungskategorien:[280]
So nennt Artikel 25 Abs. 1 Uabs. 1 EuInsVO „zur *Durchführung und Beendigung* eines Insolvenzverfahrens ergangen[e] Entscheidungen eines Gerichts, dessen Eröffnungsentscheidung nach Artikel 16 anerkannt wird" sowie von einem solchen Gericht bestätigte *Vergleiche*.[281] Unterabsatz 2 erfasst „Entscheidungen, die unmittelbar *aufgrund des Insolvenzverfahrens* ergehen und in *engem Zusammenhang* damit stehen"[282] – eine Formulierung, die aufgrund der vom EuGH in der Rechtssache Gourdain/Nadler[283] getroffenen, weiten Auslegung des Artikels 1 Abs. 2 EuGVÜ (bzw. EuGVVO) gewählt wurde.[284] In Unterabsatz 3 betrifft schließlich noch „Entscheidungen über *Sicherungsmaßnahmen*, die nach dem Antrag auf Eröffnung eines Insolvenzverfahrens getroffen werden."[285]
All diese Entscheidungen werden nach Artikel 25 Abs. 1 Uabs. 1 EuInsVO ebenfalls automatisch anerkannt;[286] ihre Vollstreckung richtet sich nach den Artikeln 31 bis 51 (mit Ausnahme von Artikel 34 Abs. 2) des EuGVÜ[287] bzw. nach den Artikeln 38 bis 58 der EuGVVO[288]. Bei dem Vollstreckungsverfahren

---

280 Stephan, in Eickmann/Flessner/Irschlinger/Kirchhof/Kreft/Landfermann/Marotzke /Stephan (Hrsg.), Heidelberger Kommentar zur Insolvenzordnung, 2006, Art. 25, Rn. 3, S. 1741.

281 Artikel 25 Abs. 1 UAbs. 1 EuInsVO, Hervorhebungen nicht im Original.

282 Artikel 25 Abs. 1 UAbs. 2 EuInsVO, Hervorhebungen nicht im Original.

283 Urteil des Gerichtshofes vom 22. 02. 1979 (Rs 133/78, Slg. 1979,733) in der Rs Gourdain/ Nadler, 2. Leitsatz: „ *"Konkurse, Vergleiche und ähnliche Verfahren" im Sinne von Artikel 1 Absatz 2 Nr. 2 des Übereinkommens sind Verfahren, die nach den verschiedenen Rechtsordnungen der Vertragsstaaten auf der Zahlungseinstellung, der Zahlungsunfähigkeit oder der Erschütterung des Kredits des Schuldners beruhen und ein eingreifen der Gerichte beinhalten, das in eine zwangsweise kollektive Liquidation der Vermögenswerte des Schuldners oder zumindest eine Kontrolle durch die Gerichte mündet. Entscheidungen, die sich auf ein Insolvenzverfahren beziehen, sind nur dann von der Anwendung des Übereinkommens ausgeschlossen, wenn sie unmittelbar aus diesem Verfahren hervorgehen und sich eng innerhalb des Rahmens eines Konkurs- oder Vergleichsverfahrens in dem vorgenannten Sinne halten.* "

284 Virgós/Schmit, Erläuternder Bericht, Rn. 195; vgl auch Vogler, Die internationale Zuständigkeit für Insolvenzverfahren, 2004, S. 213.

285 Artikel 25 Abs. 1 UAbs. 3 EuInsVO, Hervorhebungen nicht im Original.

286 Vgl. auch Paulus, Europäische Insolvenzverordnung, Kommentar 2006, zu Art. 25, Rn. 13, S. 226.

287 Brüsseler Übereinkommen über die gerichtliche Zuständigkeit und die Vollstreckung gerichtlicher Entscheidungen in Zivil- und Handelssachen in der durch die Beitrittsübereinkommen zu diesem Übereinkommen geänderten Fassung, vgl. Artikel 25 Abs. 1 UAbs. 1 EuInsVO.

288 Artikel 68 Abs. 2 EuGVVO bestimmt: „Soweit diese Verordnung die Bestimmungen des Brüsseler Übereinkommens zwischen den Mitgliedstaaten ersetzt, gelten Verweise auf dieses Übereinkommen als Verweise auf die vorliegende Verordnung." Daraus folgt, dass der

handelt es sich somit um ein vereinfachtes Verfahren. Die explizite Ausnahme des Artikels 34 Abs. 2 EuGVÜ macht weiter deutlich, dass sich Vollstreckungsverweigerungsgründe ausschließlich aus der Europäischen Insolvenzverordnung selbst (Artikel 25 Abs. 3 und 26 EuInsVO) ergeben können.[289]
Die Anerkennung und Vollstreckung aller anderen Entscheidungen unterliegt gemäß Artikel 25 Absatz 2 EuInsVO dem EuGVÜ bzw. der EuGVVO, soweit diese anwendbar sind.
Mit diesen Regelungen ist im Bereich der Anerkennung und Vollstreckung ein nahtloses Ineinandergreifen der Europäischen Insolvenzverordnung und des EuGVÜ bzw. der EuGVVO gewährleistet, so dass diesbezüglich keine „Rechtslücken" bestehen.[290]
Große Unklarheiten bestehen nach der Verordnung jedoch bei der Frage nach der internationalen Zuständigkeit bezüglich der so anzuerkennenden und zu vollstreckenden Entscheidungen.[291]
Die erste Gruppe der in Artikel 25 Abs. 1 EuInsVO angeführten Entscheidungen, welche zur Durchführung und Beendigung eines Insolvenzverfahrens ergehen oder durch welche das Insolvenzgericht einen Vergleich bestätigt, erscheint dabei nur einer sinnvollen Zuständigkeitsregelung zugänglich zu sein:[292] Die internationale Zuständigkeit für solche Entscheidungen kann sich nicht von derjenigen für die Eröffnungsentscheidung unterscheiden und muss daher ebenfalls aus Artikel 3 EuInsVO abgeleitet werden, da ansonsten eine nicht zu rechtfertigende Zuständigkeitsaufspaltung möglich wäre.[293] Obwohl Artikel 3 EuInsVO nur die internationale Zuständigkeit „für die Eröffnung des Insolvenzverfahrens" explizit nennt, ist diese Regelung folglich dahingehend weit auszulegen, dass sie auch die internationale Zuständigkeit für das auf die Eröffnungsentscheidung folgende Insolvenzverfahren abdeckt.

Verweis in Artikel 25 EuInsVO (auch) einen Verweis auf die EuGVVO enthält; vgl dazu auch Duursma-Kepplinger, in D-K/D/Ch, Europäische Insolvenzverordnung, Kommentar 2002, zu Art. 25, Rn. 2, S. 421/422.

289 Virgós/Schmit, Erläuternder Bericht, Rn. 192; Duursma-Kepplinger, in D-K/D/Ch, Europäische Insolvenzverordnung, Kommentar 2002, zu Art. 25, Rn. 10, S. 424.

290 Virgós/Schmit, Erläuternder Bericht, Rn. 195; vgl. auch Vogler, Die internationale Zuständigkeit für Insolvenzverfahren, 2004, S. 213.

291 Duursma-Kepplinger, in D-K/D/Ch, Europäische Insolvenzverordnung, Kommentar 2002, zu Art. 25, Rn. 1 S. 421, die in Artikel 25 EuInsVO „eine der unklarsten Regelungen der Insolvenzverordnung" sieht.

292 „Die zur Durchführung und Beendigung eines Insolvenzverfahrens ergangenen Entscheidungen werfen keine konkreten Zuordnungsprobleme auf." Virgós/Schmit, Erläuternder Bericht, Rn. 191.

293 Duursma-Kepplinger, in D-K/D/Ch, Europäische Insolvenzverordnung, Kommentar 2002, zu Art. 25, Rn. 14, S. 425; in diese Richting weist auch die eben zitierte Aussage von Virgòs/Schmit, Erläuternder Bericht, Rn. 191.

Schwieriger gestaltet sich hingegen die Bestimmung der internationalen Zuständigkeit für die in Artikel 25 Abs. 1 UAbs. 2 EuInsVO genannten „Entscheidungen, die unmittelbar aufgrund des Insolvenzverfahrens ergehen und in engem Zusammenhang damit stehen". Dies liegt vor allem daran, dass die nationalen mitgliedstaatlichen Rechte sehr unterschiedliche Regelungen darüber treffen, welche Streitigkeiten von der „Anziehungskraft des Konkurses", der sogenannten „*vis attractiva concursus*", erfasst werden.[294] Dabei ist von vornherein festzuhalten, dass eine Bejahung einer „vis attractiva concursus" im Sinne einer Gleichschaltung zwischen der internationalen Zuständigkeit für die Eröffnungsentscheidung und der internationalen Zuständigkeit für insolvenzbezogene Verfahren nicht bedeutet, dass auch das Insolvenzgericht sachlich und örtlich für letztere Verfahren zuständig sein muss. Dem steht der diesbezüglich eindeutige Wortlaut des Artikels 25 Abs. 1 UAbs. 2 EuInsVO entgegen, der die Anerkennung und Vollstreckung insolvenzbezogener Entscheidungen regelt, „auch wenn diese Entscheidungen von einem *anderen Gericht* [als dem Insolvenzgericht] getroffen werden."[295]
Für die Bestimmung der internationalen Zuständigkeit für insolvenzbezogene Verfahren kommen drei Lösungswege in Betracht:[296]

(2.1) Anwendung des nationalen Rechts?

Der erste Lösungsansatz besteht darin, in Ermangelung einer Zuständigkeitsregelung in der Europäischen Insolvenzverordnung und in Anbetracht der vom EuGH in der Rechtssache Gourdain/Nadler gemachten, weiten Auslegung des Ausnahmetatbestandes des Artikels 1 Abs.2 EuGVVO/ EuGVÜ, die internationale Zuständigkeit nach dem nationale Recht des Mitgliedstaates zu bestimmen, dessen Gericht angerufen wird.[297] Befürworter dieser Vorgehensweise sehen in der von der Europäischen Insolvenzverordnung im Zusammenspiel mit dem EuGVVO gelassenen Regelungslücke eine *bewusste Entscheidung* des Verord-

[294] Willemer, Vis attractiva concursus und die Europäische Insolvenzverordnung, Dissertation, 2006, S. 3; Virgós/Schmit, Erläuternder Bericht, Rn. 77; Lorenz, Annexverfahren bei Internationalen Insolvenzen, Dissertation (2004), 2005, S. 104.

[295] Artikel 25 Abs. 1 UAbs. 2 EuInsVO; Hervorhebungen nicht im Original.

[296] Paulus, Which law decides on a court's competence to decide in insolvency related matters? Higher regional court of Frankfurt a.M. January 26, 2006 (no. 130), International Caselaw Alert No.10 – III/2006, 27 June 2006, S. 10, abrufbar unter http://ww9184.wb09.de/eirdatabase/download/caselaw/6/International-Caselaw---Alert-No-10-III-2006-June-27,-2006.pdf, (zuletzt abgerufen am 10. 04. 2007); Duursma-Kepplinger, in D-K/D/Ch, Europäische Insolvenzverordnung, Kommentar 2002, zu Art. 25, Rn. 22, S. 427; so auch Vogler, Die internationale Zuständigkeit für Insolvenzverfahren, 2004, S. 13 ff.

[297] Duursma-Kepplinger, in D-K/D/Ch, Europäische Insolvenzverordnung, Kommentar 2002, zu Art. 25, Rn. 22ff., S. 427ff..

nungsgebers, diesen Bereich nicht gemeinschaftsrechtlich zu regeln, sondern dem nationalen Recht vorzubehalten.[298]

Die gewichtigen Einwände gegen dieses Abstellen auf das nationale Recht[299] lassen sich zu zwei Hauptargumentationslinien zusammenfassen: Zum einen steht einem Abstellen auf das nationale Recht der Gedanken der Rechtsvereinheitlichung im Bereich der internationalen Zuständigkeit und somit die Zielsetzung der Europäische Insolvenzverordnung, entgegen.[300] Zum anderen ergibt sich ein Widerspruch zwischen der (dann) nationalen Zuständigkeitsbestimmung und der gemeinschaftsrechtlich in Artikel 25 EuInsVO (i.V.m. der EuGVVO) festgelegten privilegierten[301] Anerkennung und Vollstreckung, welcher nicht mit dem gemeinschaftsrechtlichen System vereinbar ist.[302] So besteht insbesondere die Gefahr, über die nationalen Rechte als zuständigkeitsdeterminierender Faktor zu einem „*exorbitanten Gerichtsstand*" zu gelangen (welcher sich bspw. nur auf die Belegenheit des schuldnerischen Vermögens gründet).[303] Eine Bestimmung der internationalen Zuständigkeit für insolvenzbezogene Verfahren nach dem nationalen Recht ist daher abzulehnen.

Die nach der Europäischen Insolvenzverordnung im Zusammenspiel mit der EuGVVO weiter bestehende *Regelungslücke* bezüglich der internationalen Zuständigkeit für „Entscheidungen, welche unmittelbar aufgrund des Insolvenzverfahrens ergehen und in engem Zusammenhang damit stehen"[304], kann vor diesem Hintergrund nur als *planwidrig* angesehen werden[305] – eine Lösung ist somit innerhalb des gemeinschaftsrechtlichen Systems entweder über die EuGVVO/das EuGVÜ oder über die Europäische Insolvenzverordnung zu suchen[306].

---

[298] Vogler, Die internationale Zuständigkeit für Insolvenzverfahren, 2004, S. 219.

[299] Siehe dazu ausführlich, Willemer, Vis attractiva concursus und die Europäische Insolvenzverordnung, S. 61 ff..

[300] Duursma-Kepplinger, in D-K/D/Ch, Europäische Insolvenzverordnung, Kommentar 2002, zu Art. 25, Rn. 26 S. 429; Paulus, Europäische Insolvenzverordnung, Kommentar 2006, zu Art. 25, Rn. 19, S. 229.

[301] Vgl. bereits unter Teil 1, 1. Kapitel, A) 1.) a) aa) (2) (2.2); Alleiniger Verweigerungsgrund ist Artikel 26 EuInsVO, zu diesem ausführlich unter Teil 1, 2. Kapitel, A) 1.) b).

[302] Willemer, Vis attractiva concursus und die Europäische Insolvenzverordnung, S. 77 ff., insbesondere S. 84; Thole, Die internationale Zuständigkeit für insolvenzrechtliche Anfechtungsklagen, ZIP 2006, S. 1385.

[303] Carstens, Die internationale Zuständigkeit im europäischen Insolvenzrecht, S. 105/106.

[304] Artikel 25 Abs.1 UAbs. 2 EuInsVO.

[305] So gingen die Vertragsparteien bei Abschluss des EuGVÜ von der Schaffung eines „passgenauen Insolvenzüberienkommens" aus; so Paulus, Europäische Insolvenzverordnung, Kommentar 2006, zu Art. 25, Rn 19, S. 228.

[306] So auch Thole, Die internationale Zuständigkeit für insolvenzrechtliche Anfechtungsklagen, ZIP 2006, S. 1385.

(2.2) Anwendung des EuGVÜ/der EuGVVO?

So besteht der zweite Lösungsansatz darin, die internationale Zuständigkeit für insolvenzbezogene Verfahren aus der EuGVVO/dem EuGVÜ abzuleiten.[307] Dabei ist innerhalb dieses Ansatzes zwischen zwei verschiedenen Varianten zu differenzieren.[308]

Die ganz "radikale" Lösung der Zuständigkeitsproblematik besteht darin, Artikel 25 Abs. 1 UAbs. 2 EuInsVO mangels korrespondierender Zuständigkeitsnorm für unanwendbar zu erklären und von einer umfassenden und alleinigen Geltung des EuGVÜ bzw. der EuGVVO auszugehen.[309] Diese Lösung als mit dem Willen des Verordnungsgebers vereinbar zu bezeichnen erscheint jedoch haltlos.[310] Der klare Wortlaut des Artikels 25 Abs. 1 UAbs. 2 EuInsVO, welcher verdeutlicht, welches Zusammenspiel der Verordnungsgeber zwischen EuGVVO/EuGVÜ und EuInsVO etablieren wollte, lässt keinen Raum für diesen Interpretationsansatz.[311]

Die "gemäßigtere" Variante der Zuständigkeitsbestimmung über das EuGVÜ/die EuGVVO möchte letztere *analog* anwenden und so die Regelungen des Artikels 25 EuInsVO über die Anwendbarkeit und Vollstreckbarkeit insolvenzbezogener Entscheidungen durch die Regelungen des EuGVÜ/der EuGVVO ergänzen.[312] In diesem Sinne hat das Oberlandesgericht Frankfurt a.M. in seinem Urteil vom 26. Januar 2006[313] entschieden, welches die internationale Zuständigkeit der deutschen Gerichte bezüglich einer Insolvenzanfechtung[314] unter An-

---

307 Duursma-Kepplinger, in D-K/D/Ch, Europäische Insolvenzverordnung, Kommentar 2002, zu Art. 25, Rn. 31 ff. S. 430 ff.

308 Thole, Die internationale Zuständigkeit für insolvenzrechtliche Anfechtungsklagen, ZIP 2006, S. 1384.

309 Duursma-Kepplinger, in D-K/D/Ch, Europäische Insolvenzverordnung, Kommentar 2002, zu Art. 25, Rn. 34 f. S. 431 f..

310 Der Verordnungsgeber ging gerade von der Unanwendbarkeit des EuGVÜ/der EuGVVO aus, vgl. Virgós/Schmit, Erläuternder Bericht, Rn. 77: „Nach diesem Kriterium [der Ausnahme nach Artikel 1 Abs. 2 EuGVÜ/EuGVVO] sind Klagen, die unmittelbar aus der Insolvenz hervorgehen und in engem Zusammenhang mit dem Insolvenzverfahren stehen, vom Brüsseler Übereinkommen von 1968 ausgeschlossen."

311 Duursma-Kepplinger, in D-K/D/Ch, Europäische Insolvenzverordnung, Kommentar 2002, zu Art. 25, Rn. 35 S. 432.

312 Thole, Die internationale Zuständigkeit für insolvenzrechtliche Anfechtungsklagen, ZIP 2006, S. 1384, wobei hier diese Variante als erste Variante dargestellt wird; Duursma-Kepplinger, in D-K/D/Ch, Europäische Insolvenzverordnung, Kommentar 2002, zu Art. 25, Rn. 31 S. 430.

313 OLG Frankfurt 15. Zivilsenat, Urteil vom 26. Januar 2006, Az: 15 U 200/05, abrufbar unter http://www.era.int/web/en/resources/5_2341_3091_file_en.4487.pdf (zuletzt abgerufen am 10. 04. 2007)

314 Auch als "actio paulina" bezeichnet – nach einem römischer Juristen namens Paulus, welcher dieses Rechtsinstitut im 2. Jahrhundert v. Chr. beschrieb; vgl. dazu Willemer, Vis attractiva concursus und die Europäische Insolvenzverordnung, S. 180, Fn. 5.

wendung der EuGVVO ablehnte.[315] Das Gericht stellte fest: *„Die internationale Zuständigkeit bestimmt sich für den hier geltend gemachten Anspruch aus Insolvenzanfechtung gemäß §§ 129 ff. InsO nach den Regelungen der EuGVVO; denn es handelt sich um einen Rechtsstreit auf dem Gebiet des Zivil- und Handelsrechts, Art. 1 Abs. 1 EuGVVO."*[316] Damit hat das Gericht die bisherige Rechtssprechung des EuGH (Rs. Gourdain/Nadler) verworfen,[317] ohne sie überhaupt explizit zu erwähnen,[318] was in dieser Form an sich schon kritikwürdig ist, zudem aber auch in der Sache keine zu befürwortende Entscheidung darstellt.[319] Die Verwerfung des Richterspruches des EuGH bezüglich der Reichweite der Ausnahmeregelung des Artikels 1 Abs. 2 b) EGVVO (bzw. des Artikels 1 Abs. 2, 2. EuGVÜ) erscheint in keiner Weise durch eine etwaige Situationsänderung gerechtfertigt.[320] Vielmehr spricht der Wortlaut des Artikels 25 Abs.1 UAbs. 2 EuInsVO, der genau die Formulierung des Gerichtshofes aufgreift, dafür, dass der Verordnungsgeber an diesem Richterspruch festhalten wollte.[321] Mit keinem Wort geht das Gericht auf den *Widerspruch* ein, der darin besteht, die Entscheidungen in insolvenzbezogenen Verfahren nach der Europäischen Insolvenzverordnung *privilegiert zu vollstrecken*, die internationale Zuständigkeit bezüglich solcher Verfahren jedoch nach der EuGVVO/dem EuGVÜ zu bestimmen und so der Privilegierung gleichsam dadurch den Boden

---

[315] Paulus, Which law decides on a court's competence to decide in insolvency related matters? Higher regional court of Frankfurt a.M. January 26, 2006 (no. 130), International Caselaw Alert No.10 – III/2006, S. 10.

[316] OLG Frankfurt 15. Zivilsenat, Urteil vom 26. Januar 2006, Az: 15 U 200/05, S. 2.

[317] Denn die "actio paulina" stellt zweifelsohne eine Entscheidung dar, die „unmittelbar aus diesem Verfahren (dem Insolvenzverfahren) hervorgeh[t] und sich eng innerhalb des Rahmens eines Konkors- oder Vergleichsverfahrens in dem vorgenannten Sinne [hält]" wie es der EuGH für einen Ausschluss vom Anwendungsbereich des EuGVÜ/der EuGVVO gemäß Artikel 1 Abs.2 b) EuGVVO forderte (Rs Gourdain/Nadler, 2. Leitsatz). Vgl. auch Thole, Die internationale Zuständigkeit für insolvenzrechtliche Anfechtungsklagen, ZIP 2006, S. 1385.

[318] Das Gericht stellt nur lapidar fest: „Die EuInsVO war zum Zeitpunkt der zu den - mit Art. 1 Abs. 2 lit. b EuGVVO wortgleichen – Regelungen des Art. 1 Abs. 2 Ziff. 2 Lugano-Übereinkommens [...] ergangenen Entscheidungen des Europäischen Gerichtshofs und des Bundesgerichtshofes nicht bekannt oder im Entwurf vorhanden."

[319] Paulus, Which law decides on a court's competence to decide in insolvency related matters? Higher regional court of Frankfurt a.M. January 26, 2006 (no. 130), International Caselaw Alert No.10 – III/2006, S. 10.

[320] „None of the underlying conditions of that decision from 1979 has changed in the meantime", Paulus, Which law decides on a court's competence to decide in insolvency related matters? a.a.O., S. 10.

[321] Vgl. insbesondere auch Virgós/Schmit, Erläuternder Bericht, Rn. 77, der ebenfalls die Bedeutung der Entscheidung Gourdain/Nadler hervorhebt.

zu entziehen, dass sie aus dem Gesamtsystem (der EuInsVO) herausfällt.[322] Die stark auf die Erwägungsgründe und die Bestimmungen der EuGVVO abstellende Begründung des OLG Frankfurt, welche weder der Entscheidung des EuGH in der Rechtssache Gourdain/Nadler noch dem Erläuternden Bericht von Virgós/Schmit die nötige Beachtung schenkt, vermag demnach nicht zu überzeugen.[323]

(2.3) Analoge Anwendung des Artikels 3 EuInsVO

Vielmehr weist der eindeutig in Erwägungsgrund (6) EuInsVO zum Ausdruck gebrachte Wille des Verordnungsgebers in Richtung eines dritten Lösungsansatzes,[324] welcher darin besteht, die internationale Zuständigkeit für insolvenzbezogene Verfahren aus der Europäischen Insolvenzverordnung selbst – und präziser aus einer analogen Anwendung ihres Artikels 3 – abzuleiten.[325] So bestimmt der Verordnungsgeber in Erwägungsgrund (6) EuInsVO, dass sich die „Verordnung auf Vorschriften beschränken [sollte], die die *Zuständigkeit* für die Eröffnung von Insolvenzverfahren und *für Entscheidungen regeln, die unmittelbar aufgrund des Insolvenzverfahrens ergehen und in engem Zusammenhang damit stehen.* Darüber hinaus sollte diese Verordnung Vorschriften hinsichtlich der Anerkennung solcher Entscheidungen und hinsichtlich des anwendbaren Rechts [...] enthalten."[326] Aus diesem Erwägungsgrund geht hervor, dass die Europäische Insolvenzverordnung umfassend sowohl die internationale Zuständigkeit als auch die Voraussetzungen der Anerkennung und Vollstreckung insolvenzbezogener Verfahren regeln sollte.[327] Dem Versäumnis des Verordnungsgebers,

---

322 Duursma-Kepplinger, in D-K/D/Ch, Europäische Insolvenzverordnung, Kommentar 2002, zu Art. 25, Rn. 36 S. 433; Willemer, Vis attractiva concursus und die Europäische Insolvenzverordnung, S. 87; Carstens, Die internationale Zuständigkeit im europäischen Insolvenzrecht, S. 110.

323 So Paulus, Which law decides on a court's competence to decide in insolvency related matters?, a.a.O., S. 11; die Entscheidung des OLG dagegen begrüßend, Thole, Die internationale Zuständigkeit für insolvenzrechtliche Anfechtungsklagen, ZIP 2006, S. 1387.

324 Dagegen das OLG Frankfurt, Urteil vom 26. Januar 2006, S. 5: „Insbesondere legt auch der Erwägungsgrund Ziff. 6 der Präambel zur EuInsVO keine extensive Interpretation der EuInsVO zwingend nahe [...]."

325 Willemer, Vis attractiva concursus und die Europäische Insolvenzverordnung, S. 90 ff., insbesondere S. 101.

326 Erwägungsgrund (6) EuInsVO; Hervorhebungen nicht im Original.

327 Dafür spricht auch der Erläuternde Bericht von Virgós/Schmit, welcher in Rn. 77 bestimmt: „[...] Klagen, die unmittelbar aus der Insolvenz hervorgehen und in engem Zusammenhang mit dem Insolvenzverfahren stehen, [sind] vom Brüsseler Übereinkommen von 1968 ausgeschlossen. *Logischerweise* fallen diese Klagen nun in den *Anwendungsbereich des Übereinkommens über Insolvenzverfahren [bzw. der EuInsVO] und seine Zuständigkeitsvorschriften*; anderenfalls würden zwischen den beiden Übereinkommen [der EuGVVO und der EuInsVO] nicht zu rechtfertigende Regelungslücken verbleiben." Sic!

entsprechend den Regelungen aus Artikel 25 EuInsVO auch die internationale Zuständigkeit festzulegen, kann daher am ehesten im Einklang mit dem bestehenden System begegnet werden, indem aus der Verordnung selbst eine ungeschriebene Zuständigkeitsregelung abgeleitet wird.[328] Der dritte Lösungsansatz erklärt in diesem Sinne in analoger Anwendung des Artikels 3 EuInsVO die Gerichte des Mitgliedstaates für international zuständig, in welchem der Schuldner den Mittelpunkt seiner hauptsächlichen Interessen – bzw. im Falle einer auf ein Partikularverfahren bezogenen Klage seine Niederlassung – hat und überzeugt damit im Vergleich zu den vorangegangenen Alternativen.[329] Wie bereits dargestellt, folgt aus Artikel 25 Abs. 1 UAbs. 2 EuInsVO, dass dies nicht bedeutet, dass dabei immer das Eröffnungsgericht selbst über die insolvenzbezogenen Klagen entscheiden muss. Es bleibt vielmehr bei dem Grundsatz, dass die Europäische Insolvenzverordnung nur die internationale Zuständigkeit festlegt, während sich die sachliche sowie die örtliche Zuständigkeit nach dem jeweiligen nationalen Recht richten.[330]

Dieses Ergebnis unterstreicht gleichzeitig die herausragende Bedeutung des Begriffes des Mittelpunktes der hauptsächlichen Interessen, als beinahe „omnipräsent" zu bezeichnenden Schlüsselbegriff im System der Europäischen Insolvenzverordnung.

(3) Zwischenresümee

Genau wie die den Begriff des Mittelpunktes der hauptsächlichen Interessen direkt betreffenden Unklarheiten müssen auch die indirekt mit diesem Begriff zusammenhängenden, durch die Verordnung unbeantworteten Fragen im Geiste der Verordnung geklärt werden. Die Ergebnisse der Analyse sowohl des territorialen Anwendungsbereiches der Europäischen Insolvenzverordnung als auch deren Relevanz für die internationale Zuständigkeit von insolvenzbezogenen Verfahren betreffend haben die Bedeutung des Mittelpunktes der hauptsächlichen Schuldnerinteressen im System unterstrichen und veranschaulicht.

---

[328] Duursma-Kepplinger, in D-K/D/Ch, Europäische Insolvenzverordnung, Kommentar 2002, zu Art. 25, Rn. 36 ff. S. 432ff.

[329] Dieser Lösungsansatz entspricht zu Recht der im Vordringen befindlichen Meinung in der Literatur, vgl. Paulus, Which law decides on a court's competence to decide in insolvency related matters?, S. 10; Duursma-Kepplinger, in D-K/D/Ch, Europäische Insolvenzverordnung, Kommentar 2002, zu Art. 25, Rn. 36 ff. S. 432ff.; Carstens, Die internationale Zuständigkeit im europäischen Insolvenzrecht, S. 107ff.; Willemer, Vis attractiva concursus und die Europäische Insolvenzverordnung, S. 90 ff.; Haß/Herweg, in Haß/Huber/Gruber/Heiderhoff, EU-Insolvenzverordnung (EuInsVO), Kommentar 2005, B Vor I 20b Art. 3, Rn. 23ff., S. 64; Lorenz, Annexverfahren bei Internationalen Insolvenzen, Mohr Siebeck 2005, S. 114 ff..

[330] Carstens, Die internationale Zuständigkeit im europäischen Insolvenzrecht, S. 108.

So ist der Interessenmittelpunkt das zentrale Kriterium, um die territoriale Anwendbarkeit der Europäischen Insolvenzverordnung zu eröffnen. Neben dem Erfordernis, dass der Interessenmittelpunkt des Schuldners in einem Mitgliedstaat liegen muss, ist zusätzlich ein qualifizierter Auslandsbezug, also ein grenzüberschreitendes Moment in Bezug auf einen weiteren Mitgliedstaat, erforderlich.
Auch für die internationale Zuständigkeit für insolvenzbezogene Verfahren ist nach überzeugender Ansicht – über eine analoge Anwendung des Artikels 3 Abs.1 S. 1 EuInsVO – der Mittelpunkt der hauptsächlichen Interessen des Schuldners das maßgebliche Kriterium.

2.) Die Ausformung des Begriffes des Mittelpunktes der hauptsächlichen Interessen durch die Rechtsprechung

Die Darstellung der Aussagen der Europäischen Insolvenzverordnung zum Begriff des Mittelpunktes der hauptsächlichen Interessen hat verdeutlicht, dass in Bezug auf diesen in hohem Maße auslegungsbedürftigen Begriff ein großer Spielraum verbleibt, innerhalb dessen sich die Rechtsprechung zurecht finden muss. Die dabei von den nationalen Gerichten entwickelten, doch stark divergierenden Ansätze werden im Folgenden anhand der Darstellung einzelner Rechtsprechungsfälle wiedergegeben.
Im Anschluss an die Darstellung der von nationalen Interessen und Unterschieden geprägten Debatte um den Mittelpunkt der hauptsächlichen Interessen werden die zwei ersten Urteile des Europäischen Gerichtshofes, welche Aussagen zur Europäischen Insolvenzverordnung im Allgemeinen und deren Begriff des Mittelpunktes der hauptsächlichen Interessen im Besonderen treffen, dargestellt. Mit ihnen hat der Gerichtshof der Diskussion in jüngster Zeit eine entscheidende Orientierung gegeben. Die Urteile des EuGH sind als konkrete Auslegungshilfen und Wegweiser überaus wertvoll und werden die nationale Rechtsprechung ganz im Sinne der europäischen Idee entscheidend prägen. Ihre Analyse und Darstellung ist daher von besonderer Relevanz.

a) Die weite und teilweise inkohärente Auslegung durch die nationalen Gerichte

Die folgende Darstellung einzelner nationaler Urteile zum Mittelpunkt der hauptsächlichen Schuldnerinteressen ist deswegen von elementarer Bedeutung, da nur sie einen unverfälschten Blick auf die Anwendungswirklichkeit der Verordnung eröffnet und ein Gespür für die Problemlagen und das Konfliktpotential des Schlüsselbegriffes der Verordnung schafft. Daher soll hier anhand einer Auswahl von Rechtsprechungsfällen ein Einblick in die Realität der

Anfangsphase der Auseinandersetzung der nationalen Gerichte mit dem Begriff des Mittelpunktes der hauptsächlichen Interessen gewährt werden.
Die Europäische Insolvenzverordnung, welche keine materiellrechtliche Harmonisierung der nationalen Insolvenzrechte herbeiführt,[331] sondern lediglich durch Schaffung kollisionsrechtlicher Regelungen ein europäisches internationales Insolvenzrecht schafft,[332] belässt die Mitgliedstaaten weiterhin im Zustand großer insolvenzrechtlicher Unterschiede. Unter dem prozeduralen Dach der Europäischen Insolvenzverordnung kann man weiterhin von einer Polyphonie der nationalen Insolvenzrechte sprechen, welche durch unterschiedliche Rechtskulturen geprägt sind. Diese nationalen Unterschiede in Kombination mit der vage gehaltenen Formulierung des Begriffes des Mittelpunktes der hauptsächlichen Interessen führten zu unterschiedlichen Ergebnissen bei dessen Interpretation durch die mitgliedstaatlichen Gerichte.[333] Und dies obwohl es sich bei der Verordnung um Gemeinschaftsrecht handelt, welches nicht unter Anwendung nationaler Maßstäbe interpretiert werden darf, sondern welches vielmehr ein autonomes und von den nationalen Rechtsordnungen getrennt zu betrachtendes Regelwerk darstellt.[334] Die nationalen Gerichte mussten jedoch im konkreten Einzelfall Aussagen darüber treffen, wo der Mittelpunkt der hauptsächlichen Interessen eines Schuldners zu verankern sei, und konnten sich daher nicht mit der unbestimmten Formulierung der Europäischen Insolvenzverordnung begnügen[335]. Dabei haben sie zum Teil – insbesondere bei der Insolvenz von Unternehmen mit Konzernzugehörigkeit – eine extensive Auslegung des Begriffes vorgenommen.[336] Angesichts der unterschiedlichen Rechtskulturen und in Ermangelung einer konkretisierenden Klarstellung des EuGH war eine divergierende Auslegung des Begriffes des Mittelpunktes der hauptsächlichen Interessen

---

[331] Bufford, International Insolvency Case Venue in the European Union: The Parmalat and Daisytek Controversies, The Columbia Journal of European Law, Spring 2006, Vol. 12, No. 2, S. 435.

[332] Mathieu-Bouyssou, Aperçu des règles de droit judiciaire privé relatives aux procédures d'insolvabilité européennes après le règlement communautaire n° 1346/2000, Recueil Dalloz 2002, Chronique S. 2245.

[333] Michael Raimon parle d' « une approche […] loin d'être homogène » des tribunaux européens, JDI n° 1/2005, S. 739.

[334] Vgl. bspw. EuGH, Gubisch Maschinenfabrik, 08. 12. 1987, Rs 144/86, wo der Gerichtshof die autonome Interpretation des Brüsseler Übereinkommens vom 27. September 1968 festlegt; ebenso Haubold, Europäische Insolvenzverordnung, in Gebauer/Wiedmann, Zivilrecht unter europäischem Einfluss, 2005, S. 1432, Rn. 15: „Die Vorschriften der Verordnung sind als Teil der Gemeinschaftsrechtsordnung *autonom auszulegen*, also losgelöst von nationalen Begrifflichkeiten." Hervorhebungen nicht im Original.

[335] Vgl. Paulus, Europäische Insolvenzverordnung, Kommentar 2006, zu Art. 3, Rn. 19, S. 124, der von einer „Unbestimmtheit de lege ferenda" und einer „in hohem Maße auslegungsbedürftig[en]" „Kompromissformel" spricht.

[336] Dammann, Note sous l'arrêt de la Cour d'appel de Versailles, 13ème ch., 15 décembre 2005, Recueil Dalloz 2006, n° 5, S. 381.

vorhersehbar. Der Einfluss der nationalen Insolvenzrechte, welche die Gerichte zu einer Verschiedenartigkeit der Interpretationsansätze führten, wurde vor diesem Hintergrund gar als legitim bezeichnet.[337] Im Sinne einer gemeinschaftsrechtskonformen Betrachtung, welche der Stellung des Gemeinschaftsrechts als autonomer Rechtsordnung Rechnung trägt, sollten diese vom nationalen Recht geprägten Interpretationen jedoch als illegitim, aber angesichts des Mangels an europarechtlich vorgegebenen klaren Leitlinien als nachvollziehbar angesehen werden.[338]

Um den Klarstellungsbedarf bei der Bestimmung des Begriffes des Mittelpunktes der hauptsächlichen Interessen zu illustrieren, werden im Folgenden einige Fälle aus der nationalen Rechtsprechung der Mitgliedstaaten dargestellt. Dabei wird neben britischen Urteilen, die aufgrund ihres „anglo-centric COMI-approach" für Aufsehen sorgten, der Schwerpunkt auf die französische und deutsche Rechtsprechung gelegt, da dies auch der anschließenden Schwerpunktsetzung bei der Analyse der nationalen Insolvenzrechte entspricht.

aa) Der „anglo-centric COMI-Approach" britischer Gerichte:

Britische Gerichte sorgten im insolvenzrechtlichen Bereich bald nach Inkrafttreten der Europäischen Insolvenzverordnung für Aufsehen.[339] Aufgrund der für Unternehmen steuerlich vorteilhaften britischen Gesetzeslage hat eine bedeutende Anzahl von Konzernen den Sitz ihrer Muttergesellschaften in Großbritannien. Im Falle der Insolvenz eines solchen Konzernes neigten britische Gerichte dazu, den Mittelpunkt der hauptsächlichen Interessen der Tochtergesellschaften am Sitz der Muttergesellschaft in England zu verorten und somit auch über die ausländischen Tochtergesellschaften (britische) Insolvenzverfahren zu eröffnen. Dieses auf England und die Anwendung englischen Rechts fokussierte Rechtsverständnis wurde in Kontinentaleuropa missbilligend als „Insolvenzimperialis-

---

[337] So Fasquelle, Une nouvelle application controversée du règlement n° 1346/2000 relatif aux procédures d'insolvabilité aux groupes de sociétés, JCP / La Semaine Juridique – éd.° Entreprise et Affaires, n° 39, 29 septembre 2005, S. 1579, Fn. 31; vgl. auch Wautelet, der davon spricht, die Gerichte seien „nécessairement inspirées dans cette tâche par les traditions et les préoccupations nationales", Wautelet, Quelle réglementation pour l'activité des professionnels du traitement des entreprises en difficulté ? Le point de vue européen, Petites affiches 200620915, 19 octobre 2006, n° 209, S. 39.

[338] Wobei festzuhalten ist, dass auch nach aktueller Rechtslage europarechtliche Leitlinien vorhanden sind, die im Rahmen einer teleologischen Auslegung eine europarechtskonforme Interpretation der Europäischen Insolvenzverordnung ermöglichen – nichts anderes hat der EuGH in seinen zwei Grundsatzurteilen getan (dazu unter Teil 1, 1. Kapitel, A) 2.) b)).

[339] Vgl. nur das Editorial von Braun, Der neue Sport in Europa: Forumshopping in Insolvenzverfahren oder: die moderne Form von „Britannia rules the waves", NZI 2004, Heft 1, S. V.

mus"[340] bezeichnet und rief sehr ablehnende und teils verordnungswidrige Entscheidungen kontinentaleuropäischer Gerichte hervor.[341] Wie zu zeigen sein wird, hat der britische weite Interpretationsansatz zugunsten einer koordinierten Insolvenzabwicklung des Gesamtkonzerns jedoch auch in Kontinentaleuropa in der Rechtsprechung Anklang gefunden, so dass aus dem als „anglo-centric" bezeichneten Ansatz mittlerweile eine *gesamteuropäische Herangehensweise* geworden ist.[342] Diese nimmt jedoch nach jüngster Entwicklung in der Rechtsprechung moderatere Formen an.

Die Rechtssache Daisytek:
Ein Beispiel aus der britischen Rechtsprechung, welches den „anglo-centric COMI-approach" illustriert, ist das Urteil des High Court of Leeds in der Rechtssache Daisytek vom 16. Mai 2003.[343]
Der Hintergrund dieses insolvenzrechtlichen Falles lässt sich wie folgt beschreiben:
Die finanziellen Schwierigkeiten des Daisytek-Konzernes wurden Anfang Mai 2003 augenscheinlich, als sich die amerikanische Muttergesellschaft des Konzerns, die Daisytek Inc., gemeinsam mit ihren Tochtergesellschaften unter den Schutz des „Chapter 11" des United States Bankruptcy Code stellte. Eine dieser Tochtergesellschaften, die Daisytek International Corporation, war für das Europageschäft zuständig und kontrollierte dieses über eine Holding englischen Rechtes, die Daisytek ISA Ltd.. Diese englische Holding hatte ihrerseits zwölf Tochterunternehmen in Großbritannien, drei in Deutschland und eines in Frankreich.[344]
Am 16. Mai 2003 eröffnete der High Court of Leeds mehrere Hauptinsolvenzverfahren im Sinne des Artikels 3 Abs. 1 S. 1 EuInsVO gegen die Daisytek ISA Ltd. sowie zehn ihre zwölf englischen Tochterunternehmen und gegen die drei deutschen sowie das französische Tochterunternehmen und bestellte einen Ver-

---

340 Lauser/Rief, Die Europäische Insolvenzverordnung – Vom Insolvenzimperialismus zum Insolvenzpragmatismus?, in Derra (Hrsg.) Freiheit, Sicherheit und Recht, 2006, S. 397; der französische Procureur de la République spricht in der Rechssache Rover (s.u., unter Teil 1, 1. Kapitel, A) 2.) a) bb) (1)) von „expansionnisme judiciaire".

341 Vgl. bspw. die das bereits eröffnete englische Hauptverfahren ignorierende Entscheidung des AG Düsseldorf bzgl. der deutschen Tochterunternehmen im Falle des Daisytek-Konzerns, dazu sogleich unter Teil 1, 1. Kapitel, A) 2.) a) aa) (1)).

342 Dammann, Droit européen des procédures d'insolvabilité : problématique des conflits de juridictions et de forum shopping, Recueil Dalloz 2005 Chronique, S. 1781.

343 High Court of Justice Leeds decision of May 16, 2003 No.861 – 876/03, die nachgereichte Begründung ist abrufbar unter http://www.eir-database.com/download/cases/14/13-1_DAISYTEK-(DUeSSELDORF).pdf (zuletzt aufgerufen am 10. 04. 2007).

344 Vgl. dazu die (vom Richter nachgereichte) Begründung des Urteil des High Court of Leeds vom 16. Mai 2003, abrufbar unter http://www.eir-database.com/download/cases/14/13-1_DAISYTEK-(DUeSSELDORF).pdf Rn. 2 (zuletzt aufgerufen am 10. 04. 2007).

walter.[345] Seine Eröffnungszuständigkeit für die Insolvenzverfahren über die drei deutschen und das französische Tochterunternehmen in Großbritannien, leitete das englische Gericht – allerdings nach englischer Tradition erst Wochen nach der eigentlichen Eröffnungsentscheidung in einer nachgereichten Urteilsbegründung[346] – aus der Feststellung ab, der Mittelpunkt der hauptsächlichen Interessen nach Artikel 3 Absatz 1 EuInsVO dieser Unternehmen sei in Bradford, England, belegen.[347] Zur Bestimmung des Interessenmittelpunktes verwies das Gericht insbesondere auf Erwägungsgrund (13) und stellte zudem fest, dass die deutschen und französischen Tochterunternehmen aufgrund der Vermutung zugunsten ihres satzungsmäßigen Sitzes aus Artikel 3 Absatz 1 S. 2 EuInsVO als Antragsteller den Beweis erbringen müssten, dass diese Vermutung widerlegt sei, bevor die englische internationale Zuständigkeit angenommen werden könne.[348] Vorliegend sah das Gericht diesen Beweis als erbracht an und machte dazu – wenn auch erst im Nachhinein in der nachgereichten Begründung – sehr umfangreiche Ausführungen.[349] So stellte der High Court of Leeds fest, die *„head office functions"* des europäischen Konzerns unter der Konzermutter Daisytek ISA Ltd. würden von Bradford aus von deren einziger direkter Tochtergesellschaften, der ISA International plc., geleitet.[350] Der High Court of Leeds stellte dabei auf *acht Faktoren* ab, auf die er seine Ein-

[345] Vgl. dazu die (vom Richter nachgereichte) Begründung des Urteil des High Court of Leeds vom 16. Mai 2003, Rn. 2: "On Friday 16 May 2003 I made administration orders in respect of all the companies named in the title of these proceedings except Hundleby Computer Supplies Limited ("Hundleby") and Source Supplies Limited ("Source"). Hundleby and Source are incorporated in Scotland and Northern Ireland respectively. Mr Hugo Groves, counsel for the petitioners, requested the adjournment of the administration petitions of those two companies. I made administration orders in respect of three German companies (PAR Beteiligungs GmbH, ISA Deutschland GmbH and Supplies Team GmbH) and ISA Daisytek SAS which is a French Company. I also made administration orders in respect of the remaining ten companies which are incorporated in England. This judgment sets out the reasons for making the administrations orders."

[346] Paulus, Zuständigkeitsfragen nach der Europäischen Insolvenzverordnung, S. 3, abrufbar unter http://www.iiiglobal.org/country/germany/insolvenzverordnung.pdf (zuletzt aufgerufen am 10. 04. 2007), auch veröffentlich in der Zeitschrift für Wirtschaftsrecht, 2003, S. 1725 ff.; die Begründung selbst kann unter http://www.eir-database.com/download/cases/14/13-1_DAISYTEK-(DUeSSELDORF).pdf abgerufen werden (zuletzt aufgerufen am 10.04.2007).

[347] Vgl. dazu die Begründung des Urteil des High Court of Leeds vom 16. Mai 2003, Rn. 13.

[348] Rn. 12 der Urteilsbegründung: "Accordingly, before the English Court can open insolvency proceedings in respect of any of the German and French companies in the Group, the petitioning company must provide sufficient proof that its centre of main interests is in England to rebut the presumption in Article 3(1)."

[349] Rn. 13 der Urteilsbegründung: "The evidence was that the majority of the administration of the German companies is conducted from the Bradford office of International."

[350] Rn. 4 der Urteilsbegründung: "The only immediate subsidiary of Daisytek-ISA Limited is ISA International plc ("International") which performs the head office function for the Group."

schätzung stützte.[351] Erstens war die *finanzielle Situation* der Tochtergesellschaften nicht unabhängig von der ISA International plc.. Im Falle der deutschen Tochtergesellschaften bestand zwar grundsätzlich eine eigene, jedoch abhängige Finanzsituation des Unternehmens,[352] im Falle der französischen Tochtergesellschaft erfolgte die Finanzverwaltung ausschließlich über die ISA International plc..[353] Zweitens mussten alle *Einkäufe* über 5000 € von ISA International plc. genehmigt werden. Drittens waren alle *Führungskräfte* in Absprache mit ISA International plc. eingestellt worden. Viertens wurde das gesamte *Informationsmanagement* von Bradford aus betrieben. Fünftens wurde mit allen europaweit agierenden *Kunden* der deutschen und französischen Töchter, auf die fünfzehn Prozent der Verkaufszahlen entfielen, von Bradford aus verhandelt. Sechstens handelte ISA International plc. die *Verträge* mit den wichtigsten Zulieferern der Tochterunternehmen aus und 70% aller Ankäufe wurden von Bradford aus gesteuert. Siebtens wurden das gesamte *Firmenimage* und alle *Markenrechte* von Bradford aus verwaltet. Und achtens und letztens entwarf der Hauptgeschäftsführer von Daisytek ISA die *Managementstrategie* der Tochterunternehmen und verwendete 30% (im Falle der deutschen Töchter) bzw. 40% (im Falle der französischen Tochter) seiner Arbeitszeit darauf.

Aufgrund dieser acht Faktoren gelangte der High Court of Leeds zu der Überzeugung, die deutschen und das französische Tochterunternehmen gingen gewöhnlich der Verwaltung ihrer Interessen in Bradford am Sitz von ISA International plc. nach; damit war die erste Voraussetzung des Erwägungsgrundes (13) der Europäischen Insolvenzverordnung erfüllt.[354]

Neben diesen Kriterien stellte das Gericht klar, es sei von entscheidender Bedeutung für die Bestimmung des Mittelpunktes der hauptsächlichen Interessen, dass dieser von Dritten feststellbar im Sinne des Erwägungsgrundes (13) der Europäischen Insolvenzverordnung sei.[355] Zur Begründung zitierte der High Court

---

[351] Vgl. dazu Bufford, International Insolvency Case Venue in the European Union: The Parmalat and Daisytek Controversies, Columbia Journal of Law, 2006, Vol. 12, No. 2, S. 458; abrufbar unter http://www.iiiglobal.org/country/european_union/060710Bufford.pdf (zuletzt aufgerufen am 10. 04. 2007) und Rn. 13 der Urteilsbegründung.

[352] Wessel, International Jurisdiction to open Insolvency Proceedings, especially against (groups of) companies; S. 24/31. Die deutschen Unternehmen hatten eigene Bankkonten, die jedoch von Bradford aus kontrolliert wurden.

[353] Vgl. Rn. 17 der Urteilsbegründung.

[354] Rn. 14 der Urteilsbegründung:"I am satisfied from this evidence that Bradford is a place where each of the German Companies conducts the administration of its interests on a regular basis (Recital (13)). Recital (13) refers to the place "where the debtor conducts the administration of its interests on a regular basis and is therefor ascertainable by third parties", [...]"

[355] Rn. 15 der Urteilsbegründung: "The Requirement in Recital (13) that, as a result of the administration of its interests at a particular place, the fact that such place is the centre of the debtor's main interests must therefore be "ascertainable by third parties" is very important."

Randnummer 75 des Erläuternden Berichtes zum EU-Übereinkommen über Insolvenzverfahren von Virgós/Schmit, in der darauf hingewiesen wird, dass die Insolvenz eines Schuldners ein konkretes Risiko darstellt, weshalb es wichtig ist, dass die internationale Zuständigkeit an einen Ort geknüpft wird, den die *potentiellen Gläubiger kennen*, damit das rechtliche Risiko für sie kalkulierbar ist. Für das Gericht kam es bei der Feststellung der Feststellbarkeit für Dritte damit entscheidend auf die Gläubiger des Schuldners an.[356] Es stellte weiter fest, die große Mehrheit der Gläubiger (bemessen nach der Höhe ihrer Forderungen) sei sich darüber im Klaren, dass viele wichtige Belange der Tochtergesellschaften in Bradford verwaltet wurden.[357] Im Vergleich dazu erschienen die in Deutschland (bzw. Frankreich) verwalteten Interessen dem Gericht beschränkt und für die Gläubiger von geringerer Relevanz. Das Gericht kam damit zu dem Ergebnis, der Mittelpunkt der hauptsächlichen Interessen sowohl der deutschen als auch des französischen Tochterunternehmens sei in Bradford zu verorten.[358]
Trotz dieser ausführlichen Begründung des High Court of Leeds und der Tatsache, dass – laut Einschätzung der mit der Prüfung beauftragten Wirtschaftsprüfungsgesellschaft – nur eine *koordinierte Verwertung* des gesamten Konzernvermögens maximale Gläubigerbefriedigung versprach,[359] stieß diese Eröffnungsentscheidung sowohl in Deutschland als auch in Frankreich zunächst auf Unverständnis und Ablehnung. Sowohl das Amtsgericht Düsseldorf[360] als auch das

---

[356] Vgl. dazu Bufford, International Insolvency Case Venue in the European Union: The Parmalat and Daisytek Controversies, Columbia Journal of Law, 2006, Vol. 12, No. 2, S. 457; abrufbar unter http://www.iiiglobal.org/country/european_union/060710Bufford.pdf (zuletzt aufgerufen am 10. 04. 2007), und Rn. 16 der Urteilsbegründung: "In my view the most important "third parties" referred to in Recital (13) are the potential creditors."

[357] Der Richter stellte in Rn. 16 der Urteilsbegründung fest: "It appears that a large majority of potential creditors by value (which I regard as the relevant criterion) know that Bradford is where many important functions of the German companies are carried out. It is clear that the functions carried out in Bradford are important and that the scale of those functions is very significant."

[358] Rn. 16 der Urteilsbegründung: "I was therefore satisfied that Bradford is the centre of the main interests of each of the German companies." Rn. 17 überträgt dieses Ergebnis auf die französische Tochtergesellschaft.

[359] PriceWaterhouseCoopers, Crisis Management,Quaterly Executif Briefing, November 2004, „Rechtliche Irrwege im Fall Daisytek", S. 4.

[360] Beschluss des Amtsgerichts Düsseldorf vom 19. Mai 2003, 502 IN 124/03 (Bestellung eines vorläufigen Insolvenzverwalters) und vom 6. Juni 2003, 502 IN 124/03, mit dem das Gericht feststellte, dass die Administration Order des High Court of Justice in Leeds vom 16.Mai 2003 für das in Düsseldorf anhängige Insolvenzverfahren keine Rechtswirkungen entfalte, da es sich bei der ISA Deutschland GmbH um ein im Handelsregister Neuss eingetragenes wirtschaftlich und rechtlich selbständiges Unternehmen handele. Am 10. Juli 2003 eröffnete das Insolvenzgericht Düsseldorf das Insolvenzverfahren über das Vermögen der ISA Deutschland GmbH unter gleichzeitiger Bestellung eines Insolvenzverwalters.

Tribunal de commerce de Pontoise[361] eröffneten ihrerseits Hauptverfahren bezüglich der deutschen bzw. der französischen Tochtergesellschaften. Dieser klare Verstoß gegen den Grundsatz der gegenseitigen automatischen Anerkennung gemäß Artikel 16 EuInsVO,[362] hielt einer zweitinstanzlichen Überprüfung in beiden Mitgliedstaaten jedoch zu Recht nicht stand.[363] Dabei bleibt jedoch festzuhalten, dass selbst das zweitinstanzliche Urteil der Cour d'Appel von Versailles fälschlicher Weise eine inhaltliche Würdigung der Ausführungen des High Court of Leeds vornahm, bevor es diese im Ergebnis bestätigte und sich so ebenfalls entgegen dem Gebot der wechselseitigen automatischen – also gerade *ohne Überprüfung* zu gewährenden – Anerkennung verhielt.[364] Dass eine Kontrolle der Begründung des ausländischen Gerichts nach dem Grundsatz der automatischen Anerkennung zu unterbleiben hat, wurde denn auch im abschließenden Urteil der Cour de Cassation vom 27. Juni 2006[365] im Falle Daisytek explizit festgehalten.[366]

Aufgrund der rechtswidrigen Reaktion der deutschen und französischen erstinstanzlichen Gerichte auf das Urteil des High Court of Leeds stellt das Verfahren einen missglückten Auftakt der Anwendung der Europäischen Insolvenzverordnung dar. Das Verfahren wurde extrem in die Länge gezogen und so eine effektive Vermögensverwertung faktisch unmöglich gemacht. Die einzig rechtmäßige Möglichkeit, die Entscheidung des High Court of Leeds in Frage zu stellen,

---

361 Urteil des Tribunal de commerce de Pontoise vom 26. Mai 2003.

362 Zu diesem Prinzip s.o. unter Teil 1, 1. Kapitel, A) 1.) a) aa) (2) (2.2).

363 Am 12. März 2004 stellte das AG Düsseldorf auf die Beschwerde des Joint Administrators gegen den Insolvenzeröffnungsbeschluss des Insolvenzgerichts Düsseldorf das Insolvenzverfahren gem. Art.102 § 4 Abs.1 Satz 1 EGInsO zugunsten der Verfahrenseröffnung vom 16.Mai 2003 vor dem High Court of Justice Leeds (No.861 – 876/03) ein, eröffnete mit Beschluss vom selben Tage (502 IE 1/04) ein Sekundärinsolvenzverfahren nach Art.3 Abs.2, Art.27 EuInsVO und bestellte den Beschwerdeführer zum Insolvenzverwalter. Siehe dazu OLG Düsseldorf Beschluss vom 09.07.2004 – I-3 W 53/04, abrufbar unter http://www.eir-database.com/download/cases/15/13-2_DAISYTEK-(DUeSS ELDORF).pdf (zuletzt aufgerufen am 10. 04. 2007) Siehe auch Cour d'appel de Versailles, 24ème chambre, arrêt n°12, Urteil vom 04. 09. 2003, R.G.N° 03/05038.

364 Siehe dazu unter Teil 1, 2. Kapitel, A) 1.) a) aa).

365 Cour de cassation, ch. commerciale, arrêt n°923 FS+P+B+R+I, audience publique du 27 juin 2006, abrufbar unter http://www.courdecassation.fr/jurisprudence_publications_documentation_2/actualite_jurisprudence_21/chambre_commerciale_financiere_economique_574/arrets_575/br_arret_8810.html sowie unter http://www.eir-database.com/download/cases/146/135-1_Daisytek-France.pdf (zuletzt aufgerufen am 10. 04. 2007).

366 « Attendu qu'ayant relevé que la Haute Cour de justice de Leeds s'était déclarée compétente pour ouvrir une procédure principale d'insolvabilité à l'encontre de la société après avoir retenu, examinant sa compétence au regard de l'article 3, paragraphe 1, que le centre des intérêts principaux de cette société était situé à Bradford (Royaume-Uni), la cour d'appel, *qui n'avait pas à contrôler les motifs ayant permis à la juridiction de Leeds de renverser la présomption visée à l'article 3 du règlement*, a légalement justifié sa décision » ; Hervorhebungen nicht im Original.

hätte darin bestanden, Rechtsmittel gegen das Urteil vor britischen Gerichten und nach britischem Recht einzulegen. Diese Möglichkeit nahm jedoch keiner der Verfahrensbeteiligten wahr.
Das Eröffnungsurteil des englischen Gerichtes ist demgegenüber für sich genommen aufgrund seiner umfassenden und klaren – wenn auch leider nachgereichten – Begründung zu begrüßen. Insbesondere das Abstellen auf Erwägungsgrund 13 EuInsVO und dessen Kriterium der Feststellbarkeit für Dritte, welches von dem englischen Gericht zu Recht als „very important" eingestuft wurde, diente der Nachvollziehbarkeit und Transparenz der Bestimmung der internationalen Zuständigkeit und kann (gerade auch in Anbetracht der späteren EuGH-Rechtsprechung) als richtungsweisend bezeichnet werden.

Die Rechtssache Collins&Aikman:
Einen ähnlichen Fall wie in der Rechtssache Daisytek hatte der High Court of Justice (England) in der Rechtssache Collins & Aikman Corporation Group zu entscheiden.[367] Auch dort ging es um die Eröffnung von Hauptinsolvenzverfahren im Sinne des Artikels 3 Absatz 1 EuInsVO über mehrere Unternehmen des Collins & Aikman-Konzernes, welcher – wie auch der Daisytek-Konzern – eine stark integrierte Konzernstruktur aufwies.[368] In Folge finanzieller Schwierigkeiten des amerikanischen Teils der Collins & Aikman-Gruppe und deren Stellung unter den Schutz von „Chapter 11" des US-bankruptcy-Code geriet auch der aus 24 Einzelunternehmen bestehende europäische Konzernteil in (oder zumindest in die Nähe der) Insolvenz.[369] Nur sechs dieser 24 Unternehmen hatten ihren satzungsmäßigen Sitz in England, alle übrigen waren über insgesamt neun weitere Mitgliedstaaten verteilt.[370] Der entscheidende Richter des High Court of Justice, Mr. Justice Lawrence Collins, entsprach am 15. Juli 2005 den Anträgen aller 24 Tochtergesellschaften auf Erlass von „administration orders" und eröffnete über alle Unternehmen der europäischen Collins & Aikman-Gruppe Hauptverfahren i.S.d. Artikels 3 Absatz 1 S. 1 EuInsVO. Mr. Collins stützte seine

---

[367] High Court of Justice, Chancery Division, Companies Court, Collins & Aikman Corporation Group, Case Nos. 4697-4712/05 and 4717-4725/05, Royal Courts of Justice, Urteil vom 15. Juli 2005 (Collins & Aikman I), abrufbar unter http://ww9184.wb09.de/eirdatabase/download/cases/113/102-1_Collins-&-Aikman.pdf.

[368] In einem weiteren wichtigen Urteil vom 9. Juni 2006, Rs. [2006] EWHC 1343 (Ch), Collins & Aikman III, abrufbar unter http://www.eir-database.com/download/cases/145/ 134-1_Collins-&-Aikman-III.pdf, stellt der High Court of Justice in Rn. 8 fest:"although the European Companies were incorporated in several different European jurisdictions, they formed a closely-linked group, many of the functions of which were organised on a Europewide rather than national basis."

[369] Vgl. Rn. 7 und 10 des Urteils des High Court of Justice vom 15. 07. 2005.

[370] Rn. 1 des Urteils des High Court of Justice vom 15. 07. 2005: "One is incorporated in Luxembourg, six in England, one in Spain, one in Austria, four in Germany, two in Sweden, three in Italy, one in Belgium, four in The Netherlands and one in the Czech Republic."

internationale Zuständigkeit in allen Fällen auf die Tatsache, dass der Mittelpunkt der hauptsächlichen Interessen jedes einzelnen Konzernunternehmens in England liege, da dort die *„head office functions“* jedes einzelnen Unternehmens ausgeübt würden.[371] Für die 18 Unternehmen, die ihren satzungsmäßigen Sitz nicht in England hatten, legte er dar, dass er die Vermutung des Artikels 3 Absatz 1 S. 2 EuInsVO für widerlegt ansehe.[372] Wie in dem Urteil im Falle Daisytek (und auch auf dieses Bezug nehmend)[373] stellte der Richter auch vorliegend im Einzelnen auf *objektive Fakten* ab, aufgrund welcher die „head office functions“ der Unternehmen in England zu verorten seien, und belegte so (nachvollziehbar), dass die Unternehmen als Schuldner im Sinne des Erwägungsgrundes (13) EuInsVO, *gewöhnlich der Verwaltung ihrer Interessen in England* nachgingen.

Ein großes Defizit des Urteils (gerade auch im Vergleich zu den in der Rechtssache Daisytek gemachten Ausführungen) ist jedoch, dass Richter Collins keinerlei konkrete Ausführungen zum Erfordernis der *Feststellbarkeit* des Ortes der gewöhnlichen Interessenverwaltung (also nach der Argumentation des Gerichts dem Ort der „head office functions“) durch Dritte (und insbesondere die Gläubiger) machte. Außer dem Zitat des Erwägungsgrundes (13) EuInsVO, findet sich an keiner Stelle des Urteils eine weitere Erwähnung oder gar Überprüfung des Kriteriums der Feststellbarkeit durch Dritte. Gerade vor dem Hintergrund der durch dieses Kriterium vermittelten Rechtssicherheit und Rechtsklarheit ist dieser Umstand sehr zu bedauern.

Der Fall der „Konzerninsolvenz“ von Collins & Aikman ist jedoch auch unter einem anderen Aspekt von großem Interesse, der zwar nicht unmittelbar mit der Bestimmung des Mittelpunktes der hauptsächlichen Interessen eines Schuldners zusammenhängt, sich jedoch sehr wohl auf die Relevanz dieser Bestimmung zwecks Koordination mehrerer Insolvenzverfahren in einem Konzernverbund auswirkt:

Vorliegend wurde durch sehr weitgehende Versprechungen der Insolvenzverwalter an die Gläubiger, welche die Anwendung nach nationalem Recht bestehender Vorrangsrechte zum Gegenstand hatten, erreicht, dass die Gläubiger auf die Eröffnung von Sekundärverfahren in anderen Mitgliedstaaten verzichteten

---

[371] Dabei war diese Annahme in Bezug auf die in England inkorporierten sechs Unternehmen unproblematisch, während es den nicht-englischen Gesellschaften gegenüber eines höheren Argumentationsaufwandes bedurfte, vgl. Rn. 16 des Urteils vom 15. 07. 2005: “in order to rebut the presumption that the relevant place is the place of incorporation, it will be necessary to show that the head office functions are carried out in a member state other than the state in which the registered office is situated”.

[372] Rn. 38 des Urteils vom 15. 07. 2005: “I am satisfied on the evidence that the centre of main interests of each of the companies, apart from the English companies, were not related to the location of their respective registered offices.”

[373] Rn. 15 des Urteils Collins & Aikmans I vom 15. Juli 2005.

und dadurch eine Gesamtabwicklung des Konzerns „ungestört" zuließen.[374] Diese (mündlichen) Absprachen ermöglichten es den Insolvenzverwaltern (weitestgehend) eine Abwicklung des gesamten Konzerns "aus einem Guss" vorzunehmen und damit ein „extrem erfolgreiches Resultat" zu erzielen.[375] Nachdem die konzernübergreifende Liquidation beinahe abgeschlossen war, kamen die Insolvenzverwalter an den Punkt, an dem es galt, ihren Teil der Absprache einzulösen und die Gläubiger unter Anwendung der nationalen Rechte zu befriedigen, welche im Falle von Sekundärverfahren Anwendung gefunden und ihnen Vorzugsrechte beschert hätten. Die Einhaltung dieser Absprache war für die Insolvenzverwalter „of the utmost importance"[376] – alles andere hätte eine rufschädigende Wirkung gehabt und zudem dazu geführt, dass dies die letzte derartige Absprache gewesen wäre, die sie zwecks einer erfolgreichen Konzernabwicklung hätten schließen können. Zudem wurde es als besondere Ungerechtigkeit empfunden, die Absprache gegenüber den ihrerseits worttreuen Gläubigern zu brechen, da deren Verzicht auf Sekundärverfahren nun – nach Realisierung aller Vermögenswerte – nicht mehr umzukehren war, da noch nicht einmal mehr davon auszugehen war, dass nach der Realisierung überhaupt noch von „Niederlassungen" gesprochen werden konnte, welche für Sekundärverfahren die Voraussetzung darstellen.[377] Ganz nebenbei wäre in dieser Situation auch eine Schadensersatzpflichtigkeit der Insolvenzverwalter bezüglich der den Gläubigern durch die Absprache entstandenen Schäden in Betracht gekommen.

---

[374] Urteil des High Court of Justice, Chancery Division, Companies Court, Collins&Aikman III, Case Nos: 4697, 4698, 4700, 4705, 4711, 4717-4719, 4721, 4722 of 2005, Royal Courts of Justice, Urteil vom 9. Juni 2006 [2006] EWHC 1343 (Ch), Rn. 8:"To avoid such secondary proceedings oral assurances were given by or on behalf of the Joint Administrators to creditors at creditors' meetings and creditors' committees' meetings that if there were no secondary proceedings in the relevant jurisdiction then their respective financial positions as creditors under the relevant local law would as far as possible be respected in the English administration." Vgl. auch Moss (Gabriel)/Smith (Tom), Collins & Aikmans, International Caselaw Alert, No.12, V/2006, S. 11, abrufbar unter http://ww9184.wb09.de/eirdatabase/insolvency-caselaw-alert.php (zuletzt aufgerufen am 10. 04. 2007).

[375] Moss/Smith, Collins & Aikmans, International Caselaw Alert, No.12, V/2006, S. 14; vgl. auch das Urteil Collins & Aikman III, Rn. 8: "The Joint Administrators are of the view that the giving of the assurances was of critical importance to that successful execution of the administration strategy."

[376] Urteil Collins & Aikman III, 09. 06. 2006, Rn. 9.

[377] Urteil Collins & Aikman III, 09. 06. 2006, Rn. 9: "A particular unfairness that would arise were the assurances not to be honoured would be that, by the time assets had been sold and businesses realised, it would, at lowest, be arguable that in various jurisdictions there no longer would be any "establishment". Where that was found to be the case, the local creditors would no longer be able to launch the secondary proceedings which the giving of assurances had seemed to have rendered unnecessary but which, had it even been hinted that those assurances would not be punctually honoured, creditors would be likely to have wished immediately to have begun."

Wohl aus den genannten Gründen forderten die Insolvenzverwalter die Berücksichtigung ihrer Absprache mit den Gläubigern und mithin die (zumindest indirekte) Anwendung einiger, vom englischen Recht abweichender Regelungen aus den Rechtsordnungen anderer Mitgliedstaaten vor dem High Court of Justice ein.[378] Das Gericht entsprach diesem Anliegen und machte damit den Weg frei für eine flexible und den Umständen des Einzelfalles durch konkrete Absprachen angepasste Insolvenzdurchführung, welche gerade im Zusammenhang mit mehreren Insolvenzverfahren innerhalb eines Konzerns neue und besonders *effektive Abwicklungsstrategien* eröffnet.[379] Dabei legte das Gericht (zu Recht) großen Wert darauf festzuhalten, dass diese Art der Insolvenzverfahrensgestaltung aufgrund des materiellen englischen Insolvenzrechts ermöglicht wird und in keinerlei Widerspruch zu den Bestimmungen der Europäischen Insolvenzverordnung (insbesondere deren Artikel 3 und 4) steht.[380] Eine genaue Analyse des englischen Rechts, welches zur Einhaltung der von den Insolvenzverwaltern gemachten Absprachen durch das Gericht führte, muss an dieser Stelle unterbleiben, da sie vorliegend nicht im Zentrum des Interesses steht. Es sei lediglich darauf hingewiesen, dass die materiellrechtliche Regel, auf welche sich das Gericht vorliegend stützte, die sogenannte „*rule in Ex parte James*“ ist.[381] Dieses Rechtsprinzip lässt sich wie folgt beschreiben:
"This elusive and difficult principle is based on morality. At the centre of the principle is that if an officer of the Court is under an obligation of conscience, then the Court will direct the officer to fulfil that obligation."[382]

Auf europäischer Ebene markiert diese Entscheidung vor allem einen weiteren Schritt hin zu einer *effektiven Abwicklung grenzüberschreitender Konzerninsol-*

---

[378] Urteil Collins & Aikman III, 09. 06. 2006, Rn. 1:"In this judgment I deal with some questions arising where, for the particular reasons given, the English-appointed Joint Administrators of a number of related companies incorporated and previously carrying on business in several European jurisdictions now wish to respect, albeit indirectly, some special provisions of the law of those local jurisdictions notwithstanding that those provisions differ from those of the law which is the law of the main proceedings under Articles 3 and 4 of the Council Regulation of 29th May 2000, namely English law."

[379] Moss/Smith, Collins & Aikmans, International Caselaw Alert, No.12, V/2006, S. 11 und 14.

[380] Urteil Collins & Aikman III, 09. 06. 2006, Rn. 34: "I should add that I respectfully agree with Judge Norris' view in MG Rover Belux that where, as here, the law of the main jurisdiction is sufficiently flexible, as English law is, to acknowledge that in the particular circumstances of an administration it is the provisions of a local non-English law that may have (albeit indirectly) to be respected, then there is nothing in Article 3 of the Regulation of 29th May 2000 that precludes that respect."

[381] Diese entstammt dem Präzedenzfall in der Rechtssache *Condon, ex parte James (1874) LR 9Ch App 609* und wurde durch die Literatur weiterentwickelt, vgl Urteil Collins & Aikman III, 09. 06. 2006, Rn. 15.

[382] Urteil Collins & Aikman III, 09. 06. 2006, Rn. 15.

venzen unter Zuhilfenahme der Europäischen Insolvenzverordnung – und insbesondere ihrer Zuständigkeitsanknüpfung an den Mittelpunkt der hauptsächlichen Interessen des Schuldners – in Kombination mit einem sehr flexiblen materiellen Insolvenzrecht.[383] Festzuhalten bleibt auch, dass dieses Vorgehensweise (zumindest im vorliegenden Fall) *zugunsten aller Beteiligten* war – auch denjenigen, die nach der Verwertung des Konzernvermögens bei dessen Verteilung durch die Anwendung der „nicht-englischen" Insolvenzrechte aufgrund der Absprachen schlechter gestellt wurden. Denn ohne diese Absprachen wäre bei weitem nicht so viel zu verteilen gewesen, so dass unter dem Strich alle Beteiligten profitierten.[384]

Mit diesem Urteil bewies die britische Rechtsprechung erneut ein ausgeprägtes Gespür und viel Verständnis für die praktischen Belange im Falle einer „Konzerninsolvenz" und trug damit noch zu einer Steigerung der bereits vorhandenen Attraktivität Großbritanniens als Insolvenzforum bei.[385]

Auch wenn die Durchführung der Insolvenzverfahren über die Unternehmen des Collins & Aikman-Konzerns vorliegend in Konformität mit den Regelungen der Europäischen Insolvenzverordnung erfolgte, so bleiben bei dieser „Konzernabwicklung" trotzdem Bedenken, da die Begründung der internationalen Zuständigkeit durch das erste Urteil des High Court of Justice vom 15. Juli 2005 zu leicht über das Kriterium der Feststellbarkeit des schuldnerischen Interessenmittelpunktes hinwegging und so allen Folgeentscheidungen keine solide Basis bieten konnte.

Bereits die beiden britischen Urteile in den Rechtssachen Daisytek und Collins&Aikman verdeutlichen, dass die mitgliedstaatlichen Gerichte bei der Verortung des Mittelpunktes der hauptsächlichen Schuldnerinteressen keinem einheitlichen Argumentationsmuster folgen. So bestehen große Unterschiede bezüglich der Überzeugungskraft von Begründung und Ergebnis der Entscheidungen.

---

383 Moss/Smith, Collins & Aikmans, International Caselaw Alert, No.12, V/2006, S. 14/15.

384 So wird in dem Urteil Collins & Aikman III, 09. 06. 2006, Rn. 49, der nicht direkt durch die Absprachen begünstigte Gläubiger C & A North America mit folgenden Worten zitiert: "We acknowledge that application of local law could reduce our recovery as compared to the result that might be achieved if English rules regarding subordination and preferential claims were applied. Nonetheless, we believe that this theoretical reduction is more than off-set by the benefit to creditors, including C & A North America, than [sic] could have been realised had creditors not been advised that local priorities would apply through the joint administration. We believe that method would be the most efficient and cost effective process possible, and will achieve a fair distribution to all creditors, including C & A North America."

385 Vgl. Watson, Comments on Collins & Aikman Europe SA and other companies, International Caselaw Alert, No.11, IV/2006, S. 31, abrufbar unter http://www.eir-database.com/insolvency-caselaw-alert.php (zuletzt aufgerufen am 11. 04. 2007).

bb) Die kontinentaleuropäische Rechtsprechung

Die festgestellte Diversität bezüglich Begründung und Ergebnis ist auch bei den Urteilen der kontinentalen Gerichte zu verzeichnen, welche im Folgenden anhand einiger Beispielfälle dargestellt werden soll. Dabei soll zunächst auf die Reaktion französischer Gerichte auf einen ebenfalls von England ausgehenden Rechtsprechungsfall eingegangen werden, die ganz anders und bei weitem kooperativer ausfiel als im bereits dargestellten Fall Daisytek. Ausgangspunkt dieser französischen Rechtssprechung war ein Urteil des High Court of Justice of Birmingham, in welchen dieser annahm, der Mittelpunkt der hauptsächlichen Interessen eines französischen Tochterunternehmens des Rover-Konzernes, der SAS Rover France, sei in Großbritannien belegen.

Die französische Reaktion auf die Rechtssache SAS Rover France:
Im Fall SAS Rover France ergingen in Frankreich ein erst- und ein zweitinstanzliches Urteil, welche klarstellten, dass der Grundsatz des gegenseitigen Vertrauens eine inhaltliche Kontrolle der Eröffnungsentscheidung in einem anderen Mitgliedstaat ausschließt.[386]
Der dem Fall zugrunde liegende Sachverhalt lässt sich wie folgt zusammenfassen:
Über die englische Muttergesellschaft MG Rover Group Limited wurde aufgrund finanzieller Schwierigkeiten am 8. April 2005 vom High Court of Justice of Birmingham ein Insolvenzverfahren eröffnet. MG Rover hielt über die englische Gesellschaft MG Rover Overseas Limited 100% der Anteile der französischen SAS Rover France. Letztere war finanziell vollkommen abhängig von der Konzernmutter[387] und beantragte am 15. April 2005 durch gemeinsamen Antrag mit ihrem Hauptgläubiger, der MG Rover Export Limited, die Eröffnung eines Insolvenzverfahrens vor dem High Court of Justice of Birmingham. Dieser erklärte sich im Sinne des Artikels 3 Abs.1 EuInsVO für zuständig und eröffnete am 18. April 2005 ein Hauptverfahren. Diese Verfahrenseröffnung stützte sich auf ein Urteil des Richters Norris vom selben Tag, in welchem dieser es für erwiesen hielt, dass der Mittelpunkt der hauptsächlichen Interessen von SAS Rover France sich in Longbridge am Sitz der Muttergesellschaft befand. Gegenüber sieben weiteren europäischen Tochterunternehmen des Rover-Konzerns wurden auf dieselbe Weise Insolvenzverfahren eröffnet.
Auf Betreiben des französischen Staatsanwaltes befasste sich das Tribunal de commerce de Nanterre mit der Rechtssache SAS Rover France und entschied

---

386 Siehe dazu ausführlich unter Teil 1, 2. Kapitel A) 1.) a) aa).

387 Fasquelle, Une nouvelle application controversée du règlement n° 1346/2000 relatif aux procédures d'insolvabilité aux groupes de sociétés, JCP / La Semaine Juridique – éd.° Entreprise et Affaires, n° 39, 29 Septembre 2005, S. 1579.

am 19. Mai 2005 zugunsten des in England eröffneten Verfahrens.[388] Die britische Entscheidung wurde zum Teil als ungerechtfertigte Anwendung der Europäischen Insolvenzverordnung im Falle von Konzernstrukturen kritisiert.[389] Andererseits war die koordinierte Liquidation des Gesamtkonzerns im vorliegenden Fall der pragmatischste und ökonomisch sinnvollste Ansatz.[390] Zudem wurden die Interessen der französischen Arbeitnehmer dadurch gewahrt, dass eine Vereinbarung geschlossen wurde, ihre Forderungen genau so zu behandeln, wie es im französischen Insolvenzverfahren der Fall gewesen wäre; außerdem wurden Vereinbarungen mit den französischen Zulieferern von SAS Rover France getroffen.[391] In seinem Urteil erklärte das Tribunal de commerce de Nanterre zum einen, die Argumentation des High Court of Justice of Birmingham sei bezüglich des in England belegenen Mittelpunktes der hauptsächlichen Interessen *zutreffend*, zum anderen sei die auf eine Verletzung der öffentlichen Ordnung i.S.d. Artikels 26 EuInsVO gestützte Opposition der französischen Staatsanwaltschaft gegen das englische Urteil nicht stichhaltig.
Die in zweiter Instanz angerufene Cour d'appel de Versailles[392] stimmte diesem erstinstanzlichen Urteil zwar im Ergebnis zu, kritisierte jedoch die von den Richtern des Tribunal de commerce de Nanterre ausgeübte *inhaltliche Kon-*

---

[388] Tribunal de commerce de Nanterre (9ème chambre) 19 mai 2005, abgedruckt in Recueil Dalloz, Jurisprudence, 2005, n° 26, S. 1787, mit weiterführenden Ausführungen von Dammann, L'affaire Rover: priorité donnée à la High Court of Justice de Birmingham, Note, S. 1789 ff..

[389] Professor Fasquelle kritisierte vorliegend die Anwendung der Verordnung im Zusammenhang mit Konzernen und sprach von einem « forçage du texte », Fasquelle, Une nouvelle application controversée du règlement n° 1346/2000 relatif aux procédures d'insolvabilité aux groupes de sociétés, JCP / La Semaine Juridique – éd.° Entreprise et Affaires, n° 39, 29 septembre 2005, S. 1580.

[390] Dammann, L'affaire Rover: la Cour d'appel de Versailles précise les conditions d'ouverture d'une procédure secondaire dans le cadre du règlement CE 1346/2000, Recueil Dalloz Jurisprudence, 2006, n° 5, S. 381.

[391] Dammann, L'affaire Rover: la Cour d'appel de Versailles précise les conditions d'ouverture d'une procédure secondaire dans le cadre du règlement CE 1346/2000, Recueil Dalloz Jurisprudence, 2006, n° 5, S. 381.

[392] CA Versailles (13ème chambre), 15. 12. 2005, n° 05/04273, SAS Rover France, abgedruckt in Bulletin Joly Sociétés, 01 mars 2006 n° 3, S. 328, note Mélin, Conflits de juridictions et procédures européennes d'insolvabilité : suite... ; sowie in Recueil Dalloz, Jurisprudence, 2006, n° 5, S. 379, note Dammann.

trolle.[393] Indem diese nachprüften, ob der Mittelpunkt der hauptsächlichen Interessen von SAS Rover France tatsächlich in Longbridge belegen war, haben die Richter laut der Cour d'appel de Versailles ihre Kompetenzen überschritten, da ihnen nach dem Erwägungsgrund (22) der Europäischen Insolvenzverordnung keine Überprüfungskompetenz bezüglich der Urteile von Gerichten aus anderen Mitgliedstaaten zukommt.[394] Trotz der im Ergebnis richtigen Feststellung, dem britischen Urteil sei Vorrang einzuräumen, haben die französischen erstinstanzlichen Richter somit eine rechtswidrige Überprüfung durchgeführt. Diese mutige, da im eigenen Land eher unpopuläre Entscheidung der Cour d'appel de Versailles steht (wie im Folgenden dargestellt wird) in perfektem Einklang mit dem später ergangenen Urteil des Europäischen Gerichtshofes in der Rechtssache Eurofood.
Abschließend setzte sich die Cour d'appel de Versailles noch mit der Möglichkeit der Eröffnung eines Sekundärverfahrens auseinander. Ein solches wurde als zulässig, jedoch im konkreten Fall unbegründet beurteilt und damit abgelehnt.[395] Auch in diesem Punkt erweist sich die Ansicht des Gerichts als fortschrittlich und ganz im Sinne der Europäischen Insolvenzverordnung. Die Cour d'appel wies nämlich zu Recht darauf hin, dass ein Sekundärverfahren nur dann in Betracht komme, wenn seine Eröffnung konkrete Vorteile mit sich bringt,[396] insbesondere den Schutz lokaler Interessen oder die Realisierung von Vermögen ermögliche – da vorliegend das Hauptverfahren jedoch problemlos ablaufe und gerade durch die Einheit des Verfahrens und dessen Koordinationswirkung Vorteile für alle Gläubiger erzielt würden, scheide ein Sekundärverfahren aus.[397] Mit diesem Urteil bewies die Cour d'appel de Versailles Weitsicht und entschied ganz im Sinne der auf gegenseitigem Vertrauen aufbauenden europäischen Idee.

---

[393] « Considérant qu'en l'espèce le tribunal de commerce n'avait pas le pouvoir d'infirmer l'appréciation de M. le juge N. et de la Haute Cour de Justice de Birmingham selon laquelle le centre des intérêts principaux se trouve situé à Longbridge ; qu'il a donc outrepassé ses pouvoirs en examinant si le centre des intérêts principaux de la SAS Rover France se trouvait au Royaume-Uni ou bien en France ; que la cour ne peut pas plus, sauf à commettre elle-même un excès de pouvoir, procéder à l'examen de la demande de M. l'avocat général tendant à ce qu'il soit jugé que le centre des intérêts principaux n'est pas situé au Royaume-Uni mais en France ; que cette demande est irrecevable. » CA Versailles, 15. 12. 2005.

[394] Siehe dazu ausführlich unter Teil 1, 2. Kapitel, A) 1.) a) aa).

[395] « Déclare recevable, mais mal fondée, la demande de M. l'avocat général tendant à l'ouverture d'une procédure d'insolvabilité secondaire à l'égard de la SAS Rover France, l'en déboute. » CA Versailles, 15. 12. 2005.

[396] « Mais considérant que l'ouverture d'une procédure d'insolvabilité secondaire n'est souhaitable que si elle présente une utilité que le demandeur doit démontrer. » CA Versailles, 15. 12. 2005.

[397] « Considérant qu'il n'apparaît pas démontré que l'ouverture d'une procédure d'insolvabilité secondaire présenterait en l'espèce des avantages, notamment en améliorant la protection des intérêts locaux ou la réalisation des actifs. » CA Versailles, 15. 12. 2005.

Das Urteil des Amtsgerichts Hamburg vom 1. Dezember 2005:
Der vom Amtsgerichts Hamburg am 1. Dezember 2005 entschiedene Fall[398] betraf kein zu einem Konzern gehörendes Unternehmen, sondern eine am 2. August 2004 in der Rechtsform einer englischen „private company limited by shares" („Limited") in England und Wales gegründete *einzelne Gesellschaft*, die bis zum 30. September 2005 eine Kantine und ein Bistro in Hamburg betrieb. Die Gesellschaft wurde ausschließlich von Hamburg aus verwaltet, so dass der Mittelpunkt der hauptsächlichen Interessen unzweifelhaft in Hamburg lag. Fraglich war jedoch, ob nach der *vollständigen Einstellung der Geschäftstätigkeit*, die nicht zugunsten einer abwickelnden Tätigkeit und bereits vor Antragstellung beim Insolvenzgericht in Hamburg erfolgte, eine *Verschiebung* des Mittelpunktes der hauptsächlichen Interessen an den satzungsmäßigen Sitz in England stattgefunden hatte. Um diese Frage zu beantworten stellte das AG Hamburg auf den *Normzweck* der Europäischen Insolvenzverordnung ab und unterstrich, dass die Betonung der Gläubigerperspektive in Erwägungsgrund (13) der Verordnung verdeutliche, dass der „Normzweck vor allem in der Schaffung von *Rechtssicherheit durch Vorhersehbarkeit* der internationalen Zuständigkeit und des anwendbaren Insolvenzstatuts" bestehe.[399] Weiter setzt sich das Gericht mit dem Begriff der „Interessen" auseinander und stellt fest, dass dieser gerade nicht dem (im deutschen Insolvenzrecht gebräuchlichen) Begriff der „Tätigkeiten" gleichzusetzen ist. Demnach verliert der „Normzweck [...] seine Berechtigung nicht durch die ersatzlose Einstellung der werbenden Tätigkeit, wenn diese bspw. in (Insolvenz-)Verbindlichkeiten, (künftiger Insolvenz-)Aktivmasse oder Arbeitsverhältnissen mit freigestellten Mitarbeitern fortwirkt, ohne dass eine an diese Sachverhalte anknüpfende Abwicklung stattfindet."[400] „Die auf Art. 3 Abs. 1 S. 1 EuInsVO gegründete und damit berechtigte Erwartung der Gläubiger hinsichtlich des künftigen Insolvenzstatuts würde schließlich durch eine auslegungsbedingte Verlagerung der internationalen Zuständigkeit in eben jenem Fall enttäuscht, in dem sie sich bewähren soll, dem Moment des wirtschaftlichen Scheiterns des Vertragspartners."[401] In Anbetracht dieser Erwägungen bejaht das AG Hamburg den Verbleib des Mittelpunktes der hauptsächlichen Interessen des Unternehmens in Deutschland – eine Entscheidung, die sowohl in ihrer Begründung, als auch im Ergebnis überzeugt. Indem das Gericht auch auf die ihm bereits vorliegenden Schlussanträge des Generalanwaltes Colomer in der Rechtssache Staubitz-Schreiber eingeht, zeigt es zudem auf, dass es sich umfassend mit der europäischen Rechtslage beschäftigt hat,

398 AG Hamburg, Beschluss vom 01. 12. 2005 - 67a IN 450/05, abgedruckt in ZInsO 2005, Ausgabe 23 vom 15. 12. 2005, S. 1282; abrufbar unter http://fhh.hamburg.de/stadt/Aktuell/justiz/urteilsdatenbank/start.html (zuletzt abgerufen am 11. 04. 2007).
399 AG Hamburg, Beschluss vom 01. 12. 2005, ZInsO 2005, S. 1282.
400 AG Hamburg, Beschluss vom 01. 12. 2005, ZInsO 2005, S. 1282.
401 AG Hamburg, Beschluss vom 01. 12. 2005, ZInsO 2005, S. 1283.

auch wenn im konkreten Fall die Ausführungen im Falle Staubitz-Schreiber aufgrund der dort anders gelagerten Fragestellung nicht fruchtbar gemacht werden konnten.

Die Urteile des Tribunal de commerce de Nanterre vom 15. Februar 2006 in der Rechtssache EMTEC:
Unter den letzten gerichtlichen Stellungnahmen vor Erlass des EuGH-Urteils in der Rechtssache Eurofood, welche sich mit dem Mittelpunkt der hauptsächlichen Interessen von in einen Konzern eingebundenen Unternehmen befassten, waren die Urteile des Tribunal de Commerce de Nanterre im Falle des Konzernes EMTEC. Dieser Konzern wies eine komplexe, europaweit verzweigte Konzernstruktur auf. Die niederländische Holdinggesellschaft des Firmenkonglomerates, MLS Lorgerie BV, welcher die Marke EMTEC gehörte, existierte ausschließlich aus steuerrechtlichen Gründen,[402] ohne irgendeine Geschäftstätigkeit auszuüben und ohne Personal zu beschäftigen.[403] MLS Lorgerie BV hielt 100% der Anteile an den französischen Gesellschaften EMTEC International SAS und EMTEC France. EMTEC France ihrerseits hielt 100% der Anteile an der französischen Gesellschaft EMTEC RPS International SAS. Die drei französischen Gesellschaften spielten die Schlüsselrolle im EMTEC-Konzern und lenkten nach den Feststellungen des Gerichts den gesamten Konzern. Der EMTEC-Konzern war insgesamt *stark integriert* und zentral auf die drei französischen Gesellschaften ausgerichtet; er umfasste weitere Gesellschaften in Frankreich, Spanien, Österreich, Polen, in den Benelux-Staaten, in Italien sowie in Singapur.[404]
Das Tribunal de commerce de Nanterre erließ am 15. Februar 2006 insgesamt acht Eröffnungsentscheidungen über Insolvenzverfahren bezüglich der verschiedenen Tochterunternehmen sowie der niederländischen Holdinggesellschaft. Bereits zwei Wochen zuvor, am 01. Februar 2006 waren im Rahmen einer ersten Urteilsserie über die drei leitenden französischen Tochtergesellschaften,

[402] Wautelet, Some considérations on the Center of the Main Intrests as jurisdictional test under the European Insolvency Regulation,(non published draft) S. 7, spricht von "tax efficient vehicle".
[403] Penzlin, Kurzkommentar zu Tribunal de Commerce de Nanterre, Urteil vom 15. 02. 2006, EWiR Heft 7/06 vom 14.4.2006, Art. 3 EuInsVO 4/06, Internationale Zuständigkeit in Insolvenzsachen, Konzerninsolvenz/"EMTEC", S. 207.
[404] Vgl. das Urteil des Tribunal de commerce de Nanterre (3ème chambre) vom 15. 02. 2006, bezüglich der Tochtergesellschaft EMTEC Benelux der EMTEC-Gruppe, abgedruckt in Recueil Dalloz 2006, n°11, S. 793ff.; siehe auch den Kommentar zu diesem Urteil von Vallens, La maison mère d'un groupe, centre des intérêts principaux de ses filiales étrangères, Recueil Dalloz 2006, n°11, S. 797 ; vgl. auch das Urteil des Tribunal de commerce de Nanterre (3ème chambre) vom 15. 02. 2006, bezüglich der Tochtergesellschaft SPA EMTEC Consumer Media Italia, abgedruckt auch in Gazette du Palais, 04 mai 2006 n° 124, S. 12 ff., note Mélin.

EMTEC International SAS, EMTEC France und EMTEC RPS International SAS Insolvenzverfahren eröffnet worden.[405]

Alle über die Tochtergesellschaften sowie die niederländische Holdinggesellschaft eröffneten Insolvenzverfahren waren *Hauptverfahren* im Sinne der Europäischen Insolvenzverordnung und basierten auf Analysen des Gerichts, die für alle beteiligten Unternehmen *separat* ergaben, dass ihre Mittelpunkte der hauptsächlichen Interessen in Frankreich lagen. Die Richter analysierten detailliert die Konzernstruktur von EMTEC und begründeten für jedes der Unternehmen anhand eines *„Bündels von Indizien“* („faisceau d'indices“), dass sein Mittelpunkt der hauptsächlichen Interessen, entgegen der Vermutung des Artikels 3 Abs. 1 S. 2 EuInsVO, nicht am satzungsmäßigen Sitz, sondern in Frankreich am Sitz der drei konzernleitenden Unternehmen lag.[406] Dabei nahm das Gericht auch auf das Urteil des EuGH im Fall Staubitz-Schreiber sowie auf die Schlussanträge des Generalanwaltes Jacobs im Fall Eurofood[407] Bezug und versuchte so seiner Entscheidung eine möglichst breite dogmatische Basis zu geben. Das Tribunal de commerce de Nanterre stellte dabei insbesondere die *Vorhersehbarkeit und Feststellbarkeit* des Mittelpunktes der hauptsächlichen Interessen jeder Gesellschaft für die *Gläubiger* in den Vordergrund. So stand es für das Gericht außer Zweifel, dass die Gläubiger sich im Zeitpunkt des Entstehens ihrer Forderungen vollkommen darüber im Klaren waren, dass die Begleichung ihrer Forderungen von der guten finanziellen Gesundheit von EMTEC International SAS und EMTEC France abhängen würde.[408] Damit sei es für den Großteil der Schuldner erkennbar gewesen, dass der Mittelpunkt der hauptsächlichen Interessen der Tochterunternehmen sowie der niederländischen Muttergesellschaft am Sitz der den Konzern lenkenden französischen Unternehmen in

---

[405] Es handelte sich dabei um Sanierungsverfahren („procédures de redressement judiciaire“), vgl. die Ausführungen im Urteil des Tribunal de commerce de Nanterre (3ème chambre) vom 15. 02. 2006, bezüglich der Tochtergesellschaft EMTEC Benelux der EMTEC-Gruppe, abgedruckt in Recueil Dalloz 2006, n°11, S. 793ff., S. 793.

[406] Vallens, La maison mère d'un groupe, centre des intérêts principaux de ses filiales étrangères, Recueil Dalloz 2006, n°11, S. 797.

[407] Schlussanträge des Generalanwaltes Francis G. Jacobs vom 27. September 2005, Rs. C-341/04, Eurofood IFSC Ltd., abrufbar unter http://eur-lex.europa.eu/LexUriServ/LexUriServ.do?uri=CELEX:62004C0341:DE:HTML (zuletzt aufgerufen am 16. 04. 2007).

[408] « Qu'il ne fait dès lors aucun doute que les créanciers d'EMTEC Benelux savaient pertinemment au moment de la mise en place de leurs crédits que le remboursement de leurs créances dépendait de la bonne santé financière d'EMTEC International SAS et d'EMTEC France. » Urteil des Tribunal de commerce de Nanterre (3ème chambre) vom 15. 02. 2006, bezüglich der Tochtergesellschaft EMTEC Benelux der EMTEC-Gruppe, Recueil Dalloz 2006, n°11, S. 793ff., S. 795.

Levallois-Perret in Frankreich lag.[409] Das Gericht führte zudem den pragmatischen Aspekt an, dass allein die Aufstellung eines Sanierungsplanes, der den Konzern in seiner Gesamtheit berücksichtigt, eine Sanierung ermögliche, was allen Gläubigern sowie den Arbeitnehmern zugute komme. Von besonderer Relevanz sei dieser Aspekt gerade in Bezug auf die EMTEC-Gruppe, da deren einziger Wert in ihrem europaweiten Netzwerk zur Produktverteilung bestehe, in welches die großen Auslieferer, wie beispielsweise Carrefour, eingebunden seien.[410]

Das Gericht versteht es hier, sowohl die Interessen an einem konzernübergreifend koordinierten Verfahren als auch die Interessen der lokalen Gläubiger, die insbesondere im Rahmen von Sekundärverfahren berücksichtigt werden können, in Einklang zu bringen. Durch die umfassende Analyse und Argumentation bildet dieses Urteil ein wegweisendes Beispiel für eine sorgsame Anwendung der Europäischen Insolvenzverordnung gerade im Konzernkontext.

Das Urteil des TGI de Lure vom 29. März 2006 in der Rechtssache SARL Energotech:

Die begrüßenswerte Argumentationsdichte und Klarheit der Urteile des Tribunal de commerce de Nanterre in der Rechtssache EMTEC wird bedauerlicher Weise nicht von allen Gerichten konsequent nachvollzogen. Diesbezügliche Defizite weist auch das (später ergangene) Urteil des Tribunal de Grande Instance de Lure vom 29. März 2006 auf,[411] welches den Mittelpunkt der hauptsächlichen Interessen der S.A.R.L. Energotech mit satzungsmäßigem Sitz in Polen (Katowice) am Sitz der französischen Konzernmutter, der Esac Eurocooler, verortete.

Das Gericht führte unter Bezugnahme auf Rechtsprechung und Lehre aus, unter dem Kriterium des Mittelpunktes der hauptsächlichen Interessen sei der von

---

409 « Qu'il était par conséquent parfaitement prévisible pour les principaux créanciers d' EMTEC Benelux que le centre des intérêts principaux d' EMTEC Benelux se situe à Levallois-Perret en France au siège d' EMTEC International SAS et d' EMTEC France. » Urteil des Tribunal de commerce de Nanterre (3ème chambre) vom 15. 2. 2006, bezüglich der Tochtergesellschaft EMTEC Benelux der EMTEC-Gruppe, Recueil Dalloz 2006, n°11, S. 793ff., S. 795.

410 « Que cet élément est particulièrement important pour le groupe EMTEC qui n'a de valeur qu'à travers sort réseau de distribution au niveau européen avec des grands distributeurs, tels que Carrefour. » Urteil des Tribunal de commerce de Nanterre (3ème chambre) vom 15. 02. 2006, bezüglich der Tochtergesellschaft EMTEC Benelux der EMTEC-Gruppe, Recueil Dalloz 2006, n°11, S. 793ff., S. 795.

411 TGI de Lure, jugement commerce, vom 29. März 2006 (débats en chambre du conseil du 27 mars 2006), auszugsweise abgedruckt in Recueil Dalloz 2006, S. 1043; komplett abrufbar unter http://ww9184.wb09.de/eirdatabase/download/cases/137/126-1_Energotech.pdf (zuletzt aufgerufen am 11. 04. 2007).

Dritten feststellbare „effektive Verwaltungssitz" zu verstehen,[412] und wählt damit einen den *„head office functions"* der britischen Gerichte entsprechenden Ansatz.[413] Anders als das Tribunal de commerce de Nanterre im Falle des EMTEC-Konzerns ging das TGI de Lure jedoch nicht auf die Ausführungen des Generalanwaltes Jacobs im Falle Eurofood ein, welche die europarechtliche Lage hätten erhellen können. Im Folgenden machte das Gericht zwar sehr umfangreiche Ausführungen zu dem *„faisceau d'indices"*, auf welches sich die Verortung des Interessenmittelpunktes stützen müsse, schwieg sich jedoch zu Unrecht bezüglich dessen *Feststellbarkeit für Dritte* (und insbesondere für die Gläubiger) aus.[414]

Bezüglich des „Bündels an Indizien" führte das TGI sorgfältig aus:

« Pour localiser le centre des intérêts principaux des filiales au siège de la société mère, il convient selon la jurisprudence et la doctrine, de se référer à un faisceau d'indices tels que :
le lieu des réunions du conseil d'administration
le droit applicable aux principaux contrats
la localisation des relations d'affaires avec la clientèle
le lieu où la politique commerciale est définie
l'existence d'autorisations préalables da la société mère pour conclure certains engagements financiers
la localisation des banques créancières
la gestion centralisée de la politique d'achat, du personnel, de la comptabilité et du système informatique. »

Anhand dieser Indizien bestimmte das TGI de Lure seine internationale Zuständigkeit und formulierte missglückt:

« Dès lors, il existe en fait un faisceau d'indices selon lequel le centre de décision des principaux intérêts de la S.A.R.L. ENERGOTECH est localisé en France, et plus particulièrement au sein de la société ESAC EUROCOOLER. »

Dem zweiten Kriterium, welches Erwägungsgrund (13) EuInsVO – der bezeichnenderweise vom TGI de Lure nicht einmal erwähnt wurde – für die Bestimmung des Mittelpunktes der hauptsächlichen Schuldnerinteressen aufstellt,

---

412 « Selon la jurisprudence et les commentaires de la doctrine, le critère du centre des intérêts principaux prévu par l'article 3 du règlement n° 1346/2000 du 29 mai 2000 peut être prévu comme le centre effectif de la direction des affaires du débiteur, vérifiable par les tiers. »

413 Lienhard, Note sous TGI de Lure, 29 mars 2006, Recueil Dalloz 2006 Actualité jurisprudentielle, S. 1043.

414 Vgl. die berechtigte Kritik von Prof. Vallens: "One should obviously compare the judgement with the ECJ's decision of May 2, 2006 in the EUROFOOD-case: did the creditors know that the debtor was managed from France? The simple answer to this question is: no!", Vallens, Comments on TGI Lure 29 March 2006 [Energotech], International Caselaw-Alert No. 10, III/2006, 27. Juni 2006, S. 12, abrufbar unter http://ww9184.wb09.de/eirdatabase/insolvency-caselaw-alert.php (zuletzt aufgerufen am 11. 04. 2007).

nämlich die Feststellbarkeit des Ortes der gewöhnlichen Interessenverwaltung für Dritte, widmete das Gericht keinerlei Aufmerksamkeit. Dies brachte ihm zu Recht harsche Kritik ein; um mit den Worten von Professor J.-L. Vallens zu sprechen: Die Analyse des Gerichts wäre eine bessere, hätten die Richter der Feststellbarkeit des tatsächlichen Mittelpunktes der hauptsächlichen Interessen des polnischen Schuldners durch die Gläubiger mehr Aufmerksamkeit geschenkt.[415]

cc) Zwischenresümee

Die geschilderten Rechtsprechungsfälle belegen große Divergenzen bezüglich der Argumentationsart und –dichte in Bezug auf die Bestimmung des Mittelpunktes der hauptsächlichen Interessen des Schuldners. Gerade die im Konzernkontext ergangenen Entscheidungen stießen vielerorts auf heftige, zum Teil jedoch (wie bspw. in der Rechtssache Daisytek) unbegründete Kritik.[416] Sie standen, soweit sie Unternehmen in Konzernstrukturen betrafen, zumeist im Zeichen einer pragmatischen Analyse der vorgefundenen Situation, in welcher es zur bestmöglichen Gläubigerbefriedigung einer konzernübergreifenden Koordinierung der einzelnen Verfahren bedurfte.[417] Der einst als „anglo-centric COMI approach" titulierte Ansatz, im Falle von Konzernen den Interessenmittelpunkt der einzelnen Konzernunternehmen an ein und demselben Ort zu sehen und dadurch zur internationalen Zuständigkeit eines einzigen Insolvenzgerichtes für alle den Konzern betreffenden Insolvenzverfahren zu gelangen, entspricht so mittlerweile einem gesamteuropäischen Rechtsprechungstrend.[418] Positiv ist hierbei, dass die Gerichte ihre Entscheidungen größtenteils nicht allein auf die Tatsache der Konzernzugehörigkeit eines Unternehmens stützten,[419] sondern ihren Entscheidungen eine breitere Begründungsbasis gaben. Das Abstellen auf

---

415 "In fact, the analysis of the Lure's Court would have been better, if the judges would have better taken into account the way the creditors were aware of the real COMI of the Polish debtor." Vallens, Comments on TGI Lure 29 March 2006 [Energotech], International Caselaw-Alert No. 10, III/2006, 27. Juni 2006, S. 12.

416 Dammann, Droit européen des procédures d'insolvabilité : problématique des conflits de juridictions et de forum shopping, Recueil Dalloz 2005 Chronique S. 1779: « [...] les critiques formulées à l'encontre de l'interprétation extensive de la notion de «centre des intérêts principaux» sont largement non fondées. »

417 Vallens, Le règlement européen sur les procédures d'insolvabilité à l'épreuve des groupes de sociétés : l'arbitrage de la CJCE, JCP Semaine Juridique, éd.°Entreprise et Affaires, n° 27-28, 6 juillet 2006, S. 1223.

418 Vgl. Dammann, Droit européen des procédures d'insolvabilité : problématique des conflits de juridictions et de forum shopping, Recueil Dalloz 2005 Chronique S. 1781.

419 Wautelet, Some considerations on the Center of the Main Intrests as jurisdictional test under the European Insolvency Regulation, (non published draft) S. 4, der diesbezüglich das Urteil des High Court of Leeds in der Rechtssache Daisytek vom 16. Mai 2003 anführt.

die „*head office functions*“ vermag jedoch nur in den Fällen zu überzeugen, in welchen die Rechtsprechung sorgsam prüfte, ob der so festgestellte Ort der schuldnerischen Interessenverwaltung auch *durch Dritte feststellbar* war (Erwägungsgrund (13) EuInsVO). Zwar entsprechen einige Urteile auf vorbildliche Weise in ihrer Argumentation diesen Vorgaben der Europäischen Insolvenzverordnung,[420] bedauerlicher Weise kann aber kein flächendeckender Trend in der nationalen Rechtsprechung ausgemacht werden, der dem Kriterium der Feststellbarkeit für Dritte einen höheren Stellenwert einräumen und so zu mehr Rechtssicherheit und Rechtsklarheit bei der Bestimmung des Mittelpunktes der hauptsächlichen Interessen führen würde.[421] So mangelt es der Verortung des schuldnerischen Interessenmittelpunktes immer dann an Nachvollziehbarkeit und diese erscheint damit dann als willkürlich, wenn der Feststellbarkeit durch Dritte keine hinreichende Beachtung geschenkt wird.

Die Uneinheitlichkeit und die dadurch verursachte Rechtsunsicherheit bei der Auslegung des Mittelpunktes der hauptsächlichen Interessen stellen einen wunden Punkt im System der Europäischen Insolvenzverordnung dar. Die im Folgenden dargestellten Urteile des Europäischen Gerichtshofes bezüglich der Europäischen Insolvenzverordnung sind vor diesem Hintergrund von großer Bedeutung, um für Klarheit und Einheitlichkeit bei der Anwendung der Verordnung und ihres Anknüpfungskriteriums für die internationale Zuständigkeit zu sorgen. Die beiden ersten Gerichtsurteile des Europäischen Gerichtshofes in diesem Bereich wurden daher mit Spannung erwartet.

b) Die Urteile des Europäschen Gerichtshofes

Obwohl eine klarstellende Intervention des Europäischen Gerichtshofes von vielen herbeigesehnt wurde, hatte dieser erst im Jahre 2006 die Gelegenheit, sich zu der Europäischen Insolvenzverordnung zu äußern.[422] Die in zwei verschiedenen Rechtssachen an ihn gestellten Fragen zur Vorabentscheidung waren ihrem Inhalt nach recht verschieden und sind für die zukünftige Auslegung des Begriffes des Mittelpunktes der hauptsächlichen Interessen denn auch von unterschiedlicher Bedeutung.

Die erste Vorabentscheidung im Fall von Frau *Susanne Staubitz-Schreiber*, vom 17. Januar 2006, welche aufgrund einer Vorlagefrage des deutschen Bundesge-

---

[420] Insbesondere die Urteile des Tribunal de Commerce de Nanterre in der Rechtssache EMTEC, aber auch das Urteil des High Court of Leeds in der Rechtssache Daisytek.

[421] Als „Negativbeispiel“ sind das Urteil des TGI de Lure in der Rechtssache Energotech sowie das Urteil des High Court of Justice im Fall Collins&Aikman zu nennen, die das Kriterium der Feststellbarkeit für Dritte vernachlässigten.

[422] Fasquelle, Note sous l'arrêt Staubitz-Schreiber – Faillite internationale : première interprétation du règlement insolvabilité n°1346/2000, Bulletin Joly Sociétés – juin 2006, S. 756.

richtshofes vom 27. November 2003 erging,[423] thematisiert nicht direkt die Auslegung des Begriffes des Mittelpunktes der hauptsächlichen Interessen, sondern nimmt zum *relevanten Zeitpunkt* für dessen Bestimmung Stellung.[424] Dennoch zeigen sich in diesem Urteil die Leitlinien, anhand derer der EuGH seine Entscheidung fällt und die somit auch für die nationalen Gerichte von genereller Relevanz sind. Zudem ist das Urteil im Falle Staubitz-Schreiber das erste und neben dem Urteil im Fall Eurofood das (bislang) einzige Urteil in Bezug auf den Mittelpunkt der hauptsächlichen Schuldnerinteressen nach der Europäischen Insolvenzverordnung und ist schon aus diesem Grund von Interesse[425], weshalb nicht auf seine Darstellung verzichtet werden sollte.

Das zweite und bedeutsamere Urteil des EuGH zum Thema des Mittelpunktes der hauptsächlichen Interessen erging im Fall *Eurofood IFSC Ltd.* am 2. Mai 2006.[426] Dieses Urteil betrifft insbesondere die sehr kontrovers diskutierten Fragestellungen in Bezug auf den Mittelpunkt der hauptsächlichen Interessen eines in einen Konzern eingebetteten Unternehmens. Seine Analyse ist daher sowohl für die wissenschaftliche Debatte als auch als Orientierungshilfe für die praktische Anwendung der Europäischen Insolvenzverordnung durch die nationalen Gerichte von elementarer Bedeutung.

Die Darstellung beider Urteile bildet die Grundlage dafür, dass im weiteren Verlauf der Arbeit unter Berücksichtigung der zwischen EuGH und nationalen Gerichten bestehenden Zuständigkeitsverteilung Aussagen über die Auswirkungen der Rechtsprechung des EuGH auf die zukünftige Bestimmung des Mittelpunktes der hauptsächlichen Schuldnerinteressen getroffen werden können.

aa) Das Urteil des EuGH in der Rechtssache Staubitz-Schreiber[427]

Der dem ersten Urteil des Europäischen Gerichtshofes bezüglich des Mittelpunktes der hauptsächlichen Interessen des Schuldners zu Grund liegende Sachverhalt stellte sich wie folgt dar:[428]

---

[423] Urteil des Europäischen Gerichtshofes (Große Kammer) vom 17. 01. 2006, Rs. C-1/04, Staubitz-Schreiber.

[424] Rémery, L'application à une filiale du règlement communautaire relatif aux procédures d'insolvabilité, Note sous Cour de justice des Communautés européennes 2 mai 2006, *Eurofood IFSC (Sté)*,Revue des sociétés 2006 Chroniques, S. 371/372, Rn. 1.

[425] Fasquelle, Note sous l'arrêt Staubitz-Schreiber, Bulletin Joly Sociétés – juin 2006, S. 763.

[426] Urteil des Europäischen Gerichtshofes (große Kammer), 02. Mai 2006, Rs. C-341/04, Eurofood IFSC Ltd..

[427] Urteil des Gerichtshofes vom 17. 01. 2006, Rs. C-1/04, Staubitz-Schreiber.

[428] Der Sachverhalt des Falles ist dargestellt im Urteil des EuGH im Falle Staubitz-Schreiber, Rn. 15ff. abrufbar unter http://eur-lex.europa.eu/LexUriServ/LexUriServ.do?uri=CELEX:62004J0001:DE:HTML (zuletzt aufgerufen am 16. 04. 2007). sowie in den Schlussanträgen des Generalanwaltes Colomer vom 6. September 2005, Rn. 27 ff., abrufbar unter http://eur-

Frau Susanne Staubitz-Schreiber, die Beschwerdeführerin und Schuldnerin, betrieb bis zum Jahre 2001 in Form eines Einzelunternehmens einen Handel mit Telekommunikationsgeräten in Deutschland (Wülfrath), wo sie auch wohnhaft war. Bei der Schuldnerin handelte es sich, wie Generalanwalt Colomer in seinen Schlussanträgen feststellte, „um eine natürliche Person, die im Handelsverkehr als Gewerbetreibende ohne den Mantel einer Gesellschaftsform auftritt“.[429] Nach Einstellung des Betriebes beantragte sie am 6. Dezember 2001 beim Amtsgericht Wuppertal die Eröffnung eines Insolvenzverfahrens über ihr Vermögen. Am 1. April 2002 verlegte Frau Staubitz-Schreiber ihren Wohnsitz nach Spanien um dort zu leben und zu arbeiten. Das Amtsgericht Wuppertal stellte das Verfahren mangels Masse ein. Dagegen legte Frau Staubitz-Schreiber vor dem Landgericht Wuppertal Beschwerde ein, welche dieses durch Beschlüsse vom 14. August 2002 und vom 15. Oktober 2003 zurückwies. Als Begründung führte das Landgericht aus, die deutschen Gerichte seien vorliegend international unzuständig, da der Mittelpunkt der hauptsächlichen Interessen der Schuldnerin in Spanien läge und somit nach Artikel 3 Abs. 1 EuInsVO die spanischen Gerichte zuständig seien.

Daraufhin legte Frau Staubitz-Schreiber Rechtsbeschwerde zum Bundesgerichtshof ein, in welcher sie ausführte, für die Beurteilung der internationalen Zuständigkeit müsse auf die Situation im Zeitpunkt der Einreichung des Antrags auf Eröffnung des Insolvenzverfahrens abgestellt werden, d. h. im vorliegenden Fall auf ihren Wohnsitz in Deutschland im Dezember 2001.

Die Beweggründe der Beschwerdeführerin dafür, ein Insolvenzverfahren in Deutschland anzustreben, lagen im Wesentlichen in der Möglichkeit der Restschuldbefreiung.

Im vorliegenden Fall war unstreitig, dass eine Verlegung des Mittelpunktes der hauptsächlichen Interessen von Frau Staubitz-Schreiber nach Spanien stattgefunden hatte. Umstritten waren nur die Auswirkungen dieser Verlegung nach Antragstellung, aber vor Verfahrenseröffnung und somit die Frage, welches der relevante Zeitpunkt für die Bestimmung des Mittelpunktes der hauptsächlichen Interessen nach der Europäischen Insolvenzverordnung ist.[430] Der mit dieser Problemstellung befasste BGH setzte das Verfahren aus und legte dem EuGH folgende Frage zur Vorabentscheidung vor:

---

lex.europa.eu/LexUriServ/LexUriServ.do?uri=CELEX:62004C0001:DE:HTML (zuletzt aufgerufen am 16. 04. 2007).

429 Colomer, Schlussanträge vom 6. September 2005, Rn. 61 ; daraus ergibt sich, dass vorliegend nicht auf die Vermutung des satzungsmäßigen Sitzes aus Art. 3 Abs. 1 S. 2 EuInsVO abgestellt werden konnte, sondern vielmehr auf die allgemeine Regelung des Erwägungsgrundes (13) abzustellen war, vgl. Rn. 61 und 62 der Schlussanträge.

430 Volders/Rétornaz, Note, Journal du Droit International, Revue trimestrielle LexisNexis JurisClasseur, n°2/2006, S. 654.

„Bleibt das Gericht des Mitgliedstaats, bei dem der Antrag auf Eröffnung des Insolvenzverfahrens gestellt worden ist, für die Entscheidung über die Eröffnung des Insolvenzverfahrens zuständig, wenn der Schuldner nach Antragstellung, aber vor der Eröffnung den Mittelpunkt seiner hauptsächlichen Interessen in das Gebiet eines anderen Mitgliedstaats verlegt, oder wird das Gericht des anderen Mitgliedstaats zuständig?"[431]

Der EuGH sprach sich in seinem Urteil vom 17. Januar 2006 für eine *perpetuatio fori* aus.[432] Zwar enthalte die Europäische Insolvenzverordnung in Artikel 3 keine Aussage darüber, ob das zuerst befasste Gericht zuständig bleibt, wenn der Schuldner den Mittelpunkt seiner hauptsächlichen Interessen nach Einreichung des Eröffnungsantrags, aber vor der Eröffnungsentscheidung verlegt; einen Zuständigkeitswechsel in dieser Situation anzunehmen, widerspräche jedoch den Zielen der Verordnung.[433]

Die Begründung, die der EuGH für seine klare Entscheidung zugunsten des Zeitpunktes der Antragstellung als den für die Bestimmung des Mittelpunktes der hauptsächlichen Interessen relevanten Zeitpunkt gab, ist vorliegend von Interesse. Denn obwohl sich der EuGH explizit nur zu der Bestimmung des Mittelpunktes der hauptsächlichen Interessen in zeitlicher Hinsicht äußerte, zeigen seine Ausführungen auf, worauf es ihm bei der Auslegung der Verordnung ankam und was folglich auch bei der inhaltlichen Bestimmung des Begriffes des Mittelpunktes der hauptsächlichen Interessen ins Gewicht fallen wird.[434]

Der Europäische Gerichtshof ging in seiner Begründung zunächst auf Erwägungsgrund (4) der Europäischen Insolvenzverordnung ein, in welchem der Verordnungsgeber als ausdrückliches Ziel formuliert, *„forum shopping"* innerhalb der Gemeinschaft zu vermeiden.[435] Dies ist in doppelter Hinsicht interessant.

Zum einen ging es im vorliegenden Fall von Frau Staubitz-Schreiber gerade nicht um einen Schuldner, der versucht ein für ihn günstigeres Insolvenzrecht durch eine Verlegung des Mittelpunktes seiner hauptsächlichen Interessen zwischen Antragstellung und Verfahrenseröffnung zur Anwendung zu bringen; der

---

431 EuGH-Urteil im Fall Staubitz-Schreiber, Rn. 20.

432 Kindler, Sitzverlegung und internationales Insolvenzrecht, IPRax 2006, Heft 2, S. 114; Schmidt, Perpetuatio fori im europäischen internationalen Insolvenzrecht – Anm. zu EuGH, Urt. v. 17.1.2006 – Rs. C-1/04, "Susanne Staubitz-Schreiber", ZInsO Rechtsprechungsreport /Entscheidungsreport 2006, Ausgabe 2 vom 31. 01. 2006, S. 89.

433 EuGH-Urteil im Fall Staubitz-Schreiber, Rn. 24.

434 Die Argumentationsweise des EuGH im Fall Staubitz-Schreiber weist denn auch Parallelen zu der Argumentation im späteren Fall Eurofood auf (s. infra, Teil 1, 1.Kapitel, A) 2.) b) bb)).

435 Kauff-Gazin/Idot, Centre des intérêts principaux du débiteur, Note sous CJCE, 17 janv. 2006, aff. C-1/04 Staubitz-Schreiber, Europe – Revue mensuelle LexisNexis Juris-Classeur, Mars 2006, S. 28.

vorliegende Fall fällt somit nicht unter „forum shopping".[436] Dennoch hat der EuGH unabhängig vom konkreten Fall die Wichtigkeit des Zieles, „forum shopping" zu vermeiden, herausgestellt. Damit hat er eine Begründungsgrundlage geschaffen, die so auch für die in der Praxis wohl viel häufiger vorkommenden Fälle der Verlegung des Mittelpunktes der hauptsächlichen Interessen Zwecks Zuständigkeitswechsel einschlägig ist. Den nationalen Gerichten kann das Urteil des EuGH in diesem Punkt als Entscheidungsleitlinie dienen, um „*Insolvenztourismus*"[437] zu vermeiden.

Zum anderen stützte der EuGH seine Argumentation zentral auf die Erwägungsgründe der Europäischen Insolvenzverordnung, woran deutlich wird, welchen bedeutenden Platz diese bei der Auslegung und Interpretation des Regelwerkes einnehmen.

Anschließend an diese Ausführungen zum „forum shopping" ging der EuGH auf ein weiteres Ziel des Verordnungsgebers ein: das in den Erwägungsgründen (2) und (8) der Europäischen Insolvenzverordnung verankerte Ziel einer Verbesserung der *Effizienz und Wirksamkeit* der Insolvenzverfahren mit grenzüberschreitender Wirkung. Der EuGH betonte, dass die Bestimmung des Mittelpunktes der hauptsächlichen Interessen zu einem späteren Zeitpunkt als dem der Antragstellung „die Gläubiger zwingen würde, gegen den Schuldner immer wieder dort vorzugehen, wo dieser sich gerade für kürzere oder längere Zeit niederlässt, und dadurch in der Praxis häufig eine Verlängerung des Verfahrens drohen würde,"[438] was die Effizienz und die Wirksamkeit des Verfahrens schmälert, wenn nicht sogar dauerhaft vereitelt. Die hier vom EuGH angesprochene Praxis der sogar mehrmaligen Änderung des Interessenmittelpunktes wurde unter dem Stichwort des „Insolvenznomadentums" zusammengefasst.[439]

Der EuGH führte weiter aus, das Bestehenbleiben der Zuständigkeit sei Garant für die *Rechtssicherheit der Gläubiger*, welche ihr Risiko im Falle der Insolvenz des Schuldners in Bezug auf den Interessenmittelpunkt des Schuldners bei Eingehung der Verbindlichkeit beurteilt haben.[440] Mit diesem Argument macht der EuGH zum einen deutlich, dass es ihm bei der durch das Bemühen um Rechtssicherheit zu schützenden Personengruppe vornehmlich um die *Gläubiger* des insolventen Schuldners geht – eine gerade vor dem Hintergrund des Erwägungsgrundes (13) der Verordnung, der eine Feststellbarkeit *für Dritte* fordert, interessante Konkretisierung. Zum anderen geht aus den Worten des EuGH hervor, dass der *relevante Zeitpunkt*, in welchem die Gläubiger ihr schützenswertes

---

[436] Schlussanträge des Generalanwaltes Colomer im Fall Staubitz-Schreiber, Rn. 77.

[437] Diesen Begriff gebrauchen Lauser/Rief, Die Europäische Insolvenzverordnung, Vom Insolvenzimperialismus zum Insolvenzpragmatismus?, in Derra (Hrsg.), Freiheit, Sicherheit und Recht, FS für Jürgen Meyer zum 70. Geburtstag, 2006, S. 400 (397ff.).

[438] EuGH-Urteil im Fall Staubitz-Schreiber, Rn. 26.

[439] Kindler, Sitzverlegung und internationales Insolvenzrecht, IPRax 2006, Heft 2, S. 115.

[440] EuGH-Urteil im Fall Staubitz-Schreiber, Rn. 27.

Vertrauen aufbringen, bereits der des Eingehens der rechtlichen Beziehung mit dem Schuldner ist. Der EuGH sollte an dieser Stelle jedoch nicht dahingehend verstanden werden, dass dieses Eingehen der rechtlichen Beziehungen der einzige und vorzugsweise schützenswerte Moment sei. Dies kann allein aus dem Grund nicht sinnvoll sein, da die Forderungen der Gläubiger meist zu unterschiedlichen Zeitpunkten entstehen und somit verschiedene Zeitpunkte unvereinbar in Konflikt träten; zudem können die unterschiedlichen Gläubigergruppen durchaus divergierende Auffassungen über den schuldnerischen Interessenmittelpunkt haben.[441] Zum anderen kann ein Gläubiger nicht uneingeschränkt darauf vertrauen, sein Vertragspartner behalte statisch immer den selben Interessenmittelpunkt bei, weshalb sein zu Beginn der Geschäftsbeziehung investiertes Vertrauen nur in den Grenzen der realitätsnahen Betrachtung der Situation, insbesondere in Fällen rechtsmissbräuchlicher Zuständigkeitsmanipulation durch den Schuldner, schützenswert erscheint. Einem „Einfrieren" der Zuständigkeit steht die Realität im Binnenmarkt entgegen, die durch eine immer größere Mobilität von juristischen und natürlichen Personen gekennzeichnet ist. Vor dem Hintergrund, dass die Anknüpfung an den Mittelpunkt der hauptsächlichen Interessen gerade auch die Anwendbarkeit des sachnächsten Rechts nach sich ziehen soll (Art. 4 EuInsVO), muss dessen Bestimmung zeitnah zum Insolvenzverfahren erfolgen.[442] Insofern ist der EuGH dahingehend zu verstehen, dass das beim Eingehen der rechtlichen Beziehung zum Schuldner investierte Gläubigervertrauen ein Argument dafür ist, die Bestimmung des Mittelpunktes der hauptsächlichen Interessen nicht nach den Zeitpunkt der Antragstellung[443] hinauszuzögern. Dies bedeutet jedoch keinesfalls, dass dieser Zeitpunkt auf eben jenes Eingehen der rechtlichen Beziehung vorverlegt werden müsste.
Damit schafft der EuGH die Grundlage für eine *„dynamische Auslegung"* des Begriffes des Mittelpunktes der hauptsächlichen Interessen, welche es ermöglicht, zum Zeitpunkt der Antragstellung das sachnächste Insolvenzforum zu bestimmen.[444] Unerwünschten Auswirkungen dieser „dynamischen Auslegung", insbesondere der Gefahr der Zuständigkeitsmanipulation durch kurzfristige Verlegung des Interessenmittelpunktes *vor* Antragstellung steht dabei Erwägungsgrund (13) entgegen, welcher fordert, dass der Schuldner an dem betref-

---

441 Dammann, L'application du règlement CE n° 1346-2000 après les arrêts *Staubitz-Schreiber* et *Eurofood* de la CJCE, Recueil Dalloz, Cahier Droit des Affaires, 29 juin 2006, n° 25, S. 1756.
442 Vgl. auch Dammann, L'application du règlement CE n° 1346-2000 après les arrêts *Staubitz-Schreiber* et *Eurofood* de la CJCE, Recueil Dalloz, Cahier Droit des Affaires, 29 juin 2006, n° 25, S. 1757.
443 Welche ja gerade auch durch einen Gläubiger erfolgen kann.
444 Vgl. Dammann/Prodeur, L'affaire Eurotunnel, première application du règlement CE n° 1346-2000 à la procédure de sauvegarde, Recueil Dalloz, Cahier Droit des Affaires, 28 septembre 2006, n° 33, Jurisprudence S. 2335; vgl. insbesondere auch das Urteil des Trib. com. de Paris vom 2. August 2006, s.u., Teil 2, 1. Kapitel, B) 2.) b).

fenden Ort „*gewöhnlich* der Verwaltung seiner Interessen nachgeht“, was eine *gewisse Dauer* der Interessenverwaltung an diesem Ort impliziert – ein Ergebnis, welches ebenfalls von der späteren Rechtsprechung des EuGH in der Rechtssache Eurofood gestützt wird, in dem dieser das Erfordernis der Vorhersehbarkeit betont.[445]

Zusammenfassend lässt sich zum EuGH-Urteil im Falle Staubitz-Schreiber festhalten, dass der EuGH – ohne auf die vielen konkreten Fragen betreffend der Auslegung des Begriffes des Mittelpunktes der hauptsächlichen Interessen zu antworten[446] – bereits richtungweisende Argumentationslinien erkennen lässt. So kann das Urteil im Fall Staubitz-Schreiber als Auftakt zu einer Rechtsprechung des Europäischen Gerichtshofes bezüglich des Mittelpunktes der hauptsächlichen Interessen gesehen werden, die er in seinem folgenden Urteil im Fall Eurofood fortsetzt.

bb) Das Urteil des EuGH in der Rechtssache Eurofood[447]

In seinem Urteil vom 2. Mai 2006 im Fall der irischen Gesellschaft Eurofood IFSC Ltd. nimmt der EuGH erstmals inhaltlich zur Auslegung des Begriffes des Mittelpunktes der hauptsächlichen Interessen des Schuldners nach der Europäischen Insolvenzverordnung Stellung.
Der Sachverhalt des Rechtsstreites, bei dem insbesondere der Chronologie der Ereignisse besondere Relevanz zukommt, lässt sich wie folgt zusammenfassen:[448]
Im Jahre 1997 wurde Eurofood in Irland mit satzungsmäßigem Sitz in Dublin eingetragen. Die Gesellschaft war eine hundertprozentige Tochter der italienischen Muttergesellschaft Parmalat SpA und hatte zum Hauptgeschäftszweck, Finanzmittel für die Gesellschaften des Parmalat-Konzernes zu beschaffen. In Dublin hatte Eurofood keine Mitarbeiter und übte keine Geschäftstätigkeit aus,

---

[445] Vgl. zum EuGH-Urteil Eurofood sogleich. Dammann/Prodeur, L'affaire Eurotunnel, première application du règlement CE n° 1346-2000 à la procédure de sauvegarde, Recueil Dalloz 2006 Jurisprudence S. 2336.
[446] Fasquelle, Note sous l'arrêt Staubitz-Schreiber – Faillite internationale : Première interprétation du règlement insolvabilité n°1346/2000, Bulletin Joly Sociétés – juin 2006, S. 763.
[447] Urteil des Gerichtshofes (große Kammer), 02. Mai 2006, Rs. C-341/04, Eurofood IFSC Ltd., abrufbar unter http://eur-lex.europa.eu/LexUriServ/LexUriServ.do?uri=CELEX:62004J0341:DE:HTML (zuletzt aufgerufen am 16. 04. 2007); siehe zu dieser Rechtssache auch Schlussanträge des Generalanwaltes Francis G. Jacobs vom 27. September 2005, Rs. C-341/04, Eurofood IFSC Ltd., abrufbar unter http://eur-lex.europa.eu/LexUriServ/LexUriServ.do?uri =CELEX:62004C0341:DE:HTML (zuletzt aufgerufen am 16. 04. 2007).
[448] Ausführliche Schilderung in den Randnummern 17ff. des EuGH-Urteils Eurofood.

so dass man das Unternehmen als "*Briefkastenfirma*" bezeichnen kann.[449] Ende 2003 geriet die Muttergesellschaft des Konzerns, Parmalat SpA, in eine finanzielle Schieflage, woraufhin das italienische Parlament am 23. Dezember 2003 das Decreto legge Nr. 347 über Eilmaßnahmen zur industriellen Umgestaltung insolventer Großunternehmen erließ. Einen Tag später, am 24. Dezember 2003, ließ das Ministero delle attività produttive (Ministerium für die Produktionstätigkeiten) Parmalat SpA nach diesem Decreto legge zum Verfahren der außerordentlichen Verwaltung zu und bestellte Herrn Bondi zum außerordentlichen Verwalter, was vom Tribunale civile e penale di Parma bestätigt wurde.

Die Finanzschwierigkeiten weiteten sich auf den gesamten Parmalat-Konzern aus und betrafen auch die Eurofood IFSC Ltd., in Bezug auf welche deren Gläubigerin, die Bank of Amerika, am 27. Januar 2004 vor dem High Court (Irland) die Eröffnung eines Zwangsliquidationsverfahrens (compulsory winding up by the Court) sowie die Bestellung eines vorläufigen Verwalters beantragte. Die Bank of Amerika, die 1998 an zwei Titelemissionen in Höhe von insgesamt 180 Millionen US-Dollar durch Eurofood beteiligt war, stützte diesen Antrag auf die behauptete Zahlungsunfähigkeit der Gesellschaft.

Ohne sich sofort über die Verfahrenseröffnung zu äußern, bestellte der High Court aufgrund dieses Antrags noch am selben Tag einen *vorläufigen Verwalter* («provisional liquidator»), Herrn Farrell, und übertrug ihm die Befugnis, das Vermögen der Gesellschaft in Besitz zu nehmen, ihre Geschäfte zu führen, in ihrem Namen ein Bankkonto zu eröffnen und anwaltliche Dienste in Anspruch zu nehmen.[450]

Das italienische Ministerium für Produktionstätigkeiten ließ Eurofood am 9. Februar 2004 zum Verfahren der außerordentlichen Verwaltung zu und bestellte Herrn Bondi zum *außerordentlichen Verwalter*.[451]

Am 20. Februar 2004 erklärt sich das Tribunale civile e penale di Parma aufgrund der Feststellung, der Mittelpunkt der hauptsächlichen Interessen von Eurofood befinde sich in Italien, bezüglich der Feststellung der Insolvenz der Gesellschaft für international zuständig. Vorausgegangen war ein darauf gerichteter Antrag vom 10. Februar 2004, für dessen Verhandlung der 17. Februar anberaumt wurde. Über diese Tatsache wurde der irische vorläufige Verwalter, Herr

[449] Dammann, L'application du règlement CE n° 1346-2000 après les arrêts *Staubitz-Schreiber* et *Eurofood* de la CJCE, Recueil Dalloz, Cahier Droit des Affaires, 29 juin 2006, n° 25, S. 1757.
[450] Urteil des EuGH im Fall Eurofood, Rn. 20.
[451] Urteil des EuGH im Fall Eurofood, Rn. 21.

Farrell, erst am Freitag, den 13. Februar 2004 abends nach Büroschluss informiert.[452]

Am 23. März 2004 urteilte der High Court, unter Anwendung irischen Rechts, das in Section 220 des Companies Act eine Rückwirkung der Verfahrenseröffnung auf den Zeitpunkt der Antragstellung (also vorliegend den 27. Januar 2004) vorsieht, dass das Insolvenzverfahren gegen Eurofood bereits am 27. Januar 2004 in Irland eröffnet worden sei. Dieses Verfahren sei ein Hauptverfahren i.S.d. Artikels 3 Abs. 1 EuInsVO, da der Interessenmittelpunkt von Eurofood in Irland liege. Ferner sei es bezüglich des italienischen Eröffnungsurteils aufgrund seiner Verfahrensumstände gerechtfertigt, dieses im Sinne des Artikels 26 EuInsVO aufgrund eines Verstoßes gegen den *ordre public* nicht anzuerkennen. Der High Court stellte die Insolvenz Eurofoods fest, beschloss die Liquidation und bestellte Herrn Farrell zum Liquidator.

Vorliegend bestand also ein *positiver Kompetenzkonflikt*, da aufgrund konträrer Rechtsauffassungen zwei konkurrierende Hauptverfahren eröffnet worden waren – eine Situation, wie sie die Europäische Insolvenzverordnung gerade vermeiden will.[453]

Der italienische außerordentliche Verwalter, Herr Bondi, legte gegen das Urteil des High Court vor dem Supreme Court of Ireland Berufung ein.

Der Supreme Court setzte daraufhin das Verfahren aus und legte dem EuGH fünf Fragen zur Vorabentscheidung vor:[454]

„1. *Wird in Irland bei einem zuständigen Gericht ein Antrag auf Liquidation (winding up) einer zahlungsunfähigen Gesellschaft gestellt und bestellt dieses Gericht bis zum Erlass eines Liquidationsbeschlusses einen vorläufigen Verwalter (provisional liquidator), der befugt ist, das Vermögen der Gesellschaft in Besitz zu nehmen, ihre Geschäfte zu führen, ein Bankkonto zu eröffnen und einen Anwalt zu bestellen, all dies mit der Rechtsfolge, dass die Verwaltungsratsmitglieder der Gesellschaft ihre Handlungsbefugnisse verlieren, stellt dann diese Verfügung in Verbindung mit der Stellung des Antrags die Eröffnung eines Insolvenzverfahrens (insolvency proceedings) im Sinne des im Licht der Artikel 1 und 2 ausgelegten Artikels 16 der Verordnung dar?*

2. *Falls Frage 1 zu verneinen ist: Ist in Irland die Stellung eines Antrags beim High Court auf gerichtliche Zwangsliquidation (compulsory winding up) einer Gesellschaft aufgrund der irischen Rechtsvorschrift (Section 220[2] des Companies Act), wonach der Tag der Stellung des Antrags als Beginn der*

452 Dammann, L'application du règlement CE n° 1346-2000 après les arrêts *Staubitz-Schreiber* et *Eurofood* de la CJCE, Recueil Dalloz, Cahier Droit des Affaires, 29 juin 2006, n° 25, S. 1755.

453 Idot, Détermination de la juridiction compétente pour ouvrir la procédure d'insolvabilité principale d'une filiale d'un groupe, Note sous CJCE, 2 mai 2006, Europe n° 7, Juillet 2006, commentaires 230, S. 31/32.

454 Urteil des EuGH im Falle Eurofood, Rn. 24.

Liquidation der Gesellschaft gilt, als Eröffnung eines Insolvenzverfahrens (insolvency proceedings) im Sinne dieser Verordnung anzusehen?
3. Ist ein Gericht in einem anderen Mitgliedstaat als demjenigen, in dem die Gesellschaft ihren satzungsmäßigen Sitz hat und ihre Interessen in einer für Dritte erkennbaren Art und Weise gewöhnlich verwaltet, wo aber das Insolvenzverfahren zuerst eröffnet wird, nach Artikel 3 in Verbindung mit Artikel 16 dieser Verordnung zuständig für die Eröffnung des Hauptinsolvenzverfahrens?
4. Sind, wenn
a) der satzungsmäßige Sitz einer Muttergesellschaft und der ihrer Tochtergesellschaft in zwei verschiedenen Mitgliedstaaten liegen,
b) die Tochtergesellschaft der Verwaltung ihrer Interessen in einer für Dritte erkennbaren Art und Weise gewöhnlich und unter vollständiger und stetiger Wahrung ihrer eigenen Corporate identity in dem Mitgliedstaat nachgeht, in dem ihr satzungsmäßiger Sitz liegt, und
c) die Muttergesellschaft aufgrund ihrer Beteiligung und ihrer Befugnis zur Bestellung der Verwaltungsratsmitglieder in der Lage ist, die Geschäftspolitik der Tochtergesellschaft zu kontrollieren, und dies auch tut,
bei der Bestimmung des „Mittelpunkts der hauptsächlichen Interessen" die vorstehend unter b oder die unter c genannten Faktoren ausschlaggebend?
5. Ist ein Mitgliedstaat dann, wenn es offensichtlich gegen seine öffentliche Ordnung verstößt, einer Gerichts- oder Verwaltungsentscheidung in Bezug auf Personen oder Einrichtungen Rechtswirkung zuzuerkennen, deren Anspruch auf ein faires Verfahren und auf rechtliches Gehör bei der Entscheidungsfindung nicht berücksichtigt worden ist, nach Artikel 17 dieser Verordnung verpflichtet, die Entscheidung der Gerichte eines anderen Mitgliedstaats, mit der in Bezug auf eine Gesellschaft das Insolvenzverfahren eröffnet werden soll, anzuerkennen, wenn das Gericht des erstgenannten Mitgliedstaats überzeugt ist, dass die betreffende Entscheidung unter Missachtung dieser Grundsätze erlassen wurde, und wenn insbesondere der Antragsteller in dem zweitgenannten Mitgliedstaat sich trotz Aufforderungen und entgegen der Anordnung des Gerichts des zweitgenannten Mitgliedstaats geweigert hat, dem nach dem Recht des erstgenannten Mitgliedstaats ordnungsgemäß bestellten vorläufigen Verwalter (provisional liquidator) der Gesellschaft Abschriften der wesentlichen Unterlagen zu verschaffen, die dem Antrag zugrunde liegen?"
Zusätzlich beantragte der Supreme Court die Entscheidung des EuGH im beschleunigten Verfahren durchzuführen.[455] Diesen Antrag lehnte der Gerichtshof

[455] Artikel 104 a Abs. 1 der Verfahrensordnung des EuGH bestimmt: „Auf Antrag des nationalen Gerichts kann der Präsident auf Vorschlag des Berichterstatters nach Anhörung des Generalanwalts ausnahmsweise beschließen, ein Vorabentscheidungsersuchen einem beschleunigten Verfahren unter Abweichung von den Bestimmungen dieser Verfahrensordnung zu unterwerfen, wenn sich aus den angeführten Umständen die außerordentliche Dringlichkeit der Entscheidung über die zur Vorabentscheidung vorgelegte Frage ergibt."

jedoch durch Beschluss vom 15. September 2004 mit der Begründung ab, es läge kein Fall außerordentlicher Dringlichkeit vor.[456] Diese Entscheidung ist angesichts der Abträglichkeit jeder zeitlichen Verzögerung sowohl für Liquidationsverfahren als auch Sanierungsbemühungen sehr zu bedauern.[457] Die Parteien mussten so noch knapp zwei weitere Jahre warten, bis der Gerichtshof am 2. Mai 2006 sein Urteil im Fall Eurofood fällte.[458]

Der EuGH begann mit der Beantwortung der vierten Vorlagefrage, in welcher der Supreme Court nach den *ausschlaggebenden Faktoren* bei der Bestimmung des Mittelpunktes der hauptsächlichen Interessen eines in einen Konzern eingebundenen Tochterunternehmens fragte. Diese Frage betraf nach Überzeugung des EuGH „allgemein das mit der Verordnung eingeführte System zur Feststellung der Zuständigkeit der Gerichte der Mitgliedstaaten"[459] und ihre Beantwortung ist daher von *grundsätzlicher Bedeutung* für die Bestimmung des Begriffes des Mittelpunktes der hauptsächlichen Interessen. Es ging dem Supreme Court dabei, wie auch der EuGH klarstellt, insbesondere um die *Abwägung zweier Faktoren*, nämlich zum einen der Tatsache, „dass die Tochtergesellschaft der Verwaltung ihrer Interessen in einer für Dritte erkennbaren Art und Weise gewöhnlich und unter Wahrung ihrer eigenen Corporate Identity in dem Mitgliedstaat nachgeht, in dem ihr satzungsmäßiger Sitz liegt", und zum anderen der Tatsache, „dass die Muttergesellschaft aufgrund ihrer Beteiligung und ihrer Befugnis zur Bestellung der Verwaltungsratsmitglieder in der Lage ist, die Geschäftspolitik der Tochtergesellschaft zu kontrollieren".[460] Der EuGH stellte zur Beantwortung der Frage zunächst kurz das in der Europäischen Insolvenzverordnung vorgesehene Zusammenspiel zwischen Haupt- und Sekundärverfahren dar. Im Anschluss unterstrich er, dass bezüglich des für das Hauptverfahren relevanten Zuständigkeitskriteriums des Mittelpunktes der hauptsächlichen Interessen laut Artikel 3 Abs. 1 EuInsVO bis zum Beweis des Gegenteils vermutet

---

[456] Beschluss des EuGH vom 15. September 2004, Rs. C-341/04, Rn. 12: „[...] the economic interests to which the national court refers, although significant and legitimate, are not of such a nature as to establish the existence of exceptional urgency within the meaning of the first paragraph of Article 104a of the Rules of Procedure." abrufbar unter http://curia.europa.eu /jurisp/cgi-bin/form.pl?lang=de&newform=newform&Submit=Suchen&alljur=alljur&jurcdj=jurcdj&jurtpi=jurtpi&jurtfp=jurtfp&alldocrec=alldocrec&docj=docj&docor=docor&docop=docop&docav=docav&docsom=docsom&docinf=docinf&alldocnorec=alldocnorec&docnoj=docnoj&docnoor=docnoor&typeord=ALLTYP&allcommjo=allcommjo&affint=affint&affclose=affclose&numaff=&ddatefs=&mdatefs=&ydatefs=&ddatefe=&mdatefe=&ydatefe=&nomusuel=Eurofood&domaine=&mots=&resmax=100 (zuletzt abgerufen am 11. 04. 2007).

[457] Cranshaw, Einflüsse des Europäischen Rechts auf das Insolvenzverfahren, Ehricke/Paulus (Hrsg.), Schriften zum Insolvenzrecht, Band 5, Dissertation Nomos 2006, S. 1917.

[458] Urteil des Gerichtshofes (Große Kammer) vom 2. Mai 2006, in der Rechtssache C-341/04, Eurofood IFSC Ltd.

[459] Urteil des EuGH im Fall Eurofood, Rn. 26.

[460] Urteil des EuGH im Fall Eurofood, Rn. 27.

wird, dass dieser bei Gesellschaften an ihrem *satzungsmäßigen Sitz* liegt.[461] Daraus folgerte der Gerichtshof das Erfordernis einer *gesonderten Zuständigkeitsbetrachtung für jeden Schuldner*, der eine juristisch selbständige Einheit darstellt.[462] Damit untersagte der Gerichtshof das pauschale Abstellen auf einen „Konzerninteressenmittelpunkt", so dass eine *juristische* Gesamtbetrachtung eines Konzernes als lediglich wirtschaftliche Strukturform ausscheidet.[463] Mit dieser Feststellung entsprach der EuGH dem Willen des Verordnungsgebers, der gerade *kein Konzerninsolvenzrecht* schaffen wollte.[464]

Nach diesen Feststellungen machte der EuGH eine grundsätzliche Aussage zum Begriff des Mittelpunktes der hauptsächlichen Interessen, welche an sich einfach und vorhersehbar, aber nichts desto trotz von überragender Bedeutung ist:

„Der Begriff des Mittelpunkts der hauptsächlichen Interessen ist der Verordnung eigen. Daher hat er eine *autonome Bedeutung* und muss deshalb *einheitlich und unabhängig* von nationalen Rechtsvorschriften ausgelegt werden."[465]

Diese Aussage ist keinesfalls überraschend oder revolutionär, da sie der allgemeinen Rechtsauffassung folgt, nach der das Gemeinschaftsrecht – und mit ihm auch die Europäische Insolvenzverordnung – autonom auszulegen ist.[466] Dennoch ist die Klarstellung und Betonung des Erfordernisses einer autonomen europarechtlichen Auslegung des Begriffes des Mittelpunktes der hauptsächlichen Interessen an dieser Stelle richtungweisend. Denn die Europäische Insolvenzverordnung lässt – wie bereits deutlich wurde – einen großen Interpretationsspielraum, der gerade zu den unterschiedlichen Ansätzen in der nationalen Rechtsprechung geführt hat. Dieser Interpretationsspielraum darf jedoch nach der klaren Aussage des EuGH nur mit Hilfe europarechtlicher Rechtsvorschriften und europaweit einheitlich ausgelegt werden. Die nationalen Gerichte dürfen ihr nationales Recht gerade nicht als Interpretationsgrundlage für die Bestimmung europarechtlicher Bergriffe heranziehen, so dass das internationale Insolvenzrecht der einzelnen Mitgliedstaaten hier keine Rolle spielen darf.[467] Damit entzieht der Gerichtshof auch der bisherigen (bereits zuvor isoliert stehenden)

---

[461] Urteil des EuGH im Fall Eurofood, Rn. 29.

[462] Urteil des EuGH im Fall Eurofood, Rn. 30.

[463] Laughton, News from the European Court of Justice, Comments on the ECJ decision in Eurofood IFSC Ltd. (C-341/04), Eurofenix Summer 2006, S. 10, abrufbar unter http://www.insol-europe.org/downloads/eurofenix/06_Summer_EN_Eurofenix.pdf (zuletzt aufgerufen am 11. 04. 2007).

[464] Dies geht auch aus dem Erläuternden Bericht von Virgòs/Schmit zum Übereinkommen über Insolvenzverfahren hervor, vgl. dazu bereits oben unter Teil 1, 1. Kapitel, A) 1.) b) aa) (1).

[465] Urteil des EuGH im Fall Eurofood, Rn. 31.

[466] Dazu bereits oben unter Teil 1, 1. Kapitel, (Fußnote 13).

[467] Vgl. Dammann, L'application du règlement CE n° 1346-2000 après les arrêts *Staubitz-Schreiber* et *Eurofood* de la CJCE, Recueil Dalloz, Cahier Droit des Affaires, 29 juin 2006, n° 25, S. 1756.

Rechtsprechung des italienischen Kassationsgerichtshofes den Boden,[468] in welcher dieser die Auffassung vertrat, mangels einer Legaldefinition des Tatbestandsmerkmals des Mittelpunktes der hauptsächlichen Interessen in der Verordnung, sei letzteres nach nationalem Recht zu bestimmen.[469] Auch die Anwendung nationalrechtlicher Theorien, wie beispielsweise die des effektiven Verwaltungssitzes („siège réel") im französischen Recht, scheidet aus.
Die Klarstellung des EuGH stellt jedoch keine pauschale Missbilligung und Verurteilung der bisherigen nationalen Rechtssprechung zum Begriff des Mittelpunktes der hauptsächlichen Interessen dar, welche größtenteils auf einer realitätsnahen Analyse basierte und durch das Bedürfnis eines koordinierten Vorgehens bei Konzerninsolvenzen motiviert war.[470] Vielmehr wird es auch in Zukunft so sein, dass die Insolvenzverfahren über mehrere Unternehmen eines Konzerns in ein und demselben Mitgliedstaat eröffnet werden, wenn die Interessenmittelpunkte dieser Unternehmen im selben Mitgliedstaat liegen. Solange für jedes schuldnerische Konzernunternehmen dabei gesondert festgestellt wird, wo sein Interessenmittelpunkt liegt, ergibt sich kein Widerspruch zu der Aussage des EuGH.[471]

---

[468] Vgl. zu dieser Rechtsprechung Lauser/Rief, Die Europäische Insolvenzverordnung, Vom Insolvenzimperialismus zum Insolvenzpragmatismus?, in Derra (Hrsg.), Freiheit, Sicherheit und Recht, 2006, S. 399 (397ff.).

[469] Corte di Cassazione (sezioni unite), ordinanza 3 maggio 2005 n. 10606, Rn. 3.3 : « Non contenendo il regolamento la definizione di centro degli interessi principali, è, poi, compito del giudice nazionale stabilire – tenendo conto delle indicazioni contenute nel considerando 12 (tale si dovrebbe intendere il luogo in cui il debitore esercita in modo abituale e pertanto riconoscibile dai terzi la gestione dei suoi interessi) [(bemerkenswet ist, dass das Gericht nicht auf Erwägungsgrund (13) eingeht)] – quale sia in concreto, alla stregua del *proprio ordinamento* (ma salvaguardando l'esigenza di un'applicazione uniforme, in linea con il carattere sopranazionale del regolamento), la sede effettiva della società, e se il centro dei suoi interessi principali coincida effettivamente con la sede statutaria. In mancanza di una disciplina comunitaria sul trasferimento della sede sociale in altro Stato membro della CE, spetta, egualmente, al giudice nazionale accertare, secondo la legge del luogo di costituzione della societa` (ai sensi dell'art. 25 legge n. 218 del 1995, gia` richiamata sub 3.1.), gli effetti del trasferimento all'estero della sede statutaria.», Rivista di diritto internazionale privato e processuale, Pocar/Treves/Carbone/Giardina/Luzzatto/Mosconi (Hrsg.), Anno XLII, n. 2, aprile-giugno 2006, S. 432 ff. (434), Hervorhebungen nicht im Original.

[470] Vallens, Le règlement européen sur les procédures d'insolvabilité à l'épreuve des groupes de sociétés : l'arbitrage de la CJCE, JCP La Semaine Juridique – éd.° Entreprise et Affaires, N° 27-28, 6 juillet 2006, S. 1223.

[471] Professor Vallens und Herr André stellen dazu fest: „No doubt future judgements will be formulated in a different way, following the decision of the ECJ in Eurofood. However, it remains likely that the results in such cases will be exactly the same." Vallens/André, News from France, Eurofenix, Summer 2006, S. 11, http://www.insol-europe.org/downloads/eurofenix/06_Summer_EN_Eurofenix.pdf (zuletzt aufgerufen am 11. 04. 2007).

Wie schon im Urteil des Gerichtshofes im Fall Staubitz-Schreiber, stützt der EuGH seine Argumentation auch im Fall Eurofood in zentralen Punkten auf die *Erwägungsgründe* der Verordnung. Laut dem EuGH erhellt sich die Bedeutung des Begriffes des Mittelpunktes der hauptsächlichen Interessen „aus der 13. Begründungserwägung der Verordnung, wo es heißt: „Als Mittelpunkt der hauptsächlichen Interessen sollte der Ort gelten, an dem der Schuldner gewöhnlich der Verwaltung seiner Interessen nachgeht und damit für Dritte feststellbar ist.““[472] Der EuGH schließt aus dieser „*Definition*“ – eine Bezeichnung, die angesichts des nicht rechtsverbindlichen Charakters der Erwägungsgründe zumindest Erstaunen hervorruft –, dass der Mittelpunkt der hauptsächlichen Interessen nach *objektiven und zugleich für Dritte feststellbaren Kriterien* zu bestimmen ist.[473] Damit wird deutlich, welch große Relevanz Erwägungsgrund (13) EuInsVO für die Bestimmung des Mittelpunktes der hauptsächlichen Interessen hat.

Objektive und für dritte feststellbare Kriterien – diese zwei Anforderungen begründete der EuGH zum einen mit dem *Erfordernis der Rechtssicherheit*, zum anderen mit dem *Erfordernis der „Vorhersehbarkeit* bei der Bestimmung des für die Eröffnung eines Hauptinsolvenzverfahrens zuständigen Gerichts“.[474] Zur Untermauerung der Wichtigkeit beider Erfordernisse führt der EuGH Artikel 4 Abs. 1 EuInsVO an, nach dem die Bestimmung des Gerichts die des anwendbaren Rechts nach sich zieht.[475]

Im Zeichen der geforderten Rechtssicherheit und Vorhersehbarkeit räumt der EuGH der in Artikel 3 Abs. 1 Satz 2 EuInsVO aufgestellten *Vermutung* zugunsten des *satzungsmäßigen Sitzes* einer Gesellschaft denn auch einen *hohen Stellenwert* ein. Diese widerlegliche Vermutung lässt sich laut EuGH nur entkräften, „wenn objektive und für Dritte feststellbare Elemente belegen, dass in Wirklichkeit die Lage nicht derjenigen entspricht, die die Verortung am genannten satzungsmäßigen Sitz widerspiegeln soll“.[476] Welche Lage soll aber die Verortung am satzungsmäßigen Sitz widerspiegeln? – Darüber schweigt der EuGH. Allerdings erklärt sich diese Formulierung aus dem Kontext: Der satzungsmäßige Sitz ist in den Augen des Verordnungsgebers grundsätzlich der Ort an dem die Schuldnergesellschaft den Mittelpunkt ihrer hauptsächlichen Interessen hat – mit anderen Worten also der Ort, an dem sie gewöhnlich der Verwaltung ihrer Interessen nachgeht und damit für Dritte feststellbar ist. Diese Lage soll durch die Verortung am satzungsmäßigen Sitz widergespiegelt werden. Nur wenn objektive und für Dritte feststellbare Elemente belegen, dass in Wirklichkeit der Mittelpunkt der hauptsächlichen Interessen der Schuldnergesellschaft woanders

---

472 Urteil des EuGH im Fall Eurofood, Rn. 32.
473 Urteil des EuGH im Fall Eurofood, Rn. 33.
474 Urteil des EuGH im Fall Eurofood, Rn. 33.
475 Ibidem.
476 Urteil des EuGH im Fall Eurofood, Rn. 34.

liegt, sie also gewöhnlich der Verwaltung ihrer Interessen an einem anderen Ort als dem Ort ihres satzungsmäßigen Sitzes nachgeht und damit für Dritte an diesem anderen Ort feststellbar ist, nur dann ist die Vermutung des Artikels 3 Abs. 1 Satz 2 EuInsVO widerlegt.
Die vom Gerichtshof verfolgte Interpretationslinie, die Rechtssicherheit und die (damit zusammenhängende) Vorhersehbarkeit der internationalen Zuständigkeit in den Vordergrund zu stellen, wurde im Schrifttum zu Recht begrüßt.[477] Der EuGH hat dadurch den Blick auf die bisweilen vergessene Hauptaufgabe jedes Insolvenzverfahrens gelenkt, nämlich die Erwartungen der Gläubiger zu befriedigen.[478] So sind Rechtssicherheit und Vorhersehbarkeit der internationalen Zuständigkeit Faktoren, die sich günstig auf die Kreditvergabe und damit auch auf die Wirtschaft im Binnenmarkt auswirken.[479]
Wohl um seine bislang abstrakt gehaltenen Ausführungen zu konkretisieren und ihre Umsetzung damit zu erleichtern, stellt der Gerichtshof ihnen zwei Beispiele zur Seite.
Zum einen „*könnte* [die Vermutung zugunsten des satzungsmäßigen Sitzes] *insbesondere* bei einer „Briefkastenfirma“ [widerlegt] sein, die im Gebiet des Mitgliedstaats, in dem sich ihr satzungsmäßiger Sitz befindet, keiner [!] Tätigkeit nachgeht.[480] Dieses Beispiel ist insbesondere deswegen für den Fall Eurofood interessant, weil Eurofood selbst in Dublin keiner Geschäftstätigkeit nachging und als „Briefkastenfirma“ bezeichnet werden kann; dabei besteht jedoch die Besonderheit, dass alle Gläubiger dennoch angaben, sie hätten mit der Anwendbarkeit des irischen Rechts gerechnet, mithin den Mittelpunkt der hauptsächlichen Interessen von Eurofood in Irland gewähnt.[481]
Zum anderen stellt der EuGH klar, dass bei einer Gesellschaft, die einer Tätigkeit im Gebiet des Mitgliedstaates, in dem sich ihr satzungsmäßiger Sitz befindet, nachgeht, die tatsächliche oder potentielle Kontrolle ihrer wirtschaftlichen Entscheidungen durch die Muttergesellschaft allein nicht ausreicht, um die Vermutung zu entkräften.[482] Mit anderen Worten genügt die Zugehörigkeit zu einem zentral gesteuerten Konzern *allein* nicht, um die Vermutung zu entkräften.

---

[477] Vallens, Le règlement européen sur les procédures d'insolvabilité à l'épreuve des groupes de sociétés : l'arbitrage de la CJCE, JCP La Semaine Juridique – éd.° Entreprise et Affaires, N° 27-28, 6 juillet 2006, S. 1223.
[478] Vallens, Le règlement européen sur les procédures d'insolvabilité à l'épreuve des groupes de sociétés : l'arbitrage de la CJCE, JCP La Semaine Juridique – éd.° Entreprise et Affaires, N° 27-28, 6 juillet 2006, S. 1223.
[479] Siehe dazu genauer unter Teil 2, 1. Kapitel, B) 1.) b) aa) (1).
[480] Urteil des EuGH im Fall Eurofood, Rn. 35, Hervorhebungen nicht im Original.
[481] Dammann, L'application du règlement CE n° 1346-2000 après les arrêts *Staubitz-Schreiber* et *Eurofood* de la CJCE, Recueil Dalloz, Cahier Droit des Affaires, 29 juin 2006, n° 25, S. 1757.
[482] Urteil des EuGH im Fall Eurofood, Rn. 36.

Der EuGH macht seine Rechtsauffassung damit anschaulich und ebnet so den Weg zu einem europaweit einheitlichen Verständnis der Verordnung.

cc) Zwischenresümee

Die beiden ersten Urteile des Europäischen Gerichtshofes zur Europäischen Insolvenzverordnung geben wertvolle Hinweise bezüglich der Auslegung des Begriffes des Mittelpunktes der hauptsächlichen Interessen. Das erste Urteil im Fall Staubitz-Schreiber legt den für die Bestimmung des Mittelpunktes der hauptsächlichen Interessen relevanten Zeitpunkt fest und bestimmt, dass es sich dabei um den Moment der Antragstellung handelt. Das zweite Urteil im Fall Eurofood macht richtungsweisende Ausführungen zur Bestimmung des schuldnerischen Interessenmittelpunktes. Gerade in Bezug auf die schwierige Situation im Falle eines insolventen Konzernunternehmens macht der Gerichtshof ausführliche Angaben und stellt klar, dass auf objektive und für Dritte feststellbare Elemente abgestellt werden muss, um den Mittelpunkt der hauptsächlichen Interessen zu verorten.

Um abschätzen zu können, wie sich der Urteilsspruch in der Rechtsprechungspraxis der nationalen Gerichte und damit in der Anwendung des Konzeptes des Mittelpunktes der hauptsächlichen Interessen auswirken wird, bedarf es einer Analyse des Systems der Zuständigkeitsverteilung zwischen nationalen Gerichten und dem EuGH in der EU. Bevor allerdings dieses System näher betrachtet wird, soll der Blick zunächst auf die nationalen Lösungen Deutschlands und Frankreichs in Hinblick auf die internationale Zuständigkeit bei grenzüberschreitenden Insolvenzfällen gelenkt werden, da auch die Beschäftigung mit diesen vorliegend von Interesse ist. Denn auch die Beschäftigung mit dem autonomen internationalen Insolvenzrecht der Mitgliedstaaten eröffnet neue Perspektiven, zeigt Unterschiede und Gemeinsamkeiten bei den gefundenen Lösungen auf und kann so auch einen Beitrag zum Verständnis der Europäischen Insolvenzverordnung und ihres Schlüsselbegriffes leisten. Im Folgenden werden daher anhand des französischen und des deutschen internationalen Insolvenzrechtes zwei mitgliedstaatliche Konzepte untersucht und mit dem System der Europäischen Insolvenzverordnung und ihrem Zuständigkeitskriterium vergleichen.

B) Die Konzepte des französischen und des deutschen internationalen Insolvenzrechts

Obwohl es sich bei dem Begriff des Mittelpunktes der hauptsächlichen Interessen nach Artikel 3 EuInsVO um einen Begriff handelt, der als vollkommen „künstlich" und ohne Vorgänger im nationalen Recht eines Mitgliedstaates bezeichnet wird,[483] lässt sich nicht leugnen, dass er in einem Bereich des Rechts entstand, in dem er mangels vorhandener insolvenzrechtlicher Regelungen auf europäischer Ebene zwangsläufig durch die bereits bestehenden nationalen Regelungen und Konzepte beeinflusst wurde.

Im Rahmen einer Untersuchung des Systems der Europäischen Insolvenzverordnung und ihrer Begriffe, hieße es folglich, eine wichtige Erkenntnisquelle vollkommen zu übergehen, untersuchte man nicht auch die nationalen Rechte der Mitgliedstaaten.[484]

Bevor im Rahmen dieser Untersuchung das französische und das deutsche (internationale) Insolvenzrecht näher beleuchtet werden, ist es zunächst angebracht, die Frage zu stellen, ob die Regelung der internationalen Zuständigkeit bei grenzüberschreitenden Insolvenzverfahren überhaupt noch eine Daseinsberechtigung in den nationalen Regelwerken der Mitgliedstaaten hat.

Die Europäische Insolvenzverordnung mit ihrer direkten und vorrangigen Anwendbarkeit könnte als vollkommen ausreichend betrachtet werden, so dass alle nationalen Regelungen der Mitgliedstaaten als obsolet angesehen werden könnten. Dabei übersähe man jedoch, dass die Verordnung weder auf alle grenzüberschreitenden Insolvenzverfahren noch gegenüber allen Staaten anwendbar ist. Ihre Anwendbarkeit wird bereits über die in der Verordnung selbst enthaltene Definition des Begriffes „Insolvenzverfahren" in Artikel 2 a) i.V.m. Artikel 1 Abs. 1 EuInsVO beschränkt.[485] Zudem werden in Artikel 1 Abs. 2 EuInsVO bestimmte Unternehmen, wie beispielsweise Versicherungsunternehmen und Kreditinstitute, generell vom Anwendungsbereich der Verordnung ausgenom-

[483] Wautelet, Some considerations on the Center of the Main Intrests as jurisdictional test under the European Insolvency Regulation, S. 1.

[484] Die vorliegende Untersuchung beschränkt sich, gemäß ihrer Zielsetzung, auf Aspekte des deutschen und des französischen Insolvenzrechts, die in Zusammenhang mit der internationalen Zuständigkeit stehen. Zur Vertiefung verfahrensrechtlicher Aspekte, insbesondere im rechtsvergleichenden Kontext, sei auf Heukamp, Verfahrensrechtliche Aspekte der Gläubigerautonomie im deutschen und im französischen Insolvenzverfahren, Dissertation 2005 verwiesen.

[485] Art. 1 Abs. 1 EuInsVO: „Diese Verordnung gilt für Gesamtverfahren, welche die Insolvenz des Schuldners voraussetzen und den vollständigen oder teilweisen Vermögensbeschlag gegen den Schuldner sowie die Bestellung eines Verwalters zur Folge haben."

men.[486] Außerdem ist die Europäische Insolvenzverordnung als Bestandteil des Gemeinschaftsrechtes grundsätzlich nur zwischen den europäischen Mitgliedstaaten – mit Ausnahme Dänemarks – anwendbar und löst daher im Prinzip nicht die Zuständigkeitsprobleme bei grenzüberschreitenden Insolvenzen zwischen Mitgliedstaaten und Drittstaaten.[487] Der Anwendungsbereich der Europäischen Insolvenzverordnung ist zudem nur dann eröffnet, wenn sich der Mittelpunkt der hauptsächlichen Interessen des Schuldners innerhalb der Europäischen Gemeinschaft (mit Ausnahme Dänemarks) befindet. Die von der Europäischen Insolvenzverordnung nicht erfassten Bereiche bedürfen einer Regelung durch die autonomen internationalen Insolvenzrechte der Mitgliedstaaten, welche folglich doch in vielen Fällen weiter anwendbar bleiben.[488]
Zwei der in diesem nationalen Rahmen beschrittenen Lösungswege zur Bewältigung grenzüberschreitender Insolvenzfälle werden im Folgenden am Beispiel der französischen und der deutschen Rechtslage dargestellt.

1.) Das französische (internationale) Insolvenzrecht

In Anbetracht der Zielsetzung der vorliegenden Auseinandersetzung mit dem französischen internationalen Insolvenzrecht, welche vornehmlich in dem Vergleich der französischen Zuständigkeitsanknüpfung mit dem Konzept des Mittelpunktes der hauptsächlichen Interessen der Europäischen Insolvenzverordnung liegt, kann und soll keine umfassende Darstellung des gesamten französischen Insolvenzrechts vorgenommen werden. Vielmehr beschränken sich die folgenden Ausführungen darauf, einige Besonderheiten des autonomen französischen Systems herauszugreifen, die gerade in Hinblick auf die europäische Rechtslage von Interesse sind.
Anders als der deutsche Gesetzgeber hat der französische Gesetzgeber keine direkt auf die Europäische Insolvenzverordnung eingehenden Vorschriften erlassen, sondern lediglich im Rahmen einer *Circulaire relative à l'entrée en vigueur du règlement no. 1346/2000 du mai 2000 relatif aux procédures d'insolvabilité* einige Klarstellungen vorgenommen.[489]

---

[486] Vallens, La mise en oeuvre du règlement communautaire sur les procédures d'insolvabilité: questions de procédure, Recueil Dalloz, Cahier Droit des Affaires, 29 mai 2003, n° 21, Chroniques, S. 1421.

[487] Ludwig, Neuregelungen des deutschen Internationalen Insolvenzverfahrensrechts, Dissertation 2004, S. 19.

[488] Montfort, La faillite internationale vue de France : de quelle manière peut-elle être régie par la loi nationale?, Eurofenix Automne 2006, S. 37, abrufbar unter http://www.insol-europe.org/downloads/eurofenix/06_Autumn_FR_Eurofenix.pdf (zuletzt aufgerufen am 11.04.2007).

[489] Wessels, Realisation of the EU Insolvency Regulation in Germany, France and the Netherlands, International Insolvency Institute – www.iiiglobal.org, S. 2, abrufbar unter http://www.iiiglobal.org/country/netherlands/RealizationInsolv.pdf (zuletzt abgerufen am 10. 04. 2007). Circulaire relative à l'éntrée en vigueur du règlement no. 1346/2000 du mai

a) Grundzüge des französischen Insolvenzrechts und seine Grundsätze bezüglich grenzüberschreitender Insolvenzverfahren

Da im französischen Recht keine eigenständigen gesetzlichen Regelungen speziell das internationale Insolvenzrecht betreffend existieren,[490] bildet das allgemeine französische Insolvenzrecht die einzige legislative Grundlage, auf welcher die Rechtsprechung Grundsätze bezüglich des autonomen französischen internationalen Insolvenzrechts entwickelt hat.[491] Aus diesem Grund ist es geboten, zunächst einen Überblick über das allgemeine französische Insolvenzrecht zu geben, um im Anschluss die Grundsätze des internationalen Insolvenzrechts darstellen zu können.

aa) Die verschiedenen Verfahren im französischen Insolvenzrecht

Das französische Insolvenzrecht besteht aus zwei Regelungsblöcken in zwei verschiedenen Gesetzbüchern:

Der „Hauptteil" des französischen Insolvenzrechtes ist im Code de Commerce („Handelsgesetzbuch", Artikel 610-1 ff.) geregelt. Schon diese Tatsache lässt auf eine frühere Eigenschaft des französischen Rechts schließen, die darin bestand, dass ausschließlich Kaufleute („commerçants") und juristische Personen insolvenzfähig waren.[492]

Daneben enthält der Code de la Consommation („Verbrauchergesetzbuch", Artikeln L 330 1 ff.) insolvenzrechtliche Regelungen, welche Privatpersonen betreffen, die dem „normalen" Insolvenzverfahren des Code de Commerce nicht unterworfen sind.

(1) Das französische Insolvenzverfahren nach dem Code de commerce

Mit seiner großen Insolvenzrechtsreform im Jahre 2005 hat der französische Gesetzgeber den letzten Schritt hin zur Anwendung der insolvenzrechtlichen Regelungen des Code de Commerce auf alle Formen der *wirtschaftlichen Betätigung* gemacht.[493] Nachdem bereits im Jahre 1985 die Handwerker und im

---

2000 relatif aux procédures d'insolvabilité, J.O n° 174 du 30 juillet 2003 page 12939 texte n° 8, abrufbar unter http://www.legifrance.gouv.fr/ vgl. auch Mélin, Conflits de juridictions et procédures européennes d'insolvabilité. Approche critique, Bulletin Joly Sociétés – Août-septembre 2005, S. 927.

[490] Le Corre, Droit et Pratique des Procédures Collectives, 2006, Rn. 090.09, S. 65.

[491] Vgl. Vallens, La mise en oeuvre du règlement communautaire sur les procédures d'insolvabilité : questions de procédure, Recueil Dalloz, Cahier Droit des Affaires, 29 mai 2003, n° 21, Chroniques, S. 1422; Le Corre, Droit et Pratique des Procédures Collectives, 2006, Rn. 090.09, S. 65 ; Graf, Die Anerkennung ausländischer Insolvenzentscheidungen, 2003, S. 127.

[492] Siehe dazu ausführlicher im Folgenden.

[493] Lienhard, Code des procédures collectives commentée, 2006, unter Artikel L. 620-2 C.com., S. 43.

Jahre 1988 die Landwirte in den ansonsten nur den Kaufleuten und juristischen Personen vorbehaltenen Anwendungsbereich der Insolvenzverfahren des Code de Commerce einbezogen wurden, folgte mit der berühmten „*loi de sauvegarde des entreprises*“[494] eine weitere Öffnung für all diejenigen, die eine selbständige wirtschaftliche Tätigkeit ausüben, einschließlich der freien Berufe.[495]
Neben dieser Ausweitung des Anwendungsbereiches besteht die wohl bedeutendste Neuerung der jüngsten französischen Insolvenzrechtsreform in der Einführung der sogenannten „procédure de sauvegarde“, eines „präventiven Sanierungsverfahrens“[496], welches dem Reformgesetz seinen Namen gab und dessen Bemühungen um ein frühzeitiges Vorgehen in Krisensituationen mit dem Ziel der Unternehmensrettung verkörpert.[497]
Die „procédure de sauvegarde“ als präventives und auf Freiwilligkeit seitens des Schuldners basierendes Verfahren erlangt auf europäischer Ebene aufgrund ihrer Aufnahme in Anhang A der Europäischen Insolvenzverordnung Bedeutung,[498] wobei diese Aufnahme in Anbetracht der Definition des „Insolvenzverfahrens“ im Sinne der Verordnung keineswegs selbstverständlich erscheint.[499]
Obwohl die Reform des französischen Insolvenzrechts aus dem Jahre 2005 keinerlei explizit das internationale Insolvenzrecht betreffende Regelungen enthielt, wird somit bereits bei formeller Betrachtung deutlich, dass sie auch auf diesen Bereich ausstrahlt.
Das materielle französische Insolvenzrecht offenbart eine Besonderheit, welche sich ebenfalls im Bereich des internationalen Insolvenzrechts auswirken kann. Im französischen Recht wird grundsätzlich an der Eigenständigkeit jeder juristi-

---

494 Dieses „Gesetz zur Unternehmenssanierung“ wurde am 26. Juli 2005 verabschiedet und trat (im Wesentlichen) am 1. Januar 2006 in Kraft. Loi n° 2005-845 du 26 juillet 2005 de sauvegarde des entreprises, veröffentlicht im JORF vom 27. Juli 2005; Bauerreis, Staatliche Überwachung der Geschäftsführung vor Insolvenzeintritt und staatsgeleitete Restrukturierung in Frankreich, ZGR 2006, S. 295.

495 Artikel 620-2 c.com. bestimmt: „Das präventive Sanierungsverfahren findet auf jeden Kaufmann, auf jede im Berufsregister eingetragene Person, auf jeden Landwirt, auf jede natürliche Person, die einen selbständigen Beruf ausübt, einschließlich der freien Berufe, die einem gesetzlichen oder durch Verordnung geregelten Status unterworfen sind oder deren Titel geschützt ist, sowie auf jede juristische Person des Privatrechts Anwendung.“ Vgl. auch Lienhard, Code des procédures collectives commentée, 2006, unter Artikel L. 620-2 C.com., S. 42.

496 Bauerreis, Staatliche Überwachung der Geschäftsführung vor Insolvenzeintritt und staatsgeleitete Restrukturierung in Frankreich, ZGR 2006, S. 297.

497 Vgl. Le Corre, Droit et Pratique des Procédures Collectives, 2006, Rn. 042.41, S. 17.

498 Verordnung (EG) Nr. 694/2006 des Rates vom 27. April 2006 zur Änderung der Liste von Insolvenzverfahren, Liquidationsverfahren und Verwaltern in den Anhängen A, B und C der Verordnung (EG) Nr. 1346/2000 über Insolvenzverfahren, Artikel 1 i.V.m. Anhang I der Verordnung, welcher die „procédure de sauvegarde“ nennt.

499 Siehe dazu die Ausführliche Darstellung unter 2. Teil, 1. Kapitel, A) 2.) a) bb).

schen und natürlichen Person festgehalten.[500] Nach französischem Insolvenzrecht besteht jedoch die Möglichkeit, ein einziges Insolvenzverfahren über zwei (oder mehrere) unterschiedliche (juristische) Personen zu eröffnen, wenn deren Vermögensmassen verschmolzen sind („*confusion de patrimoine*") oder eine der beiden juristischen Personen „fiktiv" ist („*fictivité de la personne morale*").[501] Diese Fälle rechtfertigen es nach Ansicht des französischen Rechts, die Barriere zu durchbrechen, welche grundsätzlich aufgrund der Eigenständigkeit jeder (juristischen) Person einer „personenübergreifenden" Einbeziehung mehrerer Vermögensmassen in ein und demselben Insolvenzverfahren entgegensteht.[502]
Mit der „loi de sauvegarde" wurde Artikel L. 621-2 Absatz 2 in den Code de Commerce eingeführt, der diese ehemals von der französischen Rechtsprechung entwickelte Möglichkeit der „*Verfahrensausdehnung*" („extension de procédure") seit dem 1. Januar 2006 gesetzlich festschreibt,[503] indem er bestimmt:
« La procédure ouverte peut être étendue à une ou plusieurs autres personnes en cas de confusion de leur patrimoine avec celui du débiteur ou de fictivité de la personne morale. A cette fin, le tribunal ayant ouvert la procédure initiale reste compétent. »
Dabei ergibt sich aus der offenen Formulierung des Artikels L. 621-2 Absatz 2 in Verbindung mit der schon vorherrschenden Meinung in der Rechtsprechung, dass das Tatbestandsmerkmal der *Vermögensverschmelzung* („confusion de patrimoine") nicht auf juristische Personen beschränkt ist, sondern auch im Falle natürlicher Personen zu einer Verfahrensausdehnung führen kann.[504]

---

[500] Dammann, L'application du règlement CE n° 1346-2000 après les arrêts *Staubitz-Schreiber* et *Eurofood* de la CJCE, Recueil Dalloz, Cahier Droit des Affaires, 29 juin 2006, n° 25, S. 1755.

[501] Vallens, Première application du Règlement européen sur les procédures collectives : premières atteintes à l'ordre public, Recueil Dalloz, Cahier Droit des Affaires, 2 octobre 2003, Jurisprudence S. 2353.

[502] Dies wird als « fait d'ignorer l'écran créé par la personnalité morale de la société (ou de percer son voile social) » oder auch als « piercing the corporate veil » bezeichnet, vgl. Montfort, French international insolvency : How domestic law does the job, Eurofenix Autumn 2006, S. 25, abrufbar unter http://www.insol-europe.org/downloads/eurofenix/06_Autumn_EN _Eurofenix.pdf / La faillite internationale vue de France : de quelle manière peut-elle être régie par la loi nationale ?, Eurofenix Automne 2006, S. 38, abrufbar unter http://www.insol-europe.org/downloads/eurofenix/06_Autumn_FR_Eurofenix.pdf (zuletzt aufgerufen am 11. 04. 2007).

[503] Lienhard, Code des procédures collectives commentée, 2006, unter Artikel L. 621-2 C.com., S. 46.

[504] Vgl. dazu das Urteil der Cour de Cassation (ch. commerciale) vom 5. Juli 2005, Recueil Dalloz 2005, S. 2219, aus dem hervorgeht, dass eine Vermögensverschmelzung bei natürlichen Personen möglich ist (auch wenn diese im konkreten Fall aus anderen Gründen verneint wurde). Siehe auch Lienhard, Code des procédures collectives commentée, 2006, unter Artikel L. 621-2 C.com., S. 47.

Anders im Falle des Tatbestandsmerkmals der „fictivité“, welchem die „allgemeine Theorie der Vortäuschung“ („théorie générale de simulation“) zugrunde liegt. Es kann dementsprechend nur bezüglich juristischer Personen erfüllt sein, da nur diese „dem Anschein nach“[505] existieren können.[506]
Dem Wortlaut des Gesetzes (« confusion de leur patrimoine avec celui du débiteur *ou* de fictivité »[507]) lässt sich zudem entnehmen, dass beide genannten Tatbestandsmerkmale jeweils gesondert ausreichen, um eine Verfahrensausdehnung zu rechtfertigen, also nur *alternativ* vorliegen müssen.[508]
Das französische Recht kennt damit eine – wenn auch eng umgrenzte – Möglichkeit, über mehrere selbständige Unternehmen desselben Konzernes ein einheitliches Insolvenzverfahren zu eröffnen.[509]
Die Möglichkeit der Verfahrensausdehnung besteht in Bezug auf die beiden im französischen Recht altbekannten Verfahrenstypen, die auch als ordentliche Insolvenzverfahren bezeichnet werden,[510] die „procédure de redressement“ („Sanierungsverfahren“) und die „procédure de liquidation“ („Liquidationsverfahren“), aber auch in Bezug auf die durch die „loi de sauvegarde“ neu eingeführte „procédure de sauvegarde“ („präventives Sanierungsverfahren“)[511]. Gerade die Möglichkeit der Verfahrensausdehnung im Rahmen des „präventiven Sanierungsverfahrens“ wurde als eine große Chance für die Durchführung einer weltweiten, koordinierten Rettungsaktion im Falle *großer Konzerne* gesehen und als Keimzelle eines Konzerninsolvenzrechtes bezeichnet.[512]
Ohne, dass es an dieser Stelle nötig wäre, sich in die große Zahl der bereits entschiedenen Rechtsprechungsfälle mit all ihren Feinheiten und Nuancen der Einzelfallanalyse zu vertiefen, um im Einzelnen herauszuarbeiten, wann eine

---

[505] Lienhard, Sauvegarde des entreprises en difficultés, Le nouveau droit des procédures collectives, 2006, Rn. 717, S. 97 spricht von « façade masquant » und « rôle de personne interposée ».
[506] Vgl. Le Corre, Droit et Pratique des Procédures Collectives, 2006, Rn. 213.11, S. 195.
[507] Hervorhebung nicht im Original.
[508] Vgl. Le Corre, Droit et Pratique des Procédures Collectives, 2006, Rn. 213.09, S. 195.
[509] Vgl. bspw. das Urteil der Cour d'Appel de Paris, 3ème chambre, vom 7. September 2004, Recueil Dalloz 2004 S. 2500, in dem diese überprüft, ob die Vermögensmassen einer Tochtergesellschaft und der Konzernholding verschmolzen sind, was im Ergebnis jedoch verneint wird.
[510] Zu diesen Verfahren umfassend Bauerreis, Staatliche Überwachung der Geschäftsführung vor Insolvenzeintritt und staatsgeleitete Restrukturierung in Frankreich, ZGR 2006, S. 326 ff..
[511] Bauerreis, Staatliche Überwachung der Geschäftsführung vor Insolvenzeintritt und staatsgeleitete Restrukturierung in Frankreich, ZGR 2006, S. 320.
[512] Chaput, Une nouvelle architecture du droit français des procédures collectives, JCP La Semaine Juridique Édition Générale n° 46, 16 novembre 2005, Doctrine Étude,I 184, S. 2101 spricht in Bezug auf die « confusion de patrimoine(s) » von einem « embryon d'un droit des groupes » und bezeichnet die Möglichkeit der Verfahrensausdehnung als « arme à la disposition du groupe pour mettre en place un sauvetage globalement coordonné ».

Verfahrensausdehnung nach französischem Recht gerechtfertigt erscheint,[513] soll vorliegend direkt auf die im Rahmen des europäischen internationalen Insolvenzrechts drängendste Frage in Bezug auf die französische Rechtslage eingegangen werden:
Kann ein in Frankreich über das Vermögen eines Schuldners eröffnetes Hauptverfahren unter Berufung auf die französische Rechtslage auf einen anderen Schuldner ausgedehnt werden, ohne dass zuvor der Interessenmittelpunkt dieses zweiten Schuldners als ebenfalls in Frankreich liegend identifiziert und ein gesondertes Hauptverfahren über sein Vermögen eröffnet wurde?
Wäre dies der Fall, so könnte im europäischen Rahmen, ausgehend von einem in Frankreich eröffneten – und von allen übrigen Mitgliedstaaten automatisch anzuerkennenden – Hauptverfahren, unter Anwendung des nationalen französischen Insolvenzrechts, eine „*Konzerninsolvenz*" durchgeführt werden, ohne dass der Mittelpunkt der hauptsächlichen Interessen der einzelnen Konzernunternehmen für die internationale Zuständigkeit entscheidend wäre.[514] Angesichts der starken Tendenz der nationalen Gerichte, im Falle von Konzernen den Mittelpunkt der hauptsächlichen Interessen der einzelnen Konzerngesellschaften am selben Ort zu sehen und dabei auch manche „Argumentationsverrenkung" in Kauf zu nehmen, stellt sich die Frage, ob eine Verfahrensausdehnung nach französischem Recht nicht vorzugswürdig ist.[515]
Würde man diese weitreichende Einflussnahme des materiellen französischen Insolvenzrechts im Rahmen des Zuständigkeitssystems nach der Europäischen Insolvenzverordnung zulassen, bedeutete dies trotz der Beschränkung auf Fälle der „confusion de patrimoine" und der „fictivité" zugleich eine *Abkehr* von dem der Verordnung eigenen – und vom EuGH unmissverständlich in den Vorder-

[513] Dazu sei auf das Urteil im Fall Metaleurop der Cour de Cassation vom 19. April 2005 verwiesen, Receuil Dalloz 2005, S. 1225, in welchem diese klarstellte, dass „anormale finanzielle Verbindungen" nachgewiesen werden müssen, die eine wirkliche Verschmelzung der Vermögensmassen erzeugen: « Attendu qu'en se déterminant par de tels motifs impropres à caractériser en quoi, dans un groupe de sociétés, les conventions de gestion de trésorerie et de change, les échanges de personnel et les avances de fonds par la société-mère, qu'elle a constatés, révélaient des *relations financières anormales constitutives d'une confusion du patrimoine* de la société-mère avec celui de sa filiale, la cour d'appel, qui ne statuait pas sur le fondement de l'article L. 624-3 du code de commerce, n'a pas donné de base légale à sa décision. » (Hervorhebungen nicht im Original).

[514] In diesem Sinne Le Corre, Droit et Pratique des Procédures Collectives, 2006, Rn. 093.12, S. 79; einer solchen Möglichkeit gegenüber ebenfalls positiv eingestellt Galle, JurisClasseur Commercial, Fasc. 3125, Redressement et liquidation judiciaires, Droit communautaire, n° 29, der darauf abstellt, eine Verfahrensausdehnung müsse dann über Artikel 25 EuInsVO anerkannt werden.

[515] Raimon, Centre des intérêts principaux et coordination des procédures dans la jurisprudence européenne sur le règlement relatif aux procédures d'insolvabilité, Journal du droit international, n°1/2005, S. 752.

grund gestellten[516] – *Grundsatz der Eigenständigkeit* jeder juristischen (und natürlichen) Person in punkto Zuständigkeitsbestimmung.[517] Die zentrale Regel der Europäischen Insolvenzverordnung, nach der sich die internationale Zuständigkeit für die Eröffnung eines Hauptverfahrens *ausschließlich* nach dem Mittelpunkt der hauptsächlichen Interessen des Schuldners richtet, würde aufgrund nationalen Rechts durchbrochen. Vor diesem Hintergrund wird deutlich, warum die Anwendung des französischen Rechtsinstituts der Verfahrensausdehnung auf europäischer Ebene einen gravierenden Eingriff in das System der Zuständigkeitsverteilung nach der Europäischen Insolvenzverordnung darstellen würde, obgleich ihre Folgen in der Realität denen einer Eröffnung eines Hauptverfahrens über eine ausländische Konzerntochter in Frankreich und der anschließenden Verbindung beider Verfahren nach materiellem französischem Recht beinahe unterschiedslos gleichen. Es ist deshalb in Anbetracht der Vorrangigkeit des europäischen Systems vor dem nationalen Recht zu befürworten, eine direkte Anwendung der nach französischem Recht existierenden Verfahrensausdehnung auf europäischer Ebene abzulehnen. Erst *nachdem* der Mittelpunkt der hauptsächlichen Interessen des betroffenen Schuldners in Frankreich verortet wurde (was in Fällen der „fictivité" oder der „confusion de patrimoine" regelmäßig gelingen dürfte) und über ihn dort ein Hauptverfahren eröffnet wurde, kann eine Verfahrensausdehnung nach materiellem französischen Recht stattfinden.[518] So kann beispielsweise ein ebenfalls in Frankreich eröffnetes Hauptverfahren über eine Konzernmutter auf das in Frankreich eröffnete Hauptverfahren über eine ausländische Tochter ausgedehnt werden, so dass es – wie gesagt nach ordnungsgemäßer Eröffnung des eigenständigen Hauptverfahrens über die Tochter – zu einer „Fusion" beider Verfahren kommen kann.

(2) Die französische Regelung finanzieller Krisen nach dem Code de la consommation

Neben dem Code de commerce enthält auch der französische Code de la consommation („Verbrauchergesetzbuch") im dritten Titel seines dritten Buches unter der Überschrift „Traitement des situations de surendettement" insolvenz-

---

[516] EuGH-Urteil Eurofood, Rn. 30: „Daraus folgt, dass nach dem mit der Verordnung eingeführten System zur Feststellung der Zuständigkeit der Gerichte der Mitgliedstaaten eine eigene gerichtliche Zuständigkeit für jeden Schuldner existiert, der eine juristisch selbständige Einheit darstellt."

[517] Vgl. Dammann, L'application du règlement CE n° 1346-2000 après les arrêts *Staubitz-Schreiber* et *Eurofood* de la CJCE, Recueil Dalloz, Cahier Droit des Affaires, 29 juin 2006, n° 25, S. 1756.

[518] Zu diesem Ergebnis kommt auch Dammann, L'application du règlement CE n° 1346-2000 après les arrêts *Staubitz-Schreiber* et *Eurofood* de la CJCE, Recueil Dalloz, Cahier Droit des Affaires, 29 juin 2006, n° 25, S. 1756.

rechtliche Regelungen.[519] Diese Vorschriften wurden durch die sogenannte „*Loi Borloo*“ vom 1. August 2003 einer umfassenden Neuregelung unterzogen, welche zum Ziel hatte, gegen die alarmierende Verschuldungssituation vieler französischer Familien vorzugehen und ihnen einen Neuanfang zu ermöglichen.[520]
Die Artikel L. 330-1 ff. Code de la Consommation sind im Falle natürlicher Personen, die sich in einer Überschuldungssituation befinden, anwendbar. Eine solche Überschuldungssituation liegt vor, wenn es dem betroffenen, redlichen[521] Schuldner offensichtlich unmöglich ist, die Gesamtheit seiner fälligen, nicht von seiner beruflichen Tätigkeit herrührenden Schulden zu begleichen, wozu ebenfalls diejenigen Verbindlichkeiten gerechnet werden, die er als Bürge oder Gesamtschuldner für einen Einzelunternehmer oder eine Gesellschaft eingegangen ist, solange er nicht rechtlich oder tatsächlich als Geschäftsführer dieser Gesellschaft tätig war.[522]
Kapitel 1 des dritten Titels normiert den Fortgang des Verfahrens vor dem „Überschuldungsausschuss“ („commission de surendettement“), dessen Aufgabe es ist, durch die Ausarbeitung eines Sanierungsplanes, dem der Schuldner sowie die Gläubiger zustimmen, eine einvernehmliche Lösung der Überschuldungssituation zu erzielen.[523]
Kapitel 2 des dritten Titels regelt die Rolle des Richters und insbesondere das Verfahren des „rétablissement personnel“ (der „persönlichen Wiederherstellung“), welches dann Anwendung findet, wenn die Überschuldungssituation ausweglos erscheint und ein Sanierungsplan keinerlei Erfolg verspricht.[524] Die Einführung des Verfahrens des „rétablissement personnel“ durch die „Loi Borloo“ vom 2. August 2003 stellt eine wesentliche Neuerung im französischen Recht dar und greift die in den drei Départements Haut-Rhin, Bas-Rhin und Moselle (Alsace-Moselle) bereits existierende Möglichkeit des Insolvenzverfahrens bei Privatpersonen[525] auf.[526]

---

519 Code de la Consommation, Livre III, Titre III, Articles L. 330-1 ff..

520 Rondey, La réforme du surendettement par la loi « Borloo » du 1er août 2003, Recueil Dalloz, Cahier Droit des Affaires, 11 septembre 2003, n° 31, S. 2162.

521 « de bonne foi ».

522 Artikel L. 330-1 Absatz 1 Code de la Consommation.

523 Artikel L. 331-6 Absatz 1 Code de Commerce.

524 Artikel L. 330-1 Absatz 3 Code de Commerce bestimmt: « Lorsque le débiteur se trouve dans une situation *irrémédiablement compromise* caractérisée par l'impossibilité manifeste de mettre en oeuvre des mesures de traitement visées au deuxième alinéa, il peut solliciter l'ouverture d'une procédure de rétablissement personnel dans les conditions prévues au présent titre. » (Hervorhebung nicht im Original).

525 Die sogenannte « faillite civile » ist nur nach den in den drei Départements von Alsace-Moselle geltenden Sonderregelungen möglich, die auch weiterhin parallel zu den Regelungen des Code de la Consommation Bestand haben.

526 Rondey, La réforme du surendettement par la loi « Borloo » du 1er août 2003, Recueil Dalloz, Cahier Droit des Affaires, 11 septembre 2003, n° 31, S. 2163.

Der Abschluss der „procédure de rétablissement personnel“ – entweder (in den wohl seltensten Fällen) nach Befriedigung aller Verbindlichkeiten, oder nach bestmöglicher Verwertung des Schuldnervermögens und Feststellung, dass die Aktiva zur Befriedigung nicht ausreichen – führt zu einem Erlöschen aller nicht aus beruflicher Aktivität stammenden Schulden, mit Ausnahme derjenigen Schulden, die von einem Bürgen oder Mitschuldner des Schuldners beglichen wurden.[527]

Diese Sondervorschriften für überschuldete Privatpersonen tragen der Tatsache Rechnung, dass für sie der Anwendungsbereich des „normalen“ Insolvenzverfahrens nach dem Code de Commerce nicht eröffnet ist.

Auf der Ebene des internationalen Insolvenzrechts stellte sich in Anbetracht der französischen Rechtslage die Frage, wie mit einer ausländischen Entscheidung umzugehen sei, mit welcher über das Vermögen einer Privatperson ein Insolvenzverfahren eröffnet wurde, welches nach französischem Recht Kaufleuten und selbständig Tätigen vorbehalten wäre. Diese Frage war vor allem vor Einführung der „procédure de rétablissement personnel“ im Jahre 2003 sehr drängend, da nach altem Recht in Frankreich (mit Ausnahme der drei Départements von Alsace-Moselle) überhaupt kein Verfahren vorgesehen war, das Privatpersonen die Insolvenz (und damit auch den schuldenfreien Neuanfang) ermöglicht hätte. Die Cour de Cassation entschied in einem solchen Fall, dass die Eröffnung des ausländischen Verfahrens und seine Anerkennung in Frankreich keinen Verstoß gegen den französischen *ordre public* darstelle, also die Exequatur – und damit die Wirkungsentfaltung – in Frankreich möglich sei.[528]

Die seit der „Loi Borloo“ sowie die in Alsace-Moselle in Bezug auf Verbraucher existierenden französischen Verfahren fanden keinen Eingang in Anhang A der Europäischen Insolvenzverordnung, weshalb sie nicht als Insolvenzverfahren im Sinne der Verordnung gelten und somit nicht von deren Anwendungsbereich erfasst werden.

---

527 Artikel L. 332-9 Code de la Consommation: « Lorsque l'actif réalisé est suffisant pour désintéresser les créanciers, le juge prononce la clôture de la procédure. Lorsque l'actif réalisé est insuffisant pour désintéresser les créanciers ou lorsque le débiteur ne possède rien d'autre que des biens meublants nécessaires à la vie courante et des biens non professionnels indispensables à l'exercice de son activité professionnelle, le juge prononce la clôture pour insuffisance d'actif.

La clôture entraîne l'effacement de toutes les dettes non professionnelles du débiteur, à l'exception de celles dont le prix a été payé au lieu et place du débiteur par la caution ou le coobligé.

Le juge peut ordonner des mesures de suivi social du débiteur. »

528 Urteil der Cour de Cassation (ch. commercial) vom 18. Januar 2000, Recueil Dalloz 2000 S. 105, « L'exequatur d'une décision étrangère ouvrant une procédure collective à l'égard d'un non-commerçant n'est pas contraire à la conception française de l'ordre public international. »

bb) Universalität und Vollstreckbarkeit nach Exequatur

Die französische Rechtsprechung[529] hat im Bereich des französischen autonomen internationalen Insolvenzrechts in Bezug auf in Frankreich eröffnete Insolvenzverfahren das Prinzip der *universellen Wirkung* festgeschrieben.[530] Die Cour de Cassation hat in strenger Anwendung des Universalitätsprinzips ein Urteil der Cour d'appel de Versailles (13e ch. civ. vom 14. September 2000) aufgehoben, in welchem letztere die Nicht-Einbeziehung im Ausland belegener Vermögenswerte autorisierte, um das Verfahren zu beschleunigen.[531]

Damit in Zusammenhang steht das seit der „loi de sauvegarde" kodifizierte und bereits zuvor der ständigen Rechtsprechung der Cour de Cassation entsprechende Prinzip der „*unicité de procédure*" (Prinzip der Einheit des Insolvenzverfahrens).[532] Dieses Prinzip besagt, dass nur ein einziges Insolvenzverfahren in Bezug auf einen Schuldner eröffnet werden kann („faillite sur faillite ne vaut") und geht seinerseits auf den Grundsatz der Einheit des Vermögens („principe de l'unité du patrimoine") zurück.[533]

Im Ausland eröffneten Insolvenzverfahren gegenüber erweist sich die französische Rechtslage als reserviert. So kennt sie keinen Grundsatz der „automatischen Anerkennung" ausländischer Eröffnungsentscheidungen.[534] Um in Frank-

---

[529] Vgl. das Urteil der Cour de Cassation (ch. commercial) vom 21. März 2006, Recueil Dalloz 2006, S. 1466 ; sowie das Urteil der Cour de Cassation (1ère ch.civile) vom 19. November 2002, n° 00-22.334 (n° 1630 FS-P+R), Recueil Dalloz 2002, S. 797.

[530] Le Corre, Droit et Pratique des Procédures Collectives, 3. Auflage 2006, Éditions Dalloz, Paris, 2006, Rn. 093.14, S. 80 ; Henry, La Cour de cassation consacre le principe de l'universalité de la faillite, Observations, Cour de cassation, 1re civ., 19 nov. 2002, Recueil Dalloz, Cahier Droit des Affaires, 19 juin 2003, n° 24, Sommaires commentés, S. 1626.

[531] Urteil der Cour de Cassation (1ère ch.civile) vom 19.November 2002, Recueil Dalloz 2002, S. 797 : « Vu le principe de l' universalité de la faillite, ensemble l'article L. 621-83, alinéa 4, du code de commerce ; - Attendu que sous réserve des traités internationaux ou d'actes communautaires non applicables en l'espèce, et dans la mesure de l'acceptation par les ordres juridiques étrangers, le redressement judiciaire prononcé en France produit ses effets partout où le débiteur a des biens ; que l'article 6, 1°, de la Convention européenne des droits de l'homme, invoqué au deuxième moyen, ne saurait faire obstacle aux principes d' universalité ainsi qu'à celui d'égalité des créanciers chirographaires qui caractérise toute procédure collective et qui postule l'interdiction des poursuites individuelles et la soumission des créanciers aux obligations du plan de redressement ; - Attendu qu'il résulte de la procédure et des écritures des parties que le plan de cession partielle arrêté le 10 juin 1993 ne comprenait pas les immeubles à l'étranger ; que la cour d'appel, en statuant comme elle l'a fait, sans établir que ce plan avait été accompagné de la liquidation des biens résiduels et que l'immeuble litigieux était inclus dans cette liquidation, n'a pas donné de base légale à sa décision. »

[532] Artikel L. 620-2 Absatz 2 C.Com.; vgl. auch Lienhard, Kommentierung des Code des procédures collectives, Code des procédures collectives commentée, 4. Auflage, Dalloz 2006, unter Artikel L. 620-2 C.com., S. 43.

[533] Urteil der Cour de Cassation (ch. commerciale) vom 19. Februar 2002, Recueil Dalloz 2002, S. 2523.

[534] Anders das deutsche Recht, vgl. unten, Teil 1, 1. Kapitel, B) 2.) a) aa) (2).

reich Wirkungen entfalten zu können, muss eine ausländische Entscheidung (außer im Falle anders lautender internationaler Abkommen) zunächst ein *Exequaturverfahren* durchlaufen, was aus 509 Nouveau Code de procédure civile abgeleitet und von der französischen Rechtsprechung präzisiert wurde.[535] Wirkungen der ausländischen Entscheidung vor ihrer Exequatur werden von der Rechtsprechung nur in engem Rahmen zugelassen: So hat die Cour de Cassation in ihrem Urteil vom 4. Oktober 2005 bestimmt « un jugement étranger produit en France des effets, en tant que *fait juridique*, indépendamment d'une vérification de sa régularité internationale par une procédure de reconnaissance ou d'exequatur ».[536] Dem ausländischen Urteil kommt somit Beweisfunktion zu, so dass es bspw. die Fähigkeit des ausländischen Verwalters, vor Gericht als Kläger aufzutreten, belegt.[537] Die Wirkung der ausländischen Insolvenzentscheidung vor deren Exequatur geht allerdings keinesfalls so weit, dass sie der Eröffnung eines französischen Insolvenzverfahrens entgegenstünde.[538]

Soweit die überblicksartige Darstellung der französischen Insolvenzverfahren und der Grundentscheidungen des autonomen französischen internationalen Insolvenzrechts. Auf ihrer Grundlage kann nun der Anknüpfungspunkt des französischen Insolvenzrechts für die Zuständigkeitsbestimmung bei grenzüberschreitenden Insolvenzverfahren untersucht werden.

b) Der Anknüpfungspunkt für die internationale Zuständigkeit im französischen Insolvenzrecht

Im französischen Recht existieren keine eigenständigen Regelungen, welche explizit auf die internationale Zuständigkeit für ein Insolvenzverfahren eingehen. Dieses Regelungsdefizit glichen Rechtsprechung und Lehre aus, indem sie den Grundsatz entwickelten, nach welchem die internationale Zuständigkeit der örtlichen Zuständigkeit folgt; dabei bestimmten sie die eigene internationale Zuständigkeit auf sehr extensive Art und Weise.[539]

Die örtliche Zuständigkeit ihrerseits ist im französischen Insolvenzrecht auch nicht per Gesetz, sondern durch ein Décret bzw. Règlement geregelt.

---

[535] Le Corre, Droit et Pratique des Procédures Collectives, 2006, Rn. 093.21, S. 81.

[536] Urteil der Cour de Cassation (ch. commerciale) vom 4. Oktober 2005, Recueil Dalloz 2006, S. 2449.

[537] Le Corre, Droit et Pratique des Procédures Collectives, 2006, Rn. 093.21, S. 81.

[538] Lienhard, Sauvegarde des entreprises en difficulté, 2006, Rn. 614, S. 82.

[539] Vgl. Dammann, Droit européen des procédures d'insolvabilité : problématique des conflits de juridictions et de forum shopping, Recueil Dalloz 2005 Chronique S. 1782: « La jurisprudence française a interprété d'une manière très extensive les règles de compétences nationales en les « internationalisant ». » ; wie auch im deutschen Recht (s.u.) kann also von einer „Doppelfunktionalität“ der örtlichen Zuständigkeitsbestimmung gesprochen werden.

Im Falle eines Verbraucherinsolvenzverfahrens bestimmt der Artikel R 332-1 Code de la consommation (Verbrauchergesetzbuch), welcher auf das *Décret Nr. 2004-180* vom 24. Februar 2004 zurückgeht, dass grundsätzlich der *Wohnsitz* des Schuldners das ausschlaggebende Kriterium ist und somit das Gericht am Wohnsitz des Schuldners für die Eröffnung des Insolvenzverfahrens zuständig ist.[540] Nur im Falle eines Verbrauchers *französischer Nationalität*, welcher außerhalb Frankreichs wohnt und über dessen Vermögen ein Insolvenzverfahren in Frankreich eröffnet werden soll, ist das Anknüpfungskriterium für die örtliche Zuständigkeit der Ort der Niederlassung eines seiner Gläubiger in Frankreich, im Sinne des Artikels L. 333-3-1 i.V.m. Artikel R. 332-1 S. 2 Code de la consommation.[541]

In Bezug auf die örtliche Zuständigkeit bei Insolvenzen von all denjenigen, welche nicht unter den Verbraucherbegriff fallen („non-consommateurs"), sondern auf welche ein Insolvenzverfahren nach dem Code de commerce anwendbar ist, findet das *Décret Nr. 2005-1677* vom 28. Dezember 2005, welches am 1. Januar 2006 (und damit zeitgleich mit der „loi de sauvegarde") in Kraft trat, Anwendung.[542] Es bestimmt in seinem Artikel 1, dass dasjenige Gericht zur Eröffnung eines Insolvenzverfahrens nach dem sechsten Buch des französischen Handelsgesetzbuches („Code de commerce") örtlich zuständig ist, in dessen Gerichtsbezirk der Schuldner, wenn es sich bei diesem um eine juristische Person handelt, seinen satzungsmäßigen Sitz hat. Liegt der Sitz der betroffenen juristischen Person außerhalb Frankreichs, so ist das zuständige Gericht dasjenige, in dessen Gerichtsbezirk sich der *„hauptsächliche Mittelpunkt seiner Interessen in Frankreich"* („ le centre principal de ses intérêts en France") befindet. Handelt es sich bei dem Schuldner um eine natürliche Person, so kommt es anstelle des Sitzes auf den Ort an, an welchem der Schuldner sein Unternehmen oder seine Tätigkeit angemeldet hat.[543]

[540] Artikel R. 332-1 Code de la Consommation: « Le juge de l'exécution compétent est celui du lieu où demeure le débiteur, y compris pour l'application de l'article R. 331-14. Toutefois, dans le cas prévu à l'article L. 333-3-1, le juge compétent est celui du ressort dans lequel siège la commission saisie. »

[541] Artikel L. 333-3-1 Abs.1: « Les dispositions du présent titre s'appliquent également aux débiteurs de nationalité française en situation de surendettement domiciliés hors de France et qui ont contracté des dettes non professionnelles auprès de créanciers établis en France. » Abs.2 : « Le débiteur peut saisir à cet effet la commission de surendettement du lieu d'établissement de l'un de ces créanciers. »

[542] Décret n°2005-1677 vom 28. Dezember 2005, in der konsolidierten Fassung vom 31. Dezember 2006.

[543] Artikel 1 Absatz 1 des Décret n°2005-1677: « Sans préjudice des dispositions de l'article 343, le tribunal territorialement compétent pour connaître des procédures prévues par le livre VI du code de commerce est celui dans le ressort duquel le débiteur, personne morale, a son siège ou le débiteur, personne physique, a déclaré l'adresse de son entreprise ou de son

Artikel 1 Absatz 2 des Décret Nr. 2005-1677 bestimmt weiter, dass im Falle der kurzfristigen Sitzverlegung der juristischen Person innerhalb der letzten sechs Monate vor Anrufung des Gerichts, das Gericht in dem Bezirk, in welchem sich der frühere Sitz der juristischen Person befand, zuständig bleibt.[544] Diese Vorschrift soll die Sitzverlegung zwecks Zuständigkeitsmanipulation unterbinden und „*forum shopping*" vermeiden.
Außerdem ist nach ständiger Rechtsprechung dann nicht auf den satzungsmäßigen Sitz der juristischen Person abzustellen, wenn dieser nicht mit dem *effektiven Verwaltungssitz* zusammen fällt.[545] In diesem Fall handelt es sich bei dem statutarischen Sitz nur um einen *„fiktiven" Sitz* und die örtliche Zuständigkeit richtet sich nach dem effektiven Verwaltungssitz.[546]

Die dargestellten französischen Regelungen zur örtlichen Zuständigkeit der Insolvenzgerichte werden mangels gesonderter Rechtsvorschriften in Bezug auf die internationale Zuständigkeit für Insolvenzverfahren im französischen Recht auch für letztere relevant.[547] Unabhängig davon, auf welche Grundlage sich die internationale Zuständigkeit des französischen Gerichts stützt, zieht sie – wie dies auch nach dem System der Europäischen Insolvenzverordnung der Fall ist – die grundsätzliche Anwendbarkeit des französischen materiellen Insolvenzrechts nach sich.[548] Dies wurde unter anderem mit dem Hinweis begründet, dass das Insolvenzrecht mit einer starken Ausübung an staatlicher Gewalt einhergehe und daher als eine „loi de police et de sûreté" (Polizei- und Sicherheitsgesetz) angesehen werden müsse.[549]

---

activité. A défaut de siège en territoire français, le tribunal compétent est celui dans le ressort duquel le débiteur a le centre principal de ses intérêts en France. »

[544] Artikel 1 Abs. 2 Décret n°1677-2005 : « Toutefois, en cas de changement de siège de la personne morale dans les six mois ayant précédé la saisine du tribunal, le tribunal dans le ressort duquel se trouvait le siège initial demeure seul compétent. Ce délai court à compter de l'inscription modificative au registre du commerce et des sociétés du siège initial. » Vgl. auch Le Corre, Droit et Pratique des Procédures collectives, 2006, Rn. 232.12, S. 269.

[545] Vgl. Rémery, L'application de la Convention franco-monégasque de 1950 relative à la faillite : compétence du juge français pour ouvrir une procédure collective à l'encontre d'une banque ayant son principal établissement en France, note sous le jugement rendu le 23 juill. 1991 par le Tribunal de commerce de Paris Recueil Dalloz Sirey 1992, 18e cahier, Jurisprudence S. 234.

[546] Le Corre, Droit et Pratique des Procédures collectives, 2006, Rn. 232.12, S. 269.

[547] Vgl. Dammann, Droit européen des procédures d'insolvabilité : problématique des conflits de juridictions et de forum shopping, Recueil Dalloz 2005 Chronique S. 1782.

[548] Le Corre, Droit et Pratique des Procédures Collectives, 2006, Rn. 093.13, S. 79.

[549] « Nous croyons devoir dire, dès le début de cette étude, ce qui doit se confirmer dans la suite, que la faillite constitue une des plus puissantes actions de l'action législative et qu'elle doit être considérée comme une des lois de police et de sûreté qui obligent tous ceux qui habitent le territoire, aux termes de l'article du Code civil. » Brocher, Cours de droit international privé, suivant les principes consacrés par le droit positif français, 1885, S. 195,

Während der Anknüpfungspunkt des Wohnsitzes bei Verbrauchern keine Schwierigkeiten bereitet, wirft die im Décret Nr. 2005-1677 festgelegte Anknüpfung bei juristischen Personen Fragen auf. Dabei ist eben derjenige Fall problematisch, in welchem sich die französischen Gerichte – in Ermangelung eines satzungsmäßigen Sitzes der betroffenen juristischen Person in Frankreich – aufgrund des „hauptsächlichen Mittelpunktes ihrer Interessen in Frankreich" für zuständig erklären.[550] Dieser Anknüpfungspunkt ähnelt seinem Wortlaut nach dem des Mittelpunktes der hauptsächlichen Interessen („centre des intérêts principaux") der Europäischen Insolvenzverordnung, muss von diesem jedoch strikt getrennt betrachtet werden.[551]

Der Fall der Bestimmung der internationalen Zuständigkeit französischer Gerichte in Bezug auf ein Insolvenzverfahren über das Vermögen einer juristischen Person ohne satzungsmäßigen Sitz in Frankreich soll anhand eines Urteiles der französischen Cour de cassation vom 21. März 2006[552] näher beleuchtet werden.[553] Es ging in dieser Rechtssache um die Insolvenz der Gesellschaft Khalifa Airways, einer Tochtergesellschaft des Khalifa-Konzernes, einem Firmenimperium des algerischen Geschäftsmannes Rafik Khalifa. Khalifa Airways hatte ihren Gesellschaftssitz in Cheraga in Algerien und unterhielt in Frankreich lediglich eine Niederlassung ohne eigene Rechtspersönlichkeit.[554] In der Folge finanzieller Schwierigkeiten des Khalifa-Konzernes war auch die Gesellschaft Khalifa Airways finanziell in Bedrängnis geraten, woraufhin das Tribunal de commerce de Nanterre am 10. Juli 2003 die gerichtliche Liquidation („liquidation judiciaire") von Khalifa Airways anordnete.[555] Es kam daraufhin zu einem positiven Kompetenzkonflikt zwischen dem französischen Tribunal de commerce de Nanterre und dem algerischen Insolvenzgericht in Cheraga,

---

http://dlib-pr.mpier.mpg.de/m/kleioc/0010/ exec/wrapbooks/%22110108%22 (zuletzt aufgerufen am 12. 04. 2007); vgl. auch Le Corre, Droit et Pratique des Procédures Collectives, 2006, Rn. 093.13, S. 79.

[550] Vgl. Le Corre, Droit et Pratique des Procédures collectives, 2006, Rn. 093.11, S. 78.

[551] Bei dem Mittelpunkt der hauptsächlichen Interessen nach der Europäischen Insolvenzverordnung handelt es sich um einen der Verordnung eigenen Begriff mit autonomer Bedeutung, der unabhängig von nationalen Rechtsvorschriften ausgelegt werden muss (EuGH-Urteil Eurofood, Rn. 31) während der Interessenmittelpunkt nach Artikel 1 Absatz 1 des Décret n°2005-1677 allein dem französischen Recht entspringt.

[552] Urteil der Cour de Cassation, chambre commerciale, Arrêt n° 411 du 21 mars 2006, 04-17.869, abrufbar unter http://www.courdecassation.fr/jurisprudence_publications_documentation_2/actualite_jurisprudence_21/chambre_commerciale_financiere_economique_574/arrets_575/br_arret_8839.html (zuletzt aufgerufen am 12. 04. 2007).

[553] Da das autonome französische internationale Insolvenzrecht von der Rechtssprechung entwickelt wurde kann auch nur eine Beschäftigung mit eben dieser Aufschluss über die Materie geben.

[554] Siehe das Urteil der Cour de cassation, chambre commerciale, 21 mars 2006.

[555] Henry, La corrélation entre la compétence juridictionnelle et l'universalité de la faillite, Recueil Dalloz, Cahier Droit des Affaires, 1er juin 2006, Jurisprudence S. 1466.

welches am 24. Mai 2004 die gerichtliche Liquidation („liquidation judiciaire") der Gesellschaft Khalifa Airways beschloss.[556] Der algerische Insolvenzverwalter legte gegen das Urteil des Tribunal de commerce Berufung („appel") ein, welche er auf die internationale Unzuständigkeit des französischen Gerichtes stützte. Der Berufung wurde nicht stattgegeben und auch der Kassationsantrag („pourvoi") zur französischen Cour de cassation blieb erfolglos. Die Cour de cassation stützte sich dabei auf das Décret vom 27. Dezember 1985 (in der heutigen Fassung des Décret Nr. 2005-1677 vom 28. Dezember 2005) und urteilte, dass das Berufungsgericht (ebenso wie das Tribunal de commerce de Nanterre in erster Instanz) zu Recht die internationale Zuständigkeit der französischen Gerichte bejaht habe. Diese ergebe sich aus der örtlichen Zuständigkeit, die entweder am Ort des Sitzes der juristischen Person oder – in Ermangelung eines solchen in Frankreich – am Ort des *hauptsächlichen Mittelpunktes der Interessen* in Frankreich gegeben sei. Da Khalifa Airways eine Niederlassung in Frankreich habe, habe das vorinstanzliche Gericht zu Recht angenommen, das dortige französische Gericht sei zuständig. Die Cour de cassation geht folglich von einem extrem weitgefassten Zuständigkeitsbegriff zugunsten der territorialen Zuständigkeit französischer Gerichte aus, was eine sehr *weitreichende internationale Zuständigkeit* zur Folge hat. Der Begriff des „hauptsächlichen Mittelpunktes der Schuldnerinteressen in Frankreich" wird so zum Instrument einer Zuständigkeitszuweisung an französische Gerichte, welche die Beziehung der betroffenen juristischen Person zum Staat ihres satzungsmäßigen Sitzes vollkommen außer Acht lässt. Dieses Vorgehen schwächt die Nachvollziehbarkeit und Vorhersehbarkeit der französischen Kompetenzzuweisung in Anbetracht der möglicherweise bestehenden, engeren Verbindung zu einem ausländischen Gerichtsstand.[557]

Nach der Bestätigung der Zuständigkeit der französischen Gerichte im Falle Khalifa Airways stellte die Cour de cassation klar, dass zugunsten der in Frankreich eröffneten Insolvenzverfahren das *Universalitätsprinzip* gilt und betonte, dass somit die durch das französische Insolvenzgericht beschlossenen Maßnahmen *überall* dort Wirkung entfalten, wo der Schuldner Vermögen hat – mithin im vorliegenden Fall auch am Ort des Unternehmenssitzes in Cheraga, Algerien. Jedoch machte die Cour de cassation eine bemerkenswerte (einschränkende) Feststellung, indem sie betonte, dass das französische Urteil in Anbetracht der staatlichen Souveränität Algeriens dort nur unter der Voraussetzung der *Anerkennung* durch die algerische Rechtsordnung Rechtswirkung entfalten

---

[556] Siehe das Urteil der Cour de cassation, chambre commerciale, 21 mars 2006.

[557] Henry, La corrélation entre la compétence juridictionnelle et l'universalité de la faillite, Recueil Dalloz, Cahier Droit des Affaires, 1er juin 2006, Jurisprudence S. 1469 : « Une interprétation extensive de la compétence élargie des tribunaux français affaiblit la légitimité de la compétence française au regard des fors étrangers et entrave l'effectivité du principe de l'universalité de la procédure française. »

kann. Auch wenn die Anerkennung durch die ausländischen Gerichte nach der Rechtsprechung der Cour de cassation keine Eröffnungsvoraussetzung für das Verfahren vor französischen Gerichten und dessen universelle Geltung ist, hat ihre Verweigerung eine Reduzierung der Wirkungen des französischen Gerichtsverfahrens auf das französische Territorium zur Folge. Ohne eine funktionierende zwischenstaatliche Kooperation, die zu einer Anerkennung der französischen Entscheidungen führt, ist das Prinzip der Universalität des Insolvenzverfahrens folglich ohne jede Wirksamkeit und die Realität ähnelt mehr dem Prinzip der Territorialität, was zu Lasten einer umfassenden Verwertung des gesamten Vermögens und somit grundsätzlich zu Lasten aller Gläubiger geht.[558]
Damit zeichnet sich ein direkter Zusammenhang zwischen der Handhabung der internationalen Zuständigkeit und der Verwirklichung des Prinzips der Universalität ab.[559] Im Falle einer (wie in der Rechtssache Khalifa Airways) für ausländische Gerichte inakzeptabel weiten Auslegung der eigenen internationalen Zuständigkeit durch französische Gerichte kann nicht mit einer Anerkennung der französischen Urteile gerechnet werden, wodurch das Prinzip der Universalität praktisch nicht zur Geltung kommt. Aus diesem Grund wäre ein umsichtigerer Umgang mit der eigenen Kompetenzbejahung durch die französischen Gerichte und eine restriktivere Auslegung des Begriffes des „hauptsächlichen Mittelpunktes der Interessen des Schuldners in Frankreich", die sich mehr am Konzept des Artikels 3 Abs. 1 EuInsVO orientieren könnte und auch im Ausland verortete Interessen berücksichtigen müsste, wünschenswert.
Ein ähnliches Umdenken durch die französische Rechtsprechung in Bezug auf ihre eigene internationale Zuständigkeit müsste auch in einem weiteren Bereich stattfinden:[560] Bis heute wendet die französische Rechtsprechung die *Artikel 14 und 15 des Code civil* im Bereich des internationalen Insolvenzrechts an, welche die Zuständigkeit der französischen Gerichte allein darauf gründen, dass ein Schuldner oder ein Gläubiger die *französische Nationalität* besitzt.[561] Allein an

[558] Lienhard, Réaffirmation du principe de l'universalité de la faillite, Recueil Dalloz 2006 Sommaires commentés S. 914: „Concrètement, toutefois, le jeu de l'universalité se verra-t-il inexorablement entravé, faute d'acceptation. On peut le dire autrement : le principe demeurera lettre morte, à défaut de coopération des autorités étrangères du lieu de situation des biens et d'*exequatur*."
[559] Henry, La corrélation entre la compétence juridictionnelle et l'universalité de la faillite, Recueil Dalloz, Cahier Droit des Affaires, 1er juin 2006, Jurisprudence S. 1469.
[560] Vallens, La mise en oeuvre du règlement communautaire sur les procédures d'insolvabilité: questions de procédure, Recueil Dalloz, Cahier Droit des Affaires, 29 mai 2003, n° 21, Chroniques, S. 1422.
[561] Vgl. Le Corre, Droit et Pratique des Procédures Collectives, 3. Auflage 2006, Éditions Dalloz, Paris, 2006, Rn. 093.11, S. 78.

die Nationalität als Kriterium anzuknüpfen kann jedoch im internationalen Insolvenzrecht keine objektiv zu rechtfertigende Kompetenzgrundlage bilden.[562]

c) Zwischenresümee

Das völlige Fehlen gesetzlicher Regelungen im französischen internationalen Insolvenzrecht führt zu einem Mangel an Klarheit und Rechtssicherheit. Insbesondere die exzessive Bejahung der eigenen internationalen Zuständigkeit durch die französischen Insolvenzgerichte erscheint weder aufgrund insolvenztechnischer Erwägungen sinnvoll noch objektiv begründbar. Die nahe liegende Folge, dass die so ergangenen Insolvenzentscheidungen im Ausland nicht anerkannt werden, unterminiert das Prinzip der Universalität und der Einheit des Verfahrens und schadet so letztlich auch den französischen Gläubigern. Die daraus resultierenden Schwierigkeiten zeigen auf, welche Errungenschaft die Europäische Insolvenzverordnung darstellt[563] und auf welche Punkte bei der Auslegung des Begriffes des Mittelpunktes der hauptsächlichen Interessen nach Artikel 3Abs. 1 EuInsVO geachtet werden muss. So ist auf gemeinschaftsrechtlicher Ebene – aufgrund der automatischen Anerkennung der Entscheidungen durch alle Mitgliedstaaten – anders als nach dem französischen System keine Aushöhlung des Prinzips der Universalität zu befürchten. Vor dem Hintergrund der Möglichkeit, Sekundärverfahren zu eröffnen, erscheint es jedoch auch im europäischen Kontext sehr wichtig, das Hauptverfahren auf eine *nachvollziehbare Verortung* des Interessenmittelpunktes des Schuldners zu stützen. Hier wird deutlich, wie wichtig ein *besonnener Umgang* mit der eigenen Zuständigkeitsbejahung ist, um das *wechselseitige Vertrauen* zwischen den Mitgliedstaaten nicht zu enttäuschen. In diesem Zusammenhang ist es insbesondere mit dem System der Europäischen Insolvenzverordnung unvereinbar, auf Grundlage des französischen Rechtsinstituts der Verfahrensausdehnung aufgrund einer „confusion de patrimoine“ oder der „fictivité de la personne morale“, ein französisches Insolvenzverfahren auf einen rechtlich selbständigen Schuldner zu erstrecken, ohne zuvor die internationale Zuständigkeit der französischen Gerichte anhand des Mittelpunktes der hauptsächlichen Interessen dieses Schuldners gesondert bejaht zu haben. Auch der antiquiert anmutenden Bejahung der französischen internationalen Zuständigkeit im insolvenzrechtlichen Bereich allein aufgrund der französischen Nationalität des Schuldners oder gar eines Gläubigers (Artikel 14 und 15 Code civil) kann im Anwendungsbereich der Europäischen Insolvenz-

---

[562] Ludwig, Neuregelungen des deutschen Internationalen Insolvenzverfahrensrechts, 2004, S. 55, der sich auf mehrere Urteile der französischen Cour de cassation bezieht.

[563] Siehe Dammann, Droit européen des procédures d'insolvabilité : problématique des conflits de juridictions et de forum shopping, Recueil Dalloz 2005 Chronique S. 1782/1783, der von *« progrès réalisés par le règlement par rapport à la situation antérieure en droit international privé français »* (S. 1782) spricht.

verordnung keine Relevanz zukommen. Diesbezüglich bleibt vielmehr zu hoffen, dass der französische Gesetzgeber sich durch die fortschrittliche Regelung auf gemeinschaftsrechtlicher Ebene auch im autonomen nationalen Bereich zu Reformen veranlasst sieht.

2.) Das deutsche (internationale) Insolvenzrecht

Das deutsche internationale Insolvenzrecht war im letzten Jahrzehnt einer umfassenden Neugestaltung unterworfen. Im Zusammenhang mit dem Inkrafttreten der Europäischen Insolvenzverordnung und unter Anpassung an dieselbe wurde auch das autonome deutsche internationale Insolvenzrecht reformiert, was als „große Lösung" bezeichnet wurde.[564]

An die Stelle der rudimentären Regelung des Artikels 102 Einführungsgesetz zur Insolvenzordnung (EGInsO) a. F.,[565] welcher gleichsam als „Platzhalter" bis zur Verabschiedung einer Neuregelung unter Berücksichtigung der europarechtlichen Lage gedient hatte, trat am 13. März 2003 eine umfassende Neukodifizierung.[566] Das „Gesetz zur Neuregelung des Internationalen Insolvenzrechts"[567] diente zugleich der Umsetzung der beiden Richtlinien über die Sanierung und Liquidation von Versicherungsunternehmen und Kreditinstituten.[568] Es änderte durch seinen Artikel 1 die bisherige Fassung des Artikels 102 EGInsO, welcher seitdem in elf Unter-Paragraphen gegliedert ist. Artikel 102 EGInsO dient nunmehr der Anpassung des deutschen Rechts an die Regelungen der Europäischen Insolvenzverordnung.[569] Zudem wurde gemäß Artikel 2 des Gesetzes der elfte

564 Vgl. Trunk, Regelungsschwerpunkte eines Ausführungsgesetzes zum Europäischen Insolvenzübereinkommen, in Stoll, Vorschläge und Gutachten zur Umsetzung des EU-Übereinkommens über Insolvenzverfahren im deutschen Recht, 1997, S. 233.

565 Vgl. Stephan, in Eickmann/Flessner/Irschlinger/Kirchhof/Kreft/Landfermann/Marotzke/Stephan (Hrsg.), Heidelberger Kommentar zur Insolvenzordnung, 2006, zu Vorbemerkung zu §§ 335-358 InsO, Rn. 14, S. 1384, der Artikel 102EGInsO aF als eine Vorschrift von „fragmentarischer Natur" bezeichnet.

566 Smid, Deutsches und Europäisches Internationales Insolvenzrecht, Kommentar 2004, Vorbemerkung zu Insolvenzordnung: Elfter Teil – Internationales Insolvenzrecht, Rn. 2 und 5, S. 177/178.

567 Bundesgesetzblatt Jahrgang 2003 Teil I Nr. 10, ausgegeben zu Bonn am 19. März 2003, S. 345 ff., abrufbar unter http://217.160.60.235/BGBL/bgbl1f/bgbl103s0345.pdf (zuletzt aufgerufen am 12. 04. 2007).

568 RL 2001/17/EG vom 19. März 2001 „Versicherungskrisen-RL" und RL 2001/24/EG vom 4. April 2001 „Bankenkrisen-RL"; siehe dazu die Anmerkung zum Gesetz zur Neuregelung des Internationalen Insolvenzrechts im BGBl. sowie ausführlich unter Teil 2, 2. Kapitel, A) 2.) a).

569 Artikel 102 EGInsO ist mit den Worten „Durchführung der Verordnung (EG) Nr. 1346/2000 über Insolvenzverfahren" überschrieben, vgl. auch Stephan, in Eickmann/Flessner/Irschlinger/Kirchhof/Kreft/Landfermann/Marotzke/Stephan (Hrsg.), Heidelberger

Teil der Insolvenzordnung (InsO) neugeregelt, dessen §§ 335-358 dem internationalen Insolvenzrecht gewidmet sind und die wesentlichen Rechtsgrundsätze für grenzüberschreitende Insolvenzen enthalten.[570]
Beide Regelungsblöcke sollen im Folgenden näher beleuchtet werden.

a) Das deutsche internationale Insolvenzrecht im elften Teil der Insolvenzordnung

Die §§ 335-358 InsO, die unter der Überschrift „Internationales Insolvenzrecht" den elften von zwölf Teilen der deutschen Insolvenzordnung darstellen, sollen und können im Rahmen dieser Arbeit nicht en détail besprochen werden. Da das Hauptaugenmerk vorliegend auf der Zuständigkeitsanknüpfung nach autonomem deutschen Insolvenzrecht liegt, soll im Folgenden nur kurz auf einige Charakteristika des autonomen deutschen internationalen Insolvenzrechtes eingegangen werden.
Da im deutschen Insolvenzrecht „Verbraucherinsolvenzverfahren und sonstige Kleinverfahren" im neunten Teil der Insolvenzordnung in letztere eingegliedert sind, muss hier keine getrennte Darstellung erfolgen, wie sie das französische Recht betreffend angebracht war. Denn § 304 InsO bestimmt für diese Kleinverfahren, dass „die allgemeinen Vorschriften [gelten], soweit in diesem [dem neunten] Teil nichts anderes bestimmt ist." Da der neunte Teil betreffend der Zuständigkeit des Insolvenzgerichtes keinerlei Sonderregelungen vorsieht, gelten mithin die allgemeinen Vorschriften.

aa) Wesentliche Rechtsgrundsätze

Im Folgenden werden zwei wesentliche Rechtsgrundsätze des deutschen internationalen Insolvenzrechts, der Grundsatz der eingeschränkten Universalität sowie der Grundsatz der automatischen Anerkennung und Vollstreckbarkeit nach Exequatur, näher beleuchtet.

(1) Grundsatz der eingeschränkten Universalität

Die Geschichte des deutschen internationalen Insolvenzrechts kann bezüglich der Entscheidung zwischen Universalitäts- und Territorialitätsprinzip durchaus als wechselvoll bezeichnet werden.[571]

Kommentar zur Insolvenzordnung, 2006, zu Vorbemerkung zu §§ 1-11 des Art. 102 EGInsO, S. 1445, Siehe dazu näher unter Teil 1, 1. Kapitel, B) 2.) b).

[570] Der bisherige elfte Teil wurde zum zwölften Teil, Artikel 2, 2. des Gesetzes zur Neuregelung des Internationalen Insolvenzrechts; vgl. auch Vogler, Die internationale Zuständigkeit für Insolvenzverfahren, 2004, S. 67.

[571] Bork, Einführung in das Insolvenzrecht, 2005, Rn. 442, S. 230.

Sowohl die Konkursordnung vom 10. Februar 1877[572] als auch die Vergleichsordnung vom 26. Februar 1935[573] enthielten keine klare Stellungnahme zu der grundlegenden Frage, ob das Insolvenzverfahren universale oder territoriale Wirkung haben solle.[574]
Eine rückblickende Betrachtung der deutschen Rechtsprechung ergibt, dass die Frage, ob im deutschen internationalen Insolvenzrecht das Prinzip der Territorialität oder das der Universalität herrschen solle, unterschiedlich beantwortet wurde.[575] So vertrat das Reichsgericht in seiner frühen Rechtsprechung die Auffassung, ein im Ausland eröffnetes Insolvenzverfahren müsse im Inland dieselbe Wirkung entfalten wie im Eröffnungsstaat und sprach sich damit zugunsten des Universalitätsprinzips aus.[576]
Diesen fortschrittlichen Standpunkt verließ das Reichsgericht jedoch in der Folgezeit und wandte sich dem Territorialitätsprinzip zu,[577] welches das deutsche internationale Insolvenzrecht bis zu einer vom BGH 1983 eingeleiteten und 1985 endgültig vollzogenen erneuten Rechtsprechungswende prägte.[578]
In seiner Entscheidung vom 13. Juli 1983 erklärte der BGH,[579] Gläubiger, welche im Wege der Einzelzwangsvollstreckung im Ausland etwas erlangt hätten, müssten das Erlangte an die inländische Masse abliefern – diese Entscheidung wurde als erster Hinweis auf einen Richtungswechsel hin zum Universalitätsprinzip gewertet.[580]

---

[572] RGBl. S. 351, aus den Reichstagsprotokollen 1877, S. 782 ff. abrufbar unter http://www.verfassungen.de/de/de67-18/gesetze/index-ko.htm (zuletzt aufgerufen am 12.04. 2007)

[573] RGBl. I S. 321.

[574] Begründung zu §§ 379-399 des Regierungsentwurfes einer Insolvenzordnung vom 15. 4. 1992, BT-Drucksache 12/2443, S. 233-247, abgedruckt in Stoll, Vorschläge und Gutachten zur Umsetzung des EU-Übereinkommens über Insolvenzverfahren im deutschen Recht, 1997, S. 137 ff., S. 144.

[575] Blitz, Sonderinsolvenzverfahren im Internationalen Insolvenzrecht, Dissertation 2001, S. 28, abrufbar unter http://www.jurawelt.com/download/dissertationen/tenea_juraweltbd4.pdf (zuletzt aufgerufen am 12. 04. 2007).

[576] von Boehmer, (Deutsches) Internationales Insolvenzrecht im Umbruch, Dissertation 2004, S. 10, die auf RGZ 6, S. 400 verweist.

[577] RGZ 14, S. 405; 52, S. 155; 89, S. 181; 100, S. 241; 153, S. 200; BGH, NJW 1960, S. 74, BGHZ 53, S. 332; vgl. Ludwig, Neuregelungen des deutschen Internationalen Insolvenzverfahrensrechts, 2004, S. 71.

[578] Hanisch, Bemerkungen zur Geschichte des internationalen Insolvenzrechts, in FS für Franz Merz, Gerhardt/Henckel/Kilger/Kreft (Hrsg.), Verlag Kommunikationsforum GmbH 1992, S. 159; Vogler, Die internationale Zuständigkeit für Insolvenzverfahren, 2004, S. 63/64.

[579] Entscheidung des VIII. Senats vom 13. Juli 1983, VIII ZR 246/82, „Sparkassenfall", BGHZ 88, S. 147 ff..

[580] von Boehmer, (Deutsches) Internationales Insolvenzrecht im Umbruch, Dissertation 2004, S. 11, Fn. 8.

Am 11. Juli 1985 gab der BGH dann endgültig seine vom Territorialitätsprinzip geprägte Rechtsprechung auf und unterwarf das deutsche Insolvenzrecht dem *Universalitätsprinzip*,[581] was – ohne dass dahinter ein gesetzgeberischer Anstoß gestanden hätte – als entscheidender Schritt zur Modernisierung des deutschen internationalen Insolvenzrechts gewertet wurde.[582]
Die Grundentscheidung zugunsten des Universalitätsprinzips und damit zugunsten einer universellen Wirkung sowohl in- als auch ausländischer Insolvenzverfahren wurde denn auch im Regierungsentwurfes einer Insolvenzordnung vom 15. 4. 1992 beibehalten, welcher in seinem Neunten Teil, „Internationales Insolvenzrecht“ erstmals eine ausführliche gesetzliche Regelung dieser Rechtsmaterie enthielt.[583] Nachdem dieser Regierungsentwurf zunächst keinen Eingang in die Insolvenzordnung vom 1. Januar 1999 fand – man „wartete“ wie bereits erwähnt auf die europarechtliche Regelung – wurde er mit der Neufassung des elften Teils der Insolvenzordnung am 20. März 2003 weitgehend[584] Gesetz.[585]
§ 335 InsO, der mit dem Titel „Grundsatz“ überschrieben ist, bestimmt:

„Das Insolvenzverfahren und seine Wirkungen unterliegen, soweit nichts anderes bestimmt ist, dem Recht des Staats, in dem das Verfahren eröffnet worden ist.“

---

581 Entscheidung des IX. Senats vom 11. Juli 1985, IX ZR 178/84, BGHZ 95, S. 256 ff.; Stephan, in Eickmann/Flessner/Irschlinger/Kirchhof/Kreft/Landfermann/Marotzke/Stephan (Hrsg.), Heidelberger Kommentar zur Insolvenzordnung, 2006, zu Vorbemerkung zu §§ 335-358 InsO, Rn. 9, S. 1383.

582 Begründung zu §§ 379-399 des Regierungsentwurfes einer Insolvenzordnung vom 15. 4. 1992, BT-Drucksache 12/2443, S. 233-247, abgedruckt in Stoll, Vorschläge und Gutachten zur Umsetzung des EU-Übereinkommens über Insolvenzverfahren im deutschen Recht, 1997, S. 137 ff., S. 145; siehe zu dieser Wende im deutschen internationalen Insolvenzrecht auch Riesenfeld, Das neue Gesicht des deutschen Internationalen Konkursrechts aus ausländischer Sicht, in FS für Franz Merz, Gerhardt/Henckel/Kilger/Kreft (Hrsg.), Verlag Kommunikationsforum GmbH 1992, S. 497 ff. (498).

583 Vgl. Begründung zu §§ 379-399 des Regierungsentwurfes einer Insolvenzordnung vom 15. 4. 1992, BT-Drucksache 12/2443, S. 233-247, abgedruckt in Stoll, Vorschläge und Gutachten zur Umsetzung des EU-Übereinkommens über Insolvenzverfahren im deutschen Recht, 1997, S. 137 ff., S. 145 und S. 148.

584 Die §§ 335-358 InsO lehnen sich inhaltlich stark an die §§ 379-399 des Regierungsentwurfes an.

585 Vgl. unter anderen von Boehmer, (Deutsches) Internationales Insolvenzrecht im Umbruch, Dissertation 2004, S. 17; zum Universalitätsprinzip siehe auch den Beschluss des BGH vom 18. 09. 2003, IX ZB 75/03, (Leitsatzentscheidung) „Die hiermit verbundene Rechtsmacht gilt uneingeschränkt auch für das im Ausland belegene Vermögen und unabhängig davon, ob der Insolvenzverwalter sich im Ausland durchsetzen kann. Das entspricht einhelliger Ansicht in Rechtsprechung und Schrifttum. Es gilt das Universalitätsprinzip“; abrufbar unter http://juris.bundesgerichtshof.de/cgi-bin/rechtsprechung/document.py?Gericht=bgh&Art=en&sid=019b341180151b4b5a151580143ba7d1&nr=27424&pos=0&anz=1 (zuletzt aufgerufen am 12. 04. 2007).

Bereits in diesem Paragraphen kommt der Grundsatz der Universalität und der Einheit des Verfahrens zum Ausdruck. Er bestimmt, dass das Insolvenzverfahren einem einzigen Recht, der lex fori concursus, unterliegen soll und somit „sämtliche Forderungen aller Gläubiger, gleich welcher Rechtsordnung", berücksichtigt werden sollen.[586] Dabei ergibt sich aus der Einschränkung „soweit nichts anderes bestimmt ist", dass das Universalitätsprinzip und auch der Grundsatz der Einheit des Verfahrens nicht „in Reinform" verwirklicht sind.[587] So sieht der dritte Abschnitt des elften Teils der InsO (§§ 354 ff.) die Möglichkeit vor, *Partikularverfahren*[588] zu eröffnen.[589] Auch im autonomen deutschen internationalen Insolvenzrecht ist – wie nach der Europäischen Insolvenzverordnung – somit ein Modell der *eingeschränkten Universalität* mit Option zur *Verfahrenspluralität* verwirklicht.[590]

Für *ausländische Verfahren* ergibt sich die grundsätzliche gesetzgeberische Entscheidung zugunsten des eingeschränkten Universalitätsprinzips weiter aus dem zweiten Abschnitt des elften Teils der Insolvenzordnung (§§ 343 ff.).[591] Dieser enthält in § 343 Abs. 1 S. 1 InsO den Grundsatz der *automatischen Anerkennung*, welcher im Folgenden näher beleuchtet werden soll.

(2) Grundsatz der automatischen Anerkennung und der Vollstreckbarkeit nach Exequatur

Während des Gesetzgebungsprozesses, der zur Kodifikation des elften Teils der Insolvenzordnung führte, wurde die Möglichkeit erwogen, die Regelungen der Europäischen Insolvenzverordnung eins zu eins für das autonome internationale Insolvenzrecht gegenüber Drittstaaten zu übernehmen.[592] Diese unveränderte

---

[586] Stephan, in Eickmann/Flessner/Irschlinger/Kirchhof/Kreft/Landfermann/Marotzke/Stephan (Hrsg.), Heidelberger Kommentar zur Insolvenzordnung, 2006, zu § 335 InsO, Rn. 3, S. 1387.

[587] Vgl. Foerste, Insolvenzrecht, 2006, Rn. 689, S. 315.

[588] Es handelt sich dabei um Sonderinsolvenzverfahren nur über das im Inland belegene Vermögen des Schuldners; vgl. Bork, Einführung in das Insolvenzrecht, 2005, Rn. 445, S. 232.

[589] Smid, Internationales Insolvenzreht im Spiegel ausgewählter Verfahren und Entscheidungen, DZWIR 2006, S. 45.

[590] Stephan, in Eickmann/Flessner/Irschlinger/Kirchhof/Kreft/Landfermann/Marotzke/ Stephan (Hrsg.), Heidelberger Kommentar zur Insolvenzordnung, 2006, zu § 335 InsO, Rn. 3, S. 1387.

[591] Begründung zu §§ 379-399 des Regierungsentwurfes einer Insolvenzordnung vom 15. 4. 1992, BT-Drucksache 12/2443, S. 233-247, abgedruckt in Stoll, Vorschläge und Gutachten zur Umsetzung des EU-Übereinkommens über Insolvenzverfahren im deutschen Recht, 1997, S. 137 ff., S. 148.

[592] Vgl. Leipold, Zum künftigen Weg des deutschen Internationalen Insolvenzrechts (Anwendungsbereich, internationale Zuständigkeit, Anerkennung und Vollstreckung), in Stoll, Vorschläge und Gutachten zur Umsetzung des EU-Übereinkommens über Insolvenzverfahren im deutschen Recht, 1997, S. 185 ff., S. 186.

Übernahme der innerhalb der Gemeinschaft geltenden Regeln wurde jedoch verworfen, da gegenüber Drittstaaten nicht von derselben engen wirtschaftlichen Verflechtung wie im Binnenmarkt ausgegangen werden kann.[593] Zudem hat ihnen gegenüber der die Europäische Insolvenzverordnung tragende Gemeinschaftsgrundsatz des *gegenseitigen Vertrauens* keine Geltung.[594] Aus diesen Gründen wurden die Regelungen der Anerkennung und Vollstreckung ausländischer Urteile im deutschen internationalen Insolvenzrecht anders abgefasst, als dies nach der Europäischen Insolvenzverordnung der Fall ist.

§ 343 Absatz 1 InsO, der mit dem Titel „Anerkennung" überschrieben ist, bestimmt:

„Die Eröffnung eines ausländischen Insolvenzverfahrens wird anerkannt. Dies gilt nicht,
1. wenn die Gerichte des Staats der Verfahrenseröffnung nach deutschem Recht nicht zuständig sind;
2. soweit die Anerkennung zu einem Ergebnis führt, das mit wesentlichen Grundsätzen des deutschen Rechts offensichtlich unvereinbar ist, insbesondere soweit sie mit den Grundrechten unvereinbar ist."

Satz 1 normiert zwar (wie auch die Europäische Insolvenzverordnung) den Grundsatz der automatischen Anerkennung ausländischer Insolvenzverfahren,[595] dieser wird jedoch durch Satz 2 eingeschränkt. Aus den Einschränkungen des Satzes 2 ergibt sich allerdings weder, dass eine ausländische Entscheidung in der Sache einer Nachprüfung unterzogen werden könnte, noch, dass die Verbürgung der Gegenseitigkeit seitens des Eröffnungsstaates oder die formelle Rechtskraft der Eröffnungsentscheidung Anerkennungsvoraussetzungen wären.[596] Alleinige Anerkennungsvoraussetzungen sind, dass es sich um ein *Insolvenzverfahren* handelt, die *internationale Zuständigkeit* des ausländischen Gerichts nach deutschem Recht gegeben ist und der deutsche *ordre public* nicht verletzt wird.[597]

---

[593] Becker, Insolvenzrecht, 2005, Rn. 118, S. 51.

[594] Vgl. Hanisch, Stellungnahme zu der Frage, ob und gegebenenfalls in welcher Weise ein in seiner Wirkung territorial beschränktes Sonderinsolvenzverfahren über das Inlandsvermögen eines Schuldners vorzusehen ist, wenn dieser den Mittelpunkt seiner hauptsächlichen Interessen im Ausland hat, in Stoll, Vorschläge und Gutachten zur Umsetzung des EU-Übereinkommens über Insolvenzverfahren im deutschen Recht, 1997, S. 202 ff., S. 205/206; Foerste, Insolvenzrecht, 2006, Rn. 687, S. 315.

[595] Auch als „ipso iure Anerkennung" bezeichnet, vgl. Smid, Internationales Insolvenzreht im Spiegel ausgewählter Verfahren und Entscheidungen, DZWIR 2006, S. 45.

[596] Stephan, in Eickmann/Flessner/Irschlinger/Kirchhof/Kreft/Landfermann/Marotzke/Stephan (Hrsg.), Heidelberger Kommentar zur Insolvenzordnung, 2006, zu § 343 InsO, Rn. 5, S. 1405.

[597] Stephan, in Eickmann/Flessner/Irschlinger/Kirchhof/Kreft/Landfermann/Marotzke/Stephan (Hrsg.), Heidelberger Kommentar zur Insolvenzordnung, 2006, zu § 343 InsO, Rn. 4, S. 1405.

Mit der (automatischen) Anerkennung einer ausländischen Entscheidung geht jedoch noch nicht deren Vollstreckbarkeit einher, denn sowohl die deutsche Zivilprozessordnung als auch das deutsche internationale Insolvenzrecht unterscheiden zwischen beiden.[598] So bestimmt § 353 Abs. 1 InsO, dass „aus einer Entscheidung, die in dem ausländischen Insolvenzverfahren ergeht, [...] die Zwangsvollstreckung nur [stattfindet], wenn ihre Zulässigkeit durch ein *Vollstreckungsurteil* ausgesprochen ist. § 722 Abs. 2 und § 723 Abs. 1 der Zivilprozessordnung gelten entsprechend."[599]
Damit sieht das autonome deutsche internationale Insolvenzrecht anders als die Artikel 25 EuInsVO und Artikel 31 ff. EuGVÜ bzw. EuGVVO kein vereinfachtes Verfahren der Vollstreckbarerklärung vor.[600]
Über den Verweis auf § 722 Absatz 2 ZPO wird die Zuständigkeit für den Erlass des Vollstreckungsurteils geregelt, denn dieser bestimmt:
„Für die Klage auf Erlass des Urteils ist das Amtsgericht oder Landgericht, bei dem der Schuldner seinen allgemeinen Gerichtsstand hat, und sonst das Amtsgericht oder Landgericht zuständig, bei dem nach § 23 [ZPO][601] *gegen den Schuldner Klage erhoben werden kann."*
Aus dem Verweis auf § 723 Absatz 1 ZPO folgt, dass *„das Vollstreckungsurteil [...] ohne Prüfung der Gesetzmäßigkeit der Entscheidung zu erlassen [ist]."*
Gleichzeitig ergibt sich aus der Tatsache, dass ausschließlich § 723 Absatz 1 ZPO, nicht jedoch dessen Absatz 2 für anwendbar erklärt wird, dass der Erlass des Vollstreckungsurteils nicht von der Rechtskraft der ausländischen Entscheidung abhängt.[602]
Dieses Fehlen eines Rechtskrafterfordernisses für die Vollstreckbarkeit wurde teilweise kritisiert, da das Argument der Zeitersparnis aufgrund der Vollstrekkung vor Eintreten der Rechtskraft nicht überbewertet werden dürfe. So führe

---

[598] Stephan, in Eickmann/Flessner/Irschlinger/Kirchhof/Kreft/Landfermann/Marotzke/Stephan (Hrsg.), Heidelberger Kommentar zur Insolvenzordnung, 2006, zu § 353 InsO, Rn. 3, S. 1428.
[599] Hervorhebung nicht im Original.
[600] Smid, Internationales Insolvenzreht im Spiegel ausgewählter Verfahren und Entscheidungen, DZWIR 2006, S. 45. Dazu auch das OLG Frankfurt am Main, Beschluss vom 24. 01. 2005, Az. 20 W 527/04, welches in Bezug auf ein in Dänemark eröffnetes Konkursverfahren feststellte, die EuInsVO die im Verhältnis zu Dänemark nicht einschlägig. Eine Entscheidung des dänischen Konkursgerichts könne daher nicht nach der EuInsVO durch den Vorsitzenden einer Zivilkammer für vollstreckbar erklärt werden. Vielmehr sei ein Vollstreckungsurteil im Klageverfahren durch das Prozessgericht zu erwirken.
[601] § 23 ZPO sieht in Ermangelung eines Wohnsitzes einer wegen vermögensrechtlicher Ansprüche beklagten Person einen „besondere[n] Gerichtsstand des Vermögens und des Gegenstands" vor.
[602] § 723 Absatz 2 S.1 ZPO bestimmt: „Das Vollstreckungsurteil ist erst zu erlassen, wenn das Urteil des ausländischen Gerichts nach dem für dieses Gericht geltenden Recht die Rechtskraft erlangt hat."

größtenteils die Anerkennung schon zu einer (sichernden) Vermögensbeschlagnahme und die Vollstreckung bedürfe ohnehin noch etlicher Zeit.[603]
Dennoch sprechen gute Gründe für den vom Gesetzgeber gewählten Weg, auf das Rechtskrafterfordernis zu verzichten. So ist ein umfassender Schutz der Gläubiger vor Verlagerung von Vermögensgegenständen ins Ausland nur im Falle der zwangsweisen Durchsetzbarkeit der Ansprüche durch den Insolvenzverwalter gegeben. Selbst die Möglichkeit, vorläufige Schutzmaßnahmen nach den §§ 916ff. ZPO zu ergreifen, ändert daran nichts, da diese engen Voraussetzungen unterliegen und den Gläubigerschutz verzögern.[604]
Wie in Bezug auf die automatische Anerkennung ist auch für die Vollstreckbarerklärung eine Verbürgung der Gegenseitigkeit seitens des Eröffnungsstaates nicht erforderlich.[605]
Insgesamt lässt sich festhalten, dass sich das deutsche internationale Insolvenzrecht, obwohl es für die Vollstreckbarkeit ausländischer Insolvenzentscheidungen ein Exequaturverfahren fordert, grundsätzlich recht aufgeschlossen[606] gegenüber ausländischen Entscheidungen präsentiert.[607] Seine Kodifizierung im elften Teil der Insolvenzordnung kann als durchaus gelungen bezeichnet werden.

bb) Der Anknüpfungspunkt für die internationale Zuständigkeit

Obwohl die erste Frage, welche sich in Anbetracht einer grenzüberschreitenden Insolvenz stellt, die nach dem international zuständigen Gericht ist,[608] gibt das deutsche Insolvenzrecht hierauf keine explizite Antwort.[609] Die Neukodifikation des deutschen internationalen Insolvenzrechts vom 14. März 2003 im elften Teil

---

603 So Leipold, Zum künftigen Weg des deutschen Internationalen Insolvenzrechts (Anwendungsbereich, internationale Zuständigkeit, Anerkennung und Vollstreckung), in Stoll, Vorschläge und Gutachten zur Umsetzung des EU-Übereinkommens über Insolvenzverfahren im deutschen Recht, 1997, S. 185 ff., S. 196.

604 Ludwig, Neuregelungen des deutschen Internationalen Insolvenzverfahrensrechts, Dissertation 2004, S. 134.

605 Stephan, in Eickmann/Flessner/Irschlinger/Kirchhof/Kreft/Landfermann/Marotzke/Stephan (Hrsg.), Heidelberger Kommentar zur Insolvenzordnung, 2006, zu § 353 InsO, Rn. 7, S. 1429.

606 Becker spricht davon, die „Entwicklungen in Richtung auf einen einheitlichen Welt-Justizraum [seien] unverkennbar." Becker, Insolvenzrecht, Carl Heymanns Verlag, 2005, Rn. 118, S. 51.

607 Vgl. Foerste, Insolvenzrecht, 2006, Rn. 671, S.306 f..

608 "The most immediate task following a multinational default is to determine which country actually has jurisdiction over the insolvency proceeding." Lechner, Waking from the jurisdictional nightmare of multinational default: The european council regulation on insolvency proceedings, Arizona Journal of International and Comparative Law, Vol 19, No. 3, 2002, S. 980.

609 Bork, Einführung in das Insolenzrecht, 2005, S. 228, Rn° 440a.

der Insolvenzordnung hat daran ebenso wenig etwas geändert, wie die Neufassung des Artikels 102 EGInsO.
Der deutsche Gesetzgeber sah keine Notwendigkeit einer expliziten Kodifikation der internationalen Zuständigkeit, da die deutsche Rechtsprechung diese – wie auch die französischen Gerichte – aus der *örtlichen Zuständigkeit* nach § 3 InsO ableitet.[610] Diese *„Doppelfunktionalität"* des § 3 InsO führt dazu, dass es keiner gesonderten Regelung der internationalen Zuständigkeit bedarf, was auch vor dem Hintergrund als angemessen betrachtet wird, dass „eine internationale Zuständigkeit ohne entsprechende örtliche Zuständigkeit [...] nutzlos [wäre]."[611] Eine „spiegelbildliche" oder analoge Anwendung des § 3 InsO ergibt somit, ob ein deutsches Gericht international zuständig ist.[612] Der deutsche Bundesgerichtshof spricht von einem „Gleichklang" zwischen der örtlichen und der internationalen Zuständigkeit, der durch die amtliche Begründung[613] zu der Neufassung des § 343 InsO bestätigt worden sei.[614]
Jegliche internationale Zuständigkeit hängt somit nach deutschem Recht von dem Bestehen einer örtlichen Zuständigkeit nach § 3 InsO ab, welcher bestimmt:

§ 3. Örtliche Zuständigkeit.
(1) Örtlich zuständig ist ausschließlich das Insolvenzgericht, in dessen Bezirk der Schuldner seinen allgemeinen Gerichtsstand hat. Liegt der Mittelpunkt einer selbständigen wirtschaftlichen Tätigkeit des Schuldners an einem anderen Ort, so ist ausschließlich das Insolvenzgericht zuständig, in dessen Bezirk dieser Ort liegt.
(2) Sind mehrere Gerichte zuständig, so schließt das Gericht, bei dem zuerst die Eröffnung des Insolvenzverfahrens beantragt worden ist, die übrigen aus.

Aus Absatz 1 Satz 2 geht hervor, dass sich die örtliche (und damit auch die internationale) Zuständigkeit *vorrangig* nach dem „Mittelpunkt einer selbständigen wirtschaftlichen Tätigkeit des Schuldners" richtet, wenn dieser nicht am Ort seines *allgemeinen Gerichtstandes* liegt.[615] Letzterer bestimmt sich über die

---

610 Stephan, in Eickmann/Flessner/Irschlinger/Kirchhof/Kreft/Landfermann/Marotzke/Stephan (Hrsg.), Heidelberger Kommentar zur Insolvenzordnung, 2006, zu Artikel 102 § 1 EGInsVO, Rn. 3, S. 1446.
611 So der BGH in seinem Urteil vom 27. Mai 2003, Rechtssache IX ZR 203/02, S. 8, abrufbar unter http://juris.bundesgerichtshof.de/cgi-bin/rechtsprechung/document.py?Gericht=bgh&Art=en&Datum=2003&Sort=3&Seite=56&nr=26573&pos=1684&anz=2875 (zuletzt aufgerufen am 12. 04. 2007).
612 von Boehmer, (Deutsches) Internationales Insolvenzrecht im Umbruch, 2004, S. 35.
613 BT-Drucksache 15/16, S. 21.
614 BGH-Urteil vom 27. Mai 2003, Rechtssache IX ZR 203/02, S. 8.
615 In diesem Sinne (für viele) Bork, Einführung in das Insolvenzrecht, 2005, S. 21 Rn 43, der ebenfalls auf die Rspr. verweist; Kirchhof in Eickmann/Flessner/Irschlinger/Kirchhof/Kreft/

Verweisung des § 4 InsO nach der Zivilprozessordnung. Der allgemeine Gerichtsstand ist in den §§ 12ff. ZPO geregelt. Nach § 13 ZPO richtet er sich für natürliche Personen grundsätzlich nach dem *Wohnsitz*; bei juristischen Personen ist gemäß § 17 Abs. 1 ZPO der *satzungsmäßige Sitz* entscheidend.
Fallen also der so bestimmte Gerichtsstand und der „Mittelpunkt einer selbständigen wirtschaftlichen Tätigkeit des Schuldners" auseinander, so kommt es auf letzteren an, so dass der Bestimmung dieses Tätigkeitsmittelpunktes eine Schlüsselrolle zukommt.[616]
Die Analyse des Wortlautes des Begriffes des „Mittelpunktes einer selbständigen wirtschaftlichen Tätigkeit" offenbart bereits auf den ersten Blick wesentliche Unterschiede zum Begriff des Mittelpunktes der hauptsächlichen Interessen der Europäischen Insolvenzverordnung. Die deutsche Insolvenzordnung spricht von „*wirtschaftlicher Tätigkeit*" und benutzt damit einen restriktiveren Begriff als die Europäische Insolvenzverordnung, in der lediglich ganz allgemein von „Interessen" die Rede ist.[617] Die deutsche Rechtsprechung zur Insolvenzordnung fordert denn auch eine *nach außen erkennbare wirtschaftliche Tätigkeit.*[618] Daraus leitet sie ab, dass bei vollständiger Einstellung der werbenden Tätigkeit im als relevant angesehenen Zeitpunkt, nämlich dem Eingang des Insolvenzantrages bei Gericht, kein „Mittelpunkt einer selbständigen wirtschaftlichen Tätigkeit" mehr besteht und sich die örtliche Zuständigkeit folglich nach dem allgemeinen Gerichtsstand richtet.[619] Diese Rechtsprechung der deutschen Gerichte weist Unterschiede zu ihrer Rechtsprechung in Bezug auf die Bestimmung des Mittelpunktes der hauptsächlichen Interessen nach der Europäischen Insolvenzverordnung auf. In seinem Urteil vom 1. Dezember 2005 vertrat das Amtsgericht Hamburg bezüglich des Interessenmittelpunktes nämlich die Auffassung, dieser verbleibe auch bei vollständiger Einstellung der Geschäftstätigkeit ohne Umwandlung in eine abwickelnde Tätigkeit an dem Ort, an welchem er bei Ausübung der Geschäftstätigkeit bestand (im konkreten Fall Deutschland), und verschiebe sich nicht an den satzungsmäßigen Sitz (England).[620] Diese Rechtsprechungsunterschiede beruhen auf einer wesentlichen Differenz zwi-

---

Landfermann/Marotzke/Stephan (Hrsg.) Heidelberger Kommentar zur Insolvenzordnung, 2006, zu § 3 InsO, Rn. 6, S. 12.

[616] Stephan spricht von einem „Stufenverhältnis", in dem beide Anknüpfungspunkte stehen und nach dem der Tätigkeitsmittelpunkt Vorrang genießt; Stephan in Eickmann/Flessner/Irschlinger/Kirchhof/Kreft/Landfermann/Marotzke/Stephan (Hrsg.) Heidelberger Kommentar zur Insolvenzordnung, 2006, zu § 344 InsO Rn 8, S. 1406.

[617] Wobei es auch nach der EuInsVO nur auf die materiellen und nicht auf die immateriellen Interessen ankommt; vgl. oben, Teil 1, 1. Kapitel, A) 1.) a) bb) (1) (1.2).

[618] „Maßgeblich ist stets der Geschäftsverkehr nach außen", Foerste, Insolvenzrecht, 2006, Rn. 36, S. 23 mit Verweis auf BayObLG NJW 1999, S. 367.

[619] BayOLG Beschl. v. 25.07.2003 - 1Z AR 72/03: Beschl. v.13.08.2003 - 1ZAR83/03; OLG Braunschweig ZIP 2000, 1118 = NZI 2000, 266, 267.

[620] Siehe oben, Teil 1, 1. Kapitel, A) 2.) a) bb) (2) – AG Hamburg, 01.12.2005.

schen dem deutschen und dem europäischen Zuständigkeitssystem: Im deutschen Insolvenzrecht stehen *zwei Anknüpfungspunkte* nebeneinander – der allgemeine Gerichtsstand und der Tätigkeitsmittelpunkt – von denen einer (der Tätigkeitsmittelpunkt) prioritär anzuwenden ist. Dies bedeutet, dass bei seinem Nichtvorliegen der andere (der allgemeine Gerichtsstand) zur Anwendung kommt. Dagegen gibt es nach der Europäischen Insolvenzverordnung nur ein *einziges Kriterium* für die internationale Zuständigkeit, nämlich den Mittelpunkt der hauptsächlichen Interessen, auf den in jedem Fall abzustellen ist. Es besteht lediglich eine (widerlegliche) Vermutung dahingehend, dass der Interessenmittelpunkt von Gesellschaften und juristischen Personen an deren satzungsmäßigem Sitz liegt, ohne dass dieser Sitz an sich ein eigenständiges Anknüpfungskriterium begründen würde.[621]
Bleibt also festzuhalten, dass im deutschen System des § 3 InsO bei der Feststellung, ob ein Tätigkeitsmittelpunkt des Schuldners vorliegt, ausschließlich die aktuellen und tatsächlichen Gegebenheiten eine Rolle spielen, ohne dass bereits eingestellte Tätigkeiten nachwirken.[622] Als Anforderung an die „wirtschaftliche Tätigkeit" wird gestellt, dass sie „nachhaltig auf *Gewinnerzielung gerichtet*" sein muss, auch wenn es auf die tatsächliche Gewinnerwirtschaftung nicht ankommt.[623] Durch das Abstellen auf eine „selbständige" Tätigkeit wird erforderlich, dass das wirtschaftliche Handeln der Schuldners *im eigenen Namen* erfolgt, ohne dass es jedoch darauf ankäme, ob es sich um ein Gewerbe im Rechtssinn handelt.[624] Als *Mittelpunkt* der Tätigkeit ist der Ort anzusehen, an welchem der Schuldner die grundlegenden Entscheidungen seiner Unternehmensleitung in laufende Geschäftsführungsakte umsetzt,[625] wobei, wie bereits dargestellt, die Erkennbarkeit nach außen entscheidend ist.[626]
Der Mittelpunkt der selbständigen wirtschaftlichen Tätigkeit des Schuldners ist folglich der Ort seiner tatsächlichen Willensbildung, an welchem er (für Dritte

---

[621] Dieser Unterschied erklärt sich auch aus der Tatsache, dass (aufgrund der weiten Fassung des Anknüpfungspunktes der EuInsVO) jeder Schuldner einen Mittelpunkt der hauptsächlichen Interessen hat – sich darüber also immer eine Zuständigkeitsbestimmung durchführen lässt. Anders hingegen bezüglich des „Mittelpunktes einer selbständigen wirtschaftlichen Tätigkeit" – eine solche übt nicht jeder Schuldner aus, so dass ein weiteres Anknüpfungskriterium (der allgemeine Gerichtsstand) als echte Alternative notwendig wird.
[622] von Boehmer, (Deutsches) Internationales Insolvenzrecht im Umbruch, 2004, S. 35.
[623] Letzeres leuchtet unmittelbar ein, wenn man sich vor Augen hält, dass man sich gerade mit insolventen Schuldnern beschäftigt. Kirchhof in Eickmann/Flessner/Irschlinger/Kirchhof/Kreft/Landfermann/Marotzke/Stephan (Hrsg.) Heidelberger Kommentar zur Insolvenzordnung, 2006, zu § 3 InsO, Rn. 6, S. 13, Hervorhebungen nicht im Original.
[624] Smid, Deutsches und Europäisches Internationales Insolvenzrecht, Kommentar 2004, zu § 3 InsO, Rn. 10, S. 216.
[625] Kirchhof in Eickmann/Flessner/Irschlinger/Kirchhof/Kreft/Landfermann/Marotzke/Stephan (Hrsg.) Heidelberger Kommentar zur Insolvenzordnung, 2006, zu § 3 InsO, Rn. 9, S. 13.
[626] Vgl. BayObLG NJW 1999, S. 367.

erkennbar) die Entscheidungen der Unternehmensleitung trifft und vor allem umsetzt.[627]
Eine Ausnahme von der Relevanz des aktuellen Mittelpunktes der selbständigen wirtschaftlichen Tätigkeit für die örtliche Zuständigkeit nach §3 InsO macht die Rechtsprechung für die Fälle der sogenannten „*gewerbsmäßigen Firmenbestattung*", bei der eine Verlegung des Tätigkeitsmittelpunktes durch „die Veräußerung der Geschäftsanteile und die Abberufung des alten sowie die Ernennung des neuen Geschäftsführers" erzielt werden soll und bei der diese Vorgänge „in unmittelbarem zeitlichen Zusammenhang mit der Stellung des Insolvenzantrags" stehen.[628] In diesen Fällen wird eine *rechtsmissbräuchliche Zuständigkeitserschleichung* angestrebt.[629] Die Verlagerung der Zuständigkeit auf das Gericht am Ort des so geschaffenen neuen Mittelpunktes der selbständigen Tätigkeit scheidet aus diesem Grund aus.[630] Interessant ist hier die Parallele zum französischen Recht, welches gemäß Artikel 1 Absatz 2 des Décret Nr. 2005-1677 bei einer Sitzverlegung innerhalb von sechs Monaten vor Insolvenzeintritt auf den alten Sitz abstellt, um Zuständigkeitsmanipulationen entgegen zu wirken.[631] Es entspricht einem allgemeinen, bei allen Regelungen zur (internationalen) Zuständigkeit im insolvenzrechtlichen Bereich dringenden Bedürfnis, missbräuchliche Zuständigkeitserschleichungen zu unterbinden. Die unterschiedlichen Lösungsansätze im französischen und deutschen Recht können hierbei als Anregung für die Problemlösung auf gemeinschaftsrechtlicher Ebene dienen; so könnten beispielsweise bei der Bestimmung, ob ein Schuldner *gewöhnlich* der Verwaltung seiner Interessen an einem Ort nachgeht (Erwägungsgrund (13) EuInsVO), die deutsche und die französische Rechtssprechung zur rechtsmissbräuchlichen Zuständigkeitserschleichung als Orientierungsmarken dienen.

---

[627] von Boehmer, (Deutsches) Internationales Insolvenzrecht im Umbruch, S. 35, die auf das AG Münster, Beschluss vom 23.11.1999 - 77 IN 50/99, ZInsO 1/2000, S. 49 ff.; vgl. auch OLG Celle, Beschl. v. 5.9.2006 - 4 AR 60/06 (AG Potsdam): „Leitsatz des Gerichts: Ergeben sich aus einem Schreiben des Mitarbeiters einer insolventen Gesellschaft unübersehbare Hinweise auf das Vorliegen einer gewerblichen Firmenbestattung, so ist ein gleichwohl erfolgter Verweisungsbeschluss an das Wohnsitzgericht des Bestatters für dieses Gericht nicht bindend.", abrufbar unter http://www.eir-database.com/judgement_detail.php?caseID=175 (zuletzt abgerufen am 12. 04. 2007).

[628] Urteil des Bundesgerichtshofes vom 13. 12. 2005, X ARZ 223/05, der auf weitere Urteile verweist.

[629] Urteil des Bundesgerichtshofes vom 13. 12. 2005, X ARZ 223/05.

[630] Fraus omnia corrumpit.

[631] Siehe dazu oben Teil 1, 1. Kapitel, B) 1.) b); Artikel 1 Abs. 2 Décret n°1677-2005 : « Toutefois, en cas de changement de siège de la personne morale dans les six mois ayant précédé la saisine du tribunal, le tribunal dans le ressort duquel se trouvait le siège initial demeure seul compétent. Ce délai court à compter de l'inscription modificative au registre du commerce et des sociétés du siège initial. » Vgl. auch Le Corre, Droit et Pratique des Procédures Collectives, 3. Auflage 2006, Éditions Dalloz, Paris, 2006, Rn. 232.12, S. 269.

Betrachtet man das Verhältnis der Anknüpfungspunkte der Europäischen Insolvenzverordnung und der deutschen Insolvenzordnung, so ergibt sich folgendes Bild. Liegt der Mittelpunkt der hauptsächlichen Interessen des betroffenen Schuldners in Deutschland oder einem anderen Mitgliedstaat (mit Ausnahme Dänemarks), findet die Europäische Insolvenzverordnung Anwendung und gilt *vorrangig* vor dem deutschen internationalen Insolvenzrecht, welches folglich keine Anwendung findet.

Folgte man (wie hier nicht geschehen) der teilweise in der Literatur vertretenen Auffassung, die sogar annimmt, die Europäische Insolvenzverordnung käme zur Anwendung, wenn der Mittelpunkt der hauptsächlichen Interessen in einem Mitgliedstaat liegt und nur ein Auslandsbezug zu einem Drittstaat außerhalb der Europäischen Gemeinschaft oder zu Dänemark besteht, stellte sich die Frage, ob § 3 InsO im Bereich der internationalen Zuständigkeit überhaupt noch praktische Relevanz zukäme. Das deutsche Anknüpfungskriterium des „Mittelpunktes einer selbständigen wirtschaftlichen Tätigkeit" ist *restriktiver* als das des Mittelpunktes der hauptsächlichen Interessen, so dass bei seinem Vorliegen letzteres praktisch immer auch erfüllt ist.[632] Befindet sich aber der Mittelpunkt der hauptsächlichen Interessen in Deutschland und ließe man einen beliebigen Drittstaatbezug genügen, so fände die Europäische Insolvenzverordnung praktisch immer Anwendung und § 3 InsO träte als nachrangig zurück. Bliebe also als alleiniger Anwendungsfall für § 3 InsO der Fall, in dem sich der „Mittelpunkt einer selbständigen wirtschaftlichen Tätigkeit des Schuldners" gerade nicht in Deutschland und außerhalb der Europäischen Gemeinschaft (oder in Dänemark) befindet. In diesem Falle würde jedoch selbst wenn der Schuldner seinen allgemeinen Gerichtsstand in Deutschland hat, die Prioritätsregel des § 3 Abs. 1 Satz 2 InsO immer auf eine internationale Zuständigkeit des *ausländischen Gerichtes* verweisen.

Ob die Prioritätsregel auch zugunsten eines im Ausland belegenen „Mittelpunktes einer selbständigen wirtschaftlichen Tätigkeit" Anwendung findet, ist allerdings umstritten. Dies wurde mit dem Argument verneint, § 3 InsO sei eine Norm, welche ausschließlich Sachverhalte innerhalb Deutschlands regeln wolle und somit nicht direkt auf Auslandssachverhalte anwendbar sei.[633] Außerdem sei die generelle Verneinung der Zuständigkeit der deutschen Gerichte mit dem Sinn und Zweck der Norm unvereinbar, da sie flexiblen Lösungen entgegenstünde.[634] Diese Argumente überzeugen jedoch nicht.

---

[632] Ludwig, Neuregelungen des deutschen Internationalen Insolvenzverfahrensrechts, Dissertation 2004, S. 44.

[633] So im Ergebnis Ludwig, Neuregelungen des deutschen Internationalen Insolvenzverfahrensrechts, 2004, S. 47.

[634] Ludwig, Neuregelungen des deutschen Internationalen Insolvenzverfahrensrechts, 2004, S. 44-49, der als weiteres Argument anführt, dass § 354 Abs. 1 InsO die Eröffnung von Partikularverfahren am Ort einer Niederlassung oder sonstigen Vermögens des Schuldners

So ist vielmehr von der Unzuständigkeit deutscher Gerichte auszugehen, wenn der Mittelpunkt der schuldnerischen selbständigen wirtschaftlichen Tätigkeit außerhalb Deutschlands liegt.[635] Denn mit der Verortung der Zuständigkeit am Mittelpunkt der selbständigen wirtschaftlichen Interessen wird gerade angestrebt, das Insolvenzverfahren dort durchzuführen, wo die *größte Sachnähe* besteht und es damit ökonomisch betrachtet am sinnvollsten erscheint. Dies spricht für eine internationale Zuständigkeit der ausländischen Gerichte, wenn dieser Mittelpunkt sich außerhalb Deutschlands befindet. Zudem sind die deutschen Gerichte verpflichtet, alle Tatsachen, die zu ihrer Unzuständigkeit gemäß § 3 Abs. 1 Satz 2 InsO führen könnten, von Amts wegen zu untersuchen. Eine Unzuständigkeitserklärung kommt somit nur dann in Frage, wenn das Gericht nach sorgfältiger Prüfung zu der Überzeugung gelangt, dass trotz der Zuständigkeitsregelung des § 3 Abs. 1 Satz 1 InsO (Zuständigkeit des Insolvenzgerichts im Bezirk des allgemeinen Gerichtsstandes des Schuldners) ein Gerichtsstand bei ihm nicht begründet ist.[636] In Anbetracht dieser notwendigen umfassenden Würdigung des Sachverhaltes steht nicht zu befürchten, dass das Verfahren flexiblen Lösungen entgegenstünde.

So entscheidet sich denn auch die deutsche Rechtsprechung gegen die Bejahung der eigenen Zuständigkeit auf Grundlage des allgemeinen Gerichtsstandes nach § 3 Abs.1 Satz 1 InsO, wenn der „Mittelpunkt einer selbständigen wirtschaftlichen Tätigkeit des Schuldners" im Ausland liegt und erklärt sich in einem solchen Fall für unzuständig.[637]

Die Vorzugsregelung des § 3 Abs. 1 Satz 2 InsO zugunsten des „Mittelpunktes einer selbständigen wirtschaftlichen Tätigkeit" ist folglich auch dann anzuwenden, wenn dieser Mittelpunkt außerhalb Deutschlands liegt.

Ließe man einen einfachen Auslandsbezug für die Anwendbarkeit der Europäischen Insolvenzverordnung genügen, folgte daraus, dass ein deutsches Gericht sich praktisch nie auf Grundlage des § 3 Abs. 1 Satz 2 InsO für zuständig erklä-

---

ermöglicht. Es sei daher „wenig verständlich, wenn diese beschränkten Inlandskontakte ein Partikularverfahren ermöglichen und der weitaus stärkere Inlandskontakt des allgemeinen Gerichtstandes nur deshalb nicht, weil der Mittelpunkt der selbständigen wirtschaftlichen Tätigkeit des Schuldners im Ausland liegt." Diese Argumentationsweise übersieht jedoch, dass nach herrschender Meinung in der Rechtsprechung sowie im Schrifttum die Eröffnung eines Partikularverfahrens am Ort des satzungsmäßigen Sitzes oder des Wohnsitzes – und somit am Ort des allgemeinen Gerichtsstandes des Schuldners – möglich ist.

635 von Boehmer, (Deutsches) Internationales Insolvenzrecht im Umbruch, 2004, S. 35; Kirchhof, in in Eickmann/Flessner/Irschlinger/Kirchhof/Kreft/Landfermann/Marotzke/Stefan (Hrsg.), Heidelberger Kommentar zur Insolvenzordnung, zu § 3 InsO, Rn. 6, S. 12.

636 Beschluss des Bundesgerichtshofes vom 13. Dezember 2005, X ARZ 223/05, S. 1 und S. 5.

637 AG Münster, Urteil vom 23.11.1999, ZInsO 1/2000, S. 49 ff., welches seine Zuständigkeit zugunsten der niederländischen Gerichte verneint (die Europäische Insolvenzverordnung war noch nicht in Kraft).

ren würde, da sich entweder, wenn der „Mittelpunkt einer selbständigen wirtschaftlichen Tätigkeit" in Deutschland liegt, eine vorrangige Zuständigkeit aus Artikel 3 Abs. 1 EuInsVO ergibt, oder der Mittelpunkt nach § 3 Abs. 1 S. 2 InsO im Ausland liegt und deutsche Gerichte demnach unzuständig sind.[638] Da vorliegend jedoch die Auffassung vertreten wird, dass ein qualifizierter Auslandsbezug für eine Anwendbarkeit der Verordnung erforderlich ist, behält § 3 InsO in Fällen des reinen Drittstaatbezuges seine Relevanz und kann in diesen Fällen die internationale Zuständigkeit der deutschen Gerichte begründen.
Dieses Ergebnis zeigt, wie eng das Zusammenspiel zwischen der Europäischen Insolvenzverordnung und dem autonomen deutschen internationalen Insolvenzrecht ist. Um dieses Zusammenspiel möglichst harmonisch zu gestalten hat der deutsche Gesetzgeber – trotz der direkten Anwendbarkeit der Europäischen Insolvenzverordnung – einige Anpassungen im deutschen Insolvenzrechts vorgenommen.

b) Die Durchführungsvorschriften zur Europäischen Insolvenzverordnung im deutschen Recht

Der deutsche Gesetzgeber hat mit der Neufassung des Artikels 102 Einführungsgesetz zur Insolvenzordnung (EGInsO)[639] vom 14. März 2003 Vorschriften zur „Durchführung der VO (EG) Nr. 1346/2000 über Insolvenzverfahren" erlassen.[640] Die dortigen Regelungen dienen nicht der Umsetzung der Europäischen Insolvenzverordnung, welche gemäß Artikel 249 EG-Vertrag unmittelbar, vorrangig und gerade ohne nationale Umsetzungsvorschriften anwendbar ist.[641] Die Durchführungsvorschriften dienen lediglich der Anpassung des deutschen Insolvenzrechtes, um es mit dem europäischen System in Einklang zu bringen.[642]

[638] Liegt der Mittelpunkt einer selbständigen wirtschaftlichen Tätigkeit i.S.d. § 3 Abs. 1 S.2 InsO in einem Mitgliedstaat der Gemeinschaft (mit Ausnahme Dänemarks) ergibt sich die Unzuständigkeit (in der Regel) aus Artikel 3 EuInsVO, da dann auch der Mittelpunkt der hauptsächlichen Interessen des Schuldners in diesem Mitgliedstaat liegen wird, was die Zuständigkeit nach der EuInsVO egründet.

[639] Einführungsgesetz zur Insolvenzordnung vom 5. Oktober 1994 (BGBl. I S. 2911), zuletzt geändert durch Artikel 2 des Gesetzes vom 5. April 2004 (BGBl. I S. 502).

[640] §§ 1-11 des Artikels 102 EGInsO; legislativen Handlungsbedarf sahen auch Belgien (Gesetz vom 04. 09. 2002), Spanien (Gesetz vom 09. 07. 2003) und die Niederlande (Gesetz vom 06. 11. 2003), vgl. Mélin, François: Conflits de juridictions et procédures européennes d'insolvabilité. Approche critique, Bulletin Joly Sociétés – Août-septembre 2005, S. 927.

[641] Stephan, in Eickmann/Flessner/Irschlinger/Kirchhof/Kreft/Landfermann/Marotzke/Stefan (Hrsg.), Heidelberger Kommentar zur Insolvenzordnung, Vorbemerkungen zu §§ 1-11 des Artikels 102 EGInsO, S. 1445.

[642] Smid, Deutsches und Europäisches Internationales Insolvenzrecht, Kommentar 2004, zu Artikel 102 EGInsO, Rn. 1 und 3, S. 163; von Boehmer, (Deutsches) Internationales Insolvenzrecht im Umbruch, S. 48, spricht von „Harmonisierung des deutschen internationalen Insolvenzrechts mit den Regelungen des europäischen Insolvenzrechts."

Da die Europäische Insolvenzverordnung ausschließlich die internationale Zuständigkeit regelt, ohne auf die örtliche oder sachliche Zuständigkeit einzugehen, verbleibt es für letztere bei den im nationalen Recht getroffenen Regelungen.[643] Die örtliche Zuständigkeit richtet sich in Deutschland somit weiterhin nach § 3 InsO.

Da § 3 InsO mit dem Zuständigkeitskriterium des „Mittelpunktes einer selbständigen wirtschaftlichen Tätigkeit“ eine restriktivere Regelung als Artikel 3 EuInsVO trifft, sah der deutsche Gesetzgeber die Gefahr einer internationalen Kompetenzzuweisung an deutsche Gerichte nach Artikel 3 EuInsVO, ohne dass eine örtliche Zuständigkeit nach deutschem Recht besteht.[644] Deswegen hat er in Artikel 102 §1 EGInsO für den befürchteten Fall eine subsidiär zu § 3 InsO eingreifende örtliche Zuständigkeit des Insolvenzgerichtes normiert, in dessen Bezirk der Schuldner den Mittelpunkt seiner hauptsächlichen Interessen hat.[645]

Eine weitere interessante Ergänzung des deutschen Gesetzgebers ist die in Artikel 102 §2 EGInsO verankerte Begründungspflicht deutscher Gerichte, die sich auf Grundlage des Artikels 3 EuInsVO für international zuständig erklären. Diese Begründungspflicht ist geeignet, das nach dem Grundsatz des gegenseitigen Vertrauens vorausgesetzte Vertrauen zu stärken, da die Entscheidungen der deutschen Gerichte so in den anderen Mitgliedstaaten besser nachvollzogen werden können, was auch zur Vermeidung positiver Kompetenzkonflikte beitragen kann.[646]

Ebenfalls der Vermeidung paralleler Eröffnungen mehrerer Hauptverfahren dient Artikel 102 § 3 EGInsO, welcher in seinem Absatz 1 einen auf Eröffnung eines Hauptverfahrens in Deutschland gerichteten Antrag für unzulässig erklärt, wenn ein solches Hauptverfahren zuvor bereits in einem anderen Mitgliedstaat eröffnet wurde. Bevor der Antrag wegen Unzulässigkeit abgewiesen wird, muss das Gericht jedoch prüfen, ob eine Umdeutung des Antrags in Betracht kommt, so dass dieser als Antrag auf Eröffnung eines Sekundärverfahrens aufgefasst werden kann.[647] Ein entgegen § 3 Abs. 1 S. 1 des Artikels 102 EGInsO eröffne-

---

643 Erwägungsgrund (15) der Verordnung bestimmt: „Die Zuständigkeitsvorschriften dieser Verordnung legen nur die internationale Zuständigkeit fest, das heißt, sie geben den Mitgliedstaat an, dessen Gerichte Insolvenzverfahren eröffnen dürfen. Die innerstaatliche Zuständigkeit des betreffenden Mitgliedstaats muß nach dem Recht des betreffenden Staates bestimmt werden.“ Vgl. auch Paulus, Europäische Insolvenzverodnung, Kommentar 2006, zu Art. 3, Rn. 2 (insbes. Fn. 3), S. 117.

644 von Boehmer, (Deutsches) Internationales Insolvenzrecht im Umbruch, 2004, S. 48.

645 Man könnte daher auch von einer „Auffangzuständigkeit“ sprechen.

646 Vgl. dazu auch Stephan, in Eickmann/Flessner/Irschlinger/Kirchhof/Kreft/Landfermann/Marotzke/Stefan (Hrsg.), Heidelberger Kommentar zur Insolvenzordnung, zu § 2 des Artikels 102 EGInsO, Rn. 4, S. 1448.

647 Stephan, in Eickmann/Flessner/Irschlinger/Kirchhof/Kreft/Landfermann/Marotzke/Stefan (Hrsg.), Heidelberger Kommentar zur Insolvenzordnung, zu § 3 des Artikels 102 EGInsO, Rn. 3, S. 1450; vgl. auch AG Mönchengladbach Beschluss vom 27.4.2004 - 19 IN 54/04,

tes Verfahren darf laut Absatz 1 S. 2 nicht fortgesetzt werden. Diese Klarstellung trägt unmittelbar dem in Artikel 16 EuInsVO verankerten Gebot der automatischen Anerkennung und dem in Artikel 17 EuInsVO verankerten Gebot der automatischen, gemeinschaftsweiten Wirkungsentfaltung Rechnung, welche auf dem Grundsatz des gegenseitigen Vertrauens basieren.[648]

Artikel 102 § 3 Abs. 2 EGInsO betrifft die Vermeidung negativer Kompetenzkonflikte. Er besagt, dass ein deutsches Insolvenzgericht seine Zuständigkeit nicht mit dem Argument ablehnen darf, die Gerichte eines anderen Mitgliedstaates seien zuständig, wenn diese bereits zuvor ihre Kompetenz zugunsten der deutschen Gerichte verneint haben. Aus der Wortlautanalyse des § 3 Abs. 2 folgt jedoch auch, dass eine Ablehnung der eigenen Zuständigkeit seitens der deutschen Gerichte zulässig und geboten bleibt, wenn diese nicht die Gerichte des Mitgliedstaates für international zuständig halten, die zuvor ihre Zuständigkeit zugunsten der deutschen Gerichte verneinten, sondern wenn die deutschen Gerichte zu dem Ergebnis kommen, die Gerichte eines anderen, bisher unbeteiligten Mitgliedstaates seien international zuständig.[649] Die Vorschrift will lediglich eine Hin-und-her-Verweisung zwischen den Gerichten zweier Mitgliedstaaten vermeiden.

§ 4 des Artikels 102 EGInsO regelt die Einstellung eines gemäß § 3 Abs. 1 im Falle eines positiven Kompetenzkonfliktes nicht fortsetzbaren Verfahrens zugunsten der Gerichte eines anderen Mitgliedstaates. Bereits eingetretene, nicht auf die Dauer des einzustellenden Verfahrens beschränkte Wirkungen bleiben danach bestehen, selbst wenn sie dem ausländischen Hauptverfahren widersprechen. Die Beendigung des Verfahrens erfolgt also aus Gründen der Rechtssicherheit nicht mit rückwirkender Kraft.[650]

Soweit die wichtigsten Regelungen des Artikels 102 EGInsO.[651]

Die Regelungen des Artikels 102 EGInsO dienen allesamt dem reibungslosen Zusammenspiel zwischen Europäischer Insolvenzverordnung und deutschem

---

abrufbar unter http://www.rws-verlag.de/volltext-2004/ag954.htm (zuletzt abgerufen am 12. 04. 2007), zum umgekehrten Fall der Umdeutung in einen Antrag auf Eröffnung eines Hauptverfahrens.

648 Vgl. dazu Smid, Deutsches und Europäisches Internationales Insolvenzrecht, Kommentar 2004, zu § 2 des Artikels 102 EGInsO, Rn. 2, S. 167.

649 Stephan, in Eickmann/Flessner/Irschlinger/Kirchhof/Kreft/Landfermann/Marotzke/Stefan (Hrsg.), Heidelberger Kommentar zur Insolvenzordnung, zu § 3 des Artikels 102 EGInsO, Rn. 7, S. 1450.

650 von Boehmer, (Deutsches) Internationales Insolvenzrecht im Umbruch, 2004, S. 50.

651 Die restlichen §§ treffen noch Regelungen über die öffentliche Bekanntmachung (§ 5), die Eintragung in öffentliche Bücher und Register (§ 6), die Rechtsmittel (§ 7), die Vollstreckung aus der Eröffnungsentscheidung (§ 8), den Insolvenzplan (§ 9), die Aussetzung der Verwertung (§ 10) sowie die Unterrichtung der Gläubiger (§ 11).

Insolvenzrecht und zeigen gleichzeitig auf, wo der deutsche Gesetzgeber Anpassungsbedarf gesehen hat.[652]

c) Zwischenresümee

Die umfassende Neuregelung des autonomen deutschen internationalen Insolvenzrechts hat zu einer klaren Rechtslage geführt und kann als insgesamt sehr gelungen bezeichnet werden. Insbesondere die nun auch gesetzlich vollzogene Hinwendung zum (eingeschränkten) Universalitätsprinzip wurde zu Recht begrüßt. Die von den Regelungen der Europäischen Insolvenzverordnung abweichende Lösung, ausländische Insolvenzverfahren zwar (grundsätzlich) automatisch anzuerkennen, ihre Vollstreckbarkeit aber vom Erlass eines Vollstreckungsurteiles, in dessen Rahmen jedoch keine inhaltliche Überprüfung der Entscheidung erfolgt, abhängig zu machen, erklärt sich vor dem Hintergrund, dass zu Drittstaaten regelmäßig keine so enge und vertrauensvolle Bindung besteht, wie dies innerhalb der EU der Fall ist. Insbesondere der Verzicht auf das Erfordernis der Rechtskraft der ausländischen Insolvenzentscheidung vor deren Wirkungsentfaltung in Deutschland sowie der Verzicht auf die Verbürgung der Gegenseitigkeit sind aus insolvenztechnischen Gründen zu begrüßen.

Die Ableitung der internationalen Zuständigkeit aus den Regelungen der örtlichen Zuständigkeit („Doppelfunktionalität“) erscheint vor allem vor dem Hintergrund vertretbar, dass dieser Gleichklang zwischen den Zuständigkeiten sicherstellt, dass im Falle der Bejahung der internationalen Zuständigkeit auch gleichzeitig eine örtliche Zuständigkeit gegeben ist. Der zentrale Anknüpfungspunkt ist hierbei der „Mittelpunkt einer selbständigen wirtschaftlichen Tätigkeit des Schuldners“, welcher vorrangig vor dem allgemeinen Gerichtsstand über die Zuständigkeit entscheidet. Bemerkenswert ist dabei, dass nach der deutschen Rechtsprechung eine nach außen erkennbare wirtschaftliche Tätigkeit erforderlich ist – hier besteht eine interessante Parallele zu dem Erfordernis der Feststellbarkeit aus Erwägungsgrund (13) EuInsVO.
Um das deutsche Insolvenzrecht an die Regelungen der Europäischen Insolvenzverordnung anzupassen und insbesondere zu vermeiden, dass nach letzterer deutsche Insolvenzgerichte internationale zuständig sind, ohne dass nach deutschem Recht eine örtliche Zuständigkeit besteht, hat der deutsche Gesetzgeber mit Artikel 102 EGInsO „Durchführungsvorschriften“ erlassen. Als besonders positiv ist in diesem Rahmen die Begründungspflicht deutscher Gerichte hervorzuheben, welche sich auf Grundlage des Artikels 3 EuInsVO für international

[652] vgl. Stephan, in Eickmann/Flessner/Irschlinger/Kirchhof/Kreft/Landfermann/Marotzke/Stefan (Hrsg.), Heidelberger Kommentar zur Insolvenzordnung, Vorbemerkungen zu §§ 1-11 des Artikels 102 EGInsO, S. 1445.

zuständig erklären, da eine nachvollziehbare Begründung dem Grundsatz des gegenseitigen Vertrauens innerhalb der Gemeinschaft ein solides Fundament geben kann. Es ist zu hoffen, dass diese Begründungspflicht auch in den anderen Mitgliedstaaten Schule macht.

Die Darstellung der französischen und der deutschen autonomen Regelungen in Abgrenzung zur Systematik der Europäischen Insolvenzverordnung zeigte Unterschiede und Gemeinsamkeiten auf.
Es wurde deutlich, dass das internationale Insolvenzrecht sowohl auf europäischer als auch auf nationaler Ebene entscheidend von der Rechtsprechung geprägt wird. Das Konzept des Mittelpunktes der hauptsächlichen Interessen des Schuldners nach der Europäischen Insolvenzverordnung gewinnt erst an Kontur, wenn man die unterschiedlichen Gerichtsurteile der nationalen Gerichte sowie die harmonisierenden Urteile des Europäischen Gerichtshofes analysiert. Um die weitere Entwicklung und den Erfolg des Konzeptes des Mittelpunktes der hauptsächlichen Interessen als Zuständigkeitskriterium innerhalb der europäischen Gemeinschaft beurteilen zu können, muss daher untersucht werden, wie die Kompetenzen unter den verschiedenen Gerichten innerhalb der Gemeinschaft aufgeteilt sind.

2. Kapitel: Die Akteure im System und ihr Einfluss auf den Begriff des Mittelpunktes der hauptsächlichen Interessen

Die Europäische Insolvenzverordnung hat gemäß Artikel 249 Abs. 2 EG-Vertrag allgemeine Geltung, ist in allen ihren Teilen verbindlich und gilt unmittelbar in jedem Mitgliedstaat[653]. Daraus ergibt sich, dass die nationalen Richter die Europäische Insolvenzverordnung als unmittelbar geltendes Recht anwenden müssen. Es gibt dabei keine europäische Revisions- oder Kassationsinstanz, die ähnlich dem deutschen Bundesgerichtshof oder der französischen Cour de cassation systematisch über die korrekte Anwendung der Verordnung wacht und zu welcher der Instanzenzug eröffnet wäre, denn der Europäische Gerichtshof hat eine andere, restriktivere Rolle.[654] In Anbetracht der Tatsache, dass jedes Gesetz nur so gut wie seine Anwendung ist, soll im Folgenden auf die Zuständigkeiten bei der Anwendung der Europäischen Insolvenzverordnung eingegangen und aufgezeigt werden, welche Rolle die nationalen Gerichte und der Europäische Gerichtsof für eine gelungene Anwendung der Verordnung spielen. Dies ermöglicht, Rückschlüsse bezüglich der weiteren Entwicklung des Konzeptes des Mittelpunktes der hauptsächlichen Interessen zu ziehen.

A) Die Rollenverteilung zwischen nationalen Gerichten und dem EuGH

Die Interpretation des Begriffes des Mittelpunktes der hauptsächlichen Interessen durch die nationalen Gerichte hatte oftmals eine zentralisierende Wirkung bezüglich der Zuständigkeiten für die Eröffnung von Hauptverfahren gegen verschiedene Unternehmen desselben Konzerns. Die Argumentation der nationalen Gerichte führte so oftmals zu einer Konzentration der Hauptverfahren im eigenen Zuständigkeitsbereich, was auf ein gewisses Misstrauen gegenüber den anderen mitgliedstaatlichen Insolvenzrechtssystemen schließen lässt und gleichzeitig auch als Gegenreaktion Misstrauen hervorrief (vgl. nur den postulierten „Insolvenzimperialismus"). Dieses „national" geprägte Rechtsverständnis lässt sich auch durch das Bedürfnis, die nationalen Gläubiger zu schützen, erklären, weshalb es den Gerichten schwer fällt, freiwillig auf Zuständigkeiten zu verzichten.[655] In Anbetracht der daher bestehenden Gefahr einer vom vermeintlichen nationalen Interesse geprägten, voreingenommenen Auslegung des Begriffes des Mittelpunktes der hauptsächlichen Interessen, kommt es entscheidend auf die Rolle an, welche die nationalen Richter einnehmen und die es daher zu analysie-

---

[653] Aus den bereits dargestellten Gründen unter Ausnahme Dänemarks.

[654] Borchardt, in Lenz/Borchardt (Hrsg.), EU- und EG-Vertrag, Kommentar, 4. Aufl. 2006, zu Art. 234, Rn. 3, S. 2253.

[655] Henry, La corrélation entre la compétence juridictionnelle et l'universalité de la faillite, Recueil Dalloz, Cahier Droit des Affaires, 1er juin 2006, Jurisprudence S. 1472.

ren gilt. Auch die Rolle des Europäischen Gerichtshofes ist in diesem Kontext von großer Bedeutung und wird daher im Anschluss dargestellt.

1.) Die Rolle der nationalen Gerichte bei der Anwendung der Europäischen Insolvenzverordnung

Der nationale Richter ist in der Würdigung des Sachverhaltes im jeweiligen Einzelfall vollkommen frei und unterliegt keinerlei Kontrolle durch die Gerichte anderer Mitgliedstaaten. Die von der Europäischen Insolvenzverordnung vom Prinzip der automatischen Anerkennung gemachte Ausnahme bei einem Verstoß gegen die öffentliche Ordnung ist nichts weiter als ein Korrektiv besonders extremer Auswirkungen dieser Freiheit.

a) Der Grundsatz: Unkontrollierte Freiheit der nationalen Gerichte

Die Tatsache, dass es die nationalen Gerichte sind, welche die vom Europäischen Rat als Teil des Gemeinschaftsrechts erlassene Europäische Insolvenzverordnung umsetzen und dabei eigenverantwortlich und frei den Sachverhalt würdigen und subsumieren, ist im System des Gemeinschaftsrechts nichts Außergewöhnliches. Bemerkenswert an der Regelung der Europäischen Insolvenzverordnung ist jedoch die automatische gegenseitige Anerkennung und Wirkungsentfaltung der Eröffnungsentscheidung, aus welcher sich deren Priorität ableiten lässt, ohne dass irgendeine zwischenstaatliche Kontrolle dieser Entscheidung möglich wäre. Als wichtigen Gegenpart zu dieser Freiheit nennt der EuGH die Untersuchung und Überprüfung der eigenen Zuständigkeit durch das entscheidende Gericht selbst.

aa) Das Prioritätsprinzip aus Artikel 16 EuInsVO i.V.m. Erwägungsgrund (22) EuInsVO

Das System der automatischen Anerkennung und Wirkungsentfaltung nach den Artikeln 16 und 17 EuInsVO wurde bereits dargestellt.[656] Aus dem in Artikel 16 Abs. 1 EuInsVO verankerten Prinzip der automatischen Anerkennung lässt sich ableiten, dass bei zwei konkurrierenden Hauptverfahren das zeitlich zuerst eröffnete Verfahren Vorrang genießt, also prioritär ist.[657] Dieser Prioritätsgrundsatz[658] ist zwar nicht direkt aus dem Wortlaut des Arti-

---

[656] Teil 1, 1. Kapitel, A) 1.) a) aa) (2) (2.2).

[657] Idot, Détermination de la juridiction compétente pour ouvrir la procédure d'insolvabilité principale d'une filiale d'un groupe, Note sous CJCE, 2 mai 2006, Europe n° 7, Juillet 2006, commentaires 230, S. 32.

[658] Vgl. zu diesem auch Paulus, Europäische Insolvenzverordnung, Kommentar 2006, Einleitung Rn. 40, S. 71.

kels 16 Abs. 1 EuInsVO zu entnehmen, seine Anwendbarkeit ergibt sich jedoch aus Erwägungsgrund (22) EuInsVO in Verbindung mit Artikel 16 EuInsVO.[659] Wie auch der EuGH im Urteil Eurofood betont und wie aus Erwägungsgrund (22) hervorgeht, stützt sich diese Prioritätsregel auf den Grundsatz des gegenseitigen Vertrauens.[660] Damit geht einher, dass „die Gerichte der übrigen Mitgliedstaaten die Entscheidung zur Eröffnung eines Hauptinsolvenzverfahrens anerkennen, ohne die vom ersten Gericht hinsichtlich seiner Zuständigkeit angestellte Beurteilung überprüfen zu können."[661] Damit widerspricht der Gerichtshof mit begrüßenswerter Klarheit allen eine zwischenstaatliche Überprüfungsmöglichkeit befürwortenden Argumentationsansätzen.[662]
Denn um den aus dem System der automatischen Anerkennung der Europäischen Insolvenzverordnung folgenden Prioritätsgrundsatz zu umgehen und doch zu einer zwischenstaatlichen Kontrollmöglichkeit zu gelangen, wurde versucht, mit dem Wortlaut des Artikels 16 EuInsVO zu argumentieren.[663] Dieser Artikel besagt wörtlich: „Die Eröffnung eines Insolvenzverfahrens durch *ein nach Artikel 3 zuständiges Gericht* eines Mitgliedstaats wird in allen übrigen Mitgliedstaaten anerkannt, sobald die Entscheidung im Staat der Verfahrenseröffnung wirksam ist."[664] Aus diesem Wortlaut wurde abgeleitet, dass gerade nur das Urteil eines nach Artikel 3 EuInsVO zuständigen Gerichtes anerkannt werden müsse und dementsprechend diese Zuständigkeit einer Überprüfung unterzogen

---

659 Paulus, Europäische Insolvenzverordnung, Kommentar, 2006, Einleitung Rn. 38/40, S. 71, der die mangelnde Klarheit des europäischen Verordnungsgebers kritisiert; Duursma-Kepplinger/Chalupsky, in D-K/D/Ch, Europäische Insolvenzverordnung, Kommentar 2002, Art. 16 EuInsVO, Rn. 14, S. 358; den Prioritätsgrundsatz und das Prinzip der automatischen Anerkennung einschränkend auslegend Menjucq, La coordination des droits nationaux par le droit communautaire, Entreprises en difficulté, Petites affiches, 19 octobre 2006, n° 209, S. 21/22.

660 EuGH-Urteil Eurofood, Rn. 39: „Wie aus der 22. Begründungserwägung der Verordnung hervorgeht, stützt sich die in Artikel 16 Absatz 1 der Verordnung aufgestellte Prioritätsregel, wonach das in einem Mitgliedstaat eröffnete Insolvenzverfahren in allen übrigen Mitgliedstaaten anerkannt wird, sobald es im Staat der Verfahrenseröffnung wirksam ist, auf den Grundsatz des gegenseitigen Vertrauens."; Erwägungsgrund Nr. 22 EuInsVO besagt: „.... Die Anerkennung der Entscheidungen der Gerichte der Mitgliedstaaten sollte sich auf den Grundsatz des gegenseitigen Vertrauens stützen. ... "

661 EuGH-Urteil Eurofood, Rn. 42.

662 Dammann, L'application du règlement CE n° 1346-2000 après les arrêts *Staubitz-Schreiber* et *Eurofood* de la CJCE, Recueil Dalloz, Cahier Droit des Affaires, 29 juin 2006, n° 25, S. 1758.

663 So Mankowski, Internationale Zuständigkeit in Insolvenzsachen, Kollision von Insolvenzverfahren in verschiedenen EU-Staaten/"ISA II", EWiR Art. 3 EuInsVO 3/03, S. 767, abrufbar unter http://www.rws-verlag.de/volltext-2003/03man01.htm (zuletzt aufgerufen am 12.04. 2007), der in Artikel 16 EuInsVO ein „Einfallstor für korrigierende Überlegungen" sieht und den Prioritätsgrundsatz zugunsten einer Überprüfbarkeit der internationalen Zuständigkeit ablehnt.

664 Hervorhebung nicht im Original.

werden dürfe.[665] Diese Auslegung steht jedoch im Widerspruch zur klaren Aussage des Erwägungsgrundes (22), der besagt: „Die Entscheidung des zuerst eröffnenden Gerichts sollte in den anderen Mitgliedstaaten anerkannt werden; diese sollten die Entscheidung dieses Gerichts keiner Überprüfung unterziehen dürfen." Zudem wäre eine auf den Wortlaut des Artikels 16 EuInsVO gestützte Kontrollmöglichkeit mit dem Geiste der Verordnung[666] unvereinbar.[667] Nach dem Willen des Verordnungsgebers steht der „Grundsatz des Gemeinschaftsvertrauens und der favor recognitionis"[668] im Vordergrund, so dass im Namen einer effizienten gemeinschaftsweiten Verwaltung internationaler Insolvenzverfahren – ohne Behinderung durch nationale Grenzen – eine Kontrolle der Eröffnungsentscheidung durch die Gerichte anderer Mitgliedstaaten ausgeschlossen ist.[669] Genau dies bringt auch der Erläuternde Bericht von Virgós/Schmit zum Ausdruck, der im Zusammenhang mit dem Ordre-Public-Vorbehalt des Artikels 26 EuInsVO folgendes klarstellt:
„1. Die ausländische Entscheidung darf nicht Gegenstand einer Nachprüfung in der Sache (révision au fond) sein. Sämtliche Fragen zur Sache selbst sind vor den Gerichten des Staates der Verfahrenseröffnung vorzubringen. Die Gerichte des um Anerkennung oder Vollstreckung ersuchten Staates dürfen eine ausländische Entscheidung nur daraufhin prüfen, ob sie zu einem Ergebnis führt, das mit seiner öffentlichen Ordnung unvereinbar ist.
2. Das Übereinkommen enthält keine Bestimmung darüber, wie gegebenenfalls die internationale Zuständigkeit des entscheidenden Gerichts, (d.h. das nach Artikel 3 des Übereinkommens zuständige Gericht des Staates der Verfahrenseröffnung) zu prüfen ist. Es findet keine Überprüfung der Zuständigkeit des entscheidenden Gerichts durch die Gerichte des ersuchten Staates statt; geprüft wird lediglich, ob die Entscheidung durch das Gericht eines Vertragsstaates ergangen ist, das sich nach Artikel 3 des Insolvenzübereinkommens für zuständig erklärt hat."[670]

---

[665] So zum Beispiel die französische Staatsanwaltschaft im Fall Daisytek, vgl. Urteil des CA Versailles vom 4. September 2003.
[666] Paulus, Europäische Insolvenzverordnung, Kommentar 2006, zu Art. 16, Rn. 9, S. 196 spricht vom „Grundkonzept der Verordnung".
[667] Vallens, Le règlement européen sur les procédures d'insolvabilité à l'épreuve des groupes de sociétés: L'arbitrage de la CJCE, JCP/Semaine juridique éd. Entreprise et affaires, n° 27-28. 6 juillet 2006, S. 1224; dieser Wille des Verordnungsgebers kommt auch klar im Erläuternden Bericht zum EU-Übereinkommen von Virgós/Schmit, Rn. 144ff. zum Ausdruck.
[668] Virgós/Schmit, Erläuternder Bericht, Rn. 147.
[669] Vallens, Le règlement européen sur les procédures d'insolvabilité à l'épreuve des groupes de sociétés: L'arbitrage de la CJCE, JCP/Semaine juridique éd. Entreprise et affaires, n° 27-28. 6 juillet 2006, S. 1224.
[670] Virgós/Schmit, Erläuternder Bericht, Rn. 202.

Das "blinde" Vertrauen in die Entscheidung des Gerichtes eines anderen Mitgliedstaates wurde zum Teil kritisiert.[671] Es wurde ein „Eröffnungswettlauf" mit der Folge der Vernachlässigung der örtlichen und sozialen Verwurzelung des betroffenen Schuldners befürchtet, dem nur der zweifelhafte Vorteil einer abstrakten Rechtssicherheit gegenüberstünde.[672] Die Schnelligkeit des Handelns wäre so wichtiger als seine Überlegtheit.[673] Diese Kritik zeigt ein bei manchen vorhandenes, großes Misstrauen gegenüber der Urteilskompetenz und Verantwortlichkeit der Gerichte (insbesondere) anderer Mitgliedstaaten, welches in Wirklichkeit mehr durch Ressentiments denn durch Fakten gestützt zu werden scheint. Bis zu dem von der Verordnung vorausgesetzten gegenseitigen Vertrauen ist es (leider) mancherorts noch ein weiter Weg.[674]

Allerdings kann man diese ablehnende Haltung gegenüber den in anderen Mitgliedstaaten ergangenen Urteilen auch als ein vorübergehendes Phänomen betrachten, da sich mit der Zeit und der damit verbundenen Gewöhnung an das europäische System der Zuständigkeitsregelung die Akzeptanz und damit das Vertrauen erhöhen dürfte.[675] Es darf auch nicht übersehen werden, dass das Vertrauen in die Eröffnungsentscheidung keinesfalls so "blind" ist, wie man ob der harschen Kritik meinen könnte, denn es steht gegen sie der innerstaatliche Rechtsweg des Eröffnungsstaates offen, was denn auch der EuGH klarstellte: „Wenn ein Beteiligter der Auffassung ist, dass der Schuldner den Mittelpunkt seiner hauptsächlichen Interessen in einem anderen Mitgliedstaat als dem hat, in dem das Hauptinsolvenzverfahren eröffnet worden ist, und deshalb die von dem Gericht, das dieses Verfahren eröffnet hat, angenommene Zuständigkeit anfechten möchte, so hat er bei den Gerichten des Mitgliedstaats, in dem dieses Verfahren eröffnet worden ist, die im nationalen Recht dieses Mitgliedstaats vorgesehenen Rechtsbehelfe gegen die Eröffnungsentscheidung einzulegen."[676]

Es ist zwar richtig, dass der Rechtsweg in anderen Mitgliedstaaten beschwerlicher sein kann als im eigenen Staat, da allein die sprachliche Barriere und die örtliche Entfernung oft schwer zu überwinden sind. Hinzu tritt die bessere Kenntnis des eigenen Systems, beispielsweise der geltenden Fristen, sowie ein erschwerter Zugang zu Informationen aus dem anderen Mitgliedstaat. Dennoch

---

671 Kritisch bspw. Menjucq, La coordination des droits nationaux par le droit communautaire, Entreprises en difficulté, Petites affiches, 19 octobre 2006, n° 209, S. 21, S. 22.

672 Chaput, Centre des intérêts principaux et catégories juridiques de l'insolvabilité des entreprises (à propos de l'arrêt de la CJCE du 2 mai 2006),Revue Lamy Droit des Affaires, juin 2006, n°6, S. 31

673 Chaput, ibidem, S. 31

674 Den Grundsatz des gegenseitigen Vertrauens nennt ausdrücklich Erwägungsgrund (22) EuInsVO.

675 Auch die bereits dargestellten Rechtsprechungsfälle weisen diesbezüglich in die richtige Richtung: Die Probleme, die sich bspw. im Fall Daisytek bezüglich der automatischen Anerkennung offenbarten, scheinen überwunden.

676 EuGH-Urteil Eurofood, Rn. 43.

gilt auch hier, dass die weitere Entwicklung wohl zu einer Annäherung (oder zumindest Gewöhnung) und damit zu einer Minderung der Schwierigkeiten beim grenzüberschreitenden Agieren führen wird – eben diese Entwicklung ist schließlich auch mit der Europäischen Insolvenzverordnung angestrebt worden.[677] Gerade die automatische Anerkennung der zeitlich frühesten Eröffnungsentscheidung in allen Mitgliedstaaten – ohne zwischenstaatliche Kontrolle – ist ein unverzichtbares Instrument zur angestrebten Schaffung *eines* Raumes der Freiheit, der Sicherheit und des Rechts.[678] Die geübte Kritik sollte somit nicht zum Anlass genommen werden, um das System der Europäischen Insolvenzverordnung in Frage zu stellen, sondern allenfalls dazu dienen, Problempunkte zu erkennen und die Abläufe zu verbessern.[679]

bb) Der Gegenpart zum Prioritätsprinzip: Die Selbstkontrolle der Gerichte

Vor diesem Hintergrund ist es sehr zu begrüßen, dass sich der Europäische Gerichtshof in seinem Urteil in der Rechtssache Eurofood eindeutig gegen eine Überprüfungsmöglichkeit der Eröffnungsentscheidung durch die Gerichte anderer Mitgliedstaaten ausgesprochen hat. Er stellt dieser vorbehaltslosen Anerkennung jedoch einen klaren Gegenpart zur Seite: Das Erfordernis der „Selbstkontrolle" durch das Eröffnungsgericht. So bestimmt der EuGH, dass es dem „Grundsatz des gegenseitigen Vertrauens [...] inhärent [sei], dass das Gericht eines Mitgliedstaats, bei dem ein Antrag auf Eröffnung eines Hauptinsolvenzverfahrens anhängig gemacht wird, seine Zuständigkeit im Hinblick auf Artikel 3 Absatz 1 der Verordnung überprüft, d. h. untersucht, ob der Schuldner den Mittelpunkt seiner hauptsächlichen Interessen in diesem Mitgliedstaat hat. Hierbei ist zu betonen, dass eine solche Prüfung unter Beachtung der wesentlichen Verfahrensgarantien, die ein faires Verfahren erfordert, vorzunehmen ist [...]."[680] Diese *Überprüfung der eigenen Zuständigkeit* ist sozusagen das Fundament, auf welches sich das Vertrauen der anderen Mitgliedstaaten stützt. Der Grundsatz des gegenseitigen Vertrauens bringt auch die *Verantwortung* mit sich, das Vertrauen der anderen Mitgliedstaaten nicht zu enttäuschen, was einen sorgfältigen Umgang mit der eigenen Zuständigkeitserklärung voraussetzt. Das vom EuGH etablierte *Zusammenspiel zwischen Gemeinschaftsvertrauen und Selbstkontrolle* kann jedoch nur dann funktionieren, wenn die Selbstkontrolle

---

[677] Vgl. die Erwägungsgründe (2) und (3) EuInsVO.

[678] Dass dies das der Europäischen Insolvenzverordnung übergeordnete Ziel ist, geht klar aus Erwägungsgrund (1) hervor.

[679] Insbesondere könnte en europäisches Insolvenzregister die Informationsmöglichkeiten verbessern – eine Möglichkeit, welche bei der Revision der EuInsVO im Jahre 2012 (vgl. Artikel 46 EuInsVO) genutzt werden sollte, s.u., Teil 2, 2. Kapitel, B) 2.) b).

[680] EuGH-Urteil Eurofood, Rn. 41.

bereits *vor* der Eröffnungsentscheidung erfolgt.[681] Dieser zeitliche Aspekt wird vom Gerichtshof nicht ausdrücklich formuliert, folgt aber notwendig aus seiner Erklärung, die automatische Anerkennung ohne Überprüfungsmöglichkeit müsse „im Gegenzug" zum Selbstkontrolle-Erfordernis erfolgen, was impliziert, dass die Selbstkontrolle als „erster Zug" vorangeht.[682]

Diesbezüglich wird auch eine Besonderheit des Falles Eurofood relevant: Das irische Insolvenzgericht hatte zunächst einen provisorischen Verwalter ernannt, *ohne* sich direkt über die Eröffnung des Verfahrens zu äußern. Die erst später ergangene Eröffnungsentscheidung hatte nach irischem Recht jedoch retroaktive Wirkung – nach Section 220 des Companies Act gilt der Zeitpunkt der Stellung des Liquidationsantrages als Beginn der Liquidation. Ohne dass er auf diese Besonderheit des irischen Rechts eingegangen wäre, hat der EuGH angenommen, „dass die von einem Gericht eines Mitgliedstaats auf einen entsprechenden, auf die Insolvenz des Schuldners gestützten Antrag auf Eröffnung eines in Anhang A der Verordnung genannten Verfahrens hin ergangene Entscheidung eine Eröffnung eines Insolvenzverfahrens im Sinne dieser Vorschrift darstellt, wenn sie den Vermögensbeschlag gegen den Schuldner zur Folge hat und durch sie ein in Anhang C der Verordnung genannter Verwalter bestellt wird. Ein solcher Vermögensbeschlag bedeutet, dass der Schuldner die Befugnisse zur Verwaltung seines Vermögens verliert."[683] Die Ernennung des vorläufigen Verwalters durch das irische Gericht auf Grundlage des Eröffnungsantrages stellte somit bereits die Eröffnungsentscheidung dar, welche gemäß Artikel 16 EuInsVO anzuerkennen ist.[684]

Das irische Gericht hatte sich jedoch bei der Ernennung des vorläufigen Verwalters noch nicht explizit zu seiner internationalen Zuständigkeit nach Artikel 3 EuInsVO geäußert, so dass sich die Frage aufdrängt, ob hier nicht ein Fall fehlender Selbstkontrolle vor Erlass der Eröffnungsentscheidung vorliegt. Der Gerichtshof schweigt zu diesem Thema, was den Leser ob der Reichweite und Bedeutung des Erfordernisses der Selbstkontrolle ratlos macht.[685] Auch die Frage, welche Rolle an dieser Stelle das irische Recht spielt, welches durch seine Rückwirkung der späteren, nach irischem Recht „offiziellen" Eröffnungs-

---

681 Vallens, La mise en oeuvre du règlement communautaire sur les procédures d'insolvabilité: questions de procédure, Recueil Dalloz, Cahier Droit des Affaires, 29 mai 2003, n° 21, Chroniques, S. 1422; vgl. auch Vallens, Le règlement européen sur les procédures d'insolvabilité à l'épreuve des groupes de sociétés : l'arbitrage de la CJCE, JCP, Semaine Juridique éd. Entreprises et affaires, 2006, S. 1224.

682 Vgl. EuGH-Urteil Eurofood, Rn. 42.

683 Leitsatz Nr. 3 des EuGH-Urteiles Eurofood; siehe dazu auch unter Teil 2, 1. Kapitel, A) 2.) a) bb), zur Frage, welche Verfahren Hauptverfahren i.S.d. Verordnung sein können.

684 Vgl. EuGH-Urteil Eurofood, Rn. 58.

685 Vgl. Vallens, Le règlement européen sur les procédures d'insolvabilité à l'épreuve des groupes de sociétés : l'arbitrage de la CJCE, JCP, Semaine Juridique éd. Entreprises et affaires, 2006, S. 1224.

entscheidung auf den Zeitpunkt der Antragstellung auch zu einer Rückwirkung der späteren *Begründung* der eigenen Zuständigkeit führen könnte, wird nicht beantwortet.
Man könnte natürlich davon ausgehen, das irische Gericht habe seine internationale Zuständigkeit vor Ernennung des vorläufigen Verwalters implizit überprüft und bejaht. Immerhin schreibt der EuGH keine explizite Begründung der eigenen Zuständigkeit nach Artikel 3 EuInsVO vor, sondern betont lediglich, „dass eine solche Prüfung unter Beachtung der wesentlichen Verfahrensgarantien, die ein faires Verfahren erfordert, vorzunehmen ist".[686]
Was das Begründungserfordernis in Bezug auf die eigene internationale Zuständigkeit angeht, wurden von Professor Vallens zwei verschiedene Fallkonstellationen unterschieden.[687] Zum einen der Fall, in dem sich das Gericht bei der Bejahung seiner internationalen Zuständigkeit auf die Vermutung des Artikels 3 Abs.1 S. 2 EuInsVO stützen kann, wo also der Sitz der betroffenen Gesellschaft oder der juristischen Person im Mitgliedstaat des entscheidenden Gerichtes liegt. In dieser Situation seien die Anforderungen an die Überprüfung der eigenen Zuständigkeit gering, es sei denn, es lägen Indizien vor, die darauf hinweisen, der Mittelpunkt der hauptsächlichen Interessen des Schuldners liege in einem anderen Mitgliedstaat und die Vermutung sei damit widerlegt; im Wesentlichen wären ein explizites Eingehen auf die eigene internationale Zuständigkeit in dieser Situation nur im Falle der Einlegung von Rechtsmitteln gegen die Eröffnungsentscheidung notwendig.[688]
Zum anderen wird für den Fall, dass die Zuständigkeit entgegen der Vermutung des Artikels 3 Abs. 1 S. 2 EuInsVO angenommen wird, also der Mittelpunkt der hauptsächlichen Interessen als nicht am Sitz des Unternehmens liegend angesehen wird, eine genaue Untersuchung aller Einzelheiten des Falles gefordert.[689] Die Eröffnungsentscheidung müsse zudem den Gang dieser Untersuchung erkennen lassen, damit die Begründung der eigenen Zuständigkeit nachvollziehbar sei.[690] Diese Begründung sei zudem in Anbetracht der Erfordernisse an ein faires Verfahren nach der Europäischen Menschenrechtskonvention unabdingbar.[691]
Überträgt man diese Ansicht auf den Fall Eurofood, kann das Fehlen einer expliziten Untersuchung der internationalen Zuständigkeit des irischen Gerichts vor Ernennung des provisorischen Verwalters vor dem Hintergrund gerechtfertigt werden, dass der satzungsmäßige Sitz des Unternehmens in Irland lag, so dass

---

686 EuGH-Urteil Eurofood, Rn. 41.
687 Vallens, JCP/Semaine juridique éd. Entreprise et affaires, n° 27-28. 6 juillet 2006, S. 1224.
688 Ibidem.
689 Ibidem
690 Ibidem
691 Ibidem.

eine implizite Zuständigkeitsüberprüfung als ausreichend angesehen werden kann.
Fakt ist jedoch auch, dass eine ausführliche Stellungnahme und Begründung in Anbetracht der weitreichenden Konsequenzen nur Vorteile gebracht hätte[692] und geeignet gewesen wäre, das gegenseitige Vertrauen zu stärken. Unabhängig davon, ob man auch eine implizite Überprüfung der eigenen internationalen Zuständigkeit genügen lassen will, ist somit ein explizites Eingehen darauf und eine ausführliche diesbezügliche Begründung stets zu befürworten. Vor diesem Hintergrund ist die Regelung des Artikels 102 §2 des deutschen Einführungsgesetzes zur Insolvenzordnung, welcher eine Begründung des Eröffnungsbeschlusses für deutsche Gerichte ausdrücklich normiert, sehr zu begrüßen.[693]

b) Das Korrektiv: Der ordre-public-Vorbehalt

Die einzige Hürde auf dem Weg zu automatischer Anerkennung und Vollstreckung einer Eröffnungsentscheidung in den anderen Mitgliedstaaten ist gemäß Artikel 26 EuInsVO die Vereinbarkeit mit der öffentlichen Ordnung, die im Folgenden dargestellt werden soll. Die Bedeutung dieses *ordre-public*-Vorbehaltes ist sodann im Anschluss anhand seiner Auslegung durch die Rechtsprechung zu ermitteln.

aa) Das Gebot der Wahrung des *ordre public* gemäß Artikel 26 EuInsVO

Die einzige Möglichkeit, sich abseits des innerstaatlichen Rechtsweges des Eröffnungsstaates gegen die Eröffnungsentscheidung zu wenden, besteht darin, sich gemäß Artikel 26 EuInsVO auf eine Verletzung der öffentlichen Ordnung zu berufen – diese Norm wurde auch als „eine Art ultimativ[e] Barriere [...] gegen die ansonsten automatisch eintretende Erstreckung der Eröffnungswirkung“ tituliert.[694] Artikel 26 EuInsVO bestimmt:
„Ordre Public
Jeder Mitgliedstaat kann sich weigern, ein in einem anderen Mitgliedstaat eröffnetes Insolvenzverfahren anzuerkennen oder eine in einem solchen Verfahren ergangene Entscheidung zu vollstrecken, soweit diese Anerkennung oder diese Vollstreckung zu einem Ergebnis führt, das offensichtlich mit seiner öffentli-

---

692 Vielleicht hätte sie sogar das italienische Gericht dazu bewogen, seinerseits kein Hauptinsolvenzverfahren zu eröffenen und dadurch einen jahrelangen Rechtsstreit vermieden.

693 Es handelt sich bei diesem Artikel jedoch nur um eine Ordnungsvorschrift, deren Verletzung die Wirksamkeit des Eröffnungsbeschlusses nicht berührt; Stephan, in Eickmann/ Flessner/ Irschlinger/ Kirchhof/ Kreft/ Landfermann/ Marotzke/ Stephan, Insolvenzordnung, Kommentar 2006, zu Art. 102 §2 EGInsORn. 6, S. 1449.

694 Paulus, Europäische Insolvenzverordnung, Kommentar 2006, zu Art. 26, Rn. 1, S. 230.

chen Ordnung, insbesondere mit den Grundprinzipien oder den verfassungsmäßig garantierten Rechten und Freiheiten des einzelnen, unvereinbar ist."
Dabei handelt es sich nicht um eine Ermächtigung, die Eröffnungsentscheidung (oder die im Verfahren ergangenen Einzelentscheidungen) einer *révision au fond* zu unterziehen, sondern lediglich um die Möglichkeit, deren Konformität mit der öffentlichen Ordnung zu überprüfen und bei einem Verstoß gegen den *ordre public* deren Anerkennung und Vollstreckung zu verweigern.[695] Insofern ist Artikel 26 EuInsVO weniger als Einschränkung der Freiheit des die Eröffnungsentscheidung erlassenden Gerichtes zu verstehen – denn seine Entscheidung darf weiterhin keiner Nachprüfung in der Sache unterworfen werden – sondern vielmehr als Begrenzung der Wirkungen dieser Entscheidung.[696] Daraus folgt, dass ein mitgliedstaatliches Gericht sich keinesfalls aus dem Grund auf einen Verstoß gegen seinen *ordre public* berufen kann, weil es die Gerichte des Eröffnungsstaates für international unzuständig hält; dies würde das System der Insolvenzverordnung „einseitig aushöhlen".[697]
Artikel 26 EuInsVO stellt eine Schutzvorschrift dar, um ungewollte Ergebnisse des Systems der automatischen Anerkennung und Vollstreckung zu vermeiden.[698] Die Mitgliedstaaten sollen über Artikel 16 und 17 der Europäischen Insolvenzverordnung nicht gezwungen sein, Verstöße gegen ihre öffentliche Ordnung zu dulden.
Die Bestimmung der Tragweite dieser Vorschrift ist ein wichtiges Element im System der Europäischen Insolvenzverordnung, da jede Berufung auf einen Verstoß gegen die öffentliche Ordnung ein Hindernis für die Verwirklichung des Zieles der Europäischen Insolvenzverordnung darstellt, effiziente und wirksame grenzüberschreitende Insolvenzverfahren zu garantieren.[699]

---

695 Dies stellen Virgós/Schmit eindeutig in ihrem Erläuternden Bericht unter Rn. 202, 1.) zum Ordre-Public-Vorbehalt fest, vgl. bereits oben zum Prioritätsprinzip. Siehe auch Smid, Deutsches und Europäisches Internationales Insolvenzrecht, Kommentar 2004, Art. 26, Rn. 2 und 3, S. 112, Paulus, Zuständigkeitsfragen nach der Europäischen Insolvenzverordnung, http://www.iiiglobal.org/country/germany/insolvenzverordnung.pdf, S.10 (zuletzt aufgerufen am 12. 04. 2007) auch veröffentlich in der Zeitschrift für Wirtschaftsrecht, 2003, S. 1725 ff..

696 Smid, Deutsches und Europäisches Internationales Insolvenzrecht, Kommentar 2004, Art. 26, Rn. 7, S. 113; Virgós/Schmit, Erläuternder Bericht, Rn. 202, 2.): „Es findet keine Überprüfung der Zuständigkeit des entscheidenden Gerichts durch die Gerichte des ersuchten Staates statt; [...]."

697 Vgl. Virgós/Schmit, Erläuternder Bericht, Rn. 205, 206 und 220; Paulus Europäische Insolvenzverordnung, Kommentar 2006, zu Art. 26, Rn. 11, S. 234; Smid, Deutsches und Europäisches Internationales Insolvenzrecht, Kommentar 2004, Art. 26, Rn. 7, S. 113.

698 Vallens, Le règlement européen sur les procédures d'insolvabilité à l'épreuve des groupes de sociétés : l'arbitrage de la CJCE, JCP, Semaine Juridique éd. Entreprises et affaires, 2006, S. 1224.

699 Vgl. Erwägungsgrund (2) EuInsVO.

Der Europäische Gerichtshof hatte im Urteil Eurofood Gelegenheit, zu diesem Thema Stellung zu nehmen. Das vorlegende Gericht, der Supreme Court of Ireland, hatte ihm mit seiner fünften Vorlagefrage folgende Frage gestellt:
„Ist ein Mitgliedstaat dann, wenn es offensichtlich gegen seine öffentliche Ordnung verstößt, einer Gerichts- oder Verwaltungsentscheidung in Bezug auf Personen oder Einrichtungen Rechtswirkung zuzuerkennen, deren Anspruch auf ein faires Verfahren und auf rechtliches Gehör bei der Entscheidungsfindung nicht berücksichtigt worden ist, nach Artikel 17 dieser Verordnung verpflichtet, die Entscheidung der Gerichte eines anderen Mitgliedstaats, mit der in Bezug auf eine Gesellschaft das Insolvenzverfahren eröffnet werden soll, anzuerkennen, wenn das Gericht des erstgenannten Mitgliedstaats überzeugt ist, dass die betreffende Entscheidung unter Missachtung dieser Grundsätze erlassen wurde, und wenn insbesondere der Antragsteller in dem zweitgenannten Mitgliedstaat sich trotz Aufforderungen und entgegen der Anordnung des Gerichts des zweitgenannten Mitgliedstaats geweigert hat, dem nach dem Recht des erstgenannten Mitgliedstaats ordnungsgemäß bestellten vorläufigen Verwalter (provisional liquidator) der Gesellschaft Abschriften der wesentlichen Unterlagen zu verschaffen, die dem Antrag zugrunde liegen?“[700]

bb) Die Auslegung des *ordre-public*-Vorbehaltes durch den EuGH

Obwohl eine Beantwortung der den *ordre-public*-Vorbehalt betreffenden Vorlagefrage des Supreme Court of Ireland in Anbetracht der vorangegangenen Bestätigung der Priorität der irischen Eröffnungsentscheidung hätte dahinstehen können, nutzte sie der EuGH, um deutlich zu machen, dass Artikel 26 EuInsVO *restriktiv* auszulegen ist.[701]

Der Gerichtshof führte zunächst Erwägungsgrund (22) EuInsVO an, welcher „aus dem Grundsatz des gegenseitigen Vertrauens ableitet, dass „[d]ie zulässigen Gründe für eine Nichtanerkennung [...] auf das unbedingt notwendige Maß beschränkt sein [sollten]“ und stellte diesem die Vorschrift des Artikels 26 EuInsVO gegenüber, der bei Verstoß gegen den *ordre public* die Nichtanerkennung zulässt.[702] Anschließend bezog er sich auf seine Rechtsprechung zur Ordre-Public-Klausel in Artikel 27 des Brüsseler Übereinkommens über die gerichtliche Zuständigkeit und die Vollstreckung gerichtlicher Entscheidungen in Zivil- und Handelssachen vom 27. September 1968.[703] In seinem Urteil in der

---

[700] EuGH-Urteil Eurofood, Rn. 24.

[701] Idot, Détermination de la juridiction compétente pour ouvrir la procédure d'insolvabilité principale d'une filiale d'un groupe, Note sous CJCE, 2 mai 2006, Europe n° 7, Juillet 2006, commentaires 230, S. 32.

[702] EuGH-Urteil Eurofood, Rn. 61.

[703] Idot, Détermination de la juridiction compétente pour ouvrir la procédure d'insolvabilité principale d'une filiale d'un groupe, Note sous CJCE, 2 mai 2006, Europe n° 7, Juillet 2006,

Rechtssache Krombach[704] hatte der EuGH entschieden, „dass die Ordre-public-Klausel in Artikel 27 Nummer 1 [des Brüsseler] Übereinkommens nur in Ausnahmefällen einschlägig sein kann, da Artikel 27 ein Hindernis für die Verwirklichung eines der grundlegenden Ziele des Übereinkommens, nämlich die Erleichterung der Freizügigkeit der Urteile, bildet".[705] Der Gerichtshof bezog sich im Urteil Eurofood weiter auf Randnummer 37 des Urteils in der Rechtssache Krombach,[706] in welcher er bestimmte, dass eine Anwendung der Ordre-Public-Klausel „nur dann in Betracht [kommt], wenn die Anerkennung oder Vollstreckung der in einem anderen Vertragsstaat erlassenen Entscheidung gegen einen wesentlichen Rechtsgrundsatz verstieße und deshalb in einem nicht hinnehmbaren Gegensatz zur Rechtsordnung des Vollstreckungsstaats stünde. Damit das Verbot der Nachprüfung der ausländischen Entscheidung auf ihre Gesetzmäßigkeit gewahrt bleibt, muß es sich bei diesem Verstoß um eine offensichtliche Verletzung einer in der Rechtsordnung des Vollstreckungsstaats als wesentlich geltenden Rechtsnorm oder eines dort als grundlegend anerkannten Rechts handeln."[707]

Der EuGH erklärte in seinem Urteil Eurofood, diese Rechtsprechung sei auf die Auslegung von Artikel 26 der Europäischen Insolvenzverordnung übertragbar.[708]

Anschließend erinnerte der Gerichtshof an den „allgemeinen gemeinschaftlichen Rechtsgrundsatz [...], dass jedermann Anspruch auf ein faires Verfahren hat", welcher von ihm bereits in mehreren Urteilen anerkannt wurde.[709] Er erklärte,

---

commentaires 230, S. 32; Artikel 27 des Brüsseler Übereinkommens entspricht Artikel 37 der Verordnung (EG) Nr. 44/2001 des Rates vom 22. Dezember 2000 über die gerichtliche Zuständigkeit und die Anerkennung und Vollstreckung von Entscheidungen in Zivil- und Handelssachen (EuGVVO). Vgl. die synoptische Darstellung von Prof. Dr. Thomas Rauscher unter http://iprserv.jura.uni-leipzig.de/download/synopse.pdf (zuletzt aufgerufen am 12. 04. 2007).

[704] Urteil vom 28. März 2000 in der Rechtssache C-7/98, Krombach, Slg. 2000, I – 1935.

[705] So EuGH-Urteil Eurofood, Rn. 62, mit Verweis auf das EuGH-Urteil Krombach, Rn. 19 und 21. Rn. 21 des Krombach-Urteils besagt im Original: „Artikel 27 des Übereinkommens ist nach der Rechtsprechung des Gerichtshofes eng auszulegen, da er ein Hindernis für die Verwirklichung eines der grundlegenden Ziele des Übereinkommens bildet (Urteil Solo Kleinmotoren, Randnr. 20). Was speziell die Ordre-Public-Klausel in Artikel 27 Nummer 1 des Übereinkommens betrifft, so kann sie nach der Rechtsprechung des Gerichtshofes nur in Ausnahmefällen eine Rolle spielen [...]."

[706] EuGH-Urteil Eurofood, Rn. 63.

[707] Rn. 37 des EuGH-Urteils Krombach.

[708] EuGH-Urteil Eurofood, Rn. 64.

[709] EuGH-Urteil Eurofood, Rn. 65, der auf folgende Urteile verweist: „Urteile vom 17. Dezember 1998 in der Rechtssache C-185/95 P, Baustahlgewebe/Kommission, Slg. 1998, I-8417, Randnrn. 20 und 21, vom 11. Januar 2000 in den [verbundenen] Rechtssachen C-174/98 P und C-189/98 P, Niederlande und Van der Wal/Kommission, Slg. 2000, I-1, Randnr. 17, und Krombach, Randnr. 26".

dass „dieses Prinzip [...] auf den Grundrechten [fußt], die integraler Bestandteil der allgemeinen Grundsätze des Gemeinschaftsrechts sind, deren Beachtung der Gerichtshof sichert, indem er sich an die gemeinsamen Verfassungstraditionen der Mitgliedstaaten und an die Hinweise anlehnt, die insbesondere die am 4. November 1950 in Rom unterzeichnete Europäische Konvention zum Schutze der Menschenrechte und Grundfreiheiten liefert.“[710] Von Bedeutung ist hieran insbesondere, dass der EuGH das Bestehen eines *gemeinsamen ordre public* innerhalb der Gemeinschaft bekräftigte und die Europäische Menschenrechtserklärung von 1950 als Rechtsquelle heranzog, obwohl in Artikel 26 EuInsVO nur von der öffentlichen Ordnung des betroffenen Mitgliedstaates die Rede ist. Der EuGH stellte somit auf einen *„Gemeinschafts-ordre public“* ab, der Bestandteil jedes nationalen *ordre public* ist und an welchem somit jede Eröffnungsentscheidung im Sinne des Artikels 26 EuInsVO zu messen ist.[711]
Damit beeinflusst der EuGH maßgeblich das Konzept, welches die einzelnen Mitgliedstaaten für „ihre“ öffentliche Ordnung haben und bestätigt eine bereits an anderer Stelle gemachte Zuständigkeitsverteilung zwischen den Mitgliedstaaten und dem Gerichtshof.[712] Diese sind zwar grundsätzlich frei in der Bestimmung „ihrer“ öffentlichen Ordnung, deren Grenzen werden jedoch vom Gerichtshof festgelegt.[713] Damit erreicht der EuGH eine gewisse „Harmonisierung“ der mitgliedstaatlichen Ordre-Public-Konzepte, denen als eine Art Grundstock der „Gemeinschafts-Ordre-Public“ gemeinsam ist. Zudem wacht der EuGH über die Grenzen jedes *ordre public*, so dass er verhindern kann, dass eine exzessive Berufung der Mitgliedstaaten auf Artikel 26 EuInsVO die Wirksamkeit der Europäischen Insolvenzverordnung konterkariert.[714]
So schloss der Gerichtshof denn auch seine Ausführungen über den Ordre-Public-Vorbehalt mit der klaren Anweisung an die irischen Richter, dass „es [...] gegebenenfalls Sache des vorlegenden Gerichts [sei], festzustellen, ob dies [nämlich ein ordre-public-Verstoß in Form eines offensichtlichen Verstoßes gegen das Grundrecht auf rechtliches Gehör] im Ausgangsverfahren in Bezug auf den Verlauf des Verfahrens vor dem Tribunale civile e penale Parma der Fall war. Insoweit ist darauf hinzuweisen, dass sich das Gericht *nicht* darauf be-

710 EuGH-Urteil Eurofood, Rn. 65.

711 Vallens, Le règlement européen sur les procédures d'insolvabilité à l'épreuve des groupes de sociétés : l'arbitrage de la CJCE, JCP La Semaine Juridique – éd.° Entreprise et Affaires, N° 27-28, 6 juillet 2006, S. 1225.

712 Vgl. etwa bereits das EuGH-Urteil vom 4. Dezember 1974, Yvonne van Duyn gegen Home Office, Rs. 41/74, Slg. 1974, S. 01337, abrufbar unter http://eur-lex.europa.eu /LexUriServ/Lex UriServ.do?uri= CELEX:61974J0041:DE:HTML (zuletzt aufgerufen am 12. 04. 2007).

713 Vallens, Le règlement européen sur les procédures d'insolvabilité à l'épreuve des groupes de sociétés : l'arbitrage de la CJCE, JCP La Semaine Juridique – éd.° Entreprise et Affaires, N° 27-28, 6 juillet 2006, S. 1225.

714 Vgl. dazu auch Virgós/Schmit, Erläuternder Bericht, Rn. 205 und 208.

schränken kann, seine *eigenen Vorstellungen* von der Mündlichkeit des Verfahrens und von der fundamentalen Rolle, die diese in seiner Rechtsordnung spielt, zu übertragen, sondern anhand sämtlicher Umstände beurteilen muss, ob der vom High Court bestellte „provisional liquidator“ hinreichend die Möglichkeit hatte, gehört zu werden.“[715]
Die vom Gerichtshof gemachten Ausführungen zeugen von einem Selbstverständnis, welches für den Platz, den der Gerichtshof im Rechtssystem der Europäischen Gemeinschaft einnimmt, wegweisend und entscheidend ist.

c) Zwischenresümee

Den mitgliedstaatlichen Gerichten kommt die Aufgabe zu, die Europäische Insolvenzverordnung anzuwenden und umzusetzen. Dabei unterliegen sie keinerlei wechselseitiger Kontrolle, da eine solche mit dem Grundsatz des gegenseitigen Vertrauens, auf welchem das Prioritätsprinzip fußt, unvereinbar wäre und eine solche Kontrolle zudem dem Ziel der Verordnung, zu effizienten grenzüberschreitenden Insolvenzverfahren zu gelangen, abträglich wäre. Der in Artikel 26 EuInsVO normierte Ordre-public-Vorbehalt ist in diesem System nur das äußerste Korrektiv untragbarer Entscheidungen – seine Auslegung muss daher restriktiv erfolgen, was seine tatsächliche Bedeutung, als die Freiheit der mitgliedstaatlichen Gerichte begrenzender Faktor, stark einschränkt.

2.) Die Position des Europäischen Gerichtshofes

Um die Bedeutung der Urteile des EuGH für die weitere Entwicklung der nationalen Rechtsprechung und damit der Anwendung der Europäischen Insolvenzverordnung einschätzen zu können, muss die Position des Gerichtshofes nach dem EG-Vertrag beleuchtet werden. Vor diesem Hintergrund kann dann der wahre Bedeutungsgehalt der Urteile „zwischen den Zeilen“ untersucht werden. Es kann dabei festgestellt werden, dass der EuGH über seine ihm nach dem EG-Vertrag zugewiesene Rolle als Interpret hinausgeht und sehr detaillierte Vorgaben macht, ohne jedoch die nationalen Gerichten in ihrer Entscheidungsfreiheit zu sehr einzuengen.

a) Die Rolle des EuGH im System

Der EG-Vertrag legt in Artikel 220 die Aufgabe des Gerichtshofes fest. Er bestimmt:
„Der Gerichtshof und das Gericht erster Instanz sichern im Rahmen ihrer jeweiligen Zuständigkeiten die Wahrung des Rechts bei der Auslegung und Anwendung dieses Vertrags.“

---

[715] EuGH-Urteil Eurofood, Rn. 68; Hervorhebungen nicht im Original.

Dadurch sollen insbesondere die Rechtseinheit und die einheitliche Anwendung des Gemeinschaftsrechts gewährleistet werden.[716] Die Formulierung „Wahrung des *Rechts*“ erschließt einen sehr weiten Bereich, der sowohl das primäre[717] als auch das sekundäre Gemeinschaftsrecht[718] sowie insbesondere auch ungeschriebene Rechtsgrundsätze umfasst.[719]
Artikel 220 EG-Vertrag ist, wie sich aus seinem Wortlaut ergibt, keine zuständigkeitsbegründende Norm, sondern setzt die Zuständigkeit des EuGH bzw. des Gerichtes erster Instanz vielmehr voraus.[720] Auch der EuGH – als Organ der Gemeinschaft gemäß Artikel 7 EG – ist dem Grundsatz der begrenzten Einzelermächtigung unterworfen.[721] Die Zuständigkeit des EuGH muss also aus anderen Vorschriften des Vertrages abgeleitet werden – hier sind insbesondere Artikel 227 EG (Vertragsverletzungsverfahren gegen einen Mitgliedstaat)[722], Artikel 230 EG (Rechtmäßigkeitskontrolle bzgl. Organhandlungen)[723] und Artikel 234 EG (Vorabentscheidungsverfahren)[724] zu nennen. Gerade auch der letztgenannte Artikel belegt die Auslegungskompetenz des EuGH für sekundäres Gemeinschaftsrecht. Unter die dort genannten „Handlungen der Organe der Gemeinschaft“, über deren Gültigkeit und Auslegung der Gerichtshof zu entscheiden hat, fallen insbesondere auch Verordnungen, als nach Artikel 249 EG

---

716 Büdenbender, Das Verhältnis des Europäischen Gerichtshofs zum Bundesverfassungsgericht, Dissertation, 2005, S. 35.

717 Unter „primärem Gemeinschaftsrecht“ versteht man das durch völkerrechtliche Einigung zwischen den Mitgliedstaaten geschaffene Vertragswerk einschließlich der Anhänge und Protokolle; Bieber/Epiney/Haag, Die Europäische Union, 2006, § 6, Rn. 4, S. 161.

718 Als „sekundäres Gemeinschaftsrecht“ werden die Rechtsakte der Gemeinschaftsorgane bezeichnet, Bieber/Epiney/Haag, Die Europäische Union, 2006, § 6, Rn. 4, S. 161.

719 Bieber/Epiney/Haag, Die Europäische Union, 2006, § 9, Rn. 5, S. 217.

720 „im Rahmen ihrer jeweiligen Zuständigkeiten“; so auch Bieber/Epiney/Haag, Die Europäische Union, 2006, § 9, Rn. 5, S. 217.

721 Artikel 5 Abs. 1 EG („compétence d'attribution“); Borchardt, in Lenz/Borchardt (Hrsg.), EU- und EG-Vertrag, Kommentar, 2006, zu Art. 220 EGV, Rn. 1, S. 2124.

722 Artikel 227 Abs. 1 EG: „Jeder Mitgliedstaat kann den Gerichtshof anrufen, wenn er der Auffassung ist, dass ein anderer Mitgliedstaat gegen eine Verpflichtung aus diesem Vertrag verstoßen hat.“

723 Artikel 230 Abs.1 EG: „Der Gerichtshof überwacht die Rechtmäßigkeit der gemeinsamen Handlungen des Europäischen Parlaments und des Rates sowie der Handlungen des Rates, der Kommission und der EZB, soweit es sich nicht um Empfehlungen oder Stellungnahmen handelt, und der Handlungen des Europäischen Parlaments mit Rechtswirkung gegenüber Dritten.“ Damit ist sekundäres Gemeinschaftsrecht der Kontrolle des EUGH unterworfen. In Abs.3 sieht dieser Artikel die Möglichkeit der Individualklage vor.

724 Artikel 234 Abs.1 EG: „Der Gerichtshof entscheidet im Wege der Vorabentscheidung a) über die Auslegung dieses Vertrags, b) über die Gültigkeit und die Auslegung der Handlungen der Organe der Gemeinschaft und der EZB, c) über die Auslegung der Satzungen der durch den Rat geschaffenen Einrichtungen, soweit diese Satzungen dies vorsehen.“

erlassene Rechtsakte,[725] also grundsätzlich auch die Europäische Insolvenzverordnung.[726] Die Auslegungskompetenz im Rahmen eines Vorabentscheidungsverfahrens für die Europäische Insolvenzverordnung, als auf Artikel 65 EG gründendes Sekundärrecht, ergibt sich jedoch nicht direkt aus Artikel 234 EG, sondern folgt aus der Spezialvorschrift des Artikels 68 EG in Verbindung mit Artikel 234 EG.[727] Artikel 68 EG unterwirft die Zuständigkeit des EuGH für Fragen der Auslegung des Titels IV des EG-Vertrages[728] sowie der Gültigkeit oder Auslegung von auf diesen Titel gestützten Rechtsakten der Organe der Gemeinschaft einer vom allgemeinen Regime der Artikel 220 ff. EG abweichenden einschränkenden Sonderregelung.[729] Da die Europäische Insolvenzverordnung sich auf Artikel 65 EG i.V.m. 61 c) EG und 67 Abs. 1 EG, also Vorschriften des IV. Titels, stützt, unterfällt die sie betreffende Auslegungskompetenz des Gerichtshofes diesem einschränkenden Sonderregime.

Eine Einschränkung ergibt sich dabei bzgl. der zur Vorlage berechtigten Gerichte. Entgegen der Regelung des Artikels 234 EG sind nach Artikel 68 Abs. 1 EG nur letztinstanzliche Gerichte zur Vorlage an den EuGH berechtigt.[730] Damit wird der richterliche Dialog zwischen nationalen Gerichten und EuGH deutlich erschwert, da gerade bei den unterinstanzlichen Gerichten am häufigsten Auslegungsschwierigkeiten zu Tage treten und folglich gerade hier ein großer Vorlagebedarf besteht.[731] Angesichts der herausragenden Bedeutung des Vorabentscheidungsverfahrens für die Sicherung der gemeinschaftlichen Integration ist diese Einschränkung sehr zu bedauern.[732] Hintergrund dieser Ein-

---

725 Borchardt, in Lenz/Borchardt (Hrsg.), EU- und EG-Vertrag, Kommentar, 2006, zu Art. 234, Rn. 7, S. 2255.

726 Arndt, Europarecht, 2001, S. 60.

727 Bieber/Epiney/Haag, Die Europäische Union, 2006, § 9, Rn. 113, S. 251.

728 Titel IV umfasst die Artikel 61 bis 69 des EG-Vertrages und ist überschrieben mit „Visa, Asyl, Einwanderung und andere Politiken betreffend den freien Personenverkehr".

729 Ludwig, Die Rolle des Europäischen Gerichtshofes im Bereich Justiz und Inneres nach dem Amsterdamer Vertrag, Dissertation, 2002, S.169.

730 Artikel 68 Abs.1 EG besagt: „Artikel 234 findet auf diesen Titel unter folgenden Umständen und Bedingungen Anwendung: Wird eine Frage der Auslegung dieses Titels sowie der Gültigkeit oder Auslegung von auf diesen Titel gestützten Rechtsakten der Organe der Gemeinschaft in einem schwebenden Verfahren bei einem einzelstaatlichen Gericht gestellt, dessen Entscheidungen selbst nicht mehr mit Rechtsmitteln des innerstaatlichen Rechts angefochten werden können, so legt dieses Gericht dem Gerichtshof die Frage zur Entscheidung vor, wenn es eine Entscheidung darüber zum Erlass seines Urteils für erforderlich hält."

731 Bieber/Epiney/Haag,Die Europäische Union, 2006, § 9, Rn. 113, S. 251.

732 Bieber/Epiney/Haag,Die Europäische Union, 2006, § 9, Rn. 113, S. 251; Ludwig, Die Rolle des Europäischen Gerichtshofes im Bereich Justiz und Inneres nach dem Amsterdamer Vertrag, 2002, S. 248/249; Paulus, Europäische Insolvenzverordnung, Kommentar 2006, Einl. Rn. 50, S. 76; auch Wessels weist kritisch darauf hin, dass aufgrund der Vorlageeinschränkung eine einheitliche Auslegung viel Zeit in Anspruch nehmen kann („a uniform

schränkung ist, dass mit Titel IV sensible Bereiche der Innen- und Rechtspolitik, welche traditionell als Grundpfeiler der Staatlichkeit angesehen werden[733] und die Souveränität der Mitgliedstaaten folglich im Kern betreffen, von der dritten in die erste Säule der Europäischen Union überführt wurden.[734] Gerade bezüglich dieser Bereiche wollten die Mitgliedstaaten sich den entscheidenden Einfluss auf den Fortgang des Integrationsprozesses vorbehalten und daher dem EuGH keine Möglichkeit geben, durch „justiziellen Aktivismus" in Form autonomer richterlicher Rechtsfortbildung das Integrationstempo zu bestimmen.[735] Ob dies den EuGH jedoch tatsächlich zu bremsen vermag, darf – unabhängig davon, ob man dies für überhaupt erstrebenswert erachtet – angesichts der doch im Kern erhalten gebliebenen Zuständigkeiten bezweifelt werden.[736] Der Weg zu einer Klärung durch den EuGH wurde zwar verlängert, jedoch nicht unbegehbar, wie insbesondere die Rechtssachen Staubitz-Schreiber und Eurofood in Zusammenhang mit der Europäischen Insolvenzverordnung belegen.

Nicht einschränkend, sondern im Gegenteil ein neues Verfahren vor dem EuGH schaffend wirkt demgegenüber Artikel 68 Abs. 3 EG, welcher dem EuGH ermöglicht, verbindliche Gutachten bzgl. der Titels IV EG zu erstellen.[737] Artikel 68 Abs. 3 EG bestimmt: *„Der Rat, die Kommission oder ein Mitgliedstaat können dem Gerichtshof eine Frage der Auslegung dieses Titels oder von auf diesen Titel gestützten Rechtsakten der Organe der Gemeinschaft zur Entscheidung vorlegen. Die Entscheidung, die der Gerichtshof auf dieses Ersuchen hin fällt, gilt nicht für Urteile von Gerichten der Mitgliedstaaten, die rechtskräftig geworden sind.*" Damit wird eine Art „präventive" (weil im Vorfeld gerichtlicher Auseinandersetzungen angesiedelte) Klärung und damit Sicherung der einheitlichen Auslegung und Anwendung durch den EuGH möglich.[738]

Diese kann das Fehlen der Vorlagebefugnis unterinstanzlicher Gerichte jedoch nicht kompensieren, da von ihnen aufgrund ihrer größeren Vorlagemotivation

---

interpretation by the Court [...] may take a long time"), International Insolvency Law, 2006, Rn. 10440, S. 234.

733 Gusy/Arnold, Die Rechts- und Asylpolitik der Europäischen Union, in Weidenfeld (Hrsg.), Europa-Handbuch, 2002, S. 531.

734 Vgl. Ludwig, Die Rolle des Europäischen Gerichtshofes im Bereich Justiz und Inneres nach dem Amsterdamer Vertrag, 2002, S. 51 und 248.

735 Vgl. Wolf-Niedermaier, Der Europäische Gerichtshof zwischen Recht und Politik, Dissertation, 1997, S. 285: Bei der Verhinderung dynamischer Rechtsfortbildung gilt „only exclusion provides certainty"; Ludwig, Die Rolle des Europäischen Gerichtshofes im Bereich Justiz und Inneres nach dem Amsterdamer Vertrag, 2002, S. 248.

736 Vgl. Ludwig, Die Rolle des Europäischen Gerichtshofes im Bereich Justiz und Inneres nach dem Amsterdamer Vertrag, 2002, . 248.

737 Ludwig, Die Rolle des Europäischen Gerichtshofes im Bereich Justiz und Inneres nach dem Amsterdamer Vertrag, 2002, S. 178.

738 Ludwig, Die Rolle des Europäischen Gerichtshofes im Bereich Justiz und Inneres nach dem Amsterdamer Vertrag, 2002, S. 322.

sowie ihres größeren Problembewusstseins ein bei weitem größeres Integrationspotential ausgeht.[739] Wie groß die von der Sonderregelung des Artikels 68 Abs.1 EG gerissene Zuständigkeitslücke ist, zeigt sich gerade im Fall der Europäischen Insolvenzverordnung anhand der vielen umstrittenen und divergierenden unterinstanzlichen Urteile, auf deren Ebene keine Chance für eine Klärung durch den EuGH bestand. Diese Lücke wurde auch gerade nicht durch eine Vorlage seitens des Rates, der Kommission oder eines Mitgliedstaates an den EuGH zwecks präventiver Klärung der Auslegungsproblematik zum Begriff des Mittelpunktes der hauptsächlichen Interessen geschlossen. Der grundsätzlich lange Weg zum EuGH wird so vorliegend noch länger, was in der Praxis zu gegenteiligen Effekten bezüglich der einst mit der Regelung bezweckten Beschleunigungswirkung führt.[740] Gerade bei insolvenzrechtlichen Fällen, die grundsätzlich ein rasches Vorgehen erfordern, müsste es den unterinstanzlichen Gerichten möglich sein, eine Klärung der Rechtslage durch den EuGH herbeizuführen, welche im Wege eines beschleunigten Verfahrens auch zeitnah zu erreichen wäre.[741] Es bleibt zu hoffen, dass die beschränkende Wirkung des Artikels 68 Abs. 1 EG entweder durch einen Beschluss des Rates im Sinne des Artikels 67 Abs. 2 2.Spiegelstrich EG[742] oder durch eine Vertragsänderung aufgehoben wird. Hoffnung gibt in Bezug auf die letztgenannte Alternative der Vertrag über eine Verfassung für Europa, welcher in seinem Artikel III-369 EVV keine dem Artikel 68 Abs. 1 EG entsprechende Einschränkung des Vorabentscheidungsverfahrens vorsieht.[743]

Neben der „Verkürzung des Rechtsschutzes“ durch die besonderen Vorlagevoraussetzungen des Artikels 68 EG ist grundsätzlich zu beachten, dass dem EuGH (gerade im Rahmen der Vorabentscheidung gemäß Artikel 234 EG, ggf. i.V.m. Artikel 68 EG als objektives Zwischenverfahren)[744] keine Prüfung des Einzelfalles obliegt.[745] Sein Wirken beschränkt sich laut EG-Vertrag auf die

---

739 Ludwig , Die Rolle des Europäischen Gerichtshofes im Bereich Justiz und Inneres nach dem Amsterdamer Vertrag, 2002, S. 322/323.

740 Vgl. zum Aspekt der Verfahrensbeschleunigung Bergmann, in Lenz/Borchardt, (Hrsg.), EU- und EG-Vertrag, Kommentar, 2006, zu Art. 68 EGV, Rn. 2, S. 894.

741 Vgl. Cranshaw, Einflüsse des Europäischen Rechts auf das Insolvenzverfahren, 2006, S. 1670.

742 Artikels 67 Abs. 2 2.Spiegelstrich EG bestimmt: „Nach Ablauf dieser fünf Jahre [...] - fasst der Rat einstimmig nach Anhörung des Europäischen Parlaments einen Beschluss, wonach auf alle Bereiche oder Teile der Bereiche, die unter diesen Titel fallen, das Verfahren des Artikels 251 anzuwenden ist und die Bestimmungen über die Zuständigkeit des Gerichtshofs angepasst werden.“ Ein solcher Beschluss steht bislang noch aus.

743 Bieber/Epiney/Haag, Die Europäische Union, 2006, § 9, Rn. 112, S. 250; Bergmann, in Lenz/Borchardt (Hrsg.), EU- und EG-Vertrag, Kommentar, 2006, zu Art. 68, Rn. 5, S. 896.

744 Bieber/Epiney/Haag, Die Europäische Union, 2006, § 9, Rn. 86, S. 243.

745 Statt vieler Buerstedde, Juristische Methodik des Europäischen Gemeinschaftsrechts: Ein Leitfaden, Dissertation 2005, S. 23.

Wahrung des Rechts bei der Auslegung und Anwendung des Gemeinschaftsrechts. Wird er gemäß Artikel 68 Abs. 1 i.V.m. Artikel 234 EG-Vertrag angerufen, um über eine Frage der Auslegung der Europäischen Insolvenzverordnung zu entscheiden, entscheidet er im Rahmen einer Vorabentscheidung auf eine Vorlagefrage eines mitgliedstaatlichen Gerichtes generell abstrakt „über die Gültigkeit und die Auslegung der Handlungen der Organe der Gemeinschaft“[746]. Der Gerichtshof ist hiernach auf die „Auslegung“ des Inhaltes der betroffenen Norm beschränkt. Allein die abstrakte Beantwortung der Rechtsfrage, nicht die Anwendung der betroffenen Norm auf einen konkreten Sachverhalt steht zur Diskussion.[747] Dem EuGH ist folglich eine Subsumption des Sachverhaltes unter das anzuwendende Recht verwehrt;[748] die Beurteilung des Sachverhaltes im Einzellfall zählt gerade nicht zum Aufgabenbereich des Gerichtshofes.[749] Die Rolle des EuGH ist damit nicht die einer Revisions- oder Kassationsinstanz.[750]

b) Das Selbstverständnis des EuGH

Trotz dieser konzeptionellen Beschränkung der Rechtsprechungszuständigkeit des EuGH auf abstrakte Auslegungsfragen nimmt er im europäischen System eine Vorreiterrolle ein und hat den bisherigen Integrationsprozess maßgeblich vorangetrieben. Der EuGH hat die ihm durch den EG-Vertrag zugewiesene Aufgabe stets weit verstanden und so einen sehr großen Einfluss auf die Interpretation und das Verständnis des Gemeinschaftsrechts, aber auch auf dessen (Weiter-)Entwicklung und den Erfolg der europäischen Integration ausgeübt.[751] So wird dem Gerichtshof (und auch dem Gericht erster Instanz) aufgrund seiner Stellung im System des Gemeinschaftsrechtes eine Befugnis zur Rechtsfortbildung und Rechtsgewinnung zugestanden.[752] Er wird aufgrund dessen auch als

---

[746] Artikel 234 Abs.1 b) EG-Vertrag.

[747] Arndt, Europarecht, 2001, S. 60.

[748] Büdenbender, Das Verhältnis des Europäischen Gerichtshofs zum Bundesverfassungsgericht, 2005, S. 35.

[749] Chaput, Centre des intérêts principaux et catégories juridiques de l'insolvabilité des entreprises, Revue Lamy Droit des Affaires, juin 2006, n°6, S. 30 : « La qualification de faits ponctuels n'est pas directement du ressort de la Cour de Justice. »

[750] Borchardt, in Lenz/Borchardt (Hrsg.), EU- und EG-Vertrag, Kommentar, 2006, zu Art. 234, Rn. 3, S. 2253.

[751] Bieber/Epiney/Haag,Die Europäische Union, 2006, § 9, Rn. 6, S. 218; von „Rechtsfortbildung im Sinne von „Rechtsneuschöpfung““ spricht Stein, Richterrecht wie anderswo auch? Der Gerichtshof der Europäischen Gemeinschaften als „Integrationsmotor“, in Richterliche Rechtsfortbildung : Erscheinungsformen, Auftrag u. Grenzen; FS der Jur. Fakultät Heidelberg, 1986, S. 619; vgl. auch Schulze (Hrsg.), Auslegung Europäischen Privatrechts und angeglichenen Rechts, Einführung, 1999, S. 11/12.

[752] Borchardt, in Lenz/Borchardt (Hrsg.), EU- und EG-Vertrag, Kommentar, 2006, zu Art. 220, Rn. 42, S. 2138.

„gemeinschaftliches Integrationsorgan" bezeichnet.[753] Durch seine Rechtsprechung, in welcher er Leitlinien, Prinzipien und Ziele des Gemeinschaftsrechts entwickelt hat, die er teils auf eine dynamische Auslegung des Gemeinschaftsrechts stützte, wurde der Gerichtshof zum wahren „Motor Europas" und der europäischen Integration.[754] Als „Grundpfeiler der Integration" dienen dem Gerichtshof dabei die vier Grundfreiheiten der Gemeinschaft, die Waren-, Personen-, Dienstleistungs- und Kapitalverkehrsfreiheit.[755]
Zu den vom EuGH entwickelten Grundsätzen gehört beispielsweise die unmittelbare Wirkung des Gemeinschaftsrechts in den Mitgliedstaaten,[756] der Vorrang des Gemeinschaftsrechts vor dem innerstaatlichen Recht[757] oder das Konzept der Haftung jedes Mitgliedstaates für Schäden, die einem Einzelnen durch einen Verstoß des Mitgliedstaates gegen Gemeinschaftsrecht entstanden sind.[758] Der Gerichtshof zeigt sich selbstbewusst und integrationsfreundlich bei der Entwicklung neuer Grundsätze und treibt so die Harmonisierung voran.
Die Stellung des EuGH im System der Gemeinschaft ist damit bei weitem stärker und wichtiger, als es die Bestimmungen des EG-Vertrages bei einfacher Lektüre vermuten lassen. Kritische Stimmen rügen in diesem Zusammenhang zwar eine Überschreitung oder zumindest eine zu extensive Auslegung des eigenen Zuständigkeitsbereiches durch den EuGH.[759] Betrachtet man jedoch die positiven Auswirkungen der Rechtsprechung des EuGH auf die Entwicklung eines europäischen Rechtsraumes für die Bürger Europas und den Schutz ihrer Rechte durch das Gemeinschaftsrecht in verschiedenen Bereichen des täglichen Lebens, so kann die große Integrationsleistung, welche der EuGH durch sein weites Selbstverständnis erzielen konnte, nur begrüßt werden und ihm ist eine Kompetenz zur rechtsfortbildenden Auslegung zuzugestehen.[760]

---

753 Ludwig, Die Rolle des Europäischen Gerichtshofes im Bereich Justiz und Inneres nach dem Amsterdamer Vertrag, 2002, S. 28.

754 Hans-Wolfgang Arndt spricht vom EuGH als eigentlichem „Motor der Integration", Europarecht, 2001, S. 51.

755 Klauer, Die Europäisierung des Privatrechts : Der EuGH als Zivilrichter, Dissertation 1998, S. 22/23.

756 Urteil des Europäischen Gerichtshofes vom 5. Februar 1963, van Gend & Loos, Rs. 26/62, Sammlung der Rechtsprechung deutsche Ausgabe Seite 00003; siehe zu diesem Grundsatz http://curia.europa.eu/de/instit/presentationfr/index_cje.htm (zuletzt aufgerufen am 12. 04. 2007).

757 Urteil des Europäischen Gerichtshofes vom 15. Juli 1964, Flaminio Costa gegen E.N.E.L, Rs. 6/64, Sammlung der Rechtsprechung deutsche Ausgabe Seite 01253.

758 Urteil des Europäischen Gerichtshofes vom 19. November 1991, Francovich, verbundene Rs. C-6/90 et C-9/90, Sammlung der Rechtsprechung 1991 Seite I-05357.

759 Vgl. dazu Ludwig, Die Rolle des Europäischen Gerichtshofes im Bereich Justiz und Inneres nach dem Amsterdamer Vertrag, 2002, S. 31; sowie die Darstellung des Meinungsstandes bei Bieber/Epiney/Haag, Die Europäische Union, 2006, § 9, Rn. 8, S. 219.

760 Bieber/Epiney/Haag,Die Europäische Union, 2006, § 9, Rn. 8, S. 219.

Vor diesem Hintergrund ist es auch zu begrüßen, wenn der Gerichtshof konkrete Ausführungen in seinen Urteilen macht und so die rein abstrakte Interpretationsebene bisweilen verlässt. Zumal seine Aufgabe, für eine europaweit einheitliche Auslegung und Anwendung des Gemeinschaftsrechts zu sorgen, in der Praxis nur schwer zu erfüllen wäre, wenn sich der EuGH nur auf die abstrakte Auslegung der Gemeinschaftsnormen beschränkte und es allein den nationalen Gerichten überließe, die so interpretierten Normen umzusetzen.[761] Das Bedürfnis klarer Leitlinien tritt deutlich ans Licht, wenn man sich die von den nationalen Gerichten im Wege der Vorabentscheidung an den EuGH gestellten Fragen ansieht. Im Fall Eurofood beispielsweise sind die vom Supreme Court of Ireland vorgelegten fünf Fragen extrem detailliert gestellt.[762] Eine klare und konkrete Entscheidungsbasis für den fraglichen Einzelfall zu erhalten war gerade das Ziel der irischen Richter; ihrem Anliegen konnte der Gerichtshof nur entsprechen, indem er in seiner Auslegung auch auf den Ausgangsfall einging.[763] Die Antworten des EuGH zu den die Europäische Insolvenzverordnung betreffenden Fragen sowohl im Fall Staubitz-Schreiber, als auch im Fall Eurofood zeigen, dass der EuGH nicht in dem ihm zugewiesenen abstrakten Rahmen bleibt, sondern darüber hinausgeht und den Gerichten den konkreten Weg aufzeigt, wie sie den in Frage stehenden Einzelfall zu behandeln haben.[764] Der Gerichtshof begnügt sich nicht mit einer abstrakten Begutachtung der Probleme, welche die Europäische Insolvenzverordnung aufwirft, sondern er entwirft ein praxisnahes und pragmatisches Konzept des Mittelpunktes der hauptsächlichen Interessen.[765] Er wird damit dem Bemühen der nationalen Gerichte, Klarheit über die Auslegung und Anwendung der Europäischen Insolvenzverordnung zu erzielen, die es ihnen ermöglichen auf der Basis eines gemeinschaftsweiten Konsenses Entscheidungen zu fällen, gerecht. Der EuGH hat so einmal mehr im Sinne eines „pragmatischen Ansatzes" deutlich Position bezogen.[766] Welche Auswirkungen dies im System der Europäischen Insolvenzverordnung und insbesondere auf die Auslegung des Begriffes des Mittelpunktes der hauptsächlichen Interessen durch die nationalen Gerichte haben wird, soll im Folgenden untersucht werden.

---

761 Fasquelle, Note sous l'arrêt Staubitz-Schreiber, Bulletin Joly Sociétés – juin 2006, S. 758.

762 Es handelte sich dabei um fünf Fragen, vgl. oben unter Teil 1, 1. Kapitel, A) 2.) b) bb).

763 Vgl. Borchardt, in Lenz/Borchardt (Hrsg.), EU- und EG-Vertrag, Kommentar, 2006, zu Art. 234, Rn. 11, S. 2256.

764 Fasquelle, Note sous l'arrêt Staubitz-Schreiber, Bulletin Joly Sociétés – juin 2006, S. 758.

765 Chaput, Centre des intérêts principaux et catégories juridiques de l'insolvabilité des entreprises, Revue Lamy Droit des Affaires, juin 2006, n°6, S. 28.

766 Vgl. Borchardt, in Lenz/Borchardt (Hrsg.), EU- und EG-Vertrag, Kommentar, 2006, zu Art. 234, Rn. 11, S. 2257.

c) Zwischenresümee

Die Rolle des Europäischen Gerichtshofes innerhalb der Europäischen Union ist von herausragender Bedeutung und sprengt das im nationalen Rahmen von der Judikative existierende Bild. Obwohl das Gemeinschaftsrecht die Zuständigkeit des Gerichtshofes auf abstrakte Rechtsfragen beschränkt, hat es dieser aufgrund seines weiten Selbstverständnisses stets verstanden, seine Urteile auch für den präzisen Einzelfall, der Anlass für die Vorlagefrage war, fruchtbar zu machen, und den nationalen Gerichten so konkrete und detaillierte Entscheidungsleitlinien vorzugeben. Die starke Position des EuGH, der als „Motor Europas" ganz wesentlich zum Fortschreiten des Einflusses des Europarechts und der Harmonisierung der nationalen Rechtsordnungen beiträgt, manifestiert sich insbesondere in der ihm zuerkannten Befugnis zur Rechtsfortbildung und Rechtsgewinnung. Gerade in den souveränitätstechnisch heiklen Bereichen des IV. Titels des EG-Vertrages, auf welchen sich auch die Europäische Insolvenzverordnung stützt, haben die Mitgliedstaaten den Zuständigkeitsbereich des EuGH daher bewusst beschnitten, indem sie nur letztinstanzlichen Gerichten den Weg zum Vorabentscheidungsverfahren öffneten (Art. 68 Abs. 1 i.V.m. Art. 234 EG). Damit wollten sie insbesondere einer durch den Gerichthof gesteuerten Beschleunigung des Integrationstempos in diesem Bereich vorbeugen. Diese Einschränkung ist in Anbetracht der herausragenden Bedeutung des EuGH für die Einheitlichkeit der Auslegung und Anwendung des Gemeinschaftsrechtes zutiefst bedauerlich, kann letztlich aber wohl auch in diesem Bereich eine progressive Beeinflussung durch den Gerichtshof nicht auf Dauer verhindern. Die Auswirkungen der ersten Stellungnahmen des EuGH zum Begriff des Mittelpunktes der hauptsächlichen Interessen des Schuldners nach der Europäischen Insolvenzverordnung deuten bereits in diese Richtung.

B) Die deutliche Stellungnahme des EuGH und ihre Auswirkungen

Um die Auswirkungen der Rechtsprechung des Europäischen Gerichtshofes auf die weitere Entwicklung der nationalen Rechtsprechung in punkto Europäische Insolvenzverordnung einschätzen zu können, muss man von der eben dargelegten Rolle des EuGH als „Motor Europas" ausgehen, nach welcher er mehr ist als ein Rechtsprechungsorgan im „klassischen" – insbesondere nationalstaatlich geprägten – Sinne.[767]

Gerade seine Entscheidungen in Bezug auf die Europäische Insolvenzverordnung und insbesondere deren Zuständigkeitskriterium haben weitreichende politische und wirtschaftliche Konsequenzen innerhalb Europas. In diesem Kontext ist es für den EuGH besonders wichtig und gleichzeitig besonders

[767] Vgl. Bieber/Epiney/Haag, Die Europäische Union, 2006, § 9, Rn. 6, S. 218.

schwierig, das empfindliche Gleichgewicht zwischen der nötigen Klarheit der Urteilssprüche und dem zu wahrenden Entscheidungsspielraum der nationalen Gerichte nicht zu stören.[768]
Die Folge dieser Gratwanderung zwischen „Motor Europas“ und „Moderator“ zwischen den (doch unterschiedlichen) nationalen Interessen ist ein insgesamt sehr bedachtes Vorgehen des Gerichtshofes in den Fällen Staubitz-Schreiber und Eurofood. Der EuGH hat in seinen Urteilen klare Leitlinien erkennen lassen, ohne übermäßig konkret zu werden und so bei aller Klarheit den nationalen Gerichten (zu Recht) große Interpretationsspielräume belassen. Letztere haben jedoch ein starkes Interesse daran, auf der vom EuGH geschaffenen Grundlage, eine kooperative Linie zu finden.

1.) Die Leitlinien des EuGH

Der Einfluss der Rechtsprechung des EuGH auf die nationalen Gerichte ist anhand der von ihm aufgestellten Kriterien und den diesen zugrunde gelegten Leitlinien zu ermessen. Diese werden im Folgenden dargestellt, um im Anschluss zu untersuchen, ob der EuGH das Gleichgewicht zwischen ausreichender Klarheit und Erhaltung des Entscheidungsspielraumes der nationalen Gerichte gewahrt hat.

a) Die vom EuGH aufgestellten Kriterien

Fasst man die bereits dargestellten Aussagen des EuGH im Fall Eurofood zusammen, so lässt sich festhalten, dass er in aller Deutlichkeit zum Ausdruck gebracht hat, dass der Mittelpunkt der hauptsächlichen Interessen ein der Verordnung eigener Begriff ist, welcher autonome Bedeutung hat und daher einheitlich und unabhängig von nationalen Rechtsvorschriften auszulegen ist.[769] Eine Definition des Begriffes ist laut dem Gerichtshof in Erwägungsgrund (13) EuInsVO enthalten, der besagt, dass es sich bei dem fraglichen Interessenmittelpunkt um den Ort handelt, an welchem der Schuldner gewöhnlich der Verwaltung seiner Interessen nachgeht und damit für Dritte feststellbar ist. Folglich muss der Mittelpunkt der hauptsächlichen Interessen – im Namen von Rechtssicherheit und Vorhersehbarkeit – nach objektiven und zugleich für Dritte feststellbaren Kriterien bestimmt werden.[770] Der widerleglichen Vermutung zugunsten des satzungsmäßigen Sitzes einer Schuldnergesellschaft aus Artikel 3 Abs. 1 S. 2 EuInsVO misst der Gerichtshof einen wichtigen Stellenwert bei, indem er bestimmt, sie lasse sich „nur entkräften, wenn *objektive und für Dritte feststellbare Elemente* belegen, dass in Wirklichkeit die Lage nicht derje-

---

[768] Fasquelle, Note sous l’arrêt Staubitz-Schreiber, Bulletin Joly Sociétés – juin 2006, S. 758.
[769] EuGH-Urteil Eurofood, Rn. 31.
[770] EuGH-Urteil Eurofood, Rn. 33.

nigen entspricht, die die Verortung am genannten satzungsmäßigen Sitz widerspiegeln soll."[771]
Mit diesen (abstrakt gehaltenen) Aussagen zwingt der EuGH die nationalen Richter zu einer argumentativen Vorgehensweise bei der Bestimmung des Mittelpunktes der hauptsächlichen Interessen eines Schuldners.
Zunächst müssen diese sich jeglicher Heranziehung von Theorien und Argumenten aus ihrem nationalen Recht enthalten, und es verbietet sich jedes analoge Abstellen auf den Anknüpfungspunkt im eigenen internationalen Insolvenzrecht der jeweiligen Mitgliedstaaten.[772]
Die nationalen Richter sind zudem den Zielen verpflichtet, welche der EuGH sowohl im Urteil Eurofood (Rn. 33) als auch im Urteil Staubitz-Schreiber (Rn. 27) anführt, nämlich der Wahrung der Rechtssicherheit und der Vorhersehbarkeit. Diesen können sie nur gerecht werden, wenn sie sich auf objektive und von Dritten vorhersehbare Entscheidungskriterien bei der Bestimmung des Mittelpunktes der hauptsächlichen Interessen stützen.
Bis zu dieser Stelle bleibt der EuGH vollkommen in seiner Rolle des abstrakten Interpreten der Europäischen Insolvenzverordnung. Er gibt den mitgliedstaatlichen Gerichten beispielsweise keinerlei Aufstellung an die Hand, was er als objektive Kriterien erachtet.[773]
Ebenfalls auf einer abstrakten Ebene bleiben seine Ausführungen bezüglich der Qualität der „Dritten", für welche der Interessenmittelpunkt nach dem Erwägungsgrund (13) feststellbar sein muss. Zwar enthalten die Ausführungen des Gerichtshofes in der Rechtssache Eurofood keinerlei Hinweise darauf, auf welche Personengruppen diesbezüglich abzustellen ist. In diesem Punkt gibt jedoch die Analyse des EuGH-Urteils im Fall Staubitz-Schreiber Aufschluss. Der EuGH macht hier deutlich, dass bei der Bestimmung des zuständigen Gerichts – mithin bei der Bestimmung des Mittelpunktes der hauptsächlichen Interessen – die Rechtssicherheit der *Gläubiger* ein ganz entscheidendes Kriterium ist. Damit stellt der Gerichtshof klar, dass es die Gläubiger sind, die vor dem als „Insolvenznomadentum" bezeichneten mehrmaligen Wechsel des Mittelpunktes der hauptsächlichen Interessen eines Schuldners geschützt werden müssen.[774]
Zudem sind die Gläubiger auch diejenigen, die das Risiko im Fall der Insolvenz des Schuldners in Bezug auf den Ort beurteilt haben, an dem der Mittelpunkt seiner hauptsächlichen Interessen lag, als sie mit ihm rechtliche Beziehungen

771 EuGH-Urteil Eurofood, Rn. 34 ; Hervorhebungen nicht im Original.
772 Dammann, L'application du règlement CE n° 1346-2000 après les arrêts *Staubitz-Schreiber* et *Eurofood* de la CJCE, Recueil Dalloz, Cahier Droit des Affaires, 29 juin 2006, n° 25, S. 1756.
773 Dammann, L'application du règlement CE n° 1346-2000 après les arrêts *Staubitz-Schreiber* et *Eurofood* de la CJCE, Recueil Dalloz, Cahier Droit des Affaires, 29 juin 2006, n° 25, S. 1756.
774 EuGH-Urteil Staubitz-Schreiber Rn. 26.

eingingen, und deren Rechtssicherheit geschützt werden muss, indem die Zuständigkeit des Gerichts zum Zeitpunkt der Antragstellung bestimmt wird und auch bei Änderung der Situation des Schuldners bestehen bleibt.[775] Durch dieses Abstellen auf die Gläubiger als schützenswerte Personengruppe kann im Zusammenhang mit den im Fall Eurofood gemachten Aussagen abgeleitet werden, dass primär sie es sind, für welche die objektiven Kriterien zur Bestimmung des Mittelpunktes der hauptsächlichen Interessen feststellbar sein müssen.

Es zeigt sich somit, dass die vom EuGH gegebenen Leitlinien zur Bestimmung des Mittelpunktes der hauptsächlichen Interessen in einer Gesamtschau der beiden zur Europäischen Insolvenzverordnung ergangenen Urteilen erkennbar werden. An diesen Leitlinien können sich die nationalen Gerichte bei ihren Entscheidungen orientieren.

b) Die vom EuGH genannten Beispiele als „äußerste Grenzen"

Außer den aufgezeigten Leitlinien gibt der EuGH auch zwei konkrete Beispiele. Diese markieren die äußersten Grenzen des Argumentationsfeldes, in welchem es darum geht, ob die Vermutung zugunsten des satzungsmäßigen Sitzes der Gesellschaft oder der juristischen Person widerlegt ist.[776]
Ausgehend von der Feststellung, dass sich „bei der Bestimmung des Mittelpunkts der hauptsächlichen Interessen einer Schuldnergesellschaft die vom Gemeinschaftsgesetzgeber zugunsten ihres satzungsmäßigen Sitzes aufgestellte widerlegliche Vermutung nur entkräften [lässt], wenn objektive und für Dritte feststellbare Elemente belegen, dass in Wirklichkeit die Lage nicht derjenigen entspricht, die die Verortung am genannten satzungsmäßigen Sitz widerspiegeln soll", verlässt der EuGH die rein abstrakte Auslegungsebene und macht zwei konkrete Aussagen:
So könne die Vermutung zugunsten des satzungsmäßigen Sitzes „insbesondere bei einer „Briefkastenfirma"" widerlegt sein, „die im Gebiet des Mitgliedstaats, in dem sich ihr satzungsmäßiger Sitz befindet, keiner [!] Tätigkeit nachgeht".[777]
Geht die Gesellschaft demgegenüber ihrer Tätigkeit in dem Gebiet ihres Sitzstaates nach, so „reicht die Tatsache allein, dass ihre wirtschaftlichen Entscheidungen von einer Muttergesellschaft mit Sitz in einem anderen Mitgliedstaat kontrolliert werden oder kontrolliert werden können, nicht aus, um die mit der Verordnung aufgestellte Vermutung zu entkräften."[778]

---

[775] EuGH-Urteil Staubitz-Schreiber Rn. 27.
[776] Den Begriff „« bornes » extrêmes" gebraucht Dammann, L'application du règlement CE n° 1346-2000 après les arrêts *Staubitz-Schreiber* et *Eurofood* de la CJCE, Recueil Dalloz, Cahier Droit des Affaires, 29 juin 2006, n° 25, S. 1756.
[777] EuGH-Urteil Eurofood, Rn. 35.
[778] EuGH-Urteil Eurofood, Rn. 36.

Mit diesen zwei Beispielen markiert der EuGH gleichsam die Eckpunkte, die er bei der praktischen Umsetzung seiner abstrakten Leitlinien als richtig ansieht und gibt den nationalen Richtern damit zwei wichtige Orientierungsmarken. Zum einen wird deutlich, dass *allein* die Zugehörigkeit zu einem Konzern kein ausreichendes Kriterium ist, um den Mittelpunkt der hauptsächlichen Interessen eines Tochterunternehmens nicht im Mitgliedstaat seines satzungsmäßigen Sitzes, sondern in dem des Interessenmittelpunktes des Mutterunternehmens zu sehen. Zum anderen *„könnte insbesondere"* bei einem Unternehmen, das überhaupt nicht im Sitzstaat tätig ist, die Lage in Wirklichkeit nicht derjenigen entsprechen, die die Verortung am genannten satzungsmäßigen Sitz widerspiegeln soll und somit die Vermutung zugunsten des satzungsmäßigen Sitzes widerlegt sein. Aus dieser Formulierung geht jedoch auch hervor, dass der Gerichtshof selbst im Falle von Briefkastenfirmen nicht zwangsläufig eine Widerlegung der Vermutung zugunsten des satzungsmäßigen Sitzes vorschreiben wollte.

Damit hat der EuGH entsprechend der sehr ausführlichen Vorlagefragen auch auf eine sehr detaillierte Art und Weise geantwortet und somit entgegen seiner eigentlichen Rolle konkrete Einzelfälle betrachtet. Dies lässt sich mit der Tatsache erklären, dass ein großes Bedürfnis bestand, die seit dem Inkrafttreten der Europäischen Insolvenzverordnung im Jahre 2002 in vielen nationalen Urteilen deutlich werdende uneinheitliche Auslegung des Begriffes des Mittelpunktes der hauptsächlichen Interessen zu vereinheitlichen. Den Entscheidungsspielraum der nationalen Richter (wenn auch nur in seinen äußersten Konturen) zu umgrenzen war hier nötig, um die einheitliche Auslegung und Anwendung der Europäischen Insolvenzverordnung zu gewährleisten, was schließlich ein Hauptziel der Vorabentscheidung nach Artikel 234 EG-Vertrag ist.[779] Es bleibt festzuhalten, dass der EuGH, obgleich er über seine Rolle als rein abstrakter Rechtsausleger hinausgegangen ist, das empfindliche Gleichgewicht zwischen einem klaren Urteilspruch und der nötigen Entscheidungsfreiheit der nationalen Gerichte gewahrt hat.[780]

c) Zwischenresümee

Der Gerichtshof hat auf die ihm vorgelegten Fragen umfassend und teils sehr konkret geantwortet. Die vom EuGH aufgestellten Leitlinien, der autonome Begriff des Mittelpunktes der hauptsächlichen Interessen müsse anhand objektiver und für Dritte feststellbarer Kriterien ermittelt werden, geben den nationalen Gerichten eine Argumentationsstruktur vor. Ergänzt wurden diese Leitlinien vom Gerichtshof durch zwei Beispiele, anhand derer die „äußersten Grenzen"

---

[779] Fasquelle, Note sous l'arrêt Staubitz-Schreiber, Bulletin Joly Sociétés – juin 2006, S. 758.

[780] Zur Einhaltung dieses Gleichgewichts im EuGH-Urteil Staubitz-Schreiber: Fasquelle, Note sous l'arrêt Staubitz-Schreiber, Bulletin Joly Sociétés – juin 2006, S. 758.

aufgezeigten wurden, innerhalb derer sich die Auslegung des Anknüpfungskriteriums bewegen soll. Wie bereits zuvor die mitgliedstaatlichen Gerichte ist auch der Gerichtshof ganz im Sinne einer realitätsnahen, praktischen Auslegung des Mittelpunktes der hauptsächlichen Interessen des Insolvenzschuldners vorgegangen.[781] Die bisherige Rechtsprechung der nationalen Gerichte, die ebenfalls zugunsten einer koordinierten Abwicklung der Insolvenzen mehrerer in einen Konzern eingebundenen Gesellschaften einem pragmatischen Verordnungsverständnis den Vorrang einräumten, steht somit in keinem generellen Widerspruch zum Urteilsspruch der Gerichtshofes.[782]

2.) Die Auswirkungen dieser Stellungnahme

Der Europäische Gerichtshof hat in seinen beiden bisher einzigen Urteilen zum Begriff des Mittelpunktes der hauptsächlichen Interessen in umfassender und zum Teil sehr weitreichender Weise seine Auslegungsvorgaben festgelegt. Trotzdem verbleibt den nationalen Richtern ein weites Interpretationsfeld (a)). Es ist dem EuGH zu Recht unmöglich, seine Rechtsauffassung an die Stelle der freien Sachverhaltswürdigung der nationalen Gerichte zu setzen, welche die Grundlage jedes gerechten Urteils darstellt. Ein großer Verdienst der beiden EuGH-Urteile liegt in der Tatsache, dass sie die europäische Dimension des Begriffes des Mittelpunktes der hauptsächlichen Interessen klargestellt und so jede national geprägte Auslegung als falsch entlarven. Damit hat der EuGH die Diskussion in den richtigen (europäischen) Kontext gerückt und den Blick für das Wesentliche geschärft: Die unentbehrliche Kooperation der europäischen Insolvenzgerichte, durch die im Dienste des Gemeinschaftsinteresses gerechte und praktikable grenzüberschreitende Insolvenzverfahren mit Hilfe der Instrumentarien der Europäischen Insolvenzverordnung durchgeführt werden können (b)).

a) Der verbleibende Entscheidungsspielraum

Obwohl der EuGH – wie eben dargestellt – eine für seine Rolle außergewöhnlich detaillierte und klare Stellungnahme abgegeben hat, um die nationale Rechtsprechung zu vereinheitlichen, gibt er doch nur die äußersten Grenzen vor. Die von ihm gegebenen Beispiele sind kaum geeignet, den nationalen Richtern eine einheitliche Linie aufzuzwingen – aber das ist auch nicht Aufgabe des EuGH. Dem steht allein schon die Tatsache entgegen, dass die Urteile des

---

781 Chaput, Centre des intérêts principaux et catégories juridiques de l'insolvabilité des entreprises, Revue Lamy droit des affaires, juin 2006, n°6, S. 28.

782 Vallens, Le règlement européen sur les procédures d'insolvabilité à l'épreuve des groupes de sociétés : l'arbitrage de la CJCE, JCP La Semaine Juridique – éd.° Entreprise et Affaires, N° 27-28, 6 juillet 2006, S. 1223.

EuGH keine umfassende Bindungswirkung gegenüber den unbeteiligten nationalen Gerichten entfalten.[783] Lediglich das vorlegende Gericht ist aufgrund der Pflicht zur loyalen Zusammenarbeit gemäß Artikel 10 EG-Vertrag gebunden, was sich auch aus Sinn und Zweck des Vorabentscheidungsverfahrens ableiten lässt.[784] Allerdings entfalten die Vorabentscheidungsurteile aufgrund des Artikels 10 EGV auch gemeinschaftsweit eine mittelbare Präjudizwirkung und letztinstanzliche Gerichte sind, bevor sie von ihnen abweichen, vorlagepflichtig.[785]

Aber selbst wenn man vorliegend auf die mittelbare Präjudizwirkung abstellt, ist festzustellen, dass beispielsweise die Aussage des EuGH, insbesondere im Fall von „Briefkastenfirmen", die *keine* Tätigkeit im Sitzstaat ausüben, *könnte* die Vermutung des Artikels 3 Abs.1 Satz 2 EuInsVO widerlegt sein, keine bindende Vorgabe darstellt. Dieses Beispiel der „Briefkastenfirma" ist nicht so zu verstehen, als beschreibe es den einzigen Fall, in dem die Vermutung des Artikels 3 Absatz 1 S.2 EuInsVO widerlegt werden kann – dies geht schon aus dem Wortlaut des Urteils hervor, welches davon spricht, die Vermutung „könnte *insbesondere* bei einer „Briefkastenfirma"" widerlegt sein.[786] Gleichzeitig zeigt die Formulierung „*könnte* insbesondere", dass selbst im Falle einer „Briefkastenfirma" die Vermutung zu Gunsten des satzungsmäßigen Sitzes nicht immer widerlegt sein muss.[787]

Aus dem Urteil des EuGH zu schließen, es sei ein „coup d'arrêt" bezüglich der extensiven Anwendung der Europäischen Insolvenzverordnung auf Konzernkonstellationen, scheint daher übereilt.[788] Ein Bruch mit der bisherigen, auch als

---

783 Fredriksen, Die Zusammenarbeit zwischen dem EuGH und deutschen Zivilgerichten im Lichte des Vorabentscheidungsverfahrens nach Artikel 234 EGV, 2005, S. 65, abrufbar unter http://www.europarecht.uni-goettingen.de/Paper26.pdf (zuletzt aufgerufen am 12. 04. 2007).

784 Schmid, Die Grenzen der Auslegungskompetenz des EuGH im Vorabentscheidungsverfahren nach Art. 234 EG – dargestellt am Beispiel der überschießenden Richtlinienumsetzung, Dissertation 2005, S. 123.

785 Fredriksen, Die Zusammenarbeit zwischen dem EuGH und deutschen Zivilgerichten, 2005, S. 65.

786 EuGH-Urteil Eurofood, Rn. 35, Hervorhebung nicht im Original; vgl. Dammann/Prodeur, L'affaire Eurotunnel, première application du règlement CE n° 1346-2000 à la procédure de sauvegarde, Recueil Dalloz 2006 Jurisprudence S. 2334.

787 EuGH-Urteil Eurofood, Rn. 35, Hervorhebung nicht im Original.

788 So aber Menjucq, Notion autonome du centre des intérêts principaux d'une filiale étrangère d'un groupe, Note sous CJCE, gr. ch., 2 mai 2006, aff. C-341/04, Eurofood IFSC Ltd., La Semaine Juridique Edition Générale n° 23, 7 Juin 2006, II 10089, S. 1128, der von einem « Coup d'arrêt à l'application extensive du règlement n° 1346/2000 aux groupes de sociétés » redet.

„liberal approach"[789] bezeichneten Herangehensweise der nationalen Gerichte, kann aus der Entscheidung des Gerichtshofes gerade nicht abgeleitet werden.[790] Vielmehr lässt der EuGH den nationalen Gerichten den Freiraum, den Mittelpunkt der hauptsächlichen Interessen anhand „objektive[r] und für Dritte feststellbare[r] Elemente" zu verorten, also zu untersuchen, ob anhand eines Bündels objektiver und von Dritten feststellbarer Kriterien die Vermutung zugunsten des satzungsmäßigen Sitzes widerlegt ist.[791]
Ebenso hat die an sich verbindlicher formulierte Aussage, allein auf die Tatsache, dass die wirtschaftlichen Entscheidungen des Tochterunternehmens von der Muttergesellschaft mit Sitz in einem anderen Mitgliedstaat kontrolliert werden oder kontrolliert werden können, könne die Widerlegung der Vermutung nicht gestützt werden, in der Praxis keinen wirklich einschränkenden Charakter. Dies wird auch zu Recht bereits vom Tribunal de commerce de Nanterre aufgegriffen, welches sich auf die (in diesem Punkt mit dem späteren EuGH-Urteil identischen) Ausführungen des Generalanwalts Jakob zum Thema der Kontrollausübung bezieht. Das Gericht stellt explizit fest, dass eine *intensivere Kontrolle* durch die Muttergesellschaft, die sich somit nicht allein in der Kontrolle der wirtschaftlichen Entscheidungen erschöpft, durchaus die Widerlegung der Vermutung zugunsten des satzungsmäßigen Sitzes zur Folge haben kann.[792] In diesem Sinne geht das Gericht unter Bezugnahme auf das Konzept der „head office functions" und nach intensiver Prüfung der Feststellbarkeit durch Dritte von einer Widerlegung der Vermutung aus.
Dem nationalen Richter verbleibt somit ein großer Entscheidungsspielraum, was in Anbetracht der Rolle, welche er bei der Anwendung der Europäischen Insol-

---

789 Gaillot, The interpretation by French courts of the EU COMI notion – A EU perspective, Originally published in the September 2006 issue of the Newsletter of the IBA Insolvency, Restructuring and Creditors' Rights Section, abrufbar unter http://www.iiiglobal.org/country/european_union/060927Gaillot.pdf (zuletzt aufgerufen am 12. 04. 2007), S. 4.

790 Siehe dazu bspw. das Urteil des Tribunal de commerce de Paris vom 2. August 2006, Teil 2, 1. Kapitel, B) 2.) b); ein Ende des « liberal approach » proklamiert dagegen Gaillot, The interpretation by French courts of the EU COMI notion – A EU perspective, S. 4.

791 EuGH-Urteil Eurofood, Rn. 34 ; Dammann/Prodeur, L'affaire Eurotunnel, première application du règlement CE n° 1346-2000 à la procédure de sauvegarde, Recueil Dalloz 2006 Jurisprudence S. 2329, S. 2334.

792 Tribunal de commerce de Nanterre (3e ch.) 15 février 2006, Urteil über EMTEC Magnetics Benelux N.V, abgedruckt in Recueil Dalloz, 2006, n°11, S. 793 (794): « Que dans le contexte d'un groupe de sociétés l'avocat général [Jacobs] estime que le simple contrôle de la société en vue de désigner ou de révoquer ses dirigeants ne suffit pas pour écarter la présomption de l'article 3 en faveur du siège statutaire. Qu'il réserve expressément l'hypothèse d'un contrôle plus intensif. Qu'en conséquence, pour la détermination du centre des intérêts principaux, il convient de se référer au concept des *head office functions* et à un contrôle très intensif visible pour les tiers. »

venzverordnung spielt, auch sehr zu begrüßen ist.[793] Eine übermäßig konkrete und damit einschränkende Rechtsprechung des EuGH hätte das Kompetenzgefüge der Gemeinschaftsordnung gestört.[794] Die Rechtsprechung des EuGH zum Begriff des Mittelpunktes der hauptsächlichen Interessen stellt vor diesem Hintergrund eine weitsichtige und geschickt gewählte Antwort auf die äußerst konkreten Vorlagefragen dar. Der Gerichtshof hat es verstanden, den nationalen Gerichten möglichst klar und deutlich den richtigen Argumentationsweg aufzuzeigen, auf dem gemeinschaftsrechtskonforme Ergebnisse erzielt werden können, ohne sie in ihrer Aufgabe, diesen Weg selbst und in richterlicher Freiheit zu beschreiten, unerlaubt einzuengen.

b) Die Erweiterung des Blickfeldes der nationalen Richter

Es ist nun also an den nationalen Richtern, ihre Freiheit im Geiste der Europäischen Insolvenzverordnung zu nutzen. Sie können so bei sorgfältigem Umgang mit den vom EuGH aufgezeigten Leitlinien und Argumenten das Ziel der Europäischen Insolvenzverordnung verwirklichen, zur Schaffung eines Raumes der Freiheit, der Sicherheit und des Rechts beizutragen und ein reibungsloses Funktionieren des Binnenmarktes durch effiziente und wirksame grenzüberschreitende Insolvenzverfahren zu ermöglichen.[795]

Die vielleicht bedeutendste Folge der Intervention des EuGH liegt darin, dass er die Auseinandersetzung mit dem Begriff des Mittelpunktes der hauptsächlichen Interessen auf die europäische Ebene gehoben hat. Damit wurden die (vermeintlichen) nationalen Interessen, welche bislang die Debatte prägten, als Argumentationsgrundlage relativiert und auf diese Weise das gesamtgemeinschaftliche Interesse am guten Funktionieren des Systems der grenzüberschreitenden Insolvenzverfahren nach der Europäischen Insolvenzverordnung in den Vordergrund gestellt. Dieser große Verdienst und der Einfluss der Urteile des Europäischen Gerichtshofes zeigen sich bereits in den seitdem ergangenen nationalen Entscheidungen, die sich auf die Argumente des EuGH berufen.[796] Auch bereits das Urteil des Tribunal de commerce de Nanterre, vom 15. Februar

[793] Siehe dazu auch im Folgenden das Rechtsprechungsbeispiel des Tribunal de commerce de Paris vom 2. August 2006 im Falle des Eurotunnel-Konzernes, Teil 2, 1. Kapitel, B) 2.) b).

[794] Fasquelle, Note sous l'arrêt Staubitz-Schreiber, Bulletin Joly Sociétés – juin 2006, S. 758.

[795] Considérants n°1 et n°2 du règlement 1346/2000, vgl. auch Rémery, L'application à une filiale du règlement communautaire relatif aux procédures d'insolvabilité, Note sous Cour de justice des Communautés européennes 2 mai 2006, *Eurofood IFSC (Sté)*,Revue des sociétés 2006 Chroniques, S. 378, welcher in Rn. 16-19 ausführt wie auf Grundlage der Vorgaben des EuGH das gegenseitige Vertrauen gestärkt werden kann.

[796] Siehe dazu unter Teil 2, 1. Kapitel, B) 2.).

2006,[797] lässt neue Tendenzen erkennen, die in Richtung eines neuen Modells grenzüberschreitender Insolvenzverfahren weisen.[798] In diesem Verfahren berücksichtigte das Gericht trotz zentraler Steuerung und universeller Wirkung des Hauptverfahrens die Interessen der lokalen Gläubiger und insbesondere der Arbeitnehmer.[799] Eine intensive Kooperation zwischen den verschiedenen mitgliedstaatlichen Insolvenzgerichten, die über ein einziges Hauptverfahren, (fakultativ) ergänzt durch mehrere Sekundärverfahren an der selben Rechtssache mitwirken, kann in diesem Sinne als Modell der Zukunft angesehen werden.

c) Zwischenresümee

Obgleich die bisherige Rechtsprechung des Gerichtshofes die mitgliedstaatlichen Gerichte in ihrer Entscheidungsfreiheit nicht wirklich beschränkt, gehen von ihr entscheidende Signale aus. Die EuGH-Urteile geben wichtige Auslegungshilfen in Bezug auf den Begriff des Mittelpunktes der hauptsächlichen Interessen, ohne dem bisherigen, pragmatischen Ansatz der nationalen Gerichte entgegen zu stehen. Der Gerichtshof rückt das Anknüpfungskriterium des Mittelpunktes der hauptsächlichen Interessen in den ihm eigenen und daher unabdingbaren europäischen Kontext, so dass im gemeinschaftlichen Interesse pragmatische und gerechte Lösungen gefunden werden können. Eine kooperative Vorgehensweise und eine Auslegung des Anknüpfungskriteriums im Geiste der Verordnung sind im allseitigen Interesse. Die mitgliedstaatliche Rechtsprechung weist diesbezüglich bereits in die richtige Richtung.[800]

---

[797] Urteil des Tribunal de commerce de Nanterre vom 15 Februar 2006 in der Rechtssache EMTEC, welches sich auf die bereits zu diesem Zeitpunkt veröffentlichten Schlussanträge des Generalanwalts Jacobs vom 27. September 2005 im Fall Eurofood beruft.

[798] Penzlin, Kurzkommentar zu Tribunal de Commerce de Nanterre, Urteil vom 15. 02. 2006, EWiR Heft 7/06 vom 14.4.2006, Art. 3 EuInsVO 4/06, S. 208.

[799] Penzlin, Kurzkommentar zu Tribunal de Commerce de Nanterre, Urteil vom 15. 02. 2006, EWiR Heft 7/06 vom 14.4.2006, Art. 3 EuInsVO 4/06, S. 208.

[800] Siehe dazu unter Teil 2, 1. Kapitel, B) 2.).

Teil 2: Die betroffenen Interessen und ihre bestmögliche Verwirklichung

Im zweiten Teil dieser Arbeit sollen die Interessen beleuchtet werden, welche von der Europäischen Insolvenzverordnung und damit maßgeblich von deren Zuständigkeitskriterium – dem Mittelpunkt der hauptsächlichen Interessen – tangiert werden. Um beurteilen zu können, ob in Bezug auf diese Interessen die Anknüpfung der internationalen Zuständigkeit an den Mittelpunkt der hauptsächlichen Interessen des Schuldners die beste Alternative darstellt, wird das Anknüpfungskriterium sowohl nach den Grundsätzen der ökonomischen Analyse des Rechts als auch unter „klassisch-juristischem" Blickwinkel untersucht (1. Kapitel).

Auf Grundlage der so gewonnenen Erkenntnisse können im Anschluss Alternativen zum momentanen Zuständigkeitssystem der Europäischen Insolvenzverordnung bewertet und Verbesserungsvorschläge gemacht werden (2. Kapitel).

1. Kapitel: Analyse der tangierten Interessen und der diesbezüglichen Eignung des Mittelpunktes der hauptsächlichen Interessen

Um beurteilen zu können, ob die Anknüpfung an den Mittelpunkt der hauptsächlichen Interessen des Schuldners eine geglückte Regelung darstellt, muss zunächst herausgearbeitet werden, was die Anforderungen an das zentrale Zuständigkeitskriterium der Verordnung sind. Diese folgen aus den Interessen, die der Verordnungsgeber schützen wollte – letztere stellen gleichsam den Maßstab dar, an welchem der Erfolg der Verordnung zu messen ist. (A)

Das Anknüpfungskriterium selbst kann sodann vor diesem Hintergrund sowohl unter Effizinzgesichtspunkten, anhand der ökonomischen Analyse des Rechts, als auch unter Gerechtigkeitsgesichtspunkten nach juristischen Kriterien beurteilt werden. (B)

A) Die betroffenen Interessen und ihr Niederschlag in der Europäischen Insolvenzverordnung

Der Europäische Gerichtshof hat in seinen beiden, den Mittelpunkt der hauptsächlichen Interessen betreffenden Urteilen immer wieder den Blick auf die Ziele der Europäischen Insolvenzverordnung gelenkt, die aus den Erwägungsgründen zur Verordnung hervorgehen. Diese Ziele spiegeln gleichzeitig die verschiedenen Interessen wider, die das System der Europäischen Insolvenzverordnung zu schützen sucht und welche mithin auch durch das Konzept des Mittelpunktes der hauptsächlichen Interessen als Anknüpfungskriterium geschützt werden oder zumindest mit ihm vereinbar sein sollen. Dabei ist dieses Konzept des Mittelpunktes der hauptsächlichen Interessen in das System der Europäischen Insolvenzverordnung eingebettet, welche mittels eines „neutralen Mechanismus" für die internationale Zusammenarbeit „den grundlegenden Erwartungen der Parteien, unabhängig von dem Vertragsstaat, in dem sie sich befinden, Rechnung trägt."[801] Dieses System, welches die universelle Wirkung eines einzigen Hauptinsolvenzverfahrens durch die Möglichkeit, dem Territorialprinzip unterliegende („unabhängige" und „sekundäre")[802]Partikularverfahren zu eröffnen, abmildert, wurde bereits im ersten Teil dieser Arbeit kurz dargestellt und soll an dieser Stelle unter dem Aspekt der mit ihm anvisierten Ziele genauer untersucht werden. Neben der Bestimmung des Insolvenzforums und -rechtes für das Hauptinsolvenzverfahren über den Mittelpunkt der hauptsächlichen Interessen und der Insolvenzforen und -rechte für Partikularverfahren über die Niederlassungen des Schuldners, kennt die Europäische Insolvenzverordnung auch Ausnahmevorschriften, welche das anzuwendende Recht unmittelbar betreffen. In ihren Artikeln 5 bis 15 enthält sie Einschränkungen des Grundsatzes aus Artikel 4 EuInsVO, der das Recht des Eröffnungsstaates für grundsätzlich anwendbar erklärt (lex concursus).

Das Bedürfnis des Verordnungsgebers, das Universalitätsprinzip, dem das Hauptverfahren folgt, durch Sekundärverfahren abzumildern und Ausnahmen von der Anwendbarkeit der lex concursus vorzusehen, zeigt, dass im Falle eines grenzüberschreitenden Insolvenzfalles verschiedene (jeweils an sich berechtigte) Interessen in Widerspruch treten können.[803] Dieser Situation kann teils nur dadurch begegnet werden, dass die vom Verordnungsgeber als prioritär erachteten Interessen auf Kosten anderer Interessen verwirklicht werden.[804] Im Vordergrund steht jedoch immer das Bemühen um deren harmonischen Ausgleich.

---

[801] Virgós/Schmit, Erläuternder Bericht, Rn. 12.

[802] Virgós/Schmit, Erläuternder Bericht, Rn. 25.

[803] Vgl. nur Virgós/Schmit, Erläuternder Bericht, Rn. 21.

[804] Vgl. nur die systematische Unterordnung des Territorialverfahrens unter das Hauptverfahren bspw. in den Artikeln 33 und 37 EuInsVO, s.auch Virgós/Schmit, Erläuternder Bericht, Rn. 14.

1.) Die betroffenen Interessen

Der Europäische Gerichtshof stellt in seinem Urteil im Fall Eurofood auf zwei wesentliche Zielsetzungen der Europäischen Insolvenzverordnung ab;[805] die eine besteht darin, für effiziente und wirksame grenzüberschreitende Insolvenzverfahren zu sorgen und dadurch dem europäischen Interesse am reibungslosen Funktionieren des Binnenmarktes gerecht zu werden.[806] Die andere liegt im Schutz der Interessen der einzelnen Gläubiger, die auf die Vorhersehbarkeit des anwendbaren Insolvenzrechts und die damit verbundene Rechtssicherheit angewiesen sind.[807]

a) Das „Gemeinschaftsinteresse"

Erwägungsgrund (1) der Europäischen Insolvenzverordnung greift das in Artikel 2 Spiegelstrich 4 EU-Vertrag und Artikel 61 EG-Vertrag zum Ausdruck gebrachte Ziel der Europäischen Union, einen Raum der Freiheit der Sicherheit und des Rechts zu schaffen, auf. Der Raum, um welchen es dabei geht, ist der Binnenmarkt der EU, dessen reibungsloses Funktionieren – zu dem es laut dem Verordnungsgeber effizienter und wirksamer grenzüberschreitender Insolvenzverfahren bedarf – durch den Erlass der Verordnung erzielt werden soll.[808]

Dieses reibungslose Funktionieren des Binnenmarktes hat im insolvenzrechtlichen Bereich zwei neuralgische Punkte:

Zum einen hat die Insolvenz von Unternehmen aufgrund der Tatsache, dass diese zunehmend grenzüberschreitend gemeinschaftsweit tätig sind, an sich nachteilige Auswirkungen auf das Funktionieren des Binnenmarktes. Diesen gemeinschaftsweit wirkenden nachteiligen Konsequenzen einer Insolvenz kann nicht mehr nur auf einzelstaatlicher Ebene begegnet werden, sondern es bedarf eines gemeinschaftsübergreifend koordinierten Vorgehens auf Grundlage gemeinschaftlicher Rechtsakte, weshalb die Europäische Insolvenzverordnung erlassen wurde.[809]

Zum anderen stellen die Verordnungsgeber in Erwägungsgrund (4) der Europäischen Insolvenzverordnung klar, dass „im Interesse eines ordnungsgemäßen Funktionierens des Binnenmarktes ... verhindert werden [muss], dass es für die Parteien vorteilhafter ist, Vermögensgegenstände oder Rechtstreitigkeiten von einem Mitgliedstaat in einen anderen zu verlagern, um auf diese Weise eine verbesserte Rechtstellung anzustreben (sog. „forum shopping")."

Beide Aspekte sind für die Zielsetzung der Verordnung, „effiziente und wirksame grenzüberschreitende Insolvenzverfahren" zu schaffen elementar und

---

805 Vgl. auch Galliot, The interpretation by french courts of the EU COMI notion, S. 11.
806 EuGH-Urteil Rn. 48.
807 EuGH-Urteil Rn. 33.
808 Erwägungsgrund (2) EuInsVO, der auf Artikel 65 EG-Vertrag verweist.
809 Erwägungsgrund (3) EuInsVO.

bezüglich beider Aspekte bestand Handlungsbedarf auf gemeinschaftsrechtlicher Ebene, was im Folgenden näher beleuchtet werden soll.

aa) Grenzüberschreitend koordiniertes Vorgehen im Insolvenzfall

Innerhalb der Europäischen Union ist zunehmend zu beobachten, dass die nationalen Staatsgrenzen für Unternehmen bedeutungslos werden und ihre Wirtschaftstätigkeit sich im gemeinsamen Binnenmarkt als solchem entwickelt. Die vom EG-Vertrag gewährten Grundfreiheiten begünstigen die grenzüberschreitende Geschäftstätigkeit im gesamten Binnenmarkt. Eine Abschottung nationaler Märkte wird durch die Vorschriften des Gemeinschaftsrechts unterbunden. Diese grenzüberschreitende Freiheit der wirtschaftlichen Tätigkeit stand vor Inkrafttreten der Europäischen Insolvenzverordnung in großer Diskrepanz zu dem vollkommen nationalstaatlich geprägten Vorgehen im Insolvenzfall.[810] Es gab auf gemeinschaftsrechtlicher Ebene keine koordinierenden Vorschriften, so dass auf die tatsächlichen Gegebenheiten im Falle wirtschaftlicher Schwierigkeiten grenzüberschreitend tätiger Unternehmen keine adäquaten rechtlichen Antworten gegeben werden konnten. Durch die nationale Zersplitterung im Insolvenzfall wurde das System des gemeinsamen Marktes zwangsläufig geschwächt, da es gerade im Augenblick der wirtschaftlichen Krise keine angemessenen Lösungen bot. Dieses Defizit der Rechtslage vor Inkrafttreten der Europäischen Insolvenzverordnung wurde in Zeiten zunehmender wirtschaftlicher Schwierigkeiten[811] und dadurch steigender Insolvenzzahlen schmerzlich erfahrbar. Dem großen Anstieg an Unternehmensinsolvenzen, von denen zunehmend gleichzeitig mehrere Staaten betroffen waren, musste dringend ein koordiniertes Vorgehen im Insolvenzfall entgegengesetzt werden, ohne welches insbesondere an eine grenzüberschreitend koordinierte Unternehmenssanierung nicht zu denken war.[812] Nur grenzüberschreitende Koordinierung kann effiziente und wirksame grenzüberschreitende Insolvenzverfahren ermöglichen, wie sie erklärtes Ziel der Verordnung sind.[813] Die Europäische Insolvenzverordnung wurde demnach gerade aufgrund des Bedürfnisses einer grenzüberschreitenden Insolvenzstrategie zwecks Abmilderung der wirtschaftlich nachteiligen Auswirkungen auf den

---

[810] Vgl. den Erläuternden Bericht von Virgós/Schmit, Rn. 7, in dem diese „die insolvenzrechtliche Lage in der Gemeinschaft aus der Sicht des Internationalen Privatrechts [als] eher entmutigend“ beschreiben.

[811] Vgl. Carstens, Die internationale Zuständigkeit im europäischen Insolvenzrecht, 2005, S. 1, welcher von einer „Pleitewelle“ spricht.

[812] Der Sanierungsgedanke hat insgesamt in den letzten Jahren deutlich an Gewicht gewonnen, vgl. Dammann/Podeur, L'affaire Eurotunnel, première application du règlement CE n° 1346-2000 à la procédure de sauvegarde, Recueil Dalloz 2006 Jurisprudence S. 2331/2332: *« Le principal objectif des législations modernes consiste à intervenir le plus en amont possible, afin d'améliorer les chances de redressement des entreprises en difficulté. »*

[813] Erwägungsgrund (2) EuInsVO.

gesamten Binnenmarkt erlassen. Dieses gesamteuropäische wirtschafts- aber auch sozialpolitisch[814] begründete Interesse liegt den Vorschriften der Europäischen Insolvenzverordnung zu Grunde und hat sie entscheidend geprägt. In diesem Sinne hat sich auch gemeinschaftsweit im materiellen Insolvenzrecht der einzelnen Mitgliedstaaten ein Trend bemerkbar gemacht, der dahin geht, finanzielle Schwierigkeiten frühest möglich zu erkennen und Verfahren zu schaffen, mittels derer diesen Schwierigkeiten entgegengewirkt und die Sanierung des Unternehmens betrieben werden kann.[815] Dieses auf nationaler Ebene vorhandene Interesse ist auch auf die gemeinschaftliche Ebene übertragbar und äußert sich dort vor allem in dem Bedürfnis, grenzüberschreitende Sanierungspläne aufzustellen, die gerade auch in Konzernstrukturen ein koordiniertes Vorgehen ermöglichen und so die Rettung der einzelnen Konzerntöchter und den Erhalt vieler Arbeitsplätze begünstigen.[816] Auch diesem Gemeinschaftsinteresse trägt die Europäische Insolvenzverordnung – wie im Folgenden dargestellt werden soll – und insbesondere auch die Rechtsprechung bei der Anwendung der Verordnung Rechnung.

Eng mit diesem Ziel verbunden ist auch der erklärte Kampf der Europäischen Insolvenzverordnung gegen das sogenannte „forum shopping“.

bb) Verhinderung von „forum shopping“

Ein weiteres gemeinsames Interesse innerhalb der Europäischen Gemeinschaft ist die Verhinderung von „forum shopping“ im Insolvenzfall.
Als „forum shopping“ wird die „Suche des Antragstellers nach der für seine Anträge günstigsten (internationalen) gerichtlichen Zuständigkeit verstanden“.[817] Erwägungsgrund (4) der Europäischen Insolvenzverordnung versteht unter dem „sog. „forum shopping““ die Verlagerung von Vermögensgegenständen oder Rechtstreitigkeiten durch die Parteien von einem Mitgliedstaat in einen anderen, „um auf diese Weise eine verbesserte Rechtstellung anzustreben“ und bestimmt, dass dies im Interesse eines ordnungsgemäßen Funktionierens des Binnenmarktes verhindert werden muss.[818] Aus dieser Formulierung geht gleich-

---

[814] Dem massiven Arbeitsplatzverlust im Binnenmarkt kann im Insolvenzfall nur ein wirksames Sanierungskonzept entgegengesetzt werden.

[815] Dammann/Podeur, L'affaire Eurotunnel, première application du règlement CE n° 1346-2000 à la procédure de sauvegarde, Recueil Dalloz 2006 Jurisprudence S. 2331/2332.

[816] Vgl. dazu nur die bereits dargestellten Gerichtsurteile in der Rechtssache EMTEC (Teil 1, 1. Kapitel, A) 2.) a) bb) (3)) und die noch folgende Darstellung der Rechtssache Eurotunnel (Teil 2, Kapitel 1, B) 2.) b)).

[817] Schlussantrag Colomer im Fall Staubitz-Schreiber, Rn 71.

[818] Nach Inkrafttreten der Europäischen Insolvenzverordnung bedarf es einer Einflussnahme auf den Mittelpunkt der hauptsächlichen Interessen des von der Insolvenz betroffenen Schuld-

zeitig hervor, dass es sich bei demjenigen, der „forum shopping" betreibt, nicht zwangsläufig um den Schuldner handeln muss. Auch Gläubiger können ein großes Interesse daran haben, „die Verlagerung von [...] Rechtstreitigkeiten"[819] und damit die internationale Zuständigkeit der Gerichte eines bestimmten Mitgliedstaates zu erreichen. So hatte beispielsweise die Bank of America als Hauptgläubigerin des irischen Unternehmens Eurofood ein Interesse daran, dass das Insolvenzverfahren in Irland eröffnet wurde, da das Verfahren in Italien im Vergleich viel langwieriger gewesen wäre und eine geringere Befriedigungsquote versprochen hätte.[820] Deshalb stellte die Gläubigerin einen Insolvenzantrag vor einem irischen Gericht, sie agierte als sogenannter *„case placer"*.[821]

Besondere Relevanz erhält die Beeinflussung der internationalen Zuständigkeit im Rahmen der Europäischen Insolvenzverordnung dadurch, dass das „forum shopping" gemäß Artikel 4 EuInsVO gleichzeitig zu „law shopping" führt. Artikel 4 EuInsVO erklärt nämlich grundsätzlich das Recht des Mitgliedstaates für anwendbar, in welchem das Verfahren eröffnet wird. Die *lex concursus*[822] ergibt sich folglich aus der internationalen Zuständigkeit. Damit erklärt sich auch, warum das „forum shopping" im Bereich des Insolvenzrechts innerhalb der europäischen Gemeinschaft so attraktiv ist: Mangels einer materiellrechtlichen Harmonisierung der mitgliedstaatlichen Insolvenzrechte bestehen dort immer noch erhebliche Unterschiede.[823] Die Parteien haben daher großes Interesse an der Verfahrenseröffnung in dem Mitgliedstaat mit der für sie im Einzelfall günstigsten Rechtslage, da damit diese für sie günstige lex concursus Anwendung findet.

Da „forum shopping" in der juristischen Debatte in den allermeisten Fällen sofort mit einem negativen Grundtenor verwendet wird, bedarf es an dieser Stelle der Klarstellung, dass „forum shopping" an sich überhaupt nichts Verwerfliches hat.[824] Die Suche der jeweiligen Partei nach dem für sie günstigsten

---

ners (oder zumindest auf seine Bestimmung durch ein angerufenes Gericht) um zu einem bestimmten Forum zu gelangen.

819 Erwägungsgrund (4) EuInsVO.

820 Dammann, L'application du règlement CE n° 1346-2000 après les arrêts *Staubitz-Schreiber* et *Eurofood* de la CJCE, Recueil Dalloz, Cahier Droit des Affaires, 29 juin 2006, n° 25, S. 1757 ; das italienische Recht sah eine Beobachtungsphase von maximal zwei Jahren vor.

821 Im Fall Eurofood gaben des Weiteren alle Gläubiger an, im Insolvenzfall mit der Anwendbarkeit des irischen Insolvenzrechts gerechnet zu haben und dies obwohl das Unternehmen in Dublin nichts weiter als eine „Briefkastenfirma" ohne eigene Tätigkeit war, die nur aufgrund steuerlicher Vorteile existierte; Dammann, L'application du règlement CE n° 1346-2000 après les arrêts *Staubitz-Schreiber* et *Eurofood* de la CJCE, Recueil Dalloz, Cahier Droit des Affaires, 29 juin 2006, n° 25, S. 1757.

822 Vgl. zu diesem Begriff Paulus, Europäische Insolvenzverordnung, Kommentar 2006, Art. 4 Rn. 1ff., S. 141ff..

823 Vgl. Erwägungsgrund (11) EuInsVO.

824 Colomer, Schlussantrag im Fall Staubitz-Schreiber, Rn. 70 und 71.

Forum ist an sich ein völlig legitimer und nachvollziehbarer Vorgang, der als „natürliche Folge“ der divergierenden mitgliedstaatlichen Insolvenzrechte hinzunehmen und grundsätzlich nicht zu beanstanden ist.[825] Der Antragsteller bemüht sich so „um eine Optimierung der Prozesschancen, die Resultat des Vorhandenseins rivalisierender Foren ist und in der nichts Unrechtmäßiges liegt.“[826]
Diese neutrale Betrachtung des „forum shopping“ ist jedoch dort nicht mehr angebracht, wo Interessen anderer in illegitimer Weise beeinträchtigt werden.[827] Da es sich bei Insolvenzverfahren stets um Verfahren handelt, an denen sowohl der Schuldner, als auch die Gläubiger beteiligt sind, können die Interessen an einer Verlegung des Forums in einen anderen Mitgliedstaat mit den Interessen der dadurch eventuell benachteiligten anderen Partei kollidieren.[828] Für den Verordnungsgeber war zudem – wie aus Erwägungsgrund (4) hervorgeht – das ordnungsgemäße Funktionieren des Binnenmarktes an sich ein wesentliches, gegen „forum shopping“ zu schützendes Ziel.[829] Die unterschiedlichen Foren im Binnenmarkt sollen nicht durch „forum shopping“ gegeneinander ausgespielt werden können, sondern sie sollen vielmehr einen Raum der Rechtssicherheit bilden.[830] Aus dem Erläuternden Bericht von Virgós/Schmit geht auch hervor, dass „ein opportunistisches Vorgehen von Schuldnern oder Gläubigern [verhindert] und die effiziente Bewältigung der Finanzkrise von Betrieben und Einzelpersonen in der Gemeinschaft [ermöglicht werden soll].“[831] Aus dieser Wortwahl ergibt sich, dass gerade das „Bewältigen“ von Finanzkrisen im Binnenmarkt durch koordiniertes Vorgehen im Insolvenzfall angestrebt wird, was zum Ausdruck bringt, dass das Insolvenzverfahren neben der Befriedigung der Gläubiger auch die Rettung der Unternehmen zum Ziel hat.[832]

---

825 Colomer, Schlussantrag im Fall Staubitz-Schreiber, Rn. 71.
826 Colomer, Schlussantrag im Fall Staubitz-Schreiber, Rn. 72.
827 Colomer, Schlussantrag im Fall Staubitz-Schreiber, Rn. 73: „Führt diese Praxis aber zu einer ungerechtfertigten Ungleichheit zwischen den Parteien eines Rechtsstreits in der Verteidigung ihrer jeweiligen Interessen, so schlägt sie ins Verwerfliche um, und ihre Verhinderung ist ein legitimes gesetzgeberisches Ziel.“
828 Zur interessanten Frage, ob „forum shopping“ zu Ersatzansprüchen des davon negativ Betroffenen führen kann, vgl. Köster, Haftung wegen Forum Shopping in den USA, Dissertation 2001.
829 Erwägungsgrund (4) EuInsVO: „Im Interesse eines ordnungsgemäßen Funktionierens des Binnenmarktes muss verhindert werden, dass es für die Parteien vorteilhafter ist, Vermögensgegenstände oder Rechtstreitigkeiten von einem Mitgliedstaat in einen anderen zu verlagern, um auf diese Weise eine verbesserte Rechtstellung anzustreben (sog. „forum shopping“).“
830 Vgl. Artikel 2 Spiegelstrich 4 EU-Vertrag, Artikel 61 EG-Vertrag sowie Erwägungsgrund (1) EuInsVO.
831 Virgós/Schmit, Erläuternder Bericht, Rn. 7.
832 Dammann, L'application du règlement CE n° 1346-2000 après les arrêts *Staubitz-Schreiber* et *Eurofood* de la CJCE, Recueil Dalloz, Cahier Droit des Affaires, 29 juin 2006,

So hängen also die beiden Ziele der Europäischen Insolvenzverordnung, die dem „reibungslosen Funktionieren des Binnenmarktes“ dienen, – zum einen die Koordinierung der Maßnahmen, zum andern das Verhindern von „forum shopping“ – eng miteinander zusammen.[833] Das „forum shopping“ einer ausschließlich opportunistisch handelnden Partei konterkariert jedes Bemühen um ein koordiniertes Vorgehen im Gemeinschaftsinteresse.[834]

b) Die „inländischen Interessen“

Neben den gesamteuropäischen Interessen, bestehen jedoch auch legitime und wichtige „inländische Interessen“ auf nationaler Ebene;[835] zu nennen sind hier insbesondere der Vertrauensschutz und die Sicherheit des Rechtsverkehrs.[836]
Die Insolvenz eines Schuldners stellt einen Risikofaktor dar, den seine Gläubiger in ihre Risikokalkulation bereits beim Eingehen der Geschäftsbeziehung einstellen.[837] Die internationale Zuständigkeit der Gerichte im Insolvenzfall und das anwendbare Recht spielen dabei eine entscheidende Rolle, da beide maßgeblichen Einfluss auf die Dauer und den Ausgang des Insolvenzverfahrens haben.

aa) Feststellbarkeit des Interessenmittelpunktes

Die Feststellbarkeit des Mittelpunktes der hauptsächlichen Interessen des Schuldners als ganz wesentlicher Faktor für Vertrauensschutz und Rechtssicherheit, ist für die (potentiellen) Gläubiger, aber auch für den Schuldner selbst, von großer Bedeutung und wurde, vom Verordnungsgebern als konstitutiver Bestandteil des Anknüpfungskriteriums (zumindest in den Erwägungsgründen) festgeschrieben.[838] Die Relevanz der Vorhersehbarkeit des Interessenmittelpunktes auch für den Schuldner ergibt sich aus folgenden Überlegungen: Erstens kann der Schuldner selbst die Einschätzung und Planung seiner wirtschaftlichen Situation nur auf einer verlässlichen Grundlage machen, zu der es auch gehört, den eigenen Mittelpunkt der hauptsächlichen Interessen erkennen zu können. Zweitens ist es auch im Interesse des Schuldners, den Gläubigern eine rechtlich

---

n° 25, S. 1757 « Or, l'objectif des procédures collectives est le sauvetage des entreprises et le désintéressement des créanciers. »

[833] Vgl. auch Kauff-Gazin/Idot, Centre des intérêts principaux du débiteur, Note sous CJCE, 17 janv. 2006, aff. C-1/04 Staubitz-Schreiber, Europe – Revue mensuelle LexisNexis JurisClasseur, Mars 2006, S. 28.

[834] Zu der Untersuchung von forum shopping unter Effizienzgesichtspunkten, s.u., Teil 2. 1. Kapitel, B) 1.) b) aa).

[835] Vgl. Erwägungsgrund (19) EuInsVO.

[836] Erwägungsgrund (24) EuInsVO; Virgós/Schmit, Erläuternder Bericht, Rn. 21.

[837] Virgós/Schmit, Erläuternder Bericht, Rn. 75.

[838] Erwägungsgrund (13) EuInsVO ; vgl. auch das Urteil des Gerichtshofes im Fall Eurofood, Rn. 32.

klare und sichere Situation zu bieten, da sie nur in einer solchen bereit sein werden, Kredite zu günstigen Konditionen zu vergeben.[839] Rechtssicherheit und die dafür unabdingbare Vorhersehbarkeit der internationalen Zuständigkeit sind somit Voraussetzung für gute Wirtschaftsbeziehungen und damit in beiderseitigem Interesse der Parteien.[840]

bb) Anwendung des „eigenen" Insolvenzrechtes evt. im „eigenen" Forum

Die Gläubiger können – insbesondere wenn sie selbst nur in einem Mitgliedstaat tätig werden und mit einem gemeinschaftsweit agierenden Schuldner nur in diesem nationalen Kontext kontrahieren[841] – trotz der auch für sie bestehenden Feststellbarkeit, dass der Mittelpunkt der hauptsächlichen Interessen des Schuldners in einem anderen Mitgliedstaat liegt, ein starkes Interesse an der Anwendung „ihres" nationalen Insolvenzrechts haben. Dies hängt unter anderem damit zusammen, dass sich ihre Rechtsposition bei Anwendung des „fremden" Insolvenzrechts verschlechtern kann, weil es in der europäischen Gemeinschaft „kein einheitliches System von Sicherungsrechten und sehr unterschiedliche einzelstaatliche Vorschriften hinsichtlich der Kriterien für die Vorrechte der verschiedenen Gläubigerkategorien gibt."[842] So stellte der Verordnungsgeber in Erwägungsgrund (11) klar, dass ein einziges Insolvenzverfahren mit universaler Geltung für die gesamte Gemeinschaft vor dem Hintergrund der großen materiellrechtlichen Unterschiede nicht ausnahmslos realisierbar sei.[843] Selbst in einem derart verflochtenen Wirtschaftsraum wie dem gemeinsamen Binnenmarkt wurde es gleichsam als „Zugeständnis an die Realität" betrachtet, die (lokalen) Interessen (vor allem der Gläubiger) nicht nur durch die Vorhersehbarkeit des Anknüpfungskriteriums, sondern auch durch eine (doppelte) Einschränkung[844] der Universalität zu schützen.[845]

---

[839] Vallens, Le règlement européen sur les insolvabilités à'épreuve des groupes de sociétés : L'arbitrage de la CJCE, JCP, éd. Entreprise et Affaires, 2006, S. 1223 ; siehe dazu auch die ausführliche ökonomische Analyse unter Teil 2, 1. Kapitel, B) 1.).

[840] Das Erfordernis der Voraussehbarkeit bedeutet jedoch nicht, dass eine „undynamische" Auslegung der Verordnung erfolgen muss – ändern sich die tatsächlichen Umstände, so ist durchaus eine Verlagerung des Interessenmittelpunktes des Schuldners möglich, denn der relevante Zeitpunkt für dessen Bestimmung ist (erst) der Moment der Antragstellung; vgl. oben, Teil 1, 1. Kapitel, A) 2.) b) aa) Rs. Staubitz-Schreiber.

[841] Gerade auf diese „kleineren Gläubiger" stellt auch der Erläuternde Bericht von Virgós/Schmit in Rn. 32 ab.

[842] Virgós/Schmit, Erläuternder Bericht, Rn. 12.

[843] Erwägungsgrund (11) Satz 1 und 2 EuInsVO.

[844] Siehe unter Teil 2, 1. Kapitel, A) 2.) b).

[845] Paulus, Europäische Insolvenzverordnung, Kommentar 2006, Einleitung Rn. 26, S. 67; so auch Rossbach, Europäische Insolvenzverwalter in Deutschland, Dissertation (2004), 2006, S. 15.

Damit können die „inländischen Interessen“ über das bloße Interesse an Vorhersehbarkeit zwecks Rechtssicherheit hinausgehen und einen Schutz des Vertrauens auf die Anwendung gerade des eigenen nationalen Rechts verlangen, um besondere, dem nationalen Recht unterworfene Rechtspositionen zu schützen.
Eine besonders sensible Frage im nationalen sowie im gesamteuropäischen Kontext ist dabei bspw. die Stellung der Arbeitnehmer im Insolvenzverfahren. Der Erhalt ihrer Arbeitsplätze und der Schutz ihrer Interessen sind wichtige Ziele, deren Verwirklichung im Insolvenzrecht der einzelnen Mitgliedstaaten jedoch sehr unterschiedlich ausgeprägt ist. Die Bewahrung der Arbeitnehmer vor einem Absinken des Schutzniveaus unter den nationalen Stand aufgrund der Anwendung des Insolvenzrechts eines anderen Mitgliedstaates ist daher ein legitimes und vom Verordnungsgeber in der Europäischen Insolvenzverordnung beachtetes nationales Interesse.[846]

c) Zwischenresümee

Die im Falle eines grenzüberschreitenden Insolvenzverfahrens betroffenen und daher im Rahmen der Europäischen Insolvenzverordnung zu berücksichtigenden Interessen, lassen sich in zwei Hauptströmungen zusammenfassen.
Auf der einen Seite stehen die gemeinschaftsübergreifenden Interessen. Diese erfordern zwecks Ermöglichung effizienter und wirksamer grenzüberschreitender Insolvenzverfahren zum einen ein koordiniertes Vorgehen im Insolvenzfall und zum anderen die Verhinderung von opportunistischem „forum shopping“.
Auf der anderen Seite existieren legitime „inländische Interessen“, welche einmal auf die Feststellbarkeit des Mittelpunktes der hauptsächlichen Interessen im Namen des Vertrauensschutzes und der Rechtssicherheit gerichtet sind. Daneben besteht ein Interesse daran, sich auf die Anwendbarkeit des „eigenen“ Insolvenzrechts, eventuell sogar im „eigenen“ Forum verlassen zu können.
Diesen beiden (teils gegensätzlichen) Interessenströmungen wollte die Europäische Insolvenzverordnung mit ihrem vom Begriff des Mittelpunktes der hauptsächlichen Schuldnerinteressen dominierten Zuständigkeitssystem gerecht werden.

2.) Die Verankerung dieser Interessen in der Europäischen Insolvenzverordnung

Die Europäische Insolvenzverordnung bemüht sich um Ausgleich zwischen den verschiedenen Interessen und basiert auf „ein[em] »neutrale[n] Mechanismus« für die internationale Zusammenarbeit“.[847] Sie folgt daher, wie bereits zu Beginn

---

[846] Siehe dazu im Folgenden unter Teil 2, 1. Kapitel, A) 2.) b) aa) Artikel 10 EuInsVO.
[847] Virgós/Schmit, Erläuternder Bericht, Rn. 12.

dieser Arbeit überblicksartig dargestellt wurde, einem Kombinationsmodell,[848] welches verschiedene Elemente der „bestehenden Grundsätze für die Regelung internationaler Konkurse (Universalität oder Territorialität der Wirkungen und Einheit oder Pluralität des/der Verfahren(s))“ aufnimmt und miteinander in Einklang bringt.[849] Damit wird der Tatsache Rechnung getragen, dass die eben dargestellten, je für sich genommen berechtigten Interessen, bezüglich ihrer bestmöglichen Verwirklichung auf unterschiedliche Modelle angewiesen sind.[850] So weisen die dargestellten Gemeinschaftsinteressen in Richtung eines dem Universalitätsgrundsatz folgenden, gemeinschaftsweiten Einheitsverfahrens, während die unterschiedlichen (teils gegenläufigen) inländischen Interessen in den verschiedenen Mitgliedstaaten zu ihrer umfassenden Berücksichtigung auf mehrere Verfahren mit jeweils rein territorialem Charakter angewiesen sein können oder zumindest die Anwendung des „lokalen“ Insolvenzrechtes erfordern. Die Beantwortung der Frage, ob die Wahl des Mittelpunktes der hauptsächlichen Interessen des Schuldners als Anknüpfungspunkt des universellen Hauptverfahrens und damit als Dreh- und Angelpunkt der gesamten Verordnungssystematik eine geglückte Entscheidung darstellt, erfordert an dieser Stelle eine detaillierte Betrachtung des Gesamtsystems.

a) Ein universelles Hauptverfahren zwecks Verwirklichung des „Gemeinschaftsinteresses“

Nach dem Gesamtsystem der Europäischen Insolvenzverordnung nimmt das universelle Hauptverfahren, welches in dem Mitgliedstaat eröffnet wird, in welchem sich der schuldnerische Interessenmittelpunkt befindet, die dominante Stellung ein. Welche Verfahren als Hauptverfahren in Betracht kommen, ist daher von großem Interesse.

aa) Ein universelles Hauptverfahren als primäres Verfahren

Das Ziel des Verordnungsgebers, durch effiziente und wirksame grenzüberschreitende Insolvenzverfahren das reibungslose Funktionieren des Binnenmarktes zu gewährleisten, erfordert ein gemeinschaftsweit koordiniertes Vorgehen im Insolvenzfall.[851] Die Europäische Insolvenzverordnung entspricht diesem

---

848 Vgl. Dammann, Droit européen des procédures d'insolvabilité : problématique des conflits de juridictions et de forum shopping, Recueil Dalloz 2005 Chronique S. 1780, der von einem « compromis entre les conceptions universelle et territoriale du droit international privé de la faillite » spricht.

849 Virgós/Schmit, Erläuternder Bericht, Rn.12.

850 Vgl. Dammann, L'application du règlement CE n° 1346-2000 après les arrêts *Staubitz-Schreiber* et *Eurofood* de la CJCE, Recueil Dalloz, Cahier Droit des Affaires, 29 juin 2006, n° 25, S. 1760.

851 Vgl. Erwägungsgrund (2) EuInsVO.

Koordinierungsbedürfnis, indem sie eine Hierarchisierung vornimmt.[852] Artikel 3 Abs. 1 EuInsVO etabliert ein Hauptverfahren, das als „dominantes" Verfahren den Insolvenzfall bestimmt und dem alle eventuell eröffneten Sekundärverfahren (oder bereits zuvor eröffnete Partikularverfahren) nachgeordnet sind. Das Hauptverfahren folgt im Grundsatz dem Prinzip der Universalität; es erfasst [falls kein Sekundärverfahren eröffnet wird] das gesamte Vermögen des Schuldners, ungeachtet davon, wo es belegen ist. Dabei muss hervorgehoben werden, dass die Europäische Insolvenzverordnung nur den äußeren Rahmen für dieses Hauptverfahren schafft und ihm auf formeller Ebene eine einheitliche europäische Struktur gibt. Materiellrechtlich betrachtet gibt es in der Europäischen Gemeinschaft eine Vielzahl unterschiedlicher Arten von Hauptverfahren, da jeweils das nationale Recht des Eröffnungsstaates Anwendung findet und somit das Hauptverfahren materiellrechtlich prägt.[853] Jeder Mitgliedstaat (mit Ausnahme Dänemarks) hat mindestens ein Insolvenzverfahren in Anhang A der Verordnung eingebracht; die dort aufgeführten Verfahrenstypen sind dabei sehr unterschiedlich, woraus sich ein sehr breit gefächertes Spektrum an Verfahren ergibt, die Hauptverfahren im Sinne der Verordnung sein können. Trotz dieser Vielstimmigkeit besteht der große Fortschritt auf gemeinschaftlicher Ebene im jeweiligen Insolvenzfall in der Festlegung auf *ein* Hauptverfahren, das – in den verschiedenen Erscheinungsformen, bedingt durch die nationalen Insolvenzrechte – innerhalb der Gemeinschaft automatisch anerkannt und umgesetzt wird.[854] Die Festlegung der Verordnung, dass gemäß der allgemeinen Kollisionsnorm des Artikels 4 Abs. 1 EuInsVO auf dieses Hauptverfahren (grundsätzlich) nur ein Recht, nämlich „das Recht des Staates der Verfahrenseröffnung (lex concursus)", anwendbar ist, stellt ebenfalls einen entscheidenden Schritt zu effizienten und wirksamen grenzüberschreitenden Insolvenzverfahren dar.[855] Hierdurch wird gleichzeitig der Gedanke konsequent weiterverfolgt, nach welchem gerade das sachnächste Insolvenzrecht zur Anwendung gelangen sollte.[856]

Eine unkoordinierte und widersprüchliche insolvenzrechtliche Behandlung ein und desselben Schuldners innerhalb der EU – bedingt durch die parallele Eröffnung mehrerer gleichrangiger (Haupt-)Insolvenzverfahren in den unterschiedli-

---

852 Paulus, Europäische Insolvenzverordnung, Kommentar 2006, zu Art. 3, Rn. 11, S. 121.

853 Vgl. Anhang A der EuInsVO.

854 Der EuGH spricht von einem „Mechanismus, der vorsieht, dass nur ein einziges Hauptinsolvenzverfahren eröffnet werden kann, das in allen Mitgliedstaaten wirksam ist, in denen die Verordnung anwendbar ist", EuGH-Urteil Eurofood, Rn. 52; vgl. dazu auch Teil 1, 1. Kapitel, A) 1.) a) bb) (1).

855 Vgl. dazu Duursma-Kepplinger, in D-K/D/Ch, Europäische Insolvenzverordnung, Kommentar 2002, Art. 4, Rn. 1ff. S. 178ff..

856 Vgl. Paulus, Europäische Insolvenzverordnung, Kommentar 2006, zu Art. 3, Rn. 20, S. 125.

chen Mitgliedstaaten, die unkoordiniert und in Konkurrenz zueinander ablaufen und auf welche verschiedene Insolvenzrechte Anwendung finden – ist nach dem System der Europäischen Insolvenzverordnung ausgeschlossen. Das ausschlaggebende Kriterium für die internationale Zuständigkeit zur Eröffnung des Hauptverfahrens ist gemäß Artikel 3 Abs. 1 EuInsVO der Mittelpunkt der hauptsächlichen Interessen des Schuldners. Damit steht dieser Begriff im Zentrum des Geschehens und ist untrennbar mit der Gesamtstruktur der Verordnung verbunden. Ob sich seine Wahl als Anknüpfungskriterium als opportun erweist, kann somit nur im Rahmen einer Gesamtbetrachtung des Systems entschieden werden.

Der schuldnerische Interessenmittelpunkt als Anknüpfungskriterium soll es ermöglichen, über eine Analyse der Situation des Schuldners das Recht der größten Sachnähe zu bestimmen.[857] Da jeder Schuldner nur einen Mittelpunkt seiner hauptsächlichen Interessen haben kann, ergibt sich stets eine exklusive Zuständigkeit der Gerichte eines bestimmten Mitgliedstaates.[858] Sollten dennoch – wie in der Praxis bereits geschehen – mehrere Hauptverfahren parallel und damit in Konkurrenz zueinander eröffnet werden, so gilt gemäß Erwägungsgrund (22) der Verordnung der Prioritätsgrundsatz.[859] Folglich genießt das zeitlich frühere Hauptverfahren den Vorrang und das spätere Verfahren ist zu seinen Gunsten einzustellen oder in ein Sekundärverfahren umzuwandeln. Mit anderen Worten ist innerhalb der Gemeinschaft stets nur ein einziges Hauptverfahren zulässig.[860] Wie aus Artikel 1 i.V.m. Artikel 2 a), c) EuInsVO und Anhang A der Verordnung hervorgeht, kann das so eröffnete Hauptverfahren ein Liquidations- oder Sanierungsverfahren sein.[861]

bb) Verfahren, welche Hauptverfahren sein können

Die Frage danach, welche Verfahren Hauptverfahren im Sinne der Europäischen Insolvenzverordnung sein können, wird von der Verordnung nicht klar und teils widersprüchlich beantwortet. Artikel 1 der Verordnung bestimmt, dass diese „für Gesamtverfahren [gilt], welche die Insolvenz des Schuldners voraussetzen und den vollständigen oder teilweisen Vermögensbeschlag gegen den Schuldner sowie die Bestellung eines Verwalters zur Folge haben." Weiter definiert Artikel 2 a) der Verordnung den Begriff des Insolvenzverfahrens als just die in Artikel 1 genannten Gesamtverfahren und verweist auf Anhang A, in welchem diese Verfahren aufgelistet seien. Nun befindet man sich als Leser der Verordnung in einem Dilemma: Nicht alle in Anhang A aufgelisteten Verfahren erfüllen die

---

[857] Paulus, Europäische Insolvenzverordnung, Kommentar 2006, zu Art. 3, Rn. 20, S. 125.

[858] Vgl. oben zum Begriff des Mittelpunktes, Teil 1, 1. Kapitel, A) 1.) bb) (1).

[859] Siehe dazu oben unter, Teil 1, 2. Kapitel, A) 1.) a) aa); Paulus, Europäische Insolvenzverordnung, Kommentar 2006, Einleitung Rn. 50, S. 71.

[860] Virgós/Schmit, Erläuternder Bericht, Rn. 73.

[861] Virgós/Schmit, Erläuternder Bericht, Rn. 16.

vier Kriterien des Artikels 1 Abs.1 EuInsVO, nämlich *Gesamtverfahren* zu sein, die *Insolvenz* des Schuldners vorauszusetzen, einen zumindest teilweisen *Vermögensbeschlag* und die Bestellung eines *Verwalters* zur Folge zu haben. So gestattet beispielsweise die neu eingeführte und in Anhang A aufgenommene französische „procédure de sauvegarde“ dem Unternehmer (im Gegensatz zum Verfahren des „redressement judiciaire“ – des „klassischen“ Sanierungsverfahrens), sein Unternehmen weiterhin selbst zu führen und stellt ihm nur einen „Verwalter“ zur Seite, der rein unterstützende Funktion hat.[862]
Müssen die in Anhang A aufgelisteten Verfahren an den Kriterien des Artikels 1 der Verordnung gemessen und gegebenenfalls nicht als Insolvenzverfahren im Sinne der Verordnung angesehen werden, oder wird bei diesen Verfahren unwiderleglich vermutet, dass sie Insolvenzverfahren im Sinne der Verordnung sind, selbst wenn dies Artikel 1 zuwider läuft?[863] Diese Frage wird kontrovers diskutiert und beantwortet.[864] Befürworter einer restriktiven Auslegung der Verordnung gehen davon aus, die Voraussetzungen des Artikels 1 Abs.1 EuInsVO müssten in jedem Fall vorliegen.[865] So hatte beispielsweise die französische Regierung in einer Circulaire vom 17. März 2003 zum Ausdruck gebracht, dass sie im Wege einer kombinierten Anwendung des Artikel 1 EuInsVO sowie des Anhanges A nur solche Verfahren für Insolvenzverfahren im Sinne der Europäischen Insolvenzverordnung hält, die sowohl die vier Kriterien des Artikels 1 EUInsVO erfüllen als auch in den Anhang A aufgenommen wurden.[866]
Diese Aussage steht jedoch im Widerspruch zur später (erfolgreich) betriebenen Aufnahme der französischen „procédure de sauvegarde“ in Anhang A, da dieses Verfahren gerade keinen Vermögensbeschlag zur Folge hat – es fand hier augenscheinlich ein „Umdenken“ der französischen Regierung statt.

---

[862] Siehe Dossier d'information du sénat, abrufbar unter: www.senat.fr/dossierleg/pjl04-235.html (zuletzt aufgerufen am 12. 04. 2007).

[863] Dammann/Podeur, L'affaire Eurotunnel, première application du règlement CE n° 1346-2000 à la procédure de sauvegarde, Recueil Dalloz 2006 Jurisprudence S. 2331.

[864] Dammann/Podeur, L'affaire Eurotunnel, première application du règlement CE n° 1346-2000 à la procédure de sauvegarde, Recueil Dalloz 2006 Jurisprudence S. 2331, m.w.N..

[865] So die frühere Position der französischen Regierung, Circulaire du Ministère de la Justice du 17 mars 2003 ; vgl. Dammann/Podeur, L'affaire Eurotunnel, première application du règlement CE n° 1346-2000 à la procédure de sauvegarde, Recueil Dalloz 2006 Jurisprudence S. 2331.

[866] Circulaire du Ministère de la Justice du 17 mars 2003, I.1.2. Les types de procédures : « Le champ d'application effectif du règlement est déterminé par l'application combinée de l'article 1er et de l'annexe : seule une procédure répondant aux critères énoncés dans cet article et figurant à l'annexe y est soumise. »

Die Befürworter der restriktiven Auslegung sehen sich in ihrer Auffassung durch das Urteil des EuGH im Falle Eurofood bestärkt.[867] Der EuGH hatte in Bezug auf die erste Vorlagefrage ausgeführt, dass auch die Entscheidung als „Eröffnung eines Insolvenzverfahrens" gemäß Artikel 16 EuInsVO zu verstehen ist, „die infolge eines auf die Insolvenz des Schuldners gestützten Antrags auf Eröffnung eines in *Anhang A* der Verordnung genannten Verfahrens ergeht, wenn diese Entscheidung den *Vermögensbeschlag* gegen den Schuldner zur Folge hat und durch sie ein in Anhang C der Verordnung genannter *Verwalter* bestellt wird. Ein solcher Vermögensbeschlag bedeutet, dass der Schuldner die Befugnisse zur Verwaltung seines Vermögens verliert. In einem solchen Fall sind nämlich die *beiden charakteristischen Folgen* eines Insolvenzverfahrens, nämlich die Bestellung eines in Anhang C genannten Verwalters und der Vermögensbeschlag gegen den Schuldner, wirksam geworden und damit alle konstitutiven Elemente der Definition eines solchen Verfahrens durch Artikel 1 Absatz 1 der Verordnung gegeben."[868]
Dennoch erscheint es verfehlt daraus und insbesondere aus der Nennung der „beiden charakteristischen Folgen" des Insolvenzverfahrens, den Schluss zu ziehen, der EuGH wolle Artikel 1 EuInsVO dem Anhang A der Verordnung überordnen und damit alle Verfahren des Anhanges A einer Kontrolle am Maßstab der vier Kriterien des Artikels 1 unterwerfen. Der restriktiven Deutung des Urteils wurde denn auch mit Verweis auf seinen Kontext und die behandelte Vorlagefrage zu Recht widersprochen.[869] Es handelt sich im Urteil Eurofood um die Beantwortung der Frage, ob bereits die „Vor-Entscheidung" des irischen Gerichts, die zur Bestellung eines vorläufigen Verwalters und zu einem Vermögensbeschlag führte, eine Eröffnungsentscheidung im Sinne des Artikels 16 Abs.1 Unterabsatz 1 der Verordnung darstellt und damit automatisch anzuerkennen ist.[870] Die Stellungnahme des EuGH erfolgte somit nicht zu dem umstrittenen Verhältnis zwischen den in Anhang A aufgeführten Verfahren und den Kriterien des Artikels 1 EuInsVO.[871] Aus ihr eine Kontrollmöglichkeit der bereits in Anhang A aufgeführten Verfahren ableiten zu wollen, erscheint daher konstruiert. Zumal der EuGH, nachdem er auf Artikel 1 Abs.1 EuInsVO und seine vier Kriterien hingewiesen hat,[872] explizit klarstellte, „diese Verfahren

---

[867] Dammann/Podeur, L'affaire Eurotunnel, première application du règlement CE n° 1346-2000 à la procédure de sauvegarde, Recueil Dalloz 2006 Jurisprudence S. 2333, m.w.N. (Fn. 18).
[868] Leitsatz Nr. 3 des EuGH-Urteiles Eurofood sowie Rn. 54; Hervorhebungen nicht im Original.
[869] So Dammann/Podeur, L'affaire Eurotunnel, première application du règlement CE n° 1346-2000 à la procédure de sauvegarde, Recueil Dalloz 2006 Jurisprudence S. 2333.
[870] EuGH-Urteil Eurofood, Rn. 45.
[871] Dammann/Podeur, L'affaire Eurotunnel, première application du règlement CE n° 1346-2000 à la procédure de sauvegarde, Recueil Dalloz 2006 Jurisprudence S. 2333.
[872] EuGH-Urteil Eurofood, Rn. 46.

[seien] im Anhang A der Verordnung und die Verwalter in deren Anhang C aufgeführt."[873] Somit stützt der EuGH seine Beurteilung gerade auch auf Anhang A, zieht diesen damit als Grundlage nicht in Zweifel und lässt keine restriktive Auslegung des Begriffes des Insolvenzverfahrens erkennen. Zudem hätte der EuGH bei einer solchen restriktiven Auslegung das Vorliegen einer Eröffnungsentscheidung im Falle der Ernennung des vorläufigen Verwalters im Falle Eurofood ablehnen müssen.[874] Insbesondere stellt der EuGH zur Bestimmung der in der Europäischen Insolvenzverordnung verwendeten Begriffe auf das „Ziel der Gewährleistung der Effizienz des mit der Verordnung eingeführten Systems" ab, an welchem sich die Auslegung zu orientieren hat.[875] Zu bedenken ist in diesem Zusammenhang, dass die Auflistung der Insolvenzverfahren im Anhang A gerade zum erklärten Ziel hat, „in einem Bereich, in dem die Rechtsvorschriften der Mitgliedstaaten erheblich voneinander abweichen, [...] Rechtssicherheit hinsichtlich der Verfahren, auf die [die Verordnung] Anwendung findet, [zu] bieten."[876] Mit diesen Zielen der Europäischen Insolvenzverordnung, für Effizienz und Rechtssicherheit zu sorgen, ist es unvereinbar, eine Kontrolle der bereits in Anhang A aufgenommenen Verfahren am Maßstab der vier Kriterien des Artikels 1 Abs.1 EuInsVO durchzuführen. In diesem Sinne spricht beispielsweise Professor Paulus von einer „klugen Entscheidung" der Verordnungsgeber, Verfahren und Verwalter in den Anhängen definitiv festzulegen und dadurch Verlässlichkeit und Vorhersehbarkeit zu garantieren.[877] Er geht damit ebenfalls von der Verbindlichkeit der Anhänge aus und schließt folglich eine Kontrolle der dort aufgeführten Verfahren aus, was in Anbetracht der von den Verordnungsgebern gesetzten Ziele nur befürwortet werden kann.[878] Andere Stimmen sprechen sich auch dafür aus, die Auflistung in den Anhängen als „verbindlich und abschließend" zu betrachten und gehen sogar soweit, die Definitionen der Begriffe des Insolvenzverfahrens, des Verwalters und des Liquidationsverfahrens aus diesem Grund als „weitgehend ohne Bedeutung" zu betrachten.[879]

---

[873] EuGH-Urteil Eurofood, Rn. 47.

[874] Dammann/Podeur, L'affaire Eurotunnel, première application du règlement CE n° 1346-2000 à la procédure de sauvegarde, Recueil Dalloz 2006 Jurisprudence S. 2333.

[875] EuGH-Urteil Eurofood, Rn. 53.

[876] Virgós/Schmit, Erläuternder Bericht, Rn. 48.

[877] Paulus, Europäische Insolvenzverordnung, Kommentar 2006, Einleitung Rn. 52, S. 77.

[878] In diesem Sinne spricht sich auch Cranshaw dafür aus, entscheidend sei die Auflistung in Anhang A EuInsVO, Cranshaw, Einflüsse des Europäischen Rechts auf das Insolvenzverfahren, 2006, S. 1827.

[879] So Stephan, in Eickmann/Flessner/Irschlinger/Kirchhof/Kreft/Landfermann/Marotzke/ Stefan (Hrsg.), Heidelberger Kommentar zur Insolvenzordnung, zu Artikel 2 EuInsVO, S. 1692, Rn. 2; auch Duursma-Kepplinger, in D-K/D/Ch, Europäische Insolvenzverordnung, Kommentar 2002, zu Art. 1, Rn. 16, S. 87, spricht sich gegen eine Überprüfungsmöglichkeit aus.

Eine restriktive Auffassung würde zudem insbesondere dazu führen, dass „moderne" mitgliedstaatliche Insolvenzverfahren, die frühzeitig auf finanzielle Schwierigkeiten eines Schuldners reagieren und dabei gerade auf die Mitarbeit des Schuldners setzen, nicht in den Anwendungsbereich der Verordnung fielen.[880] Denn diese Verfahren verzichten beispielsweise auf einen Vermögensbeschlag und belassen die Verwaltungsbefugnis beim Schuldner – ein Aspekt, welcher sie für diesen besonders attraktiv macht und somit ein frühzeitiges Anzeigen von Schwierigkeiten durch den Schuldner fördert. Vor diesem Hintergrund würde eine restriktive Auslegung der erwünschten Tendenz innerhalb der Gemeinschaft, hin zu frühzeitigem Eingreifen (teils auf freiwilliger Basis) und zu Unternehmenssanierung, nicht gerecht. Als Beispiel solcher Verfahren können die bereits vor der französischen „procédure de sauvegarde" in den Anhang A aufgenommene deutsche Eigenverwaltung sowie das englische „volontary arrangement under insolvency legislation" genannt werden, die ebenfalls belegen, dass das Kriterium des vollständigen oder teilweisen Vermögensbeschlages und der Bestellung eines Verwalters gemäß Artikel 1 EuInsVO nicht zu eng auszulegen ist und eine funktionelle und teleologische Auslegung des Begriffes des Insolvenzverfahrens im Sinne der Verordnung angebracht erscheint.[881]

Unabhängig von diesen inhaltlichen Einwänden gegen eine restriktive Auslegung wurden auch praktische Einwände gegen eine Kontrollmöglichkeit durch mitgliedstaatliche Gerichte vorgebracht,[882] welche jedoch nicht überzeugen können. So wurde angeführt, die mitgliedstaatlichen Gerichte seien nicht in der Lage, die große Zahl ausländischer Verfahren im Detail zu kennen und eine Kontrolle der Verfahren anhand der vier Kriterien des Artikels 1 Abs. 1 EuIns-VO sei daher unmöglich.[883] Dem kann jedoch entgegengehalten werden, dass ein zum Zwecke der Eröffnung eines Hauptverfahrens angerufenes Gericht, wenn es den Mittelpunkt der hauptsächlichen Interessen des Schuldners in seinem Mitgliedstaat verortet, stets zur Anwendung „seines eigenen" nationalen Insolvenzrechtes und somit der ihm bekannten nationalen Verfahren kommt. Diese könnte es von seinem Wissensstand her durchaus an den Kriterien des Artikels 1 Abs.1 EuInsVO messen. Allenfalls problematisch könnte dabei die Tatsache sein, dass der nationale Richter eine autonome Interpretation der Begriffe der Verordnung vornehmen müsste – diese Schwierigkeit begegnet ihm

---

880 Dammann/Podeur, L'affaire Eurotunnel, première application du règlement CE n° 1346-2000 à la procédure de sauvegarde, Recueil Dalloz 2006 Jurisprudence S. 2332.

881 Dammann, Droit européen des procédures d'insolvabilité : problématique des conflits de juridictions et de forum shopping, Recueil Dalloz 2005 Chronique S. 1786, Fn. 75.

882 So Dammann/Podeur, L'affaire Eurotunnel, première application du règlement CE n° 1346-2000 à la procédure de sauvegarde, Recueil Dalloz 2006 Jurisprudence S. 2332.

883 So Dammann/Podeur, L'affaire Eurotunnel, première application du règlement CE n° 1346-2000 à la procédure de sauvegarde, Recueil Dalloz 2006 Jurisprudence S. 2332.

jedoch bei jedweder Anwendung der Verordnung und ist somit nichts Ungewöhnliches. Wurde bereits in einem anderen Mitgliedstaat ein Insolvenzverfahren eröffnet, müssten die Gerichte der anderen Mitgliedstaaten dieses ebenfalls nicht anhand der vier Kriterien des Artikels 1 Abs. 1 EuInsVO überprüfen, sondern müssten sich gemäß des Grundsatzes der automatischen Anerkennung auf die Einschätzung des Eröffnungsgerichtes verlassen. Vor diesem Hintergrund erscheinen die praktischen Einwände gegen eine Überprüfungsmöglichkeit der in Anhang A aufgelisteten Verfahren nicht als ausschlaggebend.
Viel schwerwiegender ist jedoch der Einwand, dass der nationale Richter sich nicht über den Willen des Verordnungsgebers erheben darf, dem die Aufnahme der Verfahren in Anhang A und gemäß Artikel 45 EuInsVO auch dessen Änderung obliegt.[884] Da der Verordnungsgeber keinerlei Hierarchie zwischen Artikel 1 der Verordnung und dem Artikel 2 a) EuInsVO deutlich gemacht hat, kann nicht davon ausgegangen werden, dass letzterer, der auf Anhang A verweist, als subsidiär zurücktreten muss.[885]
Dieser Einwand steht ebenso einer Kontrollbefugnis durch den EuGH entgegen. Der Gerichtshof kann allenfalls durch eine weite Auslegung der autonomen Begriffe des Artikels 1 Abs.1 EuInsVO zu einer möglichst flexiblen Definition des „Insolvenzverfahrens“ nach der Verordnung kommen, so dass eine große Zahl der mitgliedstaatlichen Insolvenzverfahren dieser Definition entspricht. Gerade die bisherige Rechtsprechung des EuGH, in welcher er der Rechtssicherheit einen hohen Stellenwert einräumte, spricht dafür, dass das Kriterium des vollständigen oder teilweisen Vermögensbeschlages und der Bestellung eines Verwalters aus Artikel 1 EuInsVO nicht zu eng auszulegen ist und zugunsten der unzweifelhaften Gültigkeit der Verfahren in Anhang A eine funktionelle und teleologische Auslegung des Begriffes des Insolvenzverfahrens angebracht erscheint.[886]
Ganz im Sinne einer Verbindlichkeit der Qualifikation der in Anhang A der Verordnung aufgeführten Verfahren als „Insolvenzverfahren“ nach der Verordnung hat auch das französische Tribunal de commerce de Paris in der Rechtssache Eurotunnel PLC[887] bei der ersten Anwendung der Europäischen Insolvenzverordnung auf die französische „procédure de sauvegarde“ ohne weitere Prüfung festgestellt, dass dieses französische präventive Sanierungsverfahren als

---

884 Dammann/Podeur, L'affaire Eurotunnel, première application du règlement CE n° 1346-2000 à la procédure de sauvegarde, Recueil Dalloz 2006 Jurisprudence S. 2332.
885 Dammann/Podeur, L'affaire Eurotunnel, première application du règlement CE n° 1346-2000 à la procédure de sauvegarde, Recueil Dalloz 2006 Jurisprudence S. 2332.
886 Dafür plädiert auch Dammann, Droit européen des procédures d'insolvabilité : problématique des conflits de juridictions et de forum shopping, Recueil Dalloz 2005 Chronique p. 1786.
887 Siehe zu dieser Rechtssache unter Teil 2, 1. Kapitel, B) 2.) b).

ein in Anhang A aufgeführtes Verfahren in den Anwendungsbereich der Verordnung fällt.[888]

cc) Zwischenresümee

Mit der Festlegung auf ein einziges, universelles Hauptverfahren in dem Mitgliedstaat, in welchem der Schuldner den Mittelpunkt seiner hauptsächlichen Interessen hat, hat der Verordnungsgeber eine deutliche Verbesserung gegenüber der vorherigen insolvenzrechtlichen Situation geschaffen. Die Anwendbarkeit des Insolvenzrechtes des Eröffnungsstaates auf dieses Hauptverfahren trägt dessen Bedeutung und dem Bemühen um die Anwendung des sachnächsten Insolvenzrechtes Rechnung.
Gerade vor dem Hintergrund des mit der Verordnung verfolgten Zieles, effektive und wirksame grenzüberschreitende Insolvenzverfahren zu schaffen, wird deutlich, dass der eigens für die Auflistung der einzelnen mitgliedstaatlichen Insolvenzverfahren im Sinne des Artikels 2 Buchstabe a) geschaffene Anhang A als verbindlich angesehen werden muss. Die in ihm aufgelisteten Verfahren sind demnach Insolvenzverfahren im Sinne der Verordnung, unabhängig davon, ob sie den Kriterien des Artikels 1 Abs. 1 EuInsVO entsprechen, auf welchen Artikel 2 a) EuInsVO ebenfalls verweist. Den mitgliedstaatlichen Gerichten oder dem EuGH diesbezüglich eine Überprüfungsmöglichkeit einzuräumen, würde die Rechtssicherheit zerstören, welche Anhang A gerade schaffen soll.

Der Verordnungsgeber hielt es jedoch für „nicht realisierbar"[889], mit einem einzigen Insolvenzverfahren und einem einzigen anwendbaren Insolvenzrecht der Vielschichtigkeit der Interessenlagen gerecht zu werden und hat daher in zweierlei Hinsicht Einschränkungen des Universalitätsprinzips vorgesehen.

b) Die Einschränkungen der Universalität und Einheit zum Schutz der „inländischen Interessen"

Das universelle Hauptverfahren an sich wird nicht allen berechtigten Interessen gerecht. Insbesondere angesichts der uneinheitlichen Ausgestaltung von Sicherungsrechten und der großen Unterschiede bei den Kriterien für Vorrechte der verschiedenen Gläubigerkategorien in den einzelnen Mitgliedstaaten haben die

---

888 Urteil des Tribunal de commerce de Paris 2 août 2006 n° 2006047554, Recueil Dalloz 2006 Jurisprudence S. 2329; man ging sogar noch weiter und bejahte selbst die Frage, ob die „procédure de sauvegarde" eine „faillite internationale" (internationale Insolvenz), welche ihrerseits die gerichtliche Feststellung der Zahlungsunfähigkeit des Schuldners („la constatation judiciaire de la défaillance d'un débiteur") voraussetzt, darstellen könne; vgl. Henry, La corrélation entre la compétence juridictionnelle et l'universalité de la faillite, Recueil Dalloz, Cahier Droit des Affaires, 1er juin 2006, Jurisprudence S. 1468.

889 Erwägungsgrund (11) EuInsVO.

Verordnungsgeber das System der Universalität allein nicht für ausreichend erachtet, um zu gerechten Ergebnissen zu gelangen.[890] „Aufgrund der großen Unterschiede im materiellen Recht" sind die Verordnungsgeber von der Tatsache ausgegangen, dass „ein einziges Insolvenzverfahren mit universaler Geltung für die gesamte Gemeinschaft nicht realisierbar ist."[891] Damit ist gleichzeitig eine Beschneidung der Bedeutung des Mittelpunktes der hauptsächlichen Interessen des Schuldners im System der EuInsVO verbunden – also ein Eingeständnis, dass dieser als alleiniges Anknüpfungskriterium, welches ein einziges anwendbares Insolvenzrecht nach sich zieht, nicht allen Interessen gerecht werden kann. Der Verordnungsgeber hat also den Wirkungskreis des Mittelpunktes der hauptsächlichen Interessen des Schuldners bewusst beschnitten; er bleibt zwar der Schlüsselbegriff des Systems, wird jedoch durch Ausnahmeregelungen ergänzt.

Die Europäische Insolvenzverordnung hat der heterogenen Interessenlage innerhalb der Gemeinschaft auf zweierlei Weise Rechnung getragen:

Zum einen sieht sie im Rahmen des Hauptverfahrens den Schutz inländischer Interessen durch die Vorschriften in den Artikeln 5 bis 15 EuInsVO vor. Durch diese Artikel werden bestimmte Rechte von der Wirkung des Hauptinsolvenzverfahrens ausgenommen bzw. die Wirkungen richten sich nicht nach dem Insolvenzrecht des Staates der Verfahrenseröffnung, sondern nach dem nationalen Insolvenzrecht des Staates, nach dessen Recht das betroffene Recht entstanden ist.[892] Es handelt sich dabei also um „Sonderanknüpfungen für besonders bedeutsame Rechte und Rechtsverhältnisse."[893]

Zum anderen können nach der Europäischen Insolvenzverordnung in den Mitgliedstaaten, in welchen der Schuldner eine Niederlassung hat, nationale Insolvenzverfahren mit rein territorialer Wirkung eröffnet werden,[894] wobei diese Territorialverfahren entweder in Form von Partikularverfahren oder von Sekundärverfahren vorliegen können. Aufgrund dieser insgesamt drei verschiedenen Verfahrenstypen (Haupt-, Partikular- und Sekundärverfahren) wurde in der Literatur auch davon gesprochen, die Europäische Insolvenzverordnung stelle zur Abwicklung von Insolvenzen eine „Verfahrenstrias" zur Verfügung.[895]

---

[890] Erwägungsgrund (11) EuInsVO, Virgós/Schmit, Erläuternder Bericht, Rn. 12.

[891] Erwägungsgrund (11) EuInsVO.

[892] Virgós/Schmit, Erläuternder Bericht, Rn. 22/23.

[893] Erwägungsgrund (11) EuInsVO.

[894] Artikel 3 Abs. 2 EuInsVO, Erwägungsgrund (11) EuInsVO.

[895] So Adam, Zuständigkeitsfragen bei der Insolvenz internationaler Unternehmensverbindungen, Schriften zum Insolvenzrecht Band 8, hrsg. von Ehricke/Paulus, Dissertation 2006, S. 250. Die wirkliche Notwendigkeit der Einschränkung der Universalität kann aufgrund der Tatsache hinterfragt werden, dass die Richtlinien über die Sanierung und Liquidation von Kreditinstituten sowie die Parallel-Richtlinie für Versicherungsunternehmen ausschließlich ein universelles Verfahren vorsehen; Paulus, Europäische Insolvenzverordnung, Kommentar 2006, Einl. Rn. 26 und Fn. 56, S. 67.

aa) Die Sonderanknüpfungen der Artikel 5 bis 15 EuInsVO

Manche Rechte weisen eine so spezifische Beziehung mit dem Rechtssystem ihres Entstehungsstaates auf, dass eine Trennung von diesem dem Verlust der Rechte gleichkäme oder sie zumindest derart aus ihrem Kontext reißen würde, dass ihre Wirkungsentfaltung gefährdet wäre. Der Verordnungsgeber hat dieses Problem erkannt und eine Reihe von Ausnahmen von dem Grundsatz des Artikels 4 Abs. 1 EuInsVO vorgesehen, welcher als *lex concursus* grundsätzlich das Recht des Eröffnungsstaates des Hauptinsolvenzverfahrens festschreibt.[896] „Um in den anderen Mitgliedstaaten als dem Staat der Verfahrenseröffnung Vertrauensschutz und Rechtssicherheit zu gewährleisten“[897], stellt die Europäische Insolvenzverordnung in ihren Artikeln 5 bis 15 eine Reihe von „Sonderanknüpfungen für besonders bedeutsame Rechte und Rechtsverhältnisse“[898] auf. Dadurch werden „bestimmte Rechte an in einem anderen [Mitgliedstaat][899] befindlichen Vermögenswerten von den Wirkungen des Hauptinsolvenzverfahrens ausgenommen bzw. wird [in der Verordnung][900] festgestellt, dass diese Wirkungen sich nach dem Insolvenzrecht der betreffenden Staaten und nicht nach dem Recht des Staates der Verfahrenseröffnung richten müssen.“[901] Damit geht gleichzeitig eine Entkoppelung des anwendbaren Insolvenzrechts und des Mittelpunktes der hauptsächlichen Interessen des Schuldners einher: Letzterer, der grundsätzlich über Artikel 4 EuInsVO auch das anwendbare Insolvenzrecht bestimmt, trägt zwar prinzipiell dafür Sorge, das sachnächste Recht zur Anwendung zu bringen; diese grundsätzliche Betrachtungsweise muss aber dort Ausnahmen erfahren, wo besondere schützenswerte Interessen auf dem Spiel stehen, deren Berücksichtigung nur im Rahmen einer detaillierten Betrachtung erfolgen kann, die es gebietet, eine Ausnahme von der allgemeinen lex concursus des Staates der Verfahrenseröffnung zu machen und das mit dem betroffenen Interesse am engsten verbundene Recht anzuwenden. Die vor diesem Hintergrund gemachten Ausnahmevorschriften sollen im Folgenden näher beleuchtet werden, da sie gleichzeitig aufzeigen, wo der Mittelpunkt der hauptsächlichen Interessen als der das anwendbare Recht determinierende Faktor an Bedeutung verliert.

---

[896] Siehe dazu auch Erwägungsgrund (23) EuInsVO: „Soweit nichts anderes bestimmt ist, soll das Recht des Staates der Verfahrenseröffnung (lex concursus) Anwendung finden.“

[897] Erwägungsgrund (24) EuInsVO.

[898] Erwägungsgrund (11) EuInsVO.

[899] Der Erläuternde Bericht spricht von „Vertragsstaat“.

[900] Der Erläuternde Bericht spricht von „Übereinkommen“.

[901] Virgós/Schmit, Erläuternder Bericht, Rn. 22.

Artikel 5 EuInsVO: Dingliche Rechte Dritter

Besonders wichtig war es dem Verordnungsgeber, dingliche Rechte zu schützen, „da diese für die Gewährung von Krediten von erheblicher Bedeutung sind“[902] und durch ihre Wahrung das Interesse jedes Staates am Schutz seines Wirtschaftsverkehrs anerkannt wird.[903] So bestimmt Artikel 5 EuInsVO[904], dass „das dingliche Recht eines Gläubigers oder eines Dritten an körperlichen oder unkörperlichen, beweglichen oder unbeweglichen Gegenständen des Schuldners [...], die sich zum Zeitpunkt der Eröffnung des [Haupt-]Insolvenzverfahrens im Gebiet eines anderen Mitgliedstaats befinden, [...] von der Eröffnung des Verfahrens nicht berührt [wird].“ Was ein dingliches Recht im Sinne dieser Vorschrift ist, wird durch die Verordnung nicht definiert und richtet sich „nach dem einzelstaatlichen Recht, das sich nach den üblichen Kollisionsnormen bestimmt, wie sie vor der Eröffnung eines Insolvenzverfahrens für die dinglichen Rechte gelten (in der Regel die zu diesem Zeitpunkt geltende lex rei sitae).“[905] Allerdings zählt Artikel 5 Abs. 2 EuInsVO beispielhaft eine Reihe von Rechten auf, die normalerweise nach einzelstaatlichem Recht dinglich ausgestaltet sind; Absatz 3 geht einen Schritt weiter, indem er unabhängig vom einzelstaatlichen Recht „das in einem öffentlichen Register eingetragene und gegen jedermann wirksame Recht, ein dingliches Recht im Sinne von Absatz 1 zu erlangen, [...] einem dinglichen Recht [gleichstellt].“ Alle diese Rechte müssen bereits vor Eröffnung des Insolvenzverfahrens entstanden sein, um unter den Schutz des Artikels 5 EuInsVO zu fallen, da bei späterem Entstehen weder Vertrauensschutz, noch Rechtssicherheit einer Anwendbarkeit der *lex concursus* entgegen stehen.[906]

Leider beschränkt sich Artikel 5 EuInsVO auf die negative Feststellung der „Unberührbarkeit“ der betroffenen dinglichen Rechte, ohne positiv zu bestimmen, wie mit ihnen zu verfahren ist.[907] Unter Beachtung seines Schutzzwecks und der verordnungsgeberischen Intention ist davon auszugehen, dass Artikel 5 EuInsVO nicht zur völligen Unantastbarkeit der dinglichen Rechte in der Insolvenz führt.[908] Besteht im Belegenheitsstaat eine Niederlassung, kann der Verwalter des Hauptinsolvenzverfahrens oder jede andere dazu befugte Person ein Sekundärverfahren beantragen, so dass nach dem Insolvenzrecht des Belegenheitsstaates verfahren und gegebenenfalls in das dingliche Recht eingegriffen

902 Erwägungsgrund (25) EuInsVO.

903 Virgós/Schmit, Erläuternder Bericht, Rn. 97 und 99.

904 Dieser stellt eine Sachnorm dar, vgl. Paulus, Europäische Insolvenzverordnung, Kommentar 2006, zu Art. 5, Rn. 1, S. 154.

905 Virgós/Schmit, Erläuternder Bericht, Rn. 100.

906 Virgós/Schmit, Erläuternder Bericht, Rn. 96; Paulus, Europäische Insolvenzverordnung, Kommentar 2006, zu Art. 5, Rn. 8 und 9, S. 156/157.

907 Paulus, Europäische Insolvenzverordnung, Kommentar 2006, zu Art. 5, Rn. 2, S. 154.

908 Virgós/Schmit, Erläuternder Bericht, Rn. 98.

werden kann.[909] Außerdem führt die „Unberührbarkeit" des dinglichen Rechts durch das Hauptverfahren nicht zur Insolvenzimmunität des Gegenstandes, auf welchen sich das Recht bezieht – dieser bleibt damit an sich auch im Rahmen des Hauptinsolvenzverfahrens unter Anwendung der *lex concursus* verwertbar.[910] Nur das dingliche Recht selbst muss unberührt bleiben, was dann der Fall ist, wenn es entsprechend des Insolvenzrechts des Mitgliedstaates behandelt wird, in welchem sich der Gegenstand befindet (*lex rei sitae*).[911] Dieses Vorgehen deckt sich mit dem Schutzzweck des Artikels 5 EuInsVO, Vertrauensschutz und Rechtssicherheit in den Mitgliedstaaten zu wahren, auf welche sich das Hauptverfahren erstreckt.[912]
Artikel 5 Absatz 4 EuInsVO stellt abschließend klar,[913] dass der Schutz des Absatzes 1 nicht so stark wirkt, dass er der Nichtigkeit, Anfechtbarkeit oder relativen Unwirksamkeit einer Rechtshandlung gemäß Artikel 4 Absatz 2 Buchstabe m) EuInsVO – also nach *lex concursus* – entgegen stünde.[914]

Artikel 6 EuInsVO: Aufrechnung
Ähnlich wie Artikel 5 EuInsVO bezüglich dinglicher Rechte Dritter, normiert Artikel 6 EuInsVO bezüglich der Befugnis eines Gläubigers, mit seiner Forderung gegen eine Forderung des Schuldners aufzurechnen, diese werde „von der Eröffnung des Insolvenzverfahrens nicht berührt, wenn diese Aufrechnung nach dem für die Forderung des insolventen Schuldners maßgeblichen Recht zulässig ist."[915] Der Verordnungsgeber sieht ein besonderes Schutzbedürfnis seitens der Gläubiger, die gleichzeitig aufrechnungsberechtigte Schuldner des Insolvenzschuldners sind. Sie sollen sich auf zur Aufrechnung berechtigende Rechtsvorschriften verlassen können, was der Aufrechnung „eine Art Garantiefunktion"

---

[909] Erwägungsgrund (25) EuInsVO, Virgós/Schmit, Erläuternder Bericht, Rn. 98.
[910] Dafür spricht der Wortlaut des Erwägungsgrundes (25), welcher von der prinzipiellen Verwertbarkeit des Gegenstandes ausgeht, die im Falle der Unmöglichkeit eines Sekundärverfahrens mangels Niederlassung nur im Rahmen des Hauptverfahrens erfolgen kann; Paulus, Europäische Insolvenzverordnung, Kommentar 2006, zu Art. 5, Rn. 23, S. 160.
[911] Paulus, Europäische Insolvenzverordnung, Kommentar 2006, zu Art. 5, Rn. 19 ff., S. 159 f.; vgl. Erwägungsgrund (25) EuInsVO: „Die Begründung, Gültigkeit und Tragweite eines solchen dinglichen Rechts sollte sich deshalb regelmäßig nach dem Recht des Belegenheitsorts bestimmen und von der Eröffnung des Insolvenzverfahrens nicht berührt werden. Der Inhaber des dinglichen Rechts sollte somit sein Recht zur Aus- bzw. Absonderung an dem Sicherungsgegenstand weiter geltend machen können. [...] der überschießende Erlös aus der Veräußerung der Vermögensgegenstände, an denen dingliche Rechte bestanden, [ist] an den Verwalter des Hauptverfahrens abzuführen."
[912] Erwägungsgrund (24) EuInsVO.
[913] Dieser Absatz hat rein deklaratorische Funktion, Paulus, Europäische Insolvenzverordnung, Kommentar 2006, zu Art. 5, Rn. 28, S. 161.
[914] Allerdings kann aus Artikel 13 EuInsVO die Unanwendbarkeit des Artikels 4 Absatz 2 Buchstabe m) EuInsVO folgen, siehe dazu infra zu Artikel 13 EuInsVO.
[915] Artikel 6 Abs. 1 EuInsVO.

verleiht.[916] Dabei greift die Ausnahme des Artikels 6 EuInsVO von der Anwendbarkeit der *lex concursus* nur, wenn letztere zu Lasten des Gläubigers von dem „für die Forderung des insolventen Schuldners maßgeblichen Recht" abweicht – ist bereits nach der lex concursus eine Aufrechnung zulässig, bleibt es bei deren alleiniger Anwendbarkeit.[917] Unabhängig von der Vorteilhaftigkeit für den betroffenen Gläubiger, bestimmt sich das Recht auf Aufrechnung in Bezug auf gegenseitige Forderungen, die *nach* Eröffnung des Insolvenzverfahrens entstanden sind, ausschließlich nach der *lex concursus*, da in diesem Fall kein schutzwürdiges Vertrauen entstehen kann.[918] Artikel 6 Absatz 2 EuInsVO enthält – wie bereits Artikel 5 Absatz 4 EuInsVO – den (ebenfalls rein deklaratorischen)[919] Hinweis, dass „Absatz 1 [...] der Nichtigkeit, Anfechtbarkeit oder relativen Unwirksamkeit einer Rechtshandlung nach Artikel 4 Absatz 2 Buchstabe m) nicht entgegen [steht]."[920]

Artikel 7 EuInsVO: Eigentumsvorbehalt

Artikel 7 Absatz 1 EuInsVO enthält eine mit der Regelung des Artikels 5 EuInsVO vergleichbare Regelung speziell für den Eigentumsvorbehalt, weshalb „die zu Artikel 5 angestellten Erwägungen [...] sinngemäß auch für diesen Artikel [gelten]."[921] Absatz 1 betrifft die Insolvenz des Vorbehaltskäufers und bestimmt, dass diese „die Rechte des Verkäufers aus einem Eigentumsvorbehalt unberührt [lässt], wenn sich die Sache zum Zeitpunkt der Eröffnung des Verfahrens im Gebiet eines anderen Mitgliedstaats als dem der Verfahrenseröffnung befindet." Diese Regelung beruht auf demselben Schutzgedanken des Verordnungsgebers bezüglich Vertrauensschutz und Rechtssicherheit, wie er dem gesamten Regelungsblock der Artikel 5 bis 15 EuInsVO zugrunde liegt.[922] Ein Verkäufer ist in seinem Vertrauen auf den Schutz durch den Eigentumsvorbehalt insoweit schützenswert, als er nur mit Eingriffen in diese Rechtsposition durch das nationale Insolvenzrecht des Staates rechnen muss, in welchem sich der Gegenstand befindet. Folglich muss er vor stärkeren Eingriffen in seine Rechtsposition durch die Insolvenzrechte anderer Mitgliedstaaten geschützt werden. Der grundsätzlich universelle Effekt der *lex concursus* muss daher dann eingeschränkt werden, wenn sie zu einer ungünstigeren Rechtsposition als das Insolvenzrecht des Belegenheitsstaates führt. Es kann hier

---

916 Erwägungsgrund (26) EuInsVO.
917 Virgós/Schmit, Erläuternder Bericht, Rn. 109.
918 Vgl. Virgós/Schmit, Erläuternder Bericht, Rn. 110.
919 Paulus, Europäische Insolvenzverordnung, Kommentar 2006, zu Art. 6, Rn. 6, S. 164.
920 Auch hier natürlich unter dem Vorbehalt der Anwendbarkeit Artikels 4 Absatz 2 Buchstabe m) EuInsVO, Artikel 13 EuInsVO, siehe infra.
921 Virgós/Schmit, Erläuternder Bericht, Rn. 112.
922 So auch Paulus, Europäische Insolvenzverordnung, Kommentar 2006, Art. 7, Rn. 1, S. 165.

uneingeschränkt auf die Ausführungen zu Artikel 5 EuInsVO verwiesen werden.[923]
In Absatz 2 des Artikels 7 EuInsVO wird ein Unterschied zu Artikel 5 EuInsVO deutlich, denn ersterer enthält eine „echte einheitliche materielle Vorschrift."[924] Er kann als Gegenstück zum Schutz des Eigentumsvorbehaltes des Verkäufers gesehen werden und schützt die rechtlichen Interessen des Vorbehaltskäufers am Eigentumserwerb bei Insolvenz des Vorbehaltsverkäufers,[925] indem er bestimmt: „Die Eröffnung eines Insolvenzverfahrens gegen den Verkäufer einer Sache nach deren Lieferung rechtfertigt nicht die Auflösung oder Beendigung des Kaufvertrags und steht dem Eigentumserwerb des Käufers nicht entgegen, wenn sich die Sache zum Zeitpunkt der Verfahrenseröffnung im Gebiet eines anderen Mitgliedstaats als dem der Verfahrenseröffnung befindet.". Die Position des Käufers soll durch die Eröffnung der Insolvenz unberührt bleiben, es soll ihm weiter freistehen, durch die Zahlung des Kaufpreises die Voraussetzungen für den Eigentumserwerb herbeizuführen.[926] Etwas anderes kann nach dem Wortlaut des Absatzes 2 gelten, wenn die Sache sich zum Zeitpunkt der Verfahrenseröffnung im Gebiet des Mitgliedstaates der Verfahrenseröffnung befindet und dessen *lex concursus* einen Eingriff in die Rechtsposition des Vorbehaltskäufers vorsieht. In diesem Fall konnte der Vorbehaltskäufer sich auf diese Rechtslage (die ihn genauso im Falle einer rein nationalen Insolvenz betroffen hätte) einstellen und ist somit nicht schutzwürdig. Ebenfalls nicht schutzwürdig ist der Vorbehaltskäufer nach dieser ratio dann, wenn das Insolvenzrecht des Mitgliedstaates, in welchem sich die Sache zum Zeitpunkt der Verfahrenseröffnung befindet, keinen Schutz des Anwartschaftsrechtes im Insolvenzfall vorsieht, da der Vorbehaltskäufer dann auch bei Eröffnung eines Insolvenzverfahrens im Belegenheitsstaat mit einem Eingriff in seine Rechtsposition hätte rechnen müssen.[927]

Artikel 8 EuInsVO: Vertrag über einen unbeweglichen Gegenstand
Artikel 8 EuInsVO besagt, dass für die Wirkungen des Insolvenzverfahrens auf einen Vertrag, der zum Erwerb oder zur Nutzung eines unbeweglichen Gegenstandes berechtigt, ausschließlich das Recht des Mitgliedstaates maßgebend ist, in dessen Gebiet der Gegenstand belegen ist. Es wird vertreten, es handele sich bei Artikel 8 EuInsVO speziell um eine Verweisung auf das Insolvenzrecht des Belegenheitsstaates und dessen Regelungen bezüglich nicht vollständig erfüllter

---

923 Siehe supra zu Artikel 5 EuInsVO.
924 Virgós/Schmit, Erläuternder Bericht, Rn. 112.
925 Smid, Deutsches und Europäisches Internationales Insolvenzrecht, Kommentar 2004, Art. 7 EuInsVO, Rn. 12, S. 69.
926 Virgós/Schmit, Erläuternder Bericht, Rn. 114; Smid, Deutsches und Europäisches Internationales Insolvenzrecht, Kommentar 2004, Art. 7 EuInsVO, Rn. 12, S. 69.
927 Paulus, Europäische Insolvenzverordnung, Kommentar 2006, zu Art. 7, Rn. 11, S. 168.

Verträge über Erweb oder Nutzung von Immobilien.[928] Allerdings lässt sich aus dem Wortlaut des Artikels keine Einschränkung auf ausschließlich insolvenzrechtliche Vorschriften entnehmen, welche überdies auch dem Schutzzweck der Norm nicht gerecht würde.[929] Es ist demnach der Auffassung den Vorrang zu geben, welche zur Bestimmung der Wirkungen des Insolvenzverfahrens auf die von Artikel 8 EuInsVO genannten Verträge das gesamte Recht des Belegenheitsstaates (aber eben gerade auch nur dieses), einschließlich seines Insolvenzrechts für anwendbar erklärt.[930]

Der (nicht näher definierte) Begriff des unbeweglichen Gegenstandes richtet sich dabei nicht nach dem Recht des Belegenheitsstaates, sondern ist autonom und – da es sich bei Artikel 8 um eine Ausnahmevorschrift zu Artikel 4 Absatz 2 e) EuInsVO handelt – restriktiv auszulegen.[931] Dieser Regelung liegt die Überlegung zu Grunde, dass alle Mitgliedstaaten für Verträge über Immobilien Sondervorschriften vorsehen, welche sowohl den Schutz der Vertragsparteien (z.B. der Mieter) als auch allgemeiner, vom Staat als schützenswert erachteter Interessen bezwecken.[932] Indem Artikel 8 EuInsVO diese Sondervorschriften für ausschließlich anwendbar erklärt, trägt er diesen besonderen Interessen Rechnung und schützt das Recht des betroffenen Staates selbst, also gleichsam die Kohärenz dessen Rechtssystemes.[933]

Artikel 9 EuInsVO: Zahlungssysteme und Finanzmärkte

Der Verordnungsgeber sah ein „besonderes Schutzbedürfnis [...] bei Zahlungssystemen und Finanzmärkten",[934] weshalb er in Artikel 9 Abs. 1 EuInsVO „für die Wirkungen des Insolvenzverfahrens auf die Rechte und Pflichten der Mitglieder eines Zahlungs- oder Abwicklungssystems oder eines Finanzmarktes ausschließlich das Recht des Mitgliedstaates [für maßgebend erklärte], das für das betreffende System oder den betreffenden Markt gilt." Ziel ist es, dadurch das allgemeine Vertrauen in das betreffende System bzw. den betreffenden Markt zu schützen[935] und so insbesondere eine durch die Insolvenz eines

[928] Paulus, Europäische Insolvenzverordnung, Kommentar 2006, zu Art. 8, Rn. 7, S. 170.

[929] Siehe zum Schutzzweck sogleich.

[930] Virgós/Schmit, Erläuternder Bericht, Rn. 118; Duursma-Kepplinger, in D-K/D/Ch, Europäische Insolvenzverordnung, Kommentar, 2002, Art. 8, Rn. 7, S. 283; so wohl auch Smid, der nur pauschal auf die lex rei sitae verweist, Smid, Deutsches und Europäisches Internationales Insolvenzrecht, Kommentar 2004, Art. 8 EuInsVO, Rn. 1, S. 70.

[931] Smid, Deutsches und Europäisches Internationales Insolvenzrecht, Kommentar 2004, Art. 8 EuInsVO, Rn. 4, S. 70.

[932] Virgós/Schmit, Erläuternder Bericht, Rn. 118.

[933] Paulus, Europäische Insolvenzverordnung, Kommentar 2006, zu Art. 8, Rn. 1, S. 169; Virgós/Schmit, Erläuternder Bericht, Rn. 118.

[934] Erwägungsgrund (27) EuInsVO.

[935] Virgós/Schmit, Erläuternder Bericht, Rn. 120.

Teilnehmers ausgelöste Kettenreaktion an Insolvenzen zu vermeiden,[936] welche das System insgesamt bzw. den gesamten Markt destabilisieren könnte. Als in diesem Sinne schutzbedürftig, hebt der Verordnungsgeber „in diesen Systemen anzutreffende Glattstellungsverträge[937] und Nettingvereinbarungen[938] sowie für die Veräußerung von Wertpapieren und die zur Absicherung dieser Transaktionen gestellten Sicherheiten" hervor,[939] auf die nach Artikel 9 Abs. 1 EuInsVO „allein das für das betreffende System bzw. den betreffenden Markt geltende Recht und nicht die *lex concursus* gemäß Artikel 4 [EuInsVO] angewendet werden kann."[940] In diesem Zusammenhang betont der Verordnungsgeber auch, dass die Richtlinie 98/26/EG des Europäischen Parlamentes und des Rates vom 19. Mai 1998 über die Wirksamkeit von Abrechnungen in Zahlungs- sowie Wertpapierliefer- und -abrechnungssystemen Sondervorschriften enthält, welche der Europäischen Insolvenzverordnung vorgehen.[941]

Der hohe Stellenwert, den die Europäische Insolvenzverordnung der Rechtssicherheit des Wirtschaftsverkehrs im sensiblen Bereich der Zahlungs- bzw. Abwicklungssysteme und Finanzmärkte einräumt, spiegelt sich auch in der Regelung der Nichtigkeit, Anfechtbarkeit und relativen Unwirksamkeit der in Frage stehenden Zahlungen und Transaktionen wider: Zwar geht der Vertrauensschutz nicht soweit, dass er diese Rechtshandlungen unangreifbar machen würde,

---

[936] Smid, Deutsches und Europäisches Internationales Insolvenzrecht, Kommentar 2004, Art. 9 EuInsVO, Rn. 1, S. 71.

[937] Unter Glattstellung oder Offsetting versteht man „die Aufhebung einer offenen Position und somit der Verpflichtung zur Lieferung oder zur Annahme der Lieferung der effektiven Ware durch Eingehen einer gleichwertigen, aber entgegengesetzten Futuresposition.", http://ir2.flife.de/data/basf/basf_lex_d.php?lxb_id=1081&find=G (zuletzt aufgerufen am 27. 04. 2007); „Ausgleich einer bestehenden Marktposition durch An- oder Verkauf der gegensätzlichen Position." http://www.deutsche-bank.de/lexikon/1486.html (zuletzt aufgerufen am 27. 04. 2007); „Ausgleich eines Engagements durch Verkauf oder Kauf von Wertpapieren oder Devisen", Rittershofer, Wirtschafts-Lexikon, 2005, S. 466.

[938] „Das Netting lässt sich als abwicklungstechnischer Vorgang begreifen, der eine Saldierung bewirkt, die je nach gesetzlicher oder vertraglicher Gestaltung zum Erlöschen der einbezogenen Forderungen und Verpflichtungen führt oder eine einfache Rechenoperation darstellt.", Benzler, Nettingvereinbarungen im außerbörslichen Derivatehandel, 1999, S. 34; bei bi- oder multilateralem Netting werden die Forderungen und Verbindlichkeiten zwischen zwei/mehreren Vertragsparteien zu einer einzigen Nettoposition zusammengefasst bzw. zu einer einzigen Verbindlichkeit von oder gegenüber jeder Vertragspartei innerhalb der Nettinggruppe aufgerechnet, Büschgen, Das kleine Bank-Lexikon, 2006; Im insolvenzrechtlichen Bereich relevant ist das sog. „close-out netting" (Liquidationsnetting) durch welches eine juristische Sekunde vor Eintritt eines Lösungsgrundes (bspw. eines Insolvenzverfahrens) alle in die Abrede einbezogenen Schuldverhältnisse vorzeitig beendet und eine einheitliche Nettoausgleichsforderung gebildet wird, Benzler, Nettingverein-barungen im außerbörslichen Derivatehandel, S. 65.

[939] Erwägungsgrund (27) EuInsVO.

[940] Virgós/Schmit, Erläuternder Bericht, Rn. 121, Hervorhebung nicht im Original.

[941] Erwägungsgrund (27) EuInsVO.

jedoch bestimmen sich Nichtigkeit, Anfechtbarkeit und relative Unwirksamkeit ebenfalls nach dem für das betreffende Zahlungssystem bzw. den betreffenden Finanzmarkt geltenden Recht.[942]

Artikel 10 EuInsVO: Arbeitsvertrag
Einen weiteren Ausnahmetatbestand von der universellen Anwendbarkeit der *lex concursus* des Staates der Verfahrenseröffnung nach Artikel 4 EuInsVO[943] bildet Artikel 10 EuInsVO, welcher „für die Wirkungen des Insolvenzverfahrens auf einen Arbeitsvertrag und auf das Arbeitsverhältnis [...] ausschließlich das Recht des Mitgliedstaats [für anwendbar erklärt], das auf den Arbeitsvertrag anzuwenden ist.“ Ziel dieser Vorschrift ist es, die Arbeitnehmer und das Arbeitsverhältnis an sich vor der Anwendung ausländischer Rechtsvorschriften zu schützen, die von dem Recht abweichen, welches für das Vertragsverhältnis zwischen Arbeitnehmer und Arbeitgeber maßgeblich ist.[944] Folglich „müssen die Wirkungen der Insolvenzverfahren auf die Fortsetzung oder Beendigung von Arbeitsverhältnissen sowie auf die Rechte und Pflichten aller an einem solchen Arbeitsverhältnis beteiligten Parteien durch das gemäß den allgemeinen Kollisionsnormen für den Vertrag maßgebliche Recht bestimmt werden.“[945] Die Verdrängung der grundsätzlich anwendbaren *lex concursus* nach Artikel 4 EuInsVO durch das „ausschließlich“ geltende Recht des Mitgliedstaates, welches auf den Arbeitsvertrag anzuwenden ist, reicht aber nur so weit, als Wirkungen des Insolvenzverfahrens auf einen Arbeitsvertrag und auf das Arbeitsverhältnis betroffen sind – alle nicht damit zusammenhängenden Insolvenzprobleme „unterliegen weiterhin generell dem Recht des Staates der Verfahrenseröffnung nach Artikel 4 [EuInsVO].“[946] Der Verordnungsgeber hat in Erwägungsgrund (28) EuInsVO präzisiert, dass „sonstige insolvenzrechtliche Fragen, wie etwa, ob die Forderungen der Arbeitnehmer durch ein Vorrecht geschützt sind und welchen Rang dieses Vorrecht gegebenenfalls erhalten soll, [...] sich nach dem Recht des Eröffnungsstaats[947] bestimmen [sollten].“[948]
Das maßgebliche Recht für den Arbeitsvertrag bzw. das Arbeitsverhältnis ergibt sich insbesondere aus den Artikeln 6 und 7[949] des Übereinkommens von Rom

---

[942] Artikel 9 Absatz 2 EuInsVO; Virgós/Schmit, Erläuternder Bericht, Rn. 122; Paulus, Europäische Insolvenzverordnung, Kommentar 2006, zu Art. 9, Rn. 5, S. 174.
[943] Insbesondere wäre vorliegend grundsätzlich Artikel 4 Absatz 2 e) EuInsVO einschlägig.
[944] Virgós/Schmit, Erläuternder Bericht, Rn. 125.
[945] Erwägungsgrund (28) EuInsVO.
[946] Virgós/Schmit, Erläuternder Bericht, Rn. 128.
[947] Also der lex concursus nach Artikel 4 EuInsVO.
[948] Vgl. dazu auch Virgós/Schmit, Erläuternder Bericht, Rn. 128.
[949] „Artikel 6_: Arbeitsverträge und Arbeitsverhältnisse von Einzelpersonen
(1) Ungeachtet des Artikels 3 darf in Arbeitsverträgen und Arbeitsverhältnissen die Rechtswahl der Parteien nicht dazu führen, dass dem Arbeitnehmer der Schutz entzogen wird, der

von 1980;[950] in Deutschland ist weiter Artikel 30 des Einführungsgesetzes zum Bürgerlichen Gesetzbuch beachtlich, der beinahe wortgleich die Regelungen des Artikels 6 des Übereinkommens von Rom von 1980 wiedergibt.

Artikel 11 EuInsVO: Wirkung auf eintragungspflichtige Rechte
Artikel 11 EuInsVO trägt der Tatsache Rechnung, dass in den Mitgliedstaaten unterschiedliche öffentliche Registrierungs- bzw. Eintragungssysteme bestehen, welchen für den Schutz des Geschäftsverkehrs und für die Rechtssicherheit ein hoher Stellenwert zukommt und welche dementsprechend vor störenden Einflüssen der *lex concursus* geschützt werden sollen.[951] Er bestimmt daher, dass „für die Wirkungen des Insolvenzverfahrens auf Rechte des Schuldners an einem unbeweglichen Gegenstand, einem Schiff oder einem Luftfahrzeug, die der Eintragung in ein öffentliches Register unterliegen, [...] das Recht des Mitgliedstaats maßgebend [ist], unter dessen Aufsicht das Register geführt wird." Damit ergänzt Artikel 11 EuInsVO die Regelung des Artikels 5 EuInsVO bezüglich dinglicher Rechte Dritter,[952] denn er bezieht sich nur auf Rechte des Schuldners.[953] Auffällig ist, dass vorliegend nicht die „ausschließliche" Anwendbarkeit des Registerstatuts angeordnet wird, weshalb auch die *lex concursus* nach Arti-

---

ihm durch die zwingenden Bestimmungen des Rechts gewährt wird, das nach Absatz 2 mangels einer Rechtswahl anzuwenden wäre.
(2) Abweichend von Artikel 4 sind mangels einer Rechtswahl nach Artikel 3 auf Arbeitsverträge und Arbeitsverhältnisse anzuwenden :
a) das Recht des Staates, in dem der Arbeitnehmer in Erfüllung des Vertrages gewöhnlich seine Arbeit verrichtet, selbst wenn er vorübergehend in einen anderen Staat entsandt ist, oder
b) das Recht des Staates, in dem sich die Niederlassung befindet, die den Arbeitnehmer eingestellt hat, sofern dieser seine Arbeit gewöhnlich nicht in ein und demselben Staat verrichtet, es sei denn, dass sich aus der Gesamtheit der Umstände ergibt, dass der Arbeitsvertrag oder das Arbeitsverhältnis engere Verbindungen zu einem anderen Staat aufweist; in diesem Fall ist das Recht dieses anderen Staates anzuwenden.
Artikel 7: Zwingende Vorschriften
(1) Bei Anwendung des Rechts eines bestimmten Staates aufgrund dieses Übereinkommens kann den zwingenden Bestimmungen des Rechts eines anderen Staates, mit dem der Sachverhalt eine enge Verbindung aufweist, Wirkung verliehen werden, soweit diese Bestimmungen nach dem Recht des letztgenannten Staates ohne Rücksicht darauf anzuwenden sind, welchem Recht der Vertrag unterliegt. Bei der Entscheidung, ob diesen zwingenden Bestimmungen Wirkung zu verleihen ist, sind ihre Natur und ihr Gegenstand sowie die Folgen zu berücksichtigen, die sich aus ihrer Anwendung oder ihrer Nichtanwendung ergeben würden.
(2) Dieses Übereinkommen berührt nicht die Anwendung der nach dem Recht des Staates des angerufenen Gerichtes geltenden Bestimmungen, die ohne Rücksicht auf das auf den Vertrag anzuwendende Recht den Sachverhalt zwingend regeln."

[950] Virgós/Schmit, Erläuternder Bericht, Rn. 126.

[951] Vgl. Virgós/Schmit, Erläuternder Bericht, Rn. 129 und 130.

[952] Smid, Deutsches und Europäisches Internationales Insolvenzrecht, Kommentar 2004, Art. 11 EuInsVO, Rn. 1, S. 74.

[953] Paulus, Europäische Insolvenzverordnung, Kommentar 2006, zu Art. 11, Rn. 2, S. 178.

kel 4 EuInsVO kumulativ anwendbar bleibt.[954] Dies führt zu einem Zusammenspiel zwischen dem Recht des Eröffnungsstaates und dem des Eintragungsstaates, wobei letzteres für die durch das Insolvenzverfahren hervorgerufenen Änderungen, die erforderlichen Eintragungen und deren Wirkungen auf die eintragungspflichtigen Rechte des Schuldners im Eintragungsstaat maßgeblich ist.[955] Der *lex concursus* bleibt hingegen vorbehalten, zunächst zu bestimmen, welche Änderungen sich grundsätzlich ergeben, also potentiell wirken können[956] – wie sich diese dann tatsächlich im Eintragungsstaat auf eingetragene Rechte des Schuldners auswirken, regelt das Registerstatut. Aus diesem Zusammenspiel wird auch ersichtlich, dass Artikel 11 EuInsVO nicht primär den Schutz des Vertrauens in das Register selbst bezweckt, sondern des Vertrauens darauf, dass registerrechtliche Einschränkungen ihre „Obergrenze" in dem Recht (insbesondere in dem Insolvenzrecht) finden, unter dessen Aufsicht das Register geführt wird.[957]

Zur Verwirklichung des Schutzzwecks der Norm (Bewahrung der nationalen Registrierungssysteme vor Eingriffen durch „fremde" Rechte) muss sich die Bestimmung dessen, was unter einem „unbeweglichen Gegenstand", einem „Schiff" sowie einem „Luftfahrzeug" zu verstehen ist, nach dem Recht richten, nach welchem das Register geführt wird.[958]

Artikel 12 EuInsVO: Gemeinschaftspatente und –marken

Artikel 12 EuInsVO unterscheidet sich von den übrigen Artikeln des Regelungsblocks der Artikel 5 bis 15 EuInsVO in einem ganz wesentlichen Punkt: Er normiert keine Ausnahme zu dem nach Artikel 4 EuInsVO anwendbaren Recht, sondern stellt vielmehr klar, dass Gemeinschaftspatente[959], Gemeinschaftsmarken oder ähnliche durch Gemeinschaftsvorschriften begründete Rechte nur in

---

954 Virgós/Schmit, Erläuternder Bericht, Rn. 130.

955 Virgós/Schmit, Erläuternder Bericht, Rn. 130.

956 Vgl. Duursma-Kepplinger, die von einer „Obergrenze" der Wirkungen, welche durch die lex concursus aufgestellt wird, spricht; D-K, in D-K/D/Ch, Europäische Insolvenzverordnung, Kommentar 2002, Art. 11, Rn. 7, S. 309.

957 Denn mit diesen Einschränkungen muss auch im Falle einer rein nationalen Insolvenz gerechnet werden. Vgl. Smid, Deutsches und Europäisches Internationales Insolvenzrecht, Kommentar 2004, Art. 11 EuInsVO, Rn. 7, S. 75; vgl. auch Virgós/Schmit, Erläuternder Bericht, Rn. 130.

958 Paulus, Europäische Insolvenzverordnung, Kommentar 2006, zu Art. 11, Rn. 4, S. 179.

959 Ein Gemeinschaftspatent i.S.d. Artikels 12 EuInsVO gibt es augenblicklich noch nicht, da das Gemeinschaftspatentübereinkommen nicht in Kraft getreten ist und die Verordnung des Rates über das Gemeinschaftspatent zwar bereits das Vorschlagsstadium erreicht hat, aber noch nicht verabschiedet wurde; der Vorschlagstext ist abrufbar unter: http://register.consilium.europa.eu/pdf/de/04/st07/st07119.de04.pdf (zuletzt aufgerufen am 13. 04. 2007); Smid, Deutsches und Europäisches Internationales Insolvenzrecht, Kommentar 2004, Art. 12 EuInsVO, Rn. 2, S. 76; weitere Informationen unter http://ec.europa.eu/internal_market/indprop/patent/index_de.htm (zuletzt aufgerufen am 13. 04. 2007)

ein Hauptverfahren nach Artikel 3 Absatz 1 EuInsVO mit einbezogen werden können. Daraus resultiert auch, dass es für sie gerade bei der Anwendbarkeit der *lex concursus* nach Artikel 4 EuInsVO bleibt. Für Gemeinschaftspatente, -marken oder ähnliche durch Gemeinschaftsvorschriften begründete Rechte bleibt es somit gerade bei der zentralen Rolle des Mittelpunktes der hauptsächlichen Interessen des Schuldners, da dieser sowohl über das sie betreffende Insolvenzforum als auch über das sie betreffende Insolvenzrecht entscheidet.
Hintergrund dieser expliziten Festlegung auf das Hauptverfahren ist die Tatsache, dass die genannten Rechte gemeinschaftsweite Geltung beanspruchen und demnach das universelle Hauptverfahren ihnen am besten gerecht wird.[960] Schon vor Inkrafttreten der Europäischen Insolvenzverordnung sahen die betreffenden gemeinschaftsrechtlichen Vorschriften[961] vor, dass ein aus ihnen abgeleitetes Recht mit gemeinschaftsweiter Geltung nur in dem ersten, in einem Mitgliedstaat eröffneten Verfahren geltend gemacht werden kann.[962] Dieses rein zeitliche Kriterium ist nach Inkrafttreten der Europäischen Insolvenzverordnung nicht mehr angemessen, weshalb diese mit ihrem Artikel 12 eine Änderung der bisherigen Rechtslage herbeiführt.[963] Damit werden die dort genannten Rechte ohne Rücksicht auf ihre Belegenheit uneingeschränkt der Masse des Hauptverfahrens zugeordnet und so ein Gleichlauf zwischen der gemeinschaftsweiten Wirkung dieser Rechte und der (grundsätzlich) gemeinschaftsweiten Wirkung des Hauptverfahrens hergestellt.[964]

Artikel 13 EuInsVO: Benachteiligende Handlungen
Artikel 13 EuInsVO muss im Zusammenhang mit Artikel 4 Abs. 2 m) EuInsVO gesehen werden, welcher seinerseits bestimmt, dass die *lex concursus* des Eröffnungsstaates des Hauptverfahrens regelt, „welche Rechtshandlungen nichtig, anfechtbar oder relativ unwirksam sind, weil sie die Gesamtheit der Gläubiger benachteiligen." Von diesem grundsätzlichen Abstellen auf die *lex concursus* sieht Artikel 13 EuInsVO eine Ausnahme für den Fall vor, dass der Begünstigte der betroffenen Handlung „nachweist,

- dass für diese Handlung das Recht eines anderen Mitgliedstaats als des Staates der Verfahrenseröffnung maßgeblich ist und

---

960 Vgl. Virgós/Schmit, Erläuternder Bericht, Rn. 133.

961 Art. 21 der Verordnung (EG) Nr. 40/94 über die Gemeinschaftsmarke, Art. 25 der Verordnung (EG) Nr.2100/94 über den gemeinschaftlichen Sortenschutz, Art. 41 der Luxemburger Vereinbarung über Gemeinschaftspatente von 1989.

962 Virgós/Schmit, Erläuternder Bericht, Rn. 133.

963 Ganz in diesem Sinne sieht auch der Vorschlag zur Verordnung über das Gemeinschaftspatent in seinem Artikel 18 Abs. 1 eine dem Art. 12 EuInsVO entsprechende Lösung vor, siehe http://register.consilium.europa.eu/pdf/de/04/st07/st07119.de04.pdf.

964 Paulus, Europäische Insolvenzverordnung, Kommentar 2006, Art. 12, Rn. 1 und 3, S. 180.

- dass in diesem Fall diese Handlung in keiner Weise nach diesem Recht angreifbar ist."

Diese Regelung des Artikels 13 EuInsVO, die auch als „unechtes Kumulationsprinzip" bezeichnet wird,[965] räumt dem Begünstigten eine Art „Veto" gegenüber der sich aus der *lex concursus* ergebenden Ungültigkeit der betroffenen Rechtshandlung ein.[966] Das verordnungsgeberische Ziel war es hierbei, (ganz im Sinne des Erwägungsgrundes (24)), Vertrauensschutz[967] und Rechtssicherheit zu gewährleisten, indem eine „Verteidigungsmöglichkeit" gegen Eingriffe einer „fremden" *lex concursus* in Bezug auf die Gültigkeit von nach nationalem Recht vorgenommenen Rechtshandlungen gewährt wird.[968]

Sein „Veto" muss der Begünstigte allerdings aktiv ausüben, er trägt die Darlegungs- und Beweislast für die Voraussetzungen des Artikels 13 EuInsVO, der gleichsam eine Einrede gewährt.[969] Selbst wenn das für die Handlung maßgebliche Recht eine günstigere Beweislastregel treffen sollte, hat Artikel 13 EuInsVO Vorrang und bürdet dem Begünstigten die Beweislast auf – in diesem Punkt wird dessen Vertrauen in die Anwendbarkeit des für die Handlung maßgeblichen Rechts somit nicht geschützt.[970]

Der von Artikel 13 EuInsVO angestrebte Vertrauensschutz ist nur dann angemessen, wenn die betroffene Rechtshandlung vor Eröffnung des Insolvenzverfahrens vorgenommen wurde, da nach dieser Eröffnung dem Vertrauen in die Gültigkeit einer solchen Rechtshandlung jede Grundlage entzogen wurde.[971]

Abschließend ist festzuhalten, dass Artikel 13 EuInsVO auch in Bezug auf Partikularverfahren gilt, da auch bei ihnen die gleiche Interessenlage vorliegt: Auch bei ihnen können die Gesamtheit der Gläubiger benachteiligende Handlungen nach dem Recht des Eröffnungsstaates des Partikularverfahrens angefochten werden – ist für diese Handlungen das Recht eines anderen Mitgliedstaates

---

[965] So Reisch/Kodek, Ausgewählte Probleme der Anfechtung nach der EuInsVO, International Caselaw Alert No.13, I/2007, S. 59, abrufbar unter http://ww9184.wb09.de/eirdatabase/insolvency-caselaw-alert.php (zuletzt aufgerufen am 13. 04. 2007).

[966] Virgós/Schmit, Erläuternder Bericht, Rn. 136; siehe auch Klumb, Kollisionsrecht der Insolvenzanfechtung: Eine kritische Betrachtung der internationalprivatrechtlichen Lösungen des deutschen und des EG-Gesetzgebers, Dissertation, 2005, S. 43.

[967] Reisch/Kodek, Ausgewählte Probleme der Anfechtung nach der EuInsVO, International Caselaw Alert No.13, I/2007, S. 59.

[968] Virgós/Schmit, Erläuternder Bericht, Rn. 138.

[969] Smid, Deutsches und Europäisches Internationales Insolvenzrecht, Kommentar 2004, Art. 13 EuInsVO, Rn. 7, S. 78.

[970] Paulus, Europäische Insolvenzverordnung, Kommentar 2006, zu Art. 13, Rn. 4, S. 183.

[971] Virgós/Schmit, Erläuternder Bericht, Rn. 138.

maßgeblich, muss sich der Anfechtungsgegner ebenfalls auf Artikel 13 EuInsVO berufen können.[972]

Artikel 14 EuInsVO: Schutz des Dritterwerbs
In Anbetracht der Vertrauenswirkung, die von öffentlichen Registern ausgeht – und der ja bereits durch Artikel 11 EuInsVO zumindest indirekt Rechnung getragen wird – hat der Verordnungsgeber mit Artikel 14 EuInsVO einen weiteren Ausnahmetatbestand geschaffen, welcher bezweckt, Dritterwerber unbeweglicher Gegenstände, eingetragener Schiffe oder Luftfahrzeuge sowie notwendig eingetragener Wertpapiere[973] vor der Anwendbarkeit der *lex concursus* zu schützen. In diesem Sinne unterwirft die Vorschrift die Frage der Wirksamkeit von Rechtshandlungen des Schuldners, durch welche dieser nach Eröffnung des Insolvenzverfahrens gegen Entgelt über einen der aufgezählten eingetragenen Gegenstände verfügt, „dem Recht des Staates, in dessen Gebiet dieser unbewegliche Gegenstand belegen ist oder unter dessen Aufsicht das Register geführt wird."[974] Unter einer „Verfügung" im Sinne dieser Vorschrift ist dabei nicht nur die Übertragung des Eigentums, sondern auch die Bestellung eines dinglichen Rechts zu verstehen.[975] Dadurch wird dem Dritterwerber derselbe Gutglaubensschutz zuteil, den er auch im Falle eines rein inländischen Insolvenzverfahrens genossen hätte und der demgemäß den Rahmen darstellt, in welchem sein Vertrauen als schützenswert gilt.[976]
Artikel 15 EuInsVO: Wirkungen des Insolvenzverfahrens auf anhängige Rechtsstreitigkeiten
Artikel 15 EuInsVO bestimmt, dass „für die Wirkungen des Insolvenzverfahrens auf einen anhängigen Rechtsstreit über einen Gegenstand oder ein Recht der Masse [...] ausschließlich das Recht des Mitgliedstaats [gilt], in dem der Rechtsstreit anhängig ist." Diese Regelung basiert auf dem prozessrechtlichen Bedürfnis nach Rechtsklarheit und Rechtssicherheit und erklärt die Regelungen der nationalen Verfahrensrechte, welche die prozessuale Wirkung der Insolvenzeröffnung regeln („*lex fori processus*"), entgegen der sonst universellen Geltung der *lex concursus* für anwendbar.[977] Damit macht die Europäische Insolvenzverordnung einen Unterschied zwischen der Frage „wie sich die Eröff-

[972] Virgós/Schmit, Erläuternder Bericht, Rn. 139; Smid, Deutsches und Europäisches Internationales Insolvenzrecht, Kommentar 2004, Art. 13 EuInsVO, Rn. 14, S. 79; Paulus, Europäische Insolvenzverordnung, Kommentar 2006, zu Art. 13, Rn. 3, S. 182.
[973] Gemeint sind „Wertpapiere, deren Eintragung in ein gesetzlich vorgeschriebenes Register Voraussetzung für ihre Existenz ist", Artikel 14 EuInsVO.
[974] Artikel 14 EuInsVO.
[975] Virgós/Schmit, Erläuternder Bericht, Rn. 141.
[976] Smid, Deutsches und Europäisches Internationales Insolvenzrecht, Kommentar 2004, Art. 14 EuInsVO, Rn. 1, S. 80.
[977] Smid, Deutsches und Europäisches Internationales Insolvenzrecht, Kommentar 2004, Art. 15 EuInsVO, Rn. 2 und 6, S. 82/83.

nung eines Insolvenzverfahrens auf Rechtsverfolgungsmaßnahmen einzelner Gläubiger auswirkt“[978] und der Frage nach deren Auswirkungen auf anhängige Rechtsstreitigkeiten.[979] Diese Unterscheidung erscheint vor dem Hintergrund als angemessen, dass das Vertrauen der Gläubiger auf die Anwendung des „lokalen“ Rechts im Falle eines bereits anhängigen Prozesses durch die Anwendbarkeit der *lex concursus* nachhaltiger erschüttert und die Rechtssicherheit empfindlicher gestört würde, als dies im Falle von außergerichtlichen individuellen Rechtsverfolgungsmaßnahmen der Fall wäre.

Gerade das besondere Schutzbedürfnis der Rechte, die Gegenstand der Ausnahmeregelungen der Artikel 5 bis 15 EuInsVO sind, kommt also auch an dieser Stelle zum Tragen und rechtfertigt auch vorliegend eine Einschränkung der universellen Geltung der *lex concursus*. Es zeigt sich auch hier deutlich, dass es sich um wirkliche Ausnahmen handelt, die es nur in wirklichen Sondersituationen rechtfertigen, vom grundsätzlichen Konzept der Europäischen Insolvenzverordnung abzuweichen, welches an den Mittelpunkt der hauptsächlichen Interessen des Schuldner als Indikator für das sachnächste Recht, sowohl die Bestimmung des Insolvenzforums (Artikel 3 Absatz 1 EuInsVO) als auch die des Insolvenzrechts (Artikel 4 EuInsVO) anknüpft.

bb) Territoriale Partikularverfahren

Neben den direkt auf das anwendbare Insolvenzrecht zielenden Ausnahmen der Artikel 5 bis 15 EuInsVO, macht die Verordnung Ausnahmen von der Universalität und Einheitlichkeit des Hauptverfahrens, indem sie Partikularverfahren in Mitgliedstaaten zulässt, in welchen eine Niederlassung des Schuldners besteht.[980] In diesen „Partikularforen“ findet im Rahmen der Partikularverfahren auch die dortige *lex concursus* Anwendung – dies folgt aus den Artikeln 4 und 28 EuInsVO.[981] Letzterer ordnet zwar seinem Wortlaut nach lediglich für „Sekundärinsolvenzverfahren“ die Anwendbarkeit der Rechtsvorschriften des Mitgliedstaates an, „in dessen Gebiet das Sekundärinsolvenzverfahren eröffnet worden ist.“ Er ist aber weit auszulegen, so dass auch Partikularverfahren im engeren Sinne umfasst sind.[982]

---

978 Artikel 4 Abs. 2 f) EuInsVO, der diese Frage ausdrücklich dem lex concursus unterwirft.

979 Letztere nimmt Artikel 4 Abs. 2 f) EuInsVO explizit aus und Artikel 15 unterwirft sie dem lex fori processus.

980 Artikel 3 Abs. 2 EuInsVO.

981 Duursma-Kepplinger, in D-K/D/Ch, Europäische Insolvenzverordnung, Kommentar 2002, zu Art. 28 EuInsVO, Rn. 1 und 2, S. 492/493, spricht von „lex fori concursus secundariae“ und „lex fori concursus particularis“.

982 Duursma-Kepplinger, in D-K/D/Ch, Europäische Insolvenzverordnung, Kommentar 2002, zu Art. 28 EuInsVO, Rn. 2, S. 493; Paulus, Europäische Insolvenzverordnung, Kommentar 2006, zu Art. 28, Rn. 2, S. 243.

Im Geltungsbereich der Partikularverfahren ist folglich das anwendbare Insolvenzrecht nicht vom Mittelpunkt der hauptsächlichen Interessen abhängig, wie dies beim Hauptverfahren über Artikel 4 Abs. 1 EuInsVO grundsätzlich der Fall ist.

Die Partikularverfahren haben zwei Funktionen: Sie dienen erstens dem Schutz der inländischen Interessen, insbesondere der lokalen Gläubiger, die sich aufgrund der Partikularverfahren sicher sein können, im Bezug auf das im Inland belegene Schuldnervermögen rechtlich genau so gestellt zu werden, wie sie es bei einer reinen Inlandsinsolvenz des Schuldners wären.[983]

Zweitens sollen sie als Hilfsverfahren für das Hauptverfahren fungieren, etwa in Fällen, in denen „das Vermögen des Schuldners zu komplex ist, um als Einheit verwaltet werden zu können“ oder in denen die Rechtsunterschiede zu groß sind, um in einem einzigen Hauptverfahren zu sinnvollen Ergebnissen zu gelangen.[984]

Vorliegend soll nun kurz auf die Eröffnungsvoraussetzungen und den Ablauf dieser Territorialverfahren eingegangen werden.

(1) Voraussetzungen der Partikularverfahren

Die Eröffnung eines Partikularverfahrens kann von jeder Person oder Stelle beantragt werden, die nach dem Recht des Mitgliedstaates, in welchem das Partikularverfahren eröffnet werden soll, antragsbefugt ist.[985] Für Sekundärverfahren normiert dies ausdrücklich Artikel 29 b) EuInsVO, der zudem unter a) ein Antragsrecht des Hauptverwalters festlegt.[986] Im Folgenden sollen die Eröffnungsvoraussetzungen für Partikularverfahren im engeren Sinne sowie für Sekundärverfahren beleuchtet werden.

(1.1) Die gemeinsame Eröffnungsvoraussetzung der Niederlassung

Sowohl die Eröffnung eines Sekundärverfahrens als auch die eines Partikularverfahrens im engeren Sinne setzen gemäß Artikel 3 Abs. 2 EuInsVO voraus, dass eine Niederlassung im Eröffnungsstaat vorliegt.[987] Der Begriff der Niederlassung ist das wesentliche Anknüpfungskriterium für die internationale Zuständigkeit bezüglich der Eröffnung von Partikularverfahren und damit von

---

983 Virgós/Schmit, Erläuternder Bericht, Rn. 32.

984 Virgós/Schmit, Erläuternder Bericht, Rn. 33.

985 Vgl. Lechner, Waking from the jurisdictional nightmare of multinational default: The european council regulation on insolvency proceedings, Arizona Journal of International and Comparative Law, Vol 19, No. 3, 2002, (S. 975ff.), S. 1020; Artikel 29 EuInsVO.

986 Ein solches macht im Falle eines Partikularverfahrens i.e.S. keinen Sinn, da bei diesem ja gerade noch kein Haupverfahren eröffnet ist, somit auch noch gar kein Verwalter für letzteres existiert.

987 Statt vieler Keggenhoff, Internationale Zuständigkeit bei grenzüberschreitenden Insolvenzverfahren, 2006, S. 39.

zentraler Bedeutung.[988] Seiner Wahl gingen mit die umfangreichsten Beratungen im Laufe der gesetzgeberischen Verhandlungen voraus.[989] Die Bedeutung des Begriffes erschließt sich daher nur unter Heranziehung der Gesetzgebungsgeschichte[990] und dabei insbesondere unter Berücksichtigung der Verhandlungen zu Artikel 2 h) des 1996 an der Zustimmung Großbritanniens gescheiterten EU-Übereinkommens über Insolvenzverfahren, da dessen Wortlaut übernommen wurde. Der Begriff der Niederlassung ist ein der Verordnung eigener Begriff,[991] der autonom auszulegen ist, wobei der Verordnungsgeber seine Bedeutung mittels einer Legaldefinition in Artikel 2 h) EuInsVO näher bestimmt hat.[992] Danach ist unter einer Niederlassung jeder „Tätigkeitsort [zu verstehen], an dem der Schuldner einer wirtschaftlichen Aktivität von nicht vorübergehender Art nachgeht, die den Einsatz von Personal und Vermögenswerten voraussetzt."[993] Artikel 2 h) EU-Insolvenzübereinkommen/EuInsVO stellt sich als Kompromisslösung dar, die den Mitgliedstaaten den Weg zur Zustimmung ebnete, welche ursprünglich bereits allein das Vorhandensein von Vermögenswerten in einem Mitgliedstaat als Anknüpfungspunkt für ein Partikularverfahren genügen lassen wollten.[994] Diese Mitgliedstaaten waren (nur) unter der Voraussetzung einer dementsprechend weiten Fassung des Niederlassungsbegriffes zu einer Einigung

---

988 Stephan, in Eickmann/Flessner/Irschlinger/Kirchhof/Kreft/Landfermann/Marotzke/Stefan (Hrsg.), Heidelberger Kommentar zur Insolvenzordnung, zu Art. 2 EuInsVO, S. 1693, Rn. 9.

989 Virgós/Schmit, Erläuternder Bericht, Rn. 70.

990 Paulus, Europäische Insolvenzverordnung, Kommentar 2006, zu Art. 2, Rn. 28, S. 111.

991 Smid, Deutsches und Europäisches Internationales Insolvenzrecht, Kommentar 2004, zu Artikel 2 EuInsVO, Rn. 21, S. 34, der davon spricht, der Niederlassungsbegriff der EuInsVO sei „begrifflich völlig selbständig".

992 Insbesondere unterscheidet sich der Begriff der Niederlassung in der Europäischen Insolvenzverordnung von dem Niederlassungsbegriff in Artikel 5 Abs.5 des Brüsseler Übereinkommens von 1968 und Artikel 5 Abs. 5 Nr. 5 EuGVVO, so Virgós/Schmit, Erläuternder Bericht, Rn. 70; darauf verweist auch Vogler, Die internationale Zuständigkeit für Insolvenzverfahren, 2004, S. 149 f. unter Nennung weiterer Rechtsgebiete, in denen je verschiedene Niederlassungsbegriffe Anwendung finden. Denn der Niederlassungsbegriff des Brüsseler Übereinkommens von 1968 wird vom EuGH eng ausgelegt: „Mit dem Begriff der Zweigniederlassung, der Argentur oder der sonstigen Niederlassung ist ein Mittelpunkt geschäftlicher Tätigkeit gemeint, der auf Dauer als Außenstelle eines Stammhauses hervortritt, eine Geschäftsführung hat und sachlich so ausgestattet ist, dass er in der Weise Geschäfte mit Dritten betreiben kann, dass diese, obgleich sie wissen, dass möglicherweise ein Rechtsverhältnis mit dem im Ausland ansässigen Stammhaus begründet wird, sich nicht unmittelbar an dieses zu wenden brauchen, sondern Geschäfte an dem Mittelpunkt geschäftlicher Tätigkeit abschließen können, der dessen Außenstelle ist." EuGH-Urteil vom 22. November 1978, Somafer SA gegen Saar-Ferngas AG, Rs 33/78, abrufbar unter http://eur-lex.europa.eu/LexUriServ/LexUriServ.do?uri=CELEX:61978J0033:DE:HTML (zuletzt aufgerufen am 13. 04. 2007).

993 Artikel 2 h) EuInsVO.

994 Virgós/Schmit, Erläuternder Bericht, Rn. 70.

bereit, was die „sehr weite Definition“ in Artikel 2 h) EU-InsÜ/EuInsVO erklärt.[995]

Vor diesem Hintergrund wird ein Spannungsverhältnis deutlich zwischen dem grundsätzlichen Festhalten der Europäischen Insolvenzverordnung am Prinzip der Universalität einerseits und der weiten Auslegung des Anknüpfungskriteriums für Partikularverfahren andererseits. Denn ein weites Anwendungsfeld für Partikularverfahren droht die grundsätzlich angestrebte Universalität bis zur Unkenntlichkeit zu durchlöchern,[996] während eine enge Auslegung des Anknüpfungskriteriums der Niederlassung dem ausdrücklichen Willen des Verordnungsgebers widerspricht.[997]

Dieses Spannungsverhältnis ist angesichts der teils entgegengesetzten Interessen auf gesamtgemeinschaftlicher und nationaler Ebene nicht verwunderlich und unterstreicht die Tatsache, dass die endgültige Fassung des Artikels 2h EuInsVO das Ergebnis eines langwierigen Diskussionsprozesses bildet und sich keine der vertretenen Meinungen in Reinform durchsetzen konnte.[998] Somit geht zu harsche Kritik an dem Niederlassungsbegriff an der derzeitigen (politischen) Realität vorbei,[999] zumal die Kritik aus unterschiedlichen Richtungen kommt (den einen ist die Anknüpfung an die Niederlassung zu restriktiv, anderen ist sie zu weit),[1000] woraus ersichtlich wird, dass die gefundene Lösung durchaus eine „vertretbare Mittellösung“ darstellt.[1001] Vor dem Hintergrund der schwierigen Verhandlungen kann es als Erfolg gewertet werden, dass die Befürworter des bloßen Vorhandenseins von Vermögen als Anknüpfungskriterium von ihrer Haltung abrückten und dem kumulativen Erfordernis von Sachvermögen und Personaleinsatz[1002] zustimmten.[1003] Andere Stimmen gehen sogar noch weiter

---

995 Virgós/Schmit, Erläuternder Bericht, Rn. 70.

996 Paulus, Europäische Insolvenzverordnung, Kommentar 2006, zu Art. 2, Rn. 28, S. 111; Vogler, Die internationale Zuständigkeit für Insolvenzverfahren, 2004, S. 151.

997 Virgós/Schmit, Erläuternder Bericht, Rn. 70.

998 Virgós/Schmit, Erläuternder Bericht, Rn. 70; Vogler spricht von einem „Mittelweg“, der durch die EuInsVO beschritten wurde, Vogler, Die internationale Zuständigkeit für Insolvenzverfahren, 2004, S. 164.

999 Vogler, Die internationale Zuständigkeit für Insolvenzverfahren, 2004, S. 163; vgl. auch Paulus, Europäische Insolvenzverordnung, Kommentar 2006, Einleitung Rn. 27 und 28, S. 67, der davon spricht, dass man eine weitergehende Durchsetzung der Universalität „offenbar für (derzeit) politisch nicht wünschenswert hielt“ (Rn. 27) und dass „aber auch in faktischer Hinsicht [...] möglicherweise die Zeit für ein Einheitsverfahren derzeit noch nicht reif genug [ist]“ (Rn. 28).

1000 Vgl. die Darstellung der kritischen Stimmen bei Dawe, Der Sonderkonkurs des deutschen Internationalen Insolvenzrechts, 2005, S. 147.

1001 Vogler, Die internationale Zuständigkeit für Insolvenzverfahren, 2004, S. 164.

1002 Siehe zum Erfordernis der Kumulation von Sachvermögen und Personaleinsatz im Folgenden.

1003 Paulus, Europäische Insolvenzverordnung, Kommentar 2006, Einleitung Rn. 28, S. 112.

und feiern die Ausgestaltung der internationalen Zuständigkeit für Partikularverfahren als „große[n] Wurf des Verordnungsgebers".[1004]

Als erstes Tatbestandsmerkmal der Niederlassung nennt die Legaldefinition des Artikels 2 h) EuInsVO den „Tätigkeitsort", worunter laut dem erläuternden Bericht von Miguel Virgós und Etienne Schmit ein Ort zu verstehen ist, „an dem wirtschaftliche Aktivitäten, seien sie nun kommerzieller oder industrieller Art bzw. freiberuflicher Natur zum Markt hin (d.h. nach außen hin), entfaltet werden".[1005] Auffällig ist hierbei die Betonung der Entfaltung der wirtschaftlichen Aktivität nach außen hin – dieses Erfordernis erklärt sich vor dem Hintergrund des Schutzgedankens, der den Partikularverfahren zugrunde liegt. Sie sollen gerade das berechtigte Vertrauen der lokalen Gläubiger schützen – ein solches Vertrauen kann sich jedoch nur dort aufbauen, wo der Schuldner nach außen erkennbar tätig wird. Demnach ist im Rahmen einer Gesamtbetrachtung im Einzelfall zu entscheiden, ob eine wirtschaftliche Aktivität zum Markt hin für potentielle Gläubiger erkennbar entfaltet wurde.[1006] Was die wirtschaftliche Aktivität an sich anbelangt, so ist dieser Begriff sehr weit zu fassen, es ist keine Weisungsgebundenheit erforderlich und die Tätigkeit setzt keine Gewinnerzielungsabsicht voraus.[1007]

Als zweites Tatbestandsmerkmal schreibt Artikel 2 h) EuInsVO vor, dass die wirtschaftliche Aktivität „nicht vorübergehender" Art sein darf – dieses zeitliche Kriterium vermeidet durch seine negative Formulierung bewusst eine zeitliche Mindestanforderung.[1008] Entscheidend ist auch hier das nach außen hin erkennbare Erscheinungsbild der Tätigkeit und nicht die (interne) Zwecksetzung des Schuldners.[1009]

Das dritte Tatbestandsmerkmal der Niederlassungsdefinition ist der „Einsatz von Personal und Vermögenswerten", den die wirtschaftliche Aktivität voraussetzen muss. Als einheitliches Tatbestandsmerkmal können beide deshalb aufgefasst werden, weil sie kumulativ vorliegen müssen.[1010] Dies ergibt sich zum einen bereits aus der Formulierung des Artikels 2 h) EuInsVO („und"-Verbindung), zum anderen auch aus der Entstehungsgeschichte der Definition: Da im Laufe

---

1004 So Carstens, Die internationale Zuständigkeit im europäischen Insolvenzrecht, 2005, S. 130.

1005 Virgós/Schmit, Erläuternder Bericht, Rn. 71.

1006 Vogler, Die internationale Zuständigkeit für Insolvenzverfahren, 2004, S. 155.

1007 Stephan in Eickmann/Flessner/Irschlinger/Kirchhof/Kreft/Landfermann/Marotzke/Stefan (Hrsg.), Heidelberger Kommentar zur Insolvenzordnung, zu Artikel 2 EuInsVO, S. 1693, Rn. 10.

1008 Virgós/Schmit, Erläuternder Bericht, Rn. 71.

1009 Virgós/Schmit, Erläuternder Bericht, Rn. 71.

1010 Vogler, Die internationale Zuständigkeit für Insolvenzverfahren, 2004, S. 158.

der (schwierigen) Verhandlungen gerade eine Abkehr bestimmter Vertragsstaaten von ihrer Forderung, allein das Vorhandensein von Vermögenswerten für eine Niederlassung ausreichen zu lassen, erzielt wurde, darf dieses Verhandlungsergebnis nicht dadurch unterlaufen werden, dass man ein alternatives Vorliegen von Personaleinsatz oder Vermögenswerten genügen lässt.[1011]

Wie bereits im Rahmen der Beschäftigung mit der Möglichkeit von „Konzerninsolvenzen" dargelegt wurde, ist es abzulehnen, rechtlich selbständige Tochterunternehmen als Niederlassungen der Konzernmutter zu qualifizieren.[1012]
Eine davon zu unterscheidende Konstellation liegt vor, wenn der Mittelpunkt der hauptsächlichen Interessen eines Unternehmens nicht an dessen satzungsmäßigem Sitz liegt. In diesem Fall kann (unabhängig davon, ob man sich in einer „Konzernkonstellation" befindet oder nicht) der Ort des satzungsmäßigen Sitzes durchaus eine Niederlassung darstellen, so dass dort ein Partikularverfahren eröffnet werden kann.[1013]

(1.2) Die besonderen Eröffnungsvoraussetzungen für Partikularverfahren im engeren Sinne

Artikel 3 Abs. 4 EuInsVO stellt zwei weitere Eröffnungsvoraussetzungen auf, die nur für Partikularverfahren i. e. S. – also für Territorialverfahren, die vor Eröffnung eines Hauptverfahrens eröffnet werden – einschlägig sind.
Nach Artikel 3 Abs. 4 a) EuInsVO kann ein Partikularverfahren i. e. S. nur eröffnet werden, wenn die Eröffnung eines Hauptverfahrens nach Artikel 3 Abs. 1 EuInsVO unmöglich ist, weil das Recht des Mitgliedstaates, in welchem der Schuldner den Mittelpunkt seiner hauptsächlichen Interessen hat, diesbezüglich Bedingungen aufstellt, die nicht erfüllt sind.
Artikel 3 Abs. 4 b) EuInsVO macht hingegen die Eröffnung eines Partikularverfahrens i.e.S. von der Antragstellung durch einen Gläubiger abhängig, der seinen Wohnsitz, seinen gewöhnlichen Aufenthalt oder Sitz in dem Mitgliedstaat der Niederlassung hat, oder dessen Forderung auf einer sich aus dem Betrieb der Niederlassung ergebenden Verbindlichkeit beruht. Es handelt sich hier mit anderen Worten um ein Antragsprivileg für „einheimische Gläubiger oder Gläubiger der einheimischen Niederlassung".[1014] Die damit verbundene Einschränkung des antragsberechtigten Personenkreises bei Partikularverfahren i.e.S. besteht in Bezug auf Sekundärverfahren nicht. Diese können durch den Verwalter des Haupt-

---

1011 Vgl. Virgós/Schmit, Erläuternder Bericht, Rn. 70.

1012 Siehe oben unter Teil 1, 1. Kapitel, A) 1.) b) aa) (1).

1013 Vgl. dazu die Rechtsprechungsfälle Daisytek und Rover, in welchen von den französischen Gerichten die Eröffnung von Sekundärverfahren am satzungsmäßigen Sitz in Frankreich erwogen wurde, oben unter Teil 1, 1. Kapitel, A) 2.) a) aa) (1) und bb) (1).

1014 Erwägungsgrund (17) EuInsVO.

verfahrens oder jede andere, nach dem Recht des Mitgliedstaats, in dem das Sekundärverfahren eröffnet werden soll, dazu befugte Person beantragt werden.[1015]

Beide besonderen Eröffnungsvoraussetzungen sind für sich allein genommen ausreichend,[1016] um ein Partikularverfahren i.e.S. zu ermöglichen, sie stehen also in einem Alternativverhältnis.[1017]

Der Hintergrund dieser zusätzlichen Eröffnungsvoraussetzungen für Partikularverfahren i.e.S. wird durch Erwägungsgrund (17) EuInsVO beleuchtet, welcher klarstellt, „dass die Fälle, in denen die Eröffnung eines Partikularverfahrens vor dem Hauptinsolvenzverfahren beantragt wird, auf das unumgängliche Maß beschränkt werden sollen." Dahinter steht das vom Verordnungsgeber verfolgte Konzept, grundsätzlich das Universalitätsprinzip zu verwirklichen, sich also im Idealfall allein auf das Hauptverfahren zu beschränken.[1018]

Diese erstrebte Universalität scheitert jedoch dann von vornherein, wenn die Eröffnung eines Hauptverfahrens unmöglich ist – vor diesem Hintergrund rechtfertigt sich die erste Ausnahme (Artikel 3 Absatz 4 a) EuInsVO). Dabei hat der Gesetzgeber insbesondere an Mitgliedstaaten gedacht, die im Wesentlichen nur den sogenannten „Kaufmannskonkurs" kennen, Insolvenzverfahren also nur Kaufleuten vorbehalten.[1019] Hat ein Nicht-Kaufmann in einem solchen Mitgliedstaat den Mittelpunkt seiner hauptsächlichen Interessen, so ist ein Hauptverfahren ausgeschlossen; die Möglichkeit ein „unabhängiges Partikularverfahren" in einem anderen Mitgliedstaat, in welchem dieser Schuldner eine Niederlassung hat, zu eröffnen, folgt dann aus Artikel 3 Absatz 4 a) EuInsVO.[1020]

In allen übrigen Fällen sollen Zugeständnisse an die Interessen der „lokalen" Gläubiger nur gemacht werden, wenn diese selbst oder ihre Forderung einen direkten Bezug zu der betroffenen Niederlassung aufweisen[1021] und dadurch ihr Interesse an einem Partikularverfahren i.e.S. besonders dringlich erscheint.[1022]

[1015] Erwägungsgrund (18) EuInsVO, Artikel 29 EuInsVO.

[1016] Natürlich muss die allgemeine Eröffnungsvoraussetzung des Vorhandenseins einer Niederlassung erfüllt sein, siehe supra.

[1017] Dies ergibt sich aus der Formulierung des Artikels 3 Abs. 4 EuInsVO (fehlende und-Verbindung, statt dessen Semikolon) und insbesondere der Wortwahl des Erwägungsgrundes (17) EuInsVO („beziehungsweise"); vgl. auch Paulus, Europäische Insolvenzverordnung, Kommentar 2006, zu Art. 3, Rn. 58, S. 137.

[1018] Virgós/Schmit verweisen bezüglich dieses Grundsatzes auf Art. 3Abs. 1 und 2 sowie Art. 27 EuInsÜ (EuInsVO), Erläuternder Bericht, Rn. 84.

[1019] Paulus, Europäische Insolvenzverordnung, Kommentar 2006, zu Art. 3 Rn. 59, S. 137.

[1020] Virgós/Schmit, Erläuternder Bericht, Rn. 83 und 85, wo neben den Fällen der Kaufmannsinsolvenz auch auf (evt. unmögliche) Insolvenzen öffentlicher Unternehmen hingewiesen wird.

[1021] Paulus, Europäische Insolvenzverordnung, Kommentar 2006, zu Art. 3 Rn. 61, S. 137.

[1022] Vgl. Virgós/Schmit, Erläuternder Bericht, Rn. 84.

(2) Koordinations- und Kooperationspflichten

Im System der Europäischen Insolvenzverordnung ist die Koordination der inländischen Verfahren mit dem Hauptverfahren genauso wichtig wie deren Existenz selbst, da ansonsten der Grundsatz der Universalität des Hauptverfahrens ausgehöhlt würde.[1023] Nur im Falle eines Partikularverfahrens i. e. S., bei welchem gerade kein Hauptverfahren eröffnet wurde, ist keine Koordination nötig, so dass sich diesbezüglich die Koordinationsvorschriften der Verordnung auf den Fall der nachträglichen Eröffnung eines Hauptverfahrens beschränken. In diesem Fall wandelt sich das Partikularverfahren im engeren Sinne in ein Sekundärverfahren um, auf welches dann dementsprechend die Vorschriften der Europäischen Insolvenzverordnung über Sekundärverfahren anwendbar sind.[1024] Zwischen dem Hauptverfahren und den/dem parallel zu ihm ablaufenden Sekundärverfahren besteht ein großer Koordinations- und Kooperationsbedarf, so dass die Verordnung hier ausführliche zwingende Vorschriften vorsieht, welche „dem Gebot der Einheitlichkeit des Verfahrens in der Gemeinschaft Rechnung [tragen].“[1025] Die einzelnen Vorschriften werden im Folgenden dargestellt.

(2.1) Koordination durch Beschränkung

(2.1.1) Territoriale Beschränkung

Bezüglich der Wirkungen der Partikularverfahren schreibt Artikel 3 Abs. 2 S. 2 EuInsVO vor, dass diese auf das im Gebiet des Staates der Verfahrenseröffnung belegene Vermögen des Schuldners beschränkt sind.[1026]
Daraus ergibt sich die Territorialität der Partikularverfahren,[1027] welche nur in Ausnahmefällen durchbrochen wird:[1028]
So beispielsweise durch Artikel 18 Abs. 2 EuInsVO, welcher dem Verwalter des Partikularverfahrens die Befugnis verleiht, „in jedem anderen Mitgliedstaat gerichtlich oder außergerichtlich geltend [zu] machen, dass ein beweglicher Gegenstand nach der Eröffnung des Insolvenzverfahrens aus dem Gebiet des Staates der Verfahrenseröffnung in das Gebiet dieses anderen Mitgliedstaats verbracht worden ist. Des Weiteren kann er eine den Interessen der Gläubiger dienende Anfechtungsklage erheben.“ Eine weitere Ausnahme von der Territorialität der Partikularverfahren macht Artikel 34 Abs. 2 EuInsVO, welcher unter

---

1023 Virgós/Schmit, Erläuternder Bericht, Rn. 34.

1024 Artikel 36 EuInsVO, zu der damit nicht zwangläufig einhergehenden Umwandlung in ein Liquidationsverfahren siehe infra, zu Artikel 37 EuInsVO.

1025 So der Verordnungsgeber in Erwägungsgrund (12) EuInsVO.

1026 Artikel 2 Abs. 2 S. 2 EuInsVO.

1027 Smid, Deutsches und Europäisches Internationales Insolvenzrecht, Kommentar 2004, zu Artikel 3 EuInsVO, Rn. 21, S. 44.

1028 Paulus, Europäische Insolvenzverordnung, Kommentar 2006, zu Art. 3 Rn. 45, S. 133.

der Voraussetzung der Zustimmung aller betroffener Gläubiger[1029] vorsieht, dass im Sekundärverfahren getroffene Maßnahmen „Auswirkungen auf das nicht von diesem Verfahren betroffene Vermögen des Schuldners haben [können].“[1030] Dass diese Vorschrift eine Ausnahme vom Territorialitätsgrundsatz der Sekundärverfahren konstituiert, wird in der Zusammenschau mit der zweiten aus Artikel 3 Abs. 2 S. 2 EuInsVO zu folgernden Eigenschaft der Partikularverfahren ersichtlich: Da dieser keine Differenzierung zwischen Vermögen, welches mit der Niederlassung in Zusammenhang steht und sonstigem Vermögen des Schuldners im betroffenen Mitgliedstaat vornimmt, ergibt sich aus ihm, dass das gesamte schuldnerische Vermögen im betroffenen Hoheitsgebiet den Wirkungen des Partikularverfahrens unterliegt.[1031] Dehnt also Artikel 34 Abs. 2 EuInsVO die Wirkungen des Sekundärverfahrens unter gewissen Umständen „auf nicht von diesem Verfahren betroffenes Vermögen“ aus, so liegt darin gleichzeitig eine räumliche Ausdehnung auf nicht-inländische (also „extra-territoriale“) Vermögenswerte.

Die (grundsätzliche) Territorialität der Partikularverfahren darf nicht im Sinne einer Abschottung des Verfahrens gegenüber ausländischen Gläubigern verstanden werden, da dies dem insolvenzrechtlichen Grundsatz der Gläubigergleichbehandlung sowie dem gemeinschaftsrechtlichen Grundsatz der Nichtdiskriminierung widerspräche.[1032] Die Beteiligung an Partikularverfahren steht somit allen Gläubigern offen,[1033] was gleichzeitig ein kooperatives Verhalten fördern soll,[1034] da der erfolgreiche Abschluss aller Insolvenzverfahren (potentiell) alle Gläubiger betrifft.

(2.1.2) Inhaltliche Beschränkung

Artikel 3 Abs. 2 S. 2 EuInsVO bestimmt, dass als Sekundärverfahren nur Liquidationsverfahren in Frage kommen. Artikel 27 S. 2 EuInsVO präzisiert, dass es sich dabei um eines der in Anhang B der Verordnung aufgeführten Verfahren handeln muss. Anhang B listet Insolvenzverfahren gemäß Artikel 2 c) EuInsVO auf, der seinerseits den Begriff „Liquidationsverfahren“ definiert. Angesichts dieser Bestimmungen erscheint es unausweichlich, Sekundärverfahren als reine „Geldzulieferungsmechanismen“[1035] für das Hauptverfahren zu verstehen[1036] und

---

1029 Vgl. auch Lechner, Waking from the jurisdictional nightmare of multinational default: The european council regulation on insolvency proceedings, Arizona Journal of International and Comparative Law, Vol 19, No. 3, 2002, (S. 975ff.), S. 1019.

1030 Siehe zu Artikel 34 EuInsVO genauer infra.

1031 Virgós/Schmit, Erläuternder Bericht, Rn. 71.

1032 Vgl. Virgós/Schmit, Erläuternder Bericht, Rn. 27.

1033 Artikel 32 Abs. 1 EuInsVO, Virgós/Schmit, Erläuternder Bericht, Rn. 27.

1034 Virgós/Schmit, Erläuternder Bericht, Rn. 34.

1035 Paulus, Europäische Insolvenzverordnung, Kommentar 2006, zu Art. 3 Rn. 50, S. 135.

ihnen keinerlei eigenständige konstruktive Rolle im Rahmen einer Sanierung zuzugestehen. Neben der Funktion als untergeordnetes Hilfsverfahren soll damit insbesondere die Funktion des Sekundärverfahrens, dem Schutz der inländischen Gläubigerinteressen zu dienen, erfüllt werden.[1037] Der Verordnungsgeber sah im Falle von sekundären Sanierungsverfahren Probleme bei deren Vereinbarkeit und Koordinierung mit dem Hauptinsolvenzverfahren, so dass in deren Beschränkung auf die Liquidation gerade ihre Abhängigkeit gegenüber dem Hauptverfahren zum Ausdruck kommt.[1038] Gesetzgebungshistorisch stellt sich die gefundene Lösung als Kompromiss dar:[1039] Von einigen Mitgliedstaaten wurde gefordert, Sanierungsverfahren insgesamt aus dem Anwendungsbereich der Verordnung auszunehmen, also auch als Hauptverfahren nur Liquidationsverfahren zuzulassen. Um diese wirtschaftlich unsinnige[1040] und realitätsferne[1041] Einschränkung zu vermeiden, wurde die Kompromisslösung ausgearbeitet, welche vorsah, nur Sekundärverfahren auf Liquidationsverfahren zu beschränken und bei einem Partikularverfahren im engeren Sinne nach Eröffnung eines Hauptverfahrens auf Antrag des Verwalters des Hauptverfahrens eine Umwandlung in ein Liquidationsverfahren[1042] zu ermöglichen.[1043]

Den praktischen Bedürfnissen einer das gesamte Schuldnervermögen umfassenden Sanierung wird diese Kompromisslösung jedoch allein nicht gerecht, da gerade die Veräußerung bestimmter Vermögensteile im Rahmen eines Sekundärverfahrens einem Gesamtsanierungsplan entgegen laufen kann.[1044] Die Vorschrift des Artikels 3 Abs. 3 S. 2 EuInsVO, bei einem Sekundärverfahren müsse es sich um ein Liquidationsverfahren handeln, wurde daher vielfach als unflexibel und kontraproduktiv kritisiert.[1045] Die Verordnung lässt für diesen Fall jedoch mehrere Auswege offen:[1046] Zum einen sieht die Verordnung die Aus-

1036 Nach Artikel 35 EuInsVO muss ein verbleibender Überschuss unverzüglich an den Verwalter des Hauptverfahrens herausgegeben werden.

1037 Vgl. Virgós/Schmit, Erläuternder Bericht, Rn. 32 und 33.

1038 Virgós/Schmit, Erläuternder Bericht, Rn. 51 und 221.

1039 Siehe dazu Virgós/Schmit, Erläuternder Bericht, Rn. 51.

1040 Aus ökonomischer Perspektive ist die Sanierung der Liquidation dann vorzugswürdig, wenn der Weiterführungswert des Unternehmens den bei Liquidation zu erzielenden Erlös übersteigt, vgl. Bauch, Unternehmensinsolvenzen: Prophylaxe und Bewältigung in Frankreich, 1998, S. 259.

1041 Als realitätsfern ist eine solche Ausklammerung der Sanierungsverfahren deshalb zu bezeichnen, weil ihnen zunehmend Bedeutung zukommt und sie daher im „Insolvenzalltag" eine immer wichtigere Rolle einnehmen, vgl. Virgós/Schmit, Erläuternder Bericht, Rn. 51.

1042 Artikel 37 EuInsVO.

1043 Virgós/Schmit, Erläuternder Bericht, Rn. 51.

1044 Paulus, Europäische Insolvenzverordnung, Kommentar 2006, zu Art. 3 Rn. 50, S. 135.

1045 Für viele Chaput, Centre des intérêts principaux et catégories juridiques de l'insolvabilité des entreprises, Revue Lamy Droit des Affaires, Juin 2006, n°6, S. 30.

1046 Penzlin, Kurzkommentar zu Tribunal de Commerce de Nanterre, Urteil vom 15. 02. 2006, EWiR Heft 7/06 vom 14.4.2006, Art. 3 EuInsVO 4/06, S. 208.

setzung der Verwertung im Sekundärverfahren vor, wenn dieser Interessen der Gläubiger des Haupt- oder auch des Sekundärverfahrens selbst entgegenstehen.[1047] Dabei erfolgt die Aussetzung nach Artikel 33 Abs. 1 EuInsVO auf Antrag des Hauptverwalters, welchem das für das Sekundärverfahren zuständige Gericht nur widersprechen kann, wenn „die Aussetzung offensichtlich für die Gläubiger des Hauptinsolvenzverfahrens nicht von Interesse ist."[1048]
Zum anderen ist die Verordnung selbst bei der Beschränkung der Sekundärverfahren auf Liquidationsverfahren keineswegs konsequent und eröffnet so die Möglichkeit, diese Verfahren (in enger Abstimmung mit dem Hauptverfahren) – entgegen dem eindeutig erscheinenden Wortlaut des Artikels 3 Abs.3 Satz 2 EuInsVO – doch als Sanierungsverfahren auszugestalten.[1049] So bestimmt Artikel 34 Absatz 1 EuInsVO, dass wenn „das Sekundärinsolvenzverfahren nach dem für dieses Verfahren maßgeblichen Recht *ohne Liquidation* durch einen *Sanierungsplan*, einen Vergleich oder eine andere vergleichbare Maßnahme beendet werden [kann], [...] eine solche Maßnahme vom Verwalter des Hauptverfahrens vorgeschlagen werden [kann]."[1050] In diese Richtung weist auch Artikel 31 Abs. 3 EuInsVO, welcher dem Verwalter des Sekundärverfahrens die Pflicht auferlegt, „dem Verwalter des Hauptverfahrens zu gegebener Zeit Gelegenheit zu geben, Vorschläge für die Verwertung *oder jede Art der Verwendung der Masse* des Sekundärinsolvenzverfahrens zu unterbreiten."[1051] Die Möglichkeit, ein Sekundärverfahren als Sanierungsverfahren auszugestalten wird denn auch nicht dadurch verhindert, dass es sich um ein in Anhang B der Verordnung aufgezähltes Verfahren handeln muss, da letzterer auch Verfahren aufzählt in deren Rahmen eine Sanierung erfolgen kann.[1052] Auch ein Blick auf die Regelung der Verordnung im Falle der Umwandlung eines Partikularverfahrens i. e. S. in ein Sekundärverfahren aufgrund der zwischenzeitlichen Eröffnung eines Hauptverfahrens, zeigt die Offenheit der Verordnung für Reorganisation im Rahmen eines Sekundärverfahrens. Konsequent im Sinne des Gebotes des Artikels 3 Abs. 3 S. 2 EuInsVO wäre es, das Partikularverfahren i. e. S. nach Eröffnung des Hauptverfahrens unverzüglich in ein Liquidationsverfahren umzuwandeln. Die Verordnung stellt jedoch gerade diese Umwandlung ins Ermessen des Verwalters des Hauptverfahrens, da dieser die Umwandlung in ein Liquidationsverfahren beantragen kann, aber nicht muss.[1053] Selbst auf Antrag

1047 Artikel 33 Abs. 1 und 2 EuInsVO.
1048 Artikel 33 Abs. 1 EuInsVO.
1049 Paulus, Europäische Insolvenzverordnung, Kommentar 2006, Art. 3, Rn. 52ff., S. 135/136.
1050 Artikel 34 Absatz 1 EuInsVO; Hervorhebungen nicht im Original. Genauer zur Systematik des Artikels 34 EuInsVO infra unter Teil 2, 1. Kapitel, A) 2.) b) bb) (2) (2.2).
1051 Artikel 31 Abs. 3 EuInsVO; Hervorhebungen nicht im Original.
1052 Paulus, Europäische Insolvenzverordnung, Kommentar 2006, zu Art. 3 Rn. 54, S. 136.
1053 Artikel 37 Abs. 1 EUInsVO: „Der Verwalter des Hauptinsolvenzverfahrens kann beantragen, dass ein in Anhang A genanntes Verfahren, das zuvor in einem anderen Mitgliedstaat

des Verwalters muss das für das Partikularverfahren zuständige Gericht dieses nicht in jedem Fall in ein Liquidationsverfahren umwandeln, sondern nur wenn nachgewiesen wird, dass die Umwandlung im Interesse der Gläubiger des Hauptverfahrens ist.[1054]
Es bleibt also festzuhalten, dass ein Sekundärverfahren nach dem Gesamtsystem der Verordnung – entgegen dem scheinbar eindeutigen Wortlaut des Artikels 3 Absatz 3 Satz 2 EuInsVO – durchaus auch als Sanierungsverfahren ausgestaltet werden kann.[1055] Dies stellt jedoch die Vorrangstellung des Hauptverfahrens nicht in Frage, sondern ermöglicht lediglich ein flexibleres Vorgehen bei gleichzeitiger Abhängigkeit der Partikularverfahren vom Hauptverfahren, die im Folgenden näher beleuchtet werden soll.

(2.2) Koordination durch Kooperation

Mit der Aussetzung der Verwertung nach Artikel 33 EuInsVO wurde bereits ein Mechanismus der Koordination zwischen Haupt- und Sekundärverfahren angesprochen. Die Verordnung enthält jedoch in den Artikeln 31 bis 35 EuInsVO noch eine Reihe weiterer Regelungen über das Verhältnis zwischen den Verwaltern des Haupt- und der Sekundärverfahren, insbesondere Kooperations- und Unterrichtungspflichten.

Artikel 31 EuInsVO:
So normiert Artikel 31 EuInsVO in seinem Absatz 1 die reziproke Verpflichtung von Haupt- und Sekundärverfahrensverwalter zur gegenseitigen Unterrichtung und Mitteilung von Informationen, welche für das jeweilige andere Verfahren von Bedeutung sein können. Absatz 2 verpflichtet sie zur Zusammenarbeit; Absatz 3 verpflichtet den Verwalter des Sekundärverfahrens, dem Hauptverfahrensverwalter „Gelegenheit zu geben, Vorschläge für die Verwertung oder jede Art der Verwendung der Masse des Sekundärinsolvenzverfahrens zu unterbreiten.“[1056] Diese Regelungen dienen alle dem Ziel, die Effizienzverluste so gering wie möglich zu halten, welche aus der Eröffnung von Sekundärverfahren parallel zum Hauptverfahren entstehen[1057] und wurden zu Recht als „Kernstück der

---

eröffnet wurden in ein Liwuidationsverfahren umgewandelt wird, wenn es sich erweist, dass diese Umwandlung im Interesse der Gläubiger des Hauptverfahrens ist.“

1054 Virgós/Schmit, Erläuternder Bericht, Rn. 258; vgl. auch den Wortlaut des Artikels 37 Abs. 1 EuInsVO.

1055 Penzlin, Kurzkommentar zu Tribunal de Commerce de Nanterre, Urteil vom 15. 02. 2006, EWiR Heft 7/06 vom 14.4.2006, Art. 3 EuInsVO 4/06, S. 208; Paulus, Europäische Insolvenzverordnung, Kommentar 2006, zu Art. 3 Rn. 55, S. 136.

1056 Wortlaut des Artikels 31 Abs. 3 EuInsVO.

1057 Paulus, Europäische Insolvenzverordnung, Kommentar 2006, zu Art. 31, Rn. 1, S. 253; vgl. zur Ineffizienzwirkung paralleler Territorialverfahren auch unten, Teil 2, 1. Kapitel, B) 1.) b) aa) (3).

Regelungen über das Sekundärinsolvenzverfahren" bezeichnet.[1058] Die Verfahrenskoordination als Schlüsselmaterie der Europäischen Insolvenzverordnung ist dabei jedoch nicht en detail festgelegt; ihr wird nur ein legislativer Rahmen gegeben, innerhalb dessen es an den beteiligten Verwaltern ist, durch professionellen Umgang miteinander vernünftige Lösungen zu erarbeiten.[1059] Bemerkenswert ist, dass die Pflichten zur Kooperation und Unterrichtung nicht nur einseitig dem Verwalter des Sekundärverfahrens gegenüber dem Verwalter des Hauptverfahrens auferlegt werden, sondern auch letzterer dieselben Pflichten gegenüber dem Verwalter des Sekundärverfahrens hat.[1060] Bedauerlich ist vorliegend, dass die Verordnung bezüglich der Kooperationspflichten nur auf die Verwalter der Insolvenzverfahren abstellt und die Insolvenzgerichte unerwähnt lässt. Es wäre auch in Bezug auf letztere wünschenswert gewesen, ihnen durch eine explizite Erwähnung den Weg zu einer aktiveren Rolle im Kooperations- und Koordinationsprozess zu weisen und damit insbesondere die kontinentaleuropäischen Richter zu mehr Kommunikation und Kooperation mit den Gerichten anderer Mitgliedstaaten zu bewegen.[1061]

Ein wichtiges und äußerst flexibles Instrumentarium der Koordination, sowohl auf der Ebene der Verwalter, als auch der Gerichte, bilden die sogenannten Protokolle, die in den letzten Jahren vor allem im angloamerikanischen Rechtsraum zur Insolvenzabwicklung eingesetzt wurden.[1062] Es handelt sich dabei um privatrechtliche Vereinbarungen,[1063] welche die wechselseitigen Rechte und Pflichten sowie jede Form der Zusammenarbeit und Koordination zweier (oder mehrerer) Verfahren mit ganz unterschiedlicher Verbindlichkeit und Detailschärfe regeln können, und damit ein enormes „kreatives Potential" für die Insolvenzabwicklung bergen.[1064] Es bleibt zu hoffen, dass die europäischen Verwalter und insbesondere die europäischen (kontinentalen) Insolvenzgerichte die Bedeutung grenzüberschreitender Zusammenarbeit und Koordination von Verfahren erkennen und ganz im Lichte des Grundsatzes des gegenseitigen Vertrauens ein Klima professioneller Kooperation schaffen, dem insbesondere die Protokolle den Weg bereiten können.

1058 Smid, Deutsches und Europäisches Internationales Insolvenzrecht, Kommentar 2004, Art. 31, Rn. 5, S. 128.

1059 Paulus, Europäische Insolvenzverordnung, Kommentar 2006, Art. 31 Rn. 2 und 3, S. 254.

1060 Vgl. Duursma-Kepplinger/Chalupsky, in D-K/D/Ch, Europäische Insolvenzverordnung, Kommentar 2002, Art. 31, Rn. 3, S. 515.

1061 Paulus, Europäische Insolvenzverordnung, Kommentar 2006, Art. 31 Rn. 5, S. 255.

1062 Smid, Deutsches und Europäisches Internationales Insolvenzrecht, Kommentar 2004, Art. 31, Rn. 2, S. 127, der auf die Aufsehen erregende Insolvenz der Maxwell-Communication-Gruppe verweist, die nur aufgrund von Protokollen gemeistert werden konnte.

1063 Vogler, Die internationale Zuständigkeit für Insolvenzverfahren, 2004, S. 79, m.w.N..

1064 Vgl. Paulus, Europäische Insolvenzverordnung, Kommentar 2006, zu Art. 31 Rn. 4 und Fn 9, S. 254.

Artikel 32 EuInsVO:
Das bereits erwähnte, kooperatives Verhalten fördernde Recht jedes Gläubigers, seine Forderungen im Hauptverfahren sowie in jedem Sekundärverfahren anzumelden,[1065] wird dadurch ergänzt, dass auch den Verwaltern das Recht eingeräumt wird, die in „ihrem" Verfahren angemeldeten Forderungen in dem/den anderen Verfahren anzumelden.[1066] Sie haben ebenfalls das Recht, an dem/den anderen Verfahren wie ein Gläubiger mitzuwirken, insbesondere indem sie an den Gläubigerversammlungen teilnehmen können.[1067]

Artikel 33 EuInsVO:
Die in Artikel 33 EuInsVO normierte Aussetzung der Verwertung im Sekundärverfahren, um Zielen des Hauptverfahrens zu dienen, macht den Vorrang des letzteren besonders augenscheinlich. Dennoch wird auch innerhalb dieser Vorschrift versucht, die Interessen der Gläubiger des Hauptverfahrens nicht ohne jede Rücksicht auf die der Gläubiger des Sekundärverfahrens durchzusetzen.[1068] So kann das für das Sekundärverfahren zuständige Gericht „vom Verwalter des Hauptinsolvenzverfahrens alle angemessenen Maßnahmen zum Schutz der Interessen der Gläubiger des Sekundärinsolvenzverfahrens sowie einzelner Gruppen von Gläubigern [...] verlangen."[1069] Artikel 33 Abs. 2 EuInsVO sieht zudem die Aufhebung der Verfahrensaussetzung vor, „wenn sich herausstellt, dass diese Maßnahmen insbesondere nicht mehr mit dem Interesse der Gläubiger des Haupt- oder des Sekundärinsolvenzverfahrens zu rechtfertigen sind." Da starke entgegenstehende Interessen auf Seiten der Gläubiger des Sekundärinsolvenzverfahrens somit einen Aufhebungsgrund darstellen können, sollten diese – entgegen dem Wortlaut des Artikels 33 Absatz 1 EuInsVO[1070] – bereits bei der Entscheidung über den Antrag auf Aussetzung der Verwertung als diesem entgegenstehend berücksichtigt werden, um ein unsinniges Hin und Her von Aussetzung und Aufhebung der Aussetzung zu unterbinden. Bei dieser Vorschrift zeigt sich, wie schwierig es ist, einen stimmigen Interessenausgleich zwischen Haupt- und Sekundärverfahren zu finden und von welcher Wichtigkeit es ist, dass die Gläubiger beider Verfahren (potentiell) identisch sind[1071] und somit großes Interesse an einer einvernehmlichen Lösung haben.

1065 Artikel 32 Abs. 1 EuInsVO.

1066 Artikel 32 Abs. 2 EuInsVO, vgl. dazu ausführlich Paulus, Europäische Insolvenzverordnung, Kommentar 2006, zu Art. 32 Rn. 7ff., S. 265.

1067 Artikel 32 Abs. 3 EuInsVO.

1068 Vgl. auch Virgós/Schmit, erläuternder Bericht, Rn. 244.

1069 Artikel 33 Abs. 1 EuInsVO

1070 Denn dieser stellt bezüglich der Entscheidung über die Aussetzung allein auf Gläubigerinteressen aus dem Hauptverfahren ab.

1071 Siehe oben zu Artikel 32 EuInsVO.

Artikel 34 EuInsVO:
Eine wichtige Rolle bei der Koordination von Haupt- und Sekundärverfahren nimmt auch Artikel 34 EuInsVO ein, welcher (wie bereits erläutert) die Möglichkeit eröffnet, unter maßgeblicher Mitwirkung des Verwalters des Hauptverfahrens Sekundärverfahren als Reorganisationsverfahren durchzuführen.[1072] Dabei kann dies nicht nur auf Vorschlag des Verwalters des Hauptinsolvenzverfahrens erfolgen,[1073] sondern nach Artikel 34 Abs. 1 UAbs 2 EuInsVO auch ohne dessen Zutun.[1074] Nach dieser Vorschrift kann das Sekundärverfahren sogar ohne dessen Zustimmung als Sanierungsverfahren ausgestaltet werden, wenn „die finanziellen Interessen der Gläubiger des Hauptinsolvenzverfahrens durch die vorgeschlagene Maßnahme nicht beeinträchtigt werden." Die Interessen der Gläubiger des Hauptverfahrens werden zudem durch Absatz 2 geschützt, der bestimmt, dass im Sekundärverfahren getroffene (Reorganisations-)Maßnahme „nur dann Auswirkungen auf das nicht von diesem Verfahren betroffene Vermögen des Schuldners haben [können], wenn alle betroffenen Gläubiger der Maßnahme zustimmen."[1075] Eine engere Bindung an die Geschicke des Hauptverfahrens erfolgt zudem während einer nach Artikel 33 EuInsVO angeordneten Verwertung:[1076] Hier sind allein der Verwalter des Hauptinsolvenzverfahrens oder der Schuldner mit dessen Zustimmung befugt, Reorganisationsmaßnahmen vorzuschlagen.

Artikel 35 EuInsVO:
Als letzte, die Parallelität von Haupt- und Sekundärverfahren möglichst ohne Effizienzverlust[1077] regelnde Vorschrift, bestimmt Artikel 35 EuInsVO, dass ein „bei der Verwertung der Masse des Sekundärinsolvenzverfahrens"[1078] nach Befriedigung aller in diesem Verfahren festgestellten Forderungen verbleibender Überschuss, unverzüglich vom Verwalter des Sekundärverfahrens an den des Hauptverfahrens zu übergeben ist. Dieser Vorschrift liegt die Systematik der Verordnung zu Grunde, dass nach Einstellung oder Beendigung des parallel zum Hauptverfahren ablaufenden Sekundärverfahrens, das noch verbleibende Ver-

1072 Siehe oben sowie Paulus, Europäische Insolvenzverordnung, Kommentar 2006, zu Art. 34 Rn. 1, S. 277. .

1073 Siehe dazu bereits supra Teil 2, 1. Kapitel, A) 2.) b) bb) (2) (2.1) (2.1.1); Artikel 34 Abs.1 Unterabs. 1 EuInsVO.

1074 Paulus, Europäische Insolvenzverordnung, Kommentar 2006, zu Art. 34 Rn. 4, S. 278.

1075 Wird diese Zustimmung jedoch erteilt liegt hier ein weiterer Ausnahmefall vor, in dem die Wirkungen des territorial beschränkten Sekundärverfahrens über seinen eigentlichen Wirkungskreis hinausgreifen, vgl. supra, Teil 2, 1. Kapitel, A) 2.) b) bb) (2) (2.1) (2.1.1).

1076 Artikel 34 Abs. 3 EuInsVO.

1077 So Paulus über die Aufgabe der Artikel 31-35 EuInsVO, Paulus, Europäische Insolvenzverordnung, Kommentar 2006, zu Art. 32 Rn. 1, S. 263.

1078 Also wenn dieses als Liquidationsverfahren durchgeführt wird; vgl. Paulus, Europäische Insolvenzverordnung, Kommentar 2006, zu Art. 35 Rn. 2, S. 284.

mögen des Schuldners sofort wieder dem Beschlag des universellen Hauptverfahrens unterliegt.[1079]

cc) Zwischenresümee

Die Einschränkungen der Universalität und Einheitlichkeit des Hauptverfahrens sind vielfältig und im System der Europäischen Insolvenzverordnung nicht leicht überschaubar. Ihre Betrachtung ist deshalb in Zusammenhang mit der Analyse des Konzeptes des Mittelpunktes der hauptsächlichen Interessen so wichtig, weil sie sich direkt auf dessen Bedeutung im System der Verordnung auswirken. Im Rahmen einer Gesamtschau lässt sich sagen, dass sowohl die Sonderanknüpfungen der Artikel 5 bis 15 EuInsVO, welche zu einem von der allgemeinen *lex concursus* des Eröffnungsstaates abweichenden Insolvenzrecht führen, als auch die Möglichkeit der Eröffnung von Partikularverfahren in Mitgliedstaaten mit einer schuldnerischen Niederlassung, den Mittelpunkt der hauptsächlichen Interessen in dem konkreten Einzelfall in seiner Bedeutung zurücksetzen. Keinesfalls lässt sich daraus jedoch eine allgemeine Minderung von dessen Schlüsselrolle im System der Verordnung ableiten, denn es bleibt bei einer klaren Hierarchisierung innerhalb der Verordnung: Grundsätzlich geht sie vom System der Universalität aus, gibt mithin prinzipiell dem Gemeinschaftsinteresse an effizienten und wirksamen grenzüberschreitenden Insolvenzverfahren den Vorrang. Nur in einzelnen Bereichen, um übertriebene Härten auszugleichen, wird das Gemeinschaftsinteresse durch Sonderanknüpfungen und Partikularverfahren beschnitten und den lokalen Interessen Vorrang eingeräumt. Vor diesem Hintergrund ist es gerechtfertigt, von einem System der „abgemilderten Universalität“ zu sprechen und eben gerade nicht von einer, die Modelle der Universalität sowie der Territorialität zu gleichen Teilen verwirklichenden Mischform. Der Mittelpunkt der hauptsächlichen Interessen bleibt somit der Dreh- und Angelpunkt des gesamten Systems.

Im Folgenden soll untersucht werden, ob die Ausgestaltung dieses Dreh- und Angelpunktes wirklich geglückt ist.

[1079] Paulus, Europäische Insolvenzverordnung, Kommentar 2006, zu Art. 35 Rn. 4, S. 285.

B) Die Eignung des Mittelpunktes der hauptsächlichen Interessen als Anknüpfungskriterium

Nachdem bis zu dieser Stelle der Begriff des Mittelpunktes herausgearbeitet und in seinem Kontext dargestellt wurde, soll er im Folgenden beurteilt werden. Zu diesem Zweck wird zunächst mit Hilfe der ökonomischen Analyse eruiert, wie sich das Anknüpfungskriterium der Verordnung unter Effizienzgesichtspunkten darstellt. Daran anschließend wird untersucht, wie dieses Kriterium unter rechtlichen Gesichtspunkten zu beurteilen ist. Dabei ist es von besonderem Interesse anhand der jüngsten, nach der Intervention des Europäischen Gerichtshofes ergangenen Rechtsprechung zu begutachten, ob der Mittelpunkt der hauptsächlichen Interessen als Anknüpfungspunkt mittlerweile zu einheitlichen und als gerecht empfundenen Ergebnissen führt.

1.) Beurteilung anhand der Kriterien der ökonomischen Analyse des Rechts

Erwägungsgrund (2) der Europäischen Insolvenzverordnung legt offen, dass die Verordnung dem reibungslosen Funktionieren des Binnenmarktes dienen soll. Damit wird von vornherein klargestellt, dass die Europäische Insolvenzverordnung in einen wirtschaftlichen Kontext eingebettet ist, nämlich den Binnenmarkt als gemeinsamen Markt der Europäischen Gemeinschaft.[1080] Vor diesem Hintergrund wird deutlich, dass eine Analyse des Mittelpunktes der hauptsächlichen Interessen, als dem Schlüsselbegriff der Verordnung, nur dann ein realitätsnahes Bild zeichnen kann, wenn sie sich nicht ausschließlich auf eine juristische Betrachtungsweise beschränkt. In einem stark wirtschaftlich geprägten Kontext ist es ein Gebot der umfassenden Betrachtung, auch ökonomische Aspekte in die Beurteilung mit einzubeziehen. Dies erscheint um so wichtiger, als die Revision der Europäischen Insolvenzverordnung im Jahre 2012[1081] nur dann alle Möglichkeiten der Verbesserung ausschöpfen kann, wenn zuvor sämtliche bestehenden Missstände aufgedeckt wurden – eine rein juristische Betrachtung stellt hierbei nur eine Facette der Realität dar.

Einen interessanten Untersuchungsansatz bietet in diesem Zusammenhang die ökonomische Analyse des Rechts (in der englischsprachigen Literatur unter „Law and Economics“ bekannt). Es soll im Folgenden untersucht werden, welche Erkenntnisse diese ökonomische Analyse in Hinblick auf das Konzept des Mittelpunktes der hauptsächlichen Interessen liefert. Ob gerade dieser Mittelpunkt der hauptsächlichen Schuldnerinteressen im System der Europäischen Insolvenzverordnung das am besten geeignete Anknüpfungskriterium für

---

[1080] Artikel 2 EG-Vertrag.

[1081] Vgl. Artikel 47 EuInsVO der die Kommission verpflichtet, bis zum 1.Juni 2012 einen Bericht mit eventuellen Verbesserungsvorschlägen vorzulegen.

die internationale Zuständigkeit darstellt, kann auf diese Weise auch unter dem Gesichtspunkt der Effizienz analysiert werden.

a) Die Vorgehensweise der ökonomischen Analyse des Rechts

Die ökonomische Analyse des Rechts untersucht, welche „Folgen durch Rechtsnormen und gerichtliche Entscheidungen in der Lebenswirklichkeit ausgelöst werden."[1082] Aufgrund ihrer konsequenten Folgenorientierung kann sie sowohl als Prognoseinstrument als auch als Instrument zur Verbesserung bestehender Zustände eingesetzt werden, wobei die durch sie gewonnenen Erkenntnisse grundsätzlich einer empirischen Überprüfung zugänglich sind.[1083] Sie nimmt dabei– wie es der Name schon sagt – eine Analyse des Rechts anhand ökonomischer Kriterien vor. Das maßgebliche Kriterium, welches von der ökonomischen Analyse zur Bewertung der Folgen verwendet wird, ist das der ökonomischen Effizienz.[1084] Ökonomische Effizienz als „überragende[s] Ziel" der Rechtsordnung steht bei dieser Analyse im Zentrum der Betrachtung.[1085]
Die erste Frage, die sich in diesem Zusammenhang stellt, ist, was unter einer „ökonomischen" Analyse bzw. einer Analyse anhand „ökonomischer" Kriterien zu verstehen ist.[1086] Die etymologische Betrachtung ergibt, dass „ökonomisch" von lateinisch „oeconomicus" aus griechisch „oikonomikós" stammt, was soviel wie „die Haushaltung betreffend; wirtschaftlich" bedeutet.[1087] Die Ökonomik ist danach die „Haushaltungskunst"[1088] oder – etwas freier übersetzt – die Beschäftigung „mit der Schaffung von gesellschaftlichem Wohlstand"[1089]. Sie wird auch als „eine allgemeine Theorie zielgerichteter Entscheidungen unter Nebenbedin-

[1082] Schmidtchen, Die ökonomische Analyse des Rechts, in Schmidtchen/Weth (Hrsg.), Der Effizienz auf der Spur - Die Funktionsfähigkeit der Justiz im Lichte der ökonomischen Analyse des Rechts, 1999, S. 9/10.
[1083] Eidenmüller, Effizienz als Rechtsprinzip – Möglichkeit und Grenzen der ökonomischen Analyse des Rechts, 2005, S. 489.
[1084] Schmidtchen, Die ökonomische Analyse des Rechts, in Schmidtchen/Weth (Hrsg.), Der Effizienz auf der Spur, 1999, S. 10.
[1085] Eidenmüller, Effizienz als Rechtsprinzip, 2005, S. 170.
[1086] Kirstein, Ökonomische Analyse des Rechts, German Working Papers in Law and Economics, Volume 2004, Paper 4, S. 2, abrufbar unter http://www.bepress.com/cgi/view content.cgi?article=1082&context=gwp (zuletzt aufgerufen am 13. 04. 2007).
[1087] Duden, Das große Fremdwörterbuch, 2000, S. 951.
[1088] Duden, Das große Fremdwörterbuch, 2000, S. 951.
[1089] Schmidtchen/Kirstein, Ökonomische Analyse des Rechts, Center for the Study of Law and Economics, Discussion Paper 2003-04, S. 9, abrufbar im Volltext unter http://opus.zbw-kiel.de/volltexte/2003/1181/pdf/2003-04_oear.pdf, Inhaltsverzeichnis unter http://www.uni-saarland.de/fak1/fr12/csle/ (zuletzt aufgerufen jeweils am 18. 04. 2007).

gungen" bezeichnet[1090] und beschäftigt sich mit den Handlungsanreizen, welche für bestimmte Akteure in einer bestimmten Situation bestehen.[1091]
Die ökonomische Analyse des Rechts ist also eine wirtschaftliche Analyse des Rechts oder anders formuliert, eine „Betrachtungsweise des Rechts, die die wirtschaftlichen Folgen einer rechtlichen Entscheidung berücksichtigt"[1092].
Da Rechtsnormen ihre Daseinsberechtigung nicht schon aus sich selbst heraus ableiten können, sondern vielmehr dazu da sind, dem Gemeinwohl zu dienen, es diesem Gemeinwohl jedoch auch zuträglich ist, die wirtschaftlichen Folgen von Rechtsnormen abschätzen zu können, wird deutlich, welch wichtiger Stellenwert der ökonomische Analyse des Rechts zukommt.[1093]
Um die wirtschaftlichen Folgen einer Rechtsnorm vorherzusagen bedient sich die ökonomische Analyse eines ökonomischen Verhaltensmodells, das mit drei Prämissen umschrieben werden kann:[1094]

- Menschen entscheiden in Alternativen (wägen mehrere Handlungsmöglichkeiten gegeneinander ab) und verhalten sich dabei rational und nutzenmaximierend, wählen also die aus ihrer Sicht beste Handlungsalternative (Modell des „*homo oeconomicus*").
- Das Verhalten wird durch Rechtsnormen und gesetzliche Entscheidungen gesteuert, indem an ihre Nicht-Beachtung Sanktionen geknüpft sind.
- Diese Sanktionen erhöhen die Kosten der gewählten (nicht rechtsnormkonformen) Handlung und wirken daher wie ein „Preisaufschlag", welcher die Bewertung des individuellen Nutzens zugunsten einer rechtskonformen Handlungsalternative verschieben kann.

In direktem Zusammenhang mit dem Begriff der Ökonomie im Sinne von „Haushaltskunst" steht die zweite Frage, welche zum Verständnis des Ansatzes der ökonomischen Analyse des Rechts beantwortet werden muss, nämlich die nach der Bedeutung ihres zentralen Bewertungskriteriums, der „Effizienz". Effi-

---

1090 Kirstein, Ökonomische Analyse des Rechts, German Working Papers in Law and Economics, Volume 2004, Paper 4, S. 3.

1091 Schmidtchen/Kirstein, Ökonomische Analyse des Rechts, Discussion Paper 2003-04, S. 6.

1092 http://www.lexexakt.de/glossar/oekonomischeanalyse.php (zuletzt aufgerufen am 13.04. 2007).

1093 Siehe dazu auch Schmidtchen, Vereinheitlichung des Vertragsrechts in Europa – eine Lösung auf der Suche nach dem Problem? Die Sicht der Neuen Institutionenökonomik, CSLE Discussion Paper No. 2007-01, S. 12, der betont „daß die gesellschaftliche Legitimation des Rechts von einer außerhalb des Rechts liegenden Sphäre kommt: Es hat eine dienende Funktion als Mittel der Steuerung gesellschaftlicher und damit auch ökonomischer Prozesse." abrufbar unter http://www.uni-saarland.de/fak1/fr12/csle/ (zuletzt aufgerufen am 13.04.2007).

1094 Schmidtchen, Die ökonomische Analyse des Rechts, in Schmidtchen/Weth (Hrsg.), Der Effizienz auf der Spur, 1999, S. 10.

zienz bedeutet „Wirksamkeit und Wirtschaftlichkeit“,[1095] und stellt damit das Gegenteil von Verschwendung dar.[1096] Die Bewertung einer Rechtsnorm anhand des Effizienzkriteriums bedeutet demnach, zu untersuchen, ob die Rechtsnorm dazu beiträgt, knappe Ressourcen so einzusetzen, dass keine Verschwendung stattfindet, dass mithin in Bezug auf den Einsatz der maximal mögliche Grad an Bedürfnisbefriedigung erreicht wird.[1097] Nach dem sogenannten Optimierungsprinzip kann dies zum einen dadurch geschehen, dass ein anvisiertes Ziel unter Einsatz einer möglichst geringen Menge knapper Ressourcen erreicht wird (Minimalprinzip), oder dass zum anderen ein vorhandener Ressourcenbestand so genutzt wird, dass er zum maximalen Zielerreichungsgrad führt (Maximalprinzip).[1098]

Aus dem Gesagten lässt sich weiter folgern, dass Recht dann effizient ist, „wenn es die Wohlfahrt der Gesellschaft maximiert“.[1099] Die Folgen einer Rechtsnorm sind effizient, wenn sie einen Nettowohlfahrtsgewinn in der Gesellschaft erzeugen.[1100] Die ökonomische Analyse von Rechtsnormen hinterfragt also, ob diese „einen Beitrag dazu leisten, dass knappe Ressourcen wirtschaftlich eingesetzt und sparsam verwendet werden“.[1101] Dabei kommt es entscheidend darauf an, welche Anreize die Rechtsnorm setzt und ob diese Anreize zu einem effizienten Verhalten der Parteien führen.

Um die wohlfahrtsökonomische Effizienz einer Situation zu überprüfen, bedient sich die ökonomische Analyse zweierlei „Testverfahren“:

aa) Das Pareto-Kriterium

Die Effizienz einer Situation bzw. eines gesellschaftlichen Zustandes kann auf einfache und klare Weise anhand des sogenannten Pareto-Kriteriums überprüft werden.[1102] Dieses Bewertungskriterium geht auf den italienischen Ökonomen und Soziologen Vilfredo Pareto (1848–1923) zurück.[1103] Nach ihm ist eine Situation dann pareto-effizient, wenn kein Gesellschaftsmitglied besser gestellt werden kann, ohne dass dies eine Schlechterstellung eines anderen Gesell-

---

1095 Von gleichbedeutend lateinisch efficientia, Duden, Das große Fremdwörterbuch, 2000, S. 375.

1096 Kirstein, Ökonomische Analyse des Rechts, 2004, Paper 4, S. 7.

1097 Schäfer/Ott, Lehrbuch der ökonomischen Analyse des Zivillrechts, 2005, S. 1.

1098 Kirstein, Ökonomische Analyse des Rechts, 2004, Paper 4, S. 4.

1099 Schmidtchen, Die ökonomische Analyse des Rechts, in Schmidtchen/Weth (Hrsg.), Der Effizienz auf der Spur, 1999„ S. 10.

1100 Vgl. Eidenmüller, Effizienz als Rechtsprinzip, 2005, S. 4.

1101 Kötz, „Coase-Theorem und Schweinepanik“ (1999), in „Undogmatisches“, herausgegeben von Basedow/Hopt/Zimmermann, 2005, S. 208.

1102 Schmidtchen/Kirstein, Ökonomische Analyse des Rechts, Center for the Study of Law and Economics, Discussion Paper 2003-04, S. 9.

1103 Eidenmüller, Effizienz als Rechtsprinzip, 2005, S. 48.

schaftsmitgliedes zur Folge hätte.[1104] Der große Reiz dieses Kriteriums liegt in der Einfachheit seiner Anwendung und der Prägnanz seiner Aussagekraft. Als praktische Entscheidungshilfe, wie Rechtsnormen unter Effizienzgesichtspunkten beschaffen sein sollten, versagt das Pareto-Kriterium jedoch regelmäßig, da es kaum vorstellbar ist, dass ein gesetzgeberisches Vorhaben nicht mindestens für ein Gesellschaftsmitglied Nachteile mit sich brächte.[1105] Das Pareto-Kriterium weist die Schwäche auf, nicht zu berücksichtigen, ob der Nutzen des/der profitierenden Gesellschaftsmitgliedes/r den Verlust des/der schlechtergestellten Gesellschaftsmitgliedes/r übersteigt und so gesamtgesellschaftlich betrachtet eine Verbesserung vorliegt.

bb) Das Kriterium von Kaldor und Hicks / das Reichtumsmaximierungsprinzip

Das Effizienzkriterium von Kaldor und Hicks erkennt und vermeidet diese Schwäche des Pareto-Kriteriums. Es besagt, dass eine gesellschaftliche Situation dann effizient ist, wenn es unmöglich ist, durch einen anderen Einsatz der Ressourcen eine Besserstellung eines bzw. mehrerer Gesellschaftsmitgliedes/er zu erzielen, welche die damit verbundene Schlechterstellung anderer Gesellschaftsteile übersteigt.[1106] Dabei offenbart sich sofort, dass ein bereits nach dem Pareto-Kriterium effizienter Zustand auch zwangsläufig nach dem Kaldor-Hicks-Kriterium effizient ist. Das Kaldor-Hicks-Kriterium kann somit als Ergänzung des Pareto-Kriteriums gesehen werden und kommt in den (häufigen) Fällen zum Einsatz, in welchen Letzteres eine Situation als pareto-ineffizient beschreibt. Mit dem Kaldor-Hicks-Kriterium im Wesentlichen gleichzusetzen ist das Reichtumsmaximierungsprinzip von Richard Posner, welches besagt, dass eine Situation dann effizent ist, wenn der in ihr erzielte Reichtum maximal ist.[1107] Sowohl das Kaldor-Hicks-Kriterium als auch das Reichtumsmaximie-rungsprinzip von Richard Posner betrachten bei der Beurteilung, ob eine Rechtsnorm zu einer Effizienzsteigerung führt, nur abstrakt, ob eine Wohlfahrtsteigerung vorliegt. Die monetär bewerteten Vor- und Nachteile werden bei dieser Kosten-Nutzen-Analyse gegeneinander abgewogen, wodurch ersichtlich wird, ob die Vorteile die Nachteile kompensieren *könnten*. Ob eine Kompensation hingegen tatsächlich stattfindet, ist nicht von Relevanz.

Aus juristischer Sicht sieht man sich geneigt, der Herangehensweise der ökonomischen Analyse mit völligem Unverständnis zu begegnen – vernachlässigt sie doch (auf den ersten Blick) vollkommen die Frage nach der Gerechtigkeit von

---

[1104] Schmidtchen, Die ökonomische Analyse des Rechts, in Schmidtchen/Weth (Hrsg.), Der Effizienz auf der Spur, 1999, S. 17.

[1105] Eidenmüller, Effizienz als Rechtsprinzip, 2005, S. 49.

[1106] Schmidtchen/Kirstein, Ökonomische Analyse des Rechts, Center for the Study of Law and Economics, Discussion Paper 2003-04, S. 10.

[1107] Vgl. Eidenmüller, Effizienz als Rechtsprinzip, 2005, S. 54.

Rechtsnormen. Was kann eine ökonomische Analyse schon zu einem Thema beitragen, das den Anspruch erhebt, gerechte Lösungen zu erzeugen? Diese ablehnende Haltung verkennt jedoch, dass eine Situation in der keine Verschwendung betrieben wird, durchaus geeignet ist, die Grundlage zu bilden, auf welcher gerechte Entscheidungen getroffen werden können.[1108] Um eine umfassende gesellschaftliche Rechtsfolgenabschätzung vornehmen zu können, ist es daher von großem Interesse, auf Grundlage einer ökonomischen Analyse der in Frage stehenden Regelung, eine verlässliche Prognose bezüglich ihrer Effizienzwirkung treffen zu können.[1109] Die ökonomische Analyse des Rechts kann so dem Rechtssetzer und Rechtsanwender assistierend zur Seite stehen[1110] und Einsichten und Argumente vermitteln, über die es sich lohnt nachzudenken.[1111]

cc) Das „Gefangenendilemma"

Eine wichtige Erkenntnisquelle, welche auch bei der folgenden Analyse des Mittelpunktes der hauptsächlichen Schuldnerinteressen von Relevanz sein wird, ist die „Theorie interaktiver Entscheidungen", die auch als „Spieltheorie" bezeichnet wird. Sie hat das sogenannte „*Gefangenendilemma*" untersucht, welches belegt, dass auch zwei individuell rational handelnde Akteure unter bestimmten Rahmenbedingungen ein insgesamt ineffizientes Ergebnis erzielen können.[1112] Das Gefangenendilemma lässt sich wie folgt beschreiben:[1113] Zwei Gefangene A und B (die „Spieler") werden getrennt voneinander verhört. Beide haben die Alternative zu schweigen oder eine (den anderen belastende) Aussage zu machen. Schweigen beide, erwartet sie eine Gefängnisstrafe von einem Jahr. Schweigt nur einer von beiden und belastet ihn der andere mit einer Aussage, so wird der Schweigende zu zehn Jahren Gefängnis verurteilt, während der Aussagende straffrei ausgeht. Sagen hingegen beide aus, beläuft sich die Gefängnisstrafe für beide auf fünf Jahre. Handeln beide individuell rational, so überlegen sie sich, dass es für sie gut wäre auszusagen, wenn der andere schweigt (dann

---

1108 Vgl. Kirstein, der anschaulich schildert, die ökonomische Analyse verhelfe dazu einen möglichst großen gesellschaftlichen „Kuchen" zu backen, um sich erst im zweiten Schritt dem Verteilungsproblem zuzuwenden – daran sei an sich jedoch überhaupt nichts Verwerfliches, da die Herstellung eines kleineren gesellschaftlichen „Kuchens" an sich die Bevölkerung wohl kaum besser stelle; Kirstein, Ökonomische Analyse des Rechts, 2004, S. 7.

1109 Vgl. Schmidtchen, Vereinheitlichung des Vertragsrechts in Europa – eine Lösung auf der Suche nach dem Problem? S. 6.

1110 Schmidtchen, in „Der Effizienz auf der Spur", S. 11.

1111 Kötz, „Coase-Theorem und Schweinepanik" (1999), in „Undogmatisches", 2005, S. 208.

1112 Schmidtchen/Kirstein, Ökonomische Analyse des Rechts, Center for the Study of Law and Economics, Discussion Paper 2003-04, S. 25.

1113 Siehe dazu Schmidtchen/Kirstein, Ökonomische Analyse des Rechts, Center for the Study of Law and Economics, Discussion Paper 2003-04, S. 25.

Straffreiheit). Sollte der andere aussagen, wäre es sinnvoll ebenfalls auszusagen (dann fünf statt zehn Jahre). Unabhängig davon, wie sich der andere verhält, ist es somit stets individuell besser auszusagen. Beide Gefangenen werden daher aussagen und damit eine Gefängnisstrafe von fünf Jahren erhalten. Sie befinden sich in einem Dilemma, welches Ineffizienzen erzeugt, denn beide hätten besser gestellt werden können, hätten sie beide geschwiegen (dann je ein Jahr Gefängnis). Die Situation, dass beide aussagen ist pareto-ineffizient. Aus diesem Dilemma können sich die „Spieler" nicht selbst befreien – eine klassische Gefangenendilemma-Situation, die sich auch auf andere Situationen übertragen lässt. Denn auch in anderen Fallkonstellationen kann das zu erwartende Verhalten eines Beteiligten das Verhalten eines anderen Akteurs so beeinflussen, dass es zu ineffizienten Ergebnissen kommt, obwohl alle Beteiligten rational und individuell nutzenmaximierend vorgehen.

Die ökonomische Analyse des Rechts hat sich mit den unterschiedlichsten Rechtsgebieten, der optimalen Größe von Rechtsräumen sowie der Effizienz des Rechtssetzungsprozesses an sich befasst, dabei unterschiedliche Modelle entwickelt und zu diversen Erkenntnissen geführt. Eine ausführliche und systematische Darstellung all dieser Forschungsergebnisse sprengt bei weitem den Rahmen dieser Arbeit und geht zudem an dem konkreten Ziel vorbei, welches die Beschäftigung mit der ökonomischen Analysemethode vorliegend erreichen soll.[1114] Es soll konkret in Bezug auf das von der Europäischen Insolvenzverordnung gewählte Zuständigkeitskriterium des Mittelpunktes der hauptsächlichen Interessen untersucht werden, welche Erkenntnisse eine ökonomische Betrachtung liefert. Vor diesem Hintergrund werden einzelne Anreize, welche durch die Zuständigkeitsanknüpfung an den Mittelpunkt der hauptsächlichen Interessen des Schuldners gesetzt werden, untersucht, was sie einem Vergleich mit der Anreizwirkung anderer Zuständigkeitsanknüpfungen zugänglich macht. Anreizwirkungen für Gläubiger und Schuldner des formellen Rechts – und damit dessen Effizienzwirkung – können jedoch nicht völlig abstrakt vom materiellen Recht analysiert werden.[1115] Vielmehr muss die ökonomische Analyse hier der Tatsache Rechnung tragen, dass zwischen beiden Bereichen ein „trade-off"[1116], (also eine wechselseitige Abhängigkeit) besteht, welcher eine einheitliche Betrachtung von materiellem Insolvenzrecht und Insolvenzverfahrensrecht ver-

[1114] Einen guten Überblick über die Grundlagen der ökonomischen Analyse des Rechts und ihre Möglichkeiten und Grenzen vermitteln, Eidenmüller, Effizienz als Rechtsprinzip, 3. Aufl., 2005; sowie Schäfer/Ott, Lehrbuch der ökonomischen Analyse des Zivilrechts, 4. Aufl. 2005.

[1115] Professor Schmidtchen im Gespräch (29. November 2006).

[1116] Professor Schmidtchen im Gespräch (29. November 2006).

langt.[1117] Um vorliegend Aussagen über die Effizienzwirkung der Europäischen Insolvenzverordnung treffen zu können, muss folglich auch die von den materiellen Insolvenzrechten ausgehende Anreizwirkung untersucht werden.[1118]

dd) Zwischenresümee

Die ökonomische Analyse des Rechts erweitert den meist nur auf eine juristische Betrachtungsweise fokussierten Horizont um eine neue Erkenntnisebene. Auf dieser Erkenntnisebene gelingt es, durch Reduktion der komplexen Wirklichkeit auf einige sichere Kernaussagen, anhand eines vereinfachten Betrachtungsmodelles, Prognosen darüber abzugeben, welche Anreizwirkung eine Rechtsvorschrift setzen wird bzw. setzt. Es können so klare Aussagen darüber getroffen werden, welche Effizienzwirkung eine Rechtsnorm (in einem bestimmten Bereich) haben wird bzw. hat – ob sie mithin dazu führt, dass vorhandene Ressourcen wirtschaftlich eingesetzt oder verschwendet werden. Diese analytische Vorgehensweise erhebt weder den Anspruch, die komplexe Wirklichkeit „eins zu eins“ wiederzugeben, da dies gerade an dem Ziel vorbeiliefe, unüberschaubare Zusammenhänge so aufzugliedern, dass sie in ihren einzelnen Bestandteilen intellektuell erfasst und einer Prognose zugänglich gemacht werden können. Noch erhebt die ökonomische Analyse des Rechts den Anspruch, die Gerechtigkeit von Normen und ihren Verteilungswirkungen mit einzubeziehen. Im Zentrum der Betrachtung steht bei der ökonomischen Analyse des Rechts allein das Ziel, die Effizienzwirkung von Rechtsnormen zu beurteilen und so den Weg für eine effiziente Ressourcenallokation durch die Rechtssetzung zu ebnen. Die ökonomische Analyse des Rechts ist folglich ein (äußerst wertvolles) Hilfsmittel, um gesetzgeberische Ziele auf effiziente Art und Weise umzusetzen und so Ressourcenverschwendung zu vermeiden. Welche Ziele rechts- und gesellschaftspolitisch angestrebt werden und wie sie unter Gerechtigkeitsgesichtspunkten zu beurteilen sind, bleibt unbestritten der juristischen und soziologischen Betrachtung vorbehalten.[1119]

[1117] So auch Whincop/Keyes, Policy and Pragmatism in the Conflict of Law, 2001, Dartmouth Publishing Company, Ashgate Publishing Limited, S.26: “In the material that follows we demonstrate how private international law's functions require simultaneous evaluations of choice of law and jurisdiction issues.”

[1118] Dazu ausführlich Bigus/Eger, Insolvenzrecht zwischen privatautonomer Gestaltung und öffentlicher Regulierung, German Working Papers in Law and Economics, Volume 2002, Paper 12, passim, abrufbar unter http://www.bepress.com/cgi/viewcontent.cgi?article=1047 &context=gwp (zuletzt aufgerufen am 13. 04. 2007).

[1119] Vgl. dazu Roschmann, Recht, Gerechtigkeit und ökonomisches Handlungsmodell, 2003, passim.

b) Die Ergebnisse der ökonomische Analyse des Rechts im vorliegenden Fall

Um die Zuständigkeitsregelung der Europäischen Insolvenzverordnung auf ihre Effizienzwirkung hin zu untersuchen und ihre Folgen abschätzen zu können, müssen die durch sie gesetzten Anreizwirkungen offen gelegt werden. Es müssen folglich die Beteiligten identifiziert werden, deren Reaktionen auf die Anknüpfung der internationalen Zuständigkeit an den Mittelpunkt der hauptsächlichen Schuldnerinteressen effizienzrelevante Folgen bewirken.

Zwei Kategorien von Beteiligten springen hierbei sofort ins Auge: Die Schuldner und die Gläubiger. Auf beide wirkt sich die von der Europäischen Insolvenzverordnung vorgenommene internationale Zuständigkeitsverteilung unmittelbar aus. Die Schuldner sehen ihre wirtschaftlichen Interessen von der Bestimmung des international zuständigen Gerichtes und insbesondere der damit verbundenen grundsätzlichen Anwendbarkeit des nationalen Insolvenzrechts (Art. 4 EuInsVO) direkt betroffen – beide haben unmittelbare vermögensrelevante Auswirkungen. So hängt es beispielsweise entscheidend vom anwendbaren Insolvenzrecht ab, ob für den Schuldner eine Möglichkeit besteht, auch während des Insolvenzverfahrens die Geschicke seines Unternehmens weiter selbst zu lenken und so sein Vermögen eventuell aus der Krisensituation zu retten (wie dies etwa während der französischen „procédure de sauvegarde“ der Fall ist) oder ob ihm von vornherein jegliche Verfügungsbefugnis entzogen wird.

Dem Grundsatz nach genauso und sogar noch offensichtlicher betroffen sind die Gläubiger, deren Chancen auf Befriedigung ihrer ausstehenden Forderungen ganz maßgeblich davon abhängen, welches Gericht und vor allem welches materielle Insolvenzrecht zum Zuge kommen. Hinzu treten für sie nicht zu vernachlässigende Begleit- und Kostenfaktoren, wie beispielsweise die im Verfahren verwendete Amtssprache, die Entfernung zum Gerichtsort und die Kenntnis des anwendbaren Rechts seitens der üblichen Rechtsberater, um nur einige Aspekte zu nennen.

Sowohl für Schuldner als auch für Gläubiger ist die Regelung der Europäischen Insolvenzverordnung, nach welcher der Mittelpunkt der hauptsächlichen Interessen über Insolvenzforum und -recht entscheidet, somit von unmittelbarer Bedeutung und setzt für sie Anreize, die es zu untersuchen gilt.

Neben diesem offensichtlichen Einflussbereich der Europäischen Insolvenzverordnung können noch andere Beteiligte identifiziert werden, deren Reaktion von nicht minderem Interesse ist: Die Mitgliedstaaten im System der Europäischen Union. Die Mitgliedstaaten verfolgen trotz des gemeinschaftlichen Interesses an einer positiven Entwicklung der Europäischen Union auch rein nationale Interessen, welche durch die Bestimmungen der Europäischen Insolvenzverordnung betroffen sein können. Die für die Mitgliedstaaten bestehende Anreizsituation kann dabei auch durch das Verhalten von Schuldnern und Gläubigern beeinflusst werden. Andererseits stehen Gläubiger und Schuldner unter dem Einfluss der nationalen Gesetzgebung. Die Mitgliedstaaten können so ihrerseits

durch Anreizsetzung die Verhaltensweisen von Gläubigern und Schuldnern beeinflussen. Es besteht mithin eine Wechselwirkung zwischen den Beteiligten. Gegenstand des ersten Untersuchungsschrittes soll demnach zunächst die für Schuldner und Gläubiger durch die Europäische Insolvenzverordnung erzeugte Anreizsituation sein. Darauf aufbauend kann in einem zweiten Schritt untersucht werden, welche Anreizwirkungen sich aus dem prognostizierten Gläubiger- und Schuldnerverhalten für die Mitgliedstaaten ergeben.
Ob diese (direkten und indirekten) Folgen der Europäischen Insolvenzverordnung effizient sind und mithin die Wohlfahrt der (gesamteuropäischen) Gesellschaft steigern, ist zwar nicht das alleinige Beurteilungskriterium für die Geglücktheit der europäischen Regelung, aber doch zumindest ein interessanter Untersuchungsgegenstand, an den gegebenenfalls Verbesserungsvorschläge anknüpfen können.

aa) Die Anreize für Gläubiger und Schuldner

Gläubiger und Schuldner betreffend gibt es mehrere Aspekte, die ihr Verhalten sowohl im Vorfeld der Insolvenz (ex ante, bspw. bereits bei Vertragsschluss zwischen Schuldner und Gläubiger), als auch ex post im Insolvenzfall beeinflussen können.

(1) Ex-ante-Anreize

Bereits das ex-ante-Verhalten der Gläubiger und der Schuldner wird von der Zuständigkeitsregelung der Europäischen Insolvenzverordnung beeinflusst:[1120] Da die Insolvenz des Schuldners ein stets präsentes und daher bei Vertragsverhandlungen einzukalkulierendes Risiko ist, kann sich die für den Insolvenzfall getroffene Zuständigkeitsregelung bereits in diesem frühen Stadium auf die Risikoprognose und damit die Kostenkalkulation auswirken.[1121]

(1.1) Effizienzneutralität der Zuständigkeitszuweisung ex ante

Deutet die Zuständigkeitsregelung ex ante auf ein tendenziell gläubigerunfreundliches Insolvenzforum bzw. Insolvenzrecht hin, wird dies von den Gläubigern bereits bei den Vertragsverhandlungen negativ beurteilt werden. Daher werden sie generell nur bereit sein, zu im Übrigen für sie günstigeren Konditionen mit dem Schuldner zu kontrahieren, um den eventuell im

---

1120 Vgl. Eidenmüller, Der Markt für internationale Konzerninsolvenzen: Zuständigkeitskonflikte unter der EuInsVO, NJW 2004, Heft 48, S. 3456.

1121 Die – ohne weitere Begründung – teils vertretene Auffassung, die mögliche Insolvenz einer Vertragspartei spiele bei Vertragsschluss keine Rolle, erscheint realitätsfern und entspricht zudem nicht dem der ökonomischen Analyse des Rechts zugrundeliegenden Bild des rational handelnden „homo oeconomicus". Bei (unterstellter) umfassender Informationslage sowie rationalem Verhalten, muss das Insolvenzrisiko als möglicher Kostenfaktor einkalkuliert werden, für den auch das anwendbare Insolvenzrecht eine Rolle spielt; vgl. dazu auch Virgós/Schmit, Erläuternder Bericht, Rn. 75.

Insolvenzfall eintretenden Nachteil auszugleichen. Ein Kreditgeber wird beispielsweise nur zu einem höheren Zinssatz zur Kreditvergabe bereit sein.[1122] Theoretisch könnte dies dazu führen, dass die Kreditkosten für den Schuldner derart steigen, dass sich die Kreditaufnahme für ihn nicht mehr rechnet und das Geschäft nicht zu Stande kommt. In der Praxis erscheint es jedoch wenig wahrscheinlich, dass das zu erwartende Insolvenzrecht einen so starken Einfluss auf das Geschäft hat, dass es dieses vereitelt. Vielmehr bewegt sich die Gläubigerfreundlichkeit bzw. Schuldnerfreundlichkeit der Insolvenzrechte der Mitgliedstaaten (nur diese sollen hier als Betrachtungsgrundlage dienen) in einem Rahmen, der es den Parteien in der Regel ermöglicht, ihre Effekte vertraglich auszugleichen.

Bei einem erwarteten gläubigerfreundlichen Insolvenzrecht/-forum entfällt der Ausgleichsbedarf auf Seiten der Gläubiger, statt dessen muss der Schuldner das für ihn ungünstige Insolvenzrecht in seine Kalkulation mit einbeziehen. Denn auch er kann als rational handelnder Wirtschaftsteilnehmer die Möglichkeit der Insolvenz bei einer soliden Kalkulation der Risiken nicht außen vor lassen.[1123] Da aber der Gläubiger in diesem Fall vom Risiko eines für ihn ungünstigen Insolvenzforums/-rechtes unbelastet kontrahieren kann, kann er dem Schuldner günstigere Vertragskonditionen einräumen, wodurch der bestehende Nachteil des gläubigerfreundlichen Insolvenzrechtes auf Seiten des Schuldners ausgeglichen wird. Es ergeben sich hier interessante Parallelen zu dem in der Wirtschaftswissenschaft bekannten „Coase-Theorem" von Ronald Coase aus dem Jahre 1960, in welchem dieser die Effizenzneutralität der Zuteilung von Verfügungsrechten aufzeigt, wenn die Transaktionskosten gering sind.[1124] Wie bezüglich der Zuteilung von Verfügungsrechten durch das „Coase-Theorem" belegt wurde, zeigt sich auch hier, dass die Ausgestaltung als schuldner- oder gläubigerfreundliches Insolvenzforum/-recht keinen Einfluss auf die Effizienz hat. Bei dieser reziproken Betrachtung erweist sich die Gläubiger- bzw. Schuldnerfreundlichkeit des zur Anwendung gelangenden Insolvenzrechtes folglich ex ante als effizienzneutral.

1122 Bigus/Eger, Insolvenzrecht zwischen privatautonomer Gestaltung und öffentlicher Regulierung, German Working Papers in Law and Economics, Vol. 2002, Paper 12, S. 5.

1123 Als Beispiel sei hier auf ein extrem schuldnerfreundliches Insolvenzrecht verwiesen, welches dem Schuldner die Überwindung finanzieller Krisen unter Bewahrung der Kontrollbefugnis über sein Vermögen ermöglicht – ein solches wird sich positiv auf die Risikoprognose und die Kostenkalkulation des Schuldners auswirken. Im gegenteiligen Fall wird die Aussicht auf ein sehr schuldnerunfreundliches Insolvenzrecht, bei dem der Schuldner bei Eintreten einer finanziellen Krise sofort mit dem Entzug jeglicher Einwirkungsmöglichkeit auf sein Vermögen (und damit seine Geschicke) und mit dessen Liquidation rechnen muss bereits ex ante zu einer Einberechnung der daraus resultierenden Nachteile führen.

1124 Statt vieler dazu Schmidtchen/Kirstein, Ökonomische Analyse des Rechts, Discussion Paper 2003-04, S. 52/103.

Diesen Überlegungen liegen allerdings zwei (vereinfachende) Annahmen zu Grunde:
Die erste Annahme ist, dass die Parteien vollständig informiert sind, sich bei Vertragsschluss bereits Gedanken über das Insolvenzrecht machen und der Mittelpunkt der hauptsächlichen Interessen des Schuldners für sie erkennbar ist. Dabei müssen beide Parteien die internationale Zuständigkeit im Vorfeld gleich beurteilen, den Mittelpunkt der hauptsächlichen Interessen also im selben Mitgliedstaat verorten. Nähme der Gläubiger an, ein schuldnerfreundliches Insolvenzrecht käme zur Anwendung, während der Schuldner von der Anwendbarkeit eines gläubigerfreundlichen Insolvenzrechts ausgeht, so würden beide dem Vertragspartner das für sie jeweils ungünstige Insolvenzrecht bei Vertragsschluss "in Rechnung stellen", was entweder den Vertragsschluss verhindert, oder zumindest uneffizienter macht, da das Insolvenzrisiko letztlich "doppelt abgegolten" wird. Rechnen beide dagegen mit dem für sie günstigeren Insolvenzrecht, werden die potentiellen Insolvenzfolgen hingegen gar nicht beachtet, was objektiv gesehen zu einem zu leichtfertigen Vertragsschluss führt. Hinzu kommt, dass beide Parteien das für anwendbar gehaltene Insolvenzrecht inhaltlich gleich beurteilen müssen, also darin übereinstimmen, ob dieses Insolvenzrecht eher als schuldner- oder gläubigerfreundlich zu bewerten ist.
Die erste Annahme ist im Rahmen der ökonomischen Analyse als erfüllt anzusehen, da hier gerade vom Modell des „*homo oeconomicus*“ ausgegangen wird, der vollständig informiert ist und sich rein nach rationalen Kriterien verhält.[1125]
Die zweite vereinfachende Annahme besteht darin, dass der Schuldner und die Gläubiger entgegengesetzte Interessen bezüglich des Insolvenzrechts haben – es mit anderen Worten überhaupt so etwas wie ein schuldner- und gläubigerfreundliches Insolvenzrecht gibt. Fest steht, dass alle europäischen Insolvenzverfahren die Befriedigung der Gläubiger zum Ziel haben. „Schuldnerfreundlich“ darf also nicht so verstanden werden, als würden die Interessen der Gläubiger vollständig außer Acht gelassen. Vielmehr wird lediglich das Interesse des Schuldners an der Sanierung und Weiterführung seines Unternehmens stärker berücksichtigt – dies kann durchaus auch positive Effekte für die Gläubiger haben. Unter Effizienzgesichtspunkten sollte ein Unternehmen nämlich stets dann fortgeführt werden, wenn sein Fortführungswert den Zerschlagungswert übersteigt,[1126] da in diesem Fall die Fortführung auch eine höhere Gläubigerbefriedigung zur Folge hat.[1127] Hieran zeigt sich, dass es keine einfache Einteilung der Insolvenzrechte in „nur schuldnerfreundlich“ und „nur gläubigerfreundlich“ gibt. Außerdem darf nicht vergessen werden, dass „die Gläubiger“ keine interessenhomogene Gruppe

---

1125 Siehe dazu oben unter Teil 2, 1. Kapitel, B) 1.) a). Natürlich handelt es sich hierbei um ein „unrealistisches“ Modell, es ermöglicht jedoch, Verhaltenstendenzen auszumachen.
1126 Bauch, Unternehmensinsolvenzen: Prophylaxe und Bewältigung in Frankreich, 1998, S. 259.
1127 Schäfer/Ott, Lehrbuch der ökonomischen Analyse, S. 596.

sind. Die Interessenunterschiede zwischen gesicherten und ungesicherten Gläubigern sind immens.[1128] Die detailgetreue Darstellung der im Einzelfall möglichen Interessen und der daraus resultierenden Interessenkonflikte kann nicht Gegenstand dieser Untersuchung sein. Da die ökonomische Analyse des Rechts gerade darauf angewiesen ist, mit vereinfachenden Annahmen zu arbeiten, um zu klaren Ergebnissen zu gelangen,[1129] genügt vorliegend die Feststellung, dass es Tendenzen gibt, die dafür sorgen, dass sich ein Insolvenzrecht für Schuldner oder für Gläubiger attraktiver bzw. unattraktiver darstellt. Auch wenn das zugrunde gelegte Verhaltensmodell nicht die ganze Komplexität der Wirklichkeit wiedergibt,[1130] so lässt sich aus ihm doch ein zu erwartender Trend ableiten, an dem wiederum eine positive, negative oder neutrale Effizienzwirkung ersichtlich wird.

Aus dem Gesagten resultiert, dass das erwartete Insolvenzrecht bei Schuldnern und Gläubigern aufgrund seiner Schuldner- bzw. Gläubigerfreundlichkeit bei Vertragsschluss (ex ante) keine Anreize setzt, welche die Effizienz der Vertragssituation beeinflussen würden, da bei objektiver Betrachtung diese Eigenschaft des Insolvenzrechts durch die vertraglichen Konditionen ausgeglichen werden wird.[1131]

Auf *welches* Insolvenzrecht eine Kollisionsnorm verweist, hat – unter den genannten Voraussetzungen (insbesondere der Erkennbarkeit des künftigen Insolvenzforums und –rechtes) – ex ante auf die Effizienz der Ressourcenallokation also keinerlei Einfluss. Das Anknüpfungskriterium des Mittelpunktes der hauptsächlichen Interessen des Schuldners in Artikel 3 Abs.1 EuInsVO ist also im Falle seiner Erkennbarkeit unter diesem Gesichtspunkt in der ex ante Betrachtung effizienzneutral. Es ist vor diesem Hintergrund unter Effizienzge-

---

[1128] Siehe dazu Schäfer/Ott, Lehrbuch der ökonomischen Analyse, S. 596.

[1129] Schmidtchen, Die ökonomische Analyse des Rechts, in Schmidtchen/Weth (Hrsg.), Der Effizienz auf der Spur, S. 14: „Die Kunst des Ökonomen lässt sich danach in folgender Regel zusammenfassen: Simplifiziere so weit, dass ein Problem gedanklich verstanden werden kann. Treibe die Simplifizierung aber niemals so weit, dass das interessierende Problem kraft Annahme eliminiert wird.“ Daraus ergibt sich vorliegend, dass in einer vereinfachten Betrachtung der Interessen von Gläubigern und Schuldnern durchaus soweit simplifiziert werden darf, dass diese Interessen tendenziell entgegengesetzt sind, was die Ausgestaltung der nationalen Insolvenzrechte angeht. Daraus folgt, dass letztere tendenziell von den einen als positiv und von den anderen als negativ wahrgenommen werden, was wie gezeigt jedoch letzten Endes ex ante als effizienzneutral erweist.

[1130] Was es im Übrigen auch gar nicht soll, da sein Nutzen dann mit dem einer Landkarte im Maßstab 1:1 zu vergleichen wäre, vgl. Schmidtchen, Die ökonomische Analyse des Rechts, in Schmidtchen/Weth (Hrsg.) Der Effizienz auf der Spur, 1999, S. 14.

[1131] Ausgeblendet werden hier die möglichen Anreize durch andere Eigenschaften des Insolvenzrechts, die von beiden Vertragsparteien gleichermaßen als positiv oder negativ bewertet werden. Beispiele hierfür sind die kurze/lange Verfahrensdauer in einem Mitgliedstaat, niedrige/hohe Verfahrenskosten, etc..

sichtspunkten vollkommen egal, an welches Kriterium sich die internationale Zuständigkeit knüpft.

(1.2) Störfaktor Unsicherheit

Als Störfaktor in dieser ex ante Betrachtung stellt sich die Unsicherheit in Bezug auf das zu erwartende Insolvenzforum und damit auch das zu erwartende Insolvenzrecht dar.[1132]

So ist es – gerade in Anbetracht der Auslegungsbedürftigkeit des Kriteriums – möglich, dass der Mittelpunkt der hauptsächlichen Interessen des Schuldners aus der ex-ante-Perspektive von den Parteien nicht mit Sicherheit vorhergesehen werden kann. Es sind verschiedene Szenarien denkbar, in denen sich die Wirkung der Unsicherheit bezüglich des Mittelpunktes der hauptsächlichen Interessen unter Effizienzgesichtspunkten unterschiedlich darstellt.

(1.2.1) Unwissenheit

Es gibt Situationen, in denen ex ante Unsicherheit bezüglich der internationalen Zuständigkeit besteht, die nicht von einem Verhalten ex post („*forum shopping*") abhängt. Diese Unsicherheit kann auch als bloße „Unwissenheit" bezeichnet werden, was zum Ausdruck bringen soll, dass das schwierig zu fassende Anknüpfungskriterium des Mittelpunktes der hauptsächlichen Interessen von den ansonsten vollständig informierten Parteien („*homines oeconomici*") ex ante schlicht nicht eindeutig erkannt werden kann.

Können sich die Parteien nicht sicher sein, welches Insolvenzforum gegeben sein wird und in Folge dessen, welches Insolvenzrecht zur Anwendung kommt, weil sie den Mittelpunkt der hauptsächlichen Interessen ex ante nicht klar erkennen können und somit „unwissend" sind, so ergibt die Effizienzanalyse dieser Situation Folgendes:

Die Parteien sind bei Unkenntnis bezüglich des Mittelpunktes der hauptsächlichen Interessen des Schuldners nicht in der Lage eine sichere Aussage über das im Insolvenzfall anwendbare Recht zu treffen. Sie können also nicht absehen, ob es sich dabei um ein gläubiger- oder ein schuldnerfreundliches Recht handeln wird und können den ihnen dadurch entstehenden bzw. nicht entstehenden Kosten bei Vertragsschluss nicht Rechnung tragen.

Dieser Situation können sie auf zweierlei Art und Weise begegnen. Zum einen können sie versuchen, durch erhöhten Analyseaufwand zu einer eindeutigen Verortung des Interessenmittelpunktes des Schuldners zu gelangen. Dies verursacht zusätzliche Kosten und verbraucht damit Ressourcen, die ohne den erhöhten Analyseaufwand entfielen (= Verschwendungssituation). Zudem ist der

---

[1132] Vgl. Bebchuk/Guzman, An Economic Analysis of Transnational Bankruptcies, Journal of Law and Economics, Vol. XLII, October 1999, S. 779, abrufbar unter http://papers.ssrn.com/sol3/papers.cfm?abstract_id=200992 (zuletzt aufgerufen am 13. 04. 2007).

Erfolg solcher Nachforschungen ungewiss, so dass rational handelnde „*homines oeconomici*" in diesem zusätzlichen Rechercheaufwand keinen Ausweg sehen werden.

Zum anderen können die Parteien den Zustand der Rechtsunsicherheit als solchen in ihre Kalkulation bei Vertragsschluss einzubeziehen. Dies kann dadurch erfolgen, dass sie einen „Risikozuschlag"/"Unwissenheitszuschlag" berechnen, der die Kosten absichert, die ihnen potentiell bei Anwendung eines für sie ungünstigen Insolvenzrechts entstünden. Dieser Risikozuschlag stellt jedoch an sich noch keine Verschwendung von Ressourcen dar, ist also *nicht ineffizient*, was sich aus folgender Überlegung ergibt:

Nimmt man an, beide Parteien seien (außer über den Interessenmittelpunkt an sich) vollständig informiert (Modell des „homo oeconomicus"), dann werden sie beide mit einer gewissen Wahrscheinlichkeit von einem für sie ungünstigen Insolvenzforum und damit Insolvenzrecht ausgehen. Die angenommenen Wahrscheinlichkeiten entsprechen sich bei gleicher Informationslage. So würden bspw. der Schuldner und die Gläubiger von einer Wahrscheinlichkeit von 60% ausgehen, dass ein gläubigerfreundliches Insolvenzrecht zur Anwendung kommt. Dementsprechend würden die Gläubiger einen Risikozuschlag in Höhe von 40% des im Falle eines mit Sicherheit zu erwartenden schuldnerfreundlichen Insolvenzrechts zu berechnenden Zuschlags erheben. Der Schuldner demgegenüber 60%. Zusammen kämen sie also nicht über die 100%, welche die durch das Insolvenzrecht benachteiligte Partei auch im Falle völliger Rechtssicherheit/Gewissheit über den Interessenmittelpunkt in ihre Kalkulation einbeziehen würde. Es findet somit grundsätzlich keine Ressourcenverschwendung statt.

Fraglich ist jedoch, ob die Parteien in der Realität (*abweichend* vom Modell des „homo oeconomicus") nicht tendenziell dazu neigen werden, sich durch einen objektiv zu hohen Risikozuschlag abzusichern, da sie den Zustand der Unsicherheit/"Unwissenheit" an sich als negativ wahrnehmen. Der Zustand der Rechtsunsicherheit und die daraus resultierenden unsicheren Vertragsumstände würden unter diesen Umständen also dazu führen, dass sich die Parteien tendenziell zu gut absichern, also einen zusätzlichen „Sicherheitsaufschlag" neben dem „Unwissenheitszuschlag" in ihre Kalkulation einstellen. Der Zustand der Rechtsunsicherheit (auch in Form der „Unwissenheit") würde so im Schnitt dazu führen, dass zu viele Ressourcen auf die Absicherung bzgl. eines potentiell ungünstigen Insolvenzrechts verwendet werden. Es läge mithin Ressourcenverschwendung und damit Ineffizienz vor. Tendenziell (wenn auch nicht zwangsläufig) würde die Rechtsunsicherheit in Bezug auf den Mittelpunkt der hauptsächlichen Interessen des Schuldners also die Effizienzsituation verschlechtern.

An dieser Stelle wird jedoch eine Besonderheit des Zuständigkeitskonzeptes nach der Europäischen Insolvenzverordnung relevant, die darin besteht, dass der Mittelpunkt der hauptsächlichen Interessen des Schuldners als Anknüpfungskriterium bewusst als *variabler Faktor* konzipiert wurde.[1133] So stehen den tendenziell durch die Unwissenheit im System der Europäischen Insolvenzverordnung hervorgerufenen Ineffizienzen eindeutige *Effizienzvorteile* gegenüber, welche sich aufgrund der Ausrichtung der internationalen Zuständigkeit an der aktuellen Schuldnersituation ergeben. Die Anknüpfung an den Mittelpunkt der hauptsächlichen Interessen des Schuldners führt nach der Konzeption des Verordnungsgebers gerade dazu, dass das Insolvenzrecht zur Anwendung kommt, welches im Zeitpunkt der Antragstellung die *größte Sachnähe* aufweist.[1134] In Hinblick auf eine möglichst rasche und dadurch kostengünstige Abwicklung des Insolvenzfalles, soll das Gericht des Mitgliedstaates zuständig sein, in dem der Interessenmittelpunkt des Schuldners liegt. Dabei wird für die Bestimmung des Mittelpunktes der hauptsächlichen Interessen auf den Zeitpunkt der Antragstellung abgestellt (s.o. EuGH-Rspr. Staubitz-Schreiber) – also der aktuellen Situation Rechnung getragen. Dem verordnungsgeberischen Konzept nach können sich sowohl Schuldner, als auch Gläubiger darauf verlassen, dass das zum Zeitpunkt der Insolvenz sachnächste Recht Anwendung findet. Das bedeutet jedoch auch, dass bereits bei Vertragsschluss klar ist, dass sich das anwendbare Insolvenzrecht im Laufe der Vertragsbeziehung ändern kann. Vor diesem Hintergrund wäre die Unsicherheit in Form der Unwissenheit in punkto Insolvenzrecht kein störender Faktor, sondern natürliche Folge der Anpassung an die jeweilige Schuldnersituation im Dienste der Sachnähe, die ihrerseits im Insolvenzfall effizienzsteigernd wirkt.

Vor diesem Hintergrund wird deutlich, dass es nicht angebracht ist (in Abweichung zum Modell des rational handelnden „homo oeconomicus"), von einem zusätzlichen „Sicherheitsaufschlag" allein aufgrund der Unwissenheit in Bezug auf den schuldnerischen Interessenmittelpunkt auszugehen. Beide Parteien werden den möglichen Wechsel des Interessenmittelpunktes und damit der internationalen Zuständigkeit nicht als Rechtsunsicherheitsfaktor, sondern als normale Folge einer sich möglicherweise ändernden Situation des Schuldners betrachten. Unabhängig von der Frage, ob das so gefundene Insolvenzrecht schuldner- oder gläubigerfreundlich sein wird, hat es für beide Parteien den Vorteil der Sachnähe zum Insolvenzfall. Da dadurch Verfahrenskosten eingespart werden können, liegt hier insgesamt eine Effizienzsteigerung vor.

Demnach überwiegt der positive Einfluss der Flexibilität des Anknüpfungskriteriums und das Konzept der Europäischen Insolvenzverordnung ist demnach grundsätzlich als effizient zu beurteilen.

[1133] Vgl. das Urteil des EuGH im Fall Staubitz-Schreiber, wo für die Bestimmung des Mittelpunktes der hauptsächlichen Interessen auf den Zeitpunkt der Antragsstellung abgestellt wurde, siehe Teil 1, 1. Kapitel, A, 2.) b) aa).

[1134] Vogler, Die internationale Zuständigkeit für Insolvenzverfahren, 2004, S.143.

(1.2.2) „echte" Unsicherheit

Anders als in den soeben geschilderten Fällen der bloßen „Unwissenheit" bezüglich des Anknüpfungskriteriums, kann Unsicherheit ex ante auch daraus entstehen, dass *ex post* eine Manipulation des Forums durch *„forum shopping"* stattfindet. Diese „echte" Unsicherheit basiert nicht auf mangelndem Wissen über die aktuelle Situation des Interessenmittelpunktes des Schuldners, sondern auf dem Risiko ihrer opportunistischen Manipulation durch die andere Partei *ex post*. Da sowohl Schuldner als auch Gläubiger als potentielle *„case placer"* und potentielle Manipulierende („forum shopper") in Betracht kommen, kann diese Unsicherheit ex ante sowohl auf Schuldner- als auch auf Gläubigerseite bestehen.

Zwecks einer besseren Nachvollziehbarkeit des „trade-off" zwischen ex post und ex ante Anreizen soll hier zunächst die ex post Anreizsituation dargestellt werden, um anschließend auf die daraus resultierenden ex ante Anreize zurückzukommen.

(2) Ex-post-Anreiz: „forum shopping"

Betrachtet man die von der Wahl des Mittelpunktes der hauptsächlichen Interessen als Zuständigkeitskriterium ausgehende Anreizwirkung *ex post*, so muss man feststellen, dass sowohl Schuldnern als auch Gläubigern aufgrund der Auslegungsbedürftigkeit des Begriffes des Mittelpunktes der hauptsächlichen Interessen und der nur widerlegbaren Vermutung zugunsten des satzungsmäßigen Sitzes ein gewisser *Handlungsspielraum* verbleibt, in welchem sie versuchen können *„forum shopping"* zu betreiben.[1135] Es ist nicht von der Hand zu weisen, dass sowohl Gläubiger als auch Schuldner den Versuch unternehmen können – und aus Sicht des rational handelnden *„homo oeconomicus"* aufgrund der Anreizsituation auch müssen –[1136], die internationale Zuständigkeit der Insolvenzgerichte durch Stellung eines Insolvenzantrages in einem bestimmten Mitgliedstaat zu ihren Gunsten zu beeinflussen. Sie agieren in diesem Fall als sogenannte *„case placer"*.[1137] In Anbetracht der vor dem Urteil des Gerichtsho-

---

1135 Vgl. Castell, Application du règlement CE 1346/2000 relatif aux procédures d' insolvabilité – Aperçu des solutions apportées par la Cour d'appel de Versailles dans les affaires Daisytek et Rover, Gazette du Palais, Recueil Janvier-Fevrier 2006, Doctrine, S. 307/308, Rn 12.

1136 „Wer konsequent egoistisch vorgeht und allein auf die Maximierung des eigenen Nutzens abzielt, wird und muss überlegen, in welchem Staat er einen Rechtsstreit anfangen wird, wo er jeweils potentielle Foren hat und welches Forum das für seine Zwecke relativ günstigste ist." Mankowski, Europäisches internationales Privat und Prozessrecht im Lichte der ökonomischen Analyse, in Ott/Schäfer (Hrsg.), Vereinheitlichung und Diversität des Zivilrechts in transnationalen Wirtschaftsräumen, 2002, S. 120.

1137 Eidenmüller, Wettbewerb der Insolvenzrechte?, ZGR 2006, Ausgabe 3-4, S. 471.

fes in der Rechtssache Eurofood ergangenen nationalen Rechtsprechung, welche die starke Tendenz aufwies, selbst in zweifelhaften Fällen zu Gunsten der eigenen Zuständigkeit zu entscheiden – also den Mittelpunkt der hauptsächlichen Interessen im eigenen Mitgliedstaat zu verorten – birgt bereits die Anrufung eines bestimmten Gerichts ein gewisses Beeinflussungspotential.[1138] Mit anderen Worten besteht sowohl für Gläubiger als auch für Schuldner der Anreiz, einen Insolvenzantrag vor einem bestimmten Gericht zu stellen, um dessen internationale Zuständigkeitserklärung zu erwirken. Zudem ist das Anknüpfungskriterium des Mittelpunktes der hauptsächlichen Interessen faktensensitiv und kann somit ein *„manipulierbares Konzept*" darstellen,[1139] wenn die nationalen Gerichte dies (wie vor dem Urteil Eurofood teilweise der Fall) zulassen, indem sie insbesondere das Kriterium der Feststellbarkeit für Dritte i.S.d. Erwägungsgrundes (13) EuInsVO außer Acht lassen. Der jeweilige *„case placer*" kann so durch das gezielte Vorbringen von Fakten, welche in Richtung des von ihm gewünschten Forums weisen, die internationale Zuständigkeit beeinflussen.
Sowohl Schuldnern als auch Gläubigern bietet sich die Möglichkeit, durch dieses „forum shopping" automatisch *„law shopping*" zu betreiben,[1140] was den Anreiz, „forum shopping" zu betreiben noch deutlich verstärkt.[1141] Aufgrund der erheblichen Unterschiede zwischen den mitgliedstaatlichen Insolvenzrechten stellt es für den einzelnen *„case placer*" nämlich einen großen Vorteil dar, das Recht „zu wählen", das seinen Interessen am meisten entgegen kommt.[1142]
Fraglich ist, wie diese Folge der weiten, „forum shopping" ermöglichenden Fassung des Zuständigkeitskriteriums unter Effizienzgesichtspunkten zu beurteilen ist.
Zunächst ist festzuhalten, dass das „forum shopping" nicht allein schon deshalb zu Ineffizienz führen muss, weil es ein opportunistisches Vorgehen der einen Partei zu Lasten der anderen Partei darstellt, denn der Nachteil der letzteren kann durch den Vorteil der „forum shopping" betreibenden Partei aufgewogen werden (vgl. Kaldor-Hicks-Effizienzkriterium). Auf das Insolvenzrecht übertragen wird bspw. der Nachteil eines Gläubigers, welcher ihm durch die auf „forum shopping" des Schuldners zurückführbare Anwendbarkeit eines schuldnerfreundlichen Insolvenzrechts entsteht, durch den daraus resultierenden Vorteil für den Schuldner regelmäßig aufgewogen – unter Effizienzgesichtspunkten ein

---

[1138] Enriques/Gelter, How the old world encountered the new one: regulatory competition and cooperation in European corporate and bankruptcy law, ecgi working paper n° 63/2006, abrufbar unter http://papers.ssrn.com/sol3/papers.cfm?abstract_id=887164 (zuletzt aufgerufen am 13. 04. 2007), S. 47.

[1139] Eidenmüller, Wettbewerb der Insolvenzrechte?, ZGR 2006, Ausgabe 3-4, S. 472.

[1140] Vgl. Artikel 4 EuInsVO.

[1141] Mankowski, Europäisches internationales Privat und Prozessrecht im Lichte der ökonomischen Analyse, 2002, S. 120.

[1142] Mankowski, Europäisches internationales Privat und Prozessrecht im Lichte der ökonomischen Analyse, S. 120.

neutraler Vorgang.[1143] Genauso wenig wie es juristisch angemessen ist, „forum shopping" per se als einen negativen und beinahe verwerflichen Vorgang abzustempeln,[1144] ist es aus ökonomischer Sicht angebracht, „forum shopping" per se als Ineffizienzfaktor anzusehen.[1145] Seine Effizienz- bzw. Ineffizienzwirkung ist vielmehr auf Grundlage der bestehenden Anreize im Einzelfall genau zu untersuchen.

Ein *Effizienzvorteil* des Anreizes für Gläubiger und Schuldner als „case placer" zu agieren (und dadurch „forum shopping" zu betreiben), liegt beispielsweise in der Beschleunigungswirkung dieses Verhaltens: Sowohl der Schuldner als auch die Gläubiger haben einen Vorteil, wenn sie bei drohender Insolvenz schnell reagieren und einen Insolvenzantrag stellen. Dieses "*race to court*" wurde zwar zum Teil als unsachgemäß kritisiert;[1146] es hat jedoch zweifelsohne den Vorteil, dass eine *Insolvenzverschleppung* unwahrscheinlicher wird. Es besteht ein zusätzlicher Anreiz zur frühen Antragstellung, was grundsätzlich der Massenmaximierung dient und somit positiv zu bewerten ist.[1147]

Die Ineffizienzwirkung des „forum shopping" ergibt sich in Bezug auf das insolvenzrechtliche Geschehen in der Europäischen Gemeinschaft jedoch aus folgenden Überlegungen:

(2.1) Ineffizienzfolge des „forum shopping": „echte" Unsicherheit

Ex ante erzeugt die Möglichkeit (und Wahrscheinlichkeit) von „forum shopping" in der Krise eine Unsicherheit bei Schuldnern und Gläubigern, welche nicht auf bloßer „Unwissenheit" bezüglich der aktuellen Situation basiert, sondern die sich vielmehr aus der Möglichkeit der opportunistischen Manipulation des Forums durch die andere Partei ergibt. Dieses Verhalten des Vertragspartners macht ex ante *keine objektive Risikobeurteilung* bezüglich des zu erwartenden Insolvenzforums mehr möglich. Denn das Insolvenzforum hängt nicht mehr von ex ante vorhersehbaren Kriterien ab, die den Mittelpunkt der hauptsächlichen Interessen konstituieren, sondern vielmehr von dem Verhalten anderer Beteiligter ex post. Erzeugt wird somit „echte" Unsicherheit und nicht bloße

---

1143 Nicht in dieser Weise differenzierend Mankowski, Europäisches internationales Privat und Prozessrecht im Lichte der ökonomischen Analyse, 2002, S. 123, der dafür von Weise kritisiert wird, Weise, Kommentar zu Mankowski, Europäisches Internationales Privat- und Prozessrecht im Lichte der ökonomischen Analyse, in Ott/Schäfer (Hrsg.), Vereinheitlichung und Diversität des Zivilrechts in transnationalen Wirtschaftsräumen, 2002, S. 157 und 162.

1144 Siehe dazu oben, Teil 2, 1. Kapitel, A) 1.) a) bb), unter Verweis auf Colomer, Schlussantrag im Fall Staubitz-Schreiber, Rn. 72.

1145 Eine zu pauschale Verurteilung des forum shopping kritisiert denn auch Weise in Bezug auf das Referat von Mankowski, Weise, Kommentar zu Mankowski, Europäisches Internationales Privat- und Prozessrecht im Lichte der ökonomischen Analyse, 2002, S. 157 und 162.

1146 Chaput, Centre des intérêts principaux et catégories juridiques de l'insolvabilité des entreprises, Revue Lamy Droit des Affaires, Juin 2006, n°6, S. 30.

1147 Eidenmüller, Wettbewerb der Insolvenzrechte?, ZGR 2006, Ausgabe 3-4, S.477.

„Unwissenheit“.[1148] Auch die Möglichkeit, selbst „forum shopping“ zu betreiben, macht die Situation für die betroffene Partei nicht vorhersehbarer, da auch der Erfolg des eigenen „Manipulationsversuches“ von vielen ex ante noch nicht prognostizierbaren Faktoren (insbesondere dem ex-post-Verhalten der anderen Partei) abhängen wird.
Kurz: Die Möglichkeit des „forum shopping“ führt dazu, dass die Parteien keine objektive Risikokalkulation mehr vornehmen können und sich so beide voll gegen das Risiko eines für sie ungünstigen Insolvenzforums absichern müssen – die darauf verwendeten Ressourcen hätten ohne die Möglichkeit des „forum shopping“ eingespart werden können.[1149] Folglich liegt eine ineffiziente Verschwendungssituation vor.

(2.2) Weitere Ineffizienzfolgen des „forum shopping“

Das „forum shopping“ bedingt zudem *weitere Transaktionskosten.*[1150] So erhöht sich beispielsweise die Wahrscheinlichkeit, dass die durch das „forum shopping“ benachteiligte Partei ein Sekundärverfahren in dem von ihr als Forum bevorzugten Mitgliedstaat anstrengt.[1151] Wie im Folgenden darzulegen ist, sind solche Sekundärverfahren nur unzureichend geeignet, um die Ineffizienzwirkungen der Unsicherheit ex ante auszugleichen, erzeugen jedoch ihrerseits Kosten und sind an sich ein Ineffizienzfaktor.[1152]
Zudem erhöht sich aufgrund von „forum shopping“ die Wahrscheinlichkeit, dass ein Rechtsstreit über die internationale Zuständigkeit für das konkrete Insolvenzverfahren entbrennt, da das Forum an sich nicht als objektiv gegeben, sondern als manipuliert wahrgenommen wird.[1153] Die vielen Rechtsstreitigkeiten, die jeweils die Bestimmung des Mittelpunktes der hauptsächlichen Interessen zum Gegenstand haben, verdeutlichen anschaulich, welch enormes Streitpotential hier liegt. Die direkten Kosten (für das Verfahren an sich) sowie die indirekten Kosten (insbesondere durch Verzögerung der eigentlichen Insolvenz-

---

[1148] Vgl. dazu oben unter Teil 2, 1. Kapitel, B) 1.) b) aa) (1) (1.2) (1.2.1).

[1149] "The possibility of ex post forum shopping obviously reduces ex ante predictability for creditors and therefore increases the agency cost of debt." Enriques/Gelter, How the old world encountered the new one: regulatory competition and cooperation in European corporate and bankruptcy law, ecgi working paper n° 63/2006, S. 54.

[1150] Mankowski, Europäisches internationales Privat und Prozessrecht im Lichte der ökonomischen Analyse, 2002, S. 119.

[1151] Was natürlich nur möglich ist, wenn sich in diesem eine schuldnerische Niederlassung befindet, s.o., Teil 2, 1. Kapitel, A) 2.) b) bb) (1) (1.1).

[1152] Siehe dazu sogleich, Teil 2, 1. Kapitel, B) 1.) b) aa) (3), wo auf Bebchuk/Guzman, An Economic Analysis of Transnational Bankruptcies, Journal of Law and Economics, Vol. XLII, October 1999, S. 779 verwiesen wird.

[1153] Mankowski, Europäisches internationales Privat und Prozessrecht im Lichte der ökonomischen Analyse, 2002, S. 123.

entscheidung, die sowohl die Sanierung als auch die Liquidation negativ beeinflusst) sind immens.[1154]
Ein weiterer Ineffizienzfaktor ist, dass das durch „forum shopping" erreichte Insolvenzforum (und –recht) nicht den Vorteil der größten Sachnähe aufweist.

(3) Das Gefangenendilemma von Gläubigern und Schuldnern

Die beteiligten Parteien befinden sich in einer Art *Gefangenendilemma* da sie sich aus der durch ihr eigenes Verhalten verursachten ineffizienten Situation nicht selbst befreien können.

(3.1) Das Dilemma

Jede Partei muss bereits ex ante (getreu des Modelles des rational handelnden „homo oeconomicus") damit rechnen, dass es ex post (für alle Beteiligten) möglich sein wird, den Mittelpunkt der hauptsächlichen Interessen opportunistisch zu manipulieren und „forum shopping" zu betreiben. Da sie damit das Risiko eines für sie ungünstigen Insolvenzforums nicht mehr kalkulieren kann und in dieser Situation der „Unsicherheitsfaktor" gerade nicht durch eine Effizienzsteigerung aufgrund der Sachnähe des Insolvenzforums und –rechtes ausgeglichen wird, wird sie sich ex ante voll gegen das Risiko eines für sie ungünstigen Insolvenzforums (und –rechtes) absichern. Ex post ist es für sie rational betrachtete weiter sinnvoll zu versuchen, das Insolvenzforum zu ihren Gunsten zu manipulieren. Damit erzeugen die Parteien (in der Gesamtheit betrachtet) Ineffizienzen, da ex post anstelle des effizientesten, sachnächsten Insolvenzforums und -rechtes ein anderes Insolvenzforum/-recht Anwendung findet und zudem bereits ex ante Ressourcen verschwendet werden.
Mit dem „Gefangenendilemma" kann man diese Situation deshalb vergleichen, weil die Ineffizienzen auf das eigene Verhalten der Parteien zurückzuführen sind, obwohl die Parteien rational und individuell nutzenmaximierend vorgehen. Es wäre für beide Parteien am günstigsten, sie würden ex post das sachnähere Recht akzeptieren, ohne zu versuchen, „forum shopping" zu betreiben, da beide Parteien dann sowohl ex post, als auch ex ante in der Gesamtheit weniger Ressourcen aufwenden müssten. Dabei müssten sie jedoch – für die Situation des Gefangenendilemmas typisch – bereits ex ante darauf vertrauen, dass der Vertragspartner zugunsten der Effizienz der Gesamtsituation ex post auf die

[1154] Vgl. Weise, Kommentar zu Peter Mankowski – Europäisches Internationales Privat- und Prozessrecht im Lichte der ökonomischen Analyse, 2002, S. 154; Lüer, Art. 3 Abs. 1 EuInsVO – Grundlage für eim europäisches Konzerninsolvenzrecht oder Instrumentarium eines „Insolvenz-Imperialismus"?, in Piepenburg (Hrsg.), Festschrift für Günter Greiner, 2005, S. 211, der auf die Verhinderung der zügigen Insolvenzabwicklung bei gleichzeitig geringen Erfolgsaussichten hinweist.

opportunistische Verfolgung des eigenen Vorteils („forum shopping" zwecks eigennützigen Insolvenzrechts, opportunistisches Vorgehen) verzichtet.

(3.2) Sekundärverfahren als Ausweg aus dem Dilemma?

Die Parteien können sich in dieser Situation nicht selber helfen – dies ist gerade das Problem des (Gefangenen-)Dilemmas. Denn im Bereich des Insolvenzrechts ist es den Parteien bislang unmöglich, ihr Insolvenzforum im Rahmen vertraglicher Vereinbarungen zu wählen,[1155] um so zu effizienten Ergebnissen zu gelangen.[1156] Eine vorherige Festlegung auf ein Forum im Insolvenzfall (und damit auf das anzuwendende Insolvenzrecht) scheitert in der Praxis an der Tatsache, dass eine solche Vereinbarung alle (auch zukünftigen) Gläubiger des Schuldners einbeziehen müsste.[1157]

Die Ineffizienzwirkungen aufgrund des „forum shopping" könnten jedoch dadurch eine Abmilderung erfahren, dass die Europäische Insolvenzverordnung Sekundärverfahren zulässt. Betrachtet man diese Verfahren unter dem ökonomischen Aspekt, so wird klar, dass sie die Anreizwirkung bezüglich des universellen Hauptverfahrens auch in ökonomischer Hinsicht dämpfen. So kann bspw. ein lokaler Gläubiger trotz Unsicherheit bei Vertragsschluss über die internationale Zuständigkeit für ein späteres Hauptinsolvenzverfahren mit der Anwendung „seines" nationalen Insolvenzrechts kalkulieren, wenn der Schuldner eine Niederlassung in dem betroffenen Mitgliedstaat hat. Auch mindert sich der Anreiz, im Insolvenzfall „forum shopping" zu betreiben, da die Vorteile der Beeinflussung des Forums und des Rechtes des Hauptverfahrens durch die Möglichkeit, Sekundärverfahren zu eröffnen, gemindert werden. Die dadurch gewonnene Rechtssicherheit kann der durch die Unsicherheit in punkto Hauptinsolvenzverfahren verursachten Ineffizienz entgegenwirken. Allerdings ist diese effizienzsteigernde Wirkung der Sekundärverfahren zum einen deshalb zu relativieren, weil sie als Territorialverfahren eben nur das im jeweiligen Mitgliedstaat belegene Vermögen des Schuldners erfassen[1158] und sie außerdem einem starken Kooperationszwang in Bezug auf das Hauptverfahren unterworfen sind, der bis

---

[1155] Enriques/Gelter, How the old world encountered the new one: regulatory competition and cooperation in European corporate and bankruptcy law, ecgi working paper n° 63/2006, S. 54, „the borrower is unable to commit to a particular legal system. In fact, other than by avoiding transnational activity that may result in an "unexpected" COMI altogether, firms cannot commit to insolvency proceedings in a particular jurisdiction to their creditors."

[1156] Bebchuk/Guzman, An Economic Analysis of Transnational Bankruptcies, Journal of Law and Economics, vol. XLII, October 1999, S. 785/786 und 800 f..

[1157] Virgós/Schmit, Erläuternder Bericht, Rn. 7: „Im Gegensatz zu Verträgen bilden Insolvenzen keinen rechtlichen Bereich, in dem die private Zusammenarbeit von Fall zu Fall ein Ersatz für einen mangelnden gemeinsamen Rahmen auf internationaler Ebene sein kann."

[1158] Artikel 3 Absatz 2 S. 2 und Artikel 27 S. 3 EuInsVO.

hin zur Aussetzung der Verwertung gehen kann.[1159] Hinzu kommt zum anderen, dass die Eröffnung von Sekundärverfahren an sich ein ineffizienter Vorgang ist. Denn jedes Sekundärverfahren ist ein Kostenfaktor, da allein seine Durchführung Ressourcen aufzehrt, denen nur eine recht unsichere Ressourceneinsparung aufgrund der Abmilderung des Unsicherheitsfaktors im Vorfeld der Insolvenz gegenübersteht. Zudem entstehen neben den reinen Verfahrenskosten auch *Transaktionskosten* für die vorgeschriebene Koordinierung zwischen Haupt- und Sekundärverfahren und der Vorteil des universellen Hauptverfahrens, eine Lösung „aus einem Guss" für die Insolvenz des Schuldners zu finden, geht teilweise verloren. Eine umfassende Analyse von Territorialverfahren unter Effizienzgesichtspunkten ginge an dieser Stelle zu weit und würde von dem eigentlichen Untersuchungsgegenstand, dem Konzept des Mittelpunktes der hauptsächlichen Interessen, ablenken. Es sei diesbezüglich jedoch auf den Aufsatz von Bebchuk und Guzman „An Economic Analysis of Transnational Bankruptcies" verwiesen, in welchem diese sehr anschaulich darlegen, dass das Territorialitätsprinzip an sich ein Ineffizienzfaktor ist.[1160] So führen Territorialverfahren beispielsweise zu Investitionsstrategien auf Seiten der Gläubiger, die einen Nettowohlfahrtsverlust hervorrufen.[1161]

Festzuhalten bleibt, dass die Möglichkeit der Eröffnung von Sekundärverfahren die Dilemma-Situation von Schuldnern und Gläubigern nicht auflöst.

Der Verordnungsgeber, aber insbesondere auch die Rechtsprechung, können den Parteien dadurch helfen, dass sie die effizienzmindernden Manipulationsmög-

---

1159 Artikel 33 EuInsVO.

1160 Bebchuk/Guzman, An Economic Analysis of Transnational Bankruptcies, Journal of Law and Economics, Vol. XLII, October 1999, S. 775 ff.; ebenfalls interessante Ausführungen zur Überlegenheit des Universalitätsprinzipes gegenüber dem Territorialitätsprinzip, insbesondere unter Effizienzgesichtspunkten, macht Andrew T. Guzman in einem weiteren Artikel: International Bankruptcy: In the defense of Universalism, Michigan Law Review, Vol. 98, June 2000, S. 2177 ff., abrufbar unter http://www.law.berkeley.edu/faculty/guzmana/writing/defense%20of%20universalism.pdf (zuletzt abgerufen am 13. 04. 2007).

1161 Bebchuk/Guzman, An Economic Analysis of Transnational Bankruptcies, Journal of Law and Economics, vol. XLII, October 1999, S. 775 ff., S. 779: "Because territorial rules make the outcome of a bankruptcy (from the point of view of a creditor) depend on the distribution of debt and assets across countries, the interest rate demanded by creditors in exchange for loans will depend on that distribution. ... Firms will, in some case, choose not to invest in the country offering the greatest return on investment, accepting instead a lower return in exchange for a lower interest rate on loans. This strategic investment will generate a deadweight loss for society." S. 806: "The analysis has demonstrated that a regime of territoriality generates an efficiency cost that has not previously been recognized. Specifically, territoriality creates ex ante distorsions in firm's locational decisions. In contrast, universality acts to allow the distribution of assets without distortion, leading to more efficient investment patterns."

lichkeiten durch „forum shopping“ unmöglich machen, ohne die Vorteile der Flexibilität der Zuständigkeitsanknüpfung zunichte zu machen.[1162]
Das System der Europäischen Insolvenzverordnung wäre dann effizient, wenn der Missbrauch, welcher durch „forum shopping“ erfolgt, abgestellt wird. Der von der Europäischen Insolvenzverordnung postulierte Kampf gegen das „forum shopping“[1163] ist unter Effizienzgesichtspunkten daher uneingeschränkt zu befürworten. Es erweist sich mithin auch unter Effizienzgesichtspunkten als sinnvoll, das Kriterium des Mittelpunktes der hauptsächlichen Interessen ganz im Lichte der Feststellbarkeit für Dritte i.S.d. Erwägungsgrundes (13) EuInsVO auszulegen.

bb) Die Anreize für die Mitgliedstaaten

Vor dem Hintergrund der für Gläubiger und Schuldner gesetzten Anreize ergibt sich ein weiterer interessanter Untersuchungsgegenstand: Die Anreizwirkung der Europäischen Insolvenzverordnung in Bezug auf die Mitgliedstaaten.

(1) Das Modell der „res publica oeconomica“

Die Anwendung der ökonomischen Analyse des Rechts in Bezug auf die Anreizsituation für Staaten ist keineswegs selbstverständlich. Unter dem Postulat des „doppelten Individualismus der ökonomischen Analyse“ wird betont, dass der einzelne Mensch im Zentrum der Untersuchung steht.[1164] Danach ist die ökonomische Analyse zum einen normativ-individualistisch – Staatsziele und -aufgaben ergeben sich aus den Zielen und Präferenzen der Gesellschaftsmitglieder.[1165] Zum anderen ist die ökonomische Analyse methodologisch-individualistisch, da sie davon ausgeht, dass Menschen egoistisch und rational handeln (Modell des „homo oeconomicus“), und auf dieser Annahme ihre Prognosen über die Anreizwirkung von Rechtsnormen trifft; Institutionen sind daher nach der ökonomischen Analyse nur unter Rückgriff auf individuelles Verhalten beschreibbar.[1166] „Es gibt nach der Auffassung des methodologischen Individualismus kein Verhalten von Systemen oder Institutionen, sondern nur ein Verhalten in Institutionen.“[1167]
Dieses „Herunterbrechen“ aller staatlichen Vorgänge auf das Handeln einzelner Individuen ist zunächst unter dem Aspekt zu begrüßen, dass es die Debatte konkretisiert. Jedem „staatlichen Handeln“ liegt letztlich menschliches Handeln zu

1162 Zu den genauen Verbesserungsvorschlägen und Alternativen, s.u. Teil 2, 2. Kapitel, B).
1163 Vgl. Erwägungsgrund (4) EuInsVO.
1164 Schäfer/Ott, Lehrbuch der ökonomischen Analyse des Rechts, S. 3.
1165 Schäfer/Ott, Lehrbuch der ökonomischen Analyse des Rechts, S. 3.
1166 Schäfer/Ott, Lehrbuch der ökonomischen Analyse des Rechts, S. 3.
1167 Schäfer/Ott, Lehrbuch der ökonomischen Analyse des Rechts, S. 3.

Grunde. Aus dieser (banalen) Erkenntnis jedoch zu schließen, es ließen sich keine Anreizwirkungen in Bezug auf „staatliches Handeln" ausmachen wäre ein Trugschluss. „Die Gesetzgeber" der einzelnen Mitgliedstaaten werden selbstverständlich aufgrund der (kollektiven) Entscheidungen einzelner Individuen tätig. Gerade das macht sie jedoch zu einem Untersuchungsgegenstand der ökonomischen Analyse des Rechts, da nämlich – ausgehend von der Prämisse, dass diese Individuen (entsprechend des Modells des „homo oeconomicus") rational handeln und auf Anreizwirkungen „von außen" reagieren – über dieses individuelle Verhalten letztlich das kollektive Handeln als „Handeln des Gesetzgebers" von den Anreizwirkungen beeinflusst wird.
Die Anreizwirkung „von außen" wird innerhalb der Europäischen Gemeinschaft besonders plastisch erkennbar, da die Mitgliedstaaten – und damit ihre nationalen Gesetzgeber – durch gemeinschaftsrechtliche Regeln in ihrem Handlungsspielraum[1168] eingeschränkt werden. Durch gemeinschaftsrechtliche Regelungen wird ein Umfeld für die nationale Gesetzgebung geschaffen, welches Anreize schaffen und dadurch gesetzgeberische Handlungen beeinflussen kann.
Vor diesem Hintergrund kann das Modell einer *„res publica oeconomica"*, als eines (durch seine individuellen Entscheidungsträger) rational nach Effizienzgesichtspunkten handelnden Staates, entworfen werden. Genau wie das Modell des „homo oeconomicus"[1169] basiert auch dieses Modell auf den vereinfachenden Annahmen, dass „der Staat"[1170] rational und egoistisch handelt. Hierbei ist „egoistisch" aus Sicht des Staates ein Handeln im „Staatsinteresse", welches (ganz im Sinne des normativen Individualismus) als Gesamtheit der Interessen seiner Gesellschaftsmitglieder verstanden werden kann. Auch hier kann natürlich kritisiert werden, dass die ausschließliche Betrachtung rational-nutzenmaximierender Handlungsanreize nicht in der Lage ist, die komplexe Wirklichkeit wiederzugeben und nur einen Bruchteil der Faktoren erfasst, die tatsächlich das „Staatshandeln" beeinflussen. Diese Kritik ist zwar auch hier berechtigt, nimmt der ökonomischen Analyse aber auch vorliegend nicht den Erkenntniswert: Die Betrachtung des Staatshandelns unter Effizienzgesichtspunkten und die daraus resultierende Prognosemöglichkeit in einem Anreizsystem, können zumindest Verschwendungssituationen offen legen. Ob die danach effizienten Handlungsweisen aufgrund anderer Wertmaßstäbe (bspw. der Gerechtigkeit) verworfen werden sollten oder beizubehalten sind, ist eine andere Frage.[1171]

1168 Oder anders ausgedrückt: Die sie konstituierenden Individuen werden in ihrem individuellen Handlungsspielraum eingeschränkt, was die Kollektiventscheidung beeinflusst.

1169 Welches dem Modell der „res publica oeconomica" zugrunde liegt, da ja gerade vom individuellen Handeln der Entscheidungsträger als Quelle allen Staatshandelns ausgegangen wird.

1170 Durch die kollektive rationale Entscheidung seiner Entscheidungsträger.

1171 Schäfer/Ott, Lehrbuch der ökonomischen Analyse des Rechts, S. 6.

Daraus folgt, dass die für die Mitgliedstaaten der Europäischen Gemeinschaft bestehende Anreizsituation Gegenstand einer ökonomischen Analyse sein kann. Ein interessanter Untersuchungsaspekt ist dabei der *institutionelle Wettbewerb*, zu welchem es zwischen den Mitgliedstaaten kommen kann, und der im insolvenzrechtlichen Bereich durch die Europäische Insolvenzverordnung beeinflusst wird.[1172] Welche Anreize für die Mitgliedstaaten durch die Anknüpfung der internationalen Zuständigkeit an den Mittelpunkt der hauptsächlichen Interessen (und das dadurch beeinflusste Verhalten der Wirtschaftsteilnehmer) gesetzt werden und ob der daraus resultierende Wettbewerb effizienzsteigernd ist oder nicht, ist Gegenstand der folgenden Untersuchung. Dabei soll ein besonderes Augenmerk darauf gelegt werden, ob sich auch die Mitgliedstaaten (wie dies bereits bei Schuldnern und Gläubigern festgestellt wurde) in einer Art Gefangenendilemma befinden und wie eine solche Ineffizienzlage gegebenenfalls behoben werden könnte.

(2) Der Wettbewerb unter den Mitgliedstaaten im insolvenzrechtlichen Bereich

Im insolvenzrechtlichen Bereich kommt es zwischen den Mitgliedstaaten zu einer Wettbewerbssituation. Voraussetzungen und Auswirkungen dieses Wettbewerbes sollen im Folgenden untersucht werden.

(2.1) Voraussetzungen des Wettbewerbs

Damit eine Wettbewerbssituation zwischen den Insolvenzrechten der Mitgliedstaaten entsteht, bedarf es mehrerer Voraussetzungen,[1173] die daraus resultieren, dass es für Wettbewerb eines Marktes bedarf.[1174]

Ein Markt setzt Angebot und Nachfrage voraus, was zu zwei nachfragebezogenen sowie zwei angebotsbezogenen Voraussetzungen führt.[1175]

(2.1.1) Nachfragebezogene Voraussetzungen

Um das Insolvenzrecht eines Mitgliedstaates „nachfragen“ zu können, müssen die Parteien zunächst in der Lage sein, ein Insolvenzrecht zu „wählen“.[1176] Zwar

[1172] Armour, Who Should Make Corporate Law? EC Legislation versus Regulatory Competition, Working Paper N° 54/2005, June 2005, ECGI Working Paper Series in Law, S. 3, abrufbar unter http://papers.ssrn.com/sol3/papers.cfm?abstract_id=860444 (zuletzt aufgerufen am 13. 04. 2007).

[1173] Demougin/Witt, Harmonisierung und Systemwettbewerb – Wettbewerb der Systeme versus Wettbewerb der Ideen, in Ott/Schäfer (Hrsg.), Vereinheitlichung und Diversität des Zivilrechts in transnationalen Wirtschaftsräumen, 2002, S. 41.

[1174] Eidenmüller, Wettbewerb der Insolvenzrechte?, ZGR 2006, Ausgabe 3-4, S. 470.

[1175] Demougin/Witt, Harmonisierung und Systemwettbewerb – Wettbewerb der Systeme versus Wettbewerb der Ideen, 2002, S. 41.

ist nach dem Zuständigkeitssystem der Europäischen Insolvenzverordnung keine solche Insolvenzrechtswahl vorgesehen, aber wie bereits festgestellt, besteht faktisch für Gläubiger und Schuldner die Möglichkeit, durch „forum shopping" auf die internationale Zuständigkeit und damit auch auf das anwendbare Insolvenzrecht Einfluss zu nehmen. Diese faktische Wahlmöglichkeit genügt, um Nachfrage zu erzeugen.[1177]
Die zweite nachfragebezogene Voraussetzung ist, dass die Nachfrager (also Gläubiger und Schuldner) das Angebot (also die nationalen Insolvenzrechte) erkennen und bewerten können.[1178] Diese Voraussetzung ist bezüglich der mitgliedstaatlichen Insolvenzrechte erfüllt, denn diese sind für Schuldner und Gläubiger erkenn- und bewertbar;[1179] der „Markt der Insolvenzrechte" ist transparent.

(2.1.2) Anbieterbezogene Voraussetzungen

Auf der Anbieterseite – also auf Seiten der Mitgliedstaaten – muss das Nachfrageverhalten erkennbar sein, damit auf die Nachfrage reagiert und um die Gunst der Nachfrager konkurriert werden kann.[1180] Die mitgliedstaatlichen Gesetzgeber als Anbieter der Insolvenzrechte[1181] müssen also erkennen können, was die Prioritäten der Gläubiger und Schuldner sind, um so in der Lage zu sein, sich nach ihnen zu orientieren und dadurch im Wettbewerb attraktiv zu werden. Hier zeigt sich eine Besonderheit im insolvenzrechtlichen Bereich: Da sowohl Schuldner als auch Gläubiger „forum shopping" betreiben können, um zu einem für sie günstigen Insolvenzrecht zu gelangen, welches umgekehrt die jeweils andere Partei benachteiligt, folgt daraus für die Mitgliedstaaten, dass sie versuchen können internationale Insolvenzen entweder durch ein schuldnerfreundliches oder durch ein gläubigerfreundliches Insolvenzrecht anzuziehen. Es ergibt

---

1176 Grundmann spricht von „Freiheit zu informierter Entscheidung", Grundmann: ECLR Wettbewerb der Regelgeber im Europäischen Gesellschaftsrecht - jedes Marktsegment hat seine Struktur - ZGR 2001 Ausgabe 6, S. 793.

1177 Auch Eidenmüller, Wettbewerb der Insolvenzrechte?, ZGR 2006, Ausgabe 3-4, S.474 und S. 487, hält die Möglichkeit des forum shopping für ausreichend um (einen seiner Meinung nach „unguten") Wettbewerb zu erzeugen; Kieninger, Rechtsentwicklung im Wettbewerb der Rechtsordnungen, in Ott/Schäfer (Hrsg.), Vereinheitlichung und Diversität des Zivilrechts in transnationalen Wirtschaftsräumen, 2002, S. 86, geht ebenfalls davon aus, dass in Ermangelung direkter Rechtswahlfreiheit „institutionelle Arbitrage in Gestalt der Wahl einer ausländischen Privatrechtsordnung [...] vielfach nur mittelbar durch „Manipulation" des Anknüpfungsmoments möglich [ist] ... ."

1178 Demougin/Witt, Harmonisierung und Systemwettbewerb – Wettbewerb der Systeme versus Wettbewerb der Ideen, 2002, S. 41.

1179 Wenngleich dies auch einigen Recherche- und Analyseaufwand erfordern kann.

1180 Kieninger, Rechtsentwicklung im Wettbewerb der Rechtsordnungen, 2002, S. 74.

1181 Eidenmüller, Wettbewerb der Insolvenzrechte?, ZGR 2006, Ausgabe 3-4, S. 471.

sich also kein einheitliches Bild bei den Prioritäten der Nachfrager (Schuldner/Gläubiger), so dass es den Mitgliedstaaten unter diesem Gesichtspunkt auch nicht möglich ist, ihr Insolvenzrecht für alle Nachfrager gleichermaßen attraktiv auszugestalten. Im Gegenteil: Da Schuldner und Gläubiger bezüglich des Insolvenzrechts tendenziell entgegengesetzte Interessen haben (also ein schuldnerfreundliches Insolvenzrecht gleichzeitig die Gläubiger benachteiligt und vice versa), stellt eine Entwicklung hin zu mehr Schuldnerfreundlichkeit gleichzeitig eine für Gläubiger abschreckende Maßnahme dar. Da sowohl Schuldner als auch Gläubiger potentielle „case placer" sind, also gleichermaßen „forum shopping" betreiben können, kann sich jeder Mitgliedstaat entscheiden, ob er sich im Wettbewerb eher durch ein besonders schuldnerfreundliches oder ein besonders gläubigerfreundliches Insolvenzrecht profilieren will. Ein gesamteuropäischer Trend hin zu mehr Schuldnerfreundlichkeit oder mehr Gläubigerfreundlichkeit ist also nicht absehbar. Vielmehr entsteht ein „inhomogener" Wettbewerb, welcher sich durch die Akzentuierung der Unterschiede zwischen den mitgliedstaatlichen Insolvenzrechten auszeichnet. Vor diesem Hintergrund wird auch verständlich, warum das neue französische Sauvegarde-Verfahren als ein potentieller Schritt hin zu mehr Attraktivität und Konkurrenzfähigkeit im europäischen Wettbewerb betrachtet wird.[1182] Dieses Verfahren ist ein sehr schuldnerfreundliches Verfahren, in dem Sinne, dass es (entgegen jeglichen Sanktionsgedankens im Insolvenzverfahren) die Unternehmensleitung beim Schuldner belässt und auf Rettung des Unternehmens ausgerichtet ist. Dass gerade von diesem Verfahren eine höhere Attraktivität des französischen Forums bei internationalen Insolvenzen erwartet wird, während andere Insolvenzforen sich eher über ihre Gläubigerfreundlichkeit profilieren,[1183] zeigt auf, dass es keinen einheitlichen insolvenzrechtlichen Trend in der Europäischen Gemeinschaft im Sinne eines „race to the bottom" oder eines „race to the top" geben wird.[1184] Dieses Ergebnis wird durch die Tatsache gestützt, dass auch die verschiedenen Gläubiger eines Schuldners keine interessenhomogene Gruppe bilden;[1185] sie haben oft ganz unterschiedliche, teils konträre, Interessen, die dazu führen, dass unterschiedliche Insolvenzrechte aus ihren Augen attraktiv erscheinen. Auch unter den Gläubigern gibt es demnach eine unterschiedliche Prioritätensetzung und

---

1182 Dammann/Podeur, L'affaire Eurotunnel, première application du règlement CE n° 1346-2000 à la procédure de sauvegarde, Recueil Dalloz 2006 Jurisprudence S. 2336.

1183 So bspw. das irische Insolvenzforum, das im Fall Eurofood für die Gläubiger attraktiver war, als das italienische Forum.

1184 Vgl. Enriques/Gelter, How the old world encountered the new one: regulatory competition and cooperation in European corporate and bankruptcy law, ecgi working paper n° 63/2006, S. 5.

1185 Dies verdeutlicht bereits anschaulich der grundlegende Interessenunterschied zwischen gesicherten und ungesicherten Gläubigern im Insolvenzverfahren.

damit ein uneinheitliches „Nachfrageverhalten", auf das keine einheitliche Anbieterreaktion zu erwarten ist.
Unabhängig davon werden alle Mitgliedstaaten bezüglich der Prioritäten aller Nachfrager bestimmte Tendenzen feststellen können: So sind Schuldner und Gläubiger grundsätzlich gleichermaßen an einem schnellen und dadurch kostengünstigen Verfahren interessiert, da dieses beispielsweise sowohl die Chancen auf Sanierung und Weiterführung eines Unternehmens als auch die Chancen auf eine gute Befriedigungsquote im Falle seiner Zerschlagung erhöht.[1186] Auch durch Vereinfachung und Beschleunigung ihrer nationalen Insolvenzverfahren können die Mitgliedstaaten sich somit als Anbieter auf dem Markt der Insolvenzrechte profilieren. Hier kann also ein klarer (und begrüßenswerter) Wettbewerbstrend entstehen.
Um tatsächlich zu einem Wettbewerb der Insolvenzrechte zu gelangen bedarf es neben der Erkennbarkeit des Nachfragerverhaltens noch einer zweiten Voraussetzung auf der Anbieterseite: Es muss eine Anreizsituation für die mitgliedstaatlichen Gesetzgeber bestehen, die sie dazu bewegt, ihr Insolvenzrecht an die Nachfragepräferenzen anzupassen und dadurch um die Gunst der Nachfrager zu konkurrieren.[1187] Der Anreiz für die Mitgliedstaaten, bevorzugt als Insolvenzforum gewählt zu werden, also erfolgreicher Wettbewerber auf dem Markt der Insolvenzforen und –rechte zu sein, ergibt sich aus folgenden Überlegungen:
Die Abwicklung von Insolvenzverfahren im eigenen Forum stellt sich als lukratives Geschäft dar: Insolvenzverwalter, Unternehmensberater, Rechtsanwälte und andere Akteure verdienen an den Insolvenzverfahren, was letztlich zum Wirtschaftswachstum des einzelnen Mitgliedstaates beiträgt, indem „akzessorische Dienstleistungsindustrien" gefördert werden.[1188] Neben diesen materiellen Vorteil der Insolvenzabwicklung im eigenen Land tritt ein politischer Vorteil: Das eigene Insolvenzrecht spiegelt ein politisches Konzept des Gesetzgebers wider, mit dem er bestimmte Ziele verfolgt. Die Anwendung des eigenen Insolvenzrechts ist somit ein Schritt hin zur Erreichung dieser Ziele (wenngleich das Anpassen an die Prioritäten der Nachfrager zu einer gewissen Kompromissbereitschaft zu Lasten der eigenen politischen Ziele führen kann). Dies ist demgegenüber bei Anwendung eines „fremden" Insolvenzrechts, welches sich ja durch die unmittelbare Anerkennung und Wirkungsentfaltung innerhalb der Gemeinschaft auch im eigenen Land unmittelbar auswirken wird, nicht unbedingt der Fall. Die Förderung der eigenen internationalen Zuständigkeit ist demgemäß nicht nur materiell, sondern auch politisch reizvoll. Hinzu kommt der Aspekt, dass durch die eigene internationale Zuständigkeit, welche die Anwendung des nationalen Insolvenzrechts nach sich zieht, die nationalen Gläubiger in

---

1186 Eidenmüller, Wettbewerb der Insolvenzrechte? - ZGR 2006 Ausgabe 3-4, S. 477

1187 Demougin/Witt, Harmonisierung und Systemwettbewerb – Wettbewerb der Systeme versus Wettbewerb der Ideen, 2002, S. 41.

1188 Eidenmüller, Wettbewerb der Insolvenzrechte?, ZGR 2006, Ausgabe 3-4, S. 471.

ihrem (oft vorhandenen) Vertrauen auf die Anwendbarkeit des „eigenen" Insolvenzrechts geschützt werden. Die Rechtssicherheit und der Vertrauensschutz, den auch die Verordnungsgeber anstreben, wird hier sozusagen „im kleinen Maßstab" auf nationaler Ebene verwirklicht.

Zusammenfassend stellt sich die Situation für die Mitgliedstaaten (mit Ausnahme Dänemarks) momentan wie folgt dar: Die Flexibilität des Zuständigkeitskriteriums nach der Europäischen Insolvenzverordnung verleitet sowohl Gläubiger als auch Schuldner zum Versuch der Manipulation der internationalen Zuständigkeit („forum shopping", s.o.), welche auch das materielle Recht bestimmt („law shopping"). Dieses Phänomen ist für den einzelnen Mitgliedstaat dann vorteilhaft, wenn er von den Parteien vorzugsweise gewählt wird, also als überdurchschnittlich attraktives Forum gilt. Es besteht somit eine Anreizwirkung für die Mitgliedstaaten, ihre Gesetzgebung so auszugestalten, dass sie „case placer" anlocken und so internationale Insolvenzverfahren anziehen,[1189] was entweder dadurch geschehen kann, dass sie sich als besonders schuldnerfreundliches oder als besonders gläubigerfreundliches Forum profilieren. Aufgrund dieses Anreizes für die Mitgliedstaaten, internationale Insolvenzen anzuziehen, in Kombination mit der „Wahlmöglichkeit" für Schuldner und Gläubiger bezüglich des Forums durch Manipulation der internationalen Zuständigkeit („forum shopping"), entsteht ein Wettbewerb der Insolvenzrechte.[1190]
Ob dieser Wettbewerb eine Effizienzsteigerung auf dem „europäischen Markt der Insolvenzrechte" zur Folge hat, oder ob es sich um einen „unguten Wettbewerb"[1191] handelt, soll im Folgenden untersucht werden.

Zunächst soll jedoch der Blick noch auf die zweite Gruppe von Akteuren auf Seiten der „Anbieter" der mitgliedstaatlichen Insolvenzrechte gelenkt werden: Die nationalen Richter.
Die Richter haben zwar die Aufgabe, in richterlicher Unabhängigkeit zu entscheiden, dies ändert jedoch nichts daran, dass sie ihre Entscheidung auf die Bewertung verschiedener äußerer Umstände stützen müssen. Verbleibt ihnen – wie im Falle der Auslegung des unbestimmten Begriffes des Mittelpunktes der hauptsächlichen Interessen des Schuldners – ein großer Bewertungsspielraum, so kann nicht geleugnet werden, dass bestehende Handlungsanreize die Entscheidungen der Richter beeinflussen.[1192] Professor Eidenmüller unterstellte den mitgliedstaatlichen Richtern (leicht bösartig anmutend), es wären „persönli-

---

1189 Weise, Kommentar zu Mankowski, Europäisches Internationales Privat- und Prozessrecht im Lichte der ökonomischen Analyse, 2002, S. 153.

1190 Eidenmüller, Wettbewerb der Insolvenzrechte?, ZGR 2006, Ausgabe 3-4, S. 470.

1191 Eidenmüller, Wettbewerb der Insolvenzrechte?, ZGR 2006, Ausgabe 3-4, S. 469.

1192 Davon geht auch Eidenmüller aus, Wettbewerb der Insolvenzrechte?, ZGR 2006, Ausgabe 3-4, S.471.

che Motive", welche sie dazu bewegen würden, „die Abwicklung signifikanter Unternehmensinsolvenzen" deswegen an sich zu ziehen, weil sie „reputationsfördernd" sei, was er als „vis attractiva honoris" bezeichnete.[1193] Neben der Tatsache, dass diese Unterstellung die Rolle der Richter als unparteiische, integere Instanz vollkommen negiert, gibt es zwei weitere gewichtige Einwände gegen dieses negative Richterbild.

Zum einen erscheint es äußert fragwürdig, ob die unbegründete Annahme der eigenen internationalen Zuständigkeit tatsächlich reputationsfördernd ist. Zwar mag es unter den Profiteuren einer objektiv falschen Entscheidung Sympathisanten geben; dass die Entscheidung (europaweit) jedoch mit einem Verlust an Reputation verbunden sein dürfte, erscheint in hohem Maße wahrscheinlich. Da der entscheidende Richter also im Falle einer objektiv falschen Zuständigkeitsbejahung einen Reputationsverlust riskiert, kann die Tendenz hin zu einer weiten Auslegung des Begriffes des Mittelpunktes der hauptsächlichen Interessen zugunsten der eigenen Zuständigkeit nicht mit dem Streben nach mehr Reputation begründet werden. Denn bei einer solchen weiten Auslegung bewegt sich der Richter zwangsläufig auf einem schmalen Grat zwischen einer in der Öffentlichkeit als „noch vertretbar" und einer als „falsch" wahrgenommenen Entscheidung.

Zum anderen lässt sich die (beobachtbare) Tendenz hin zur Bejahung der eigenen Zuständigkeit auch durch eine nüchterne Effizienzanalyse erklären: Die Zurückweisung des Antrages auf Verfahrenseröffnung ist zwangsläufig mit frustrierten Aufwendungen verbunden. Die Kosten, welche aufgrund der Verfahrenseinleitung vor dem zurückweisenden Gericht sowie durch dessen Entscheidung über seine (Un-)Zuständigkeit entstehen, bleiben ohne den erstrebten Effekt, der in der Durchführung des Insolvenzverfahrens vor dem angerufenen Gericht besteht. Wenn es dem Richter vertretbar erscheint, den Mittelpunkt der hauptsächlichen Interessen des Schuldners aufgrund der gegebenen Faktenlage im eigenen Mitgliedstaat zu verorten, spricht somit die Betrachtung der Effizienzgesichtspunkte bezüglich der Verfahrenskosten dafür, die eigene Zuständigkeit zu bejahen.

Unabhängig davon, welche Begründung man für die Tendenz in der Rechtsprechung als plausibel erachtet, kann man eine klare Folge dieses, die eigene Zuständigkeit fördernden Verhaltens ausmachen: Der Wettbewerb zwischen den Insolvenzrechten der Mitgliedstaaten wird intensiviert. Denn die Wahrscheinlichkeit, mit welcher ein Gericht seine Zuständigkeit bejaht oder verneint, hat gewichtige Auswirkungen auf das Verhalten der Parteien.[1194] Für potentielle „case placer" wird es nämlich aufgrund der festgestellten Rechtsprechungsten-

---

[1193] So Eidenmüller, Wettbewerb der Insolvenzrechte?, ZGR 2006, Ausgabe 3-4, S. 471.

[1194] Whincop/Keyes, Policy and Pragmatism in the Conflict of Laws, 2001, S. 144: "Our analysis of the economics of jurisdiction shows how the likelihood that a court may not accept jurisdiction plays a crucial role in every important decision taken in conflicts cases."

denzen wahrscheinlicher, dass ihr Plan, „forum shopping" zu betreiben, aufgeht. Dies bedeutet, dass die Anreizsituation für die Richter und ihr daraus resultierendes Verhalten (großzügige Bejahung der eigenen Zuständigkeit) die Anreize für die potentiellen „case placer", „forum shopping" zu betreiben, noch verstärkt.[1195] Dies erhöht wiederum die Anreizintensität für die Mitgliedstaaten, da sie durch die „gesteigerte Nachfrage" in höherem Maße profitieren können, wenn sie ihr „Insolvenzrechtsangebot" attraktiv ausgestalten.[1196]

(2.2) Auswirkungen des Wettbewerbs

Um beurteilen zu können, ob dieser zwischenstaatliche Wettbewerb effizienzsteigernd oder –mindernd wirkt, sollen im Folgenden seine Auswirkungen näher beleuchtet werden.

(2.2.1) Der positive Aspekt der wechselseitigen Kenntnisnahme

Ein sehr wichtiger, positiver Aspekt des momentan stattfindenden Wettbewerbs der Insolvenzrechte ist die Auseinandersetzung der Mitgliedstaaten mit den materiellen Insolvenzrechten ihrer „Mitwettbewerber". Nicht nur Anwälte und Firmenberater müssen sich stärker mit den „zur Wahl" stehenden Insolvenzrechten beschäftigen, um ihre Klienten beraten zu können. Auch für die Mitgliedstaaten selbst ist es von größerem Interesse, die fremden Insolvenzrechte zu kennen, da sie im Wettbewerb darauf angewiesen sind, sich an erfolgreichen Alternativen zum eigenen System zu orientieren. Die Effizienzwirkung dieser gegenseitigen Kenntnisnahme ist nur schwer einzuschätzen. Zunächst einmal müssen selbstverständlich Ressourcen aufgewendet werden (in erster Linie Arbeitszeit), um sich mit den „fremden" Insolvenzrechten vertraut zu machen. Diese „Anfangsinvestition" kann sich jedoch langfristig amortisieren, wenn aufgrund der erlangten Kenntnisse kompetenter und damit effizienter gehandelt und beraten werden kann. Politisch gesehen ist die gegenseitige Kenntnisnahme zweifelsohne zu begrüßen, da sie der gegenseitigen Verständigung dient. Unkenntnis schafft Ressentiments und ist keine gute Grundlage für die Implementierung der besten Lösung zur Wohlfahrtssteigerung in der gesamteuropäischen Gemeinschaft.

(2.2.2) Das Dilemma der Mitgliedstaaten

Dieser positive Aspekt wird davon überschattet, dass der Wettbewerb der Insolvenzrechte vorliegend zu einer Förderung des „forum shopping" der Parteien führt, welches bereits als Ineffizienzfaktor identifiziert wurde.

[1195] Da dieses „forum shopping" jedoch (wie aufgezeigt) zu Ineffizienzen in der ex ante Betrachtung führt, wird hier ein negativer Effekt gefördert.

[1196] Umgekehrt können sie natürlich auch mehr „verlieren", wenn ihr Insolvenzrecht im Vergleich zu dem anderer Mitgliedstaaten unattraktiv erscheint.

So befinden sich auch die Mitgliedstaaten vorliegend in einem Gefangenendilemma, welches zu einer Ressourcenverschwendung auf gemeinschaftlicher Ebene führt:
Die Mitgliedstaaten haben in der momentanen Wettbewerbssituation ein Interesse daran, potentielle „case placer" durch ihr Insolvenzrecht anzuziehen (s.o.). Da diese „case placer" jedoch divergierende Interessen haben, ist nicht abzusehen, dass sich die Insolvenzrechte der Mitgliedstaaten in eine einheitliche Richtung entwickeln, sondern die Unterschiede werden sich primär akzentuieren.[1197] So kann ein wettbewerbstechnisch erfolgreiches Insolvenzrecht verschiedene Strategien verfolgen.[1198] Dadurch, dass die Mitgliedstaaten so versuchen, ihr „Angebot" zu verbessern und sich die „Angebote" zudem unterscheiden, wird der Anreiz für die Nachfrager, durch „forum shopping" zu einem für sie optimierten Insolvenzrecht zu gelangen, verstärkt. Daraus folgt, dass die Mitgliedstaaten dann, wenn sie den für sie bestehenden Anreizen nachgeben, entgegen dem Ziel des Europäischen Verordnungsgebers das Phänomen des „forum shopping" verstärken. Die bereits erörterten Anreize für die entscheidenden Richter verstärken diesen Effekt noch.
Diese Tendenz im Wettbewerb der Insolvenzrechte führt dazu, dass die Rechtssicherheit im Vorfeld der Insolvenz abnimmt, da sich die Vorhersehbarkeit des Insolvenzforums aufgrund der Möglichkeit und der starken Anreize für „forum shopping" verringert. Gleichzeitig sinkt auch die Wahrscheinlichkeit, dass die Insolvenz im „sachnächsten" Forum abgewickelt wird und somit das „sachnächste" Insolvenzrecht angewendet wird. Zudem erhöht sich die Zahl der unzufriedenen, durch das „forum shopping" negativ betroffenen Beteiligten, wodurch die Wahrscheinlichkeit wächst, dass diese (Kosten verursachende) Sekundärverfahren anstreben, um zumindest auf territorialer Ebene zur Anwendung des von ihnen bevorzugten Insolvenzrechts zu gelangen.[1199] Bei zunehmender Unzufriedenheit und einem Mangel an Nachvollziehbarkeit der Insolvenzeröffnungsentscheidung steigt zudem die Wahrscheinlichkeit, dass gegen die Eröffnungsentscheidung an sich geklagt wird, so dass ein Ressourcen aufzehrender Rechtsstreit um die internationale Zuständigkeit an sich entbrennt.[1200] All dies erzeugt sowohl ex ante[1201] als auch ex post[1202] Ineffizienzen.

1197 Dazu dass der Wettbewerb gerade keine Harmonisierungstendenz begünstigt, siehe unter Teil 2, 2. Kapitel, A) 1.) a).

1198 Die zwei Hauptrichtungen sind dabei zum einen die schuldnerfreundlich ausgestalteten, zum anderen die gläubigerfreundlich ausgestalteten Insolvenzrechte.

1199 Ein in sich ineffizienter Vorgang, s.o. Teil 2, 1. Kapitel, B) 1.) b) aa) (3) (3.2).

1200 Siehe dazu bereits oben, Teil 2, 1. Kapitel, B) 1.) b) aa) (2) (2.2); Zur negativen Verzögerungswirkung von Rechtsmitteln gegen die Eröffnungsentscheidung, Lüer, Art. 3 Abs. 1 EuInsVO – Grundlage für eim europäisches Konzerninsolvenzrecht oder Instrumentarium eines „Insolvenz-Imperialismus"?, 2005, S. 211.

1201 Durch die Rechtsunsicherheit, die nicht durch Sachnähe des anwendbaren Rechts ausgeglichen wird; vgl. dazu oben, Teil 2, 1. Kapitel, B) 1.) b) aa) (1) (1.2) (1.2.1).

Die Mitgliedstaaten befinden sich hier in einem klassischen Dilemma:
Ihr eigenes opportunistisches Verhalten führt zu einer Ressourcenverschwendung, die insgesamt die Wohlfahrt in der Gemeinschaft schmälert. Soweit der Wettbewerb der Insolvenzrechte auf dem „forum shopping" der Parteien fußt, verstärkt er einen ineffizienten Vorgang und trägt damit zur Ineffizienzwirkung bei. Die auf den ersten Blick auf nationaler Ebene wohlfahrtsteigernde Attraktion möglichst vieler „case placer" erzeugt so gesamteuropäisch negative Ineffizienzen, die letztlich die wirtschaftliche Entwicklung des gesamten Binnenmarktes belasten und den Interessen der Mitgliedstaaten zuwiderlaufen. Der einzelne Mitgliedstaat kann jedoch aus dieser Dilemma-Situation nicht ausscheren, da er sich dann aus dem Wettbewerb zugunsten der anderen Mitgliedstaaten und zu seinen eigenen Lasten zurückziehen müsste. Nur ein gemeinsames Vorgehen der Mitgliedstaaten kann hier Abhilfe schaffen, ist aber aufgrund der Anreizsituation zunächst unwahrscheinlich.[1203]

cc) Zwischenresümee

Die ökonomische Analyse des Mittelpunktes der hauptsächlichen Interessen als Anknüpfungskriterium für die internationale Zuständigkeit führt zu dem interessanten Ergebnis, dass das Ziel der Europäischen Insolvenzverordnung, „forum shopping" zu unterbinden, auch unter Effizienzgesichtspunkten zu befürworten ist. Die gesamte Effizienzproblematik steht und fällt mit der Auslegung des Anknüpfungskriteriums – nur wenn der Interessenmittelpunkt ex post (also im Insolvenzfall) manipulierbar ist, entsteht eine Anreizsituation, in welcher die Parteien aus rationalen Erwägungen heraus versuchen werden, die Möglichkeit der Zuständigkeitsmanipulation opportunistisch zu nutzen. Diese Situation führt, wie aufgezeigt wurde, sowohl im Vorfeld (ex ante) als auch im Insolvenzfall (ex post) zu ineffizientem Verhalten der Parteien.
Auch die Anreizsituation für die Mitgliedstaaten, welche sich im Falle der Möglichkeit des „forum shopping" seitens der Beteiligten in einer Wettbewerbssituation befinden, hängt unmittelbar von der Auslegung des Zuständigkeitskriteriums ab. Es besteht eine Wechselwirkung zwischen den identifizierten Beteiligten: Das „forum shopping" der Schuldner und Gläubiger führt zu einem Wettbe-

---

1202 Durch die erhöhte Ressourcenaufwendung aufgrund sachfremder Foren und Rechte, aufgrund der gerichtlichen Auseinandersetzung über die internationale Zuständig¬keit oder aufgrund der Eröffnung mehrerer Sekundärverfahren; vgl. auch Whincop/Keyes, Policy an Pragmatism in the Conflict of Law, S. 150: "Where no jurisdiction clause exists, what factors should be relevant to the decision to stay? … The sixth factor is that it is desirable to stay proceedings in a forum whose language is not that of the majority of the relevant documents. Judicial error and litigation costs will be minimised if the need for translation is minimised."

1203 Dies ist gerade charakteristisch für die Situation eines „Gefangenendilemmas".

werb zwischen den Insolvenzforen, welche versuchen, möglichst viele „case placer“ anzuziehen. Der Wettbewerb akzentuiert die Unterschiede zwischen den Foren und macht so „forum shopping“ noch attraktiver, was wiederum dessen Ineffizienzwirkung verstärkt.
Da sowohl die Situation von Schuldnern und Gläubigern als auch die der Mitgliedstaaten der eines Gefangenendilemmas entspricht, können sich weder die Parteien selbst helfen, noch ist von den Mitgliedstaaten Abhilfe bezüglich der Ineffizienzen zu erwarten.
Vor diesem Hintergrund zeigt sich, wie elementar wichtig das Eingreifen des Europäischen Gerichtshofes war und ist, da nur er als Organ auf Gemeinschaftsebene quasi „über“ der ineffizienten Anreizsituation steht, nur dem Gemeinschaftsinteresse verpflichtet ist und so in der Lage ist, im Namen einer gemeinschaftsweit effizienten Ressourcenallokation wirksam gegenzusteuern. Die aufgedeckten Ineffizienzen sind insgesamt die Folge eines weiten Verständnisses der eigenen internationalen Zuständigkeit auf Seiten der Gerichte der Mitgliedstaaten, welches sich so nicht mit dem Geiste der Verordnung deckt. Gelingt es dem EuGH, die Zielsetzung der Verordnung, „forum shopping“ zu unterbinden durchzusetzen, so fände keine Ressourcenverschwendung statt – die Situation wäre effizient. Hoffnungsvoll stimmen diesbezüglich die zwei Urteile des Europäischen Gerichtshofes und die seitdem ergangene nationale Rechtsprechung.
Bevor mögliche Auswege aus der aufgezeigten Ineffizienzsituation untersucht werden, soll der Mittelpunkt der hauptsächlichen Interessen anhand der jüngsten Urteile auf nationaler Ebene unter dem „klassisch-juristischen“ Blickwinkel begutachtet werden.

2.) Beurteilung unter dem juristischen Blickwinkel anhand der jüngsten nationalen Rechtsprechung

Unter dem „klassisch-juristischen“ Blickwinkel ist von Interesse, ob der Mittelpunkt der Hauptsächlichen Interessen als Anknüpfungskriterium für die internationale Zuständigkeit zu gerechten Ergebnissen führt.
Es lassen sich zwei Ursachen ungerechter Ergebnisse identifizieren, die nach dem Konzept der Europäischen Insolvenzverordnung – deren Anwendung in ihrem europäischen Sinne vorausgesetzt – jedoch vermeidbar sind:
1) Zum einen kann nicht als „gesamteuropäisch gerecht“ empfunden werden, wenn nationale Gerichte sich von nationalen Günstigkeitserwägungen leiten lassen und gleichsam das europäische Konzept der Kompetenzzuweisung für rein nationale Zwecke instrumentalisieren.
2) Zum anderen ist mangelnde Vorhersehbarkeit bei den Betroffenen – und damit verbunden der „negative Überraschungseffekt“ im Insolvenzfall – ein Quell der Ungerechtigkeit.

Zu beiden Punkten hat der EuGH in seinen Urteilen – insbesondere im Urteil Eurofood – Stellung genommen und den nationalen Gerichten somit den Weg gewiesen, wie sie zu einer Anwendung der Verordnung, die deren Geist berücksichtigt, gelangen können. Um beurteilen zu können, ob auf dieser Grundlage Ergebnisse erzielbar sind, die weder durch nationale Interessen dominiert, noch unvorhersehbar sind, soll an dieser Stelle noch einmal der Blick auf drei Rechtsprechungsfälle gelenkt werden, die nach dem EuGH-Urteil im Falle Eurofood entschieden wurden. Diese Urteile in diesen Fällen sind von besonderer Relevanz, da sie zeitlich nach der Entscheidung des EuGH in der Rechtssache Eurofood ergingen und damit dessen Äußerungen mit einbeziehen konnten.[1204] Dadurch kann aus ihnen abgeleitet werden, welcher Spielraum den nationalen Gerichten bei der Interpretation des Begriffes des Mittelpunktes der hauptsächlichen Schuldnerinteressen – gerade in Konzernkonstellationen – auch nach der Stellungnahme des EuGH verbleibt oder besser gesagt, welchen Spielraum sich die nationalen Gerichte diesbezüglich weiterhin nehmen.

a) Das Urteil des Amtsgerichtes Hamburg vom 9. Mai 2006

Unmittelbar nach der Entscheidung des EuGH in der Rechtssache Eurofood erging am 9. Mai 2006 ein Urteil des Amtsgerichtes Hamburg, welches ein Einzelunternehmen ohne Konzernzugehörigkeit betraf.[1205] Obwohl sich dieses Urteil damit nicht unmittelbar in den brisanten Kontext der „Konzerninsolvenzen" einordnet, ist es dennoch von großem Interesse, da es unter Bezugnahme auf die Rechtsprechung des EuGH sehr konkrete Aussagen zum Begriff des Mittelpunktes der hauptsächlichen Interessen gemacht und dabei insbesondere auf Entscheidungen nationaler Gerichte verwiesen hat, welche „Konzerninsolvenzen" betrafen.[1206]

In seinem Urteil verneinte das AG Hamburg eine internationale Zuständigkeit deutscher Gerichte und verwies die Rechtssache durch eine „internationale Verweisung" an ein französisches Gericht. Eine Besonderheit des Urteils liegt dabei darin, dass das deutsche Gericht die Vermutungsregelung des Artikels 3 Abs.1 S.2 EuInsVO zugunsten des satzungsmäßigen Sitzes der betroffenen GmbH auf Kosten seiner eigenen internationalen Zuständigkeit als widerlegt ansah. Der Sachverhalt stellte sich wie folgt dar:[1207]

1204 Vgl. zu den Entscheidung des EuGH in der Rechtssache Eurofood ausführlich oben, Teil 1, 1. Kapitel, A) 2.) b) bb).

1205 AG Hamburg, Beschluss vom 09. Mai 2006 - 67c IN 122/06 abrufbar unter: http://ww9184.wb09.de/eirdatabase/download/cases/157/146-1_COMI-of-a-UK-incorporated-Ltd-in-Liquidation.pdf (zuletzt aufgerufen am 13. 04. 2007).

1206 Das Gericht verweist insbesondere auf das (bereits dargestellte) Urteil des Tribunal de commerce de Nanterre vom 15. Februar 2006 in der Rechtssache EMTEC.

1207 Vgl. zum Sachverhalt AG Hamburg, Beschluss vom 09. Mai 2006 - 67c IN 122/06.

Die betroffene GmbH wurde am 20. 11. 2001 gegründet, am 20. 02. 2002 ins Handelsregister des AG Hamburg eingetragen und stellte ihre Geschäftstätigkeit im März 2004 endgültig ein. Die Liquidation wurde am 06. 04. 2005 ins Handelsregister des AG Hamburg eingetragen. Die Liquidation nach den Regeln des GmbH-Gesetzes scheiterte nach Einschätzung des Liquidators nur am Verhalten des früheren Geschäftsführers und Mitgesellschafters (dieser bestand auf Rückzahlung seiner Ansprüche, u.a. seines Stammkapitals), so dass ein Insolvenzantrag beim AG Hamburg gestellt werden musste. Dieses untersuchte den Mittelpunkt der hauptsächlichen Interessen der GmbH im Zeitpunkt der Antragstellung anhand „verschiedener Faktoren im Sinne eines „Gesamtbildes““[1208] und verwies dabei unter anderem auf die Entscheidungen des High Court of Justice of Birmingham im Falle Rover[1209] und des Tribunal de commerce de Nanterre vom 15. 02. 2006[1210]. Das Gericht macht hierbei deutlich, dass es entscheidend auf die *zuverlässige Feststellbarkeit und Erkennbarkeit der Anknüpfungspunkte* für den Mittelpunkt der hauptsächlichen Schuldnerinteressen von außen ankomme.[1211] Vorliegend betreibe der Liquidator von Frankreich aus aktiv die Liquidation und habe auch die maßgeblichen Geschäftsunterlagen der letzten Tätigkeitsjahre bei sich in Frankreich. Gleichzeitig mit der Auflösung der Gesellschaft im April 2005 war zudem der französische Liquidator ins Handelsregister eingetragen worden und „die Gläubigerschaft konnte sich vorliegend [...] auch durch öffentliche Bekanntmachung darauf einstellen, dass die maßgeblichen Entscheidungen über die Schuldnerin von Frankreich aus erfolgten.“[1212] Zudem erfolgten Zahlungen durch den Liquidator an die Gläubiger von Frankreich aus und die GmbH verfügte in Deutschland nur noch über geringwertige Aktiva.

Weiter schloss das AG Hamburg „ein „Erschleichen“ der Zuständigkeit im Sinne eines „forum shopping““ im vorliegenden Fall aus, da der Liquidator seinen Wohnsitz bereits im Jahre 2000 – also nicht im Zusammenhang mit dem Insolvenzantrag in Deutschland – nach Frankreich verlegt hatte.[1213]

Somit nahm das AG Hamburg an, dass der Mittelpunkt der hauptsächlichen Interessen der GmbH zum Zeitpunkt der Antragstellung in Frankreich lag und verwies dementsprechend an ein französisches Gericht. Damit entschied das Gericht entgegen dem zunächst in der Rechtsprechung feststellbaren Trend, stets

---

1208 AG Hamburg, Beschluss vom 09. Mai 2006 - 67c IN 122/06, II.1., S. 2/4.

1209 Siehe supra unter Teil 1, 1. Kapitel, A) 2.) bb) (1).

1210 Siehe supra unter Teil 1, 1. Kapitel, A) 2.) bb) (3).

1211 AG Hamburg, Beschluss vom 09. Mai 2006 - 67c IN 122/06: „Die Zusammensetzung der Gläubiger und deren Sitz oder der Zeitpunkt der Entstehung der Verbindlichkeiten oder der Arbeitsort sind für die Bestimmung der Zuständigkeit dagegen *allein* ohne Belang, da diese Anknüpfungspunkte nicht von außen zuverlässig feststellbar und erkennbar wären“.

1212 AG Hamburg, Beschluss vom 09. Mai 2006 - 67c IN 122/06.

1213 AG Hamburg, Beschluss vom 09. Mai 2006 - 67c IN 122/06.

zur Bejahung der eigenen Zuständigkeit zu tendieren, und ganz im Sinne der europäischen Insolvenzverordnung.

b) Die Urteile des Tribunal de commerce de Paris vom 2. August 2006 in der Rechtssache Eurotunnel

Ein weiterer Fall aus der jüngeren Rechtsprechung betraf den Eurotunnel-Konzern, dessen finanzielle Schieflage sich bereits von langer Hand angekündigt hatte. Schon seit mehreren Jahren versuchte die Konzernleitung (erfolglos) den angeschlagenen Konzern trotz des immensen Schuldenberges von neun Milliarden Euro durch Umstrukturierung wieder in ruhigere Fahrwasser zu manövrieren.[1214] Am 13. Juli des Jahres 2006 beantragte die Konzernleitung zur Rettung des Gesamtkonzernes die Eröffnung von französischen präventiven Sanierungsverfahren („procédures de sauvegarde“) über alle 17 am Konzern beteiligten Unternehmen vor dem Tribunal de commerce de Paris.[1215] Diese Konzerngesellschaften waren europaweit verteilt und hatten ihren jeweiligen satzungsmäßigen Sitz teils in Frankreich, Großbritannien, Deutschland, Spanien, den Niederlanden und Belgien. Ein Sanierungsverfahren war in dieser Situation dann am erfolgversprechendsten, wenn es alle am Konzern beteiligten Unternehmen mit einbeziehen würde, da diese alle mit denselben finanziellen Schwierigkeiten zu kämpfen und sich zudem gesamtschuldnerisch verpflichtet hatten.[1216]

Das Tribunal de commerce de Paris entschied daraufhin am 2. August 2006 im Sinne der Anträge und eröffnete in allen 17 Fällen präventive Sanierungsverfahren.[1217] Diese Urteile sind unter mehreren Gesichtspunkten interessant. Zunächst handelte es sich um die ersten Anwendungen der Europäischen Insolvenzverordnung auf das im Wege der französischen Insolvenzrechtsreform im Jahre 2005

1214 Vgl. dazu bspw. die Ausführungen des Tribunal de commerce de Paris vom 2. August 2006, n° 2006047554, über die englische Holding-Gesellschaft Eurotunnel PLC, abgedruckt in Recueil Dalloz 2006 Jurisprudence S. 2329 ; auch Dammann/Podeur, L'affaire Eurotunnel, première application du règlement CE n° 1346-2000 à la procédure de sauvegarde, Recueil Dalloz 2006 Jurisprudence S. 2331.

1215 Vgl. dazu die Homepage des Eurotunnel-Konzernes http://www.eurotunnel.com/frcP3Main/frcCorporate/frcMediaCentre/frcNewsReleases/frcNews2006/frcAugust2006/frpPr0608Protection.htm ; vgl. auch Dammann/Podeur, L'affaire Eurotunnel, première application du règlement CE n° 1346-2000 à la procédure de sauvegarde, Recueil Dalloz 2006 Jurisprudence S. 2331.

1216 Vgl. dazu die Ausführungen des T.com.de Paris im Fall Eurotunnel PLC: « Attendu qu'il est d'une bonne administration de la justice de trouver une solution unique à la même difficulté financière qui menace les dix-sept entités requérantes toutes garantes solidaires d'une dette qui excède leur capacité de remboursement. »

1217 Bspw. Urteil des Tribunal de commerce de Paris vom 2. August 2006, n° 2006047554, Eurotunnel PLC, abgedruckt in Recueil Dalloz 2006 Jurisprudence S. 2329.

neu eingeführte präventive Sanierungsverfahren, welches seit dem 6. Mai 2006 auch Eingang in Anhang A der Verordnung gefunden hat.[1218]
Zudem sind die Aussagen des Gerichts in punkto Mittelpunkt der hauptsächlichen Interessen der einzelnen Gesellschaften des Eurotunnel-Konzernes, welche im Folgenden näher analysiert werden sollen, von großer gesamteuropäischer Bedeutung.
Nachdem das Gericht im vorliegenden Fall die erfolglosen Sanierungsversuche der Konzernleitung beleuchtet hatte, ging es auf deren (europarechtlich nicht haltbare) Auffassung ein, bei dem stark integrierten Eurotunnel-Konzern handele es sich in Wahrheit um *„ein einziges Unternehmen"*, dessen (einheitlicher) Interessenmittelpunkt in Paris belegen sei.[1219] Auch die Vertreterin des Ministère Public, Madame le vice-Procureur Sarzier, sah die internationale Zuständigkeit des Gerichts nach der Europäischen Insolvenzverordnung als gegeben an und erklärte ebenfalls, die 17 antragstellenden Unternehmen bildeten in Wahrheit ein einziges Unternehmen.[1220] Die Ausgangssituation für das Gericht war im Falle Eurotunnel also insofern eine besondere, als sich alle betroffenen Parteien (Schuldner, Gläubiger sowie das Ministère Public) für die Verfahrenseröffnungen über alle am Konzern beteiligten Unternehmen durch das Tribunal de commerce de Paris aussprachen, da nur diese eine konzernweit koordinierte Sanierung ermöglichen konnten und somit als einziger Ausweg aus der Krisensituation erschienen. Vorliegend zeichnete sich mit besonderer Schärfe ab, wie wenig das Fehlen insolvenzrechtlicher Regelungen für Konzerne innerhalb der Europäischen Insolvenzverordnung den wirtschaftlichen und praktischen Bedürfnissen gerecht wird.[1221]
Das Gericht stellte bei der Überprüfung seiner eigenen internationalen Zuständigkeit klar, dass die Europäische Insolvenzverordnung keine Konzernin-

---

1218 Das Amtsblatt der Europäischen Union vom 6. Mai 2006, L 121/1 veröffentlichte die Verordnung (EG) Nr. 694/2006 des Rates zur Änderung der Liste von Insolvenzverfahren, Liquidationsverfahren und Verwaltern in den Anhängen A, B und C der Verordnung (EG) Nr. 1346/2000 über Insolvenzverfahren, welche damit laut ihrem Artikel 2 in Kraft trat.

1219 So zitiert das Gericht den Vertreter vom Eurotunnel PLC wie folgt: « Il précise que l'actuelle structure du groupe, en multiples sociétés qui se répartissent les diverses tâches de l'entreprise Eurotunnel, est le fruit d'un montage juridique résultant de l'histoire de l'entreprise et des conditions de sa création, mais que toutes ces entités ne constituent ***qu'une seule et même entreprise Eurotunnel***, dont le centre des intérêts principaux est parisien. » Hervorhebungen nicht im Original, T.com. Paris, 02. 08. 2006, n° 2006047554, Eurotunnel PLC.

1220 Vgl. T.com. Paris, 02. 08. 2006, n° 2006047554, Eurotunnel PLC: « elle déclare que [...] au regard des dispositions du règlement européen d'insolvabilité et des règles de compétence qui s'imposent à lui, ce tribunal est compétent pour ouvrir des procédures de sauvegarde ; que les dix-sept entités requérantes constituent en réalité une seule entreprise qui a une vocation de service public et dont les centres d'intérêts sont en France »

1221 Zu Recht kann diesbezüglich von einer „Auslassungssünde" gesprochen werden, so Paulus, Europäische Insolvenzverordnung, Kommentar 2006, Einleitung Rn. 43, S. 73.

solvenzen vorsieht und daher alle Unternehmen des Eurotunnel-Konzernes getrennt betrachtet und der Mittelpunkt ihrer hauptsächlichen Interessen gesondert bestimmt werden müssen.[1222] Die Auffassung der Konzernleitung (sowie des Ministère Public), es handele sich in Wahrheit um „une seule et même entreprise Eurotunnel" wurde somit zu Recht vom Gericht nicht geteilt. Zwar zitierte das Gericht an dieser Stelle nicht das EuGH-Urteil im Falle Eurofood, hielt sich jedoch genau an dessen Vorgaben.[1223] Weiter ging das Gericht auf die widerlegbare Vermutung zugunsten des satzungsmäßigen Sitzes sowie die „Definition" des Erwägungsgrundes (13) EuInsVO ein und zitierte hier auch den EuGH, welcher die autonome Bedeutung des Begriffes und dessen einheitliche und unabhängige Auslegung festgeschrieben hat.[1224] Das Tribunal de commerce de Paris berief sich auf eine „*mittlerweile gefestigte europäische Rechtsprechung*" nach der es „objektiver und von Dritten feststellbarer Elemente" bedürfe, um zu beweisen, „dass in Wirklichkeit die Lage nicht derjenigen entspricht, die die Verortung am genannten satzungsmäßigen Sitz widerspiegeln soll."[1225] Damit gab das Gericht fast wortwörtlich die Entscheidung des EuGH in der Rechtssache Eurofood wieder,[1226] bezog sich aber interessanter Weise gleichzeitig auf die bereits vor dieser Entscheidung ergangene nationale Rechtsprechung – denn nur vor diesem Hintergrund ist es nachvollziehbar, von einer mittlerweise gefestigten europäischen Rechtsprechung („une jurisprudence européenne désormais bien établie") zu sprechen. Anhand dieser Aussage offenbart sich, dass das Urteil des Gerichtshofes nach der (zustimmungswürdigen) Auffassung des Tribunal de commerce de Paris gerade *keinen Bruch* mit der

---

1222 T.com. Paris, 02. 08. 2006, n° 2006047554, Eurotunnel PLC : « Que l'article 3 du règlement européen 1346/2000 du 29 mai 2000 n'envisage pas l'hypothèse des groupes de sociétés dont les entreprises seraient établies dans plusieurs Etats de l'Union Européenne ; qu'il conduit à examiner le sort de chaque entité du groupe prise séparément ; que son article 3 retient la compétence de la juridiction de l'Etat Membre où se situe le centre des intérêts principaux du débiteur pour ouvrir une procédure principale d'insolvabilité ».

1223 Vgl. Rn. 30 des EuGH-Urteils Eurofood vom 02. 05. 2006: « Il s'ensuit que, dans le système de détermination de la compétence des juridictions des États membres mis en place par le règlement, il existe une compétence juridictionnelle propre pour chaque débiteur constituant une entité juridiquement distincte. »

1224 T.com. Paris, 02. 08. 2006, n° 2006047554, Eurotunnel PLC : « Que, conformément à la jurisprudence de la Cour de Justice des Communautés européennes, la notion de centre des intérêts principaux revêt une signification autonome et doit être interprétée de manière uniforme et indépendante des législations nationales. » Vgl. dazu fast wortgleich Rn. 31 des EuGH-Urteils Eurofood.

1225 T.com. Paris, 02. 08. 2006, n° 2006047554, Eurotunnel PLC : « Qu'il convient, selon une *jurisprudence européenne désormais bien établie*, de s'appuyer sur des éléments objectifs et vérifiables par les tiers permettant de prouver l'existence d'une situation réelle différente de celle que la localisation au dit siège statutaire est censée refléter. » Hervorhebungen nicht im Original.

1226 EuGH-Urteil Eurofood, Rn. 34.

bisherigen nationalen Rechtsprechung darstellt,[1227] sondern vielmehr deren grundsätzliche Tendenzen bestätigt und lediglich die Akzentsetzung in Richtung Transparenz und Rechtssicherheit verschiebt,[1228] indem der EuGH die Bedeutung des Tatbestandsmerkmales der Feststellbarkeit unterstreicht.[1229]
Um die Vermutung zugunsten des satzungsmäßigen Sitzes zu widerlegen, stützte sich das französische Gericht im Rahmen einer Gesamtschau denn auch auf ein „*Bündel übereinstimmender und von Dritten feststellbarer Indizien*"[1230] und hob vier Aspekte hervor:

- Die strategische und operationelle Unternehmensleitung aller Unternehmen des Konzerns sitzt in Paris und wird von einem Gremium wahrgenommen, welches sich nur aus französischen Staatsbürgern zusammensetzt – die „head office functions" liegen somit in Paris.
- 56 von 63 Arbeitskräften in der Finanzdirektion befinden sich ebenfalls in Frankreich und führen die Bücher der Konzernunternehmen.
- Der Hauptteil der Geschäftstätigkeit, der Arbeitskräfte und der Aktiva befindet sich in Frankreich.
- Die Verhandlungen über die Umstrukturierung der Schulden, von welcher der Fortbestand jedes einzelnen Unternehmens des Konzernes abhängt, werden hauptsächlich von Paris aus geführt und stehen unter der direkten Verantwortung des Präsidenten der Hauptzahl der Unternehmen, dem französischen Staatsbürger M. Jacques Gounon.

Gerade der letzte Aspekt, bei dem das Gericht sich auf den Ort der Verhandlungsführung für die Umstrukturierungsmaßnahmen zur Konzernrettung beruft, ist von besonderem Interesse, da das Gericht aus ihm ableitet, die Gläubiger seien sich darüber im Klaren, dass der Mittelpunkt der hauptsächlichen Interes-

---

1227 Das Urteil stellt gerade keinen „coup d'arrêt" für die bisherige (weite) Anwendung der EuInsVO dar, wie dies M. Menjucq verstanden wissen möchte, Menjucq, Note sous CJCE, gr. ch., 2 mai 2006, aff. C-341/04, Eurofood IFSC Ltd., La Semaine Juridique Edition Générale n° 23, 7 Juin 2006, II 10089, S. 1128.

1228 So bereits Vallens, Le règlement européen sur les procédures d'insolvabilité à l'épreuve des groupes de sociétés : l'arbitrage de la CJCE, JCP Entreprise et Affaires, N 27-28, 6. Juli 2006, S. 1223 : « Cet arrêt cependant ne condamne pas totalement la jurisprudence élaborée au cours des trois dernières années par les tribunaux européens, qui est fondée sur une analyse pragmatique de la situation des groupes en difficulté. [...] Mais il constitue un rappel utile aux tribunaux [...] : cela ne peut se faire au détriment des intérêts des créanciers. »

1229 EuGH-Urteil Eurofood, Rn 33: „Diese Objektivität und diese Möglichkeit der Feststellung durch Dritte sind erforderlich, um Rechtssicherheit und Vorhersehbarkeit bei der Bestimmung des für die Eröffnung eines Hauptinsolvenzverfahrens zuständigen Gerichts zu garantieren. Diese Rechtssicherheit und Vorhersehbarkeit sind umso wichtiger, als die Bestimmung des zuständigen Gerichts nach Artikel 4 Absatz 1 der Verordnung die des anwendbaren Rechts nach sich zieht."

1230 T.com. Paris, 02. 08. 2006, n° 2006047554, Eurotunnel PLC : « un faisceau d'indices concordants et vérifiables par les tiers ».

sen der einzelnen Konzernunternehmen in Frankreich zu verorten sei.[1231] Damit steht das Urteil in Einklang mit den Anforderungen, welche der EuGH an die Feststellbarkeit im Namen von Vorhersehbarkeit und Rechtssicherheit der Zuständigkeitsbestimmung gestellt hat. Vorliegend wurde kein „forum shopping“ betrieben, sondern die internationale Zuständigkeit der französischen Gerichte beruhte auf objektiven und für Dritte feststellbaren Kriterien. In diesem Zusammenhang ist darauf hinzuweisen, dass das Tribunal de commerce de Paris – ganz im Sinne des Urteilsspruches des EuGH im Falle Staubitz-Schreiber – als relevanten Zeitpunkt für die Bestimmung des Mittelpunktes der hauptsächlichen Interessen der schuldnerischen Gesellschaften auf den *Zeitpunkt der Antragstellung* (also den 17. Juli 2006) und nicht etwa auf den Abschluss der die Schuld begründenden Verträge abgestellt hat.[1232] Somit nimmt das Gericht hier genau jene *„dynamische Auslegung“* vor, welcher der Gerichtshof mit seiner Rechtsprechung im Fall Staubitz-Schreiber den Weg bereitet hat.[1233] Dass sich dieser Ansatz sehr gut mit dem Kriterium der Vorhersehbarkeit in Einklang bringen lässt (letzteres wird bereits durch Erwägungsgrund (13) geschützt, der eine gewöhnliche Interessenverwaltung fordert, was eine gewisse Dauer impliziert)[1234], wird gerade in der vorliegenden Fallkonstellation deutlich: Die Gläubiger der Unternehmen des Eurotunnel-Konzernes hatten ihre Forderungen teilweise bereits vor Inkrafttreten der Europäischen Insolvenzverordnung begründet (zu diesem Zeitpunkt wären unterschiedliche internationale Insolvenzrechte der beteiligten Staaten einschlägig gewesen) und seit dem Jahre 2003 hatten die von Paris aus geleiteten Umstrukturierungsbemühungen für alle Gläubiger deutlich gemacht, dass sich der Mittelpunkt aller Konzernunternehmen in Paris befand.[1235]

Ein Abstellen auf den Zeitpunkt der Forderungsbegründung wäre auch praktisch unmöglich, da die Forderungen zu unterschiedlichen Zeitpunkten begründet wurden, und wäre davon abgesehen vorliegend auch unvorteilhaft, da es weder den *Erwartungen der Gläubiger* im Zeitpunkt der Antragstellung entspräche,

---

1231 Dammann/Podeur, L'affaire Eurotunnel, première application du règlement CE n° 1346-2000 à la procédure de sauvegarde, Recueil Dalloz 2006 Jurisprudence S. 2336.

1232 Vgl. Teil 1, 1. Kapitel, A) 2.) b) aa) EuGH-Urteil Staubitz-Schreiber vom 17. 01. 2006.

1233 Siehe dazu oben, Teil 1, 1. Kapitel, A) 2.) b) aa); Dammann/Podeur, L'affaire Eurotunnel, première application du règlement CE n° 1346-2000 à la procédure de sauvegarde, Recueil Dalloz 2006 Jurisprudence S. 2335.

1234 Siehe dazu oben Teil 1, 1. Kapitel, A) 2.) b) aa), sowie Dammann/Podeur, L'affaire Eurotunnel, première application du règlement CE n° 1346-2000 à la procédure de sauvegarde, Recueil Dalloz 2006 Jurisprudence S. 2336.

1235 Dammann/Podeur, L'affaire Eurotunnel, première application du règlement CE n° 1346-2000 à la procédure de sauvegarde, Recueil Dalloz 2006 Jurisprudence S. 2336.

noch zum *sachnächsten Forum* führen würde. Die gewählte „dynamische Auslegung" ist daher uneingeschränkt zu befürworten.[1236]
Nachdem das Tribunal de commerce de Paris den Mittelpunkt der hauptsächlichen Interessen der schuldnerischen Unternehmen in Paris verortet hat, stellte es noch interessante Überlegungen zu den von der Europäischen Insolvenzverordnung verfolgten *Zielen* an. So konstatierte es, dass die Verordnung, auch wenn sie keinerlei Regelungen über die verbreitet vorkommenden Konzernstrukturen trifft, doch eine effiziente und homogene Rechtspflege in ihrem gesamten Anwendungsbereich vorsieht.[1237] Eine einheitliche Lösung für dasselbe finanzielle Problem der 17 antragstellenden, gesamtschuldnerisch verpflichteten Unternehmen zu finden, stelle dabei eine gute Rechtspflege dar.[1238] Dieses auf die Effizienz des Verfahrens gestützte Argument für die eigene Zuständigkeit spiegelt das praktische und wirtschaftliche Bedürfnis wider, im Falle eines Insolvenzverfahrens möglichst viele der betroffenen Parteien mit einzubeziehen, um eine Gesamtsanierung des Konzernes zu ermöglichen.[1239] Damit legte das Gericht mit begrüßenswerter Klarheit die Hintergründe seiner Entscheidung offen, wodurch es den Grad an Transparenz, Nachvollziehbarkeit und damit Akzeptanz für die eigene Rechtsauffassung bei allen Beteiligten und Außenstehenden erhöhte.

c) Die Urteile des High Court of Justice London und des Amtsgerichts Nürnberg im Fall der Fa. Hans Brochier Holdings Ltd.

Ein weiterer sehr interessanter Rechtssprechungsfall, welcher insbesondere deshalb außergewöhnlich ist, weil er trotz zunächst konkurrierender Eröffnung zweier Hauptverfahren zu einer einvernehmlichen Kompetenzbestimmung führte, ist der Insolvenzfall der Fa. Hans Brochier Holdings Ltd.. Der Fall zeigt auf, welche Strategie (insbesondere deutsche) Schuldner wählen, um das strenge

1236 So auch Dammann/Podeur, L'affaire Eurotunnel, première application du règlement CE n° 1346-2000 à la procédure de sauvegarde, Recueil Dalloz 2006 Jurisprudence S. 2335 und 2336.

1237 T.com. Paris, 02. 08. 2006, n° 2006047554, Eurotunnel PLC: « Que, si le règlement européen ne traite pas des groupes de sociétés présentes dans plusieurs Etats membres, désormais nombreux dans l'espace unifié européen, il vise à une administration efficace et homogène de la justice partout où il s'applique. »

1238 « Attendu qu'il est d'une bonne administration de la justice de trouver une solution unique à la même difficulté financière qui menace les dix-sept entités requérantes toutes garantes solidaires d'une dette qui excède leur capacité de remboursement. »

1239 Dieser „pragmatic approach" wurde auch schon bei den Entscheidungen des Trib. de com. de Nanterre festgestellt, Gaillot, The interpretation by French courts of the EU COMI notion – A EU perspective, S. 4 ; bzgl. Eurotunnel, Dammann/Podeur, L'affaire Eurotunnel, première application du règlement CE n° 1346-2000 à la procédure de sauvegarde, Recueil Dalloz 2006 Jurisprudence S. 2336.

Insolvenzrecht im Mitgliedstaat ihres Interessenmittelpunktes durch „forum shopping“ zu umgehen, und dass diese im Falle eines verantwortungsvollen Umganges der nationalen Gerichte mit den Vorgaben der Europäischen Insolvenzverordnung nicht von Erfolg gekrönt sein muss.[1240]
Um dem deutschen Insolvenzrecht zu entkommen, hatte der Nürnberger Anlagenbauer, die Fa. Hans Brochier GmbH & Co. KG, sich im Jahre 2005 angesichts drohender Überschuldung in eine englische Limited umgewandelt (von da an Fa. Hans Brochier Holdings Ltd.).[1241] In Großbritannien ging die Gesellschaft keinerlei Tätigkeit nach und verfügte über kein eigenes Büro;[1242] in Deutschland befanden sich sieben Betriebstätten sowie eine Niederlassung in Nürnberg, von welcher aus das gesamte operative Geschäft gesteuert sowie die Personal- und Finanzverwaltung geführt wurde.[1243] Der insolvenzrechtliche Fall nahm einen bemerkenswerten Anfang:[1244] Am 4. August 2006 stellten die Geschäftsführer der Limited einen Insolvenzantrag bei dem High Court of Justice London, wobei sie „tatsachenwidrig ohne weitere Substanziierung oder Begründung einfach behauptet[en], Zentrum der hauptsächlichen Interessen der Fa. Hans Brochier Holdings Ltd. sei England.“[1245] Ohne Anhörung oder weitere Prüfung seiner Zuständigkeit gab der High Court diesem Antrag um 12.34 Uhr desselben Tages statt, eröffnete mit einem „Out of Court Appointment“ das Insolvenzverfahren über das Vermögen der Gesellschaft und bestellte zwei Joint Administrators.[1246] Nur knapp zwei Stunden später, um 14.30 Uhr, ordnete das AG Nürnberg auf Antrag von sechs Arbeitnehmern der Brochier Holdings Ltd. die vorläufige Insolvenzverwaltung über das Vermögen des Unternehmens an und bestellte einen vorläufigen Insolvenzverwalter, ohne von der vorherigen Verfahrenseröff-

---

[1240] CMS Newsletter, October 2006, S. 6, abrufbar unter http://www.cmslegal.com/Uploads/1352/Restructuring%20and%20Insolvency%20Newsletter-Final-23102006.Pdf (zuletzt aufgerufen am 13. 04. 2007).

[1241] Ballmann, Londoner Gericht stoppt erstmals Flucht vor dem deutschen Insolvenzrecht, SR vom 26.01.2007, Heft 02, S. 46, abrufbar unter http://www.der-betrieb.de/psdb/fn/db/sfn/bp/SH/0/cn/doc/bt/0/p1/142/p2/143/bstruc/113/ID/SR_070046A/index.html (zuletzt aufgerufen am 13. 04. 2007).

[1242] International Caselaw Alert No.13, I/2007, S. 7, abrufbar unter http://ww9184.wb09.de/eirdatabase/insolvency-caselaw-alert.php (zuletzt aufgerufen am 13. 04. 2007).

[1243] Urteil des AG Nürnberg vom 15. 08. 2006 – 8004 IN 1326-1331/06 (Brochier Holdings I), abrufbar unter http://ww9184.wb09.de/eirdatabase/judgement_detail.php?caseID=176 (zuletzt aufgerufen am 13. 04. 2007).

[1244] CMS Restructuring and Insolvency in Europe, Newsletter October 2006, S. 6, spricht von einem “remarkable start”.

[1245] Urteil des AG Nürnberg vom 15. 08. 2006 – 8004 IN 1326-1331/06 (Brochier Holdings I).

[1246] Siehe die Ausführungen im Urteil des AG Nürnberg vom 01. 10. 2006 – 8034 IN 1326-1326/06, (Brochier Holdings II), abrufbar unter http://ww9184.wb09.de/eirdatabase/judgement_detail.php?caseID=177 (zuletzt aufgerufen am 13. 04. 2007).

nung in England zu wissen.[1247] Besondere Brisanz erhielt der Fall dadurch, dass nach der deutschen Rechtslage drei Monate lang Insolvenzgeld gezahlt werden kann, was dem Insolvenzverwalter die Weiterführung des Betriebes und dessen Veräußerung als aktive Geschäftseinheit ermöglicht – dieses Insolvenzgeld wird jedoch nur im Falle eines deutschen Hauptverfahrens gezahlt.[1248] Am 14. August 2006 reichten die englischen Insolvenzverwalter – überzeugt von der Argumentation des deutschen Insolvenzverwalters[1249] – beim High Court den Antrag auf Umwandlung des englischen Hauptverfahrens in ein Sekundärverfahren ein, da der Mittelpunkt der hauptsächlichen Interessen der Fa. Hans Brochier Holdings Ltd. in Deutschland liege.[1250]

In seinem richtungweisenden Urteil vom 15. August 2006[1251] stellte der High Court of Justice für die Bestimmung des Mittelpunktes der hauptsächlichen Interessen nach Artikel 3 Abs. 1 EuInsVO entscheidend darauf ab, wo für außenstehende Dritte erkennbar der Schwerpunkt der wirtschaftlichen Aktivität liege und nicht darauf, in welchem Land die interne Entscheidungsfindung des Unternehmens stattfinde.[1252] Von einem „anglo-centric COMI approach", wie er vielfach kritisiert wurde, kann hier nicht mehr die Rede sein; vielmehr bezieht der englische Richter ganz im Sinne einer innergemeinschaftlichen Kooperation auch die Argumentation seiner deutschen Kollegen mit ein.[1253] Der High Court hat vorliegend die Vermutung des Artikels 3 Abs. 1 S. 2 EuInsVO zugunsten des (englischen) satzungsmäßigen Sitzes zum ersten Mal als widerlegt angesehen[1254]. Der entscheidende Richter, Mr. Warren, stellte fest: "In my judgment, the only possible conclusion to reach from the totality of the evidence, which I have recited, is that the centre of main interest is in Germany and has, at all material times, and particularly on 4 August 2006, been so. The *objective and*

1247 Urteil des AG Nürnberg vom 15. 08. 2006 – 8004 IN 1326-1331/06 (Brochier Holdings I).

1248 Ballmann, Londoner Gericht stoppt erstmals Flucht vor dem deutschen Insolvenzrecht, SR vom 26. 01. 2007, Heft 02, S. 46.

1249 International Caselaw Alert No.13, I/2007, S. 7.

1250 Urteil des AG Nürnberg vom 15. 08. 2006 – 8004 IN 1326-1331/06 (Brochier Holdings I).

1251 Urteil des High Court of Justice Chancery Division, London, Hans Brochier Ltd v. Exner, Case No: 5618/06 [2006] EWHC 2594 (Ch), abrufbar unter www.der-betrieb.de/pdf/Limited_High_Court_Urteil_zur_Anwendung_deutschen_Insolvenzrechts.pdf (zuletzt aufgerufen am 03. 10. 2007).

1252 Ballmann, Londoner Gericht stoppt erstmals Flucht vor dem deutschen Insolvenzrecht, SR vom 26. 01. 2007, Heft 02, S. 46.

1253 Hans Brochier Ltd v. Exner, Case No: 5618/06 [2006] EWHC 2594 (Ch), Rn. 27: "Of course, the decision of the Nuremberg court is not strictly binding on me but I do pay attention to the conclusion reached, as will become apparent in a moment, because of the conclusion I reach, and so I find comfort and support in that."

1254 Ballmann, SR vom 26. 01. 2007, Heft 02, S. 46.

ascertainable facts point inevitably to that conclusion."[1255] Damit begab sich das englische Gericht ganz auf die vom EuGH in der Rechtssache Eurofood vorgegebene Linie, welche das Kriterium der Feststellbarkeit des Interessenmittelpunktes betont und so zu mehr Vorhersehbarkeit und Rechtssicherheit führt. Der Versuch der Fa. Hans Brochier Holdings Ltd., sich im Wege des „forum shopping" dem deutschen Insolvenzforum sowie Insolvenzrecht zu entziehen, wurde so durch das Einlenken des englischen Richters vereitelt.

Zeitgleich mit dieser sehr begrüßenswerten und ganz im Sinne der Europäischen Insolvenzverordnung ergangenen Entscheidung des englischen Gerichtes, hatte der deutsche vorläufige Insolvenzverwalter den Eröffnungsbeschluss des High Court of Justice vom 4. August 2006 auch vor den deutschen Gerichten attackiert, indem er vor dem AG Nürnberg am 14. August 2006 den Antrag stellte,[1256] den Eröffnungsbeschluss auf Grundlage des Artikels 26 EuInsVO wegen eines Verstoßes gegen den deutschen *ordre public* nicht anzuerkennen.[1257] Diesem Antrag gab das deutsche Gericht ebenfalls am 15. August 2006 statt. Bedauerlicher Weise bezog es sich in seiner (ausführlichen) Begründung des Ordre-Public-Verstoßes nicht auf die Ausführungen des EuGH zu diesem Aspekt im Fall Eurofood. Letztlich kann vorliegend jedoch dahinstehen, ob die Ausführungen des AG Nürnberg in punkto Ordre-Public-Vorbehalt zu überzeugen vermögen,[1258] da der Weg für das deutsche Hauptinsolvenzverfahren bereits durch den „Rückzug" des englischen Gerichts frei wurde.

Am 1. Oktober 2006 eröffnete schließlich das AG Nürnberg das Insolvenzverfahren gem. §§ 2, 3, 11, 17ff. InsO, wobei es ausdrücklich klarstellte, dass „[d]ie Eröffnung [...] als Hauptinsolvenzverfahren entsprechend Art. 3 EuInsVO (Verordnung (EG) Nr.1346/2000 des Rates v. 29.05.2000) in Verbindung mit

---

1255 Hans Brochier Ltd v. Exner, Case No: 5618/06 [2006] EWHC 2594 (Ch), Rn. 31.

1256 International Caselaw Alert No.13, I/2007, S. 7.

1257 Dies tat er, um sicherzustellen, dass die Bundesagentur für Arbeit einer Insolvenzgeldvorfinanzierung zustimmen würde, vgl. das Urteil des AG Nürnberg vom 15. 08. 2006 – 8004 IN 1326-1331/06 (Brochier Holdings I).

1258 Zweifel hieran nährt insbesonder die Tatsache, dass das AG Nürnberg „auch das Fehlen jeglicher Entscheidungsbegründung [als] einen Verstoß gegen den verfahrensrechtlichen deutschen ordre public" betrachtet, da „die Entscheidungsbegründung [...] ein elementares Erfordernis eines fairen Verfahrens" sei, ohne auch nur zu erwähnen, dass es der gängigen englischen Gerichtspraxis entspricht, die Entscheidungsbegründung nachzureichen (vgl. nur den Fall Daisytek). Der EuGH hat in seinem Urtei Eurofood bzgl. des Grundrechtes auf rechtliches Gehör festgestellt, „dass sich das Gericht nicht darauf beschränken kann, seine eigenen Vorstellungen von der Mündlichkeit des Verfahrens und von der fundamentalen Rolle, die diese in seiner Rechtsordnung spielt, zu übertragen, sondern anhand sämtlicher Umstände beurteilen muss ob der vom High Court bestellte „provisional liquidator" hinreichend die Möglichkeit hatte, gehört zu werden." – das AG Nürnberg durfte sich somit nicht ausschließlich auf seinen eigenen Vorstellungen stützen, was vorliegend jedoch der Fall zu sein scheint.

den Erwägungsgründen Nr.12-14 [erfolgt].“[1259] Das Gericht begründete seine internationale Zuständigkeit gemäß Artikel 3 Abs. 1 EuInsVO ausführlich, indem es (unter Bezugnahme auf sein Urteil vom 4. August 2006) feststellte, „die Gesellschaft [habe] ihren Mittelpunkt der hauptsächlichen Interessen (COMI) tatsächlich und abweichend vom eingetragenen Sitz der Hauptniederlassung in Nürnberg.“ Dabei stellte es insbesondere auf folgende Aspekte ab:[1260]

- Die *Hauptverwaltung* (alle für ein Unternehmen notwendigen Verwaltungsteile wie Finanz- und Personalverwaltung) befindet sich in Nürnberg, von wo aus alle unternehmerischen Entscheidungen getroffen werden.
- Alle Verbindungen mit *Kunden und Lieferanten* werden in Nürnberg abgewickelt und von dort aus koordinierend gesteuert.
- Die Gesellschaft tritt *nach außen hin* ausschließlich unter der Adresse ihrer Nürnberger Zentrale auf, die auch als *Gesellschaftsadresse* angegeben wird, was durch den deutschen und englischen *Internetauftritt* belegt wird.
- Fast die Gesamtheit der 693 *Arbeitnehmer* der Gesellschaft arbeitet in der Hauptverwaltung und den deutschen Betriebsstätten.
- Das gesamte *operative Geschäft* der Gesellschaft wird von Deutschland aus gesteuert.
- Nahezu sämtliche *Gläubiger* der Gesellschaft haben ihren Sitz in Deutschland. Praktisch sämtliche wesentlichen Vertragsbeziehungen der Gesellschaft unterliegen deutschem Recht. Die überwiegende Anzahl der Verträge ist auf Deutsch gefasst und wurde in der Bundesrepublik Deutschland abgeschlossen.
- Die *Gläubiger* der Gesellschaft hatten *keinen Einfluss* darauf, dass sie Gläubiger einer englischen Gesellschaft wurden. Sie hatten ihre Geschäftsbeziehungen mit der Rechtsvorgängerin der Gesellschaft, der Firma Hans Brochier GmbH & Co. KG geführt.

Durch seine Ausführungen, in welchen insbesondere die Feststellbarkeit des schuldnerischen Interessenmittelpunktes für Dritte eine zentrale Rolle spielte, gab das AG Nürnberg seiner Entscheidung eine solide Begründungbasis und befand sich – auch wenn es diese nicht erwähnt – in völligem Einklang mit der Rechtsprechung des Europäischen Gerichtshofes.

Ganz im Sinne der Europäischen Insolvenzverordnung entschied denn auch der High Court of Justice in seinem Urteil vom 8. Dezember 2006,[1261] indem er das am 30. August 2006 in England eingeleitete *Sekundärinsolvenzverfahren* man-

---

1259 Urteil des AG Nürnberg vom 01. 10. 2006 – 8034 IN 1326-1326/06 (Brochier Holdings II).

1260 Urteil des AG Nürnberg vom 01. 10. 2006 – 8034 IN 1326-1326/06 (Brochier Holdings II).

1261 Order des High Court of Justice London vom 08. 12. 2006, Nr. 6211/2006.

gels ausreichender Geschäftstätigkeit der Fa. Hans Brochier Holdings Ltd. in England für *unzulässig* erklärte.[1262]

d) Zwischenresümee

Diese Beispiele aus der nach dem EuGH-Urteil Eurofood ergangenen Rechtsprechung machen deutlich, wie mit den Instrumentarien der Europäischen Insolvenzverordnung „forum shopping" vermieden und eine verordnungskonformen Lösung erzielt werden kann, wenn die angerufenen Gerichte die ihnen übertragene Entscheidungs- und Interpretationsmacht im *Geiste der Verordnung* verantwortungsbewusst einsetzen.

In allen drei Rechtsprechungsfällen haben die Gerichte den Begriff des Mittelpunktes der hauptsächlichen Interessen des Insolvenzschuldners auf eine Art und Weise bestimmt, die dem Geiste der Europäischen Insolvenzverordnung entspricht und insbesondere mit den Urteilen des Europäischen Gerichtshofes in Einklang steht. Die nationalen Gerichte haben sich an die Vorgaben des EuGH gehalten und haben sich weder von nationalen Günstigkeitserwägungen leiten lassen, noch der Vorhersehbarkeit des schuldnerischen Interessenmittelpunktes zu wenig Beachtung geschenkt. So wurden im Ergebnis gerechte Lösungen gefunden. Insbesondere setzen sich die Gerichte nicht der Kritik aus, „forum shopping" zuzulassen oder gar zu fördern, da sie sorgfältig im Rahmen einer Gesamtschau nach objektiven und zugleich für Dritte feststellbaren Kriterien gesucht haben, um den schuldnerischen Interessenmittelpunkt zu verorten. Auf diese Art und Weise ist es gelungen, die Europäische Insolvenzverordnung so auszulegen, dass sie – entsprechend dem Willen des Verordnungsgebers – der Unterbindung von „forum shopping" dient, was insbesondere vor dem Hintergrund der durchgeführten ökonomischen Analyse effizienztechnisch sehr zu begrüßen ist. Damit haben die Urteile aufgezeigt, welchen Weg die nationalen Gerichte nach der Entscheidung Eurofood des EuGH beschreiten können. Ihre, den Vorgaben des EuGH-Urteils Staubitz-Schreiber entsprechende, „dynamische Auslegung" des Zuständigkeitskriteriums, ist zudem geeignet, den Effizienzvorteil der Sachnähe voll zum Tragen zu bringen. Der insgesamt kooperative Umgang zwischen den Gerichten in Verbindung mit einer erfreulichen Klarheit und Ausführlichkeit der Begründung der Entscheidungen, erscheint auch geeignet, sowohl die (oftmals zu Ineffizienzen führende) Eröffnung von Sekundärverfahren, als auch das Entbrennen von Rechtsstreitigkeiten über die internationale Zuständigkeit weitestgehend zu verhindern. Diese zuversichtlich stimmende Entwicklung in der Rechtsprechung bildet den Ausgangspunkt für einen

[1262] Ballmann, SR vom 26.01.2007, Heft 02, S. 46.; International Caselaw Alert No.13, I/2007, S. 7.

Vergleich des Zuständigkeitskriteriums der Europäischen Insolvenzverordnung mit alternativen Anknüpfungskriterien. Auf dieser Grundlage können sodann ein Ausblick gewagt und Verbesserungsvorschläge gemacht werden.

2. Kapitel: Alternativen und Verbesserungsvorschläge

Nachdem die Analyse und Bewertung der Anknüpfung der internationalen Zuständigkeit bei grenzüberschreitenden Insolvenzverfahren an den Mittelpunkt der hauptsächlichen Interessen des Schuldners Stärken und Schwächen offenbart hat, soll im Folgenden die weitere Entwicklung der insolvenzrechtlichen Zuständigkeitsanknüpfung eruiert werden. Um die drohende Gefahr zu bannen, durch „forum shopping" der Beteiligten zu ineffizienten und ungerechten Ergebnissen zu gelangen, werden sowohl alternative Lösungsansätze begutachtet als auch auf Grundlage des bestehenden Systems der Europäischen Insolvenzverordnung Verbesserungsvorschläge gemacht.

A) Alternative Konzepte als Ausweg aus dem (drohenden) Dilemma

Obwohl die jüngste Rechtsprechung bereits in eine Richtung weist, in welcher „forum shopping" vermieden wird und somit effiziente Ergebnisse erzielt werden, stellt sich die Frage, ob nicht ein anderes Anknüpfungskriterium für die internationale Zuständigkeit bei grenzüberschreitenden Insolvenzverfahren zu einer klareren Situation führen könnte. Dies ist insbesondere deswegen in Betracht zu ziehen, weil der EuGH, dessen Intervention so elementar wichtig ist, um die Rechtsprechung bezüglich der Auslegung des Schlüsselbegriffes der Europäischen Insolvenzverordnung zu einen, in seiner Rolle durch Artikel 68 EG beschnitten ist. Als transparenteres Anknüpfungskriterium, welches mehr Rechtssicherheit vermitteln könnte, erscheint auf den ersten Blick der *satzungsmäßige Sitz* (bei juristischen Personen und Gesellschaften), respektive der *Wohnsitz* (bei natürlichen Personen). Aber auch die Anknüpfung des deutschen Insolvenzrechtes an den „Mittelpunkt einer selbständigen wirtschaftlichen Tätigkeit" könnte eine Alternative zu der Anknüpfung an den Mittelpunkt der hauptsächlichen Interessen darstellen.

Eine andere Möglichkeit, die Anreizsituation für „forum shopping" unabhängig von dem Kriterium für die internationale Zuständigkeit zu verändern, bestünde zudem in der *Harmonisierung der materiellen Insolvenzrechte*.

So sollen im Folgenden Auswege eruiert werden, welche das „Gefangenendilemma", in dem sich Schuldner und Gläubiger befinden, sobald ihnen die Möglichkeit des „forum shopping" ermöglicht ist und das sich gleichzeitig in einer Dilemma-Situation seitens der Mitgliedstaaten niederschlägt, beenden könnten.

1.) Harmonisierung der materiellen Insolvenzrechte

Nicht als alternatives Konzept zur Anknüpfung an den Mittelpunkt der hauptsächlichen Interessen als determinierendes Kriterium für die internationale Zuständigkeit, sondern als davon unabhängige Möglichkeit, die mit dem Phä-

nomen des „forum shopping“ verbundenen Ineffizienzen abzustellen, kommt eine Harmonisierung der materiellen Insolvenzrechte der Mitgliedstaaten in Betracht.
Dabei ist von vornherein festzuhalten, dass die Harmonisierung der materiellen Insolvenzrechte vor dem Hintergrund des *Subsidiaritätsprinzips*[1263] nur dann gerechtfertigt sein kann, wenn eine Regelung auf nationalstaatlicher Ebene keinen Erfolg verspricht.[1264] Deswegen sowie aufgrund der enormen Unterschiede zwischen den nationalen Insolvenzrechten – und dem dementsprechend weiten Weg der Annäherung – erscheint die Möglichkeit der Harmonisierung augenblicklich in weiter Ferne.

a) Harmonisierung „from the bottom“ aufgrund des Wettbewerbes?

Jedoch ist die momentane Situation, in welcher sich die im Wettbewerb stehenden Mitgliedstaaten zwangsläufig wechselseitig für ihre insolvenzrechtlichen Regelungen interessieren müssen, eventuell der *Wegbereiter* hin zu mehr wechselseitigem Verständnis und einer gemeinschaftlichen Linie. In diesem Zusammenhang stellt sich die Frage, ob dem Wettbewerb der Rechtsordnungen an sich eine *Vereinheitlichungsfunktion* zugeschrieben werden kann.[1265] So wird teilweise darauf vertraut, dass ohne jegliches (weiteres) gesetzgeberisches Zutun „Problemlösungen vom Markt gefunden werden“ und die Konkurrenzsituation auf dem Markt der Rechtsordnungen zu einer „*sanften Harmonisierung*“ führen wird.[1266]
Dies kann allerdings vor dem Hintergrund angezweifelt werden, dass die Attraktion der Nachfrager gerade über Profilierung durch die Besonderheiten des eigenen Modells erfolgt, was innovative Antworten erfordert und somit

---

1263 Artikel 5 Abs. 2 EG-Vertrag.

1264 EuGH, Urteil vom 12. Juli 2005, Alliance for Natural Health e.a., verbundene Rs. 154/04 und 155/04, Rn. 101: „Insoweit ist darauf hinzuweisen, dass das Subsidiaritätsprinzip in Artikel 5 Absatz 2 EG aufgestellt wird, wonach die Gemeinschaft in den Bereichen, die nicht in ihre ausschließliche Zuständigkeit fallen, nach dem Subsidiaritätsprinzip nur tätig wird, sofern und soweit die Ziele der in Betracht gezogenen Maßnahmen auf Ebene der Mitgliedstaaten nicht ausreichend erreicht werden können und daher wegen ihres Umfangs oder ihrer Wirkungen besser auf Gemeinschaftsebene erreicht werden können.“

1265 „Gerade für die EU erscheint der „Wettbewerb der Rechtsordnungen“ daher als Königsweg einer mit dem Subsidiaritätsprinzip zu vereinbarenden Vereinheitlichung „*from the bottom*“.“ Kieninger, Rechtsentwicklung im Wettbewerb der Rechtsordnungen, in Ott/Schäfer (Hrsg.), Vereinheitlichung und Diversität des Zivilrechts in transnationalen Wirtschaftsräumen, 2002, S. 79, die sich jedoch im Ergebnis nicht der Meinung anschließt, welche dem Wettbewerb der Rechtsordnungen eine Vereinheitlichungsfunktion zuschreibt.

1266 So Ott/Schäfer, Die Vereinheitlichung des europäischen Vertragsrechts, in Ott/Schäfer (Hrsg.), Vereinheitlichung und Diversität des Zivilrechts in transnationalen Wirtschaftsräumen, 2002, S. 214.

keinen Zustand der dauerhaften Harmonie wahrscheinlich macht.[1267] Diese Zweifel an den automatischen Harmonisierungstendenzen des Wettbewerbs sind auch im vorliegend untersuchten Fall begründet: Wie bereits dargestellt wurde, gibt es kein einheitliches „Nachfrageverhalten“ auf dem Markt der Insolvenzrechte. Die Mitgliedstaaten unterliegen somit einer heterogenen Anreizsituation; die Präferenzstruktur ist uneinheitlich. Trotz des einheitlichen Zieles (Attraktion möglichst vieler „case placer“) werden sie daher verschiedene Strategien im Wettbewerb verfolgen und somit ihre Insolvenzrechte an den Präferenzen der unterschiedlichen „Nachfrager“ orientieren. Vor diesem Hintergrund ist tendenziell eher eine *Akzentuierung der Unterschiede* zwischen den mitgliedstaatlichen Insolvenzrechten, als deren Angleichung zu erwarten – eine weitere Folge des vom „forum shopping“ erzeugten Wettbewerbes der Insolvenzrechte, die aus Sicht des Verordnungsgebers sicherlich unerwünscht ist.
Eine „automatische“ Auflösung der identifizierten Dilemma-Situation aufgrund wettbewerbsbedingter Angleichung liegt somit fern.

b) Harmonisierung „from the top“ als wünschenswerte Alternative?

Sollte eine wünschenswerte Lösung in der Harmonisierung der (materiellen) Insolvenzrechte liegen, müsste diese *„from the top“* initiiert werden. In einem solchen (zugegebener Maßen fern wirkenden) Harmonisierungsszenario entfiele der hauptsächliche Anreiz für „forum shopping“ auf Gläubiger- und Schuldnerseite, nämlich durch die Manipulation des Forums gleichzeitig „law shopping“ zu betreiben, mangels Varietät des „Angebotes“, so dass keine Ineffizienzen erzeugende Anreizsituation bestünde. Da nur ein gesamteuropäisches Insolvenzrecht zur Auswahl stünde, würde (aller Wahrscheinlichkeit nach) das sachnächste Forum gewählt.
Daraus folgt jedoch nicht, dass sich eine solche Insolvenzrechtsharmonisierung insgesamt als unter Effizienzgesichtspunkten opportun darstellen muss. Vielmehr bedarf es zur Beantwortung dieser Frage, einer detaillierten Analyse aller weiteren effizienzrelevanten Kriterien.[1268] Eine solche würde jedoch den Rahmen dieser Arbeit sprengen und deren Hauptziel – die Auseinandersetzung mit

---

[1267] Kieninger, Rechtsentwicklung im Wettbewerb der Rechtsordnungen, in Ott/Schäfer (Hrsg.), Vereinheitlichung und Diversität des Zivilrechts in transnationalen Wirtschaftsräumen, 2002, S. 79.

[1268] Vergleiche dazu nur die detaillierten Ausführungen zum Gesellschaftsrecht von Armour, Who Should Make Corporate Law? EC Legislation versus Regulatory Competition, ECGI Working Paper Series in Law, Working Paper N°.54/2005, June 2005, abrufbar unter http://papers.ssrn.com/sol3/papers.cfm?abstract_id=757205 (zuletzt aufgerufen am 13. 04. 2007).

dem Konzept des Mittelpunktes der hauptsächlichen Interessen – verfehlen.[1269] Es ist daher – gerade auch vor dem Hintergrund, dass eine Harmonisierung der (materiellen) Insolvenzrechte augenblicklich unrealistisch erscheint[1270] – angebracht, sich vorliegend auf einige Anmerkungen zu beschränken, die es erlauben einen Vergleich zur momentanen Rechtslage nach der Europäischen Insolvenzverordnung zu ziehen:

Dem klaren Vorteil der Harmonisierung im insolvenzrechtlichen Bereich, nämlich der Förderung der Rechtssicherheit im Binnenmarkt durch die Attraktivitätsminderung des „forum shopping“, stehen gewichtige Nachteile gegenüber. So würden durch diese Harmonisierung nationale Besonderheiten verschwinden und die Vielfältigkeit der aktuellen insolvenzrechtlichen Regelungen ginge verloren, was zwangsläufig auch den Verlust bestimmter nicht kumulierbarer Vorteile der jeweiligen Regelungen zur Folge hätte.[1271] Zudem würde die Chance vertan, durch einen *"guten" Wettbewerb* zu einer Verbesserung der Gesamtsituation zu gelangen.[1272] Ein solcher Wettbewerb zeichnet sich dadurch aus, dass die Mitgliedstaaten voneinander lernen und so ihre Insolvenzrechte insgesamt verbessern.[1273] Damit in Zusammenhang steht auch ein weiterer Nachteil der materiellrechtlichen Insolvenzrechtsharmonisierung, der als „*Versteinerungseffekt*“[1274] umschrieben werden kann: Eine Rechtsvereinheitlichung auf europäischer Ebene kann – auch und gerade weil der *dynamisierende Effekt des Wettbewerbes* entfällt – mit einer Verlangsamung der Entscheidungs- und Anpas-

---

1269 Vgl. weiterführend Armour, Who Should Make Corporate Law?; sowie Schmidtchen, Vereinheitlichung des Vertragsrechts in Europa – eine Lösung auf der Suche nach dem Problem? Die Sicht der Neuen Institutionenökonomik.

1270 Neben den politischen Hürden müsste insbesondere die Hürde des in Artikel 5 Abs. 2 EG verankerten Subsidiaritätsgrundsatzes genommen werden; vgl. zu letzterem in Bezug auf die EuInsVO Wessels, International Insolvency Law, Volume X, Kluwer 2006, Rn. 10433, S. 229.

1271 Weise, Kommentar zu Peter Mankowski – Europäisches Internationales Privat- und Prozessrecht im Lichte der ökonomischen Analyse, in Ott/Schäfer (Hrsg.) Vereinheitlichung und Diversität das Zivilrechts in transnationalen Wirtschaftsräumen, 2002, S. 160.

1272 Kerber/Heine, Zur Gestaltung von Mehr-Ebenen-Rechtssystemen aus ökonomischer Sicht, in Ott/Schäfer (Hrsg.) Vereinheitlichung und Diversität das Zivilrechts in transnationalen Wirtschaftsräumen, 2002, S. 173: „Die Vorteile eines solchen Wettbewerbs können [...] in den Experimentierungsvorteilen [liegen], die dadurch entstehen, dass durch Ausprobieren unterschiedlicher rechtlicher Regeln Erfahrungen über die relativ besten rechtlichen Regeln gewonnen und [letztere] durch Imitation verbreitet werden können.“

1273 Armour, Who should make corporate law?, S. 50.

1274 Kieninger, Rechtsentwicklung im Wettbewerb der Rechtsordnungen, in Ott/Schäfer (Hrsg.), Vereinheitlichung und Diversität des Zivilrechts in transnationalen Wirtschaftsräumen, Mohr Siebeck, 2002, S. 77.

sungsprozesse verbunden sein.[1275] In Anbetracht der Tatsache, dass die Entscheidungsprozesse auf gemeinschaftlicher Ebene nicht nur beim Erlass von Rechtsakten, sondern auch bei deren späterer Umgestaltung und Anpassung an aktuelle Entwicklungen langwierig und schwierig sind, erscheint ein einheitliches materielles Insolvenzrecht als zu schwerfällig.[1276]
Bereits diese summarischen Erwägungen zeigen auf, dass die Harmonisierung der Insolvenzrechte auf europäischer Ebene durchaus nicht als Königsweg erscheint.[1277]

c) Zwischenresümee

Die Harmonisierung der materiellen Insolvenzrechte der Mitgliedstaaten ist zwar in der Theorie dazu geeignet, den Anreiz auf Seiten der Schuldner und der Gläubiger, „forum shopping" zu betreiben, größtenteils zu beseitigen. In der Praxis erscheint sie jedoch weder als eine in absehbarer Zeit umzusetzende, noch als eine insgesamt vorzugswürdige Alternative. Teilweise wird argumentiert, der Wettbewerb der Rechtsordnungen hätte per se eine Vereinheitlichungswirkung und führe so zu einer Harmonisierung „from the bottom"; diese Behauptung kann jedoch weder im Allgemeinen noch in der besonderen Situation des Wettbewerbes der Insolvenzrechte überzeugen. Aufgrund heterogenen Nachfrageverhaltens ist vielmehr mit einer Akzentuierung der Unterschiede zu rechnen.
Eine (momentan sehr fern wirkende) Harmonisierung „from the top" brächte bei näherer Betrachtung gravierende Nachteile mit sich. Insbesondere der dann zu erwartende Versteinerungseffekt und der Verlust vielseitiger Lösungen machen diese Alternative unattraktiv.
Eine Vermeidung der Ineffizienzen, welche aufgrund einer weiten Auslegung des Begriffes des Mittelpunktes der hauptsächlichen Interessen, des dadurch begünstigten „forum shopping" und des daraus resultierenden „unguten" Wettbewerbes der Insolvenzrechte[1278] drohen, sollte demnach auf anderem Weg gesucht werden.

1275 Eidenmüller, Obligatorisches versus optionales europäisches Vertragsgesetzbuch, Kommentar zu Ott/Schäfer, Die Vereinheitlichung des europäischen Vertragsrechts – Ökonomische Notwendigkeit oder akademisches Interesse?, in Ott/Schäfer (Hrsg.) Vereinheitlichung und Diversität das Zivilrechts in transnationalen Wirtschaftsräumen, 2002, S. 240, der zudem auf das Problem der weitreichenderen Effekte von *rent seeking* von Interessengruppen bei vereinheitlichtem, obligatorischen Europarecht (spezieller des europäischen Vertragsrechts) aufmerksam macht.

1276 Dies könnte sich eventuell ändern, wenn die Entscheidungsstrukturen innerhalb der EU verändert werden (insbesonder indem das Einstimmigkeitsprinzip gelockert wird).

1277 So im Ergebnis (nicht speziell in Bezug auf das Insolvenzrecht) auch Kieninger, Rechtsentwicklung im Wettbewerb der Rechtsordnungen, 2002, S. 79 ff..

1278 Eidenmüller, Wettbewerb der Insolvenzrechte?, ZGR 2006, Ausgabe 3-4, S.469.

2.) Anknüpfung an den satzungsmäßigen Sitz nach dem Vorbild der Bankenkrisen- und der Versicherungskrisenrichtlinie

Eine weitere Möglichkeit, die Gefahr von Ineffizienzen nach dem Zuständigkeitskonzept der Europäischen Insolvenzverordnung zu bannen, und eine echte Alternative zur momentanen Anknüpfung an den Mittelpunkt der hauptsächlichen Interessen des Schuldners, könnte die Anknüpfung an den *satzungsmäßigen Sitz* von juristischen Personen und Gesellschaften, bzw. den *Wohnsitz* bei natürlichen Personen als zuständigkeitsdeterminierenden Faktor darstellen.[1279] Anstelle der augenblicklich nur widerleglichen Vermutung des Artikels 3 Abs.1 S.2 EuInsVO zugunsten des satzungsmäßigen Sitzes wäre diese also „unwiderleglich auszugestalten"[1280] oder – präziser formuliert – würde es sich dann gar nicht mehr um eine Vermutung handeln, sondern um das alleinige und eindeutige Anknüpfungskriterium für die internationale Zuständigkeit bei juristischen Personen und Gesellschaften. Der satzungsmäßige Sitz (bzw. der Wohnsitz bei natürlichen Personen) würde den Mittelpunkt der hauptsächlichen Interessen als Anknüpfungskriterium verdrängen.[1281]

Als praktisches Beispiel für eine Anknüpfung an den satzungsmäßigen Sitz können im europäischen internationalen Insolvenzrecht die Richtlinie 2001/17/EG des Europäischen Parlaments und des Rates vom 19. März 2001 über die Sanierung und Liquidation von Versicherungsunternehmen[1282] („Versicherungskrisen-RL") und die Richtlinie 2001/24/EG des Europäischen Parlamentes und des Rates vom 4. April 2001 über die Sanierung und Liquidation von Kreditinstituten[1283] („Bankenkrisen-RL") genannt werden.[1284] Diese sollen im Folgenden

---

1279 Diesen Alternativvorschlag favorisieren in Bezug auf den satzungsmäßigen Sitz Eidenmüller, Wettbewerb der Insolvenzrechte?, ZGR 2006, Ausgabe 3-4, S. 480; sowie Csoke, Scandalous Notes - to Bob Wessels' Article "Twenty Suggestions for a Makeover of the EU Insolvency Regulation"[InCA No.12 – V/2006], International CaseLaw Alert No. 13 – I/2007, S. 53.

1280 So Eidenmüller, Wettbewerb der Insolvenzrechte?, ZGR 2006, Ausgabe 3-4, S. 480.

1281 In diesem Sinne auch der Formulierungsvorschlag von Eidenmüller, Wettbewerb der Insolvenzrechte?, ZGR 2006, Ausgabe 3-4, S. 480: „Für die Eröffnung des Insolvenzverfahrens sind bei Gesellschaften und juristischen Personen die Gerichte des Mitgliedstaats zuständig, in dessen Gebiet sich der Satzungssitz der Gesellschaft oder juristischen Person befindet. Hat diese keinen Satzungssitz, so liegt die Zuständigkeit bei den Gerichten des Mitgliedstaats, nach dessen Rechtsvorschriften die Gesellschaft organisiert ist [...]".

1282 ABlEG 2001 Nr. L 110/28 vom 20. 04. 2001, gemäß Art. 32 VersK-RL in Kraft seit dem 20. 04. 2001, abrufbar unter http://eur-lex.europa.eu/LexUriServ/LexUriServ.do?uri=CELEX:32001L0017:DE:NOT (zuletzt aufgerufen am 13. 04. 2007).

1283 ABlEG 2001 Nr. L 125/15 vom 05. 05. 2001, gemäß Art. 35 BK-RL in Kraft seit dem 05. 05. 2001, abrufbar unter http://eur-lex.europa.eu/smartapi/cgi/sga_doc?smartapi!celexplus!prod!DocNumber&lg=de&type_doc=Directive&an_doc=2001&nu_doc=24 (zuletzt aufgerufen am 13. 04. 2007).

kurz dargestellt werden, bevor zum satzungsmäßigen Sitz als alternativem Anknüpfungskriterium im Rahmen der Europäischen Insolvenzverordnung Stellung genommen wird.

a) Überblick über die Regelungen der Bankenkrisen-RL und der Versicherungskrisen-RL

Artikel 1 Abs. 2 EuInsVO nimmt Versicherungsunternehmen und Kreditinstitute vom Anwendungsbereich der Verordnung aus, so dass in Bezug auf diese eine Regelungslücke im europäischen internationalen Insolvenzrecht verblieb.[1285] Die Versicherungskrisen-RL und die Bankenkrisen-RL schließen diese Lücke.[1286] Sie sollen durch ihre teilweise von der Europäischen Insolvenzverordnung abweichenden Regelungen den Besonderheiten des Banken- und Versicherungsgeschäftes Rechnung tragen.[1287] An dieser Aufspaltung der europäischen Insolvenzrechtsmaterie in mehrere unterschiedliche Rechtsakte und insbesondere an deren unterschiedlichen inhaltlichen Regelungen wurde teilweise Kritik geübt.[1288] Aufgrund der Besonderheiten der betroffenen Bereiche, insbesondere der zunehmenden Verflechtung der Finanzmärkte, bankenaufsichtsrechtlicher Erwägungen sowie versicherungsrechtlicher Besonderheiten, erscheint eine gesonderte Regelung jedoch durchaus zweckmäßig und sinnvoll.[1289] Beide Richtlinien sollen insbesondere den gemeinschaftsweiten Schutz der Verbraucher gewährleisten, da letztere im Falle der Insolvenz von Versicherungsunternehmen oder Banken, mit welchen sie eine Geschäftsbeziehung unterhalten, vor finanziellen Verlusten besonders geschützt werden müssen.[1290]
Vorliegend von besonderem Interesse sind zwei grundsätzliche Unterschiede beider Richtlinien im Vergleich zur Europäischen Insolvenzverordnung:

1284 Im Übrigen kennt auch das französische autonome internationale Insolvenzrecht, wie bereits dargestellt, den satzungsmäßigen Sitz als – wenn auch nicht alleiniges – Anknüpfungskriterium der internationalen Zuständigkeit, s.o. Teil 1, 1. Kapitel, B) 1.) b).

1285 Paulus, Europäische Insolvenzverordnung, Kommentar 2006, zu Art. 1, Rn. 12, S. 100.

1286 Braun/Heinrich, Finanzdienstleister in der „grenzüberschreitenden" Insolvenz – Lücken im System?, NZI Heft 11/2005, S. 579.

1287 Duursma-Kepplinger, in D-K/D/Ch, Europäische Insolvenzverordnung, Kommentar 2002, Vorbemerkungen zur EuInsVO, Rn. 29, S. 63.

1288 Kritisch Paulus, Europäische Insolvenzverordnung, Kommentar 2006, Einleitung Rn. 36, S. 70 und zu Art. 1, Rn. 12, S. 100; Duursma-Kepplinger, in D-K/D/Ch, Europäische Insolvenzverordnung, Kommentar 2002, Vorbemerkungen zur EuInsVO, Rn. 29, S. 62.

1289 Cranshaw, Einflüsse des Europäischen Rechts auf das Insolvenzverfahren, Dissertation 2006, S. 1753 und 1774.

1290 So die Stellungnahme auf der Hompage der EU, http://europa.eu/scadplus/leg/de/lvb/l24008.htm (BKRL) sowie http://europa.eu/scadplus/leg/de/lvb/l24022c.htm (VersKRL) (beide zuletzt aufgerufen am 14. 03. 2007).

Zum einen lassen beide Richtlinien für Unternehmen der Kreditwirtschaft und der Versicherungsbranche, welche in der Gemeinschaft ansässig sind, ausschließlich ein einziges Insolvenzverfahren zu und verwirklichen somit den Grundsatz der Einheit und der Universalität des Verfahrens (beinahe) “in Reinform“[1291] – Partikularverfahren, wie sie die Europäische Insolvenzverordnung vorsieht, sind nicht zulässig.[1292] Dies kann zum Anlass genommen werden, an der Aussage des Verordnungsgebers, „ein einziges Insolvenzverfahren mit universaler Geltung für die Gemeinschaft“ sei „aufgrund der großen Unterschiede im materiellen Recht [...] nicht realisierbar“,[1293] zu zweifeln.[1294] Bei kommenden Revisionsüberlegungen bezüglich des Systems der „abgemilderten Universalität“ der Europäischen Insolvenzverordnung wird man in der Tat in der Bankenkrisen- sowie der Versicherungskrisen-RL eine Argumentationsstütze zugunsten der Verwirklichung eines Systems der „reinen Universalität“ sehen können, was in Anbetracht der festgestellten Ineffizienzwirkung von Territorialverfahren aus ökonomischer Sicht begrüßenswert wäre.[1295]
Zum anderen bestimmen beide Richtlinien, für die Entscheidung über Sanierungs- und Liquidationsverfahren bezüglich Versicherungsunternehmen und Kreditinstituten, seien ausschließlich die „Behörden des Herkunftsmitgliedstaates“ zuständig (Prinzip der „*home country control*“).[1296] Da unter diesem „Herkunftsmitgliedstaat“ der Mitgliedstaat zu verstehen ist, in welchem das betroffene Kredit- bzw. Versicherungsunternehmen zugelassen wurde,[1297] ist das ausschließliche Anknüpfungskriterium für die internationale Zuständigkeit der *satzungsmäßige Sitz*.[1298]
Ob diese Anknüpfung an den satzungsmäßigen Sitz auch im Rahmen der Europäischen Insolvenzverordnung die im Vergleich zum Mittelpunkt der haupt-

1291 Allerdings bestehen auch nach der BKRL und der VersKRL Sonderanknüpfungen für bestimmte Rechtsverhältnisse; Braun/Heinrich, Finanzdienstleister in der „grenzüberschreitenden“ Insolvenz – Lücken im System?, NZI Heft 11/2005, S. 580.

1292 Artikel 4 Abs. 1 und 8 Abs. 1 VersK-RL, Artikel 3 Abs. 1 und 9 Abs. 1 BK-RL; Cranshaw, Einflüsse des Europäischen Rechts auf das Insolvenzverfahren, Dissertation 2006, S. 1755.

1293 So Erwägungsgrund (11) EuInsVO.

1294 Vgl. Paulus, Europäische Insolvenzverordnung, Kommentar 2006, Einl. Rn. 26, S. 67.

1295 Zur Ineffizienzwirkung von Territorialverfahren siehe Teil 2, 1. Kapitel, B) 1.) b) aa) (3) (3.2).

1296 Artikel 4 Abs. 1 und 8 Abs. 1 VersK-RL, Artikel 3 Abs. 1 und 9 Abs. 1 BK-RL; Braun/Heinrich, Finanzdienstleister in der „grenzüberschreitenden“ Insolvenz – Lücken im System?, NZI Heft 11/2005, S. 579.

1297 Artikel 2 e) VersK-RL, Artikel 2 1. Spiegelstrich BK-RL i.V.m. Artikel 1 Nr. 6 der Richtlinie 2000/12/EG des Europäischen Parlaments und des Rates vom 20. März 2000 über die Aufnahme und Ausübung der Tätigkeit der Kreditinstitute.

1298 Vgl. auch die Stellungnahme auf der Hompage der EU, http://europa.eu/scadplus/leg/de/lvb/l24008.htm (BKRL) sowie http://europa.eu/scadplus/leg/de/lvb/l24022c.htm (VersKRL) (beide zuletzt aufgerufen am 14. 03. 2007).

sächlichen Interessen vorzugswürdige Alternative wäre, soll im Folgenden untersucht werden.

b) Stellungnahme zum satzungsmäßigen Sitz als Anknüpfungskriterium

Als ein Vorteil des Sitzkriteriums für Gesellschaften und juristische Personen wird genannt, dass durch seine *Transparenz und Stabilität* mehr Rechtssicherheit erzeugt werde.[1299] Hinzu kommt, dass – entgegen der Situation bei materiellrechtlicher Harmonisierung (vgl. o.) – ein gewisser dynamisierender Wettbewerb zwischen den mitgliedstaatlichen Rechtssystemen bestehen bleibt, da der Schuldner sich bei der Wahl seines satzungsmäßigen Sitzes gleichsam für ein Insolvenzforum mitentscheidet, so dass das Insolvenzrecht auch einen gewissen Einfluss auf die Standortattraktivität eines Mitgliedstaates hat.[1300]

Die insolvenzrechtliche Zuständigkeit ist bei Anknüpfung an den satzungsmäßigen Sitz in der Tat bereits ex ante klar erkennbar (hohe Transparenz) und eine Sitzverlegung ist nach augenblicklicher Rechtslage recht langwierig und schwierig (große Stabilität). Doch genau an diesem Punkt lassen sich Einwände gegen die Dauerhaftigkeit des angeführten Vorteils des Sitzkriteriums vorbringen: Die bisherige *Unflexibilität* der Unternehmen im Binnenmarkt durch die Hindernisse bei der Verlegung des satzungsmäßigen Sitzes wird zunehmend als *Störfaktor* empfunden. Der EU-Binnenmarktkommissar Charlie McCreevy hat bereits für das Frühjahr 2007 einen Richtlinienvorschlag (die sogenannte 14. Gesellschaftsrechts-Richtlinie) angekündigt, welcher die grenzüberschreitende Sitzverlegung von Unternehmen vereinfachen soll.[1301] So hat er in seiner richtungweisenden Rede vom 21. November 2006 angekündigt, dass er großen Veränderungsbedarf im gesamteuropäischen Gesellschaftsrecht sieht und hat dazu ausgeführt: "Firstly, we need to make sure that companies can fully reap the benefits of the Internal Market. Companies should enjoy *full mobility* within the EU – which is not the case today. For that reason, I have asked my services to start assessing

---

[1299] Vgl. hierzu Eidenmüller, Wettbewerb der Insolvenzrechte?, ZGR 2006, Ausgabe 3-4, S. 481: „An erster Stelle zu nennen ist sicherlich die Transparenz und regelmäßig auch die Stabilität des Anknüpfungspunktes für die Durchführung eines Hauptinsolvenzverfahrens. Satzungssitz bzw. Registrierungsort einer Gesellschaft sind einfach zu erkennen. Gläubiger hätten es leicht, das insoweit anwendbare Insolvenzrechtsregime zu identifizieren und ihr Risiko entsprechend zu bepreisen. Risikoadäquate Kreditbedingungen wären die Folge."

[1300] Eidenmüller, Wettbewerb der Insolvenzrechte?, ZGR 2006, Ausgabe 3-4, S. 479 ff., 483 spricht von einer „kombinierten "Wahl" von Insolvenzforum und Gesellschaftsstatut".

[1301] Rede vom 21. November 2006 in Brüssel, European Parliament JURI Committee (Committee on LegalAffairs), abrufbar unter http://www.briteproject.net/uploads/wfd_11641 9300645642ceed4232--speech-06-720_en%5B1%5D.pdf (zuletzt aufgerufen am 13.04.2007); vgl. dazu auch die Meldung der Financial Times Deutschland vom 22.11.2006: „McCreevy macht Unternehmen mobiler", abrufbar unter http://www.ftd.de/politik/europa/ 134155.html (zuletzt aufgerufen am 13. 04. 2007).

the impact of a Directive enabling companies to *move their registered office* from one Member State to another. On that basis, I envisage submitting a proposal for a *14th Company Law Directive* next spring."[1302] In seinem Bestreben, die 14. Gesellschaftsrechts-Richtlinie zügig auf den Weg zu bringen und Hindernisse bei der grenzüberschreitenden Verlegung des satzungsmäßigen Sitzes aus dem Weg zu räumen, wird dem EU-Binnenmarktkommissar rege Unterstützung aus der Wirtschaft zu Teil.[1303] Auch wenn dieser Flexibilisierungsprozess sicherlich noch einige Zeit in Anspruch nehmen wird, ist mittelfristig damit zu rechnen, dass der satzungsmäßige Sitz eines Unternehmens beweglicher und damit als Anknüpfungskriterium für die internationale Zuständigkeit unsicherer wird. Gestützt wird diese Einschätzung von der Tatsache, dass sich bereits aktuell im Bereich der *grenzüberschreitenden Verschmelzung* von Unternehmen, welche für die Gläubiger des in ein ausländisches Unternehmen „hineinverschmelzenden" Unternehmens einer Sitzverlegung gleichkommt, eine starke *Flexibilisierungstendenz* bemerkbar macht.[1304] So hat der EuGH in seinem Urteil in der *Rechtssache SEVIC* eine Regelung für unvereinbar mit der Niederlassungsfreiheit erklärt, die eine grenzüberschreitende Verschmelzung generell ausschließt, während inländische Verschmelzungen unter bestimmten Voraussetzungen möglich sind.[1305] Die Folge ist, dass (auf Grundlage der Verschmelzungsrichtlinie) im Namen der Niederlassungsfreiheit grenzüberschreitende Verschmelzungen unter den selben Bedingungen wie rein inländische Verschmelzungen möglich sein müssen. Zwar ist es richtig, dass die Verschmelzungsrichtlinie (und voraussichtlich künftig auch die Sitzverlegungsrichtlinie) Schutzvorschriften für die Gläubiger vorsieht, die auch und gerade im Insolvenzfall einschlägig werden können, dies ändert jedoch nichts an der Tatsache, dass der *satzungsmäßige Sitz* als Anknüpfungskriterium für das Insolvenzforum ein *zunehmend unsicherer Faktor* ist. Die als großer Vorteil des Sitzkriteriums

---

1302 Rede vom 21. November 2006 in Brüssel, European Parliament JURI Committee (Committee on LegalAffairs), Hervorhebungen nicht im Original.

1303 Siehe diesbezüglich die Stellungnahme des Bundesverbandes Deutscher Banken vom 20. März 2006, S. 6 und 7, abrufbar unter http://www.bankenverband.de/pic/artikelpic/09 2006/sp060320_EU-Aktionsplan-Gesellschaftsrecht_dt.pdf sowie das Positionspapier des BDI vom 24. März 2006, S. 6 von 11: „From our point of view the time to act has come.", abrufbar unter http://www.bdi-online.de/Dokumente/BDI_Response_COM_Cons_AP_Com pany_Law_pdf (beide zuletzt aufgerufen am 18. 04. 2007).

1304 Vgl. Kieninger, Grenzüberschreitende Verschmelzungen in der EU – das SEVIC-Urteil des EuGH, EWS Heft 2/2006, S. 54, die darlegt, dass die grenzüberschreitende Sitzverlegung bereits schon auf der Basis des derzeit geltenden Rechts durch die Rspr. des EuGH ermöglicht wird, so dass die Zielsetztung der 14. Richtlinie bereits heute im Rahmen der Verschmelzung verwirklicht werden kann.

1305 Urteil des Gerichtshofes (Große Kammer) vom 13. Dezember 2005, Rs. C-4111/03, SEVIC Systems AG, Rn. 31.

genannte Stabilität und daraus resultierende Vorhersehbarkeit für Dritte ist demnach bereits erheblich eingeschränkt und wird noch weiter abnehmen.[1306]
Dass die Anknüpfung an den satzungsmäßigen Sitz eines Unternehmens entgegen der Behauptung seiner Befürworter auch gerade *keinen wirksamen Schutz* gegen das „*forum shopping*“ bietet, welches wie dargestellt sowohl zu ineffizienten als auch zu ungerechten Ergebnissen führt, zeigt anschaulich das Rechtsprechungsbeispiel in der Rechtssache Fa. Hans Brochier Holdings Ltd..[1307] Ein Anknüpfen der internationalen Zuständigkeit an den satzungsmäßigen Sitz dieser englischen Limited hätte gerade dazu geführt, der *schuldnerischen Manipulationsstrategie* zum Erfolg zu verhelfen, da die Umwandlung von einer GmbH & Co. KG in eine Limited mit Sitz in England eben mit dem Ziel erfolgte, das strenge deutsche Insolvenzrechte zu umgehen und stattdessen das flexiblere englische Insolvenzrecht zur Anwendung zu bringen.[1308]
Ein weiterer gewichtiger Nachteil des satzungsmäßigen Sitzes im Vergleich zum Interessenmittelpunkt besteht darin, dass er mit der realen Situation des Schuldners, insbesondere mit der Ausübung seiner Tätigkeit, nichts zu tun haben muss. Es kann sich hier um den (berühmt gewordenen) sprichwörtlichen *Briefkasten* handeln. Vor dem Hintergrund der zunehmenden Flexibilität dieses Briefkastens erscheint die von ihm als Anknüpfungskriterium ausgehende Rechtssicherheit gering. Ein Anknüpfen an den satzungsmäßigen Sitz kann, *auf Kosten der Sachnähe* des Insolvenzforums und –rechtes, an der Realität vorbeigehen. Das zugunsten der Anknüpfung an den satzungsmäßigen Sitz angeführte Argument der Transparenz[1309] kann vor diesem Hintergrund nicht überzeugen.
Auch der von Befürwortern des Sitzkriteriums angeführte Vorzug des Gleichlaufs von Insolvenzrecht und Gesellschaftsstatut[1310] kann den gewichtigen Nachteil der (potentiellen) Sachferne der insolvenzrechtlichen Behandlung nicht ausgleichen. Zwar ist es richtig, dass es einen erhöhten Koordinationsaufwand bedeuten kann, wenn sich im Insolvenzfall das auf ein schuldnerisches Unternehmen anzuwendende Insolvenzrecht von dem anzuwendenden Gesellschaftsrecht unterscheidet;[1311] diesem Nachteil steht jedoch bei Ausrichtung der

---

1306 Ohne auf diese Entwicklungstendenz einzugehen stellt Csoke auf diese Vorhersehbarkeit ab, Scandalous Notes - to Bob Wessels' Article "Twenty Suggestions for a Makeover of the EU Insolvency Regulation"[InCA No.12 – V/2006], International CaseLaw Alert No. 13 – I/2007, S. 54.

1307 Siehe dazu Teil 2, 1. Kapitel, B) 2.) c).

1308 Vgl. Ballmann, Londoner Gericht stoppt erstmals Flucht vor dem deutschen Insolvenzrecht, SR vom 26.01.2007, Heft 02, S. 46.

1309 Eidenmüller, Wettbewerb der Insolvenzrechte? - ZGR 2006, S. 481.

1310 Eidenmüller, Wettbewerb der Insolvenzrechte? - ZGR 2006, S. 482.

1311 Zu den Problemen, welche sich jedoch auch bei einem „Gleichlauf“ ergeben können, vgl. zum deutschen Insolvenzrecht Uhlenbruck, Zur Kollision von Gesellschafts- und Insolvenzrecht in der Unternehmensinsolvenz, in Gerhardt/Haarmeyer/Kreft, Insolvenzrecht im Wandel der Zeit, 2003, S. 479 ff. passim.

internationalen Zuständigkeit für das Insolvenzverfahren am Mittelpunkt der hauptsächlichen Schuldnerinteressen der gewichtigere Vorteil der Sachnähe entgegen. Das Konzept des Mittelpunktes der hauptsächlichen Interessen ist (bei Auslegung im Geiste der Verordnung) Garant für diese Sachnähe des Insolvenzforums, passt sich besser in die Architektur der bestehenden (und zukünftigen) europäischen Regelungen[1312] ein und weist größere Parallelen zu der richtungweisenden Rechtsprechung des EuGH auf,[1313] welche dem Sitzkriterium insgesamt weniger Bedeutung beimisst und für mehr Flexibilität und Freiheit im Binnenmarkt plädiert.
So erweist sich letztlich das generelle Abstellen auf den satzungsmäßigen Sitz bei Unternehmen (sowie auf den Wohnsitz bei natürlichen Personen)[1314] nicht als geeignet, um gegenüber dem Kriterium des Mittelpunktes der hauptsächlichen Schuldnerinteressen zu effizienteren Ergebnissen zu führen.[1315] Das Festhalten an dem Anknüpfungskriterium des Mittelpunktes der hauptsächlichen Interessen des Schuldners erscheint daher als die (zumindest langfristig) der Anknüpfung an den satzungsmäßigen Sitz überlegene Lösung, sobald es gelingt, das Phänomen des opportunistischen „forum shopping" endgültig einzudämmen.

c) Zwischenresümee

Die Bankenkrisen-RL sowie die Versicherungskrisen-RL setzen interessante Vergleichsmaßstäbe bezüglich der Europäischen Insolvenzverordnung. Als Vorbild sollten sie jedoch weniger in punkto Anknüpfungskriterium für die internationale Zuständigkeit, als vielmehr in Bezug auf ihre klarere Umsetzung des Universalitätsprinzipes dienen. So erweist sich das Abstellen auf den satzungsmäßigen Sitz (bzw. den Wohnsitz im Falle natürlicher Personen) als maßgebliches Kriterium für die internationale Zuständigkeit im Rahmen der Europäischen Insolvenzverordnung nicht als vorzugswürdige Alternative. Die zu Gunsten des satzungsmäßigen Sitzes angeführten Argumente, er bilde das stabilere und transparentere Anknüpfungskriterium, scheinen ihrer Zeit hinterher zu hinken, da sich gerade in Anbetracht der jüngeren Rechtsprechung des Europäischen Gerichtshofes sowie der Vorarbeiten zur 14. Gesellschaftsrechtsrichtlinie der satzungsmäßige Sitz eines Unternehmens als zunehmend variabler Faktor präsentiert. Insbesondere der bereits dargestellte Rechtssprechungsfall der

---

1312 Insbesondere die zu erwartenden 14. Gesellschaftsrechts-Richtlinie.

1313 Vgl. die Rspr. des EuGH in den Rs. Centros, Inspire Art, Überseering und SEVIC.

1314 In Bezug auf das Wohnsitzkriterium können im Wesentlichen dieselben Argumente wie beim satzungsmäßigen Sitz herangezogen werden.

1315 Vgl. Schmidtchen/Kirstein/Neunzig, Conflict of law rules and international trade: A Transaction Costs Approach, Center for the Study of Law and Economics, Discussion Paper 2004-01 March 2004, S. 23: "From an efficiency point of view, neither the domicile nor the residence of a party should be a criterion for the allocation of jurisdiction."

Fa. Hans Brochier Holdings Ltd. belegt eindrucksvoll, wie gerade das Abstellen auf den satzungsmäßigen Sitz Manipulationsstrategien seitens der Schuldner Vorschub leisten und somit „forum shopping" beflügeln könnte – ein unter Effizienz- sowie Gerechtigkeitsaspekten abzulehnendes Szenario.

3.) Anknüpfung an den „Mittelpunkt einer selbständigen wirtschaftlichen Tätigkeit des Schuldners" nach deutschem Vorbild

Angesichts der drohenden Gefahr von „forum shopping", verbunden mit den daraus resultierenden Missständen, welche aus der *weiten Auslegung* des Begriffes des Mittelpunktes der hauptsächlichen Interessen folgen, stellt sich die Frage, ob nicht in der Wahl des restriktiveren deutschen Anknüpfungskriteriums des *„Mittelpunktes einer selbständigen wirtschaftlichen Tätigkeit des Schuldners"* ein gesamtgemeinschaftlicher Ausweg liegt. Dieses Anknüpfungskriterium des autonomen deutschen internationalen Insolvenzrechts wurde bereits vorgestellt.[1316] Sein Vorteil kann darin gesehen werden, dass es mit der Forderung nach einer selbständigen wirtschaftlichen Tätigkeit an einen restriktiveren Tatbestand anknüpft, der einer einfacheren Überprüfung zugänglich ist. Diesem (vermeintlichen) Vorteil an Rechtsklarheit und damit –sicherheit steht jedoch der große Nachteil gegenüber, dass der „Mittelpunkt einer selbständigen wirtschaftlichen Tätigkeit" *nicht auf alle Schuldner* Anwendung finden kann, da nicht alle Schuldner eine selbständige wirtschaftliche Tätigkeit, also eine auf Gewinnerzielung gerichtete Tätigkeit im eigenen Namen, ausüben. Damit könnte sich kein koherentes gesamteuropäisches System der Anknüpfung an immer dasselbe Kriterium herausbilden, wie dies im Falle des Mittelpunktes der hauptsächlichen Interessen doch langsam der Fall ist.[1317] Auch wenn der Mittelpunkt der hauptsächlichen Interessen schwieriger zu fassen ist und daher in der europäischen Rechtsprechung einer längeren „Eingewöhnungsphase" bedurfte, so erscheint er aus diesem Grund doch langfristig als vorzugswürdig. Die Unmöglichkeit der Anknüpfung an den Tätigkeitsmittelpunkt für alle Schuldner wird im deutschen Recht mit der Alternativanknüpfung an den allgemeinen Gerichtstand kompensiert. Auf gemeinschaftlicher Ebene verliert das Kriterium des Tätigkeitsmittelpunktes jedoch aufgrund des Erfordernisses einer Alternativanknüpfung viel vom Reiz seiner Einfachheit. Zwar könnte auch auf europäischer Ebene eine Alternativanknüpfung beispielsweise an den satzungsmäßigen Sitz bzw. den Wohnsitz gewählt werden, wie jedoch eben dargestellt, ist eine

---

1316 Siehe Teil 1, 1. Kapitel, B) 2.) a) bb).

1317 So sprach das Tribunal de commerce da Paris in seinen Urteielen vom 02. August 2006, (n° 2006047554, Eurotunnel PLC) bereits von einer „nunmehr gefestigten europäischen Rechtsprechung" („une jurisprudence européenne désormais bien établie") in punkto Mittelpunkt der hauptsächlichen Interessen; vgl. dazu oben unter Teil 2, 1. Kapitel, B) 2.) b).

solche gegenüber der Anknüpfung an den Mittelpunkt der hauptsächlichen Interessen nicht vorzugswürdig.
Ein weiterer Nachteil der Anknüpfung an den schuldnerischen Tätigkeitsmittelpunkt nach deutschem Vorbild, welcher die von diesem Kriterium erzeugte Rechtssicherheit relativiert, wenn nicht gar aufhebt, ist sein Versagen im Falle der *Tätigkeitseinstellung*. Die deutsche Rechtsprechung nimmt im Falle der Tätigkeitseinstellung eine Verlagerung der örtlichen (und damit der internationalen) Zuständigkeit an den Ort des allgemeinen Gerichtsstandes an – eine nach dem Konzept des deutschen Insolvenzrechts folgerichtige Entscheidung, da als alternative Anknüpfung der allgemeine Gerichtsstand zur Verfügung steht.[1318] Auf europäischer Ebene würde diese Änderung der internationalen Zuständigkeit im Falle der Tätigkeitseinstellung jedoch dazu führen, dass das Insolvenzforum gerade nicht sicher vorhersehbar wäre, was Rechtsunsicherheit hervorriefe. Angenommen, im Moment der Tätigkeitseinstellung richte sich die internationale Zuständigkeit auf europäischer Ebene nach dem satzungsmäßigen Sitz bzw. dem Wohnsitz des Schuldners, so träte genau der Fall ein, den das AG Hamburg bei seiner Entscheidung vom 01. 12. 2005 mit folgenden Worten umschrieben hat: „Die auf Art. 3 Abs. 1 Satz 1 EuInsVO gegründete und damit berechtigte Erwartung der Gläubiger hinsichtlich des künftigen Insolvenzstatuts würde schließlich durch eine auslegungsbedingte Verlagerung der internationalen Zuständigkeit in eben jenem Fall enttäuscht, in dem sie sich bewähren soll, dem Moment des wirtschaftlichen Scheiterns des Vertragspartners."[1319] Versuchte man dieses Problem dadurch zu lösen, dass man auch bei Tätigkeitseinstellung weiter an den Ort der früheren Tätigkeit anknüpfte, wäre erstens nicht mehr gewährleistet, dass das sachnächste Forum gewählt würde und zweitens könnte nicht berücksichtigt werden, ob die Gläubiger des Schuldners (bspw. bei länger zurückliegender Tätigkeitseinstellung) bereits auf ein anderes Forum vertrauen. Knüpfte man bei Tätigkeitseinstellung an den satzungsmäßigen Sitz bzw. den Wohnsitz an, so gäbe dies dem Schuldner auch die Möglichkeit, die internationale Zuständigkeit zu manipulieren, indem er den Insolvenzantrag bis zur vollständigen Tätigkeitseinstellung hinauszögern könnte, um so die Zuständigkeit der Gerichte des (Wohn-)Sitzstaates zu erwirken (Gefahr des „forum shopping").[1320]
Vor diesem Hintergrund wird deutlich, dass eine Anknüpfung an den „Mittelpunkt einer selbständigen wirtschaftlichen Tätigkeit des Schuldners" auf europäischer Ebene keinen Vorteil in punkto Rechtssicherheit und –klarheit gegenüber der Anknüpfung an den Mittelpunkt der hauptsächlichen Interessen mit

---

[1318] Vgl. dazu oben unter Teil 1, 1. Kapitel B) 2.) a) bb) sowie § 3 Abs. 1 InsO.
[1319] AG Hamburg, Beschluss vom 01. 12. 2005 - 67a IN 450/0, abgedruckt in ZInsO 2005, S. 1282 – 1283 (S. 1283) (Ausgabe 23 vom 15.12.2005).
[1320] Diese Gefahr sieht auch das AG Hamburg, Beschluss vom 01. 12. 2005 - 67a IN 450/0, a.a.O. S. 1283.

sich brächte und zudem nicht als alleiniges Anknüpfungskriterium ausreichen würde.

Zwischenresümee

Obwohl das Anknüpfungskriterium des „Mittelpunktes einer selbständigen wirtschaftlichen Tätigkeit des Schuldners" nach dem Vorbild des deutschen Insolvenzrechts auf den ersten Blick aufgrund seiner restriktiveren Ausgestaltung als leichter zu handhabendes Kriterium erscheint, ist es auf gemeinschaftsrechtlicher Ebene dem Mittelpunkt der hauptsächlichen Interessen unterlegen. Da es eine selbständige wirtschaftliche Tätigkeit erfordert, ist es nicht für alle Schuldner geeignet und müsste durch alternative Anknüpfungskriterien ergänzt werden, was die Bestimmung der internationalen insolvenzrechtlichen Zuständigkeit unnötig verkompliziert. Der Wegfall des Anknüpfungsmomentes im Falle der Tätigkeitseinstellung erzeugt zudem Rechtsunsicherheit und eröffnet die Möglichkeit des „forum shopping" durch den Schuldner.

In Anbetracht der Defizite der alternativen Anknüpfungskriterien erweist sich das Anknüpfungskriterium des Mittelpunktes der hauptsächlichen Interessen des Schuldners als vorzugswürdig. Denn nur der schuldnerische Interessenmittelpunkt ist geeignet, bei seiner Auslegung gemäß dem Willen des Verordnungsgebers, zum sachnächsten Insolvenzforum und –recht und zu gerechten und effizienten Ergebnissen zu führen. Vor diesem Hintergrund sollen im Folgenden Verbesserungen bezüglich dieses Kriteriums erörtert werden, welche „forum shopping" verhindern können.

B) Mögliche Verbesserungen im System der Europäischen Insolvenzverordnung

Die Auseinandersetzung mit dem Mittelpunkt der hauptsächlichen Interessen lässt sich wie folgt zusammenfassen: Interessanter Weise führt sowohl die ökonomische Analyse des Zuständigkeitskonzeptes der Europäischen Insolvenzverordnung als auch dessen Betrachtung unter dem juristischen Blickwinkel zu denselben Ergebnissen.

Erstens: Die Anknüpfung an den Mittelpunkt der hauptsächlichen Interessen an sich stellt sich als gelungen dar; sie führt weder zu ineffizienten noch zu ungerechten Ergebnissen. Die Lösung der im Falle von „forum shopping" festgestellten Dilemma-Situation für Schuldner, Gläubiger und Mitgliedstaaten sollte folglich unter Beibehaltung des Anknüpfungskriteriums des Mittelpunktes der hauptsächlichen Schuldnerinteressen gesucht werden. Nur so kann die effizienzsteigernde Wirkung erhalten bleiben, welche in der Anknüpfung an das

sachnächste Forum und damit in der Anwendbarkeit der sachnächsten lex concursus liegt.
Zweitens: Ineffizienzen und ungerechte Ergebnisse ergeben sich nur bei einer Auslegung des Mittelpunktes der hauptsächlichen Interessen wider den Geist der Verordnung, wenn „forum shopping" ermöglicht und die Rechtssicherheit und Vorhersehbarkeit missachtet werden. Wie bereits dargestellt, basieren die festgestellten *Ineffizienzwirkungen* auf dem Phänomen des „forum shopping", welches seinerseits auf einer zu weiten Auslegung des Begriffes des Mittelpunktes der hauptsächlichen Schuldnerinteressen beruht. Diese weite, „forum shopping" begünstigende Auslegung, wurde gleichzeitig als *Ungerechtigkeitsfaktor* identifiziert, da sie zum einen die Vorhersehbarkeit der internationalen Zuständigkeit (vor allem auf Seiten der Gläubiger, aber auch des Schuldners selbst) verhindert und somit zu Rechtsunsicherheit führt. Zum anderen ist sie ein Einfallstor für die Berücksichtigung rein national motivierter Interessen, was den Zielen der Verordnung entgegenläuft und der gesamteuropäischen Interessenlage nicht gerecht wird.
Wegen dieser Missstände das System der Verordnung insgesamt in Frage zu stellen, hieße jedoch, über das Ziel hinauszuschießen.[1321] Vielmehr ist es angebracht, über Maßnahmen nachzudenken, welche die Ziele der Verordnung[1322] bei ihrer Anwendung und insbesondere bei der Auslegung des Begriffes des Mittelpunktes der hauptsächlichen Interessen zur Geltung bringen.[1323]
Drittens: Das Kriterium der *Feststellbarkeit für Dritte* erweist sich als Schlüssel zu effizienten und gerechten Ergebnissen. Die dargestellten, nach der wegweisenden EuGH-Entscheidung in der Rechtssache Eurofood ergangenen Urteile der mitgliedstaatlichen Gerichte weisen bereits in die richtige Richtung. Der Schlüssel zum Erfolg des Anknüpfungskriteriums des Mittelpunktes der hauptsächlichen Interessen liegt in der Stärkung und achtsamen Prüfung des Tatbestandsmerkmals der Feststellbarkeit für Dritte i.S.d. Erwägungsgrundes (13) EuInsVO. Damit in engem Zusammenhang steht die Klarstellung durch den Gerichtshof, dass der Vermutung zugunsten des satzungsmäßigen Sitzes aus Artikel 3 Absatz 1 S.2 EUInsVO ein starker Stellenwert beizumessen ist. Dies macht der EuGH deutlich, indem er zu ihrer Widerlegung *objektive und für Dritte feststellbare Elemente* fordert. Das Urteil des Europäischen Gerichtshofes

---

1321 So aber Csoke, Scandalous Notes - to Bob Wessels' Article "Twenty Suggestions for a Makeover of the EU Insolvency Regulation"[InCA No.12 – V/2006], International CaseLaw Alert No. 13 – I/2007, S. 53 ff..

1322 Hinzuweisen ist hier nochmals auf Erwägungsgrund (4), welcher mit wünschenswerter Klarheit die Verhinderung von „forum shopping" zum Ziel erklärt.

1323 In diesem Sinne auch Wessels, Twenty Suggestions for a Makeover of the EU Insolvency Regulation, International Caselaw Alert, No. 12, V/2006, S. 68 ff. abrufbar unter http://ww9184.wb09.de/eirdatabase/insolvency-caselaw-alert.php (zuletzt aufgerufen am 13.04.2007)

in der Rechtssache Eurofood kann somit als Wegbereiter hin zu gerechten und effizienten Folgen des Zuständigkeitskriteriums des Mittelpunktes der hauptsächlichen Interessen gesehen werden. Da dieses Urteil jedoch, wie aufgezeigt, noch ein großes Interpretationsfeld offen lässt, ist es angebracht, weiterreichende Maßnahmen in Betracht zu ziehen, um bezüglich der Auslegung des Zuständigkeitskriteriums der Verordnung zu mehr Rechtssicherheit und –klarheit zu gelangen.

Die im Rahmen dieser Arbeit gewonnenen Erkenntnisse sollen daher genutzt werden, um unter Beibehaltung des Anknüpfungskriteriums des Mittelpunktes der hauptsächlichen Schuldnerinteressen und aufbauend auf der insgesamt positiven Bilanz der Europäischen Insolvenzverordnung Verbesserungsmöglichkeiten aufzuzeigen, welche die Gefahr des „forum shopping" weitestgehend beseitigen und so die noch bestehenden Missstände im Zusammenhang mit der Zuständigkeitsbestimmung über den Mittelpunkt der hauptsächlichen Interessen bestmöglich ausräumen.[1324]

1.) Verbesserungsvorschläge bezüglich des Begriffes des Mittelpunktes der hauptsächlichen Interessen

Bei folgenden Punkten besteht unmittelbar im Zusammenhang mit der Anknüpfung der internationalen Zuständigkeit an den Mittelpunkt der hauptsächlichen Schuldnerinteressen Handlungsbedarf.

a) Aufnahme der „Definition" des Erwägungsgrundes (13) EuInsVO in Artikel 2 EuInsVO

Obwohl der EuGH die Bedeutung des Erwägungsgrundes (13) EuInsVO betont hat, indem er von diesem als „Definition" des Begriffes des Mittelpunktes der hauptsächlichen Interessen sprach,[1325] kann man nicht umhin, die Verortung dieser Regelung zu kritisieren. Gerade die Definition des Schlüsselbegriffes der Verordnung nicht im (allein) rechtsverbindlichen Teil der Artikel der Europäischen Insolvenzverordnung, sondern im „einleitenden" Teil der Erwägungsgründe festzuschreiben, ist missglückt. Es wäre daher wünschenswert, Artikel 2 EuInsVO, welcher die Legaldefinitionen einer Reihe von Begriffen enthält,[1326] um die Definition des Mittelpunktes der hauptsächlichen Interessen zu erweitern, um so den nationalen Gerichten klar vor Augen zu führen, welcher Stellenwert der Aussage des Erwägungsgrundes (13) EuInsVO beizumessen ist. Auf diese Weise würde offensichtlich, dass eine Außerachtlassung des Tatbe-

---

[1324] Vgl. auch Wessels, Twenty Suggestions for a Makeover of the EU Insolvency Regulation, International Caselaw Alert, No. 12, V/2006, S. 68.

[1325] EuGH-Urteil Eurofood, Rn. 33 i.V.m. Rn. 32.

[1326] Virgós/Schmit, Erläuternder Bericht, Rn. 61.

standsmerkmales der „Feststellbarkeit für Dritte" einen Verstoß gegen die Verordnung darstellt.

Artikel 2 EuInsVO sollte wiefolgt ergänzt werden:

„Definitionen

Für die Zwecke dieser Verordnung bedeutet

[...]

i) „Mittelpunkt der hauptsächlichen Interessen" der Ort, an welchem der Schuldner gewöhnlich der Verwaltung seiner Interessen nachgeht und damit für Dritte feststellbar ist."

b) Ergänzung der widerlegbaren Vermutung zugunsten des satzungsmäßigen Sitzes

Eine weitere Ergänzung des Verordnungstextes wäre in Bezug auf die widerlegbare Vermutung zugunsten des satzungsmäßigen Sitzes aus Artikel 3 Abs. 1 S. 2 EuInsVO wünschenswert. Die diesbezüglich erfolgte Klarstellung durch den EuGH, „bei der Bestimmung des Mittelpunkts der hauptsächlichen Interessen einer Schuldnergesellschaft [lasse sich] die vom Gemeinschaftsgesetzgeber zugunsten ihres satzungsmäßigen Sitzes aufgestellte widerlegliche Vermutung nur entkräften, wenn *objektive und für Dritte feststellbare Elemente* belegen, dass in Wirklichkeit die Lage nicht derjenigen entspricht, die die Verortung am genannten satzungsmäßigen Sitz widerspiegeln soll,"[1327] könnte sehr einfach in den Verordnungstext eingeführt werden. So könnte Artikel 3 Abs. 1 S. 2 EuIns-VO dahingehend ergänzt werden, dass „bei Gesellschaften und juristischen Personen bis zu dem *auf objektiven und für Dritte feststellbaren Elementen beruhenden* Beweis des Gegenteils vermutet wird, dass der Mittelpunkt ihrer hauptsächlichen Interessen der Ort des satzungsmäßigen Sitzes ist."

Damit ginge eine wesentliche Stärkung der Vermutungsregelung einher, ohne dass dies eine Aufgabe der Flexibilität des Anknüpfungskriteriums, welche der Sachnähe des Insolvenzforums (und damit auch des Insolvenzrechtes) zu Gute kommt, zur Folge hätte. Gerade den neuen (bzw. neueren) Mitgliedstaaten, welche große Anpassungsleistungen zu erbringen haben, würde damit eine Entscheidungshilfe an die Hand gegeben, wie sie von Praktikern dieser Länder gefordert wird.[1328] Aber auch in den alten Mitgliedstaaten ist eine Klarstellung (wie ein Blick auf die Rechtsprechung insbesondere vor dem Urteil Eurofood zeigt) hilfreich, um Streit zu vermeiden und zu gerechten Urteilen zu gelangen.

1327 EuGH-Urteil Eurofood, Rn. 34; Hervorhebung nicht im Original.

1328 Vgl. Csoke, Scandalous Notes - to Bob Wessels' Article "Twenty Suggestions for a Makeover of the EU Insolvency Regulation"[InCA No.12 – V/2006], International CaseLaw Alert No. 13 – I/2007, S. 53 ff.

c) Aufnahme einer Begründungspflicht bezüglich der Verortung des Mittelpunktes der hauptsächlichen Interessen

Im Zusammenhang mit der eben dargestellten Präzisierung der für die Verortung des Mittelpunktes der hauptsächlichen Interessen relevanten Elemente, steht das Erfordernis, diese Elemente in den Eröffnungsurteilen auch tatsächlich wieder zu finden. Für die Nachvollziehbarkeit und damit die Akzeptanz der Eröffnungsentscheidungen ist es elementar wichtig, dass die Verortung des Mittelpunktes der hauptsächlichen Interessen des Schuldners unmittelbar bei Erlass des Urteils begründet wird. Die im deutschen Recht in Artikel 102 §2 EGInsO verankerte Begründungspflicht des Eröffnungsbeschlusses, wonach „die tatsächlichen Feststellungen und rechtlichen Erwägungen kurz dargestellt werden [sollen], aus denen sich eine Zuständigkeit nach Artikel 3 der Verordnung (EG) Nr. 1346/2000 [...] ergibt", kann hierbei als Vorbild dienen. In diesem Sinne sollte in Artikel 3 Abs. 1 EuInsVO ein weiterer Satz eingefügt werden, welcher besagt: „Die Bejahung oder Verneinung der eigenen internationalen Zuständigkeit auf Grundlage dieses Artikels ist zu begründen."

Der aus kontinentaler Sicht befremdlichen und in Anbetracht des Rechtes auf ein faires Verfahren aus Artikel 6 EMRK abzulehnenden,[1329] britischen Tradition, Urteile zunächst ohne Begründung zu erlassen, wären so Grenzen gesetzt. Dies wäre angesichts der Chance, mit einer Urteilsbegründung für Rechtsklarheit und Nachvollziehbarkeit der Eröffnungsentscheidungen zu sorgen und damit Ressourcen verschwendenden Zuständigkeitsstreitigkeiten entgegen zu wirken, sehr zu begrüßen.

d) Explizite Aufnahme insolvenzbezogener Verfahren in Artikel 3 EuInsVO

Um die aufgezeigten Unklarheiten bezüglich der internationalen Zuständigkeit für insolvenzbezogene Verfahren auszuräumen und die Rolle des Mittelpunktes der hauptsächlichen Schuldnerinteressen als Zuständigkeitskriterium auch für diese Verfahren klarzustellen, sollte Artikel 3 EuInsVO geändert werden. Diesbezüglich kann auf den Formulierungsvorschlag von Charlotte Willemer verwiesen werden, die anregt, einen wie folgt lautenden Absatz 1a) in Artikel 3 EuInsVO einzuführen:

„(1a) Die Gerichte nach Absatz 1 Satz 1 sind gleichfalls zuständig für solche Entscheidungen, die unmittelbar aufgrund des Insolvenzverfahrens ergehen und in engem Zusammenhang damit stehen. Hierzu gehören insbesondere Entscheidungen über

[1329] Dahingehend überzeugend Vallens, Le règlement européen sur les procédures d'insolvabilité à l'épreuve des groupes de sociétés : l'arbitrage de la CJCE, JCP entreprise et affaires, 2006, S. 1224.

a) Streitigkeiten, die die Feststellung einer Forderung zur Insolvenztabelle betreffen, auch wenn lediglich der Bestand der Forderung streitig ist, sowie Streitigkeiten über die Eigenschaft einer Forderung als Masse- oder Insolvenzforderung;
b) Insolvenzanfechtungsklagen;
c) Streitigkeiten zwischen Schuldner und Verwalter über die Befugnisse des Verwalters sowie Streitigkeiten über die Haftung des Verwalters oder seine Vergütung."[1330]

Damit wäre die Zuständigkeitslücke zwischen dem EuGVÜ/der EuGVVO und der Europäischen Insolvenzverordnung auf klare und dem *effet utile* der Europäischen Insolvenzverordnung dienliche Weise geschlossen.[1331]

Die genannten, den Mittelpunkt der hauptsächlichen Interessen unmittelbar betreffenden Verbesserungsvorschläge können – so die wohl klarste Lösung – durch eine Änderung des Verordnungstextes erfolgen, welche von der Kommission initiiert werden könnte.[1332] Nach Artikel 46 EuInsVO muss die Kommission „dem Europäischen Parlament, dem Rat und dem Wirtschafts- und Sozialausschuß bis zum 1. Juni 2012 und danach alle fünf Jahre einen Bericht über die Anwendung" der Europäischen Insolvenzverordnung vorlegen, welcher „gegebenenfalls einen Vorschlag zur Anpassung [der] Verordnung [enthält]".[1333] Dieser Änderungsprozess ist jedoch langwierig und schwierig,[1334] weshalb er gerade für den sich dynamisch entwickelnden Bereich des internationalen Insolvenzrechts zu Recht als zu langsam und schwerfällig kritisiert wurde.[1335]
Eine alternative Möglichkeit zu diesem legislativen Eingreifen besteht in der erneuten Intervention des Europäischen Gerichtshofes in den angesprochenen

1330 Willemer, Vis attractiva concursus und die Europäische Insolvenzverordnung, 2006, Anhang, S. 401.

1331 Vgl. Duursma-Kepplinger, in D-K/D/Ch, Europäische Insolvenzverordnung, Kommentar 2002, zu Art. 25, Rn. 48, S. 440; sowie ausführlich m.w.N. unter Teil 1, 1. Kapitel, A) 1.) b) bb) (2).

1332 Vgl. Artikel 46 EuInsVO.

1333 Artikel 46 EuInsVO.

1334 Die Entstehungsgeschichte der Europäischen Insolvenzverordnung belegt anschaulich wie schwierig eine Kompromissfindung schon im Europa der 15-Mitgliedstaaten war; die Situation hat sich im Europa der 27-Mitgliedstaaten eher noch verschärft, selbst wenn man ob der Augenscheinlichkeit macher Problempunkte auf die Einsicht in die Notwendigkeit einer legislativen Verbesserung hoffen kann.

1335 Wessels, Twenty Suggestions for a Makeover of the EU Insolvency Regulation, International Caselaw Alert No. 12 – V/2006, S. 69: "In the dynamic and developing legal environment of international insolvency this process can be viewed as slow and reactive. A pro-active process e.g. by a Committee of experts (as in the EU banking industry) would be more appropriate."

Bereichen, durch welche bereits auf Grundlage des heutigen Verordnungstextes durch weitere Präzisierung des Begriffes des Mittelpunktes der hauptsächlichen Interessen ähnliche Ergebnisse erzielt werden können. Eine solche Intervention ist insbesondere bezüglich der Bestimmung der internationalen Zuständigkeit für insolvenzbezogene Verfahren denkbar und wünschenswert, da der EuGH diesbezüglich zu seiner bisherigen Rechtsprechung in der Rechtssache Gourdain/ Nadler Stellung nehmen könnte. Zudem wäre es dem EuGH möglich, Fallgruppen für eine „vis attractiva concursus europaei" zu bilden, was auf politischer Ebene zwischen den Mitgliedstaaten ein beiweitem schwierigeres Unterfangen darstellt.[1336] Dabei könnte einmal mehr die herausragende Stellung des Gerichtshofes als Motor der Integration zum tragen kommen, welche eine Fortbildung des Gemeinschaftsrechtes auch in Bezug auf die Europäische Insolvenzverordnung ermöglichen könnte.[1337] Der Vorteil dieser Möglichkeit liegt insbesondere in der Umgehung der langwierigen Entscheidungsfindung auf mitgliedstaatlicher Ebene und in einer zu erwartenden Auslegung der Verordnung durch den Gerichtshof, welche ganz im Lichte der europäischen Idee erfolgt.[1338] Vor diesem Hintergrund sollte eine Ausdehnung der Zuständigkeit des EuGH auf Vorlagefragen unterinstanzlicher Gerichte und mithin eine Änderung des Artikels 68 EG-Vertrag erfolgen.

2.) Verbesserungsvorschläge bezüglich der Europäischen Insolvenzverordnung insgesamt

In Bezug auf die Europäische Insolvenzverordnung im Allgemeinen besteht insbesondere in zweierlei Hinsicht Handlungsbedarf: So sollte zum einen, wie bereits angesprochen, die Position des Europäischen Gerichtshofes gestärkt werden. Zum anderen sollte die Möglichkeit genutzt werden, durch die Einrichtung eines europäischen Insolvenzregisters sowie einer offiziellen europäischen Rechtsprechungsdatenbank für insolvenzrechtliche Urteile, mehr Transparenz zu erreichen und einen schnelleren Informationszugang zu eröffnen.

1336 Vgl. Thole, Die internationale Zuständigkeit für insolvenzrechtliche Anfechtungsklagen, ZIP 30/2006, S. 1386/1387.

1337 Vgl. zur Aufgabe des EuGH unter Teil 1, 2. Kapite, A) 2.) a).

1338 Bereits die zwei Urteile des Gerichtshofes in den Fällen Staubitz-Schreiber und Eurofood weisen in diese Richtung – insbesonder hat der EuGH dort die Erwägungsgründe und den Bericht von Virgós/Schmit herangezogen und ist so über den reinen Verordnungstext hinausgegangen. Auch das Beispiel des EuGVÜ bzw. der EuGVVO, bei deren rechtsfortbildenden Auslegung der EuGH eine wichtige Rolle gespielt hat, legt nahe, dass dem Gerichtshof auch bezüglich der Rechtsfortbildung der Europäischen Insolvenz-verordnung eine Schlüsselrolle zukommen wird.

a) Stärkung des EuGH: Ausdehnung seiner Zuständigkeit auf Vorlagefragen unterinstanzlicher Gerichte

Die Änderung der momentanen Vorlageregelung von Artikel 68 Abs. 1 EG i.V.m. Artikel 234 EG würde einen überaus bedeutenden Schritt zu mehr Einheitlichkeit und Rechtssicherheit bei der Auslegung und Anwendung der Europäischen Insolvenzverordnung darstellen und könnte den Weg für eine rechtsfortbildende Rechtsprechung des Europäischen Gerichtshofes ebnen.

Den erstinstanzlichen Gerichten würde durch eine Angleichung an das allgemeine System der Vorabentscheidungen nach Artikel 234 EG die Möglichkeit eröffnet, Unsicherheiten bei der Interpretation des Begriffes des Mittelpunktes der hauptsächlichen Interessen frühzeitig ausräumen zu lassen und so insbesondere dem Erfordernis der schnellen Entscheidung von Insolvenzsachverhalten gerecht zu werden.[1339] Die ursprüngliche (offizielle) Begründung der Vorlageeinschränkung, diese solle einer Verfahrensverzögerung entgegen wirken,[1340] hat sich in der Praxis als falsch erwiesen. So können einzelne Verfahren dadurch verschleppt werden, dass in Konkurrenz zueinander eröffnete Hauptverfahren ohne Klärung der Lage solange fortbestehen, bis endlich einem letztinstanzliches Gericht der Vorlageweg zum EuGH eröffnet ist.[1341]

Als eine weitere verfahrensbeschleunigende Maßnahme kommt zudem die Entscheidung des EuGH im „beschleunigten Verfahren" in Betracht, welche gerade aufgrund der Dringlichkeit im Insolvenzverfahren als vorzugswürdig erscheint.[1342] In diesem Punkt ist auf ein Umdenken des Gerichtshofes selbst zu hoffen, da dieser bedauerlicher Weise ein beschleunigtes Verfahren in der Rechtssache Eurofood für nicht notwendig erachtete, obwohl die Bedeutung einer schnellen Verfahrensdurchführung im Rahmen einer Insolvenz kaum überschätzt werden kann.

b) Einrichtung eines europäischen Insolvenzregisters und einer offiziellen Rechtsprechungsdatenbank

Um die Rechtssicherheit und -klarheit im Binnenmarkt in bezug auf grenzüberschreitende Insolvenzverfahren zu erhöhen ist sowohl die Einrichtung eines

---

1339 Die Eilbedürftigkeit bei Insolvenzverfahren betont auch Paulus, Europäische Insolvenzverordnung, Kommentar 2006, Einl. Rn. 50, S. 76; vgl. auch Wessels, Twenty Suggestions for a Makeover of the EU Insolvency Regulation, International Caselaw Alert No. 12 – V/2006, S. 70; zur Problematik der Verfahrensverzögerung ausführlich bereits unter Teil 1, 2. Kapitel, A) 2.) a).

1340 Bergmann, in Lenz/Borchardt (Hrsg.), EU- und EG-Vertrag, Kommentar 2006, zu Art. 65, Rn. 2, S. 894.

1341 Vgl. nur die Chronologie der Rechtssache Eurofood unter Teil 1, 1. Kapitel, A) 2.) b) bb).

1342 Vgl. oben unter Teil 1, 1. Kapitel, A) 2.) b) bb), vgl. auch Cranshaw, Einflüsse des Europäischen Rechts auf das Insolvenzverfahren, S. 1917.

europäischen Insolvenzregisters als auch einer offiziellen Rechtsprechungsdatenbank sinnvoll und geboten.

aa) Ein europäisches Insolvenzregister

Um eine Orientierungshilfe bezüglich der europäischen Rechtsprechung im insolvenzrechtlichen Bereich zu geben und insbesondere die Eröffnung paralleler Hauptverfahren zu vermeiden, sollte ein webbasiertes europäisches Insolvenzregister eingerichtet werden, in welchem die Eröffnungen von Haupt- aber auch Partikularinsolvenzverfahren vermerkt werden müssen. Dieses Register könnte gleichzeitig als Informationsquelle für alle Betroffenen dienen, wodurch ihnen ein rechtzeitiges Einschreiten gegen die Eröffnungsentscheidung nach dem Rechtsmittelsystem des Eröffnungsstaates erleichtert werden würde.

Das Fehlen von präzisen und schnell zugänglichen Informationen über die insolvenzrechtliche Situation eines Schuldners auf gemeinschaftsweiter Ebene, insbesondere bezüglich der Frage, ob über sein Vermögen bereits ein Hauptinsolvenzverfahren eröffnet wurde, führte seit Inkrafttreten der Europäischen Insolvenzverordnung bereits vielfach zu Schwierigkeiten.[1343] Die dadurch erhöhte Gefahr der parallelen Eröffnung zweier Hauptverfahren steht dem System der Europäischen Insolvenzverordnung wie aufgezeigt diametral entgegen.[1344] Gerade auch die Tatsache, dass Eröffnungsentscheidungen aufgrund ihrer automatischen Anerkennung und dem daraus folgenden Prioritätsgrundsatz ausschließlich über den Rechtsweg des Eröffnungsstaates angegriffen werden können,[1345] macht deutlich, wie wichtig es ist, von diesen Entscheidungen schnell Kenntnis zu erlangen, um in der Lage zu sein, fristgerecht zu handeln. Ein Europäisches Insolvenzregister, welches über das Internet abrufbar sein müsste, könnte diesem Informationsinteresse gerecht werden und würde zudem einen Schritt hin zu einer besseren Vernetzung der nationalen Gerichte und damit zu einer verbesserten Kooperation darstellen.[1346]

1343 Vgl. bspw. die Entscheidung des AG Köln, Beschluss vom 01. 12. 2005 - 71 IN 564/05 (rechtskräftig), abrufbar unter http://ww9184.wb09.de/eirdatabase/download/cases/139/128-1_Application-Secondaries.pdf (zuletzt aufgerufen am 13. 04. 2007), in welchem sich das Gericht in Ermangelung eines Europäischen Insolvenzregisters außer Stande sah, zu ermitteln, ob bereits ein Hauptverfahren eröffnet wurde und (u.a.) deshalb den Antrag auf Eröffnung eines Partikularverfahrens als unzulässig zurück wies. Siehe dazu auch Liersch, Comments on the decision of the district court of Cologne, 1 december 2005, International Caselaw Alert No. 10 – III/2006, S. 21, abrufbar unter http://www.eir-database.com/download/caselaw/6/International-Caselaw---Alert-No-10-III-2006-June-27,-2006.pdf (zuletzt aufgerufen am 13. 04. 2007).

1344 Siehe Teil 1, 1. Kapitel, A), 1.) a) bb) (1) (1.1) und (1.3).

1345 Siehe dazu unter Teil 1, 2. Kapitel, A) 1.) a) aa).

1346 Ein solches schlägt auch Wessels vor, Twenty Suggestions for a Makeover of the EU Insolvency Regulation, International Caselaw Alert No. 12 – V/2006, S. 71: "nowadays, it

bb) Eine offizielle insolvenzrechtliche Rechtsprechungsdatenbank

In der Rechtsprechung der nationalen Gerichte hat sich zunehmend die begrüßenswerte Tendenz abgezeichnet, dass gerade auch auf Präzedenzfälle aus anderen Mitgliedstaaten inhaltlich Bezug genommen wird; in diesem Zusammenhang wurde sogar vom Tribunal de commerce de Paris in seinen Urteilen vom 2. August 2006 bereits von einer „gefestigten europäischen Rechtsprechung“[1347] gesprochen.[1348] In Anbetracht des Erfordernisses der einheitlichen Auslegung des autonomen Begriffes des Mittelpunktes der hauptsächlichen Interessen, sollte diese wechselseitige Kenntnis- und Bezugnahme bestmöglich gefördert werden, was insbesondere voraussetzt, dass diesbezügliche Urteile europaweit zugänglich gemacht werden. Dies kann am einfachsten und effektivsten dadurch geschehen, dass eine *Datenbank* geschaffen wird, in welcher die Urteile im Originaltext (und idealer Weise auch noch in englischer Übersetzung) abrufbar sind. Einen wertvollen Grundstock bildet bereits heute die private Initiative der EIR Conferences Ltd. London, welche in ihrer „European Insolvency Regulation Database“ (kurz „EIR Database“) bereits eine stattliche Zahl an Rechtsprechungsfällen, welche die Europäische Insolvenzverordnung betreffenden, auflistet und die diesbezüglich ergangenen Entscheidungen größtenteils auch im Original und/oder der englischen Übersetzung im Volltext enthält.[1349]

Eine solche Datenbank offiziell auf europäischer Ebene zu etablieren, hätte den großen Vorteil, dass alle nationalen Gerichte angehalten werden könnten, ihre Urteile einzustellen. Hierbei wäre auch eine Vernetzung zwischen dem Europäischem Insolvenzregister und der Europäischer Rechtsprechungsdatenbank denkbar, so dass unmittelbar bei ihrer Registrierung, die Entscheidungen auch gleich im Volltext in die Datenbank eingestellt werden könnten. Auf diese Weise wäre es den nationalen Gerichten, aber auch anderen Praktikern möglich, sich schnell und umfassend über den „*europäischen Stand der Rechtsprechung*“ zu informieren und die Gefahr des Verharrens in nationalen Denkmustern wäre reduziert.

---

seems a natural course of action to establish a European web-based register. This is compatible with the aim of improving judicial cooperation.”

1347 „une jurisprudence européenne désormais bien établie“

1348 So das Tribunal de commerce de Paris in seinen Urteilen vom 2. August 2006 in der Rechtssache Eurotunnel, siehe supra unter Teil 2, 1. Kapitel, B) 2.) b).

1349 Abrufbar unter http://www.eir-database.com (zuletzt aufgerufen am 13. 04. 2007).

Schlussresümee

Die vorliegende Arbeit führt zu folgenden Erkenntnissen:

1. Erkenntnis: Der Begriff des Mittelpunktes der hauptsächlichen Interessen ist in hohem Maße auslegungsbedürftig.

Die Analyse dieses Schlüsselbegriffes der Verordnung hat ergeben, dass es sich bei ihm um einen stark auslegungsbedürftigen Begriff handelt, dessen Konturen von der Europäischen Insolvenzverordnung zwar angedeutet, aber in Ermangelung einer Legaldefinition keinesfalls präzise vorgezeichnet werden. Die Analyse des Wortlautes ergibt, dass es sich bei dem schuldnerischen Interessenmittelpunkt um das „Gravitationszentrum" seiner materiellen Interessen handelt, woraus auch hervorgeht, dass jeder Schuldner nur *einen* Mittelpunkt seiner hauptsächlichen Interessen haben kann. Zwei weitere Anhaltspunkte bezüglich der Bestimmung des schuldnerischen Interessenmittelpunktes enthält die Verordnung zum einen in der widerlegbaren Vermutung zugunsten des satzungsmäßigen Sitzes von Gesellschaften und juristischen Personen in Artikel 3 Abs. 1 S. 2 EuInsVO. Zum anderen enthält Erwägungsgrund (13) die wichtige, vom Europäischen Gerichtshof gar als „Definition" bezeichnete, Aussage, „als Mittelpunkt der hauptsächlichen Interessen sollte der Ort gelten, an dem der Schuldner gewöhnlich der Verwaltung seiner Interessen nachgeht und damit für Dritte feststellbar ist".

2. Erkenntnis: Die nationalen Gerichte legen den Schlüsselbegriff sehr unterschiedlich aus.

Der nationalen Rechtsprechung kommt die zentrale Aufgabe zu, die sehr offenen Vorgaben der Verordnung mit Leben zu füllen und den Begriff des Mittelpunktes der hauptsächlichen Interessen zu konkretisieren. Die seit dem Inkrafttreten der Europäischen Insolvenzverordnung am 31. Mai 2002 zum Begriff des Mittelpunktes der hauptsächlichen Interessen ergangene nationale Rechtsprechung hat bei der Auslegung des Begriffes divergierende Ansätze verfolgt und insbesondere dem Kriterium der Feststellbarkeit für Dritte zum Teil wenig Aufmerksamkeit geschenkt. Dies ist in Anbetracht des Bedürfnisses der einheitlichen und autonomen Interpretation der Europäischen Insolvenzverordnung zu bedauern. Gerade die Fälle insolventer Unternehmen mit Konzernzugehörigkeit sorgten für Aufsehen, da die Gerichte den Mittelpunkt der hauptsächlichen Interessen sämtlicher Konzernunternehmen häufig am selben Ort verorteten, was eine koordinierte Abwicklung der einzelnen Insolvenzverfahren ermöglichte. Dadurch wurde die Europäische Insolvenzverordnung für Konzernsachverhalte fruchtbar gemacht, obwohl der Verordnungsgeber – entgegen jeder praktischen Vernunft – Konzernsachverhalte vollkommen ausgeklammert hat.[1350]

3. Erkenntnis: Die klärende Stellungnahme des EuGH war richtungsweisend.
Die klärende Stellungnahme des Europäischen Gerichtshofes in den beiden ersten Urteilen zur Europäischen Insolvenzverordnung aus dem Jahre 2006, den Rechtssachen Staubitz-Schreiber und Eurofood, wurde mit Spannung erwartet und stellt eine bedeutende Zäsur in der Entwicklung des europäischen internationalen Insolvenzrechtes dar.
Der EuGH konnte den nationalen Gerichten durch sein Urteil in der Rechtssache Eurofood Leitlinien vorgeben, indem er bestimmte, der Mittelpunkt der hauptsächlichen Schuldnerinteressen müsse anhand der Definition des Erwägungsgrundes (13) EuInsVO bestimmt werden, also dem Ort entsprechen, an welchem der Schuldner gewöhnlich der Verwaltung seiner Interessen nachgeht und damit für Dritte feststellbar ist. Der Gerichtshof stellte ebenfalls klar, dass jeder Rückgriff auf nationale Theorien und Konzepte bei der Bestimmung des autonomen Schlüsselbegriffes der Verordnung unzulässig ist.[1351] Weiter gab er vor, die widerlegliche Vermutung zugunsten des satzungsmäßigen Sitzes einer Schuldnergesellschaft aus Artikel 3 Abs. 1 S. 2 EuInsVO lasse sich „nur entkräften, wenn *objektive* und für *Dritte feststellbare Elemente* belegen, dass in Wirklichkeit die Lage nicht derjenigen entspricht, die die Verortung am genannten satzungsmäßigen Sitz widerspiegeln soll."[1352] Der Gerichtshof nahm zudem eine Konkretisierung vor und führte aus, dass die Vermutung zugunsten des satzungsmäßigen Sitzes insbesondere im Falle von „Briefkastenfirmen" widerlegt sein könne und dass „die Tatsache allein, dass ihre wirtschaftlichen Entscheidungen von einer Muttergesellschaft mit Sitz in einem anderen Mitgliedstaat kontrolliert werden oder kontrolliert werden können, nicht aus[reicht]," um die Vermutung zu entkräften.[1353] Damit stärkte der Gerichtshof die Vermutung zugunsten des satzungsmäßigen Sitzes und betonte das Erfordernis der Feststellbarkeit für Dritte.

[1350] Siehe bzgl. dieser Auslassungssünde S. 41ff..

[1351] Der Begriff des Mittelpunkts der hauptsächlichen Interessen ist der Verordnung eigen. Daher hat er eine autonome Bedeutung und muss deshalb einheitlich und unabhängig von nationalen Rechtsvorschriften ausgelegt werden.

[1352] EuGH-Urteil Eurofood, Rn. 34 ; Hervorhebungen nicht im Original; siehe dazu S. 97ff..

[1353] EuGH-Urteil Eurofood, Rn. 35 und 36.

4. Erkenntnis: Die Auseinandersetzung mit den autonomen internationalen Insolvenzrechten Deutschlands und Frankreichs verdeutlicht vor allem die Stärken, aber auch Schwächen des europäischen Systems.

Die Auseinandersetzung mit dem autonomen deutschen und dem französischen internationalen Insolvenzrecht bietet einen interessanten Vergleichsmaßstab für das europäische Zuständigkeitssystem. So zeigt das französische Recht auf, dass das vollkommene Fehlen gesetzlicher Vorschriften zu einem Mangel an Klarheit und Rechtssicherheit führt. Im Vergleich dazu stellt die Europäische Insolvenzverordnung einen großen Fortschritt dar. Die sehr exzessive Zuständigkeitsbejahung durch die französischen Gerichte, welche zu einer verbreiteten Nicht-Anerkennung der französischen Eröffnungsentscheidungen und damit zu einer Aushöhlung des Universalitätsprinzipes führt, veranschaulicht, wie wichtig ein besonnener Umgang mit der Verortung des schuldnerischen Interessenmittelpunktes auf gemeinschaftlicher Ebene ist, um dem Grundsatz des wechselseitigen Vertrauens nicht die Grundlage zu entziehen.

Die Auseinandersetzung mit dem autonomen deutschen internationalen Insolvenzrecht ist vor dem Hintergrund interessant, dass dort die Anknüpfung an ein restriktiveres Zuständigkeitskriterium (den „Mittelpunkt einer selbständigen wirtschaftlichen Tätigkeit“) erfolgt, welches aufgrund seines eingeschränkteren Tatbestandes leichter zu handhaben ist. Es bringt jedoch den Nachteil mit sich, dass es nicht auf alle Schuldner angewendet werden kann. Das europäische Kriterium des Mittelpunktes der hauptsächlichen Interessen birgt hingegen den Vorteil, dass mit ihm alle Schuldnerkategorien abgedeckt sind.

5. Erkenntnis: Die Verantwortung liegt weiter bei den nationalen Gerichten.

Aufgrund der geltenden Kompetenzverteilung zwischen den mitgliedstaatlichen Gerichten und dem Europäischen Gerichtshof ist letzterer auf abstrakte Auslegungsfragen beschränkt und nimmt nicht die Rolle einer Revisions- oder Kassationsinstanz ein, was dazu führt, dass den nationalen Gerichte weiterhin ein großes Interpretationsfeld offensteht.

Trotz der vom Gerichtshof vorgenommenen Konkretisierung wurde den nationalen Gerichten lediglich eine bestimmte Vorgehensweise bei der Bestimmung des Mittelpunktes der hauptsächlichen Interessen vorgegeben und sie können sich an den Vorgaben des EuGH orientieren. Ihren Entscheidungsspielraum vermochte der EuGH jedoch substantiell nicht einzuengen. Insbesondere stehen die Vorgaben des Gerichtshofes nicht in generellem Widerspruch zu dem oft pragmatischen Vorgehen der mitgliedstaatlichen Gerichte, die Interessenmittelpunkte mehrerer insolventer Gesellschaften desselben Konzernes an ein und demselben Ort zu verorten, um so eine koordinierte „Konzerninsolvenz“ durchführen zu können.

Auch eine wechselseitige Kontrolle der mitgliedstaatlichen Gerichte findet nicht statt, da einer solchen das aus dem Grundsatz der automatischen Anerkennung abgeleitete Prioritätsprinzip entgegensteht. Der EuGH stellte jedoch klar, dass dieser „unkontrollierten Freiheit" das Erfordernis der Selbstkontrolle des angerufenen Gerichtes gegenübersteht: Dieses muss „seine Zuständigkeit im Hinblick auf Artikel 3 Absatz 1 der Verordnung überprüf[en], d. h. untersuch[en], ob der Schuldner den Mittelpunkt seiner hauptsächlichen Interessen in diesem Mitgliedstaat hat."[1354]

Das einzige Korrektiv dieser Entscheidungsfreiheit der Gerichte besteht in der Möglichkeit, gemäß Artikel 26 EuInsVO die Anerkennung und Vollstreckung einer Insolvenzentscheidung zu verweigern, wenn diese gegen den mitgliedstaatlichen *ordre public* verstößt, wobei der Gerichtshof diesen Vorbehalt sehr restriktiv auslegt.

6. Erkenntnis: Die EuInsVO trägt durch das Modell der koordinierten Universalität sowohl dem Gemeinschaftsinteresse als auch den mitgliedstaatlichen Interessen Rechnung.

Das europäische internationale Insolvenzrecht muss verschiedenen Interessen gerecht werden, welche sich in zwei Hauptrichtungen einteilen lassen: das Gemeinschaftsinteresse sowie „inländische Interessen".

Indem die Verordnung grundsätzlich das Ideal eines einzigen Hauptinsolvenzverfahrens mit universeller Wirkung verfolgt, wird sie dem Gemeinschaftsinteresse an einem koordinierten Vorgehen im Insolvenzfall und der Verhinderung von „forum shopping" gerecht. Beide Aspekte sind für effiziente und wirksame grenzüberschreitende Insolvenzverfahren unabdingbar und dienen damit dem reibungslosen Funktionieren des Binnenmarktes.

Diese Universalität wird zum Schutze „inländischer Interessen" eingeschränkt, welche in bestimmten Situationen die Anwendung des eigenen Insolvenzrechtes im eigenen Insolvenzforum erfordern können. Die Europäische Insolvenzverordnung sieht zum einen in ihren Artikeln 5 bis 15 „Sonderanknüpfungen für besonders bedeutsame Rechte und Rechtsverhältnisse"[1355] vor. Zum anderen wird den „inländischen Interessen" durch die Möglichkeit, Partikularverfahren zu eröffnen, auf welche die lex concursus des Eröffnungsstaates Anwendung findet, Rechnung getragen. Die parallel zum Hauptverfahren ablaufenden Sekundärverfahren unterliegen dabei umfassenden Koordinations- und Kooperationspflichten, welcher der Vorrangstellung des universellen Hauptverfahrens Rechnung tragen. Aufgrund dieser klaren Hierarchisierung bleibt es bei einem System der Universalität, wenn auch in abgemilderter Form.

1354 EuGH-Urteil Eurofood, Rn. 41; zum Urteil siehe S. 97 ff., zur Selbstkontrolle S. 150ff..

1355 Erwägungsgrund (11) EuInsVO.

7. Erkenntnis: Sowohl die Betrachtung unter ökonomischen Gesichtspunkten als auch aus klassisch-juristischer Perspektive identifiziert „forum-shopping" als Störfaktor.

Die festgestellte Interessenlage bildet den Maßstab, an welchem das Anknüpfungskriterium des Mittelpunktes der hauptsächlichen Interessen sowohl anhand von Kriterien der ökonomischen Analyse des Rechts als auch aus juristischer Sicht gemessen wurde.

Die im Wege einer ökonomischen Analyse des Anknüpfungskriteriums offen gelegten, möglichen Ineffizienzwirkungen gehen allesamt auf eine dem Geiste der Verordnung widersprechende, „forum shopping" begünstigende (oder zumindest ermöglichende) Auslegung des Anknüpfungskriteriums zurück. Wird auf die Vorhersehbarkeit des schuldnerischen Interessenmittelpunktes und damit auf die Rechtssicherheit im internationalen Insolvenzrecht nicht ausreichend Wert gelegt, besteht sowohl bei Schuldnern als auch bei Gläubigern der Anreiz, „forum shopping", welches gemäß Artikel 4 Abs. 1 EuInsVO ebenfalls „law shopping" zur Folge hat, zu betreiben. Dies erzeugt sowohl in Bezug auf Gläubiger und Schuldner als auch in Bezug auf die Mitgliedstaaten weitere Anreizwirkungen, welche zu ineffizientem Verhalten der Beteiligten und zu einer nach der ökonomischen Analyse des Rechts als „Gefangenendilemma" zu qualifizierenden Situation führen. So ist beispielsweise für Schuldner und Gläubiger *ex ante* (bei Vertragsschluss) keine objektive Risikobeurteilung und somit keine objektive Einpreisung des Insolvenzrisikos möglich, wenn sie im Insolvenzfall (*ex post*) mit einer opportunistischen Zuständigkeitsmanipulation der anderen Partei durch „forum shopping" rechnen müssen. Dies führt dazu, dass die rational handelnden Beteiligten (Modell des „homo oeconomicus") das Insolvenzrisiko jeweils vollständig einpreisen werden, wodurch Ressourcen verschwendet werden – die Situation ist ineffizient. Weitere Ineffizienzen entstehen unter anderem dadurch, dass im Fall von „forum shopping" nicht das sachnächste Forum gewählt wird, was ebenfalls zu Ressourcenverschwendung führt.

Neben diesen aus ökonomischer Sicht negativen Auswirkungen ist „forum shopping" auch unter dem „klassisch-juristischen" Blickwinkel ein Störfaktor, da es die vom Verordnungsgeber erstrebte Anknüpfung an das sachnächste Forum und damit verbunden die Anwendung des sachnächsten Insolvenzrechts verhindert. Außerdem führt es aufgrund der von ihm erzeugten Rechtsunsicherheit und dadurch, dass es den Mittelpunkt der hauptsächlichen Interessen zu einem manipulierbaren Konzept deformiert und so Raum für rein national motivierte Interessen gibt, zu ungerechten Ergebnissen.

Hervorzuheben ist vorliegend insbesondere, dass sowohl unter ökonomischen als auch unter juristischen Gesichtspunkten derselbe Störfaktor – „forum shopping" – identifiziert wurde.

8. Erkenntnis: Der Schlüssel liegt in der Stärkung des Kriteriums der Feststellbarkeit für Dritte.

Als Schlüssel zu verordnungskonformen, gerechten und effizienten Ergebnissen erweist sich das Kriterium der Feststellbarkeit des Interessenmittelpunktes für Dritte, welches in Erwägungsgrund (13) EuInsVO enthalten ist. Insbesondere dank der klärenden Stellungnahme des Europäischen Gerichtshofes, der diesem Erwägungsgrund das Gewicht einer Definition beimaß, ist eine erfreuliche Entwicklungstendenz in der nationalen Rechtsprechung auszumachen, welche der Feststellbarkeit für Dritte bei der Verortung des Mittelpunktes der hauptsächlichen Interessen einen wichtigeren Stellenwert einräumt. So kann „forum shopping" weitestgehend verhindert werden, was sowohl effiziente als auch gerechte Ergebnisse ermöglicht. Die sorgfältige Prüfung der ex-ante-Feststellbarkeit des schuldnerischen Interessenmittelpunktes im Einzelfall obliegt dabei allein den nationalen Richtern. Es ist daher allein ihrem verantwortungsbewussten Umgang mit den Vorgaben der Verordnung zu verdanken, wenn der Begriff des Mittelpunktes der hauptsächlichen Interessen auf eine dem Geiste der Verordnung entsprechende, „forum shopping" weitestmöglich ausschließende Art und Weise, bestimmt wird.

9. Erkenntnis: Alternative Konzepte oder eine Harmonisierung der materiellen Insolvenzrechte sind im Verhältnis zur aktuellen Rechtslage nicht vorzugswürdig.

Die Erkenntnisse in Bezug auf das Anknüpfungskriterium der Europäischen Insolvenzverordnung konnten genutzt werden, um es mit alternativen Anknüpfungskriterien sowie mit der Alternative einer Harmonisierung der materiellen Insolvenzrechte zu vergleichen.

Eine genauere Betrachtung der Möglichkeit, durch Harmonisierung zu einem gemeinschaftsweit einheitlichen materiellen Insolvenzrecht zu gelangen, ergab, dass darin weder eine in absehbarer Zeit umzusetzende noch eine vorzugswürdige Alternative zu sehen ist. Zwar würde durch eine solche Harmonisierung der Hauptanreiz für „forum shopping", welcher im damit einhergehenden „law shopping" besteht, entfallen. Aber insbesondere die dann zu erwartende Verlangsamung der Entscheidungsprozesse bezüglich nötiger Reformen eines einheitlichen europäischen Insolvenzrechtes sowie der Wegfall des dynamisierenden Effektes des Wettbewerbs der Rechtsordnungen hätten einen „Versteinerungseffekt" zur Folge und machen diese Alternative unattraktiv.

Ebenfalls keine vorzugswürdige Alternative stellt eine Anknüpfung an den satzungsmäßigen Sitz von juristischen bzw. den Wohnsitz von natürlichen Personen dar. Das zugunsten dieses Kriteriums angeführte Argument, „forum shopping" würde verhindert, hält einer näheren Untersuchung nicht stand; gerade die Rechtssache Fa. Hans Brochier Holdings Ltd. belegt, dass schon nach heutiger Rechtslage die Anknüpfung an den satzungsmäßigen Sitz eine Manipulation des

Forums durch den Schuldner ermöglichen würde. Hinzu kommt, dass der satzungsmäßige Sitz sowohl aufgrund der Rechtsprechung des Gerichtshofes als auch aufgrund der geplanten 14. Gesellschaftsrechtsrichtlinie ein zunehmend variables Kriterium ist bzw. wird. Dies entzieht dem Argument, durch eine Anknüpfung an ihn könne „forum shopping“ verhindert werden, endgültig die Grundlage.

Auch das gegenüber dem Interessenmittelpunkt restriktivere Anknüpfungskriterium des „Mittelpunktes einer selbständigen wirtschaftlichen Tätigkeit des Schuldners“ des deutschen Insolvenzrechtes erweist sich bei genauerer Betrachtung gegenüber der Anknüpfung an ersteren als nachteilig. Aufgrund des Erfordernisses einer wirtschaftlichen Tätigkeit ist es nicht auf alle Schuldner anwendbar, was ein weiteres Anknüpfungsmoment erfordern würde. So wäre eine solche Zuständigkeitsregelung im Endeffekt schwieriger zu handhaben als das momentane Anknüpfungskriterium und würde „forum shopping“ begünstigen.

10. Erkenntnis: Verbesserungen sollten unter Beibehaltung des Mittelpunktes der hauptsächlichen Interessen des Schuldners als Zuständigkeitskriterium erfolgen.

Änderungsvorschläge bezüglich der Europäischen Insolvenzverordnung sollten sich vor diesem Hintergrund darauf beschränken, unter Beibehaltung des momentanen Systems Klarstellungen bezüglich des Schlüsselbegriffes vorzunehmen und allgemeine, kooperationsfördernde Maßnahmen im insolvenzrechtlichen Bereich zu initiieren.

So wäre an erster Stelle eine Aufnahme der bislang nur in Erwägungsgrund (13) EuInsVO enthaltenen Definition des Begriffes des Mittelpunktes der hauptsächlichen Interessen in den allein verbindlichen Verordnungsteil der Artikel erforderlich. Sie würde der Bedeutung gerecht, welche der EuGH der Aussage des Erwägungsgrundes (13) in seinem Urteil in der Rechtssache Eurofood beimaß. Ebenfalls in Anlehnung an diese Rechtsprechung sollte die Vermutung zugunsten des satzungsmäßigen Sitzes aus Artikel 3 Abs. 1 S. 2 EuInsVO weiter gestärkt werden, indem das Erfordernis, zu ihrer Widerlegung einen auf objektiven und für Dritte feststellbaren Elementen beruhenden Gegenbeweis zu führen, explizit Eingang in die Verordnung findet.

Die Auseinandersetzung mit diesen beiden Verbesserungsvorschlägen weist unmittelbar auf ein weiteres, im Gesamtsystem der Verordnung beinahe noch dringlicheres Problem hin: die Rolle des EuGH.

Unabhängig davon, ob auf dem langwierigen und schwierigen Weg des gemeinschaftsrechtlichen Entscheidungsprozesses eine Änderung der Verordnung in dem hier vorgeschlagenen Sinne erzielt werden kann, sind über eine Stärkung der Rolle des Europäischen Gerichtshofes vergleichbare Ergebnisse erreichbar. Durch eine Vorlagemöglichkeit auch für unterinstanzliche Gerichte würde dem Gerichtshof die Gelegenheit gegeben, seine Rolle als Garant für die Einheitlichkeit der Auslegung und Anwendung des Gemeinschaftsrechtes auch in Bezug auf die Europäische Insolvenzverordnung voll zu entfalten und rechtsfortbildend zu wirken. In diesem Sinne stellt es einen bedeutenden Schritt zu mehr Rechtssicherheit und mehr Rechtsklarheit im europäischen internationalen Insolvenzrecht dar, die restriktive Vorlageregelung des Artikels 68 Abs. 1 EG i.V.m. Artikel 234 EG aufzugeben und den Weg zum EuGH auch für unterinstanzliche Gerichte zu öffnen.

Mit diesen relativ einfach umzusetzenden Änderungen könnte der Mittelpunkt der hauptsächlichen Interessen des Schuldners als Anknüpfungskriterium der Europäischen Insolvenzverordnung der Schlüssel zu einem praktikablen und effektiven europäischen internationalen Insolvenzrecht sein.

Literaturverzeichnis

Adam, Dietmar: Zuständigkeitsfragen bei der Insolvenz internationaler Unternehmensverbindungen, Schriften zum Insolvenzrecht, Ehricke / Paulus (Hrsg.), Band 8, Nomos, Dissertation 2006.

Armour, John: Who Should Make Corporate Law? EC Legislation versus Regulatory Competition, Working Paper N° 54/2005, June 2005, ECGI Working Paper Series in Law, abrufbar unter http://papers.ssrn.com/sol3/papers.cfm?abstract_id=860444 (zuletzt aufgerufen am 13. 04. 2007).

Arndt, Hans-Wolfgang: Europarecht, 5. Auflage, C.F.Müller 2001.

Ballmann, Alexander: Londoner Gericht stoppt erstmals Flucht vor dem deutschen Insolvenzrecht, SR vom 26.01.2007, Heft 02, S. 46/47, Status: Recht, Verlagsgruppe Handelsblatt GmbH 2007, abrufbar unter http://www.der-betrieb.de/psdb/fn/db/sfn/bp/SH/0/cn/doc/bt/0/p1/142/p2/143/bstruc/113/ID/SR_070046A/index.html (zuletzt aufgerufen am 13. 04. 2007).

Bauch, Matthias: Unternehmensinsolvenzen: Prophylaxe und Bewältigung in Frankreich: Darstellung und ökonomische Analyse von procédure d'alerte, règlement amiable und redressement et liquidation judiciaires, Regensburger Beiträge zur betriebswirtschaftlichen Forschung, Band 16, Dissertation, Peter Lang 1998.

Bauerreis, Jochen: Staatliche Überwachung der Geschäftsführung vor Insolvenzeintritt und staatsgeleitete Restrukturierung in Frankreich, ZGR 2006, 294 - 330 (Ausgabe 3-4) (ZGR - Zeitschrift für Unternehmens- und Gesellschaftsrecht).

Bebchuk, Lucian Arye / Guzman, Andrew T.:An Economic Analysis of Transnational Bankruptcies, Journal of Law and Economics, vol. XLII (October 1999), S. 775.

Becker, Christoph: Insolvenzrecht, Carl Heymanns Verlag, 2005.

Benzler, Marc: Nettingvereinbarungen im außerbörslichen Derivatehandel, Deutsches, Europäisches und Vergleichendes Wirtschaftsrecht, Werner F. Ebke (Hrsg.), Band 3, Dissertation 1998, 1. Aufl. 1999, Nomos.

Bergmann, Jan: in Lenz, Carl Otto / Borchardt, Klaus-Dieter (Hrsg.), EU- und EG-Vertrag, Kommentar, 4. Aufl. 2006, Bundesanzeiger Verlagsgesellschaft.

Bieber, Roland / Epiney, Astrid / Haag, Marce: Die Europäische Union, Europarecht und Politik, 7.Aufl. 2006, Nomos.

Bigus, Jochen / Eger, Thomas: Insolvenzrecht zwischen privatautonomer Gestaltung und öffentlicher Regulierung, German Working Papers in Law and Economics, Volume 2002, Paper 12, abrufbar unter http://www.bepress.com/cgi/viewcontent.cgi?article=1047 &context=gwp (zuletzt aufgerufen am 13. 04. 2007).

Blitz, Jan: Sonderinsolvenzverfahren im Internationalen Insolvenzrecht, Dissertation 2001, abrufbar unter http://www.jurawelt.com/download/dissertationen/tenea_juraweltbd4.pdf (zuletzt aufgerufen am 18. 04. 2007).

Bock, Gerhard / Muhri, Georg: Das neue Insolvenzrecht: Kurzkommentar zur Europäischen Insolvenzverordnung und Insolvenzrechts-Novelle 2002, Verlag Österreich 2002.

Boehmer von, Ilka Annette: (Deutsches) Internationales Insolvenzrecht im Umbruch: Grundfragen grenzüberschreitender Insolvenzen, unter Berücksichtigung der UNCITRALModellbestimmungen über grenzüberschreitende Insolvenzverfahren, Elektronische Dissertationen der Georg-August-Universität Göttingen, 2004, abrufbar unter http://webdoc.sub.gwdg.de /diss/2006/boehmer/boehmer.pdf (zuletzt aufgerufen am 18. 04. 2007).

Borchardt, Klaus-Dieter: in Lenz, Carl Otto / Borchardt, Klaus-Dieter (Hrsg.), EU- und EG-Vertrag, Kommentar, 4. Aufl. 2006, Bundesanzeiger Verlagsgesellschaft.

Bork, Reinhard: Einführung in das Insolvenzrecht, 4. Auflage, JZ Schriftenreihe Heft 5, Mohr Siebeck 2005.

Braun, Eberhard / Heinrich, Jens: Finanzdienstleister in der „grenzüberschreitenden“ Insolvenz – Lücken im System?, NZI Heft 11/2005, S. 578.

Braun, Eberhard: Der neue Sport in Europa: Forumshopping in Insolvenzverfahren oder: die moderne Form von „Britannia rules the waves“, NZI 2004, Heft 1, V (Editorial).

Brocher, Charles Antoine: Cours de droit international privé, suivant les principes consacrés par le droit positif français, Band 3, Paris 1885, Genève Imprimerie G.F.Fick, abrufbar unter http://dlib-pr.mpier.mpg.de /m/kleioc/0010/exec/wrapbooks/%22110108%22 (zuletzt aufgerufen am 18. 04. 2007).

Büdenbender, Martin: Das Verhältnis des Europäischen Gerichtshofs zum Bundesverfassungsgericht, Schriftenreihe Völkerrecht, Europarecht, Staatsrecht Band 34, Albert Bleckmann, Stefan Pieper, Volker Epping (Hrsg.), Dissertation, Carl Heymanns Verlag 2005.

Buerstedde, Wolfgang: Juristische Methodik des Europäischen Gemeinschaftsrechts: Ein Leitfaden, Nomos Universitätsschriften, Recht, Band 461, Dissertation 2005, Nomos.

Bufford, Samuel L.: International Insolvency Case Venue in the European Union: The Parmalat and Daisytek Controversies, The Columbia Journal of European Law, Spring 2006, Vol. 12, No.2, S. 429.

Bundesverband der Deutschen Industrie: Positionspapier vom 24. März 2006, III/2-13-02 Schm, Dokumenten-Nr. D 0018, BDI response to the European Commission's Consultation on future priorities for the Action Plan on Modernising Company Law and Enhancing Corporate Governance in the European Union, abrufbar unter http://www.bdi-online.de/Dokumente/BDI_Response_COM_Cons_AP_Company_Law_pdf (zuletzt aufgerufen am 18. 04. 2007).

Bundesverband Deutscher Banken: Stellungnahme zum Konsultationspapier der Generaldirektion Binnenmarkt und Dienstleistungen zu den künftigen Prioritäten des Aktionsplans „Modernisierung des Gesellschaftsrechts und Verbesserung der Corporate Governance in der Europäischen Union“ vom 20. März 2006, Zeichen: R 2 - Lo/kai, Kontakt: Thomas Lorenz, abrufbar unter http://www.bankenverband.de/pic/artikelpic/092006/_EU-Aktionsplan-Gesellschaftsrecht_dt.pdf (zuletzt aufgerufen am 18. 04. 2007).

Büschgen, Hans E.: Das kleine Bank-Lexikon, 3., aktualisierte und erweiterte Auflage 2006, Verlag Wirtschaft und Finanzen im Schäffer-Poeschel Verlag, Verlagsgruppe Handelsblatt GmbH, 2006.

Carstens, Nis: Die internationale Zuständigket im Europäischen Insolvenzrecht, KTS Schriften zum Insolvenzrecht, hrsg. von Reinhard Bork, Rolf Stürner, Wilhelm Uhlenbruck, Band 21, 2005, Dissertation (2004).

Castell, Nicolas: Application du règlement CE 1346/2000 relatif aux procédures d' insolvabilité – Aperçu des solutions apportées par la Cour d'appel de Versailles dans les affaires Daisytek et Rover, Gazette du Palais, Recueil Janvier-Février 2006, Doctrine, S. 306.

Chaput, Yves: Centre des intérêts principaux et catégories juridiques de l'insolvabilité des entreprises (à propos de l'arrêt de la CJCE du 2 mai 2006), Revue Lamy Droit des Affaires, Juin 2006, n°6, S. 26.

- ders.: Une nouvelle architecture du droit français des procédures collectives, JCP La Semaine Juridique Édition Générale n° 46, 16 novembre 2005, Doctrine Étude, I 184, S. 2097.

Colomer, Dámaso Ruiz-Jarabo: Schlussanträge des Generalanwaltes Colomer im Fall Staubitz-Schreiber, abrufbar unter http://eur-lex.europa.eu/ LexUriServ/LexUriServ.do?uri=CELEX:62004C0001:DE:HTML (zuletzt aufgerufen am 16. 04. 2007).

Cranshaw, Friedrich L.:Einflüsse des Europäischen Rechts auf das Insolvenzverfahren, Ehricke/Paulus (Hrsg.), Schriften zum Insolvenzrecht, Band 5, Dissertation Nomos 2006.

Csoke, Andrea: Scandalous Notes - to Bob Wessels' Article "Twenty Suggestions for a Makeover of the EU Insolvency Regulation"[InCA No.12 – V/2006], International CaseLaw Alert No. 13 – I/2007, S. 53, abrufbar unter: http://www.eir-database.com/insolvency-caselaw-alert.php (zuletzt aufgerufen am 30. 04. 2007).

Dammann, Reinhard/Podeur, Gilles: L'affaire Eurotunnel, première application du règlement CE n° 1346-2000 à la procédure de sauvegarde, Recueil Dalloz, Cahier Droit des Affaires, 28 septembre 2006, n° 33, Jurisprudence S. 2329.

Dammann, Reinhard: L'application du règlement CE n° 1346-2000 après les arrêts Staubitz-Schreiber et Eurofood de la CJCE, Recueil Dalloz, Cahier Droit des Affaires, 29 juin 2006, n° 25, S. 1752.

- ders.: Droit européen des procédures d'insolvabilité : problématique des conflits de juridictions et de forum shopping, Recueil Dalloz 2005 Chroniques S. 1779.

- ders.: L'affaire Rover: priorité donnée à la High Court of Justice de Birmingham, Note sous Tribunal de commerce de Nanterre (9e ch.) 19 mai 2005, abgedruckt in Recueil Dalloz, Jurisprudence, 2005, n° 26, S. 1787.

- ders.: L'affaire Rover: la Cour de Versailles précise les conditions d'ouverture d'une procédure secondaire dans le cadre du règlement CE 1346/2000, Note sous l'arrêt de la Cour d'appel de Versailles, 13ème ch., 15 décembre 2005, abgedruckt in Recueil Dalloz, 2006, n° 5, S. 379, S.381.

Dawe, Christian: Der Sonderkonkurs des deutschen Internationalen Insolvenzrechts, Studien zum ausländischen und internationalen Privatrecht, Band 159, hrsg. vom Max-Planck-Institut für ausländisches und internationales Privatrecht, Dissertation, Mohr Siebeck 2005.

Demougin, Dominique / Witt, Peter: Harmonisierung und Systemwettbewerb – Wettbewerb der Systeme versus Wettbewerb der Ideen, in Ott/Schäfer (Hrsg.), Vereinheitlichung und Diversität des Zivilrechts in transnationalen Wirtschaftsräumen, Mohr Siebeck 2002, S. 40.

Duursma-Kepplinger, Henriette-Christine / Duursma, Dieter / Chalupsky, Ernst: Europäische Insolvenzverordnung, Kommentar, Springer-Verlag / Wien 2002.

Ehricke, Ulrich: Die neue Europäische Insolvenzverordnung und grenzüberschreitende Konzerninsolvenzen, EWS (Europäisches Wirtschafts- und Steuerrecht, Betriebs-Berater für Europarecht, Verlag Recht und Wirtschaft GmbH Heidelberg) Heft 3, März 2002, S. 101.

Eidenmüller, Horst: Der Markt für internationale Konzerninsolvenzen: Zuständigkeitskonflikte unter der EuInsVO, NJW 2004, Heft 48, S. 3455.

- ders.: Effizienz als Rechtsprinzip – Möglichkeit und Grenzen der ökonomischen Analyse des Rechts, 3. Auflage 2005 (1. Auflage 1995), Die Einheit der Gesellschaftswissenschaften, Studien in den Grenzbereichen der Wirtschaft- und Sozialwissenschaften, Band 90, Mohr Siebeck.

- ders.: Obligatorisches versus optionales europäisches Vertragsgesetzbuch, Kommentar zu Ott/Schäfer, Die Vereinheitlichung des europäischen Vertragsrechts – Ökonomische Notwendigkeit oder akademisches Interesse?, in Ott/Schäfer (Hrsg.) Vereinheitlichung und Diversität das Zivilrechts in transnationalen Wirtschaftsräumen, Mohr Siebeck 2002, S. 237.

- ders.: Wettbewerb der Insolvenzrechte? - ZGR - Zeitschrift für Unternehmens- und Gesellschaftsrecht 2006, Ausgabe 3-4, S. 467.

Enriques, Luca / Gelter, Martin: How the Old World Encountered the New One: Regulatory Competition and Cooperation in European Corporate and Bankruptcy Law, ECGI Working Paper Series in Law, working paper n° 63/2006, February 2006, abrufbar unter http://papers.ssrn.com/sol3/papers.cfm?abstract_id=887164 (zuletzt aufgerufen am 13. 04. 2007).

Fasquelle, Daniel: Les faillites des groupes de sociétés dans l'Union européenne: la difficile conciliation entre approches économique et juridique, Bulletin Joly Sociétés, 01 février 2006 n° 2, S. 151.

- ders.: Note sous l'arrêt Staubitz-Schreiber – Faillite internationale : première interprétation du règlement insolvabilité n°1346/2000, Bulletin Joly Sociétés – juin 2006, S. 756.

- ders.: Une nouvelle application controversée du règlement n° 1346/2000 relatif aux procédures d'insolvabilité aux groupes de sociétés, JCP / La Semaine Juridique – éd.° Entreprise et Affaires, n° 39, 29 septembre 2005, S.1576.

Flessner, Axel: Sanierung und Reorganisation: Insolvenzverfahren für Großunternehmen in rechtsvergleichender und rechtspolitischer Untersuchung, Beiträge zum ausländischen und internationalen Privatrecht, MPI für ausländisches und internationales Privatrecht, Band 48, Habilitationsschrift 1982, Mohr.

Foerste, Ulrich: Insolvenzrecht, 3. Auflage, Verlag C.H.Beck, 2006.

Fredriksen, Halvard H.: Die Zusammenarbeit zwischen dem EuGH und deutschen Zivilgerichten im Lichte des Vorabentscheidungsverfahrens nach Artikel 234 EGV, in: Institut für Völkerrecht der Universität Göttingen, Abteilung Europarecht - Göttinger Online-Beiträge zum Europarecht, Nr. 26, 14. 07. 2005, abrufbar unter http://www.europarecht.uni-goettingen.de /Paper26.pdf (zuletzt aufgerufen am 18. 04. 2007).

Gaillot, Laurent: The interpretation by French courts of the EU COMI notion – A EU perspective, International Insolvency Institute - www.iiiglobal.org, Originally published in the September 2006 issue of the Newsletter of the IBA Insolvency, Restructuring and Creditors' Rights Section. Fall 2006 abrufbar unter http://www.iiiglobal.org/country/european_union/060927 Gaillot.pdf (zuletzt aufgerufen am 12. 04. 2007).

Galle, Philippe Roussel: JurisClasseur Commercial, Fasc. 3125, Redressement et liquidation judiciaires, Droit communautaire, Règlement (CE) n° 1346/2000 du conseil du 29 mai 2000 relatif aux procédures d'insolvabilité, Date de fraîcheur : 20 Avril 2004.

Graf, Ulrike: Die Anerkennung ausländischer Insolvenzentscheidungen, Studien zum ausländischen und internationalen Privatrecht, Band 113, hrsg. vom Max-Planck-Institut für ausländisches und internationales Privatrecht, Dissertation Mohr Siebeck 2003.

Großfeld, Bernhard: Internationales und Europäisches Unternehmensrecht: das Organisationsrecht transnationaler Unternehmen, 2. Aufl. 1995, C. F. Müller.

Grundmann, Stefan: ECLR Wettbewerb der Regelgeber im Europäischen Gesellschaftsrecht - jedes Marktsegment hat seine Struktur - ZGR - Zeitschrift für Unternehmens- und Gesellschaftsrecht 2001, Ausgabe 6 vom 20.12.2001, S. 783.

Gusy, Christoph / Arnold, Hans: Die Rechts- und Asylpolitik der Europäischen Union, in Weidenfeld, Werner (Hrsg.), Europa-Handbuch, 2. Aufl. 2002, Verlag Bertelsmann-Stiftung.

Guzman, Andrew T.: International Bankruptcy: In Defense of Universalism, Michigan Law Review, Vol. 98, June 2000, S. 2177, abrufbar unter http://www.law.berkeley.edu/faculty/guzmana/writing/defense%20of%20 universalism.pdf (zuletzt abgerufen am 13. 04. 2007).

Hailbronner, Kay / Jochum, Georg: Europarecht II: Binnenmarkt und Grundfreiheiten, Studienreihe Rechtswissenschaften, hrsg. von Winfried Boecken / Heinrich Wilms, Verlag W. Kohlhammer, 2006.

Hanisch, Hans: Bemerkungen zur Geschichte des internationalen Insolvenzrechts, in Festschrift für Franz Merz: zum 65. Geburtstag am 3. Februar 1992, hrsg. von Walter Gerhardt / Wolfram Henckel / Joachim Kilger / Gerhart Kreft, Verlag Kommunikationsforum GmbH 1992, S. 159.

- ders.: Stellungnahme zu der Frage, ob und gegebenenfalls in welcher Weise ein in seiner Wirkung territorial beschränktes Sonderinsolvenzverfahren über das Inlandsvermögen eines Schuldners vorzusehen ist, wenn dieser den Mittelpunkt seiner hauptsächlichen Interessen im Ausland hat, in Stoll, Vorschläge und Gutachten zur Umsetzung des EU-Übereinkommens über Insolvenzverfahren im deutschen Recht, 1997, S. 202.

Haß, Detlef / Herweg, Christian: in Haß, Detlef / Huber, Peter / Gruber, Urs/ Heiderhoff, Bettina, EU-Insolvenzverordnung - Kommentar zur Verordnung (EG) Nr. 1346/2000 über Insolvenzverfahren (EuInsVO), Sonderausgabe aus dem Loseblatt-Handbuch Geimer, Reinhold/Schütze, Rolf A. (Hrsg.), Internationaler Rechtsverkehr in Zivil- und Handelssachen, C.H. Beck München 2005.

Haubold, Jens: Europäische Insolvenzverordnung, in Gebauer / Wiedmann (Hrsg.), Zivilrecht unter europäischem Einfluss, Die richtlinienkonforme Auslegung des BGB und anderer Gesetze, Erläuterungen der wichtigsten EG-Verordnungen, Boorberg Verlag, 1. Auflage, 2005, S. 1427.

Henry, Caroline: La Cour de cassation consacre le principe de l'universalité de la faillite, Observations, Cour de cassation, 1re civ., 19 nov. 2002, Recueil Dalloz, Cahier Droit des Affaires, 19 juin 2003, n° 24, Sommaires commentés, S. 1625.

Henry, Laurence-Caroline: La corrélation entre la compétence juridictionnelle et l'universalité de la faillite, Recueil Dalloz, Cahier Droit des Affaires, 1er juin 2006, Jurisprudence, S. 1466.

Herchen, Axel: Scheinauslandsgesellschaften im Anwendungsbereich der EuInsVO, ZInsO 2003, Ausgabe 16 vom 30. 08. 2003, S. 742.

Heukamp, Anna: Verfahrensrechtliche Aspekte der Gläubigerautonomie im deutschen und im französischen Insolvenzverfahren: Eine rechtsvergleichende Betrachtung, Schriften zum Insolvenzrecht, Ehricke, Ulrich / Paulus, Christoph (Hrsg.), Band 4, Dissertation, Nomos 2005.

Idot, Laurence: Détermination de la juridiction compétente pour ouvrir la procédure d'insolvabilité principale d'une filiale d'un groupe, Note sous CJCE, 2 mai 2006, Europe n° 7, Juillet 2006, commentaires 230, S. 31.

Kauff-Gazin, Fabienne/Idot, Laurence: Centre des intérêts principaux du débiteur, Note sous CJCE, 17 janv. 2006, aff. C-1/04 Staubitz-Schreiber, Europe – Revue mensuelle LexisNexis JurisClasseur, Mars 2006, S. 28.

Keggenhoff, Carsten: Internationale Zuständigkeit bei grenzüberschreitenden Insolvenzverfahren, in Heinrich, Christian (Hrsg.), Schriftenreihe Insolvenzrecht in Forschung und Praxis, Band 15, Dissertation 2006, Verlag Dr. Kovač.

Kerber, Wolfgang/Heine, Klaus: Zur Gestaltung von Mehr-Ebenen-Rechtssystemen aus ökonomischer Sicht, in Ott/Schäfer (Hrsg.) Vereinheitlichung und Diversität das Zivilrechts in transnationalen Wirtschaftsräumen, Mohr Siebeck 2002, S. 167.

Kieninger, Eva-Maria: Grenzüberschreitende Verschmelzungen in der EU – das SEVIC-Urteil des EuGH, EWS Europäisches Wirtschafts- und Steuerrecht, Heft 2, Februar 2006, S. 49.

- dies.: Rechtsentwicklung im Wettbewerb der Rechtsordnungen, in Ott/Schäfer (Hrsg.), Vereinheitlichung und Diversität des Zivilrechts in transnationalen Wirtschaftsräumen, Mohr Siebeck 2002, S. 72.

Kindler, Peter: Sitzverlegung und internationales Insolvenzrecht, IPRax 2006, Heft 2, S. 114.

Kirchhof, Hans-Peter: in Eickmann/Flessner/Irschlinger/Kirchhof/Kreft/ Landfermann/Marotzke/Stephan (Hrsg.), Heidelberger Kommentar zur Insolvenzordnung, 4. Auflage, C.F.Müller, 2006.

Kirstein, Roland: Ökonomische Analyse des Rechts, German Working Papers in Law and Economics, Volume 2004, Paper 4, abrufbar unter http://www.bepress.com/cgi/viewcontent.cgi?article=1082&context=gwp (zuletzt aufgerufen am 13. 04. 2007).

Klauer, Irene: Die Europäisierung des Privatrechts : Der EuGH als Zivilrichter, 1. Aufl., Dissertation 1998, Nomos.

Klumb, Peter: Kollisionsrecht der Insolvenzanfechtung: Eine kritische Betrachtung der internationalprivatrechtlichen Lösungen des deutschen und des EG-Gesetzgebers, KTS Schriften zum Insolvenzrecht, hrsg. von Reinhard Bork, Rolf Stürner und Wilhelm Uhlenbruck, Band 25, Dissertation (2004), Carl Heymanns Verlag 2005.

Kompat, Birgit Melanie: Die neue Europäische Insolvenzverordnung, Schriftenreihe Insolvenzrecht in Forschung und Praxis, Heinrich, Christian (Hrsg.), Band 11, Dissertation 2005, Verlag Dr. Kovač 2006.

Konecny, Andreas: Thesen zum Mittelpunkt der hauptsächlichen Schuldnerinteressen gem art 3 Abs 1 EuInsVO, ZIK 2005, Heft 1 vom 25. 02. 2005, S. 2.

Köster, Thomas: Haftung wegen Forum Shopping in den USA, Abhandlung zum Recht der Internationalen Wirtschaft, Sandrock, Otto (Hrsg.), Band 56, Dissertation 2001, Verlag Recht und Wirtschaft.

Kötz, Hein: „Coase-Theorem und Schweinepanik" (1999), in Heiz Kötz, „Undogmatisches", herausgegeben von Jürgen Basedow, Klaus J. Hopt, Reinhard Zimmermann, Mohr Siebeck 2005, S. 206.

Kübler, Bruno M.: Der Mittelpunkt der hauptsächlichen Interessen nach Art. 3 Abs. 1 EuInsVO, in Schilken, Eberhard / Kreft, Gerhart / Wagner, Gerhard / Eckhardt, Diederich (Hrsg.), Festschrift für Walter Gerhardt, RWS Verlag Kommunikationsforum 2004, S. 527.

Laughton, Chris: Comments on the ECJ decision in Eurofood IFSC Ltd. (C-341/04), Eurofenix, The journal of INSOL Europe, Summer 2006, S. 10, abrufbar unter http://www.insol-europe.org/downloads/eurofenix/06_Summer_EN_Eurofenix.pdf (zuletzt aufgerufen am 18. 04. 2007).

Lauser, Karl-Heinz / Rief, Elke: Die Europäische Insolvenzverordnung - Vom Insolvenzimperialismus zum Insolvenzpragmatismus?, in Derra, Hans-Jörg (Hrsg.), Freiheit, Sicherheit und Recht, Festschrift für Jürgen Meyer zum 70. Geburtstag, Nomos, 1.Aufl. 2006, S. 397.

Le Corre, Pierre-Michel: Droit et Pratique des Procédures Collectives, 3ème édition, Dalloz 2006.

Lechner, Kurt (Berichterstatter) über den Vorschlag für eine Verordnung des Rates über Insolvenzverfahren (9178/1999 – C5-0069/1999 – 1999/ 0806 (CNS)), Ausschuss für Recht und Binnenmarkt des Europäischen Parlamentes, vom 23. Februar 2000, A5-0039 / 2000, abrufbar unter http://www.europarl.europa.eu/sides/getDoc.do?objRefId=2120&language=DE (zuletzt aufgerufen am 18. 04. 2007).

Lechner, Roland: Waking from the jurisdictional nightmare of multinational default: The European Council Regulation on insolvency proceedings, Arizona Journal of International and Comparative Law, 2002, Vol. 19, No. 3, S. 975, abrufbar unter http://www.law.arizona.edu/Journals/AJICL/AJICL2002/vol193/Lechnernote.pdf (zuletzt aufgerufen am 18.04. 2007).

Leipold, Dieter: Zum künftigen Weg des deutschen Internationalen Insolvenzrechts (Anwendungsbereich, internationale Zuständigkeit, Anerkennung und Vollstreckung), abgedruckt in Stoll, Vorschläge und Gutachten zur Umsetzung des EU-Übereinkommens über Insolvenzverfahren im deutschen Recht, Mohr Siebeck, 1997, S. 185.

Lienhard, Alain: Convention de Bruxelles : exclusion des actions dérivant directement de la faillite, Recueil Dalloz 2005, Sommaires commentés, S. 1553.

- ders.: Kommentierung des Code des procédures collectives, Code des procédures collectives commentée, 4. Auflage, Dalloz 2006.

- ders.: Note sous TGI de Lure, 29 mars 2006, Recueil Dalloz 2006, Actualité jurisprudentielle, S. 1043.

- ders.: Réaffirmation du principe de l'universalité de la faillite, Recueil Dalloz 2006 Sommaires commentés S. 914.

- ders.: Sauvegarde des entreprises en difficultés, Le nouveau droit des procédures collectives, 1. Auflage, Delmas 2006.

Liersch, Oliver: Comments on the decision of the district court of Cologne, 1 december 2005, International Caselaw Alert No. 10 – III/2006, S. 20, abrufbar unter abrufbar unter http://www.eir-database.com/download/ caselaw/6/International-Caselaw---Alert-No-10-III-2006-June-27,-2006.pdf (zuletzt aufgerufen am 13. 04. 2007).

Lorenz, Verena: Annexverfahren bei Internationalen Insolvenzen: Internationale Zuständigkeitsregelung der Europäischen Insolvenzverordnung, Studien zum ausländischen und internationalen Privatrecht, hrsg. vom Max-Planck-Institut für Ausländisches und Internationales Privatrecht, Band 140, Dissertation (2004), Mohr Siebeck 2005.

Ludwig, Christian H.: Die Rolle des Europäischen Gerichtshofes im Bereich Justiz und Inneres nach dem Amsterdamer Vertrag, Schriftenreihe Europäisches Recht, Politik und Wirtschaft, hrsg. von Jürgen Schwarze, Band 283, Dissertation, Nomos 2002.

Ludwig, Daniel: Neuregelungen des deutschen Internationalen Insolvenzverfahrensrechts; Studien zum vergleichenden und internationalen Recht; von Hoffmann, Bernd/Jayme, Erik/Mansel, Heinz-Peter (Hrsg.), Band 95, Dissertation, 2004, Peter Lang.

Lüer, Hans-Jochem: Art. 3 Abs. 1 EuInsVO –Grundlage für ein europäisches Konzerninsolvenzrecht oder Instrumentarium eines „Insolvenz-Imperialismus“?, in Piepenburg, Horst (Hrsg.), Festschrift für Günter Greiner, Carl Heymanns Verlag 2005, S. 201.

Mankowski, Peter: Europäisches internationales Privat und Prozessrecht im Lichte der ökonomischen Analyse, in Ott, Claus/Schäfer, Hans-Bernd (Hrsg.), Vereinheitlichung und Diversität des Zivilrechts in transnationalen Wirtschaftsräumen, Mohr Siebeck 2002, S. 120.

- ders.: Internationale Zuständigkeit in Insolvenzsachen, Kollision von Insolvenzverfahren in verschiedenen EU-Staaten/"ISA II", EWiR Art. 3 EuInsVO 3/03, S. 767, abrufbar unter http://www.rws-verlag.de/ volltext-2003/03man01.htm (zuletzt aufgerufen am 12. 04. 2007).

Mathieu-Bouyssou, Marie-Elisabeth: Aperçu des règles de droit judiciaire privé relatives aux procédures d'insolvabilité européennes après le règlement communautaire n° 1346/2000, Recueil Dalloz, Cahier Droit des Affaires, 25 juillet 2002, Chronique, S. 2245.

McCreevy, Charlie (EU-Binnenmarktkommissar): Rede vom 21. November 2006 in Brüssel, European Parliament JURI Committee (Committee on LegalAffairs), abrufbar unter http://www.briteproject.net/uploads/wfd_116419300645642ceed4232--speech-06-720_en%5B1%5D.pdf (zuletzt aufgerufen am 18. 04. 2007).

Mélin, François: Conflits de juridictions et procédures européennes d'insolvabilité. Approche critique, Bulletin Joly Sociétés, 01 août 2005, n° 8, S. 927.

- ders.: Conflits de juridictions et procédures européennes d'insolvabilité: suite..., Note sous CA Versailles, 15 déc. 2005, no 05/04273, SAS Rover France, abgedruckt in Bulletin Joly Sociétés, 01 mars 2006 n° 3, S. 328.

- ders: Note sous Tribunal de commerce de Nanterre (3ème chambre) 15 février 2006, SPA EMTEC Consumer Media Italia, Gazette du Palais, 04 mai 2006, n° 124, S. 12.

Menjucq, Michel: Note sous CJCE, gr. ch., 2 mai 2006, aff. C-341/04, Eurofood IFSC Ltd., Notion autonome du centre des intérêts principaux d'une filiale étrangère d'un groupe, La Semaine Juridique Edition Générale n° 23, 7 Juin 2006, II 10089, S. 1128.

Menjucq, Michel: La coordination des droits nationaux par le droit communautaire, Entreprises en difficulté, Petites affiches, 19 octobre 2006, n° 209, S. 21.

Montfort, Roland: French international insolvency: How domestic law does the job, Eurofenix Autumn 2006, S. 25, abrufbar unter http://www.insol-europe.org/downloads/eurofenix/06_Autumn_EN_Eurofenix.pdf (zuletzt aufgerufen am 18. 04. 2007).

- ders.: La faillite internationale vue de France: de quelle manière peut-elle être régie par la loi nationale?, Eurofenix Automne 2006, S. 37, abrufbar unter http://www.insol-europe.org/downloads/eurofenix/06_Autumn_FR_Euro fenix.pdf (zuletzt aufgerufen am 18. 04. 2007).

Moss, Gabriel/Smith, Tom: Collins & Aikmans, International Caselaw Alert, No. 12, V/2006, S. 11, abrufbar unter: http://ww9184.wb09.de/eirdata base/download/caselaw/9/International-Caselaw---Alert-No-12-V-2006-October-31,-2006.pdf (zuletzt aufgerufen am 18. 04. 2007).

Paulus, Christoph G.: Europäische Insolvenzverordnung, Kommentar 2006, Verlag Recht und Wirtschaft GmbH.

- ders.: Über den Einfluss des europäischen Insolvenzrechts auf das deutsche Insolvenzwesen, in Haarmeyer/Hirte/Kirchhof/Graf von Westphalen, Verschuldung - Haftung - Vollstreckung - Insolvenz: Festschrift für Gerhart Kreft zum 65. Geburtstag, 1. Auflage 2004, ZAP Verlag, S. 469.

- ders.: Which law decides on a court's competence to decide in insolvency related matters? Higher regional court of Frankfurt a.M. January 26, 2006 (no. 130), International Caselaw Alert No.10 – III/2006, 27 June 2006, S. 10, abrufbar unter http://ww9184.wb09.de/eirdatabase/download/case law/6/International-Caselaw---Alert-No-10-III-2006-June-27,-2006.pdf (zuletzt aufgerufen am 18. 04. 2007).

- ders.: Zuständigkeitsfragen nach der Europäischen Insolvenzverordnung, abrufbar unter http://www.iiiglobal.org/country/germany/insolvenzverord nung.pdf (zuletzt aufgerufen am 12. 04. 2007), auch veröffentlich in der Zeitschrift für Wirtschaftsrecht, 2003, S. 1725.

Penzlin, Dietmar: Kurzkommentar zu Tribunal de Commerce de Nanterre, Urteil vom 15. 02. 2006, EWiR Heft 7/06 vom 14. 04. 2006, Art. 3 EuInsVO, 4/06, Internationale Zuständigkeit in Insolvenzsachen, Konzerninsolvenz/ "EMTEC", S.207.

Raimon, Michael: Centre des intérêts principaux et coordination des procédures dans la jurisprudence européenne sur le règlement relatif aux procédures d'insolvabilité, Journal du Droit International, n°1/2005, S. 739.

Rauscher, Thomas: EuGVÜ – Synopse, Gegenüberstellung des Übereinkommens über die gerichtliche Zuständigkeit und die Vollstreckung gerichtlicher Entscheidungen in Zivil- und Handelssachen vom 27. September 1968 in der Fassung des 4. Beitrittsübereinkommens sowie der Verordnung (EG) Nr. 44/2001 des Rates vom 22. Dezember 2000 über die gerichtliche Zuständigkeit und die Anerkennung und Vollstreckung von Entscheidungen in Zivil- und Handelssachen, abrufbar unter http://iprserv.

jura.uni-leipzig.de/download/synopse.pdf (zuletzt aufgerufen am 12. 04. 2007).

Reisch, Ulla / Kodek, Georg E.: Ausgewählte Probleme der Anfechtung nach der EuInsVO, Internationall Caselaw Alert No.13, I/2007, S. 57, abrufbar unter http://ww9184.wb09.de/eirdatabase/download/caselaw/11/International-Caselaw---Alert-No-13-I-2007-February-5,-2007.pdf (zuletzt aufgerufen am 18. 04. 2007).

Rémery, Jean-Pierre: L'application à une filiale du règlement communautaire relatif aux procédures d'insolvabilité, Note sous Cour de justice des Communautés européennes 2 mai 2006, Eurofood IFSC (Sté),Revue des sociétés 2006 Chroniques, S. 360.

- ders.: L'application de la Convention franco-monégasque de 1950 relative à la faillite : compétence du juge français pour ouvrir une procédure collective à l'encontre d'une banque ayant son principal établissement en France, note sous le jugement rendu le 23 juill. 1991 par le Tribunal de commerce de Paris, Recueil Dalloz 1992, S. 232.

Riesenfeld, Stefan: Das neue Gesicht des deutschen Internationalen Konkursrechts aus ausländischer Sicht, in Festschrift für Franz Merz: zum 65. Geburtstag am 3. Februar 1992, hrsg. von Walter Gerhardt/Wolfram Henckel/Joachim Kilger/Gerhart Kreft, Verlag Kommunikationsforum GmbH 1992, S. 497.

Rittershofer, Werner: Wirtschafts-Lexikon, Über 4000 Stichwörter für Studium und Praxis, Beck-Wirtschaftsberater im dtv, 3. Aufl. 2005, Verlag C. H. Beck.

Rondey, Céline: La réforme du surendettement par la loi « Borloo » du 1er août 2003, Recueil Dalloz 2003, S. 2162.

Roschmann, Christian: Recht, Gerechtigkeit und ökonomisches Handlungsmodell, 1. Auflage 2003, Nomos.

Rossbach, Oliver: Europäische Insolvenzverwalter in Deutschland - Am Beispiel englischer und französischer Insolvenzverwalter, KTS Schriften zum Insolvenzrecht, hrsg. von Reinhard Bork, Rolf Stürner und Wilhelm Uhlenbruck, Band 26, Dissertation (2004), Carl Heymanns Verlag 2006.

Schäfer, Hans-Bernd/Ott, Claus: Lehrbuch der ökonomischen Analyse des Zivilrechts, 4. Auflage, Springer 2005.

Schmid, Martina: Die Grenzen der Auslegungskompetenz des EuGH im Vorabentscheidungsverfahren nach Art. 234 EG – dargestellt am Beispiel der überschießenden Richtlinienumsetzung, Studien zum vergleichenden und internationalen Recht, von Hoffmann, Bernd/Jayme, Erik/Mansel, Heinz-Peter (Hrsg.), Band 114, Dissertation 2005, Peter Lang.

Schmidt, Jessica: Perpetuatio fori im europäischen internationalen Insolvenzrecht – Anm. zu EuGH, Urt. v. 17.1.2006 – Rs. C-1/04, "Susanne Staubitz-Schreiber", ZInsO - Zeitschrift für das gesamte Insolvenzrecht, Rechtsprechungsreport/Entscheidungsreport 2006, Ausgabe 2 vom 31. 01. 2006, S. 88.

Schmidt, Karsten: Wege zum Insolvenzrecht von Unternehmen: Befunde, Kritik, Perspektiven, in Balz, Manfred / Kübler, Bruno / Merz, Franz / Timm, Wolfram (Hrsg.), Beiträge zum Insolvenzrecht, Band 7, 1990, Verlag Kommunikationsforum GmbH.

Schmidtchen, Dieter / Kirstein, Roland / Neunzig, Alexander: Conflict of law rules and international trade: A Transaction Costs Approach, Center for the Study of Law and Economics, Discussion Paper 2004-01 March 2004, abrufbar unter http://www.uni-saarland.de/fak1/fr12/csle/ (zuletzt aufgerufen am 18. 04. 2007).

Schmidtchen, Dieter / Kirstein, Roland: „Die ökonomische Analyse des Rechts", Center for the Study of Law and Economics, Discussion Paper 2003-04, abrufbar im Volltext unter http://opus.zbw-kiel.de/volltexte/2003/1181/pdf/2003-04_oear.pdf, Inhaltsverzeichnis unter http://www.uni-saarland.de/fak1/fr12/csle/ (zuletzt aufgerufen jeweils am 18. 04. 2007).

Schmidtchen, Dieter: Die ökonomische Analyse des Rechts, in Schmidtchen, Dieter/Weth, Stefan (Hrsg.), Der Effizienz auf der Spur - Die Funktionsfähigkeit der Justiz im Lichte der ökonomischen Analyse des Rechts, 1. Auflage 1999, Nomos, S. 9.

- ders.: Vereinheitlichung des Vertragsrechts in Europa – eine Lösung auf der Suche nach dem Problem? Die Sicht der Neuen Institutionenökonomik, Paper für das X. Travemünder Symposium zur ökonomischen Analyse des Rechts: Entwicklungstendenzen des Zivilrechts in Europa, 29. März – 01. April 2006, Travemünde, CSLE Discussion Paper No. 2007-01, abrufbar unter http://www.uni-saarland.de/fak1/fr12/csle/ (zuletzt aufgerufen am 18. 04. 2007).

Schmiedeknecht, Roman: Der Anwendungsbereich der Europäischen Insolvenzverordnung und die Auswirkungen auf das deutsche Insolvenzrecht, Europäische Hochschulschriften, Reihe II, Rechtswissenschaft, Bd./Vol. 4085, Dissertation 2004, Peter Lang.

Schulze, Reiner (Hrsg.): Auslegung Europäischen Privatrechts und angeglichenen Rechts, (Europäisches Privatrecht, Sektion B: Gemeinsame Rechtsprinzipien, Band 8, herausgegeben von Reiner Schulde in Gemeinschaft mit Jürgen Basedow, Franco Ferrari, Willibald Posch, Anton K. Schnyder) 1. Aufl., Nomos 1999.

Smid, Stefan: Deutsches und Europäisches Internationales Insolvenzrecht, Kommentar 2004, W. Kohlhammer GmbH Stuttgart.

- ders.: Internationales Insolvenzrecht im Spiegel ausgewählter Verfahren und Entscheidungen, DZWIR 2005, S. 45.

Stein, Torsten: Richterrecht wie anderswo auch? Der Gerichtshof der Europäischen Gemeinschaften als „Integrationsmotor“, in Richterliche Rechtsfortbildung : Erscheinungsformen, Auftrag u. Grenzen; Festschrift der Juristischen Fakultät zur 600-Jahr-Feier der Ruprecht-Karls-Universität Heidelberg, hrsg. von d. Hochschullehrern d. Jur. Fak. d. Univ. Heidelberg, Müller juristischer Verlag 1986, S. 619.

Stephan,Guido: in Eickmann/Flessner/Irschlinger/Kirchhof/Kreft/Landfermann/Marotzke/Stefan (Hrsg.), Heidelberger Kommentar zur Insolvenzordnung, 4. Auflage, C.F.Müller, 2006.

Strese, Julia: Die Kompetenzen der Europäischen Gemeinschaft zur Privatrechtsangleichung im Binnenmarkt: Eine Untersuchung zur vertikalen Kompetenzverteilung im Bereich des Gemeinschaftsprivatrechts und zu den Folgen kompetenzüberschreitenden Handelns, Heidelberger Schriften zum Wirtschaftsrecht und Europarecht, Hommelhoff, Peter/Müller-Graf, Peter-Christian (Hrsg.), Band 31, Dissertation (2005), Nomos 2006.

Thole, Christoph: Die internationale Zuständigkeit für insolvenzrechtliche Anfechtungsklagen, ZIP 30/2006, Zeitschrift für Wirtschaftsrecht, 27. Jahrgang, 28. Juli 2006, S. 1383.

Tirado, Ignacio: Die Anwendung der Europäischen Insolvenzverordnung durch die Gerichte der Mitgliedstaaten, GPR – Zeitschrift für Gemeinschaftsprivatrecht, Service - Zivilverfahrensrecht, 1/04-05, S. 41.

Trunk, Alexander: Regelungsschwerpunkte eines Ausführungsgesetzes zum Europäischen Insolvenzübereinkommen, in Stoll (Hans), Vorschläge und Gutachten zur Umsetzung des EU-Übereinkommens über Insolvenzverfahren im deutschen Recht, S. 232.

Uhlenbruck, Wilhelm: Zur Kollision von Gesellschafts- und Insolvenzrecht in der Unternehmensinsolvenz, in Gerhardt/Haarmeyer/Kreft, Insolvenzrecht im Wandel der Zeit: Festschrift für Hans-Peter Kirchhof zum 65. Geburtstag, 1. Auflage 2003, ZAP Verlag, S. 479.

Vallens, Jean-Luc/André, Marc: News from France, Eurofenix, Summer 2006, S. 11, http://www.insol-europe.org/downloads/eurofenix/06_Summer_EN _Eurofenix.pdf (zuletzt aufgerufen am 18. 04. 2007).

Vallens, Jean-Luc: Comments on TGI Lure 29 March 2006 [Energotech], International Caselaw-Alert No. 10, III/2006, 27. Juni 2006, S. 12, abrufbar unter http://ww9184.wb09.de/eirdatabase/download/caselaw/6/Internatio nal-Caselaw---Alert-No-10-III-2006-June-27,-2006.pdf (zuletzt aufge-rufen am 18. 04. 2007).

- ders.: La maison mère d'un groupe, centre des intérêts principaux de ses filiales étrangères, note sous Tribunal de commerce de Nanterre (3e ch.) 15 févr. 2006, Recueil Dalloz, Cahier Droit des Affaires, 16 mars 2006, n° 11, Jurisprudence, S. 793.

- ders.: La mise en oeuvre du règlement communautaire sur les procédures d'insolvabilité : questions de procédure, Recueil Dalloz, Cahier Droit des Affaires, 29 mai 2003, n° 21, Chroniques, S. 1421.

- ders.: Le droit européen de la faillite: la Convention relative aux procédures d'insolvabilité, Recueil Dalloz 1995 Commentaires législatifs, S. 217.

- ders.: Le droit européen de la faillite: premiers commentaires de la convention relative aux procédures d'insolvabilité, Recueil Dalloz 1995, Chroniques, S. 307.

- ders.: Le guide législatif de la CNUDCI sur le droit de l'insolvabilité: vers l'harmonisation du droit de la faillite?, Recueil Dalloz 2004, Chroniques S. 2420.

- ders.: Le règlement européen sur les procédures d'insolvabilité à l'épreuve des groupes de sociétés : l'arbitrage de la CJCE, JCP La Semaine Juridique – éd.° Entreprise et Affaires, N° 27-28, 6 juillet 2006, S. 1220.

- ders.: Première application du Règlement européen sur les procédures collectives : premières atteintes à l'ordre public, Recueil Dalloz, Cahier Droit des Affaires, 2 octobre 2003, Jurisprudence S. 2352.

- ders.: Une procédure collective ouverte à l'étranger contre une société française peut être reconnue sauf méconnaissance de l'ordre public, Note sous Cour de cassation, com. 27 juin 2006, Recueil Dalloz, Cahier Droit des Affaires, Jurisprudence, 2006, n° 32, S. 2257.

Veder, Paul Michael: Cross-border insolvency proceedings and security rights, Series Law of Business and Finance, Kortman, Sebastian/Faber, Dennis (Hrsg.), Volume 8, Dissertation 2004, Kluwer Legal Publishers.

Virgós, Miguel/Schmit, Etienne: Erläuternder Bericht zu dem EU-Übereinkommen über Insolvenzverfahren, abgedruckt in deutscher Sprache (nach Überarbeitung durch die Gruppe der Rechts- und Sprachsachverständigen, Der Rat der Europäischen Union, Doc. 6500/1/96 REV 1), abgedruckt in „Vorschläge und Gutachten zur Umsetzung des EU-Übereinkommens über Insolvenzverfahren im deutschen Recht", vorgelegt von Hans Stoll, Mohr Siebeck 1997, S. 32.

Vogler, Daniela: Die internationale Zuständigkeit für Insolvenzverfahren, CLC-Schriftenreihe Band 11, Dissertation (2003), BWV Berliner Wissentschafts-Verlag/Neuer Wissenschaftlicher Verlag 2004.

Volders, Bart/Rétornaz, Valentin: Note sous l'arrêt Staubitz-Schreiber, Journal du Droit International, Revue trimestrielle LexisNexis, JurisClasseur, n°2/2006, S. 654.

Wagner, Rolf: Zur Vereinheitlichung des Internationalen Privat- und Zivilverfahrensrechts sieben Jahre nach In-Kraft-Treten des Amsterdamer Vertrags, Europäische Zeitschrift für Wirtschaftsrecht (EuZW), 17. Jahrgang, 24. Juli 2006, Heft 14/2006, S. 424.

Watson, Natasha: Comments on Collins & Aikman Europe SA and other companies, International Caselaw Alert, No.11, IV/2006, S. 27, abrufbar unter http://www.eir-database.com/download/caselaw/7/International-Caselaw---Alert-No-11-IV-2006-August-27,-2006.pdf (zuletzt aufgerufen am 18. 04. 2007).

Wautelet, Patrick: Quelle réglementation pour l'activité des professionnels du traitement des entreprises en difficulté? Le point de vue européen, Petites affiches 200620915, 19 octobre 2006, n° 209, S. 39.

- ders.: Some considerations on the Center of the Main Interests as jurisdictional test under the European Insolvency Regulation, non published draft.

Weber, Anja: Die Vergemeinschaftung des internationalen Privatrechts, Dissertation 2004, Juristische Reihe TENEA/www.jurawelt.com Band 68, abrufbar unter http://www.jurawelt.com/dissertationen/9562 (zuletzt aufgerufen am 18. 04. 2007).

Weise, Peter: Kommentar zu Peter Mankowski, Europäisches Internationales Privat- und Prozessrecht im Lichte der ökonomischen Analyse, in Ott / Schäfer (Hrsg.), Vereinheitlichung und Diversität des Zivilrechts in transnationalen Wirtschaftsräumen, Mohr Siebeck 2002, S. 152.

Wessels, Bob: EU Insolvency regulation and its impact on european business, CESifo DICE Report 1/2006, S. 16, abrufbar unter http://www.ifo.de/pls/guestci/download/CESifo%20DICE%20Report%202006/CESifo%20DICE%20Report%201/2006/dicereport106-forum3.pdf (zuletzt aufgerufen am 18. 04. 2007).

- ders.: European Insolvency law: statutory scheme or messy mixture?, International Insolvency Institute, New York, 6-7 June 2005, abrufbar unter http://www.iiiglobal.org/country/european_union/060914Wessels. PDF (zuletzt aufgerufen am 30. 04. 2007).

- ders.: International Insolvency Law, Volume X, Kluwer 2006.

- ders.: International Jurisdiction to open Insolvency Proceedings in Europe, in particular against (Groups of) Companies, Institute for Law and Finance, Working paper series n° 17, abrufbar unter http://www.ilf-frankfurt.de /uploads/media/ILF_WP_017.pdf (zuletzt aufgerufen am 18. 04. 2007).

- ders.: Moving House: Which Court Can Open Insolvency Proceedings?, International Insolvency Institute – www.iiiglobal.org, abrufbar unter http://www.iiiglobal.org/country/european_union/MovingHouse.pdf (zuletzt aufgerufen am 18. 04. 2007).

- ders.: Realisation of the EU Insolvency Regulation in Germany, France and the Netherlands, International Insolvency Institute – www.iiiglobal.org, abrufbar unter http://www.iiiglobal.org/country/netherlands/Realization Insolv.pdf (zuletzt aufgerufen am 18. 04. 2007).

- ders.: The place of the registered office of a company: A cornerstone in the application of the EC Insolvency Regulation, European Company Law, August 2006, Volume 3, Issue 4, S. 183, abrufbar unter http://www.iiiglo bal.org/country/european_union/060818Wessels.pdf (zuletzt aufgerufen am 18. 04. 2007).

- ders.: Twenty Suggestions for a Makeover of the EU Insolvency Regulation, International Caselaw Alert, No. 12, V/2006, S. 68, abrufbar unter http://ww9184.wb09.de/eirdatabase/download/caselaw/9/International-Ca selaw---Alert-No-12-V-2006-October-31,-2006.pdf (zuletzt aufgerufen am 18. 04. 2007).

Whincop, Michael J./Keyes, Mary: Policy and Pragmatism in the Conflict of Laws, Dartmouth Publishing Company, Ashgate Publishing Limited 2001.

Willemer, Charlotte: Vis attractiva concursus und die Europäische Insolvenzverordnung, Studien zum ausländischen und internationalen Privatrecht, hrsg. vom Max-Planck-Institut für Ausländisches und Internationales Privatrecht, Band 163, Dissertation 2006, Mohr Siebeck Tübingen.

Wiórek, Piotr Marcin: Das Prinzip der Gläubigergleichbehandlung im Europäischen Insolvenzrecht, Heidelberger Schriften zum Wirtschafts- und Europarecht, Hommelhoff, Peter/Müller-Graff, Peter-Christian (Hrsg.), Band 25, Dissertation, Nomos 2005.

Wolf-Niedermaier, Anita: Der Europäische Gerichtshof zwischen Recht und Politik, Schriftenreihe Europäisches Recht, Politik und Wirtschaft Band 197, Jürgen Schwarze (Hrsg.), Dissertation, Nomos 1997.

Urteilsverzeichnis

(chronologisch geordnet, Jahr/Monat/Tag)

1963/02/05 Urteil des Europäischen Gerichtshofes vom 5. Februar 1963, van Gend & Loos, Rs. 26/62, Slg. 1963, S. 00003, abrufbar unter http://eur-lex.europa.eu/LexUriServ/LexUriServ.do?uri=CELEX: 61962J0026:DE:HTML (zuletzt aufgerufen am 12. 04. 2007).

1964/07/15 Urteil des Europäischen Gerichtshofes vom 15. Juli 1964, Flaminio Costa gegen E.N.E.L, Rs. 6/64, Slg. 1964, S. 01253, abrufbar unter http://eur-lex.europa.eu/LexUriServ/LexUriServ.do?uri=CELEX: 61964J0006:DE:HTML (zuletzt aufgerufen am 12. 04. 2007).

1974/12/04 EuGH-Urteil vom 4. Dezember 1974, Yvonne van Duyn gegen Home Office, Rs. 41/74, Slg. 1974, S. 01337, abrufbar unter http://eur-lex.europa.eu/LexUriServ/LexUriServ.do?uri=CELEX: 61974J0041:DE:HTML (zuletzt aufgerufen am 12. 04. 2007).

1978/11/22 EuGH-Urteil vom 22. November 1978, Somafer SA gegen Saar-Ferngas AG, Rs 33/78, abrufbar unter http://eur-lex.europa.eu/LexUriServ/LexUriServ.do?uri=CELEX:61978J0033:DE:HTML (zuletzt aufgerufen am 13. 04. 2007).

1985/07/11 Urteil des BGH, Entscheidung des IX. Senats vom 11. Juli 1985, IX ZR 178/84, BGHZ 95, S. 256 ff.

1987/12/08 EuGH-Urteil vom 8. Dezember 1987, Gubisch Maschinenfabrik, Rs. 144/86, abrufbar unter http://eur-lex.europa.eu/LexUriServ/LexUriServ.do?uri=CELEX:61986J0144:DE:HTML (zuletzt aufgerufen am 13. 04. 2007).

1991/11/19 EuGH-Urteil vom 19. November 1991, Francovich, verbundene Rs. C-6/90 et C-9/90, Slg. 1991 Seite I-05357, abrufbar unter http://eur-lex.europa.eu/LexUriServ/LexUriServ.do?uri=CELEX: 61990J0006:DE:HTML (zuletzt aufgerufen am 12. 04. 2007).

1998/12/17 EuGH-Urteil vom 17. Dezember 1998 in der Rechtssache C-185/95 P, Baustahlgewebe/Kommission, Slg. 1998, I-8417, abrufbar unter http://eur-lex.europa.eu/LexUriServ/LexUriServ.do?uri= CELEX:61995J0185:DE:HTML (zuletzt aufgerufen am 12. 04. 2007).

1999/03/09 EuGH-Urteil vom 9. März 1999, Rs. C-212/97, Centros Ltd., abrufbar unter http://eur-lex.europa.eu/LexUriServ/LexUriServ.do?uri=CELEX:61997J0212:DE:HTML (zuletzt aufgerufen am 30. 04. 2007).

1999/11/23 AG Münster, Beschluss vom 23.11.1999 - 77 IN 50/99, ZInsO 1/2000, S. 49 ff..

2000/01/11 EuGH-Urteil vom 11. Januar 2000 in den verbundenen Rechtssachen C-174/98 P und C-189/98 P, Niederlande und Van der Wal/Kommission, Slg. 2000, I-1, abrufbar unter http://curia.europa.eu/jurisp/cgi-bin/form.pl?lang=de&newform=newform&Submit=Suchen&alljur=alljur&jurcdj=jurcdj&jurtpi=jurtpi&jurtfp=jurtfp&alldocrec=alldocrec&docj=docj&docor=docor&docop=docop&docav=docav&docsom=docsom&docinf=docinf&alldocnorec=alldocnorec&docnoj=docnoj&docnoor=docnoor&typeord=ALLTYP&allcommjo=allcommjo&affint=affint&affclose=affclose&numaff=&ddatefs=&mdatefs=&ydatefs=&ddatefe=&mdatefe=&ydatefe=&nomusuel=Van+der+Wal&domaine=&mots=&resmax=100 (zuletzt aufgerufen am 12.04.2007).

2000/01/18 Urteil der Cour de Cassation (ch. commercial) vom 18. Januar 2000, Recueil Dalloz 2000 S. 105.

2000/03/28 EuGH-Urteil vom 28. März 2000 in der Rechtssache C-7/98, Krombach, Slg. 2000, I – 1935, abrufbar unter http://curia.europa.eu/jurisp/cgi-bin/form.pl?lang=de&newform=newform&Submit=Suchen&alljur=alljur&jurcdj=jurcdj&jurtpi=jurtpi&jurtfp=jurtfp&alldocrec=alldocrec&docj=docj&docor=docor&docop=docop&docav=docav&docsom=docsom&docinf=docinf&alldocnorec=alldocnorec&docnoj=docnoj&docnoor=docnoor&typeord=ALLTYP&allcommjo=allcommjo&affint=affint&affclose=affclose&numaff=&ddatefs=&mdatefs=&ydatefs=&ddatefe=&mdatefe=&ydatefe=&nomusuel=Krombach&domaine=&mots=&resmax=100 (zuletzt aufgerufen am 30. 04. 2007).

2002/11/19 Urteil der Cour de Cassation (1ère ch.civile) vom 19.November 2002, n° 00-22.334 (n° 1630 FS-P+R), Recueil Dalloz 2002, S. 797.

2003/02/07 High Court of Justice Chancery Division Companies Court (England; The Honourable Mr. Justice Lloyd); Urt. v. 7.2.2003 -- 0042/2003, In re BRAC Rent-A-Car International Inc (2003) EWHC (Ch) 128; abrufbar unter http://www.eir-database.com/download/cases/2/1-1_BRAC.pdf (zuletzt aufgerufen am 30. 04. 2007).

2003/05/16 High Court of Justice Leeds decision of May 16, 2003 No.861 – 876/03, die nachgereichte Begründung ist abrufbar unter http://www.eir-database.com/download/cases/14/13-1_DAISYTEK-(DUeSSELDORF).pdf (zuletzt aufgerufen am 30. 04. 2007).

2003/05/19 Beschluss des Amtsgerichts Düsseldorf vom 19. Mai 2003, 502 IN 124/03.

2003/05/26 Urteil des Tribunal de commerce de Pontoise vom 26. Mai 2003 (Rechtssache Daisytek).

2003/05/27 BGH in seinem Urteil vom 27. Mai 2003, Rechtssache IX ZR 203/02, S. 8, abrufbar unter http://juris.bundesgerichtshof.de/cgi-bin/rechtsprechung/document.py?Gericht=bgh&Art=en&Datum=2003&Sort=3&Seite=56&nr=26573&pos=1684&anz=2875 (zuletzt aufgerufen am 30. 04. 2007).

2003/06/06 Beschluss des Amtsgerichts Düsseldorf vom 6. Juni 2003, 502 IN 124/03.

2003/07/25 BayOLG Beschl. v. 25.07.2003 - 1Z AR 72/03.

2003/08/13 BayOLG Beschl. v.13.08.2003 - 1ZAR83/03.

2003/09/04 Cour d'appel de Versailles, 24ème chambre, arrêt n°12, Urteil vom 04.09.2003, R.G.N° 03/05038 Daisytek.

2003/09/18 Beschluss des BGH vom 18. 09. 2003, IX ZB 75/03, (Leitsatzentscheidung), abrufbar unter http://juris. bundesgerichtshof.de/cgi-bin/rechtsprechung/document.py?Gericht=bgh&Art=en&sid=019b341180151b4b5a151580143ba7d1&nr=27424&pos=0&anz=1 (zuletzt aufgerufen am 30. 04. 2007).

2004/04/27 AG Mönchengladbach Beschluss vom 27.4.2004 - 19 IN 54/04, abrufbar unter http://www.rws-verlag.de/volltext-2004/ag954.htm (zuletzt abgerufen am 12. 04. 2007).

2004/07/09 OLG Düsseldorf, Beschluss vom 09.07.2004 – I-3 W 53/04, im Falle Daisytek/ISA Deutschland GmbH, abrufbar unter http://www.eir-database.com/download/cases/15/13-2_DAISYTEK-(DUeSSELDORF).pdf (zuletzt abgerufen am 12. 04. 2007).

2004/09/15 Beschluss des EuGH vom 15. September 2004, Rs. C-341/04, über das beschleunigte Verfahren im Fall Eurofood IFSC Ltd., abrufbar unter http://curia.europa.eu/jurisp/cgi-bin/form.pl?lang=de&newform=newform&Submit=Suchen&alljur=alljur&jurcdj=jurcdj&jurtpi=jurtpi&jurtfp=jurtfp&alldocrec=alldocrec&docj=docj&docor=docor&docop=docop&docav=docav&docsom=docsom&docinf=docinf&alldocnorec=alldocnorec&docnoj=docnoj&docnoor=docnoor&typeord=ALLTYP&allcommjo=allcommjo&affint=affint&affclose=affclose&numaff=&ddatefs=&mdatefs=&ydatefs=&ddatefe=&mdatefe=&ydatefe=&nomusuel=Eurofood&domaine=&mots=&resmax=100 (zuletzt abgerufen am 12. 04. 2007).

2005/01/24 OLG Frankfurt am Main, Beschluss vom 24. 01. 2005, Az. 20 W 527/04.

2005/04/19 Urteil im Fall Metaleurop der Cour de Cassation vom 19. April 2005, Receuil Dalloz 2005, S. 1225.

2005/05/03 Corte di Cassazione (sezioni unite), ordinanza 3 maggio 2005 n. 10606, Rivista di diritto internazionale privato e processuale, Pocar/ Treves / Carbone / Giardina / Luzzatto / Mosconi (Hrsg.), Anno XLII, n. 2, aprile-giugno 2006, S. 432 ff..

2005/05/19 Tribunal de commerce de Nanterre (9e ch.) 19 mai 2005, abgedruckt in Recueil Dalloz, Jurisprudence, 2005, n° 26, S. 1787, L'affaire Rover: priorité donnée à la High Court of Justice de Birmingham, Note Dammann (S. 1789 ff.).

2005/07/05 Urteil der Cour de Cassation (ch. commerciale) vom 5. Juli 2005, Recueil Dalloz 2005 S. 2219.

2005/07/12 EuGH-Urteil vom 12. Juli 2005, Alliance for Natural Health e.a., verbundene Rs. 154/04 und 155/04, abrufbar unter http://eur-lex.europa.eu/LexUriServ/LexUriServ.do?uri=CELEX:62004J0154:DE:HTML (zuletzt aufgerufen am 13.04.2007).

2005/07/15 High Court of Justice, Chancery Division, Companies Court, Collins & Aikman Corporation Group, Case Nos. 4697-4712/05 and 4717-4725/05, Royal Courts of Justice, Urteil vom 15. Juli 2005, (Collins & Aikman I) abrufbar unter http://ww9184.wb09.de/eirdatabase/download/cases/113/102-1_Collins-&-Aikman.pdf (zuletzt aufgerufen am 13.04.2007).

2005/10/04 Urteil der Cour de Cassation (ch. commerciale) vom 4. Oktober 2005, Recueil Dalloz 2006, S. 2449.

2005/12/01 AG Hamburg, Beschluss vom 01. 12. 2005 - 67a IN 450/05, abgedruckt in ZInsO 2005, Ausgabe 23 vom 15. 12. 2005, S. 1282; abrufbar unter http://fhh.hamburg.de/stadt/Aktuell/justiz/urteils datenbank/start.html (zuletzt abgerufen am 11. 04. 2007).

2005/12/01 AG Köln, Beschluss v. 1.12.2005 - 71 IN 564/05 (rechtskräftig), abrufbar unter http://ww9184.wb09.de/eirdatabase/download/cases/139/128-1_Application-Secondaries.pdf (zuletzt aufgerufen am 13. 04. 2007).

2005/12/13 Beschluss des Bundesgerichtshofes vom 13. Dezember 2005, X ARZ 223/05.

2005/12/13 EuGH-Urteil (Große Kammer) vom 13. Dezember 2005, Rs. C-4111/03, SEVIC Systems AG, abrufbar unter http://eur-lex.europa.eu/LexUriServ/LexUriServ.do?uri=CELEX:62003J0411:DE:HTML (zuletzt aufgerufen am 13. 04. 2007).

2005/12/15 Cour d'appel de Versailles, 13ème ch., 15 décembre 2005, Recueil Dalloz, 2006, n° 5, S. 381.

2006/01/17 EuGH-Urteil (Große Kammer) vom 17. 01. 2006, Rs. C-1/04, Susanne Staubitz-Schreiber, abrufbar unter http://eur-lex.europa.eu/LexUriServ/LexUriServ.do?uri=CELEX:62004J0001:DE:HTML (zuletzt aufgerufen am 16. 04. 2007).

2006/01/26 OLG Frankfurt 15. Zivilsenat, Urteil vom 26. Januar 2006, Az: 15 U 200/05, abrufbar unter http://www.era.int/web/en/resources/5_2341_3091_file_en.4487.pdf (zuletzt aufgerufen am 16. 04. 2007).

2006/02/15 Urteil des Tribunal de commerce de Nanterre (3ème chambre) vom 15. Februar 2006, bezüglich der Tochtergesellschaft EMTEC Benelux der EMTEC-Gruppe, Recueil Dalloz, 2006, n°11, S. 793.

2006/03/01 CA Versailles, 15 déc. 2005, no 05/04273, SAS Rover France, Bulletin Joly Sociétés, 01 mars 2006 n° 3, S. 328.

2006/03/21 Urteil der Cour de Cassation (ch. commercial) vom 21. März 2006, Recueil Dalloz 2006, S. 1466.

2006/03/21 Urteil der Cour de Cassation, chambre commerciale, Arrêt n° 411 du 21 mars 2006, 04-17.869, abrufbar unter http://www.courdecassation.fr/jurisprudence_publications_documentation_2/actualite_jurisprudence_21/chambre_commerciale_financiere_economique_574/arrets_575/br_arret_8839.html (zuletzt aufgerufen am 16. 04. 2007).

2006/03/29 TGI de Lure, chambre commerciale, vom 29. März 2006 (débats en chambre du conseil du 27 mars 2006), auszugsweise abgedruckt in Recueil Dalloz 2006, S. 1043 ; komplett abrufbar unter http://ww9184.wb09.de/eirdatabase/download/cases/137/126-1_Energotech.pdf (zuletzt aufgerufen am 30. 04. 2007).

2006/05/02 EuGH-Urteil (große Kammer), 02. Mai 2006, Rs. C-341/04, Eurofood IFSC Ltd., abrufbar unter http://eur-lex.europa.eu/LexUriServ/LexUriServ.do?uri=CELEX:62004J0341:DE:HTML (zuletzt aufgerufen am 16. 04. 2007).

2006/05/09 AG Hamburg, Beschluss vom 09. Mai 2006 - 67c IN 122/06 abrufbar unter http://ww9184.wb09.de/eirdatabase/download/cases/157/146-1_COMI-of-a-UK-incorporated-Ltd-in-Liquidation.pdf (zuletzt aufgerufen am 13. 04. 2007).

2006/06/09 Urteil des High Court of Justice, Chancery Division, Companies Court, Collins & Aikman III, Case Nos: 4697, 4698, 4700, 4705, 4711, 4717-4719, 4721, 4722 of 2005, Royal Courts of Justice, Urteil vom 9. Juni 2006 [2006] EWHC 1343 (Ch), abrufbar unter http://www.eir-database.com/download/cases/145/134-1_Collins-&-Aikman-III.pdf (zuletzt aufgerufen am 30. 04. 2007).

2006/06/27 Cour de cassation, ch. commerciale, arrêt n°923 FS+P+B+R+I, audience publique du 27 juin 2006 Daisytek, abrufbar unter http://www.courdecassation.fr/jurisprudence_publications_documentation_2/actualite_jurisprudence_21/chambre_commerciale_financiere_economique_574/arrets_575/br_arret_8810.html sowie unter http://www.eir-database.com/download/cases/146/135-1_Daisytek-France.pdf (zuletzt aufgerufen am 10. 04. 2007).

2006/08/02 Urteile des Tribunal de commerce de Paris vom 2. August 2006, bspw. Tribunal de commerce de Paris vom 2. August 2006, n° 2006 047554, über die englische Holding-Gesellschaft Euro-tunnel PLC, Recueil Dalloz 2006 Jurisprudence S. 2329.

2006/08/15 Urteil des AG Nürnberg vom 15.08.2006 – 8004 IN 1326-1331/06, Rs. Fa. Hans Brochier Holdings Ltd. (Brochier Holdings I), abrufbar unter http://ww9184.wb09.de/eirdatabase/judgement_detail.php ?caseID=176 (zuletzt aufgerufen am 13. 04. 2007).

2006/08/15 Urteil des High Court of Justice Chancery Division, London, Hans Brochier Ltd v. Exner, Case No: 5618/06 [2006] EWHC 2594 (Ch), abrufbar unter www.der-betrieb.de/pdf/Limited_High_Court_Urteil _zur_Anwendung_deutschen_Insolvenzrechts.pdf (zuletzt aufgerufen am 03. 10. 2007).

2006/09/05 OLG Celle, Beschl. v. 5.9.2006 - 4 AR 60/06 (AG Potsdam), abrufbar unter http://www.eir-database.com/judgement_detail.php?case ID=175 (zuletzt abgerufen am 12. 04. 2007).

2006/10/01 Urteil des AG Nürnberg vom 01.10.2006 – 8034 IN 1326-1326/06, (Brochier Holdings II), abrufbar unter http://ww9184.wb09.de/ eirdatabase/judgement_detail.php?caseID=177 (zuletzt aufgerufen am 13. 04. 2007).

Saarbrücker Studien zum Privat- und Wirtschaftsrecht

Herausgeber:
Johann Paul Bauer, Michael Martinek und Helmut Rüßmann

Band 1 Susanne Jaschinski: Die Haftung von Schwestergesellschaften im GmbH-Unterordnungskonzern. Ein Beitrag zum Konzernverfassungsrecht. 1997.

Band 2 Roman Sascha Ahnert: Die *actio individualis*. Ein Beitrag zur verfassungsrechtlichen Fundierung der Aktionärsklage bei sogenannten Aktien-Interessenverbänden. 1997.

Band 3 Torsten Peters: Der Cateringvertrag. Rechtstatsachen, Rechtsnatur und Rechtsprobleme eines modernen Dienstleistungsvertrags. 1998.

Band 4 Michael Meissner: Persönlichkeitsschutz juristischer Personen im deutschen und US-amerikanischen Recht. Eine rechtsvergleichende Untersuchung des allgemeinen Persönlichkeitsrechts juristischer Personen. 1998.

Band 5 Thomas Tegen: Joint Venture-Vertrag und Projektträgergesellschaft im amerikanischen und deutschen Recht. 1998.

Band 6 Gerhard Wolter: Treuhandrecht im Umbruch? Ein Blick nach Frankreich, Luxemburg, in die Schweiz und in den Libanon sowie auf das Haager Trust-Übereinkommen. 1999.

Band 7 Thomas Dehlfing: Das Recht der irreführenden Werbung in Deutschland, Großbritannien und Frankreich. 1999.

Band 8 Hanno Dornseifer: Börsentermingeschäfte und Börsentermingeschäftsfähigkeit. Zur börsengesetzlichen Behandlung von finanzwirtschaftlichen Festgeschäften, Options- und Optionsscheingeschäften. 1999.

Band 9 Patrick Lenz: Absatzförderung durch *zinssubventionierte* Darlehen. Eine wettbewerbs- und kartellrechtliche Studie zur Zulässigkeit von Niedrigzins-Kreditangeboten unter besonderer Berücksichtigung des Automobilmarktes. 1999.

Band 10 Mansur Pour Rafsendjani: Der Goodwill-Ausgleichsanspruch des Franchisenehmers. Ein Vergleich des deutschen, französischen und US-amerikanischen Franchiserechts. 1999.

Band 11 Jörg Hartmann: Juristische und ökonomische Regelungsprobleme des Insiderhandels. Eine rechtsvergleichende Darstellung USA – Deutschland. 1999.

Band 12 David Altmeier: Rückstellungsbilanzierung in Deutschland und Frankreich. Eine vergleichende Untersuchung der französischen Rückstellungsbilanzierung aus der Perspektive des deutschen Bilanzrechts. 1999.

Band 13 Barbara Günther: Aktivische Bilanzierungshilfen im deutschen und französischen Bilanzrecht. 1999.

Band 14 Bernhard Glasow: Vertikale Preisbindung, Wettbewerbstheorie und Wettbewerbsrecht in den USA, Deutschland und Europa. Bestandsaufnahmen, Kritik und Zukunftsperspektiven. 2000.

Band 15 Dorota Nowak-James: Der Börsenzugang für Anleger in Deutschland und Polen. Eine rechtsvergleichende Untersuchung zum deutschen Finanzkommissionsgeschäft und zum polnischen Brokerauftragsvertrag. 2000.

Band 16 Mathias Queck: Der Nießbrauch am Anteil einer offenen Handelsgesellschaft. Eine Form der (un-)mittelbaren Unternehmensbeteiligung. 2000.

Band 17 Ina Roth: Umweltbezogene Unternehmenskommunikation im deutschen und europäischen Wettbewerbsrecht. 2000.

Band 18 Jörg Preiss: Die Anwendung des markenrechtlichen Erschöpfungsgrundsatzes auf Dienstleistungsmarken. 2000.

Band 19 Kevin M. McDonald: Der Begriff der Dienstleistung im europäischen Binnenmarkt und WTO-System (GATS). 2001.

Band 20 Carolin Opgenhoff: Die europäische Fusionskontrolle zwischen Wettbewerbsrecht und Industriepolitik. 2001.

Band 21 Susanne Schäfer: Die Deliktsfähigkeit juristischer Personen. Eine rechtsvergleichende Untersuchung zur Übertragbarkeit des englischen Modells. 2001.

Band 22 Kay Diedrich: Die Interventionswirkung – Ausprägung eines einheitlichen Konzepts zivilprozessualer Bindungswirkung. 2001.

Band 23 Michael Fröhlich: Zentrale Institutionen des deutschen Urheberrechts und des französischen Droit d'auteur auf dem Prüfstand der elektronischen Netzwerke. 2001.

Band 24 Joël Benjamin Münch: Abtretungsverbote im deutschen und französischen Recht. Rechtsvergleichende Untersuchung der Übertragungshindernisse im deutschen und französischen Forderungsverkehr als Beitrag zu einer weiteren Schuldrechtsvereinheitlichung in Europa. 2001.

Band 25 Monika Prieß: Der Begriff des Sachmangels im deutschen und englischen Kaufrecht. Reformbedarf aufgrund der Verbrauchsgüterkauf-Richtlinie 1999/44/EG. 2001.

Band 26 Katharina Siegel: Produkthaftung im polnischen, tschechischen und slowenischen Recht. 2001.

Band 27 Carolin Kühne: Die gesetzliche Form der Rechtsgeschäfte im deutschen und italienischen Recht. Eine rechtsvergleichende Untersuchung. 2002.

Band 28 Nina Scherf: Die Nachschußpflicht im Gesellschaftsrecht. Eine rechtsformübergreifende Bestandsaufnahme, Analyse und Kritik. 2002.

Band 29 Marc Laukemann: Fernsehwerbung im Programm. Die zunehmende Kommerzialisierung des Fernsehprogramms im Zeitalter einer Ökonomisierung der Aufmerksamkeit als verfassungs-, wettbewerbs- und rundfunkrechtliches Problem. 2002.

Band 30 Michael Bo Jaspers: Nachträgliche Rechtswahl im internationalen Schuldvertragsrecht. Unter besonderer Berücksichtigung der Rechtspraxis in England, Frankreich, Dänemark und Deutschland. 2002.

Band 31 Christina Pernice: Die Insolvenzverschleppung durch das Geschäftsführungsorgan der kleinen Kapitalgesellschaft im deutschen, französischen und englischen Recht. Eine rechtsvergleichende Untersuchung zur Entwicklung eines europäischen Lösungsansatzes. 2002.

Band 32 Anne Christine Janert: Der sachliche und persönliche Anwendungsbereich des deutschen Verbraucherkreditrechts und des britischen Consumer Credit Act 1974. Ein Beitrag zu den Möglichkeiten und Grenzen verbraucherrechtlicher Harmonisierung in Europa. 2002.

Band 33 Annette Trost: Faktische Sitzverlegung unter Sitz- und Gründungstheorie im Vergleich. Unter besonderer Berücksichtigung ihrer gesellschafts- und zivilrechtlichen Folgewirkungen. 2003.

Band 34 Esther Cordula Hilpert: Die Gründerhaftung in der Gesellschaft mit beschränkter Haftung in Deutschland, Frankreich und England. 2003.

Band 35 Wei-ming Liao: Die Schiedsgerichtsbarkeit in Taiwan. Unter besonderer Berücksichtigung der internationalen Handelsschiedsgerichtsbarkeit und mit Hinweisen zu der Entwicklung in Deutschland. 2003.

Band 36 Stefan Stork: Sitzverlegung von Kapitalgesellschaften in der Europäischen Union. Zur Reichweite der Niederlassungsfreiheit unter Berücksichtigung der positiven und der negativen Integration. 2003.

Band 37 Marc Pfeffer: Interbrand-Kartellverbot und Intrabrand-Vereinbarungen. Die Ablösung horizontaler und vertikaler Eingriffsmerkmale im GWB zu Gunsten einer Betrachtung produktexterner und -interner Wettbewerbsfaktoren. 2003.

Band 38 Nicole Burkardt: Der arbeitsrechtliche Aufhebungsvertrag. Einvernehmliche Beendigung von Arbeitsverhältnissen unter Berücksichtigung der Rechtslage nach der Schuldrechtsreform. 2004.

Band 39 Christian Schmeling: Die Entlastung von Mitgliedern geschäftsführender Organe im Recht der Kapitalgesellschaften. Eine rechtsvergleichende Studie zum deutschen, schweizerischen und französischen Recht. 2004.

Band 40 Andreas Wolf: Wege zur virtuellen Haupt- und Gesellschafterversammlung. Eine vergleichende Untersuchung über die Einbeziehung elektronischer Medien in die Hauptversammlung einer Aktiengesellschaft und die Gesellschafterversammlung einer GmbH. 2004.

Band 41 Bianca Natalie Baldus: Der elektronisch geschlossene Vertrag mit Schiedsabrede. Zulässigkeit und anwendbares Recht in nationalen und internationalen Schiedsverfahren. 2004.

Band 42 Vania Dilek: Der Wettbewerbsschutz in Bulgarien und in der Russischen Föderation während des Übergangs vom Dirigismus zur Privatautonomie. 2004.

Band 43 Rudolf Lenders: Treuhand am Gesellschaftsanteil. Die Einbindung des Treugebers in das gesellschaftsrechtliche Organisationsgefüge. 2004.

Band 44 Weizuo Chen: Rück- und Weiterverweisung (Renvoi) in staatsvertraglichen Kollisionsnormen. 2004.

Band 45 Stefan Hahn: Neue Ansätze im Anlegerschutz durch die Ad-hoc-Publizität des § 15 WpHG. 2004.

Band 46 Pietro Graf Fringuelli: Internet TV. Filmurheberrecht im Internet. 2004.

Band 47 Caspar Frhr. v. Schnurbein: Missbrauch von Minderheitsrechten im deutschen und italienischen Aktienrecht. 2005.

Band 48 David Kereselidze: Der allgemeine Teil des Georgischen Zivilgesetzbuches von 1997. Eine rechtsvergleichende Untersuchung. 2005.

Band 49 Miguel A. García Mateos: Das neue Recht der Namensaktie. Bestandsaufnahme, Analyse und Kritik. 2005.

Band 50 Christine Eckstein-Puhl: Prozessbetrug im Schiedsverfahren. Eine Studie zu den vom erschlichenen Schiedsspruch aufgeworfenen Fragen des Aufhebungsverfahrens gemäß § 1059 ZPO. 2005.

Band 51 Steffen Paulmann: Wirksamkeit von Haftungsausschlüssen und –begrenzungen im deutsch-französischen Warengeschäftsverkehr. Unter besonderer Berücksichtigung der UNIDROIT-Principles und der Principles of European Contract Law. 2005.

Band 52 Ina Krischek: Wirtschaftsmediation als alternatives Streitbeilegungsverfahren. Gerichtsverfahren, Schiedsverfahren und Mediation im Vergleich. 2005.

Band 53 Olaf Pick: Verkehrspflichten und Handlungsfreiheit des „Schädigers". 2005.

Band 54 Thomas Paul: Die Gesellschafterfähigkeit von Gesamthandsgemeinschaften. 2005.

Band 55 Dieter Friedrich Unger: Das Recht der Kapitalaufbringung und -erhaltung bei der Aktiengesellschaft im Rechtsvergleich Deutschland, Österreich und Schweiz. Eine Analyse des Kapitalsicherungsrechts in Deutschland, Österreich und der Schweiz. 2006.

Band 56 Nicole Schröder: Perspektiven der Europäisierung des GmbH-Rechts und der Europäischen Privatgesellschaft vor dem Hintergrund der Europäischen Aktiengesellschaft. 2007.

Band 57 Ivo du Mont: Die Kombination von Rücktritt und Schadensersatz im neuen Schuldrecht. Eine ökonomische und rechtsvergleichende Analyse am Beispiel des Kaufvertrags. 2007.

Band 58 Matthias Kühn: Umweltschutz durch Privatrecht. Eine Studie zur ökologischen Analyse der privatrechtlichen Schutzrechte und des Vertragsrechts in Deutschland und England. 2007.

Band 59 Komninos Komnios: Die elektronische Signatur im deutschen und griechischen Recht. 2007.

Band 60 Matthias Kühl: Die Gewinnzusage nach § 661a BGB. Dogmatische Einordnung und rechtsvergleichende Untersuchung. 2007.

Band 61 Barbara Jeanne Attinger: Der Mittelpunkt der hauptsächlichen Interessen nach der EuInsVO – erfolgreiches Konzept oder Quelle der Rechtsunsicherheit? Eine Auseinandersetzung mit dem Zuständigkeitskriterium der Europäischen Insolvenzverordnung unter Heranziehung der Erkenntnisse der ökonomischen Analyse des Rechts. 2008.

Peter Lang · Internationaler Verlag der Wissenschaften

Florian Strobel

Die Abgrenzung zwischen EuGVVO und EuInsVO im Bereich insolvenzbezogener Einzelentscheidungen

Frankfurt am Main, Berlin, Bern, Bruxelles, New York, Oxford, Wien, 2006. 295 S.
Europäische Hochschulschriften: Reihe 2, Rechtswissenschaft. Bd. 4373
ISBN 3-631-55300-5 · br. € 54.70*

Die Europäische Gerichtsstands- und Vollstreckungsverordnung regelt einheitlich die internationale Zuständigkeit sowie die Anerkennung und Vollstreckung gerichtlicher Entscheidungen innerhalb der EU. Der Ausschluss von *Konkursen, Vergleichen und ähnlichen Verfahren* aus dem Anwendungsbereich hat eine Lücke gelassen, die die Europäische Insolvenzverordnung nunmehr weitgehend ausfüllt. Streitige insolvenzbezogene Einzelentscheidungen, wie etwa bei Anfechtungsklagen des Insolvenzverwalters oder Klagen der Insolvenzgläubiger und Aussonderungsberechtigten, haben in der EuInsVO jedoch keine so klare Regelung gefunden, wie es erforderlich gewesen wäre. Dass sie auch von der EuGVVO nicht eindeutig erfasst oder ausgeschlossen sind, führt zu Fragen nach der Zuordnung solcher Entscheidungen zu der EuGVVO oder der EuInsVO vor allem bei der Ermittlung der internationalen Zuständigkeit. Fallen sie in die internationale Zuständigkeit der Gerichte im Staat der Insolvenzverfahrenseröffnung? Oder sind die differenzierten Gerichtsstände des Europäischen Zivilverfahrensrechts anwendbar? Der Autor untersucht diese Fragestellungen unter eingehender Analyse der Rechtsprechung des Europäischen Gerichtshofs und der nationalen Rechtsprechung beispielhaft gewählter EU-Mitgliedsstaaten zu der Abgrenzungsfrage.

Aus dem Inhalt: Geschichtliche und systematische Darstellung der Verordnungen · Auslegung der Bestimmungen der EuInsVO im Hinblick auf Zuständigkeit, Anerkennung und Vollstreckung von Einzelentscheidungen · Abgrenzung der Anwendungsbereiche von EuGVVO und EuInsVO auf Tatbestandsseite bei Einzelentscheidungen · Bildung von Verfahrenskategorien und ihre Zuordnung

Kolibri 360 GmbH
Ferdinand-Jühlke-Straße 7
99095 Erfurt, Deutschland
produktsicherheit@kolibri360.de

Druck:
CPI Druckdienstleistungen GmbH
im Auftrag der
Kolibri 360 GmbH
Ferdinand-Jühlke-Str. 7
99095 Erfurt